LAW
BIG DATA
法律大数据
案由法条关联丛书

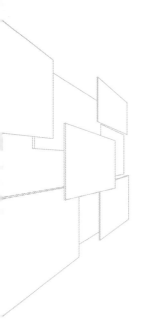

LAW
BIG DATA
法律大数据

案 由 法 条 关 联 丛 书

主编 王 竹

▎数据分析：四川大学法学院法律大数据实验室

THE JUDICIAL APPLICATION OF
CRIMINAL LAW

刑法司法适用

分册主编　魏　东
分册副主编　程慧芳　陈宝贵

北京大学出版社
PEKING UNIVERSITY PRESS

图书在版编目(CIP)数据

刑法司法适用/王竹主编. —北京:北京大学出版社,2019.4
(法律大数据·案由法条关联丛书)
ISBN 978-7-301-30532-4

Ⅰ.①刑… Ⅱ.①王… Ⅲ.①刑法—法律适用—研究—中国 Ⅳ.①D924.05

中国版本图书馆 CIP 数据核字(2019)第 095963 号

书　　　名	刑法司法适用 XINGFA SIFA SHIYONG
著作责任者	王　竹　主编
丛 书 策 划	陆建华
责 任 编 辑	陆建华　方尔埼
标 准 书 号	ISBN 978-7-301-30532-4
出 版 发 行	北京大学出版社
地　　　址	北京市海淀区成府路 205 号　100871
网　　　址	http://www.pup.cn　http://www.yandayuanzhao.com
电 子 信 箱	yandayuanzhao@163.com
新 浪 微 博	@北京大学出版社　@北大出版社燕大元照法律图书
电　　　话	邮购部 010-62752015　发行部 010-62750672 编辑部 010-62117788
印 刷 者	三河市北燕印装有限公司
经 销 者	新华书店
	880 毫米×1230 毫米　A5　31.625 印张　1069 千字 2019 年 4 月第 1 版　2019 年 4 月第 1 次印刷
定　　　价	98.00 元

未经许可,不得以任何方式复制或抄袭本书之部分或全部内容。
版权所有,侵权必究
举报电话:010-62752024　电子信箱:fd@pup.pku.edu.cn
图书如有印装质量问题,请与出版部联系,电话:010-62756370

法律大数据·案由法条关联丛书 编委会

主　任

王　竹

副主任

程慧芳　徐继敏　魏　东

编委会成员（按照姓氏拼音排序）

陈宝贵　程慧芳　范　围　侯国跃　刘召成　汪　灏　王　皓
王　竹　魏　东　徐继敏　徐　鹏　袁淼英　张晓远　张新峰　曾学原

数据分析

四川大学法学院法律大数据实验室

总目录

快速入门指南	001
丛书编写说明	003
《刑法司法适用》分册编写说明	011
目录	013
第一编 案由关联法条索引	001
第二编 核心法律条文主要适用案由及关联法条索引	331
第三编 本书关联法条全文	779
法律规范性文件简全称对照索引表	933
后记	945

快速入门指南

本**丛**书基于"千万级"的裁判文书库和"百万级"法律规范性文件库,通过法律大数据引擎和法律专业团队联袂提供如下快速检索功能:

1. 通过本书第一编"案由关联法条索引"快速检索在该案由下**最常见**适用的**全部**法律规范性文件**条文**,并按照法条相关度★星级进行排序。

2. 通过本书第二编"核心法律条文主要适用案由及关联法条索引"快速检索核心法律每个条文主要适用的**案由**和可**同时适用**的法律规范性文件**条文**,并按照法条相关度★星级进行排序。

3. 通过本书第三编"本书关联法条全文",可以查阅本书涉及的**全部**法律规范性文件的**条文**全文。

4. 本书涉及的每个**案由**和每部**法律**规范性文件首页,以及"法律规范性文件**简全称对照索引表**"均配有"法合二维码",手机扫码可以直接进入"法合案由"和"法合法规"大数据平台,检索实时更新的司法实务动态和法律规范性文件,更多的法律大数据逐步更新上线!

5. 读者也可以直接访问:www.LawSum.com,获取全部法律大数据资源!

更多检索功能和详细使用说明,参见本书"**丛**书编写说明"和各分册编写说明。

丛书编写说明

1. 丛书内容编排方式

本丛书根据人民法院立案时采用的民事、刑事、行政立案案由编写各分册,并根据案由相关度作适当合并。

每分册分为"案由关联法条索引""核心法律条文主要适用案由及关联法条索引"和"本书关联法条全文"三编。其中,每分册第一编"案由关联法条索引"和第二编"核心法律条文主要适用案由及关联法条索引"只列出法律规范性文件名称简称和条文号及其条文主旨,第三编"本书关联法条全文"列出相关法律条文的正文可按需查阅。三编既可以进行交叉检索查阅,又避免了篇幅的重复。

1.1 "案由关联法条索引"

每分册第一编"案由关联法条索引"按照案由顺序展开,每个案由一般再分为"主要适用的法条及其相关度"和"常见适用的其他法条"两部分。

"主要适用的法条及其相关度"部分,参考最高人民法院《关于裁判文书引用法律、法规等规范性法律文件的规定》(法释〔2009〕14号)第3—5条的规定,分析依法可以在裁判文书中作为裁判依据引用的全国性、实体性的法律、法规和司法解释等法律规范性文件及其相关度。在排列顺序上,按照法律、法律解释、行政法规、行政法规解释、司法解释、部门规章的顺序排列;相同顺位法律规范性文件按照各自权重最高法条的权重排列。

"常见适用的其他法条"(不区分星级)部分则列出在裁判文书数量较大的案由中,尽管实际引用率相对不高,但法律专业人士根据经验认为仍然具有重要性的法律条文。[1] 如果"常见适用的其他法条"的显著度不高,则不予罗列。

对于案件数量极少的案由,由于不具备进行法律大数据分析的前提,则

---

[1] 之所以出现这种情况,是由于最高人民法院发布的部分案由细化程度不够,导致部分条文适用的相关度被淡化。未来四川大学法学院"法律大数据实验室"将在法律大数据分析的基础上提出案由的细化建议,方便司法适用。

仅列出全部的"常见适用的法条"(不区分星级),供读者参考。极少数案由尚无足够数量判决书可供法律大数据分析,本丛书也在相应位置予以了说明。

1.2 "核心法律条文主要适用案由及关联法条索引"

每分册第二编"核心法律条文主要适用案由及关联法条索引"选择每分册案由对应的核心法律①、法规(一般是实体性法律②)和重要行政法规,按照法律条文顺序展开,每个条文之下,除了由"四川大学法学院法律大数据实验室"拟定的条文主旨和条文正文之外,分为"主要适用的案由及其相关度"和"同时适用的法条及其相关度"两个部分。

"主要适用的案由及其相关度"是指本条文在"千万级"的裁判文书中,主要适用于哪些案由以及相关度。

"同时适用的法条及其相关度"是指本法条在被判决书作为裁判依据时,同时被引用的其他法律条文及其相关度。

1.3 "本书关联法条全文"

每分册第三编"本书关联法条全文"列出了第一编和第二编涉及的全部法律条文的条文主旨和条文内容,但不重复列出每分册第二编的核心法律③,也不列出在每分册没有涉及的法律条文。在每部法律规范性文件名称和每个条文的条文主旨之后,根据在每分册涵盖案由中的整体被引用情况和法律专业人士的经验判断,根据权重标记为★★★★★到★。

2. 法合码 = 法合索引码 + 法合二维码

为方便查阅,"四川大学法学院法律大数据实验室"设计了"法合码",包括"法合索引码"与"法合二维码"两部分。在"法合码"网站(Key. LawSum. com)输入"法合索引码"或者通过手机扫描"法合二维码"后,均可进入对应的"法合码"页面。

---

① 考虑到《民法通则》的特殊法律地位,本编按照其各章最相关的主题纳入各分册。

② 除了实体法,对程序法上包含的少数实体性法律规范,本丛书也作为实体性规范纳入第二编。

③ 考虑到《民法通则》的特殊法律地位,本分册第二编列出了《民法通则》部分条文的,在第三编如有涉及,仍然按照前两编列出的条文序号列出相应的《民法通则》条文全文。

2.1 "法合索引码"

其以不同字母开头索引不同类别的法律大数据资源,现阶段包括"法规索引码"和"案由索引码"两类。

2.1.1 "法规索引码"以字母 L 开头,对每部法律规范性文件进行编码,例如"L1.1.1《中华人民共和国宪法》"。

2.1.2 "案由索引码"以案件类型区分。

民事案由以字母 M 开头,按照《民事案件案由规定》(法〔2011〕42 号)的四级案由序号编号,例如"M9.30.347.1 公共场所管理人责任纠纷"。

刑事案由以字母 X 开头,按照罪名所在刑法分则主要条文的章、节、条、款命名;历次"修正案"增加的"之一""之二""之三"等款以条序号加"-1""-2""-3"等表示;同一款有多个罪名的,按照顺序命名,例如"X3.4.177-1.2 窃取、收买、非法提供信用卡信息罪"。①

行政案由以字母 Z 开头,按照《最高人民法院关于规范行政案件案由的通知》(法发〔2004〕2 号)的规定,由"行政管理范围""行政行为种类"和"是否涉及行政赔偿"三段序号进行组合;"行政管理范围"有二级分类的,标记为 1、2、3……;不涉及行政赔偿的,标记为 0,涉及行政赔偿的标记为 1,例如"Z13.1.0 道路交通行政处罚"和"Z13.0.1 道路交通行政赔偿"。②

2.2 "法合二维码"

本丛书在全部案由和每部法律规范性文件标题旁边均附有由"法合二维码"及其对应的"法合索引码"组成的完整"法合码"。用户可以根据需要直接扫描"法合二维码",查看详细内容和更新信息,并享受"法合码"的部分免费服务。

3. 丛书检索功能

本丛书经过专业法律团队的精心编排,实现多种快速检索法律规范性文件条文(现阶段仅限于法律、行政法规和司法解释)和案由(部分案由需要跨分册检索)的核心功能,并通过"法合码"提供扩展检索功能和更新服务。

---

① 唯一的例外是"骗购外汇罪"。该罪名的法律依据是《全国人民代表大会常务委员会关于惩治骗购外汇、逃汇和非法买卖外汇犯罪的决定》第 1 条,序号列为"X0.1.1",以指称"刑法之外"的"第 1 部"立法机关决定的"第 1 条"规定的罪名。

② 这样编号的好处是能够涵盖所有可能的行政案由种类,但实务中并非所有的行政部门都可以作出全部 27 种行政行为,所以部分编号可能为空。

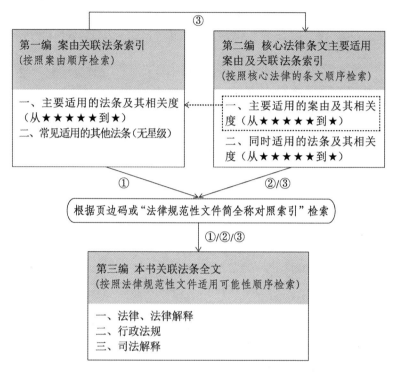

说明:

1. 上图为"快速入门指南"所述本书核心检索功能①②③检索方式的演示图;虚线为根据第二编的"案由"为第一编切换的路径。

2. 除"核心检索功能"外,本书还具有"扩展检索功能":不仅可通过"法合码"(手机扫"法合二维码"或电脑检索"法合索引码")替代"核心检索功能",还能提供内容更新服务。

核心检索功能①:通过"案由"快速检索可能适用的全部法条

适用情形:读者已经确定要适用的案由,希望查找可能适用的全部法条。

第一步:利用第一编"案由关联法条索引"提供的每个案由的"主要适用的法条及其相关度"和"常见适用的其他法条",协助读者根据案由索引,按照从★★★★★到★的顺序,通过浏览【条文主旨】快速地检索到可能适用的全部法条条文序号。

第二步:按照条文序号,在本书第三编"本书关联法条全文"找到条文的全文。读者可以通过法律规范性文件简称对应的页边码,或者通过本书"法律规范性文件简全称对照索引表"找到其所在的页码。

核心检索功能②：通过"核心法律条文"快速检索可能适用的案由和其他关联法条

适用情形：读者已经确定要适用的"核心法律条文"，希望确定可能适用的案由和查找其他关联法条。

第一步：利用第二编"核心法律条文主要适用案由及关联法条索引"提供的每个核心法律条文的"主要适用的案由及其相关度"，协助读者根据核心法律条文索引，按照从★★★★★到★的顺序，通过浏览案由名称快速地检索到可能适用的案由。（如果可能适用多个案由，如存在违约和侵权的请求权竞合，可以转而使用"核心检索功能①"尝试通过不同案由进行检索，以比较以哪种案由提起诉讼更为有利。）

第二步：利用第二编"核心法律条文主要适用案由及关联法条索引"提供的每个核心法律条文的"同时适用的法条及其相关度"，协助读者根据核心法律条文索引，按照从★★★★★到★的顺序，通过浏览【条文主旨】快速地检索到可能同时适用的全部法律条文的条文序号。

第三步：按照条文序号，在本书第三编"本书关联法条全文"找到条文的全文。读者可以通过法律规范性文件简称对应的页边码，或者通过本书"法律规范性文件简全称对照索引表"找到其所在的页码。

核心检索功能③：通过"案由+核心法律条文"快速检索可能适用的全部法条

适用情形：读者已经确定要适用的案由，且有能力识别可能适用的"核心法律条文"，希望快速查找可能适用的全部其他法条。

第一步：利用第一编"案由相关法条索引"提供的每个案由的"主要适用的法条及其相关度"和"常见适用的其他法条"，协助读者根据案由索引，按照从★★★★★到★的顺序，通过浏览【条文主旨】快速地检索到可能适用的"核心法律条文"的条文序号。

第二步：对于每个可能适用的"核心法律条文"，再利用第二编"核心法律条文主要适用案由及关联法条索引"提供的每个核心法律条文的"同时适用的法条及其相关度"，协助读者根据核心法律条文索引，按照从★★★★★到★的顺序，通过浏览【条文主旨】快速地检索到全部可能同时适用法律条文的条文序号。（如果可能适用多个案由，如存在违约和侵权的请求权竞合，可以转而使用"核心检索功能①"尝试通过不同案由进行检索或者再利用"核心检索功能③"第一步尝试通过不同案由进行检索,以比较以哪种案由提起诉讼更为有利。)

第三步:按照条文序号,在本书第三编"本书关联法条全文"找到条文的全文。读者可以通过法律规范性文件简称对应的页边码,或者通过本书"法律规范性文件简全称对照索引表"找到其所在的页码。

扩展检索功能:通过"法合码"实现上述功能和更新服务

方法一:手机扫描"法合二维码"。

每个案由和每部法律规范性文件标题旁边均附有"法合二维码",或利用本书"法律规范性文件简全称对照索引表",按照法律规范性文件简称的拼音顺序检索到每部法律规范性文件的"法合二维码"。通过手机扫描"法合二维码"进入"法合码"系统后,按照提示即可更加方便地辅助实现上述检索功能。

方法二:输入"法合索引码"。

每个"法合二维码"下均有对应的"法合索引码",访问"法合码"网站(Key.LawSum.com),按照提示输入"法合索引码",就可以获得和手机扫描"法合二维码"相同的服务。

4.其他

4.1 相关度

本丛书所称"相关度",是对"千万级"的裁判文书案由和裁判依据进行大数据分析,在裁判依据实际引用情况的基础上,参考法律专业人士的经验判断进行调整后,根据权重标记为★★★★★到★。极少数法条尚无足够数量判决书可供法律大数据分析,本丛书也在相应位置予以了说明。

4.2 法条与法律条文

本丛书所称"法条",为"法律规范性文件条文"的简称;所称"法律条文"为"法律及法律解释文件条文"的简称。

4.3 页边码

本丛书第一、二编的页边码,为所对应法律规范性文件在本书第三编的页码。

4.4 法律规范性文件简全称对照索引表

为了最大限度地方便查阅和节约篇幅,本丛书每分册第一编和第二编中涉及的法律规范性文件名称采用简称,并制作"法律规范性文件简全称对照索引",对全书中涉及的所有法律条文均标记条文主旨。

该表的设计有利于法律规范性文件简全称的对照,并可用于在本书检索或扫码获取法律规范性文件内容。

本丛书涉及的每部法律规范性文件简称,均由"四川大学法学院法律大数据实验室"根据裁判文书中法院在说理部分引用时常见的缩略方式,参考法律专业人士的缩略习惯确定,希望通过进一步的规范来建立法律规范性文件简称的使用标准。

本丛书涉及的条文主旨均由"四川大学法学院法律大数据实验室"根据法律专业人士通行的使用习惯,并尽量照顾到每个条文中的每款内容进行编写,希望通过进一步的规范来建立条文主旨的编写标准。

王　竹
2017 年 6 月 30 日

《刑法司法适用》分册编写说明

《刑法司法适用》一书是"法律大数据·案由法条关联丛书"的第六本。就本书的编写情况,在此作简要说明。

1. 本书系国家重点研发计划"高质高效的审判支撑关键技术及装备研究"(2018YFC0830300)研究成果,感谢科技部对本项研究的大力支持!

2. 数据分析单位

本书的法律大数据分析由"法律大数据实验室"负责。

3. 数据分析范围

本书的法律大数据分析全样本为公开的千万级裁判文书。

4. 案由涵盖范围

根据《刑法》规定,结合"两高"司法解释确定的罪名,本书遴选出合计469个罪名作为案由;其中《刑法修正案(十)》在实质上新增设了罪名"侮辱国歌罪",但是尚未在司法解释中作出明确的解释和规定。

5. 案由编排顺序

考虑到《刑法》分则规定罪名的顺序,在编排上依次排列如下(仅列举章罪名):危害国家安全罪,危害公共安全罪,破坏社会主义市场经济秩序罪,侵犯公民人身权利、民主权利罪,侵犯财产罪,妨害社会管理秩序罪,危害国防利益罪,贪污贿赂罪,渎职罪,军人违反职责罪。

6. 核心法律选取

本书选取的核心法律是《刑法》全文。

本书编写过程受到裁判文书数据数量、质量和分布的客观限制,可能与实务存在一定的偏差,敬请读者谅解。也欢迎读者提出宝贵意见和建议。

魏 东

2019年4月2日

目 录

第一编
案由关联法条索引

1 危害国家安全罪 ········· 003
- X1.102　背叛国家罪 ········· 003
- X1.103.1　分裂国家罪 ········· 003
- X1.103.2　煽动分裂国家罪 ········· ★ 003
- X1.104　武装叛乱、暴乱罪 ········· 003
- X1.105.1　颠覆国家政权罪 ········· 003
- X1.105.2　煽动颠覆国家政权罪 ········· ★ 004
- X1.107　资助危害国家安全犯罪活动罪 ········· 004
- X1.108　投敌叛变罪 ········· 004
- X1.109　叛逃罪 ········· 004
- X1.110　间谍罪 ········· ★★★ 005
- X1.111　为境外窃取、刺探、收买、非法提供国家秘密、情报罪 ········· ★ 005
- X1.112　资敌罪 ········· 006

2 危害公共安全罪 ········· 007
- X2.114:1　放火罪 ········· ★★★★ 007
- X2.114:2　决水罪 ········· 008
- X2.114:3　爆炸罪 ········· ★★★ 008
- X2.114:4　投放危险物质罪 ········· ★★★ 009
- X2.114:5　以危险方法危害公共安全罪 ········· ★★★★ 009
- X2.115.2:1　失火罪 ········· ★★★★ 011
- X2.115.2:2　过失决水罪 ········· ★ 012
- X2.115.2:3　过失爆炸罪 ········· ★ 012

X2.115.2:4　过失投放危险物质罪 …………………………… ★★ 013
X2.115.2:5　过失以危险方法危害公共安全罪 ………… ★★★ 014
X2.116　破坏交通工具罪 ………………………………… ★★ 014
X2.117　破坏交通设施罪 ………………………………… ★★ 015
X2.118:1　破坏电力设备罪 …………………………… ★★★★ 016
X2.118:2　破坏易燃易爆设备罪 ……………………… ★★★ 017
X2.119.2:1　过失损坏交通工具罪 ………………………… 018
X2.119.2:2　过失损坏交通设施罪 ………………………… ★ 018
X2.119.2:3　过失损坏电力设备罪 ………………………… ★★ 019
X2.119.2:4　过失损坏易燃易爆设备罪 …………………… ★ 019
X2.120　组织、领导、参加恐怖组织罪 …………………… ★ 020
X2.120-1　帮助恐怖活动罪 ………………………………… ★ 021
X2.120-2　准备实施恐怖活动罪 …………………………… 021
X2.120-3　宣扬恐怖主义、极端主义、煽动实施恐怖活
动罪 ……………………………………………… ★ 021
X2.120-4　利用极端主义破坏法律实施罪 ………………… ★ 022
X2.120-5　强制穿戴宣扬恐怖主义、极端主义服饰、标志罪 …… 022
X2.120-6　非法持有宣扬恐怖主义、极端主义物品罪 …… ★ 023
X2.121　劫持航空器罪 ……………………………………… 023
X2.122　劫持船只、汽车罪 ………………………………… ★★ 024
X2.123　暴力危及飞行安全罪 …………………………… 024
X2.124.1　破坏广播电视设施、公用电信设施罪 …… ★★★★ 024
X2.124.2　过失损坏广播电视设施、公用电信设施罪 …… ★★ 026
X2.125.1　非法制造、买卖、运输、邮寄、储存枪支、弹药、
爆炸物罪 …………………………………… ★★★★ 026
X2.125.2　非法制造、买卖、运输、储存危险物质罪 …… ★★★ 028
X2.126　违规制造、销售枪支罪 …………………………… ★ 028
X2.127.1　盗窃、抢夺枪支、弹药、爆炸物、危险物质罪 … ★★ 029
X2.127.2　抢劫枪支、弹药、爆炸物、危险物质罪 ………… ★ 030
X2.128.1　非法持有、私藏枪支、弹药罪 ……………… ★★★★ 031
X2.128.2　非法出租、出借枪支罪 …………………………… 032
X2.129　丢失枪支不报罪 …………………………………… 032

X2.130 非法携带枪支、弹药、管制刀具、危险物品危及公共安全罪	★★ 032
X2.131 重大飞行事故罪	033
X2.132 铁路运营安全事故罪	★ 033
X2.133 交通肇事罪	★★★★★ 034
X2.133-1 危险驾驶罪	★★★★★ 035
X2.134.1 重大责任事故罪	★★★★ 036
X2.134.2 强令违章冒险作业罪	★ 037
X2.135 重大劳动安全事故罪	★★★ 038
X2.135-1 大型群众性活动重大安全事故罪	★ 038
X2.136 危险物品肇事罪	★★ 038
X2.137 工程重大安全事故罪	★★ 039
X2.138 教育设施重大安全事故罪	★★ 039
X2.139 消防责任事故罪	★★ 041
X2.139-1 不报、谎报安全事故罪	★ 041

3 破坏社会主义市场经济秩序罪 …… 042

3.1 生产、销售伪劣商品罪 …… 042

X3.1.140 生产、销售伪劣产品罪	★★★★ 042
X3.1.141 生产、销售假药罪	★★★★★ 043
X3.1.142 生产、销售劣药罪	★ 045
X3.1.143 生产、销售不符合安全标准的食品罪	★★★★ 045
X3.1.144 生产、销售有毒、有害食品罪	★★★★ 047
X3.1.145 生产、销售不符合标准的医用器材罪	★ 048
X3.1.146 生产、销售不符合安全标准的产品罪	★★ 048
X3.1.147 生产、销售伪劣农药、兽药、化肥、种子罪	★★ 049
X3.1.148 生产、销售不符合卫生标准的化妆品罪	★ 050

3.2 走私罪 …… 050

X3.2.151.1:1 走私武器、弹药罪	★★ 050
X3.2.151.1:2 走私核材料罪	051
X3.2.151.1:3 走私假币罪	051
X3.2.151.2:1 走私文物罪	051

X3.2.151.2:2	走私贵重金属罪 …………………………… ★	052
X3.2.151.2:3	走私珍贵动物、珍贵动物制品罪 ………… ★★★	052
X3.2.151.3	走私国家禁止进出口的货物、物品罪 …… ★★★	053
X3.2.152.1	走私淫秽物品罪 …………………………… ★	054
X3.2.152.2	走私废物罪 ………………………………… ★★	055
X3.2.153	走私普通货物、物品罪 …………………… ★★★★	056

3.3 妨害对公司、企业的管理秩序罪 ………………………………… 057

X3.3.158	虚报注册资本罪 …………………………… ★★★	057
X3.3.159	虚假出资、抽逃出资罪 …………………… ★★★	058
X3.3.160	欺诈发行股票、债券罪 ……………………	058
X3.3.161	违规披露、不披露重要信息罪 …………… ★	058
X3.3.162	妨害清算罪 ………………………………… ★	059
X3.3.162-1	隐匿、故意销毁会计凭证、会计账簿、财务会计报告罪 ………………………………… ★★★	059
X3.3.162-2	虚假破产罪 …………………………………	060
X3.3.163	非国家工作人员受贿罪 …………………… ★★★★	060
X3.3.164.1	对非国家工作人员行贿罪 ………………… ★★★	062
X3.3.164.2	对外国公职人员、国际公共组织官员行贿罪	062
X3.3.165	非法经营同类营业罪 ……………………… ★	063
X3.3.166	为亲友非法牟利罪 ………………………… ★	064
X3.3.167	签订、履行合同失职被骗罪 ……………… ★	065
X3.3.168:1	国有公司、企业、事业单位人员失职罪 … ★★	067
X3.3.168:2	国有公司、企业、事业单位人员滥用职权罪 …………………………………………… ★★	067
X3.3.169	徇私舞弊低价折股、出售国有资产罪 …… ★	068
X3.3.169-1	背信损害上市公司利益罪 ………………… ★	069

3.4 破坏金融管理秩序罪 ………………………………………………… 069

X3.4.170	伪造货币罪 ………………………………… ★★	069
X3.4.171.1	出售、购买、运输假币罪 ………………… ★★★	070
X3.4.171.2	金融工作人员购买假币、以假币换取货币罪 ……	071
X3.4.172	持有、使用假币罪 ………………………… ★★★	071
X3.4.173	变造货币罪 ………………………………… ★	072

X3.4.174.1 擅自设立金融机构罪 ……………………… ★ 072

X3.4.174.2 伪造、变造、转让金融机构经营许可证、批准
文件罪 ………………………………… ★ 073

X3.4.175 高利转贷罪 …………………………… ★★ 073

X3.4.175-1 骗取贷款、票据承兑、金融票证罪 ……… ★★★★ 074

X3.4.176 非法吸收公众存款罪 ………………… ★★★★★ 075

X3.4.177 伪造、变造金融票证罪 ……………… ★★★ 076

X3.4.177-1.1 妨害信用卡管理罪 …………………… ★★★★ 077

X3.4.177-1.2 窃取、收买、非法提供信用卡信息罪 …… ★★ 078

X3.4.178.1 伪造、变造国家有价证券罪 …………… ★ 079

X3.4.178.2 伪造、变造股票、公司、企业债券罪 ……… 080

X3.4.179 擅自发行股票、公司、企业债券罪 ………… ★ 080

X3.4.180.1 内幕交易、泄露内幕信息罪 …………… ★★ 081

X3.4.180.4 利用未公开信息交易罪 ………………… ★ 082

X3.4.181.1 编造并传播证券、期货交易虚假信息罪 …… ★ 083

X3.4.181.2 诱骗投资者买卖证券、期货合约罪 ………… 083

X3.4.182 操纵证券、期货市场罪 ………………… ★ 084

X3.4.185-1.1 背信运用受托财产罪 …………………… 084

X3.4.185-1.2 违法运用资金罪 ………………………… 084

X3.4.186 违法发放贷款罪 ……………………… ★★★ 084

X3.4.187 吸收客户资金不入账罪 ………………… ★ 085

X3.4.188 违规出具金融票证罪 ………………… ★★ 086

X3.4.189 对违法票据承兑、付款、保证罪 ………… ★ 087

X3.4.190 逃汇罪 ………………………………… ★ 087

X3.4.190-1 骗购外汇罪 …………………………… ★ 088

X3.4.191 洗钱罪 ………………………………… ★★ 089

3.5 金融诈骗罪 ……………………………………… 089

X3.5.192 集资诈骗罪 ………………………… ★★★★ 089

X3.5.193 贷款诈骗罪 ………………………… ★★★ 091

X3.5.194.1 票据诈骗罪 ………………………… ★★★ 092

X3.5.194.2 金融凭证诈骗罪 ……………………… ★★ 092

X3.5.195 信用证诈骗罪 ……………………… ★ 093

- X3.5.196 信用卡诈骗罪 ★★★★ 095
- X3.5.197 有价证券诈骗罪 ★ 096
- X3.5.198 保险诈骗罪 ★★★ 096

3.6 危害税收征管罪 097
- X3.6.201 逃税罪 ★★★ 097
- X3.6.202 抗税罪 098
- X3.6.203 逃避追缴欠税罪 ★ 098
- X3.6.204.1 骗取出口退税罪 ★★ 099
- X3.6.205 虚开增值税专用发票、用于骗取出口退税、抵扣税款发票罪 ★★★★ 100
- X3.6.205-1 虚开发票罪 ★★★★ 101
- X3.6.206 伪造、出售伪造的增值税专用发票罪 ★★ 102
- X3.6.207 非法出售增值税专用发票罪 ★ 103
- X3.6.208.1 非法购买增值税专用发票、购买伪造的增值税专用发票罪 ★★ 105
- X3.6.209.1 非法制造、出售非法制造的用于骗取出口退税、抵扣税款发票罪 ★ 105
- X3.6.209.2 非法制造、出售非法制造的发票罪 ★★★ 106
- X3.6.209.3 非法出售用于骗取出口退税、抵扣税款发票罪 ★ 108
- X3.6.209.4 非法出售发票罪 ★★★ 109
- X3.6.210-1 持有伪造的发票罪 ★★★★ 109

3.7 侵犯知识产权罪 110
- X3.7.213 假冒注册商标罪 ★★★★ 110
- X3.7.214 销售假冒注册商标的商品罪 ★★★★ 112
- X3.7.215 非法制造、销售非法制造的注册商标标识罪 ★★★★ 113
- X3.7.216 假冒专利罪 ★ 115
- X3.7.217 侵犯著作权罪 ★★★★ 116
- X3.7.218 销售侵权复制品罪 ★★ 117
- X3.7.219 侵犯商业秘密罪 ★★ 118

3.8 扰乱市场秩序罪 …… 120

- X3.8.221　损害商业信誉、商品声誉罪 …… ★ 120
- X3.8.222　虚假广告罪 …… ★ 121
- X3.8.223　串通投标罪 …… ★★★ 122
- X3.8.224　合同诈骗罪 …… ★★★★★ 122
- X3.8.224-1　组织、领导传销活动罪 …… ★★★ 123
- X3.8.225　非法经营罪 …… ★★★★★ 124
- X3.8.226　强迫交易罪 …… ★★★★ 126
- X3.8.227.1　伪造、倒卖伪造的有价票证罪 …… ★★ 127
- X3.8.227.2　倒卖车票、船票罪 …… ★★ 128
- X3.8.228　非法转让、倒卖土地使用权罪 …… ★★★ 129
- X3.8.229.1　提供虚假证明文件罪 …… ★★ 130
- X3.8.229.3　出具证明文件重大失实罪 …… ★★ 131
- X3.8.230　逃避商检罪 …… ★ 131

4　侵犯公民人身权利、民主权利罪 …… 132

- X4.232　故意杀人罪 …… ★★★★★ 132
- X4.233　过失致人死亡罪 …… ★★★★ 133
- X4.234　故意伤害罪 …… ★★★★★ 134
- X4.234-1.1　组织出卖人体器官罪 …… ★ 136
- X4.235　过失致人重伤罪 …… ★★★★ 137
- X4.236　强奸罪 …… ★★★★ 138
- X4.237.1　强制猥亵、侮辱罪 …… ★★★ 139
- X4.237.3　猥亵儿童罪 …… ★★★★ 140
- X4.238　非法拘禁罪 …… ★★★★★ 140
- X4.239　绑架罪 …… ★★★★ 141
- X4.240　拐卖妇女、儿童罪 …… ★★★★ 142
- X4.241.1　收买被拐卖的妇女、儿童罪 …… ★★★ 144
- X4.242.2　聚众阻碍解救被收买的妇女、儿童罪 …… 144
- X4.243　诬告陷害罪 …… ★★★ 144
- X4.244　强迫劳动罪 …… ★★ 145
- X4.244-1　雇用童工从事危重劳动罪 …… ★ 146

编号	罪名	星级	页码
X4.245:1	非法搜查罪	★	146
X4.245:2	非法侵入住宅罪	★★★	147
X4.246:1	侮辱罪	★★	148
X4.246:2	诽谤罪	★★	148
X4.247:1	刑讯逼供罪	★	149
X4.247:2	暴力取证罪		150
X4.248	虐待被监管人罪	★★	151
X4.249	煽动民族仇恨、民族歧视罪	★	151
X4.250	出版歧视、侮辱少数民族作品罪		152
X4.251:1	非法剥夺公民宗教信仰自由罪		152
X4.251:2	侵犯少数民族风俗习惯罪		152
X4.252	侵犯通信自由罪	★	152
X4.253.1	私自开拆、隐匿、毁弃邮件、电报罪	★★★	153
X4.253-1	侵犯公民个人信息罪		154
X4.254	报复陷害罪		154
X4.255	打击报复会计、统计人员罪		154
X4.256	破坏选举罪	★	155
X4.257	暴力干涉婚姻自由罪		155
X4.258	重婚罪	★★★	156
X4.259.1	破坏军婚罪	★	156
X4.260	虐待罪	★★	156
X4.260-1	虐待被监护、看护人罪	★	157
X4.261	遗弃罪	★★	158
X4.262	拐骗儿童罪	★★	158
X4.262-1	组织残疾人、儿童乞讨罪	★	159
X4.262-2	组织未成年人进行违反治安管理活动罪	★	159

5 侵犯财产罪 161

编号	罪名	星级	页码
X5.263	抢劫罪	★★★★★	161
X5.264	盗窃罪	★★★★★	162
X5.266	诈骗罪	★★★★★	163
X5.267.1	抢夺罪	★★★★	164

X5.268	聚众哄抢罪	★★	166
X5.270	侵占罪	★★★	166
X5.271.1	职务侵占罪	★★★★★	167
X5.272.1	挪用资金罪	★★★★	168
X5.273	挪用特定款物罪	★★	169
X5.274	敲诈勒索罪	★★★★	170
X5.275	故意毁坏财物罪	★★★★★	171
X5.276	破坏生产经营罪	★★★	172
X5.276-1	拒不支付劳动报酬罪	★★★★	173

6 妨害社会管理秩序罪 …… 175

6.1 扰乱公共秩序罪 …… 175

X6.1.277	妨害公务罪	★★★★★	175
X6.1.278	煽动暴力抗拒法律实施罪	★	176
X6.1.279	招摇撞骗罪	★★★	176
X6.1.280.1:1	伪造、变造、买卖国家机关公文、证件、印章罪	★★★★	177
X6.1.280.1:2	盗窃、抢夺、毁灭国家机关公文、证件、印章罪	★★	178
X6.1.280.2	伪造公司、企业、事业单位、人民团体印章罪	★★★★	179
X6.1.280.3	伪造、变造、买卖身份证件罪	★★★★	180
X6.1.280-1	使用虚假身份证件、盗用身份证件罪	★★★	181
X6.1.281	非法生产、买卖警用装备罪	★★	181
X6.1.282.1	非法获取国家秘密罪	★★	182
X6.1.282.2	非法持有国家绝密、机密文件、资料、物品罪	★	182
X6.1.283	非法生产、销售专用间谍器材、窃听、窃照专用器材罪	★	183
X6.1.284	非法使用窃听、窃照专用器材罪	★★	184
X6.1.284-1.1	组织考试作弊罪	★★★	184
X6.1.284-1.3	非法出售、提供试题、答案罪	★★	185

X6.1.284-1.4　代替考试罪 ★★★ 186
X6.1.285.1　非法侵入计算机信息系统罪 ★★ 186
X6.1.285.2　非法获取计算机信息系统数据、非法控制计算机信息系统罪 ★★★ 187
X6.1.285.3　提供侵入、非法控制计算机信息系统程序、工具罪 ★★ 188
X6.1.286　破坏计算机信息系统罪 ★★★ 189
X6.1.286-1　拒不履行信息网络安全管理义务罪 189
X6.1.287-1　非法利用信息网络罪 ★ 189
X6.1.287-2　帮助信息网络犯罪活动罪 ★ 190
X6.1.288　扰乱无线电通讯管理秩序罪 ★★★ 191
X6.1.290.1　聚众扰乱社会秩序罪 ★★★★ 192
X6.1.290.2　聚众冲击国家机关罪 ★★★ 193
X6.1.290.3　扰乱国家机关工作秩序罪 ★★ 193
X6.1.290.4　组织、资助非法聚集罪 ★ 194
X6.1.291　聚众扰乱公共场所秩序、交通秩序罪 ★★★ 195
X6.1.291-1.1:1　投放虚假危险物质罪 ★ 195
X6.1.291-1.1:2　编造、故意传播虚假恐怖信息罪 ★★★ 196
X6.1.291-1.2　编造、故意传播虚假信息罪 ★ 197
X6.1.292.1　聚众斗殴罪 ★★★★★ 197
X6.1.293　寻衅滋事罪 ★★★★★ 199
X6.1.294.1　组织、领导、参加黑社会性质组织罪 ★★★ 200
X6.1.294.2　入境发展黑社会组织罪 201
X6.1.294.3　包庇、纵容黑社会性质组织罪 ★ 201
X6.1.295　传授犯罪方法罪 ★★ 202
X6.1.296　非法集会、游行、示威罪 ★★ 203
X6.1.297　非法携带武器、管制刀具、爆炸物参加集会、游行、示威罪 ★ 204
X6.1.298　破坏集会、游行、示威罪 ★ 204
X6.1.299　侮辱国旗、国徽罪 ★ 206
X6.1.300.1　组织、利用会道门、邪教组织、利用迷信破坏法律实施罪 ★★★ 206

X6.1.300.2	组织、利用会道门、邪教组织、利用迷信致人重伤、死亡罪	★ 207
X6.1.301.1	聚众淫乱罪	★ 208
X6.1.301.2	引诱未成年人聚众淫乱罪	★ 209
X6.1.302	盗窃、侮辱、故意毁坏尸体、尸骨、骨灰罪	★★ 209
X6.1.303.1	赌博罪	★★★★★ 209
X6.1.303.2	开设赌场罪	★★★★★ 211
X6.1.304	故意延误投递邮件罪	212

6.2 妨害司法罪 ································ 212

X6.2.305	伪证罪	★★★ 212
X6.2.306	辩护人、诉讼代理人毁灭证据、伪造证据、妨害作证罪	★ 213
X6.2.307.1	妨害作证罪	★★★ 213
X6.2.307.2	帮助毁灭、伪造证据罪	★★★ 214
X6.2.307-1	虚假诉讼罪	214
X6.2.308	打击报复证人罪	★★ 215
X6.2.308-1.1	泄露不应公开的案件信息罪	215
X6.2.308-1.3	披露、报道不应公开的案件信息	215
X6.2.309	扰乱法庭秩序罪	★★ 215
X6.2.310	窝藏、包庇罪	★★★★ 216
X6.2.311	拒绝提供间谍犯罪、恐怖主义犯罪、极端主义犯罪证据罪	217
X6.2.312	掩饰、隐瞒犯罪所得、犯罪所得收益罪	★★★★★ 217
X6.2.313	拒不执行判决、裁定罪	★★★★ 219
X6.2.314	非法处置查封、扣押、冻结的财产罪	★★★ 220
X6.2.315	破坏监管秩序罪	★★★ 220
X6.2.316.1	脱逃罪	★★★ 221
X6.2.316.2	劫夺被押解人员罪	★ 221
X6.2.317.1	组织越狱罪	★ 223
X6.2.317.2:1	暴动越狱罪	223
X6.2.317.2:2	聚众持械劫狱罪	223

6.3 妨害国(边)境管理罪 ·· 224
    X6.3.318   组织他人偷越国(边)境罪 ··················· ★★★ 224
    X6.3.319   骗取出境证件罪 ································· ★★ 225
    X6.3.320:1   提供伪造、变造的出入境证件罪 ············ ★ 226
    X6.3.320:2   出售出入境证件罪 ······························ ★ 227
    X6.3.321   运送他人偷越国(边)境罪 ····················· ★★★ 228
    X6.3.322   偷越国(边)境罪 ································· ★★★ 229
    X6.3.323:1   破坏界碑、界桩罪 ······························· 229
    X6.3.323:2   破坏永久性测量标志罪 ························ 229

6.4 妨害文物管理罪 ·· 230
    X6.4.324.1   故意损毁文物罪 ······························ ★★ 230
    X6.4.324.2   故意损毁名胜古迹罪 ·························· ★ 230
    X6.4.324.3   过失损毁文物罪 ································· 231
    X6.4.325   非法向外国人出售、赠送珍贵文物罪 ········· 231
    X6.4.326   倒卖文物罪 ·· ★★ 231
    X6.4.327   非法出售、私赠文物藏品罪 ·························· 232
    X6.4.328.1   盗掘古文化遗址、古墓葬罪 ··········· ★★★★ 232
    X6.4.328.2   盗掘古人类化石、古脊椎动物化石罪 ······ ★ 233
    X6.4.329.1   抢夺、窃取国有档案罪 ·························· ★ 234
    X6.4.329.2   擅自出卖、转让国有档案罪 ····················· 234

6.5 危害公共卫生罪 ·· 235
    X6.5.330   妨害传染病防治罪 ······································ 235
    X6.5.331   传染病菌种、毒种扩散罪 ······························ 235
    X6.5.332   妨害国境卫生检疫罪 ····································· 235
    X6.5.333.1:1   非法组织卖血罪 ····························· ★★★ 235
    X6.5.333.1:2   强迫卖血罪 ······································· 236
    X6.5.334.1   非法采集、供应血液、制作、供应血液制品罪 ··· 236
    X6.5.334.2   采集、供应血液、制作、供应血液制品事故罪 ····· 236
    X6.5.335   医疗事故罪 ··· ★★ 236
    X6.5.336.1   非法行医罪 ···································· ★★★★ 238
    X6.5.336.2   非法进行节育手术罪 ························· ★★★ 239
    X6.5.337.1   妨害动植物防疫、检疫罪 ························ ★ 239

6.6 破坏环境资源保护罪 ·············· 240

- X6.6.338　污染环境罪 ·············· ★★★★ 240
- X6.6.339.1　非法处置进口的固体废物罪 ·············· ★ 241
- X6.6.339.2　擅自进口固体废物罪 ·············· 242
- X6.6.340　非法捕捞水产品罪 ·············· ★★★ 242
- X6.6.341.1:1　非法猎捕、杀害珍贵、濒危野生动物罪 ·············· ★★★ 243
- X6.6.341.1:2　非法收购、运输、出售珍贵、濒危野生动物、珍贵、濒危野生动物制品罪 ·············· ★★★★ 244
- X6.6.341.2　非法狩猎罪 ·············· ★★★ 245
- X6.6.342　非法占用农用地罪 ·············· ★★★★ 246
- X6.6.343.1　非法采矿罪 ·············· ★★★ 247
- X6.6.343.2　破坏性采矿罪 ·············· ★ 248
- X6.6.344:1　非法采伐、毁坏国家重点保护植物罪 ·············· ★★★ 249
- X6.6.344:2　非法收购、运输、加工、出售国家重点保护植物、国家重点保护植物制品罪 ·············· ★★★ 250
- X6.6.345.1　盗伐林木罪 ·············· ★★★★ 251
- X6.6.345.2　滥伐林木罪 ·············· ★★★★ 252
- X6.6.345.3　非法收购、运输盗伐、滥伐的林木罪 ·············· ★★★ 253

6.7 走私、贩卖、运输、制造毒品罪 ·············· 254

- X6.7.347　走私、贩卖、运输、制造毒品罪 ·············· ★★★★ 254
- X6.7.348　非法持有毒品罪 ·············· ★★★★ 255
- X6.7.349.1:1　包庇毒品犯罪分子罪 ·············· ★★ 256
- X6.7.349.1:2　窝藏、转移、隐瞒毒品、毒赃罪 ·············· ★★ 257
- X6.7.350　非法生产、买卖、运输制毒物品、走私制毒物品罪 ·············· ★★★ 258
- X6.7.351　非法种植毒品原植物罪 ·············· ★★★ 259
- X6.7.352　非法买卖、运输、携带、持有毒品原植物种子、幼苗罪 ·············· ★★ 259
- X6.7.353.1　引诱、教唆、欺骗他人吸毒罪 ·············· ★★★ 260
- X6.7.353.2　强迫他人吸毒罪 ·············· ★★ 261
- X6.7.354　容留他人吸毒罪 ·············· ★★★★★ 261

X6.7.355　非法提供麻醉药品、精神药品罪 ………………… 263
6.8　组织、强迫、引诱、容留、介绍卖淫罪 …………………… 263
X6.8.358.1:1　组织卖淫罪 ………………………… ★★★★ 263
X6.8.358.1:2　强迫卖淫罪 …………………………… ★★★ 264
X6.8.358.4　协助组织卖淫罪 ……………………… ★★★★ 265
X6.8.359.1　引诱、容留、介绍卖淫罪 …………… ★★★★ 266
X6.8.359.2　引诱幼女卖淫罪 ……………………………… ★ 267
X6.8.360　传播性病罪 …………………………………… ★★ 268
6.9　制作、贩卖、传播淫秽物品罪 ………………………………… 269
X6.9.363.1　制作、复制、出版、贩卖、传播淫秽物品
牟利罪 ………………………………… ★★★★ 269
X6.9.363.2　为他人提供书号出版淫秽书刊罪 …………… 270
X6.9.364.1　传播淫秽物品罪 …………………… ★★★★ 271
X6.9.364.2　组织播放淫秽音像制品罪 …………………… ★ 272
X6.9.365　组织淫秽表演罪 ……………………………… ★★ 272

7　危害国防利益罪 …………………………………………… 274
X7.368.1　阻碍军人执行职务罪 …………………………… ★ 274
X7.368.2　阻碍军事行动罪 ………………………………… ★ 274
X7.369.1　破坏武器装备、军事设施、军事通信罪 …… ★★ 275
X7.369.2　过失损坏武器装备、军事设施、军事通信罪 … ★★ 275
X7.370.1　故意提供不合格武器装备、军事设施罪 ………… 276
X7.370.2　过失提供不合格武器装备、军事设施罪 ………… 276
X7.371.1　聚众冲击军事禁区罪 …………………………… ★ 276
X7.371.2　聚众扰乱军事管理区秩序罪 …………………… ★ 277
X7.372　冒充军人招摇撞骗罪 …………………………… ★★★ 277
X7.373:1　煽动军人逃离部队罪 ……………………………… 277
X7.373:2　雇用逃离部队军人罪 ……………………………… 278
X7.374　接送不合格兵员罪 ………………………………… 278
X7.375.1:1　伪造、变造、买卖武装部队公文、证件、
印章罪 …………………………………………… ★★ 278
X7.375.1:2　盗窃、抢夺武装部队公文、证件、印章罪 …… 279

X7.375.2	非法生产、买卖武装部队制式服装罪	★	279
X7.375.3	伪造、盗窃、买卖、非法提供、非法使用武装部队专用标志罪	★★	280
X7.376.1	战时拒绝、逃避征召、军事训练罪		281
X7.376.2	战时拒绝、逃避服役罪		281
X7.377	战时故意提供虚假敌情罪		281
X7.378	战时造谣扰乱军心罪		281
X7.379	战时窝藏逃离部队军人罪		281
X7.380	战时拒绝、故意延误军事订货罪		282
X7.381	战时拒绝军事征收、征用罪		282

8 贪污贿赂罪 … 283

X8.382	贪污罪	★★★★★	283
X8.384	挪用公款罪	★★★★	284
X8.385	受贿罪	★★★★★	286
X8.387	单位受贿罪	★★★	288
X8.388-1	利用影响力受贿罪	★★	289
X8.389	行贿罪	★★★★	290
X8.390-1	对有影响力的人行贿罪	★	291
X8.391	对单位行贿罪	★★	292
X8.392	介绍贿赂罪	★★★	293
X8.393	单位行贿罪	★★★★	294
X8.395.1	巨额财产来源不明罪	★★	295
X8.395.2	隐瞒境外存款罪	★	296
X8.396.1	私分国有资产罪	★★★	297
X8.396.2	私分罚没财物罪		297

9 渎职罪 … 298

X9.397:1	滥用职权罪	★★★★	298
X9.397:2	玩忽职守罪	★★★★	300
X9.398:1	故意泄露国家秘密罪	★★	300
X9.398:2	过失泄露国家秘密罪		301
X9.399.1	徇私枉法罪	★★★	301

X9.399.2　民事、行政枉法裁判罪 ★★ 302
X9.399.3:1　执行判决、裁定失职罪 ★ 303
X9.399.3:2　执行判决、裁定滥用职权罪 ★ 304
X9.399-1　枉法仲裁罪 305
X9.400.1　私放在押人员罪 ★ 305
X9.400.2　失职致使在押人员脱逃罪 ★★ 306
X9.401　徇私舞弊减刑、假释、暂予监外执行罪 ★★ 307
X9.402　徇私舞弊不移交刑事案件罪 ★★ 308
X9.403　滥用管理公司、证券职权罪 ★ 309
X9.404　徇私舞弊不征、少征税款罪 ★★ 309
X9.405.1　徇私舞弊发售发票、抵扣税款、出口退税罪 ★ 310
X9.405.2　违法提供出口退税凭证罪 ★ 311
X9.406　国家机关工作人员签订、履行合同失职被骗罪 ★ 312
X9.407　违法发放林木采伐许可证罪 ★★ 312
X9.408　环境监管失职罪 ★★ 313
X9.408-1　食品监管渎职罪 ★★ 314
X9.409　传染病防治失职罪 ★ 315
X9.410:1　非法批准征收、征用、占用土地罪 ★ 315
X9.410:2　非法低价出让国有土地使用权罪 ★ 317
X9.411　放纵走私罪 ★ 318
X9.412.1　商检徇私舞弊罪 ★ 320
X9.412.2　商检失职罪 320
X9.413.1　动植物检疫徇私舞弊罪 ★★★ 321
X9.413.2　动植物检疫失职罪 ★ 321
X9.414　放纵制售伪劣商品犯罪行为罪 322
X9.415:1　办理偷越国(边)境人员出入境证件罪 323
X9.415:2　放行偷越国(边)境人员罪 323
X9.416.1　不解救被拐卖、绑架妇女、儿童罪 323
X9.416.2　阻碍解救被拐卖、绑架妇女、儿童罪 323
X9.417　帮助犯罪分子逃避处罚罪 ★★★ 324
X9.418　招收公务员、学生徇私舞弊罪 ★★ 324
X9.419　失职造成珍贵文物损毁、流失罪 ★ 325

10 军人违反职责罪 ... 326

- X10.421　战时违抗命令罪 ... 326
- X10.422:1　隐瞒、谎报军情罪 ... 326
- X10.422:2　拒传、假传军令罪 ... 326
- X10.423　投降罪 ... 326
- X10.424　战时临阵脱逃罪 ... 326
- X10.425　擅离、玩忽军事职守罪 ... 326
- X10.426　阻碍执行军事职务罪 ... 326
- X10.427　指使部属违反职责罪 ... 326
- X10.428　违令作战消极罪 ... 327
- X10.429　拒不救援友邻部队罪 ... 327
- X10.430　军人叛逃罪 ... 327
- X10.431.1　非法获取军事秘密罪 ... 327
- X10.431.2　为境外窃取、刺探、收买、非法提供军事秘密罪 ... 327
- X10.432:1　故意泄露军事秘密罪 ... 327
- X10.432:2　过失泄露军事秘密罪 ... 327
- X10.433　战时造谣惑众罪 ... 327
- X10.434　战时自伤罪 ... 327
- X10.435　逃离部队罪 ... 328
- X10.436　武器装备肇事罪 ... 328
- X10.437　擅自改变武器装备编配用途罪 ... 328
- X10.438　盗窃、抢夺武器装备、军用物资罪 ... 328
- X10.439　非法出卖、转让武器装备罪 ... 328
- X10.440　遗弃武器装备罪 ... 328
- X10.441　遗失武器装备罪 ... 328
- X10.442　擅自出卖、转让军队房地产罪 ... 329
- X10.443　虐待部属罪 ... 329
- X10.444　遗弃伤病军人罪 ... 329
- X10.445　战时拒不救治伤病军人罪 ... 329
- X10.446　战时残害居民、掠夺居民财物罪 ... 329
- X10.447　私放俘虏罪 ... 329

X10.448 虐待俘虏罪 ································ 329

第二编
核心法律条文主要适用案由及关联法条索引

一、中华人民共和国刑法 ·················· ★★★★★ 333

第一编 总则 ································ 333
第一章 刑法的任务、基本原则和适用范围 ············ 333
第 1 条【刑法的目的与根据】 ············ ★★★★ 333
第 2 条【刑法的任务】 ·················· ★★★★ 335
第 3 条【罪刑法定原则】 ·················· ★★★★ 336
第 4 条【适用刑法人人平等原则】 ············ ★★★ 338
第 5 条【罪责刑相适应原则】 ··············· ★★★★ 339
第 6 条【属地管辖】 ···················· ★★★★ 341
第 7 条【属人管辖】 ······················· ★★ 342
第 8 条【保护管辖】 ······················ ★★★ 344
第 9 条【普遍管辖】 ······················· ★★ 345
第 10 条【域外刑事判决的消极承认】 ··········· ★★ 347
第 11 条【外交豁免】 ······················ ★★ 348
第 12 条【刑法的溯及力】 ················ ★★★★ 350

第二章 犯罪 ······························ 352
第 13 条【犯罪概念】 ····················· ★★★ 352
第 14 条【故意犯罪】 ···················· ★★★★ 354
第 15 条【过失犯罪】 ····················· ★★★ 356
第 16 条【不可抗力与意外事件】 ·············· ★★ 357
第 17 条【刑事责任年龄】 ················ ★★★★ 358
第 17 条之 1【老年人犯罪的刑事责任】 ········ ★★★★ 359
第 18 条【精神病人与醉酒的人的刑事责任】 ······ ★★★★★ 361
第 19 条【又聋又哑的人或者盲人犯罪的刑事责任】 ····· ★★★★ 363

第20条【正当防卫;防卫过当;特别防卫】……………… ★★★★ 364
第21条【紧急避险;避险过当】…………………………… 365
第22条【犯罪预备;犯罪预备的处罚】…………… ★★★★ 365
第23条【犯罪未遂;犯罪未遂的处罚】…………… ★★★★ 367
第24条【犯罪中止;犯罪中止的处罚】…………… ★★★★ 368
第25条【共同犯罪的概念】………………………… ★★★★ 369
第26条【主犯;犯罪集团】………………………… ★★★★★ 371
第27条【从犯;从犯的处罚】……………………… ★★★★★ 373
第28条【胁从犯】……………………………………… ★★ 375
第29条【教唆犯;教唆犯的处罚】………………………… ★★★ 376
第30条【单位负刑事责任的范围】………………… ★★★ 377
第31条【单位犯罪的处罚】………………………… ★★★ 379

第三章 刑罚 ……………………………………………… 380

第32条【刑罚的种类】………………………………………… 380
第33条【主刑种类】………………………………………… ★★ 380
第34条【附加刑种类】……………………………………… ★★★ 383
第35条【驱逐出境】………………………………………… ★★★ 384
第36条【犯罪行为的民事赔偿责任】……………… ★★★★ 385
第37条【免予刑事处罚与非刑事处罚措施】……… ★★★★ 387
第37条之1【从业禁止】……………………………………… ★★ 389
第38条【管制的期限;禁止令;社区矫正】………… ★★★★ 391
第39条【管制犯的义务;劳动报酬】………………… ★★★ 392
第40条【管制的解除】………………………………… ★★★ 393
第41条【管制刑期的计算与折抵】………………… ★★★★ 395
第42条【拘役的期限】……………………………… ★★★★★ 396
第43条【拘役的执行】……………………………… ★★★★★ 397
第44条【拘役刑期的计算与折抵】………………… ★★★★★ 398
第45条【有期徒刑的期限】………………………… ★★★★★ 399
第46条【有期徒刑与无期徒刑的执行】……………… ★★★ 401

第47条【有期徒刑刑期的计算与折抵】……………… ★★★★★ 403
第48条【死刑的适用条件与核准程序】……………… ★★★★ 404
第49条【不得适用死刑的对象】………………………… ★★ 406
第50条【死缓的法律后果;死缓的限制减刑情形】 …… ★★★ 407
第51条【死缓期间与减为有期徒刑的刑期计算】……… ★★★ 409
第52条【罚金数额的裁量】……………………………… ★★★★★ 410
第53条【罚金的缴纳、减免】…………………………… ★★★★★ 412
第54条【剥夺政治权利的范围】………………………… ★★★ 413
第55条【剥夺政治权利的期限】………………………… ★★★★★ 415
第56条【剥夺政治权利的适用范围】…………………… ★★★★★ 417
第57条【死刑、无期徒刑犯剥夺政治权利的期限】…… ★★★★★ 419
第58条【附加剥夺政治权利的刑期计算、效力与执行】… ★★★★ 420
第59条【没收财产的范围】……………………………… ★★★★★ 422
第60条【正当债务的偿还】……………………………… ★★ 424

第四章 刑罚的具体运用 …………………………………… 426

第61条【量刑根据】……………………………………… ★★★★★ 426
第62条【从重、从轻处罚】……………………………… ★★★★★ 428
第63条【减轻处罚】……………………………………… ★★★ 430
第64条【犯罪所得之物、所用之物的处理】…………… ★★★★ 432
第65条【一般累犯】……………………………………… ★★★★★ 433
第66条【特别累犯】……………………………………… ★★ 435
第67条【自首及其认定】………………………………… ★★★★★ 436
第68条【立功】…………………………………………… ★★★★★ 438
第69条【判决宣告前一人犯数罪的并罚】……………… ★★★★★ 440
第70条【判决宣告后刑罚执行完毕前发现漏罪
　　　　的并罚】……………………………………… ★★★★★ 443
第71条【判决宣告后刑罚执行完毕前又犯新罪
　　　　的并罚】……………………………………… ★★★★★ 445
第72条【缓刑的条件、禁止令与附加刑的执行】……… ★★★★★ 446

- 第73条【缓刑考验期限】 ★★★★★ 448
- 第74条【不适用缓刑的对象】 ★★★ 449
- 第75条【缓刑犯应遵守的规定】 ★★★ 450
- 第76条【社区矫正;缓刑考验合格的处理】 ★★★★★ 452
- 第77条【缓刑考验不合格的处理】 ★★★★★ 453
- 第78条【减刑的条件与限度】 455
- 第79条【减刑程序】 455
- 第80条【无期徒刑减刑的刑期计算】 456
- 第81条【假释的条件;不得假释的情形】 ★★★★ 456
- 第82条【假释的程序】 457
- 第83条【假释考验期限】 ★★ 457
- 第84条【假释犯应遵守的规定】 459
- 第85条【社区矫正;假释考验合格的处理】 ★★ 459
- 第86条【假释考验不合格的处理】 ★★★★ 460
- 第87条【追诉期限】 ★★ 461
- 第88条【不受追诉期限限制的情形】 ★★ 463
- 第89条【追诉期限的计算】 ★★ 465

第五章 其他规定 467

- 第90条【民族自治地方对刑法的变通、补充规定】 467
- 第91条【公共财产的定义与范围】 ★★★ 468
- 第92条【公民私人所有财产的范围】 ★★ 469
- 第93条【国家工作人员的范围】 ★★★★★ 471
- 第94条【司法工作人员的含义】 ★★ 473
- 第95条【重伤的含义】 474
- 第96条【违反国家规定的含义】 474
- 第97条【首要分子的含义】 ★★ 475
- 第98条【告诉才处理的含义】 476
- 第99条【刑法中以上、以下、以内的界定】 ★★ 476
- 第100条【前科报告】 478

第101条【总则的效力】 …………………………………… 478
第二编 分则 …………………………………………………… 478
第一章 危害国家安全罪 …………………………………… 478
第102条【背叛国家罪】 …………………………………… 478
第103条【分裂国家罪;煽动分裂国家罪】 ……………… 478
第104条【武装叛乱、暴乱罪】 …………………………… 478
第105条【颠覆国家政权罪;煽动颠覆国家政权罪】 …… 479
第106条【与境外勾结犯罪从重处罚】 …………………… 479
第107条【资助危害国家安全犯罪活动罪】 ……………… 479
第108条【投敌叛变罪】 …………………………………… 479
第109条【叛逃罪】 ………………………………………… 479
第110条【间谍罪】 ………………………………………… 480
第111条【为境外窃取、刺探、收买、非法提供国家秘密、情报罪】 …… 480
第112条【资敌罪】 ………………………………………… 480
第113条【危害国家安全罪死刑及没收财产的适用】 …… ★★ 480
第二章 危害公共安全罪 …………………………………… 481
第114条【放火罪、决水罪、爆炸罪、投放危险物质罪、以危险方法危害公共安全罪】 …………… ★★★★ 481
第115条【放火罪、决水罪、爆炸罪、投放危险物质罪、以危险方法危害公共安全罪;失火罪、过失决水罪、过失爆炸罪、过失投放危险物质罪、过失以危险方法危害公共安全罪】 …………………… ★★★★ 482
第116条【破坏交通工具罪】 ……………………………… ★★ 483
第117条【破坏交通设施罪】 ……………………………… ★★ 484
第118条【破坏电力设备罪、破坏易燃易爆设备罪】 …… ★★★★ 485
第119条【破坏交通工具罪、破坏交通设施罪、破坏电力设备罪、破坏易燃易爆设备罪;过失损坏交通工具罪、过失损坏交通设施罪、过失损坏电力设备罪、过失损坏易燃易爆设备罪】 …………………… ★★ 486
第120条【组织、领导、参加恐怖活动罪】 ……………… 488

第120条之1【帮助恐怖活动罪】 …………………………… 488

第120条之2【准备实施恐怖活动罪】 ………………………… 488

第120条之3【宣扬恐怖主义、极端主义、煽动实施恐怖活动罪】 …… 489

第120条之4【利用极端主义破坏法律实施罪】 ……………… 489

第120条之5【强制穿戴宣扬恐怖主义、极端主义服饰、标志罪】 …… 489

第120条之6【非法持有宣扬恐怖主义、极端主义物品罪】 …… 489

第121条【劫持航空器罪】 …………………………………… 489

第122条【劫持船只、汽车罪】 …………………………… ★★ 489

第123条【暴力危及飞行安全罪】 …………………………… 490

第124条【破坏广播电视设施、公用电信设施罪;过失破坏广播电视设施、公用电信设施罪】 ………………… ★★★★ 490

第125条【非法制造、买卖、运输、邮寄、储存枪支、弹药、爆炸物罪;非法制造、买卖、运输、储存危险物质罪】 …………………………… ★★★★★ 491

第126条【违规制造、销售枪支罪】 …………………………… 492

第127条【盗窃、抢夺枪支、弹药、爆炸物、危险物质罪;抢劫枪支、弹药、爆炸物、危险物质罪】 …………………… ★★ 493

第128条【非法持有、私藏枪支、弹药罪;非法出租、出借枪支罪】 …………………………… ★★★★★ 494

第129条【丢失枪支不报罪】 …………………………… 495

第130条【非法携带枪支、弹药、管制刀具、危险物品危及公共安全罪】 …………………………… ★★ 496

第131条【重大飞行事故罪】 …………………………… 496

第132条【铁路运营安全事故罪】 …………………… ★★★ 496

第133条【交通肇事罪】 …………………………… ★★★★ 497

第133条之1【危险驾驶罪】 …………………………… ★★★★★ 498

第134条【重大责任事故罪;强令违章冒险作业罪】 ……… ★★★★ 499

第135条【重大劳动安全事故罪】 …………………… ★★★ 500

第135条之1【大型群众性活动重大安全事故罪】 …………… 501

第 136 条【危险物品肇事罪】 ★★ 501

第 137 条【工程重大安全事故罪】 ★★ 501

第 138 条【教育设施重大安全事故罪】 ★★ 502

第 139 条【消防责任事故罪】 ★★ 503

第 139 条之 1【不报、谎报安全事故罪】 504

第三章 破坏社会主义市场经济秩序罪 504

第 140 条【生产、销售伪劣产品罪】 ★★★★ 504

第 141 条【生产、销售假药罪；假药的含义】 ★★★★★ 505

第 142 条【生产、销售劣药罪；劣药的含义】 506

第 143 条【生产、销售不符合安全标准的食品罪】 ★★★★ 506

第 144 条【生产、销售有毒、有害食品罪】 ★★★★★ 507

第 145 条【生产、销售不符合标准的医用器材罪】 508

第 146 条【生产、销售不符合安全标准的产品罪】 ★★ 509

第 147 条【生产、销售伪劣农药、兽药、化肥、种子罪】 ★★ 509

第 148 条【生产、销售不符合卫生标准的化妆品罪】 511

第 149 条【竞合的适用】 ★★ 511

第 150 条【单位犯生产、销售伪劣商品罪的处罚】 ★★★ 512

第 151 条【走私武器、弹药罪；走私核材料罪；走私假币罪；
走私文物罪；走私贵重金属罪；走私珍贵动物、
珍贵动物制品罪；走私国家禁止进出口的货物、
物品罪】 ★★★ 513

第 152 条【走私淫秽物品罪；走私废物罪】 ★★ 514

第 153 条【走私普通货物、物品罪】 ★★★★ 515

第 154 条【走私普通货物、物品罪】 ★★ 517

第 155 条【间接走私行为的认定与处罚】 ★★ 518

第 156 条【走私罪的共犯】 ★★★ 519

第 157 条【武装掩护走私、抗拒缉私的处罚】 520

第 158 条【虚报注册资本罪】 ★★★ 521

第 159 条【虚假出资、抽逃出资罪】 ★★★ 522

第160条【欺诈发行股票、债券罪】 …………………………………… 523

第161条【违规披露、不披露重要信息罪】 ………………… ★★ 523

第162条【妨害清算罪】 …………………………………… ★★ 524

第162条之1【隐匿、故意销毁会计凭证、会计账簿、财务会计
　　　　　报告罪】 ……………………………………… ★★★ 526

第162条之2【虚假破产罪】 ………………………………………… 527

第163条【非国家工作人员受贿罪；受贿罪】 ……………… ★★★★ 527

第164条【对非国家工作人员行贿罪；对外国公职人员、国际
　　　　公共组织官员行贿罪】 …………………………… ★★★ 528

第165条【非法经营同类营业罪】 …………………………………… 530

第166条【为亲友非法牟利罪】 ……………………………………… 530

第167条【签订、履行合同失职被骗罪】 …………………… ★★ 530

第168条【国有公司、企业、事业单位人员失职罪；国有公司、企业、
　　　　事业单位人员滥用职权罪】 ………………………… ★★ 532

第169条【徇私舞弊低价折股、出售国有资产罪】 ………………… 533

第169条之1【背信损害上市公司利益罪】 ………………………… 533

第170条【伪造货币罪】 …………………………………… ★★ 534

第171条【出售、购买、运输假币罪；金融工作人员购买假币、
　　　　以假币换取货币罪】 ……………………………… ★★★ 535

第172条【持有、使用假币罪】 …………………………… ★★★ 536

第173条【变造货币罪】 ……………………………………………… 537

第174条【擅自设立金融机构罪；伪造、变造、转让金融机构
　　　　经营许可证、批准文件罪】 ………………………………… 537

第175条【高利转贷罪】 …………………………………… ★★ 538

第175条之1【骗取贷款、票据承兑、金融票证罪】 ……… ★★★ 539

第176条【非法吸收公众存款罪】 ………………………… ★★★★★ 540

第177条【伪造、变造金融票证罪】 ……………………… ★★★ 541

第177条之1【妨害信用卡管理罪；窃取、收买、非法提供信用卡
　　　　　信息罪】 ……………………………………… ★★★★ 542

第178条【伪造、变造国家有价证券罪;伪造、变造股票、公司、
　　　　企业债券罪】·· 544
第179条【擅自发行股票、公司、企业债券罪】······················· 544
第180条【内幕交易、泄露内幕信息罪;利用未公开信息交易罪】
　　　　··· ★★ 544
第181条【编造并传播证券、期货交易虚假信息罪;诱骗投资者
　　　　买卖证券、期货合约罪】································· 545
第182条【操纵证券、期货市场罪】······················· ★★ 545
第183条【职务侵占罪;贪污罪】··························· ★★ 547
第184条【非国家工作人员受贿罪;受贿罪】··············· ★★ 548
第185条【挪用资金罪;挪用公款罪】······················· ★★ 550
第185条之1【背信运用受托财产罪;违法运用资金罪】·········· 551
第186条【违法发放贷款罪】································ ★★★ 552
第187条【吸收客户资金不入账罪】······························· 553
第188条【违规出具金融票证罪】························· ★★ 553
第189条【对违法票据承兑、付款、保证罪】··············· 555
第190条【逃汇罪】·· 555
第191条【洗钱罪】··································· ★★ 555
第192条【集资诈骗罪】······························· ★★★★ 557
第193条【贷款诈骗罪】································ ★★★ 558
第194条【票据诈骗罪;金融凭证诈骗罪】················ ★★★ 559
第195条【信用证诈骗罪】······························ ★★ 560
第196条【信用卡诈骗罪;恶意透支的含义;盗窃罪】··· ★★★★ 562
第197条【有价证券诈骗罪】··· 563
第198条【保险诈骗罪】································ ★★★★ 564
第199条 ·· 565
第200条【单位犯集资诈骗罪、票据诈骗罪、信用证诈骗罪
　　　　的规定】······································· ★★ 565
第201条【逃税罪】······································ ★★★ 567

第202条【抗税罪】 ·· 568
第203条【逃避追缴欠税罪】 ····················· ★★ 568
第204条【骗取出口退税罪;逃税罪】 ············ ★★ 569
第205条【虚开增值税专用发票、用于骗取出口退税、抵扣税款
　　　　发票罪】 ··································· ★★★★ 571
第205条之1【虚开发票罪】 ························· ★★★ 572
第206条【伪造、出售伪造的增值税专用发票罪】 ······ ★★ 573
第207条【非法出售增值税专用发票罪】 ············ ★★ 575
第208条【非法购买增值税专用发票、购买伪造的增值税专用
　　　　发票罪;虚开增值税专用发票罪;出售伪造的
　　　　增值税专用发票罪;非法出售增值税专用发票罪】······ ★★ 576
第209条【非法制造、出售非法制造的用于骗取出口退税、抵扣
　　　　税款发票罪;非法制造、出售非法制造的发票罪;
　　　　非法出售用于骗取出口退税、抵扣税款发票罪;
　　　　非法出售发票罪】 ······················· ★★★ 577
第210条【盗窃罪;诈骗罪】 ···························· 578
第210条之1【持有伪造的发票罪】 ················· ★★★ 578
第211条【单位犯危害税收征管罪的处罚】 ··········· ★★ 579
第212条【税款的追缴】 ····························· ★★ 580
第213条【假冒注册商标罪】 ························· ★★★ 582
第214条【销售假冒注册商标的商品罪】 ············ ★★★ 583
第215条【非法制造、销售非法制造的注册商标标识罪】
　　　　·· ★★★ 585
第216条【假冒专利罪】 ·· 586
第217条【侵犯著作权罪】 ····························· ★★★ 586
第218条【销售侵权复制品罪】 ························ ★★ 587
第219条【侵犯商业秘密罪】 ··························· ★★ 588
第220条【单位犯侵犯知识产权罪的处罚】 ············ ★★★ 589
第221条【损害商业信誉、商品声誉罪】 ················· 590
第222条【虚假广告罪】 ·· 590

第223条【串通投标罪】 ★★★ 590

第224条【合同诈骗罪】 ★★★★★ 591

第224条之1【组织、领导传销活动罪】 ★★★★ 592

第225条【非法经营罪】 ★★★★ 593

第226条【强迫交易罪】 ★★★★ 595

第227条【伪造、倒卖伪造的有价票证罪；倒卖车票、船票罪】
 ★★ 596

第228条【非法转让、倒卖土地使用权罪】 ★★★★ 597

第229条【提供虚假证明文件罪；出具证明文件重大失实罪】
 ★★ 598

第230条【逃避商检罪】 600

第231条【对单位犯扰乱市场秩序罪的处罚方式】 ★★★ 600

第四章 侵犯公民人身权利、民主权利罪 601

第232条【故意杀人罪】 ★★★★★ 601

第233条【过失致人死亡罪】 ★★★★★ 603

第234条【故意伤害罪】 ★★★★★ 603

第234条之1【组织出卖人体器官罪；故意伤害罪、故意杀人罪；
 盗窃、侮辱、故意毁坏尸体、尸骨、骨灰罪】 ★★ 604

第235条【过失致人重伤罪】 ★★★★ 605

第236条【强奸罪】 ★★★★ 606

第237条【强制猥亵、侮辱罪；猥亵儿童罪】 ★★★★ 607

第238条【非法拘禁罪】 ★★★★★ 608

第239条【绑架罪】 ★★★★ 609

第240条【拐卖妇女、儿童罪】 ★★★★ 610

第241条【收买被拐卖的妇女、儿童罪；强奸罪；非法拘禁罪；
 故意伤害罪；侮辱罪；拐卖妇女、儿童罪】 ★★★ 611

第242条【妨害公务罪；聚众阻碍解救被收买的妇女、儿童罪】 612

第243条【诬告陷害罪】 ★★★ 612

第244条【强迫劳动罪】 ★★ 613

第244条之1【雇佣童工从事危重劳动罪】 …………………… 614
第245条【非法搜查罪、非法侵入住宅罪】 ………… ★★★★ 615
第246条【侮辱罪、诽谤罪】 ……………………………… ★★ 615
第247条【刑讯逼供罪、暴力取证罪、故意伤害罪、故意杀人罪】
　　　　…………………………………………………… ★★ 617
第248条【虐待被监管人罪、故意伤害罪、故意杀人罪】 ★★ 618
第249条【煽动民族仇恨、民族歧视罪】 ………………………… 619
第250条【出版歧视、侮辱少数民族作品罪】 …………………… 619
第251条【非法剥夺公民宗教信仰自由罪、侵犯少数民族风俗
　　　　习惯罪】 ……………………………………………… 619
第252条【侵犯通信自由罪】 ………………………………………… 620
第253条【私自开拆、隐匿、毁弃邮件、电报罪；盗窃罪】 …… ★★ 620
第253条之1【侵犯公民个人信息罪】 …………………… ★★★★ 621
第254条【报复陷害罪】 …………………………………………… ★★ 622
第255条【打击报复会计、统计人员罪】 ………………………… 623
第256条【破坏选举罪】 ……………………………………………… 623
第257条【暴力干涉婚姻自由罪】 …………………………………… 623
第258条【重婚罪】 ………………………………………… ★★★★ 623
第259条【破坏军婚罪；强奸罪】 …………………………………… 624
第260条【虐待罪】 ……………………………………………… ★★ 624
第260条之1【虐待被监护人、看护人罪】 ……………………… 624
第261条【遗弃罪】 …………………………………………… ★★★ 624
第262条【拐骗儿童罪】 ……………………………………… ★★★ 625
第262条之1【组织残疾人、儿童乞讨罪】 ……………………… 626
第262条之2【组织未成年人进行违反治安管理活动罪】 ……… 626
第五章　侵犯财产罪 ……………………………………………… 626
第263条【抢劫罪】 ………………………………………… ★★★★★ 626
第264条【盗窃罪】 ………………………………………… ★★★★★ 628
第265条【盗窃罪】 ……………………………………………… ★★ 629

第266条【诈骗罪】 ★★★★ 630

第267条【抢夺罪、抢劫罪】 ★★★★ 631

第268条【聚众哄抢罪】 ★★ 633

第269条【抢劫罪】 ★★★★ 634

第270条【侵占罪】 ★★ 634

第271条【职务侵占罪；贪污罪】 ★★★★ 635

第272条【挪用资金罪；挪用公款罪】 ★★★ 636

第273条【挪用特定款物罪】 ★★ 637

第274条【敲诈勒索罪】 ★★★★ 638

第275条【故意毁坏财物罪】 ★★★★ 639

第276条【破坏生产经营罪】 ★★★ 640

第276条之1【拒不支付劳动报酬罪】 ★★★ 641

第六章 妨害社会管理秩序罪 642

第277条【妨害公务罪】 ★★★★ 642

第278条【煽动暴力抗拒法律实施罪】 643

第279条【招摇撞骗罪】 ★★★ 643

第280条【使用虚假身份证件、盗用身份证件罪】 ★★★ 644

第280条之1【使用虚假身份证件、盗用身份证件罪】 ★★★ 645

第281条【非法生产、买卖警用装备罪】 ★★ 645

第282条【非法获取国家秘密罪；非法持有国家绝密、机密文件、资料、物品罪】 ★★ 646

第283条【非法生产、销售专用间谍器材、窃听、窃照专用器材罪】 ★★★ 647

第284条【非法使用窃听、窃照专用器材罪】 ★★ 648

第284条之1【组织考试作弊罪；非法出售、提供试题、答案罪；代替考试罪】 ★★★ 649

第285条【非法侵入计算机信息系统罪、非法获取计算机信息系统数据、非法控制计算机信息系统罪；提供侵入、非法控制计算机信息系统程序、工具罪】 ★★★ 650

第286条【破坏计算机信息系统罪】 …………………… ★★★ 651
第286条之1【拒不履行信息网络安全管理义务罪】 …………… 652
第287条【利用计算机实施有关犯罪的规定】 …………… ★★ 653
第287条之1【非法利用信息网络罪】 ……………………… ★★ 654
第287条之2【帮助信息网络犯罪活动罪】 ………………… ★★ 655
第288条【扰乱无线电通讯管理秩序罪】 ………………… ★★★ 656
第289条【故意伤害罪；故意杀人罪；抢劫罪】 …………… 657
第290条【聚众扰乱社会秩序罪；聚众冲击国家机关罪；扰乱国家机关工作秩序罪；组织、资助非法聚集罪】 …… ★★★★ 657
第291条【聚众扰乱公共场所秩序、交通秩序罪】 ………… ★★★ 658
第291条之1【投放虚假危险物质罪；编造、故意传播虚假恐怖信息罪；编造、故意传播虚假信息罪】 ……… ★★★ 658
第292条【聚众斗殴罪】 …………………………………… ★★★★★ 659
第293条【寻衅滋事罪】 …………………………………… ★★★★★ 660
第294条【组织、领导、参加黑社会性质组织罪；入境发展黑社会组织罪；包庇、纵容黑社会性质组织罪；黑社会性质组织的特征】 …………………………… ★★★ 662
第295条【传授犯罪方法罪】 ……………………………… ★★ 664
第296条【非法集会、游行、示威罪】 …………………… ★★ 665
第297条【非法携带武器、管制刀具、爆炸物参加集会、游行、示威罪】 ……………………………………………… 666
第298条【破坏集会、游行、示威罪】 …………………… 666
第299条【侮辱国旗、国徽罪】 …………………………… 666
第300条【组织、利用会道门、邪教组织、利用迷信破坏法律实施罪；组织、利用会道门、邪教组织、利用迷信致人重伤、死亡罪】 …………………………………… ★★★★ 666
第301条【聚众淫乱罪；引诱未成年人聚众淫乱罪】 ……… ★★ 667
第302条【盗窃、侮辱、故意毁坏尸体、尸骨、骨灰罪】 …… ★★ 668
第303条【赌博罪；开设赌场罪】 ………………………… ★★★★★ 669
第304条【故意延误投递邮件罪】 ………………………… 670

第 305 条【伪证罪】·· ★★★ 670
第 306 条【辩护人、诉讼代理人毁灭证据、伪造证据、妨害作证罪】··· 672
第 307 条【妨害作证罪；帮助毁灭、伪造证据罪】·············· ★★★★ 672
第 307 条之 1【虚假诉讼罪】······································ ★★ 673
第 308 条【打击报复证人罪】······································ ★★ 674
第 308 条之 1【泄露不应公开的案件信息罪；故意泄露国家秘密罪、
　　　　　　　过失泄露国家秘密罪；披露、报道不应公开的案件信息罪】
　　　　　　·· 675
第 309 条【扰乱法庭秩序罪】······································ ★★ 675
第 310 条【窝藏、包庇罪】······································ ★★★★ 676
第 311 条【拒绝提供间谍犯罪、恐怖主义犯罪、极端主义犯罪
　　　　　证据罪】··· 676
第 312 条【掩饰、隐瞒犯罪所得、犯罪所得收益罪】······ ★★★★★ 677
第 313 条【拒不执行判决、裁定罪】···························· ★★★★ 678
第 314 条【非法处置查封、扣押、冻结的财产罪】············· ★★★ 679
第 315 条【破坏监管秩序罪】···································· ★★★ 680
第 316 条【脱逃罪；劫夺被押解人员罪】······················· ★★★ 680
第 317 条【组织越狱罪；暴动越狱罪、聚众持械劫狱罪】········· 681
第 318 条【组织他人偷越国(边)境罪】·························· ★★★ 681
第 319 条【骗取出境证件罪】···································· ★★ 683
第 320 条【提供伪造、变造的出入境证件罪；出售出入境证件罪】······ 684
第 321 条【运送他人偷越国(边)境罪】························· ★★★ 684
第 322 条【偷越国(边)境罪】·································· ★★★★ 685
第 323 条【破坏界碑、界桩罪；破坏永久性测量标志罪】········ 686
第 324 条【故意毁坏文物罪；故意损坏名胜古迹罪；过失损坏
　　　　　文物罪】·· ★★ 686
第 325 条【非法向外国人出售、赠送珍贵文物罪】·············· 687
第 326 条【倒卖文物罪】·· ★★ 688
第 327 条【非法出售、私赠文物藏品罪】······················· 689

第328条【盗掘古文化遗址、古墓葬罪;盗掘古人类化石、古脊椎动物化石罪】……………… ★★★★ 689

第329条【抢夺、窃取国有档案罪;擅自出卖、转让国有档案罪】…… 690

第330条【妨害传染病防治罪】…………………………………… 690

第331条【传播病菌种、毒种扩散罪】……………………………… 691

第332条【妨害国境卫生检疫罪】…………………………………… 691

第333条【非法组织卖血罪、强迫卖血罪;故意伤害罪】…… ★★★ 691

第334条【非法采集、供应血液、制作、供应血液制品罪;采集、供应血液、制作、供应血液制品事故罪】………………… ★★ 692

第335条【医疗事故罪】………………………………………… ★★ 693

第336条【非法行医罪;非法进行节育手术罪】……………… ★★★ 693

第337条【妨害动植物防疫、检疫罪】………………………… ★★ 694

第338条【污染环境罪】…………………………………… ★★★ 695

第339条【非法处置进口的固体废物罪;擅自进口固体废物罪;走私废物罪】………………………………………………… 696

第340条【非法捕捞水产品罪】…………………………… ★★★ 697

第341条【非法猎捕、杀害珍贵、濒危野生动物罪;非法收购、运输、出售珍贵、濒危野生动物、珍贵、濒危野生动物制品罪;非法狩猎罪】…………………………………………… ★★★ 697

第342条【非法占用农用地罪】…………………………… ★★★★ 698

第343条【非法采矿罪;破坏性采矿罪】……………………… ★★★ 699

第344条【非法采伐、毁坏国家重点保护植物罪;非法收购、运输、加工、出售国家重点保护植物、国家重点保护植物制品罪】………………………………………………… ★★★ 700

第345条【盗伐林木罪;滥伐林木罪;非法收购、运输盗伐、滥伐的林木罪】…………………………………………… ★★★★ 701

第346条【单位犯破坏环境资源保护罪的处罚】……………… ★★★ 702

第347条【走私、贩卖、运输、制造毒品罪】………………… ★★★★ 704

第348条【非法持有毒品罪】…………………………… ★★★★ 705

第349条【包庇毒品犯罪分子罪;窝藏、转移、隐瞒毒品、

毒赃罪】 …………………………………………… ★★★ 706

第350条【非法生产、买卖、运输制毒物品罪、走私制毒物品罪】
　　…………………………………………… ★★★ 708

第351条【非法种植毒品原植物罪】 ………………… ★★★ 708

第352条【非法买卖、运输、携带、持有毒品原植物种子、
　　幼苗罪】 ………………………………………… ★★ 709

第353条【引诱、教唆、欺骗他人吸毒罪;强迫他人吸毒罪】
　　…………………………………………………… ★★★ 710

第354条【容留他人吸毒罪】 ………………… ★★★★★ 711

第355条【非法提供麻醉药品、精神药品罪;贩卖毒品罪】…… ★★ 712

第356条【毒品再犯的处罚】 ………………… ★★★★★ 714

第357条【毒品的概念、数量计算】 ………… ★★★★★ 715

第358条【组织卖淫罪、强迫卖淫罪;协助组织卖淫罪】… ★★★★ 716

第359条【引诱、容留、介绍卖淫罪;引诱幼女卖淫罪】
　　…………………………………………… ★★★★★ 717

第360条【传播性病罪】 ……………………………… ★★ 718

第361条【特定单位的人员组织、强迫、引诱、容留、
　　介绍卖淫的处理规定】 ………………………… ★★★ 718

第362条【窝藏、包庇罪】 ……………………………………… 719

第363条【制作、复制、出版、贩卖、传播淫秽物品牟利罪;
　　为他人提供书号出版淫秽书刊罪】 ………… ★★★★ 720

第364条【传播淫秽物品罪;组织播放淫秽音像制品罪】
　　……………………………………………… ★★★★ 721

第365条【组织淫秽表演罪】 ………………………… ★★★ 722

第366条【单位犯组织、强迫、引诱、容留、介绍卖淫罪的处罚】
　　………………………………………………… ★★ 723

第367条【淫秽物品的界定】 ………………………… ★★ 725

第七章　危害国防利益罪 …………………………………… 726

第368条【阻碍军人执行职务罪;阻碍军事行动罪】 …… 726

第369条【破坏武器装备、军事设施、军事通信罪;过失损坏

武器装备、军事设施、军事通信罪】⋯⋯⋯⋯⋯⋯⋯ ★★ 727

第370条【故意提供不合格武器装备、军事设施罪;过失提供
不合格武器装备、军事设施罪】⋯⋯⋯⋯⋯⋯ 727

第371条【聚众冲击军事禁区罪;聚众扰乱军事管理区秩序罪】⋯⋯ 728

第372条【冒充军人招摇撞骗罪】⋯⋯⋯⋯⋯⋯⋯⋯ ★★★ 728

第373条【煽动军人逃离部队罪、雇佣逃离部队军人罪】⋯⋯⋯ 729

第374条【接送不合格兵员罪】⋯⋯⋯⋯⋯⋯⋯⋯⋯⋯ ★★ 729

第375条【伪造、变造、买卖武装部队公文、证件、印章罪;盗窃、
抢夺武装部队公文、证件、印章罪;非法生产、买卖武装
部队制式服装罪;伪造、盗窃、买卖、非法提供、非法使用
武装部队专用标志罪】⋯⋯⋯⋯⋯⋯⋯⋯⋯ ★★★ 729

第376条【战时拒绝、逃避征召、军事训练罪;战时拒绝、
逃避服役罪】⋯⋯⋯⋯⋯⋯⋯⋯⋯⋯⋯⋯⋯⋯⋯⋯ 731

第377条【战时故意提供虚假敌情罪】⋯⋯⋯⋯⋯⋯⋯⋯⋯ 731

第378条【战时造谣扰乱军心罪】⋯⋯⋯⋯⋯⋯⋯⋯⋯⋯⋯ 731

第379条【战时窝藏逃离部队军人罪】⋯⋯⋯⋯⋯⋯⋯⋯⋯ 731

第380条【战时拒绝、故意延误军事订货罪】⋯⋯⋯⋯⋯⋯⋯ 732

第381条【战时拒绝军事征收、征用罪】⋯⋯⋯⋯⋯⋯⋯⋯⋯ 732

第八章 贪污贿赂罪 732

第382条【贪污罪;贪污罪共犯的认定】⋯⋯⋯⋯ ★★★★★ 732

第383条【贪污罪的处罚】⋯⋯⋯⋯⋯⋯⋯⋯⋯ ★★★★★ 733

第384条【挪用公款罪】⋯⋯⋯⋯⋯⋯⋯⋯⋯⋯ ★★★★ 735

第385条【受贿罪】⋯⋯⋯⋯⋯⋯⋯⋯⋯⋯⋯⋯ ★★★★★ 737

第386条【受贿罪的处罚】⋯⋯⋯⋯⋯⋯⋯⋯⋯ ★★★★★ 738

第387条【单位受贿罪】⋯⋯⋯⋯⋯⋯⋯⋯⋯⋯⋯⋯ ★★★ 740

第388条【受贿罪】⋯⋯⋯⋯⋯⋯⋯⋯⋯⋯⋯⋯⋯⋯ ★★★ 741

第388条之1【利用影响力受贿罪】⋯⋯⋯⋯⋯⋯⋯⋯ ★★ 743

第389条【行贿罪】⋯⋯⋯⋯⋯⋯⋯⋯⋯⋯⋯⋯⋯ ★★★★ 744

第390条【行贿罪的处罚】⋯⋯⋯⋯⋯⋯⋯⋯⋯⋯ ★★★★ 745

第390条之1【对有影响力的人行贿罪】 …………………………… 746
第391条【对单位行贿罪】 ………………………… ★★★ 746
第392条【介绍贿赂罪】 …………………………… ★★★ 747
第393条【单位行贿罪】 …………………………… ★★★★ 748
第394条【贪污罪】 ……………………………………………… 749
第395条【巨额财产来源不明罪;隐瞒境外存款罪】 ……… ★★ 750
第396条【私分国有资产罪;私分罚没财物罪】 …………… ★★★ 751

第九章 渎职罪 ………………………………………………… 753

第397条【滥用职权罪;玩忽职守罪】 ………………… ★★★★ 753
第398条【故意泄露国家秘密罪;过失泄露国家秘密罪】 …… ★★ 754
第399条【徇私枉法罪;民事、行政枉法裁判罪;执行判决、
　　　　　裁定失职罪;执行判决、裁定滥用职权罪】 …… ★★★ 755
第399条之1【枉法仲裁罪】 …………………………………… 757
第400条【私放在押人员罪;失职致使在押人员脱逃罪】 …… ★★ 757
第401条【徇私舞弊减刑、假释、暂予监外执行罪】 ………… ★★ 758
第402条【徇私舞弊不移交刑事案件罪】 …………………… ★★ 759
第403条【滥用管理公司、证券职权罪】 ……………………… 760
第404条【徇私舞弊不征、少征税款罪】 …………………… ★★ 760
第405条【徇私舞弊发售发票、抵扣税款、出口退税罪;
　　　　　违法提供出口退税凭证罪】 ……………………… ★★ 762
第406条【国家机关工作人员签订、履行合同失职被骗罪】 ……… 763
第407条【违法发放林木采伐许可证罪】 …………………… ★★ 763
第408条【环境监管失职罪】 ………………………………… ★★ 763
第408条之1【食品监管渎职罪】 …………………………… ★★ 764
第409条【传染病防治失职罪】 ………………………………… 765
第410条【非法批准征收、征用、占用土地罪;非法低价出让国有
　　　　　土地使用权罪】 ……………………………………… 765
第411条【放纵走私罪】 ………………………………………… 765
第412条【商检徇私舞弊罪;商检失职罪】 …………………… 765

第413条【动植物检疫徇私舞弊罪;动植物检疫失职罪】…… ★★★ 766

第414条【放纵制售伪劣商品犯罪行为罪】……………… 766

第415条【办理偷越国(边)境人员出入境证件罪、放行偷越国
(边)境人员罪】…………………………………………… 767

第416条【不解救被拐卖、绑架妇女、儿童罪;阻碍解救被拐卖、
绑架妇女、儿童罪】……………………………………… 767

第417条【帮助犯罪分子逃避处罚罪】………………… ★★★ 767

第418条【招收公务员、学生徇私舞弊罪】……………… ★★ 768

第419条【失职造成珍贵文物损毁、流失罪】………………… 769

第十章 军人违反职责罪 …………………………………… 769

第420条【军人违反职责罪的定义】………………………… 769

第421条【战时违抗命令罪】………………………………… 769

第422条【隐瞒、谎报军情罪;拒传、假传军令罪】………… 769

第423条【投降罪】…………………………………………… 769

第424条【战时临阵脱逃罪】………………………………… 769

第425条【擅离、玩忽军事职守罪】………………………… 770

第426条【阻碍执行军事职务罪】…………………………… 770

第427条【指使部属违反职责罪】…………………………… 770

第428条【违令作战消极罪】………………………………… 770

第429条【拒不救援友邻部队罪】…………………………… 770

第430条【军人叛逃罪】……………………………………… 770

第431条【非法获取军事秘密罪;为境外窃取、刺探、收买、非法
提供军事秘密罪】………………………………………… 771

第432条【故意泄露军事秘密罪、过失泄露军事秘密罪】… 771

第433条【战时造谣惑众罪】………………………………… 771

第434条【战时自伤罪】……………………………………… 771

第435条【逃离部队罪】……………………………………… 771

第436条【武器装备肇事罪】………………………………… 772

第437条【擅自改变武器装备编配用途罪】………………… 772

第438条【盗窃、抢夺武器装备、军用物资罪；盗窃、抢夺枪支、
　　　　弹药、爆炸物、危险物质罪】 772
第439条【非法出卖、转让武器装备罪】 772
第440条【遗弃武器装备罪】 772
第441条【遗失武器装备罪】 772
第442条【擅自出卖、转让军队房地产罪】 773
第443条【虐待部属罪】 773
第444条【遗弃伤病军人罪】 773
第445条【战时拒不救治伤病军人罪】 773
第446条【战时残害居民、掠夺居民财物罪】 773
第447条【私放俘虏罪】 773
第448条【虐待俘虏罪】 773
第449条【战时缓刑】 773
第450条【军人违反职责罪的适用对象】 774
第451条【战时界定】 774

附则 774
第452条【刑法的施行日期、相关法律的废止与保留】 774

二、全国人民代表大会常务委员会关于惩治骗购外汇、逃汇和非法买卖外汇犯罪的决定 ★★★★★ 775

第1条【骗购外汇罪】 775
第2条【买卖伪造、变造的报关单、进口证明、外汇管理部门核准件等凭证
　　　和单据或者其他公文、证件、印章】 776
第3条【逃汇罪】 776
第4条【非法经营罪】 ★★ 776
第5条【骗购外汇、逃汇和非法买卖外汇犯罪共犯】 777
第6条【滥用职权罪；玩忽职守罪】 777
第7条【签订、履行合同失职被骗罪】 778

第三编
本书关联法条全文

一、法律 ······ 781
  中华人民共和国民法通则 ······ ★★★ 781
  中华人民共和国侵权责任法 ······ ★★★★ 782
  中华人民共和国道路交通安全法 ······ ★★ 784
  中华人民共和国产品质量法 ······ ★ 785
  中华人民共和国药品管理法 ······ 785
  中华人民共和国国家赔偿法 ······ 786
  中华人民共和国监狱法 ······ 787
  中华人民共和国反不正当竞争法 ······ 787
  中华人民共和国广告法 ······ 789
  中华人民共和国旅游法 ······ 789
  中华人民共和国行政处罚法 ······ 791

二、行政法规 ······ 793
  中华人民共和国政府信息公开条例 ······ 793
  旅行社条例 ······ 794

三、司法解释 ······ 796
  最高人民法院关于审理交通肇事刑事案件具体应用法律
  若干问题的解释 ······ ★★★★★ 796
  最高人民法院、最高人民检察院关于办理盗窃刑事案件
  适用法律若干问题的解释 ······ ★★★★★ 797
  最高人民法院关于处理自首和立功具体应用法律若干
  问题的解释 ······ ★★★★ 799
  最高人民法院关于审理人身损害赔偿案件适用法律若干
  问题的解释 ······ ★★★ 801
  最高人民法院关于适用财产刑若干问题的规定 ······ ★★★ 804
  最高人民法院、最高人民检察院关于办理诈骗刑事案件

具体应用法律若干问题的解释 ★★★ 805

最高人民法院、最高人民检察院关于办理贪污贿赂刑事
案件适用法律若干问题的解释 ★★ 806

最高人民法院关于审理道路交通事故损害赔偿案件适用
法律若干问题的解释 ★★ 811

最高人民法院、最高人民检察院关于办理抢夺刑事案件
适用法律若干问题的解释 ★★ 811

最高人民法院、最高人民检察院关于办理与盗窃、抢劫、
诈骗、抢夺机动车相关刑事案件具体应用法律若干问题
的解释 ★★ 813

最高人民法院关于审理非法制造、买卖、运输枪支、弹药、
爆炸物等刑事案件具体应用法律若干问题的解释 ★ 814

最高人民法院、最高人民检察院关于办理寻衅滋事刑事案件
适用法律若干问题的解释 ★ 818

最高人民法院关于审理毒品犯罪案件适用法律若干问题
的解释 ★ 820

最高人民法院关于审理掩饰、隐瞒犯罪所得、犯罪所得收益
刑事案件适用法律若干问题的解释 ★ 821

最高人民法院、最高人民检察院关于办理职务犯罪案件
认定自首、立功等量刑情节若干问题的意见 ★ 822

最高人民法院、最高人民检察院关于办理走私刑事案件适用
法律若干问题的解释 ★ 824

最高人民法院、最高人民检察院关于办理妨害信用卡管理刑事
案件具体应用法律若干问题的解释 830

最高人民法院关于审理破坏森林资源刑事案件具体应用法律
若干问题的解释 832

最高人民法院、最高人民检察院关于办理赌博刑事案件具体
应用法律若干问题的解释 835

最高人民法院、最高人民检察院关于办理侵犯知识产权刑事
案件具体应用法律若干问题的解释(二) 836

最高人民法院、最高人民检察院关于办理非法生产、销售烟草

专卖品等刑事案件具体应用法律若干问题的解释 …………… 837

最高人民法院、最高人民检察院关于办理危害食品安全刑事案件
　适用法律若干问题的解释 …………………………………… 840

最高人民法院关于审理非法集资刑事案件具体应用法律若干问题
　的解释 ………………………………………………………… 842

最高人民法院、最高人民检察院关于办理侵犯知识产权刑事案件
　具体应用法律若干问题的解释 ……………………………… 845

最高人民法院、最高人民检察院关于办理环境污染刑事案件适用
　法律若干问题的解释 ………………………………………… 849

最高人民法院关于审理破坏林地资源刑事案件具体应用法律若干
　问题的解释 …………………………………………………… 852

最高人民法院、最高人民检察院关于办理渎职刑事案件适用法律
　若干问题的解释(一) ………………………………………… 853

最高人民法院、最高人民检察院关于办理危害药品安全刑事案件
　适用法律若干问题的解释 …………………………………… 855

最高人民法院关于审理非法行医刑事案件具体应用法律若干问题
　的解释 ………………………………………………………… 856

最高人民法院、最高人民检察院关于办理敲诈勒索刑事案件适用
　法律若干问题的解释 ………………………………………… 857

最高人民法院关于审理拒不执行判决、裁定刑事案件适用法律
　若干问题的解释 ……………………………………………… 858

最高人民法院关于审理拒不支付劳动报酬刑事案件适用法律若干
　问题的解释 …………………………………………………… 859

最高人民法院关于审理挪用公款案件具体应用法律若干问题
　的解释 ………………………………………………………… 861

最高人民法院关于审理破坏野生动物资源刑事案件具体应用法律
　若干问题的解释 ……………………………………………… 863

最高人民法院关于审理破坏公用电信设施刑事案件具体应用法律
　若干问题的解释 ……………………………………………… 864

最高人民法院关于审理非法出版物刑事案件具体应用法律若干
　问题的解释 …………………………………………………… 865

最高人民法院、最高人民检察院关于办理妨害国(边)境管理刑事
案件应用法律若干问题的解释 …………………………………… 867
最高人民法院、最高人民检察院关于办理行贿刑事案件具体应用
法律若干问题的解释 ……………………………………………… 869
最高人民法院、最高人民检察院关于办理生产、销售伪劣商品刑事
案件具体应用法律若干问题的解释 ……………………………… 871
最高人民法院关于审理破坏土地资源刑事案件具体应用法律若干
问题的解释 ………………………………………………………… 872
最高人民法院关于审理伪造货币等案件具体应用法律若干问题
的解释 ……………………………………………………………… 874
最高人民法院、最高人民检察院关于办理利用互联网、移动通讯终端、
声讯台制作、复制、出版、贩卖、传播淫秽电子信息刑事案件具体
应用法律若干问题的解释(二) …………………………………… 875
最高人民法院关于审理破坏草原资源刑事案件应用法律若干问题
的解释 ……………………………………………………………… 876
最高人民法院、最高人民检察院关于办理危害计算机信息系统安全
刑事案件应用法律若干问题的解释 ……………………………… 878
最高人民法院关于审理编造、故意传播虚假恐怖信息刑事案件适用
法律若干问题的解释 ……………………………………………… 880
最高人民法院、最高人民检察院关于办理盗窃油气、破坏油气设备等
刑事案件具体应用法律若干问题的解释 ………………………… 881
最高人民法院关于审理破坏电力设备刑事案件具体应用法律若干问题
的解释 ……………………………………………………………… 882
最高人民法院关于审理黑社会性质组织犯罪的案件具体应用法律若干
问题的解释 ………………………………………………………… 883
最高人民法院、最高人民检察院关于办理利用信息网络实施诽谤等
刑事案件适用法律若干问题的解释 ……………………………… 884
最高人民法院、最高人民检察院关于办理妨害武装部队制式服装、
车辆号牌管理秩序等刑事案件具体应用法律若干问题的解释 …… 885
最高人民法院关于审理倒卖车票刑事案件有关问题的解释 ………… 887
最高人民法院关于审理危害军事通信刑事案件具体应用法律若干

问题的解释 …………………………………………………… 888
最高人民法院关于审理骗取出口退税刑事案件具体应用法律若干
问题的解释 …………………………………………………… 888
最高人民法院、最高人民检察院关于办理内幕交易、泄露内幕信息
刑事案件具体应用法律若干问题的解释 …………………… 890
最高人民法院关于审理骗购外汇、非法买卖外汇刑事案件具体应用
法律若干问题的解释 ………………………………………… 892
最高人民法院关于审理洗钱等刑事案件具体应用法律若干问题
的解释 ………………………………………………………… 893
最高人民法院关于审理不正当竞争民事案件应用法律若干问题
的解释 ………………………………………………………… 895
最高人民法院关于审理伪造货币等案件具体应用法律若干问题
的解释(二) …………………………………………………… 897
最高人民法院关于确定民事侵权精神损害赔偿责任若干问题
的解释 ………………………………………………………… 897
最高人民法院关于《中华人民共和国刑法修正案(九)》时间效力
问题的解释 …………………………………………………… 898
最高人民法院关于审理政府信息公开行政案件若干问题的规定 …… 899
最高人民法院关于在裁判文书中如何表述修正前后刑法条文
的批复 ………………………………………………………… 900
最高人民法院关于审理为境外窃取、刺探、收买、非法提供国家秘密、
情报案件具体应用法律若干问题的解释 …………………… 901
最高人民法院、最高人民检察院关于办理危害生产安全刑事案件
适用法律若干问题的解释 …………………………………… 902
最高人民法院、最高人民检察院、公安部、司法部关于对判处
管制、宣告缓刑的犯罪分子适用禁止令有关问题的规定(试行) …… 904
最高人民法院、最高人民检察院关于办理妨害文物管理等刑事案件
适用法律若干问题的解释 …………………………………… 904
最高人民法院、最高人民检察院、公安部、国家安全部
关于依法办理非法生产销售使用"伪基站"设备案件的意见 ……… 905

最高人民法院、最高人民检察院、公安部关于办理醉酒
　　驾驶机动车刑事案件适用法律若干问题的意见 …………… 906
最高人民法院关于进一步加强危害生产安全刑事案件
　　审判工作的意见 …………………………………………… 907
最高人民法院关于处理自首和立功若干具体问题的意见 …… 908
最高人民法院关于适用《全国人民代表大会常务委员会
　　关于惩治虚开、伪造和非法出售增值税专用发票犯罪的决定》
　　的若干问题的解释 ………………………………………… 911
最高人民法院、最高人民检察院、公安部关于办理侵犯
　　知识产权刑事案件适用法律若干问题的意见 …………… 913
最高人民检察院、公安部关于公安机关管辖的刑事案件
　　立案追诉标准的规定（二） ………………………………… 914
最高人民法院、最高人民检察院、公安部关于办理组织
　　领导传销活动刑事案件适用法律若干问题的意见 ……… 914
最高人民法院、最高人民检察院、公安部、司法部
　　关于依法惩治性侵害未成年人犯罪的意见 ……………… 916
最高人民法院关于审理拐卖妇女儿童犯罪案件具体应用
　　法律若干问题的解释 ……………………………………… 917
最高人民法院、最高人民检察院关于办理侵犯公民个人
　　信息刑事案件适用法律若干问题的解释 ………………… 917
最高人民法院、最高人民检察院、公安部关于办理电信
　　网络诈骗等刑事案件适用法律若干问题的意见 ………… 919
最高人民法院、最高人民检察院关于办理扰乱无线电通讯
　　管理秩序等刑事案件适用法律若干问题的解释 ………… 921
最高人民法院关于审理行政赔偿案件若干问题的规定 ……… 922
最高人民法院、最高人民检察院关于办理组织、利用邪教组织
　　破坏法律实施等刑事案件适用法律若干问题的解释 …… 923
最高人民法院、最高人民检察院、公安部关于办理利用
　　赌博机开设赌场案件适用法律若干问题的意见 ………… 925
最高人民法院、最高人民检察院关于办理组织、强迫、
　　引诱、容留、介绍卖淫刑事案件适用法律若干问题的解释 ………… 926

最高人民法院、最高人民检察院关于办理利用互联网、
　移动通讯终端、声讯台制作、复制、出版、贩卖、传播淫秽
　电子信息刑事案件具体应用法律若干问题的解释 …………… 927
最高人民法院、最高人民检察院、海关总署关于办理
　走私刑事案件适用法律若干问题的意见 ………………………… 929
最高人民法院、最高人民检察院、公安部关于办理
　网络赌博犯罪案件适用法律若干问题的意见 …………………… 929
最高人民法院关于审理未成年人刑事案件具体应用法律若干问题
　的解释 ………………………………………………………………… 931

法律规范性文件简全称对照索引表 ……………………………………… 933
后记 ………………………………………………………………………… 945

第一编
案由关联法条索引

1 危害国家安全罪

X1.102 背叛国家罪①

X1.103.1 分裂国家罪②

X1.103.2 煽动分裂国家罪 ……………………………… ★

常见适用的法条

	常见适用的法条
刑法	第55条【剥夺政治权利的期限】
	第56条【剥夺政治权利的适用范围】
	第64条【犯罪所得之物、所用之物的处理】
	第67条【自首及其认定】
	第103条【分裂国家罪;煽动分裂国家罪】
	第113条【危害国家安全罪死刑及没收财产的适用】

X1.104 武装叛乱、暴乱罪③

X1.105.1 颠覆国家政权罪④

---

① 说明:本案由尚无足够数量判决书可供法律大数据分析。
② 同上注。
③ 同上注。
④ 同上注。

X1.105.2 煽动颠覆国家政权罪 ★

■ 常见适用的法条

	常见适用的法条
刑法	第17条之1【老年人犯罪的刑事责任】
	第25条【共同犯罪的概念】
	第52条【罚金数额的裁量】
	第53条【罚金的缴纳、减免】
	第55条【剥夺政治权利的期限】
	第56条【剥夺政治权利的适用范围】
	第58条【附加剥夺政治权利的刑期计算、效力与执行】
	第61条【量刑根据】
	第64条【犯罪所得之物、所用之物的处理】
	第69条【判决宣告前一人犯数罪的并罚】
	第105条【颠覆国家政权罪;煽动颠覆国家政权罪】

X1.107 资助危害国家安全犯罪活动罪①

X1.108 投敌叛变罪②

X1.109 叛逃罪③

---

① 说明:本案由尚无足够数量判决书可供法律大数据分析。
② 同上注。
③ 同上注。

X1.110 间谍罪 ★★★

■ 主要适用的法条及其相关度

	主要适用的法条	相关度
刑法	第110条【间谍罪】	★★★★★
	第283条【非法生产、销售专用间谍器材、窃听、窃照专用器材罪】	★★★★★
	第64条【犯罪所得之物、所用之物的处理】	★★★★
	第67条【自首及其认定】	★★★★
	第72条【缓刑的条件、禁止令与附加刑的执行】	★★★★
	第73条【缓刑考验期限】	★★★
	第25条【共同犯罪的概念】	★★
	第26条【主犯；犯罪集团】	★
	第27条【从犯；从犯的处罚】	★

X1.111 为境外窃取、刺探、收买、非法提供国家秘密、情报罪 ★

■ 常见适用的法条

	常见适用的法条
刑法	第25条【共同犯罪的概念】
	第26条【主犯；犯罪集团】
	第27条【从犯；从犯的处罚】
	第54条【剥夺政治权利的范围】
	第55条【剥夺政治权利的期限】
	第56条【剥夺政治权利的适用范围】
	第59条【没收财产的范围】
	第64条【犯罪所得之物、所用之物的处理】

		常见适用的法条
333	刑法	第67条【自首及其认定】
		第111条【为境外窃取、刺探、收买、非法提供国家秘密、情报罪】
		第113条【危害国家安全罪死刑及没收财产的适用】
901	审理境外窃取、刺探、收买、非法提供国家秘密、情报案件司法解释	第1条【为境外窃取、刺探、收买、非法提供国家秘密、情报罪中"国家秘密""情报"的认定】
		第2条【为境外窃取、刺探、收买、非法提供国家秘密或者情报"情节特别严重"的认定】
		第3条【为境外窃取、刺探、收买、非法提供国家秘密或者情报,处五年以上十年以下有期徒刑,可以并处没收财产的情形】
		第6条【为境外窃取、刺探、收买、非法提供国家秘密、情报罪;故意泄露国家秘密罪;过失泄露国家秘密罪】

X1.112　资敌罪①

---

① 说明:本案由尚无足够数量判决书可供法律大数据分析。

2 危害公共安全罪

X2.114:1 放火罪 ★★★★

一、主要适用的法条及其相关度

	主要适用的法条	相关度
刑法	第67条【自首及其认定】	★★★★★
	第114条【放火罪、决水罪、爆炸罪、投放危险物质罪、以危险方法危害公共安全罪】	★★★★★
	第72条【缓刑的条件、禁止令与附加刑的执行】	★★★
	第64条【犯罪所得之物、所用之物的处理】	★★
	第73条【缓刑考验期限】	★★
	第18条【精神病人与醉酒的人的刑事责任】	★
	第61条【量刑根据】	★

二、常见适用的其他法条

	常见适用的其他法条
刑法	第23条【犯罪未遂；犯罪未遂的处罚】
	第25条【共同犯罪的概念】
	第36条【犯罪行为的民事赔偿责任】
	第45条【有期徒刑的期限】
	第47条【有期徒刑刑期的计算与折抵】
	第65条【一般累犯】
	第69条【判决宣告前一人犯数罪的并罚】
	第115条【放火罪、决水罪、爆炸罪、投放危险物质罪、以危险方法危害公共安全罪；失火罪、过失决水罪、过失爆炸罪、过失投放危险物质罪、过失以危险方法危害公共安全罪】
	第264条【盗窃罪】

X2.114:2　决水罪①

X2.114:3　爆炸罪 ………………………………… ★★★

■ 主要适用的法条及其相关度

	主要适用的法条	相关度
刑法	第67条【自首及其认定】	★★★★★
	第114条【放火罪、决水罪、爆炸罪、投放危险物质罪、以危险方法危害公共安全罪】	★★★★★
	第72条【缓刑的条件、禁止令与附加刑的执行】	★★★
	第125条【非法制造、买卖、运输、邮寄、储存枪支、弹药、爆炸物罪;非法制造、买卖、运输、储存危险物质罪】	★★★
	第23条【犯罪未遂;犯罪未遂的处罚】	★★
	第25条【共同犯罪的概念】	★★
	第64条【犯罪所得之物、所用之物的处理】	★★
	第73条【缓刑考验期限】	★★
	第26条【主犯;犯罪集团】	★
	第27条【从犯;从犯的处罚】	★
	第45条【有期徒刑的期限】	★
	第47条【有期徒刑刑期的计算与折抵】	★
	第61条【量刑根据】	★

---

① 说明:本案由尚无足够数量判决书可供法律大数据分析。

	主要适用的法条	相关度
非法制造买卖运输邮寄储存枪支弹药爆炸物罪司法解释	第1条【非法制造、买卖、运输、邮寄、储存枪支、弹药、爆炸物罪定罪】	★
	第2条【非法制造、买卖、运输、邮寄、储存枪支、弹药、爆炸物"情节严重"的认定】	★
	第9条【非法制造、买卖、运输、邮寄、储存爆炸物品等行为的定罪量刑标准】	★

814

X2.114:4 投放危险物质罪 ★★★

主要适用的法条及其相关度

	主要适用的法条	相关度
刑法	第72条【缓刑的条件、禁止令与附加刑的执行】	★★★★★
	第114条【放火罪、决水罪、爆炸罪、投放危险物质罪、以危险方法危害公共安全罪】	★★★★★
	第67条【自首及其认定】	★★★★
	第73条【缓刑考验期限】	★★★
	第61条【量刑根据】	★

333

X2.114:5 以危险方法危害公共安全罪 ★★★★

一、主要适用的法条及其相关度

	主要适用的法条	相关度
刑法	第67条【自首及其认定】	★★★★★
	第114条【放火罪、决水罪、爆炸罪、投放危险物质罪、以危险方法危害公共安全罪】	★★★★★

333

	主要适用的法条	相关度
333 刑法	第72条【缓刑的条件、禁止令与附加刑的执行】	★★★
	第73条【缓刑考验期限】	★★★
	第61条【量刑根据】	★★
	第64条【犯罪所得之物、所用之物的处理】	★★
	第115条【放火罪、决水罪、爆炸罪、投放危险物质罪、以危险方法危害公共安全罪；失火罪、过失决水罪、过失爆炸罪、过失投放危险物质罪、过失以危险方法危害公共安全罪】	★★
	第25条【共同犯罪的概念】	★
	第36条【犯罪行为的民事赔偿责任】	★
	第65条【一般累犯】	★
	第69条【判决宣告前一人犯数罪的并罚】	★

二、常见适用的其他法条

	常见适用的其他法条
333 刑法	第18条【精神病人与醉酒的人的刑事责任】
	第23条【犯罪未遂；犯罪未遂的处罚】
	第26条【主犯；犯罪集团】
	第27条【从犯；从犯的处罚】
	第45条【有期徒刑的期限】
	第47条【有期徒刑刑期的计算与折抵】
	第52条【罚金数额的裁量】
	第53条【罚金的缴纳、减免】
	第55条【剥夺政治权利的期限】
	第56条【剥夺政治权利的适用范围】
	第293条【寻衅滋事罪】
781 民法通则	第119条【人身损害赔偿项目：一般人身损害赔偿项目、伤残赔偿项目、死亡赔偿项目】

	常见适用的其他法条	
解释 赔偿 司 法	第17条【人身损害赔偿项目：一般人身损害赔偿项目、伤残赔偿项目、死亡赔偿项目】	801
人身损害	第22条【交通费计算标准】	

X2.115.2:1 失火罪 ★★★★

一、主要适用的法条及其相关度

	主要适用的法条	相关度	
刑法	第67条【自首及其认定】	★★★★★	333
	第72条【缓刑的条件、禁止令与附加刑的执行】	★★★★★	
	第115条【放火罪、决水罪、爆炸罪、投放危险物质罪、以危险方法危害公共安全罪；失火罪、过失决水罪、过失爆炸罪、过失投放危险物质罪、过失以危险方法危害公共安全罪】	★★★★	
	第73条【缓刑考验期限】	★★★★	
	第61条【量刑根据】	★	
	第64条【犯罪所得之物、所用之物的处理】	★	

二、常见适用的其他法条

	常见适用的其他法条	
刑法	第17条之1【老年人犯罪的刑事责任】	333
	第45条【有期徒刑的期限】	
	第62条【从重、从轻处罚】	
	第76条【社区矫正；缓刑考验合格的处理】	
法解释 立功司 自首和	第1条【自首及其认定】	799

X2.115.2:2　过失决水罪 ································ ★

▨ **常见适用的法条**

	常见适用的法条
刑法	第37条【免予刑事处罚与非刑事处罚措施】
	第64条【犯罪所得之物、所用之物的处理】
	第67条【自首及其认定】
	第72条【缓刑的条件、禁止令与附加刑的执行】
	第73条【缓刑考验期限】
	第115条【放火罪、决水罪、爆炸罪、投放危险物质罪、以危险方法危害公共安全罪；失火罪、过失决水罪、过失爆炸罪、过失投放危险物质罪、过失以危险方法危害公共安全罪】

X2.115.2:3　过失爆炸罪 ································ ★

▨ **常见适用的法条**

	常见适用的法条
刑法	第36条【犯罪行为的民事赔偿责任】
	第37条【免予刑事处罚与非刑事处罚措施】
	第45条【有期徒刑的期限】
	第47条【有期徒刑刑期的计算与折抵】
	第61条【量刑根据】
	第64条【犯罪所得之物、所用之物的处理】
	第67条【自首及其认定】
	第72条【缓刑的条件、禁止令与附加刑的执行】
	第73条【缓刑考验期限】
	第76条【社区矫正；缓刑考验合格的处理】

	常见适用的法条	
刑法	第115条【放火罪、决水罪、爆炸罪、投放危险物质罪、以危险方法危害公共安全罪;失火罪、过失决水罪、过失爆炸罪、过失投放危险物质罪、过失以危险方法危害公共安全罪】	333
刑法	第125条【非法制造、买卖、运输、邮寄、储存枪支、弹药、爆炸物罪;非法制造、买卖、运输、储存危险物质罪】	
刑法	第136条【危险物品肇事罪】	
民法通则	第119条【人身损害赔偿项目:一般人身损害赔偿项目、伤残赔偿项目、死亡赔偿项目】	781
侵权责任法	第6条【过错责任原则;过错推定责任原则】	782
侵权责任法	第16条【人身损害赔偿项目:一般人身损害赔偿项目、伤残赔偿项目、死亡赔偿项目】	
人身损害赔偿司法解释	第17条【人身损害赔偿项目:一般人身损害赔偿项目、伤残赔偿项目、死亡赔偿项目】	801
人身损害赔偿司法解释	第20条【误工费计算标准】	
人身损害赔偿司法解释	第22条【交通费计算标准】	
人身损害赔偿司法解释	第27条【丧葬费计算标准】	
人身损害赔偿司法解释	第28条【被扶养人生活费数额的确定】	
人身损害赔偿司法解释	第29条【死亡赔偿金计算标准】	

X2.115.2:4 过失投放危险物质罪 ★★

■ 主要适用的法条及其相关度

	主要适用的法条	相关度	
刑法	第72条【缓刑的条件、禁止令与附加刑的执行】	★★★★★	333

	主要适用的法条	相关度
刑法	第115条【放火罪、决水罪、爆炸罪、投放危险物质罪、以危险方法危害公共安全罪；失火罪、过失决水罪、过失爆炸罪、过失投放危险物质罪、过失以危险方法危害公共安全罪】	★★★★★
	第67条【自首及其认定】	★★★★
	第73条【缓刑考验期限】	★★★★
	第36条【犯罪行为的民事赔偿责任】	★

X2.115.2:5　过失以危险方法危害公共安全罪 ……… ★★★

■ 主要适用的法条及其相关度

	主要适用的法条	相关度
刑法	第67条【自首及其认定】	★★★★★
	第115条【放火罪、决水罪、爆炸罪、投放危险物质罪、以危险方法危害公共安全罪；失火罪、过失决水罪、过失爆炸罪、过失投放危险物质罪、过失以危险方法危害公共安全罪】	★★★★★
	第72条【缓刑的条件、禁止令与附加刑的执行】	★★★★
	第73条【缓刑考验期限】	★★★
	第64条【犯罪所得之物、所用之物的处理】	★★
	第25条【共同犯罪的概念】	★
	第61条【量刑根据】	★

X2.116　破坏交通工具罪 ……………………………… ★★

■ 主要适用的法条及其相关度

	主要适用的法条	相关度
刑法	第67条【自首及其认定】	★★★★★

	主要适用的法条	相关度
刑法	第116条【破坏交通工具罪】	★★★★★
	第25条【共同犯罪的概念】	★★★
	第26条【主犯;犯罪集团】	★★★
	第72条【缓刑的条件、禁止令与附加刑的执行】	★★★
	第61条【量刑根据】	★★
	第64条【犯罪所得之物、所用之物的处理】	★★
	第73条【缓刑考验期限】	★★
	第27条【从犯;从犯的处罚】	★
	第69条【判决宣告前一人犯数罪的并罚】	★

333

X2.117 破坏交通设施罪 ★★

■ 主要适用的法条及其相关度

	主要适用的法条	相关度
刑法	第67条【自首及其认定】	★★★★★
	第117条【破坏交通设施罪】	★★★★★
	第25条【共同犯罪的概念】	★★★
	第64条【犯罪所得之物、所用之物的处理】	★★★
	第26条【主犯;犯罪集团】	★★
	第72条【缓刑的条件、禁止令与附加刑的执行】	★★
	第73条【缓刑考验期限】	★★
	第27条【从犯;从犯的处罚】	★
	第65条【一般累犯】	★
	第69条【判决宣告前一人犯数罪的并罚】	★

333

X2.118:1　破坏电力设备罪　★★★★

一、主要适用的法条及其相关度

	主要适用的法条	相关度
刑法	第118条【破坏电力设备罪、破坏易燃易爆设备罪】	★★★★★
	第25条【共同犯罪的概念】	★★★★
	第67条【自首及其认定】	★★★★
	第64条【犯罪所得之物、所用之物的处理】	★★★
	第69条【判决宣告前一人犯数罪的并罚】	★★★
	第264条【盗窃罪】	★★★
	第52条【罚金数额的裁量】	★★
	第53条【罚金的缴纳、减免】	★★
	第65条【一般累犯】	★★
	第72条【缓刑的条件、禁止令与附加刑的执行】	★★
	第26条【主犯；犯罪集团】	★
	第27条【从犯；从犯的处罚】	★
	第73条【缓刑考验期限】	★

二、常见适用的其他法条

	常见适用的其他法条
刑法	第47条【有期徒刑刑期的计算与折抵】
	第61条【量刑根据】
	第68条【立功】
	第312条【掩饰、隐瞒犯罪所得、犯罪所得收益罪】
法解释 破坏电力设备罪司法	第3条【盗窃电力设备与盗窃的区分和认定】
	第4条【电力设备的认定；直接经济损失的计算范围】

	常见适用的其他法条	
破坏公用电信设施罪司法解释	第3条【破坏公用电信设施与故意毁坏财物的区分和处罚；破坏公用电信设施与盗窃的区分和处罚】	864

X2.118:2 破坏易燃易爆设备罪 ★★★

■ 主要适用的法条及其相关度

	主要适用的法条	相关度	
刑法	第25条【共同犯罪的概念】	★★★★★	333
	第67条【自首及其认定】	★★★★★	
	第118条【破坏电力设备罪、破坏易燃易爆设备罪】	★★★★★	
	第27条【从犯；从犯的处罚】	★★★	
	第72条【缓刑的条件、禁止令与附加刑的执行】	★★★	
	第26条【主犯；犯罪集团】	★★	
	第64条【犯罪所得之物、所用之物的处理】	★★	
	第69条【判决宣告前一人犯数罪的并罚】	★★	
	第73条【缓刑考验期限】	★★	
	第264条【盗窃罪】	★★	
	第52条【罚金数额的裁量】	★	
	第53条【罚金的缴纳、减免】	★	
	第61条【量刑根据】	★	
	第65条【一般累犯】	★	
办理盗窃油气、破坏油气设备等刑事案件司法解释	第1条【"破坏燃气或者其他易燃易爆设备"行为的认定】	★	881

X2.119.2:1　过失损坏交通工具罪[①]

X2.119.2:2　过失损坏交通设施罪 ………………………… ★

■ 常见适用的法条

		常见适用的法条
刑法		第18条【精神病人与醉酒的人的刑事责任】
		第25条【共同犯罪的概念】
		第45条【有期徒刑的期限】
		第47条【有期徒刑刑期的计算与折抵】
		第52条【罚金数额的裁量】
		第53条【罚金的缴纳、减免】
		第61条【量刑根据】
		第67条【自首及其认定】
		第69条【判决宣告前一人犯数罪的并罚】
		第72条【缓刑的条件、禁止令与附加刑的执行】
		第73条【缓刑考验期限】
		第119条【破坏交通工具罪、破坏交通设施罪、破坏电力设备罪、破坏易燃易爆设备罪;过失损坏交通工具罪、过失损坏交通设施罪、过失损坏电力设备罪、过失损坏易燃易爆设备罪】
		第264条【盗窃罪】
立法解释司法解释	自首和立功	第1条【自首及其认定】

---

① 说明:本案由尚无足够数量判决书可供法律大数据分析。

X2.119.2:3　过失损坏电力设备罪 ★★

主要适用的法条及其相关度

	主要适用的法条	相关度	
刑法	第72条【缓刑的条件、禁止令与附加刑的执行】	★★★★★	333
	第119条【破坏交通工具罪、破坏交通设施罪、破坏电力设备罪、破坏易燃易爆设备罪；过失损坏交通工具罪、过失损坏交通设施罪、过失损坏电力设备罪、过失损坏易燃易爆设备罪】	★★★★★	
	第67条【自首及其认定】	★★★★	
	第73条【缓刑考验期限】	★★★★	
	第45条【有期徒刑的期限】	★	
	第61条【量刑根据】	★	
	第64条【犯罪所得之物、所用之物的处理】	★	
司法解释　破坏电力设备罪	第2条【过失损坏电力设备造成严重后果的处罚】	★★★	882
	第1条【破坏电力设备"造成严重后果"的认定】	★★	
	第4条【电力设备的认定；直接经济损失的计算范围】	★	

X2.119.2:4　过失损坏易燃易爆设备罪 ★

常见适用的法条

	常见适用的法条	
刑法	第25条【共同犯罪的概念】	333
	第36条【犯罪行为的民事赔偿责任】	

	常见适用的法条
333 刑法	第67条【自首及其认定】
	第72条【缓刑的条件、禁止令与附加刑的执行】
	第73条【缓刑考验期限】
	第119条【破坏交通工具罪、破坏交通设施罪、破坏电力设备罪、破坏易燃易爆设备罪;过失损坏交通工具罪、过失损坏交通设施罪、过失损坏电力设备罪、过失损坏易燃易爆设备罪】
	第310条【窝藏、包庇罪】
782 侵权责任法	第34条【用人单位替代责任;劳务派遣侵权责任:替代责任、补充责任】

X2.120 组织、领导、参加恐怖组织罪 ★

■ 常见适用的法条

	常见适用的法条
333 刑法	第25条【共同犯罪的概念】
	第26条【主犯;犯罪集团】
	第37条【免予刑事处罚与非刑事处罚措施】
	第47条【有期徒刑刑期的计算与折抵】
	第55条【剥夺政治权利的期限】
	第56条【剥夺政治权利的适用范围】
	第64条【犯罪所得之物、所用之物的处理】
	第67条【自首及其认定】
	第120条【组织、领导、参加恐怖组织罪】

X2.120-1　帮助恐怖活动罪 ★

■ 常见适用的法条

	常见适用的法条
刑法	第47条【有期徒刑刑期的计算与折抵】
	第52条【罚金数额的裁量】
	第53条【罚金的缴纳、减免】
	第61条【量刑根据】
	第64条【犯罪所得之物、所用之物的处理】
	第65条【一般累犯】
	第120条之1【帮助恐怖活动罪】

X2.120-2　准备实施恐怖活动罪①

X2.120-3　宣扬恐怖主义、极端主义、煽动实施恐怖活动罪 ★

■ 常见适用的法条

	常见适用的法条
刑法	第38条【管制的期限；禁止令；社区矫正】
	第41条【管制刑期的计算与折抵】
	第45条【有期徒刑的期限】
	第47条【有期徒刑刑期的计算与折抵】
	第52条【罚金数额的裁量】
	第53条【罚金的缴纳、减免】

---

① 说明：本案由尚无足够数量判决书可供法律大数据分析。

	常见适用的法条
刑法	第61条【量刑根据】
	第64条【犯罪所得之物、所用之物的处理】
	第67条【自首及其认定】
	第72条【缓刑的条件、禁止令与附加刑的执行】
	第73条【缓刑考验期限】
	第120条之3【宣扬恐怖主义、极端主义、煽动实施恐怖活动罪】
财产刑适用规定	第5条【判决指定的期限的确定】

333

804

X2.120-4 利用极端主义破坏法律实施罪 ★

▨ 常见适用的法条

	常见适用的法条
刑法	第300条【组织、利用会道门、邪教组织、利用迷信破坏法律实施罪；组织、利用会道门、邪教组织、利用迷信致人重伤、死亡罪】

333

X2.120-5 强制穿戴宣扬恐怖主义、极端主义服饰、标志罪①

---

① 说明：本案由尚无足够数量判决书可供法律大数据分析。

X2.120-6　非法持有宣扬恐怖主义、极端主义物品罪 …… ★

▨ 常见适用的法条

	常见适用的法条	
刑法	第45条【有期徒刑的期限】	333
	第47条【有期徒刑刑期的计算与折抵】	
	第52条【罚金数额的裁量】	
	第53条【罚金的缴纳、减免】	
	第61条【量刑根据】	
	第64条【犯罪所得之物、所用之物的处理】	
	第67条【自首及其认定】	
	第69条【判决宣告前一人犯数罪的并罚】	
	第72条【缓刑的条件、禁止令与附加刑的执行】	
	第73条【缓刑考验期限】	
	第120条之2【准备实施恐怖活动罪】	
	第120条之3【宣扬恐怖主义、极端主义、煽动实施恐怖活动罪】	
	第120条之6【非法持有宣扬恐怖主义、极端主义物品罪】	
适用规定 财产刑	第5条【判决指定的期限的确定】	804

X2.121　劫持航空器罪[①]

[①] 说明:本案由尚无足够数量判决书可供法律大数据分析。

X2.122　劫持船只、汽车罪 ★★

■ 主要适用的法条及其相关度

	主要适用的法条	相关度
刑法	第67条【自首及其认定】	★★★★★
	第122条【劫持船只、汽车罪】	★★★★★
	第69条【判决宣告前一人犯数罪的并罚】	★★★
	第25条【共同犯罪的概念】	★★
	第65条【一般累犯】	★★
	第61条【量刑根据】	★
	第64条【犯罪所得之物、所用之物的处理】	★
	第234条【故意伤害罪】	★

X2.123　暴力危及飞行安全罪①

X2.124.1　破坏广播电视设施、公用电信设施罪 ★★★★

■ 一、主要适用的法条及其相关度

	主要适用的法条	相关度
刑法	第64条【犯罪所得之物、所用之物的处理】	★★★★★
	第67条【自首及其认定】	★★★★★
	第124条【破坏广播电视设施、公用电信设施罪；过失破坏广播电视设施、公用电信设施罪】	★★★★★
	第25条【共同犯罪的概念】	★★★
	第27条【从犯；从犯的处罚】	★★★
	第72条【缓刑的条件、禁止令与附加刑的执行】	★★★
	第73条【缓刑考验期限】	★★★

---

① 说明：本案由尚无足够数量判决书可供法律大数据分析。

	主要适用的法条	相关度	
刑法	第 26 条【主犯；犯罪集团】	★★	333
	第 52 条【罚金数额的裁量】	★	
	第 53 条【罚金的缴纳、减免】	★	
	第 61 条【量刑根据】	★	
	第 288 条【扰乱无线电通讯管理秩序罪】	★	
破坏公用电信设施罪司法解释	第 1 条【破坏公用电信设施罪定罪】	★★★	864

二、常见适用的其他法条

	常见适用的其他法条	
办理非法生产销售使用"伪基站"设备案件的意见	第 1 条【非法生产销售使用"伪基站"设备的性质认定】	905
刑法	第 45 条【有期徒刑的期限】	333
	第 47 条【有期徒刑刑期的计算与折抵】	
	第 65 条【一般累犯】	
	第 68 条【立功】	
	第 69 条【判决宣告前一人犯数罪的并罚】	
	第 264 条【盗窃罪】	

X2.124.2 过失损坏广播电视设施、公用电信设施罪 ★★

▓ 主要适用的法条及其相关度

刑法	主要适用的法条	相关度
	第72条【缓刑的条件、禁止令与附加刑的执行】	★★★★★
	第124条【破坏广播电视设施、公用电信设施罪;过失破坏广播电视设施、公用电信设施罪】	★★★★★
	第67条【自首及其认定】	★★★★
	第73条【缓刑考验期限】	★★★★

X2.125.1 非法制造、买卖、运输、邮寄、储存枪支、弹药、爆炸物罪 ★★★★

▓ 一、主要适用的法条及其相关度

刑法	主要适用的法条	相关度
	第67条【自首及其认定】	★★★★★
	第125条【非法制造、买卖、运输、邮寄、储存枪支、弹药、爆炸物罪;非法制造、买卖、运输、储存危险物质罪】	★★★★★
	第72条【缓刑的条件、禁止令与附加刑的执行】	★★★★
	第64条【犯罪所得之物、所用之物的处理】	★★★
	第73条【缓刑考验期限】	★★★
	第25条【共同犯罪的概念】	★★
	第61条【量刑根据】	★★
	第26条【主犯;犯罪集团】	★
	第27条【从犯;从犯的处罚】	★
	第69条【判决宣告前一人犯数罪的并罚】	★
	第128条【非法持有、私藏枪支、弹药罪;非法出租、出借枪支罪】	★

		主要适用的法条	相关度	
司法解释	非法制造买卖运输枪支弹药爆炸物罪	第1条【非法制造、买卖、运输、邮寄、储存枪支、弹药、爆炸物罪定罪】	★★★	814
		第2条【非法制造、买卖、运输、邮寄、储存枪支、弹药、爆炸物"情节严重"的认定】	★★	
		第9条【非法制造、买卖、运输、邮寄、储存爆炸物品等行为的定罪量刑标准】	★	

二、常见适用的其他法条

	常见适用的其他法条	
刑法	第23条【犯罪未遂；犯罪未遂的处罚】	333
	第45条【有期徒刑的期限】	
	第47条【有期徒刑刑期的计算与折抵】	
	第65条【一般累犯】	
	第68条【立功】	
司法解释 非法制造买卖运输枪支弹药爆炸物罪	第5条【以非法持有、私藏枪支、弹药罪论处的情形】	814

X2.125.2　非法制造、买卖、运输、储存危险物质罪 ★★★

主要适用的法条及其相关度

	主要适用的法条	相关度
刑法	第67条【自首及其认定】	★★★★★
	第125条【非法制造、买卖、运输、邮寄、储存枪支、弹药、爆炸物罪;非法制造、买卖、运输、储存危险物质罪】	★★★★★
	第72条【缓刑的条件、禁止令与附加刑的执行】	★★★★
	第73条【缓刑考验期限】	★★★
	第25条【共同犯罪的概念】	★★
	第64条【犯罪所得之物、所用之物的处理】	★★
	第26条【主犯;犯罪集团】	★
	第27条【从犯;从犯的处罚】	★
	第61条【量刑根据】	★
	第69条【判决宣告前一人犯数罪的并罚】	★

X2.126　违规制造、销售枪支罪 ★

常见适用的法条

	常见适用的法条
刑法	第64条【犯罪所得之物、所用之物的处理】
	第65条【一般累犯】
	第125条【非法制造、买卖、运输、邮寄、储存枪支、弹药、爆炸物罪;非法制造、买卖、运输、储存危险物质罪】
	第126条【违规制造、销售枪支罪】
	第128条【非法持有、私藏枪支、弹药罪;非法出租、出借枪支罪】

X2.127.1　盗窃、抢夺枪支、弹药、爆炸物、危险物质罪 ★★

主要适用的法条及其相关度

	主要适用的法条	相关度
刑法	第67条【自首及其认定】	★★★★★
	第127条【盗窃、抢夺枪支、弹药、爆炸物、危险物质罪;抢劫枪支、弹药、爆炸物、危险物质罪】	★★★★★
	第25条【共同犯罪的概念】	★★★
	第64条【犯罪所得之物、所用之物的处理】	★★★
	第69条【判决宣告前一人犯数罪的并罚】	★★★
	第52条【罚金数额的裁量】	★★
	第53条【罚金的缴纳、减免】	★★
	第65条【一般累犯】	★★
	第264条【盗窃罪】	★★
	第23条【犯罪未遂;犯罪未遂的处罚】	★
	第26条【主犯;犯罪集团】	★
	第27条【从犯;从犯的处罚】	★
	第45条【有期徒刑的期限】	★
	第47条【有期徒刑刑期的计算与折抵】	★
	第61条【量刑根据】	★
	第72条【缓刑的条件、禁止令与附加刑的执行】	★
	第73条【缓刑考验期限】	★
司法解释 非法制造买卖运输枪支弹药爆炸物罪	第4条【盗窃、抢夺枪支、弹药、爆炸物罪】	★★★

X2.127.2 抢劫枪支、弹药、爆炸物、危险物质罪 ………… ★

■ 常见适用的法条

	常见适用的法条
刑法	第7条【属人管辖】
	第23条【犯罪未遂;犯罪未遂的处罚】
	第25条【共同犯罪的概念】
	第26条【主犯;犯罪集团】
	第27条【从犯;从犯的处罚】
	第52条【罚金数额的裁量】
	第53条【罚金的缴纳、减免】
	第55条【剥夺政治权利的期限】
	第56条【剥夺政治权利的适用范围】
	第61条【量刑根据】
	第64条【犯罪所得之物、所用之物的处理】
	第65条【一般累犯】
	第67条【自首及其认定】
	第69条【判决宣告前一人犯数罪的并罚】
	第77条【缓刑考验不合格的处理】
	第125条【非法制造、买卖、运输、邮寄、储存枪支、弹药、爆炸物罪;非法制造、买卖、运输、储存危险物质罪】
	第127条【盗窃、抢夺枪支、弹药、爆炸物、危险物质罪;抢劫枪支、弹药、爆炸物、危险物质罪】
	第133条之1【危险驾驶罪】
	第263条【抢劫罪】
	第274条【敲诈勒索罪】
	第277条【妨害公务罪】
	第292条【聚众斗殴罪】
	第293条【寻衅滋事罪】

X2.128.1　非法持有、私藏枪支、弹药罪　★★★★★

一、主要适用的法条及其相关度

	主要适用的法条	相关度	
刑法	第67条【自首及其认定】	★★★★★	333
	第128条【非法持有、私藏枪支、弹药罪;非法出租、出借枪支罪】	★★★★★	
	第64条【犯罪所得之物、所用之物的处理】	★★★	
	第72条【缓刑的条件、禁止令与附加刑的执行】	★★★	
	第73条【缓刑考验期限】	★★★	
	第61条【量刑根据】	★★	
	第69条【判决宣告前一人犯数罪的并罚】	★★	
	第25条【共同犯罪的概念】	★	
	第45条【有期徒刑的期限】	★	
	第65条【一般累犯】	★	
司法解释 非法制造买卖运输枪支弹药爆炸物罪	第5条【以非法持有、私藏枪支、弹药罪论处的情形】	★★★	814
	第8条【"非法储存""非法持有""私藏"枪支弹药爆炸物的定义】	★	

二、常见适用的其他法条

	常见适用的其他法条	
刑法	第26条【主犯;犯罪集团】	333
	第37条【免予刑事处罚与非刑事处罚措施】	
	第38条【管制的期限;禁止令;社区矫正】	

		常见适用的其他法条
333	刑法	第41条【管制刑期的计算与折抵】
		第42条【拘役的期限】
		第47条【有期徒刑刑期的计算与折抵】
		第52条【罚金数额的裁量】
		第53条【罚金的缴纳、减免】
		第62条【从重、从轻处罚】
		第68条【立功】
799	法解释 自首和立功司	第1条【自首及其认定】

X2.128.2　非法出租、出借枪支罪①

X2.129　丢失枪支不报罪②

X2.130　非法携带枪支、弹药、管制刀具、危险物品危及公共安全罪 ················· ★★

主要适用的法条及其相关度

		主要适用的法条	相关度
333	刑法	第130条【非法携带枪支、弹药、管制刀具、危险物品危及公共安全罪】	★★★★★
		第67条【自首及其认定】	★★★★
		第64条【犯罪所得之物、所用之物的处理】	★★★

---

① 说明：本案由尚无足够数量判决书可供法律大数据分析。
② 同上注。

	主要适用的法条	相关度	
刑法	第72条【缓刑的条件、禁止令与附加刑的执行】	★★	333
	第73条【缓刑考验期限】	★★	
	第25条【共同犯罪的概念】	★	
	第61条【量刑根据】	★	
	第65条【一般累犯】	★	
	第69条【判决宣告前一人犯数罪的并罚】	★	
司法解释 非法制造买卖运输枪支弹药爆炸物罪	第6条【非法携带枪支、弹药、爆炸物危及公共安全"情节严重"的认定】	★	814

X2.131 重大飞行事故罪①

X2.132 铁路运营安全事故罪 ………………………………… ★

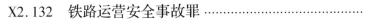

■ 常见适用的法条

	常见适用的法条	
刑法	第37条【免予刑事处罚与非刑事处罚措施】	333
	第67条【自首及其认定】	
	第72条【缓刑的条件、禁止令与附加刑的执行】	
	第73条【缓刑考验期限】	
	第132条【铁路运营安全事故罪】	

---

① 说明:本案由尚无足够数量判决书可供法律大数据分析。

X2.133 　交通肇事罪 ★★★★★

■ 一、主要适用的法条及其相关度

		主要适用的法条	相关度
333	刑法	第67条【自首及其认定】	★★★★★
		第72条【缓刑的条件、禁止令与附加刑的执行】	★★★★
		第133条【交通肇事罪】	★★★★★
		第73条【缓刑考验期限】	★★★★
		第61条【量刑根据】	★★
		第36条【犯罪行为的民事赔偿责任】	★
796	司法解释 交通肇事罪	第2条【交通肇事罪】	★★
784	道路交通安全法	第76条【交通事故的赔偿责任】	★
782	侵权责任法	第16条【人身损害赔偿项目：一般人身损害赔偿项目、伤残赔偿项目、死亡赔偿项目】	★

■ 二、常见适用的其他法条

		常见适用的其他法条
333	刑法	第45条【有期徒刑的期限】
		第76条【社区矫正；缓刑考验合格的处理】
781	民法通则	第119条【人身损害赔偿项目：一般人身损害赔偿项目、伤残赔偿项目、死亡赔偿项目】
782	侵权责任法	第48条【机动车交通事故损害赔偿责任的法律适用】

	常见适用的其他法条	
自首和立功司法解释	第1条【自首及其认定】	799
人身损害赔偿司法解释	第17条【人身损害赔偿项目：一般人身损害赔偿项目、伤残赔偿项目、死亡赔偿项目】	801
	第19条【医疗费计算标准】	
	第27条【丧葬费计算标准】	
	第29条【死亡赔偿金计算标准】	
交通肇事罪司法解释	第1条【交通运输人员或者非交通运输人员违反交通运输管理法规发生重大交通事故的定罪处罚】	796
	第3条【交通运输肇事后逃逸的界定】	
道路交通事故司法解释	第16条【交强险和商业三者险并存时的赔付规则】	811

X2.133-1 危险驾驶罪 ★★★★★

一、主要适用的法条及其相关度

	主要适用的法条	相关度	
刑法	第67条【自首及其认定】	★★★★★	333
	第133条之1【危险驾驶罪】	★★★★★	
	第52条【罚金数额的裁量】	★★★	
	第53条【罚金的缴纳、减免】	★★★	

		主要适用的法条	相关度
333	刑法	第72条【缓刑的条件、禁止令与附加刑的执行】	★★★
		第73条【缓刑考验期限】	★★★
		第42条【拘役的期限】	★★
		第44条【拘役刑期的计算与折抵】	★
		第61条【量刑根据】	★
906	适用意见 醉驾犯罪	第2条【醉酒驾驶机动车从重处罚情节】	★

二、常见适用的其他法条

		常见适用的其他法条
333	刑法	第64条【犯罪所得之物、所用之物的处理】
804	适用规定 财产刑	第2条【罚金数额的裁量】
906	适用意见 醉驾犯罪	第1条【醉酒驾驶机动车的认定】

X2.134.1　重大责任事故罪 ·········· ★★★★

一、主要适用的法条及其相关度

		主要适用的法条	相关度
333	刑法	第67条【自首及其认定】	★★★★★
		第72条【缓刑的条件、禁止令与附加刑的执行】	★★★★
		第134条【重大责任事故罪;强令违章冒险作业罪】	★★★★★
		第73条【缓刑考验期限】	★★★
		第61条【量刑根据】	★

二、常见适用的其他法条

	常见适用的其他法条	
刑法	第25条【共同犯罪的概念】	333
自首和立功司法解释	第1条【自首及其认定】	799

X2.134.2 强令违章冒险作业罪 ★

常见适用的法条

	常见适用的法条	
刑法	第67条【自首及其认定】	333
	第72条【缓刑的条件、禁止令与附加刑的执行】	
	第73条【缓刑考验期限】	
	第134条【重大责任事故罪;强令违章冒险作业罪】	
人身损害赔偿司法解释	第8条【用人单位替代责任;劳务派遣侵权责任:替代责任、补充责任】	801
审判工作的意见 加强危害生产安全刑事案件	第15条【危害生产安全刑事案件中依法从重处罚的情形】	902

X2.135　重大劳动安全事故罪 ★★★

■ 主要适用的法条及其相关度

	主要适用的法条	相关度
刑法	第67条【自首及其认定】	★★★★★
	第72条【缓刑的条件、禁止令与附加刑的执行】	★★★★★
	第135条【重大劳动安全事故罪】	★★★★★
	第73条【缓刑考验期限】	★★★★
	第61条【量刑根据】	★

X2.135-1　大型群众性活动重大安全事故罪 ★

■ 常见适用的法条

	常见适用的法条
刑法	第72条【缓刑的条件、禁止令与附加刑的执行】
	第73条【缓刑考验期限】
	第135条之1【大型群众性活动重大安全事故罪】

X2.136　危险物品肇事罪 ★★

■ 主要适用的法条及其相关度

	主要适用的法条	相关度
刑法	第67条【自首及其认定】	★★★★★
	第136条【危险物品肇事罪】	★★★★★
	第72条【缓刑的条件、禁止令与附加刑的执行】	★★★★

	主要适用的法条	相关度
刑法	第73条【缓刑考验期限】	★★★
	第25条【共同犯罪的概念】	★
	第61条【量刑根据】	★

333

X2.137　工程重大安全事故罪 ★★

■ 主要适用的法条及其相关度

	主要适用的法条	相关度
刑法	第67条【自首及其认定】	★★★★★
	第72条【缓刑的条件、禁止令与附加刑的执行】	★★★★★
	第137条【工程重大安全事故罪】	★★★★★
	第73条【缓刑考验期限】	★★★★
	第52条【罚金数额的裁量】	★★★
	第37条【免予刑事处罚与非刑事处罚措施】	★★
	第53条【罚金的缴纳、减免】	★★
	第25条【共同犯罪的概念】	★
	第61条【量刑根据】	★
	第134条【重大责任事故罪；强令违章冒险作业罪】	★
	第397条【滥用职权罪；玩忽职守罪】	★

333

X2.138　教育设施重大安全事故罪 ★

■ 常见适用的法条

	常见适用的法条
刑法	第25条【共同犯罪的概念】
	第26条【主犯；犯罪集团】
	第27条【从犯；从犯的处罚】

333

		常见适用的法条
333	刑法	第37条【免予刑事处罚与非刑事处罚措施】
		第45条【有期徒刑的期限】
		第47条【有期徒刑刑期的计算与折抵】
		第61条【量刑根据】
		第64条【犯罪所得之物、所用之物的处理】
		第67条【自首及其认定】
		第69条【判决宣告前一人犯数罪的并罚】
		第72条【缓刑的条件、禁止令与附加刑的执行】
		第73条【缓刑考验期限】
		第138条【教育设施重大安全事故罪】
		第163条【非国家工作人员受贿罪;受贿罪】
902	司法解释 办理危害生产安全刑事案件	第8条【不报、谎报安全事故罪"情节严重""情节特别严重"的认定】
799	法解释 自首和立功司	第1条【自首及其认定】
801	偿司法解释 人身损害赔	第27条【丧葬费计算标准】

X2.139 消防责任事故罪 ★★

■ 主要适用的法条及其相关度

	主要适用的法条	相关度	
刑法	第67条【自首及其认定】	★★★★★	333
	第139条【消防责任事故罪】	★★★★★	
	第72条【缓刑的条件、禁止令与附加刑的执行】	★★★★	
	第73条【缓刑考验期限】	★★★	
	第61条【量刑根据】	★	
法解释立功司和自首	第1条【自首及其认定】	★	799

X2.139-1 不报、谎报安全事故罪 ★

■ 常见适用的法条

	常见适用的法条	
刑法	第37条【免予刑事处罚与非刑事处罚措施】	333
	第61条【量刑根据】	
	第67条【自首及其认定】	
	第72条【缓刑的条件、禁止令与附加刑的执行】	
	第73条【缓刑考验期限】	
	第134条【重大责任事故罪;强令违章冒险作业罪】	
	第139条之1【不报、谎报安全事故罪】	

3 破坏社会主义市场经济秩序罪

3.1 生产、销售伪劣商品罪

X3.1.140　生产、销售伪劣产品罪 ★★★★

一、主要适用的法条及其相关度

		主要适用的法条	相关度
333	刑法	第140条【生产、销售伪劣产品罪】	★★★★★
		第64条【犯罪所得之物、所用之物的处理】	★★★★
		第67条【自首及其认定】	★★★★
		第72条【缓刑的条件、禁止令与附加刑的执行】	★★★★
		第23条【犯罪未遂;犯罪未遂的处罚】	★★★
		第25条【共同犯罪的概念】	★★★
		第27条【从犯;从犯的处罚】	★★★
		第52条【罚金数额的裁量】	★★★
		第53条【罚金的缴纳、减免】	★★★
		第73条【缓刑考验期限】	★★★
		第26条【主犯;犯罪集团】	★★
		第61条【量刑根据】	★
837	办理非法生产、销售烟草专卖品等刑事案件司法解释	第1条【生产、销售伪劣产品罪;假冒注册商标罪;销售假冒注册商标的商品罪;非法制造、销售非法制造的注册商标标识罪;非法经营罪】	★
		第2条【生产、销售伪劣产品罪】	★

■ 二、常见适用的其他法条

	常见适用的其他法条	
刑法	第45条【有期徒刑的期限】	333
	第47条【有期徒刑刑期的计算与折抵】	
	第65条【一般累犯】	
	第68条【立功】	
	第69条【判决宣告前一人犯数罪的并罚】	
	第149条【竞合的适用】	
	第150条【单位犯生产、销售伪劣商品罪的处罚】	
	第225条【非法经营罪】	
办理生产、销售伪劣商品刑事案件司法解释	第1条【生产、销售伪劣产品罪"在产品中掺杂、掺假""以假充真""以次充好""不合格产品"的认定】	871
	第2条【生产、销售伪劣商品罪中"销售金额"的认定】	
办理非法生产、销售烟草专卖品等刑事案件司法解释	第5条【非法生产、销售烟草专卖品罪与生产、销售伪劣产品罪、侵犯知识产权犯罪、非法经营罪的竞合】	837
	第6条【共犯认定】	
	第9条【"烟草专卖品""卷烟辅料""烟草专用机械""同类烟草专用机械"的认定】	

X3.1.141 生产、销售假药罪 ★★★★★

■ 一、主要适用的法条及其相关度

	主要适用的法条	相关度	
刑法	第67条【自首及其认定】	★★★★★	333
	第141条【生产、销售假药罪;假药的含义】	★★★★★	

		主要适用的法条	相关度
333	刑法	第64条【犯罪所得之物、所用之物的处理】	★★★★
		第52条【罚金数额的裁量】	★★★
		第53条【罚金的缴纳、减免】	★★★
		第72条【缓刑的条件、禁止令与附加刑的执行】	★★★
		第73条【缓刑考验期限】	★★★
		第23条【犯罪未遂;犯罪未遂的处罚】	★★
		第25条【共同犯罪的概念】	★★
		第27条【从犯;从犯的处罚】	★
		第61条【量刑根据】	★
855	司法解释	办理危害药品安全刑事案件	第11条【危害药品安全刑事案件中禁止令的适用和不是犯罪的认定】	★★
			第12条【生产、销售假药罪中罚金刑的适用】	★★

二、常见适用的其他法条

		常见适用的其他法条
333	刑法	第26条【主犯;犯罪集团】
		第37条【免予刑事处罚与非刑事处罚措施】
		第42条【拘役的期限】
		第44条【拘役刑期的计算与折抵】
		第47条【有期徒刑刑期的计算与折抵】
785	药品管理法	第48条【禁止生产、销售的假药】
855	司法解释	办理危害药品安全刑事案件	第1条【生产销售假药应当从重处罚的情形】
			第15条【危害药品安全刑事案件中"生产、销售金额"的认定】

	常见适用的其他法条	
适用规定 财产刑	第 2 条【罚金数额的裁量】	804

X3.1.142　生产、销售劣药罪 ······················ ★

■ 常见适用的法条

	常见适用的法条	
刑法	第 52 条【罚金数额的裁量】	333
	第 53 条【罚金的缴纳、减免】	
	第 61 条【量刑根据】	
	第 64 条【犯罪所得之物、所用之物的处理】	
	第 67 条【自首及其认定】	
	第 72 条【缓刑的条件、禁止令与附加刑的执行】	
	第 73 条【缓刑考验期限】	
	第 141 条【生产、销售假药罪；假药的含义】	
	第 142 条【生产、销售劣药罪】	
	第 147 条【生产、销售伪劣农药、兽药、化肥、种子罪】	

X3.1.143　生产、销售不符合安全标准的食品罪 ··· ★★★★

■ 一、主要适用的法条及其相关度

	主要适用的法条	相关度	
刑法	第 143 条【生产、销售不符合安全标准的食品罪】	★★★★★	333
	第 67 条【自首及其认定】	★★★★	
	第 72 条【缓刑的条件、禁止令与附加刑的执行】	★★★★	

		主要适用的法条	相关度
333	刑法	第52条【罚金数额的裁量】	★★★
		第53条【罚金的缴纳、减免】	★★★
		第64条【犯罪所得之物、所用之物的处理】	★★★
		第73条【缓刑考验期限】	★★★
		第25条【共同犯罪的概念】	★★
840	司法解释 办理危害食品安全刑事案件	第1条【食品"足以造成严重食物中毒事故或者其他严重食源性疾病"的认定】	★★★
		第18条【危害食品安全刑事案件中缓刑和禁止令的适用】	★★
		第17条【生产、销售不符合安全标准的食品罪与生产、销售有毒、有害食品罪罚金刑的适用】	★

二、常见适用的其他法条

		常见适用的其他法条
333	刑法	第26条【主犯;犯罪集团】
		第27条【从犯;从犯的处罚】
		第42条【拘役的期限】
		第61条【量刑根据】
840	司法解释 办理危害食品安全刑事案件	第8条【在食品及食用农产品种植、养殖、加工、销售、运输、贮存等过程中构成生产、销售不符合安全标准的食品罪的情形】

X3.1.144 生产、销售有毒、有害食品罪 ★★★★

一、主要适用的法条及其相关度

	主要适用的法条	相关度	
刑法	第67条【自首及其认定】	★★★★★	333
	第144条【生产、销售有毒、有害食品罪】	★★★★★	
	第52条【罚金数额的裁量】	★★★★	
	第72条【缓刑的条件、禁止令与附加刑的执行】	★★★★	
	第53条【罚金的缴纳、减免】	★★★	
	第64条【犯罪所得之物、所用之物的处理】	★★★	
	第73条【缓刑考验期限】	★★★	
	第25条【共同犯罪的概念】	★★	
	第61条【量刑根据】	★★	
司法解释 办理危害食品安全刑事案件	第9条【生产、销售有毒、有害食品罪】	★★	840
	第18条【危害食品安全刑事案件中缓刑和禁止令的适用】	★★	
	第17条【生产、销售不符合安全标准的食品罪与生产、销售有毒、有害食品罪罚金刑的适用】	★	
	第20条【"有毒、有害的非食品原料"的认定】	★	

二、常见适用的其他法条

	常见适用的其他法条	
刑法	第23条【犯罪未遂;犯罪未遂的处罚】	333
	第26条【主犯;犯罪集团】	
	第27条【从犯;从犯的处罚】	
	第45条【有期徒刑的期限】	

X3.1.145　生产、销售不符合标准的医用器材罪 ………… ★

■ 常见适用的法条

		常见适用的法条
333	刑法	第25条【共同犯罪的概念】
		第27条【从犯；从犯的处罚】
		第37条【免予刑事处罚与非刑事处罚措施】
		第52条【罚金数额的裁量】
		第53条【罚金的缴纳、减免】
		第64条【犯罪所得之物、所用之物的处理】
		第67条【自首及其认定】
		第69条【判决宣告前一人犯数罪的并罚】
		第72条【缓刑的条件、禁止令与附加刑的执行】
		第73条【缓刑考验期限】
		第141条【生产、销售假药罪；假药的含义】
		第145条【生产、销售不符合标准的医用器材罪】
785	量法 产品质	第44条【产品缺陷致人人身伤害、财产损失的赔偿范围：一般伤害、造成残疾、造成死亡】
781	通则 民法	第119条【人身损害赔偿项目：一般人身损害赔偿项目、伤残赔偿项目、死亡赔偿项目】

X3.1.146　生产、销售不符合安全标准的产品罪 ……… ★★

■ 主要适用的法条及其相关度

		主要适用的法条	相关度
333	刑法	第67条【自首及其认定】	★★★★★
		第72条【缓刑的条件、禁止令与附加刑的执行】	★★★★
		第73条【缓刑考验期限】	★★★★
		第146条【生产、销售不符合安全标准的产品罪】	★★★★

	主要适用的法条	相关度	
刑法	第52条【罚金数额的裁量】	★★★	333
	第53条【罚金的缴纳、减免】	★★★	
	第143条【生产、销售不符合安全标准的食品罪】	★★★	
	第25条【共同犯罪的概念】	★★	
	第64条【犯罪所得之物、所用之物的处理】	★★	
	第27条【从犯;从犯的处罚】	★	
	第47条【有期徒刑刑期的计算与折抵】	★	
司法解释 办理危害食品安全刑事案件	第1条【食品"足以造成严重食物中毒事故或者其他严重食源性疾病"的认定】	★★	840

X3.1.147 生产、销售伪劣农药、兽药、化肥、种子罪 ……★★

■ 主要适用的法条及其相关度

	主要适用的法条	相关度	
刑法	第147条【生产、销售伪劣农药、兽药、化肥、种子罪】	★★★★★	333
	第67条【自首及其认定】	★★★★	
	第72条【缓刑的条件、禁止令与附加刑的执行】	★★★★	
	第25条【共同犯罪的概念】	★★★	
	第52条【罚金数额的裁量】	★★★	
	第53条【罚金的缴纳、减免】	★★★	
	第73条【缓刑考验期限】	★★★	
	第26条【主犯;犯罪集团】	★	
	第27条【从犯;从犯的处罚】	★	
	第64条【犯罪所得之物、所用之物的处理】	★	
	第150条【单位犯生产、销售伪劣商品罪的处罚】	★	

		主要适用的法条	相关度
871	办理生产、销售伪劣商品刑事案件司法解释	第7条【生产、销售伪劣农药、兽药、化肥、种子罪"较大损失""重大损失""特别重大损失"的认定】	★★

X3.1.148 生产、销售不符合卫生标准的化妆品罪 ……★

■ 常见适用的法条

		常见适用的法条
333	刑法	第67条【自首及其认定】
		第72条【缓刑的条件、禁止令与附加刑的执行】
		第73条【缓刑考验期限】
		第148条【生产、销售不符合卫生标准的化妆品罪】

3.2 走私罪

X3.2.151.1:1 走私武器、弹药罪 ……★★

■ 主要适用的法条及其相关度

		主要适用的法条	相关度
333	刑法	第64条【犯罪所得之物、所用之物的处理】	★★★★★
		第151条【走私武器、弹药罪;走私核材料罪;走私假币罪;走私文物罪;走私贵重金属罪;走私珍贵动物、珍贵动物制品罪;走私国家禁止进出口的货物、物品罪】	★★★★★
		第67条【自首及其认定】	★★★★
		第25条【共同犯罪的概念】	★★★

	主要适用的法条	相关度
刑法	第27条【从犯;从犯的处罚】	★★★
	第52条【罚金数额的裁量】	★★★
	第53条【罚金的缴纳、减免】	★★★
	第72条【缓刑的条件、禁止令与附加刑的执行】	★★★
	第73条【缓刑考验期限】	★★★
	第26条【主犯;犯罪集团】	★
办理走私刑事案件司法解释	第1条【走私武器、弹药罪中"情节较轻"的认定;处七年以上有期徒刑,并处罚金或者没收财产的情形;"情节特别严重"的认定】	★★★
	第5条【走私武器罪中从轻处罚、免予刑事处罚的情形和走私国家禁止进出口的货物、物品罪的认定】	★

333

929

X3.2.151.1:2　走私核材料罪①

X3.2.151.1:3　走私假币罪②

X3.2.151.2:1　走私文物罪③

① 说明:本案由尚无足够数量判决书可供法律大数据分析。
② 同上注。
③ 同上注。

X3.2.151.2:2　走私贵重金属罪 ·········· ★

■ 常见适用的法条

	常见适用的法条
刑法	第25条【共同犯罪的概念】
	第27条【从犯；从犯的处罚】
	第52条【罚金数额的裁量】
	第53条【罚金的缴纳、减免】
	第61条【量刑根据】
	第62条【从重、从轻处罚】
	第64条【犯罪所得之物、所用之物的处理】
	第67条【自首及其认定】
	第72条【缓刑的条件、禁止令与附加刑的执行】
	第73条【缓刑考验期限】
	第75条【缓刑犯应遵守的规定】
	第151条【走私武器、弹药罪；走私核材料罪；走私假币罪；走私文物罪；走私贵重金属罪；走私珍贵动物、珍贵动物制品罪；走私国家禁止进出口的货物、物品罪】

X3.2.151.2:3　走私珍贵动物、珍贵动物制品罪 ······ ★★★

■ 主要适用的法条及其相关度

	主要适用的法条	相关度
刑法	第64条【犯罪所得之物、所用之物的处理】	★★★★★
	第151条【走私武器、弹药罪；走私核材料罪；走私假币罪；走私文物罪；走私贵重金属罪；走私珍贵动物、珍贵动物制品罪；走私国家禁止进出口的货物、物品罪】	★★★★★

	主要适用的法条	相关度	
刑法	第67条【自首及其认定】	★★★★	333
	第52条【罚金数额的裁量】	★★★	
	第53条【罚金的缴纳、减免】	★★★	
	第72条【缓刑的条件、禁止令与附加刑的执行】	★★★	
	第73条【缓刑考验期限】	★★★	
	第25条【共同犯罪的概念】	★★	
	第27条【从犯；从犯的处罚】	★★	
	第26条【主犯；犯罪集团】	★	
	第61条【量刑根据】	★	
司法解释 刑事案件 办理走私	第9条【走私国家一、二级保护动物"情节较轻"的认定；处五年以上十年以下有期徒刑，并处罚金的情形；"情节特别严重"的认定】	★★★	824

X3.2.151.3 走私国家禁止进出口的货物、物品罪 ………… ★★★

▨ 主要适用的法条及其相关度

	主要适用的法条	相关度	
刑法	第64条【犯罪所得之物、所用之物的处理】	★★★★★	333
	第67条【自首及其认定】	★★★★★	
	第151条【走私武器、弹药罪；走私核材料罪；走私假币罪；走私文物罪；走私贵重金属罪；走私珍贵动物、珍贵动物制品罪；走私国家禁止进出口的货物、物品罪】	★★★★★	
	第25条【共同犯罪的概念】	★★★★	
	第27条【从犯；从犯的处罚】	★★★★	
	第52条【罚金数额的裁量】	★★★★	
	第53条【罚金的缴纳、减免】	★★★	
	第72条【缓刑的条件、禁止令与附加刑的执行】	★★★	
	第73条【缓刑考验期限】	★★★	
	第156条【走私罪共犯的认定】	★★★	
	第26条【主犯；犯罪集团】	★★	

	主要适用的法条	相关度
824 司法解释 刑事案件 办理走私	第 11 条【走私国家禁止进出口的货物、物品具体的定罪处罚】	★★★

X3.2.152.1 走私淫秽物品罪 ········· ★

■ 常见适用的法条

	常见适用的法条
333 刑法	第 23 条【犯罪未遂;犯罪未遂的处罚】
	第 25 条【共同犯罪的概念】
	第 26 条【主犯;犯罪集团】
	第 27 条【从犯;从犯的处罚】
	第 35 条【驱逐出境】
	第 52 条【罚金数额的裁量】
	第 53 条【罚金的缴纳、减免】
	第 64 条【犯罪所得之物、所用之物的处理】
	第 67 条【自首及其认定】
	第 72 条【缓刑的条件、禁止令与附加刑的执行】
	第 73 条【缓刑考验期限】
	第 141 条【生产、销售假药罪;假药的含义】
	第 151 条【走私武器、弹药罪;走私核材料罪;走私假币罪;走私文物罪;走私贵重金属罪;走私珍贵动物、珍贵动物制品罪;走私国家禁止进出口的货物、物品罪】
	第 152 条【走私淫秽物品罪;走私废物罪】
	第 156 条【走私罪共犯的认定】
	第 367 条【淫秽物品的界定】

	常见适用的法条	
办理走私刑事案件司法解释	第11条【走私国家禁止进出口的货物、物品具体的定罪处罚】	929
	第12条【走私珍稀植物、珍稀植物制品罪与走私文物罪】	
	第13条【走私淫秽物品罪"情节较轻"的认定；处三年以上十年以下有期徒刑，并处罚金的情形；"情节严重"的认定】	
	第23条【"走私犯罪既遂"的认定】	

X3.2.152.2 走私废物罪 ★★

主要适用的法条及其相关度

	主要适用的法条	相关度	
刑法	第67条【自首及其认定】	★★★★★	333
	第152条【走私淫秽物品罪；走私废物罪】	★★★★★	
	第25条【共同犯罪的概念】	★★★★	
	第64条【犯罪所得之物、所用之物的处理】	★★★★	
	第72条【缓刑的条件、禁止令与附加刑的执行】	★★★★	
	第26条【主犯；犯罪集团】	★★★	
	第27条【从犯；从犯的处罚】	★★★	
	第52条【罚金数额的裁量】	★★★	
	第53条【罚金的缴纳、减免】	★★★	
	第73条【缓刑考验期限】	★★★	
	第30条【单位负刑事责任的范围】	★★	
	第31条【单位犯罪的处罚】	★★	
	第156条【走私罪共犯的认定】	★★	
	第68条【立功】	★	

	主要适用的法条	相关度
司法解释 刑事案件 办理走私	第14条【走私废物罪"情节严重""情节特别严重"的认定】	★★★
	第21条【走私犯罪中违反许可制度的行为的定罪处罚】	★

X3.2.153 走私普通货物、物品罪 ★★★★

■ 一、主要适用的法条及其相关度

	主要适用的法条	相关度
刑法	第64条【犯罪所得之物、所用之物的处理】	★★★★★
	第67条【自首及其认定】	★★★★★
	第153条【走私普通货物、物品罪】	★★★★★
	第72条【缓刑的条件、禁止令与附加刑的执行】	★★★★
	第25条【共同犯罪的概念】	★★★
	第27条【从犯；从犯的处罚】	★★★
	第52条【罚金数额的裁量】	★★★
	第53条【罚金的缴纳、减免】	★★★
	第73条【缓刑考验期限】	★★★
	第26条【主犯；犯罪集团】	★★
	第30条【单位负刑事责任的范围】	★★
	第31条【单位犯罪的处罚】	★★
司法解释 刑事案件 办理走私	第16条【走私普通货物、物品罪中"偷逃应缴税额较大""偷逃应缴税额巨大""偷逃应缴税额特别巨大""其他严重情节""其他特别严重情节"的认定】	★★
	第24条【单位犯走私罪的定罪处罚】	★★

■ 二、常见适用的其他法条

	常见适用的其他法条	
刑法	第61条【量刑根据】	333
	第68条【立功】	
	第155条【间接走私行为的认定与处罚】	
	第156条【走私罪共犯的认定】	
法解释自首立功司和	第1条【自首及其认定】	799

3.3 妨害对公司、企业的管理秩序罪

X3.3.158 虚报注册资本罪 ······ ★★★

■ 主要适用的法条及其相关度

	主要适用的法条	相关度	
刑法	第158条【虚报注册资本罪】	★★★★★	333
	第67条【自首及其认定】	★★★★	
	第25条【共同犯罪的概念】	★★★	
	第52条【罚金数额的裁量】	★★★	
	第72条【缓刑的条件、禁止令与附加刑的执行】	★★★	
	第53条【罚金的缴纳、减免】	★★	
	第64条【犯罪所得之物、所用之物的处理】	★★	
	第69条【判决宣告前一人犯数罪的并罚】	★★	
	第73条【缓刑考验期限】	★★	
	第26条【主犯；犯罪集团】	★	
	第27条【从犯；从犯的处罚】	★	
	第224条【合同诈骗罪】	★	

X3.3.159 虚假出资、抽逃出资罪 ★★★

主要适用的法条及其相关度

	主要适用的法条	相关度
刑法	第159条【虚假出资、抽逃出资罪】	★★★★★
	第52条【罚金数额的裁量】	★★★★
	第25条【共同犯罪的概念】	★★★
	第53条【罚金的缴纳、减免】	★★★
	第64条【犯罪所得之物、所用之物的处理】	★★★
	第67条【自首及其认定】	★★★
	第72条【缓刑的条件、禁止令与附加刑的执行】	★★★
	第73条【缓刑考验期限】	★★★
	第69条【判决宣告前一人犯数罪的并罚】	★★
	第26条【主犯；犯罪集团】	★
	第27条【从犯；从犯的处罚】	★
	第224条【合同诈骗罪】	★
	第266条【诈骗罪】	★

X3.3.160 欺诈发行股票、债券罪①

X3.3.161 违规披露、不披露重要信息罪 ★

常见适用的法条

	常见适用的法条
刑法	第25条【共同犯罪的概念】
	第26条【主犯；犯罪集团】
	第27条【从犯；从犯的处罚】
	第31条【单位犯罪的处罚】

---

① 说明：本案由尚无足够数量判决书可供法律大数据分析。

	常见适用的法条	
刑法	第37条【免予刑事处罚与非刑事处罚措施】	333
	第52条【罚金数额的裁量】	
	第61条【量刑根据】	
	第67条【自首及其认定】	
	第72条【缓刑的条件、禁止令与附加刑的执行】	
	第73条【缓刑考验期限】	
	第161条【违规披露、不披露重要信息罪】	
行政处罚法	第28条【行政拘留应当折抵刑期；行政罚款应当折抵相应罚款】	791
立功和自首司法解释	第1条【自首及其认定】	799

X3.3.162 妨害清算罪 ★

■ 常见适用的法条

	常见适用的法条	
刑法	第67条【自首及其认定】	333
	第72条【缓刑的条件、禁止令与附加刑的执行】	
	第162条【妨害清算罪】	

X3.3.162-1 隐匿、故意销毁会计凭证、会计账簿、财务会计报告罪 ★★★

■ 主要适用的法条及其相关度

	主要适用的法条	相关度	
刑法	第162条之1【隐匿、故意销毁会计凭证、会计账簿、财务会计报告罪】	★★★★★	333

	主要适用的法条	相关度
刑法	第 67 条【自首及其认定】	★★★★
	第 25 条【共同犯罪的概念】	★★★
	第 52 条【罚金数额的裁量】	★★★
	第 53 条【罚金的缴纳、减免】	★★★
	第 72 条【缓刑的条件、禁止令与附加刑的执行】	★★★
	第 26 条【主犯;犯罪集团】	★★
	第 27 条【从犯;从犯的处罚】	★★
	第 64 条【犯罪所得之物、所用之物的处理】	★★
	第 69 条【判决宣告前一人犯数罪的并罚】	★★
	第 73 条【缓刑考验期限】	★★
	第 37 条【免予刑事处罚与非刑事处罚措施】	★
	第 61 条【量刑根据】	★
	第 271 条【职务侵占罪;贪污罪】	★
	第 383 条【贪污罪的处罚】	★

X3.3.162-2　虚假破产罪①

X3.3.163　非国家工作人员受贿罪 …………… ★★★★

■ 一、主要适用的法条及其相关度

	主要适用的法条	相关度
刑法	第 64 条【犯罪所得之物、所用之物的处理】	★★★★★
	第 67 条【自首及其认定】	★★★★★
	第 163 条【非国家工作人员受贿罪;受贿罪】	★★★★★
	第 72 条【缓刑的条件、禁止令与附加刑的执行】	★★★★

---

① 说明:本案由尚无足够数量判决书可供法律大数据分析。

	主要适用的法条	相关度	
刑法	第73条【缓刑考验期限】	★★★	333
	第25条【共同犯罪的概念】	★★	
	第69条【判决宣告前一人犯数罪的并罚】	★★	
	第61条【量刑根据】	★	
	第271条【职务侵占罪；贪污罪】	★	
司法解释 刑事办理贪贿案件	第1条【贪污罪、受贿罪"数额较大""其他较重情节"的认定】	★	806
	第11条【非国家工作人员受贿罪、职务侵占罪的数额起点】	★	

■ 二、常见适用的其他法条

	常见适用的其他法条	
刑法	第26条【主犯；犯罪集团】	333
	第27条【从犯；从犯的处罚】	
	第37条【免予刑事处罚与非刑事处罚措施】	
	第47条【有期徒刑刑期的计算与折抵】	
	第52条【罚金数额的裁量】	
	第53条【罚金的缴纳、减免】	
	第59条【没收财产的范围】	
	第68条【立功】	
	第93条【国家工作人员的范围】	
	第383条【贪污罪的处罚】	
	第385条【受贿罪】	
	第386条【受贿罪的处罚】	
法解释 立功和自首司	第1条【自首及其认定】	799

X3.3.164.1　对非国家工作人员行贿罪 ★★★

主要适用的法条及其相关度

		主要适用的法条	相关度
333	刑法	第164条【对非国家工作人员行贿罪；对外国公职人员、国际公共组织官员行贿罪】	★★★★★
		第67条【自首及其认定】	★★★★
		第72条【缓刑的条件、禁止令与附加刑的执行】	★★★★
		第64条【犯罪所得之物、所用之物的处理】	★★★
		第73条【缓刑考验期限】	★★★
		第25条【共同犯罪的概念】	★★
		第52条【罚金数额的裁量】	★★
		第53条【罚金的缴纳、减免】	★★
		第69条【判决宣告前一人犯数罪的并罚】	★★
		第163条【非国家工作人员受贿罪；受贿罪】	★★
		第12条【刑法的溯及力】	★
		第26条【主犯；犯罪集团】	★
		第27条【从犯；从犯的处罚】	★
		第389条【行贿罪】	★
		第390条【行贿罪的处罚】	★
806	司法解释 刑事案件 办理贪贿	第11条【非国家工作人员受贿罪、职务侵占罪的数额起点】	★

X3.3.164.2　对外国公职人员、国际公共组织官员行贿罪①

---

① 说明：本案由尚无足够数量判决书可供法律大数据分析。

X3.3.165 非法经营同类营业罪 ★

▨ 常见适用的法条

		常见适用的法条	
题意见	立功和自首问	第1条【关于"自动投案"的具体认定】	799
刑法		第15条【过失犯罪】	333
		第23条【犯罪未遂;犯罪未遂的处罚】	
		第25条【共同犯罪的概念】	
		第26条【主犯;犯罪集团】	
		第27条【从犯;从犯的处罚】	
		第52条【罚金数额的裁量】	
		第53条【罚金的缴纳、减免】	
		第64条【犯罪所得之物、所用之物的处理】	
		第67条【自首及其认定】	
		第69条【判决宣告前一人犯数罪的并罚】	
		第72条【缓刑的条件、禁止令与附加刑的执行】	
		第73条【缓刑考验期限】	
		第165条【非法经营同类营业罪】	
		第213条【假冒注册商标罪】	
		第225条【非法经营罪】	
		第382条【贪污罪;贪污罪共犯的认定】	
		第383条【贪污罪的处罚】	
		第384条【挪用公款罪】	
		第385条【受贿罪】	
		第386条【受贿罪的处罚】	
		第389条【行贿罪】	
		第390条【行贿罪的处罚】	

		常见适用的法条
799	法解释	自首和立功司	第1条【自首及其认定】
861	司法解释	审理挪用公款案件	第2条【挪用公款罪】
830	法解释	办理妨害信用卡管理刑事案件司	第12条【非法经营罪与信用卡诈骗罪的认定】
869	解释	办理行贿案件司法	第2条【行贿罪"情节严重"的认定】
837	件司法解释	办理非法生产、销售烟草专卖品等刑事案	第3条【非法经营烟草专卖品"情节严重""情节特别严重"的认定】
			第5条【非法生产、销售烟草专卖品罪与生产、销售伪劣产品罪、侵犯知识产权犯罪、非法经营罪的竞合】

X3.3.166 为亲友非法牟利罪 ······················· ★

■ 常见适用的法条

		常见适用的法条
333	刑法	第3条【罪刑法定原则】
		第52条【罚金数额的裁量】
		第53条【罚金的缴纳、减免】
		第64条【犯罪所得之物、所用之物的处理】

	常见适用的法条	
刑法	第67条【自首及其认定】	333
	第69条【判决宣告前一人犯数罪的并罚】	
	第166条【为亲友非法牟利罪】	
	第383条【贪污罪的处罚】	
	第385条【受贿罪】	
	第386条【受贿罪的处罚】	
司法解释 刑事案件 办理贪贿	第1条【贪污罪、受贿罪"数额较大""其他较重情节"的认定】	806
	第19条【罚金数额】	

X3.3.167 签订、履行合同失职被骗罪 ★

▪ 常见适用的法条

	常见适用的法条	
刑法	第12条【刑法的溯及力】	333
	第30条【单位负刑事责任的范围】	
	第31条【单位犯罪的处罚】	
	第37条【免予刑事处罚与非刑事处罚措施】	
	第47条【有期徒刑刑期的计算与折抵】	
	第52条【罚金数额的裁量】	
	第53条【罚金的缴纳、减免】	
	第61条【量刑根据】	
	第64条【犯罪所得之物、所用之物的处理】	
	第67条【自首及其认定】	
	第69条【判决宣告前一人犯数罪的并罚】	
	第72条【缓刑的条件、禁止令与附加刑的执行】	
	第73条【缓刑考验期限】	
	第75条【缓刑犯应遵守的规定】	

		常见适用的法条
333	刑法	第76条【社区矫正;缓刑考验合格的处理】
		第77条【缓刑考验不合格的处理】
		第93条【国家工作人员的范围】
		第167条【签订、履行合同失职被骗罪】
		第382条【贪污罪;贪污罪共犯的认定】
		第383条【贪污罪的处罚】
		第385条【受贿罪】
		第386条【受贿罪的处罚】
		第387条【单位受贿罪】
		第396条【私分国有资产罪;私分罚没财物罪】
		第406条【国家机关工作人员签订、履行合同失职被骗罪】
806	办理贪贿刑事案件司法解释	第1条【贪污罪、受贿罪"数额较大""其他较重情节"的认定】
		第2条【贪污罪、受贿罪"数额巨大""其他严重情节"的认定】
		第19条【罚金数额】
		第20条【时效申明】
799	自首和立功司法解释	第1条【自首及其认定】

X3.3.168:1 国有公司、企业、事业单位人员失职罪 ★★

主要适用的法条及其相关度

	主要适用的法条	相关度
刑法	第168条【国有公司、企业、事业单位人员失职罪；国有公司、企业、事业单位人员滥用职权罪】	★★★★★
	第67条【自首及其认定】	★★★★
	第72条【缓刑的条件、禁止令与附加刑的执行】	★★★
	第37条【免予刑事处罚与非刑事处罚措施】	★★
	第73条【缓刑考验期限】	★★
	第52条【罚金数额的裁量】	★
	第61条【量刑根据】	★
	第64条【犯罪所得之物、所用之物的处理】	★
	第69条【判决宣告前一人犯数罪的并罚】	★
	第93条【国家工作人员的范围】	★
	第383条【贪污罪的处罚】	★
	第385条【受贿罪】	★
	第386条【受贿罪的处罚】	★

333

X3.3.168:2 国有公司、企业、事业单位人员滥用职权罪 ★★

主要适用的法条及其相关度

	主要适用的法条	相关度
刑法	第67条【自首及其认定】	★★★★★
	第168条【国有公司、企业、事业单位人员失职罪；国有公司、企业、事业单位人员滥用职权罪】	★★★★★

333

		主要适用的法条	相关度
刑法		第64条【犯罪所得之物、所用之物的处理】	★★★
		第69条【判决宣告前一人犯数罪的并罚】	★★★
		第72条【缓刑的条件、禁止令与附加刑的执行】	★★★
		第383条【贪污罪的处罚】	★★★
		第25条【共同犯罪的概念】	★★
		第73条【缓刑考验期限】	★★
		第385条【受贿罪】	★★
		第386条【受贿罪的处罚】	★★
		第26条【主犯;犯罪集团】	★
		第27条【从犯;从犯的处罚】	★
		第37条【免予刑事处罚与非刑事处罚措施】	★
		第47条【有期徒刑刑期的计算与折抵】	★
		第52条【罚金数额的裁量】	★
		第53条【罚金的缴纳、减免】	★
		第93条【国家工作人员的范围】	★
		第382条【贪污罪;贪污罪共犯的认定】	★
司法解释	刑事案件	办理贪贿	第19条【罚金数额】	★

X3.3.169 徇私舞弊低价折股、出售国有资产罪 ………… ★

■ 常见适用的法条

		常见适用的法条
刑法		第67条【自首及其认定】
		第72条【缓刑的条件、禁止令与附加刑的执行】

	常见适用的法条	
刑法	第389条【行贿罪】	333
	第390条【行贿罪的处罚】	

X3.3.169-1 背信损害上市公司利益罪 ★

■ 常见适用的法条

	常见适用的法条	
刑法	第52条【罚金数额的裁量】	333
	第53条【罚金的缴纳、减免】	
	第67条【自首及其认定】	
	第169条之1【背信损害上市公司利益罪】	

3.4 破坏金融管理秩序罪

X3.4.170 伪造货币罪 ★★

■ 主要适用的法条及其相关度

	主要适用的法条	相关度	
刑法	第170条【伪造货币罪】	★★★★★	333
	第64条【犯罪所得之物、所用之物的处理】	★★★★	
	第67条【自首及其认定】	★★★★	
	第25条【共同犯罪的概念】	★★★	
	第26条【主犯;犯罪集团】	★★★	
	第27条【从犯;从犯的处罚】	★★★	

	主要适用的法条	相关度
333 刑法	第52条【罚金数额的裁量】	★★★
	第53条【罚金的缴纳、减免】	★★★
	第171条【出售、购买、运输假币罪；金融工作人员购买假币、以假币换取货币罪】	★★★
	第23条【犯罪未遂；犯罪未遂的处罚】	★
	第57条【死刑、无期徒刑犯剥夺政治权利的期限】	★
	第65条【一般累犯】	★
	第68条【立功】	★
	第72条【缓刑的条件、禁止令与附加刑的执行】	★
	第73条【缓刑考验期限】	★
874 审理伪造货币等案件司法解释一	第1条【伪造货币罪】	★★

X3.4.171.1　出售、购买、运输假币罪 ………………… ★★★

■ 主要适用的法条及其相关度

	主要适用的法条	相关度
333 刑法	第67条【自首及其认定】	★★★★★
	第171条【出售、购买、运输假币罪；金融工作人员购买假币、以假币换取货币罪】	★★★★★
	第52条【罚金数额的裁量】	★★★
	第53条【罚金的缴纳、减免】	★★★
	第64条【犯罪所得之物、所用之物的处理】	★★★
	第23条【犯罪未遂；犯罪未遂的处罚】	★★
	第25条【共同犯罪的概念】	★★

	主要适用的法条	相关度
刑法	第72条【缓刑的条件、禁止令与附加刑的执行】	★★
	第73条【缓刑考验期限】	★★
	第26条【主犯；犯罪集团】	★
	第27条【从犯；从犯的处罚】	★
	第65条【一般累犯】	★
	第68条【立功】	★
	第69条【判决宣告前一人犯数罪的并罚】	★
	第172条【持有、使用假币罪】	★
法释币等司解一审理伪造货币案件	第3条【出售、购买、运输假币罪"数额较大""数额巨大""数额特别巨大"的认定】	★★
	第2条【购买假币罪从重处罚；出售、运输假币罪与使用假币罪数罪并罚】	★

333

874

X3.4.171.2 金融工作人员购买假币、以假币换取货币罪①

X3.4.172 持有、使用假币罪 ……………………… ★★★

▇ 主要适用的法条及其相关度

	主要适用的法条	相关度
刑法	第172条【持有、使用假币罪】	★★★★★
	第67条【自首及其认定】	★★★★
	第52条【罚金数额的裁量】	★★★
	第53条【罚金的缴纳、减免】	★★★
	第64条【犯罪所得之物、所用之物的处理】	★★★
	第25条【共同犯罪的概念】	★★
	第26条【主犯；犯罪集团】	★
	第27条【从犯；从犯的处罚】	★

333

---

① 说明：本案由尚无足够数量判决书可供法律大数据分析。

	主要适用的法条	相关度
333 刑法	第65条【一般累犯】	★
	第69条【判决宣告前一人犯数罪的并罚】	★
	第72条【缓刑的条件、禁止令与附加刑的执行】	★
	第73条【缓刑考验期限】	★
874 法解释一 币等伪造货 审理案件司	第5条【持有、使用假币罪"数额较大""数额巨大""数额特别巨大"的认定】	★★

X3.4.173　变造货币罪 ★

▓ 常见适用的法条

	常见适用的法条
333 刑法	第52条【罚金数额的裁量】
	第53条【罚金的缴纳、减免】
	第64条【犯罪所得之物、所用之物的处理】
	第67条【自首及其认定】
	第72条【缓刑的条件、禁止令与附加刑的执行】
	第173条【变造货币罪】

X3.4.174.1　擅自设立金融机构罪 ★

▓ 常见适用的法条

	常见适用的法条
333 刑法	第52条【罚金数额的裁量】
	第53条【罚金的缴纳、减免】
	第61条【量刑根据】
	第62条【从重、从轻处罚】

	常见适用的法条
刑法	第64条【犯罪所得之物、所用之物的处理】
	第67条【自首及其认定】
	第72条【缓刑的条件、禁止令与附加刑的执行】
	第73条【缓刑考验期限】
	第174条【擅自设立金融机构罪；伪造、变造、转让金融机构经营许可证、批准文件罪】
	第176条【非法吸收公众存款罪】

X3.4.174.2 伪造、变造、转让金融机构经营许可证、批准文件罪 ★

■ 常见适用的法条

	常见适用的法条
刑法	第67条【自首及其认定】
	第69条【判决宣告前一人犯数罪的并罚】
	第72条【缓刑的条件、禁止令与附加刑的执行】
	第174条【擅自设立金融机构罪；伪造、变造、转让金融机构经营许可证、批准文件罪】
	第280条【伪造、变造、买卖国家机关公文、证件、印章罪；盗窃、抢夺、毁灭国家机关公文、证件、印章罪；伪造公司、企业、事业单位、人民团体印章罪；伪造、变造、买卖身份证件罪】

X3.4.175 高利转贷罪 ★★

■ 主要适用的法条及其相关度

	主要适用的法条	相关度
刑法	第64条【犯罪所得之物、所用之物的处理】	★★★★★
	第67条【自首及其认定】	★★★★★

	主要适用的法条	相关度
刑法	第175条【高利转贷罪】	★★★★★
	第52条【罚金数额的裁量】	★★★
	第53条【罚金的缴纳、减免】	★★★
	第72条【缓刑的条件、禁止令与附加刑的执行】	★★★
	第73条【缓刑考验期限】	★★★
	第69条【判决宣告前一人犯数罪的并罚】	★★
	第25条【共同犯罪的概念】	★
	第37条【免予刑事处罚与非刑事处罚措施】	★
	第45条【有期徒刑的期限】	★
	第61条【量刑根据】	★
	第383条【贪污罪的处罚】	★
	第385条【受贿罪】	★
	第386条【受贿罪的处罚】	★
司法解释 刑事案件 办理贪贿	第2条【贪污罪、受贿罪"数额巨大""其他严重情节"的认定】	★
	第19条【罚金数额】	★

X3.4.175-1 骗取贷款、票据承兑、金融票证罪 …… ★★★★

一、主要适用的法条及其相关度

	主要适用的法条	相关度
刑法	第175条之1【骗取贷款、票据承兑、金融票证罪】	★★★★★
	第52条【罚金数额的裁量】	★★★★
	第67条【自首及其认定】	★★★★
	第25条【共同犯罪的概念】	★★★
	第53条【罚金的缴纳、减免】	★★★
	第64条【犯罪所得之物、所用之物的处理】	★★★

	主要适用的法条	相关度
刑法	第72条【缓刑的条件、禁止令与附加刑的执行】	★★★
	第73条【缓刑考验期限】	★★★
	第69条【判决宣告前一人犯数罪的并罚】	★★
	第27条【从犯；从犯的处罚】	★

333

二、常见适用的其他法条

	常见适用的其他法条
刑法	第26条【主犯；犯罪集团】
	第30条【单位负刑事责任的范围】
	第31条【单位犯罪的处罚】
	第47条【有期徒刑刑期的计算与折抵】
	第61条【量刑根据】

333

X3.4.176 非法吸收公众存款罪 ★★★★★

一、主要适用的法条及其相关度

	主要适用的法条	相关度
刑法	第64条【犯罪所得之物、所用之物的处理】	★★★★★
	第67条【自首及其认定】	★★★★★
	第176条【非法吸收公众存款罪】	★★★★★
	第25条【共同犯罪的概念】	★★★
	第27条【从犯；从犯的处罚】	★★★
	第52条【罚金数额的裁量】	★★★
	第53条【罚金的缴纳、减免】	★★★
	第72条【缓刑的条件、禁止令与附加刑的执行】	★★★
	第26条【主犯；犯罪集团】	★★
	第61条【量刑根据】	★★

333

		主要适用的法条	相关度
333	刑法	第69条【判决宣告前一人犯数罪的并罚】	★★
		第73条【缓刑考验期限】	★★
		第30条【单位负刑事责任的范围】	★
		第31条【单位犯罪的处罚】	★
		第47条【有期徒刑刑期的计算与折抵】	★
842	司法解释 资刑事案件 审理非法集	第3条【应当追究刑事责任的非法吸收公众存款情形】	★★★
		第1条【非法吸收公众存款罪的条件】	★★
		第2条【非法吸收公众存款罪的特殊表现形式】	★

二、常见适用的其他法条

		常见适用的其他法条
333	刑法	第45条【有期徒刑的期限】
		第192条【集资诈骗罪】
799	法解释 立功司 自首和	第1条【自首及其认定】

X3.4.177 伪造、变造金融票证罪 ★★★

主要适用的法条及其相关度

		主要适用的法条	相关度
333	刑法	第67条【自首及其认定】	★★★★★
		第177条【伪造、变造金融票证罪】	★★★★★
		第52条【罚金数额的裁量】	★★★
		第64条【犯罪所得之物、所用之物的处理】	★★★
		第72条【缓刑的条件、禁止令与附加刑的执行】	★★★
		第25条【共同犯罪的概念】	★★
		第53条【罚金的缴纳、减免】	★★

	主要适用的法条	相关度
刑法	第69条【判决宣告前一人犯数罪的并罚】	★★
	第73条【缓刑考验期限】	★★
	第26条【主犯;犯罪集团】	★
	第27条【从犯;从犯的处罚】	★
	第266条【诈骗罪】	★

X3.4.177-1.1　妨害信用卡管理罪·················· ★★★★

一、主要适用的法条及其相关度

	主要适用的法条	相关度
刑法	第67条【自首及其认定】	★★★★★
	第177条之1【妨害信用卡管理罪;窃取、收买、非法提供信用卡信息罪】	★★★★★
	第64条【犯罪所得之物、所用之物的处理】	★★★★
	第25条【共同犯罪的概念】	★★★
	第52条【罚金数额的裁量】	★★★
	第53条【罚金的缴纳、减免】	★★★
	第27条【从犯;从犯的处罚】	★★
	第69条【判决宣告前一人犯数罪的并罚】	★★
	第72条【缓刑的条件、禁止令与附加刑的执行】	★★
	第73条【缓刑考验期限】	★★
	第23条【犯罪未遂;犯罪未遂的处罚】	★
	第26条【主犯;犯罪集团】	★
	第61条【量刑根据】	★
	第65条【一般累犯】	★
	第266条【诈骗罪】	★

		主要适用的法条	相关度
830	法解释 / 管理刑事案件司 / 办理妨害信用卡	第2条【妨害信用卡管理罪"数量较大""数量巨大""使用虚假的身份证明骗领信用卡"的认定】	★★★

■ 二、常见适用的其他法条

		常见适用的其他法条
333	刑法	第47条【有期徒刑刑期的计算与折抵】
		第68条【立功】
		第196条【信用卡诈骗罪;恶意透支的含义;盗窃罪】
		第280条【伪造、变造、买卖国家机关公文、证件、印章罪;盗窃、抢夺、毁灭国家机关公文、证件、印章罪;伪造公司、企业、事业单位、人民团体印章罪;伪造、变造、买卖身份证件罪】

X3.4.177-1.2　窃取、收买、非法提供信用卡信息罪······ ★★

■ 主要适用的法条及其相关度

		主要适用的法条	相关度
333	刑法	第67条【自首及其认定】	★★★★★
		第177条之1【妨害信用卡管理罪;窃取、收买、非法提供信用卡信息罪】	★★★★★
		第64条【犯罪所得之物、所用之物的处理】	★★★★
		第25条【共同犯罪的概念】	★★★
		第52条【罚金数额的裁量】	★★★

	主要适用的法条	相关度	
刑法	第53条【罚金的缴纳、减免】	★★★	333
	第69条【判决宣告前一人犯数罪的并罚】	★★	
	第23条【犯罪未遂;犯罪未遂的处罚】	★	
	第26条【主犯;犯罪集团】	★	
	第27条【从犯;从犯的处罚】	★	
	第61条【量刑根据】	★	
	第65条【一般累犯】	★	
	第68条【立功】	★	
	第72条【缓刑的条件、禁止令与附加刑的执行】	★	
	第73条【缓刑考验期限】	★	
	第196条【信用卡诈骗罪;恶意透支的含义;盗窃罪】	★	
法解释 办理妨害信用卡管理刑事案件司	第3条【窃取、收买、非法提供信用卡信息罪的认定;妨害信用卡管理罪"数量巨大"的认定】	★★★	830

X3.4.178.1 伪造、变造国家有价证券罪 ················ ★

■ 常见适用的法条

	常见适用的法条	
刑法	第12条【刑法的溯及力】	333
	第25条【共同犯罪的概念】	
	第27条【从犯;从犯的处罚】	
	第45条【有期徒刑的期限】	
	第47条【有期徒刑刑期的计算与折抵】	
	第52条【罚金数额的裁量】	
	第53条【罚金的缴纳、减免】	

	常见适用的法条
333 刑法	第61条【量刑根据】
	第63条【减轻处罚】
	第64条【犯罪所得之物、所用之物的处理】
	第67条【自首及其认定】
	第69条【判决宣告前一人犯数罪的并罚】
	第72条【缓刑的条件、禁止令与附加刑的执行】
	第73条【缓刑考验期限】
	第177条【伪造、变造金融票证罪】
	第178条【伪造、变造国家有价证券罪；伪造、变造股票、公司、企业债券罪】
	第280条【伪造、变造、买卖国家机关公文、证件、印章罪；盗窃、抢夺、毁灭国家机关公文、证件、印章罪；伪造公司、企业、事业单位、人民团体印章罪；伪造、变造、买卖身份证件罪】

X3.4.178.2 伪造、变造股票、公司、企业债券罪①

X3.4.179 擅自发行股票、公司、企业债券罪 ………… ★

■ 常见适用的法条

	常见适用的法条
333 刑法	第12条【刑法的溯及力】
	第25条【共同犯罪的概念】
	第26条【主犯；犯罪集团】
	第27条【从犯；从犯的处罚】
	第53条【罚金的缴纳、减免】
	第61条【量刑根据】

---

① 说明：本案由尚无足够数量判决书可供法律大数据分析。

	常见适用的法条	
刑法	第64条【犯罪所得之物、所用之物的处理】	333
	第67条【自首及其认定】	
	第72条【缓刑的条件、禁止令与附加刑的执行】	
	第73条【缓刑考验期限】	
	第176条【非法吸收公众存款罪】	
	第179条【擅自发行股票、公司、企业债券罪】	
司法解释 资刑事案件 审理非法集	第1条【非法吸收公众存款罪的条件】	842
	第2条【非法吸收公众存款罪的特殊表现形式】	
	第3条【应当追究刑事责任的非法吸收公众存款情形】	

X3.4.180.1 内幕交易、泄露内幕信息罪 ★★

X3.4.180.1

主要适用的法条及其相关度

	主要适用的法条	相关度	
刑法	第64条【犯罪所得之物、所用之物的处理】	★★★★★	333
	第180条【内幕交易、泄露内幕信息罪;利用未公开信息交易罪】	★★★★★	
	第67条【自首及其认定】	★★★★	
	第72条【缓刑的条件、禁止令与附加刑的执行】	★★★★	
	第25条【共同犯罪的概念】	★★★	
	第52条【罚金数额的裁量】	★★★	
	第53条【罚金的缴纳、减免】	★★★	
	第73条【缓刑考验期限】	★★★	
	第61条【量刑根据】	★★	
	第68条【立功】	★★	
	第26条【主犯;犯罪集团】	★	
	第27条【从犯;从犯的处罚】	★	

		主要适用的法条	相关度
890	办理内幕交易、泄露内幕信息刑事案件司法解释	第7条【内幕交易、泄露内幕信息罪"情节特别严重"的认定】	★★★
		第6条【内幕交易、泄露内幕信息罪"情节严重"的认定】	★★
		第1条【"证券、期货交易内幕信息的知情人员"的认定】	★
		第2条【"非法获取证券、期货交易内幕信息的人员"的认定】	★
		第5条【内幕信息敏感期】	★
		第9条【内幕交易、泄露内幕信息罪不同金额认定的定罪处罚】	★
		第10条【从事内幕交易的违法所得认定】	★
899	审理政府信息公开行政案件的规定	第12条【政府信息公开行政案件中判决驳回诉讼请求的情形】	★

X3.4.180.4 利用未公开信息交易罪 ······························ ★

▓ 常见适用的法条

		常见适用的法条
333	刑法	第7条【属人管辖】
		第10条【域外刑事判决的消极承认】
		第12条【刑法的溯及力】
		第25条【共同犯罪的概念】
		第26条【主犯;犯罪集团】
		第27条【从犯;从犯的处罚】
		第52条【罚金数额的裁量】
		第53条【罚金的缴纳、减免】

		常见适用的法条	
刑法		第61条【量刑根据】	333
		第64条【犯罪所得之物、所用之物的处理】	
		第67条【自首及其认定】	
		第68条【立功】	
		第72条【缓刑的条件、禁止令与附加刑的执行】	
		第73条【缓刑考验期限】	
		第180条【内幕交易、泄露内幕信息罪；利用未公开信息交易罪】	
司法解释	立功和自首	第1条【自首及其认定】	799
办理内幕交易、泄露内幕信息刑事案件司法解释		第7条【内幕交易、泄露内幕信息罪"情节特别严重"的认定】	890
		第9条【内幕交易、泄露内幕信息罪不同金额认定的定罪处罚】	
		第10条【从事内幕交易的违法所得认定】	

X3.4.181.1 编造并传播证券、期货交易虚假信息罪……★

■ 常见适用的法条

	常见适用的法条	
刑法	第67条【自首及其认定】	333
	第181条【编造并传播证券、期货交易虚假信息】	
司法解释	立功和自首 第1条【自首及其认定】	799

X3.4.181.2 诱骗投资者买卖证券、期货合约罪[①]

---

① 说明：本案由尚无足够数量判决书可供法律大数据分析。

X3.4.182 操纵证券、期货市场罪 ……………………… ★

■ 常见适用的法条

		常见适用的法条
刑法		第12条【刑法的溯及力】
		第31条【单位犯罪的处罚】
		第45条【有期徒刑的期限】
		第52条【罚金数额的裁量】
		第53条【罚金的缴纳、减免】
		第61条【量刑根据】
		第62条【从重、从轻处罚】
		第64条【犯罪所得之物、所用之物的处理】
		第67条【自首及其认定】
		第72条【缓刑的条件、禁止令与附加刑的执行】
		第73条【缓刑考验期限】
		第182条【操纵证券、期货市场罪】

X3.4.185-1.1 背信运用受托财产罪①

X3.4.185-1.2 违法运用资金罪②

X3.4.186 违法发放贷款罪 ……………………… ★★★

■ 主要适用的法条及其相关度

		主要适用的法条	相关度
刑法		第186条【违法发放贷款罪】	★★★★★
		第67条【自首及其认定】	★★★★

---

① 说明:本案由尚无足够数量判决书可供法律大数据分析。
② 同上注。

	主要适用的法条	相关度
刑法	第52条【罚金数额的裁量】	★★★
	第53条【罚金的缴纳、减免】	★★★
	第72条【缓刑的条件、禁止令与附加刑的执行】	★★★
	第73条【缓刑考验期限】	★★
	第25条【共同犯罪的概念】	★
	第27条【从犯;从犯的处罚】	★
	第37条【免予刑事处罚与非刑事处罚措施】	★
	第64条【犯罪所得之物、所用之物的处理】	★
	第69条【判决宣告前一人犯数罪的并罚】	★
	第175条之1【骗取贷款、票据承兑、金融票证罪】	★
	第272条【挪用资金罪;挪用公款罪】	★

X3.4.187 吸收客户资金不入账罪 ······ ★

■ 常见适用的法条

	常见适用的法条
刑法	第25条【共同犯罪的概念】
	第26条【主犯;犯罪集团】
	第27条【从犯;从犯的处罚】
	第31条【单位犯罪的处罚】
	第45条【有期徒刑的期限】
	第47条【有期徒刑刑期的计算与折抵】
	第52条【罚金数额的裁量】
	第53条【罚金的缴纳、减免】
	第56条【剥夺政治权利的适用范围】
	第61条【量刑根据】
	第62条【从重、从轻处罚】
	第64条【犯罪所得之物、所用之物的处理】

	常见适用的法条
刑法	第 67 条【自首及其认定】
	第 69 条【判决宣告前一人犯数罪的并罚】
	第 70 条【判决宣告后刑罚执行完毕前发现漏罪的并罚】
	第 133 条之 1【危险驾驶罪】
	第 175 条之 1【骗取贷款、票据承兑、金融票证罪】
	第 176 条【非法吸收公众存款罪】
	第 185 条【挪用资金罪;挪用公款罪】
	第 186 条【违法发放贷款罪】
	第 187 条【吸收客户资金不入账罪】
	第 266 条【诈骗罪】
	第 272 条【挪用资金罪;挪用公款罪】

X3.4.188　违规出具金融票证罪 ★★

▉ 主要适用的法条及其相关度

	主要适用的法条	相关度
刑法	第 188 条【违规出具金融票证罪】	★★★★★
	第 67 条【自首及其认定】	★★★
	第 72 条【缓刑的条件、禁止令与附加刑的执行】	★★★
	第 73 条【缓刑考验期限】	★★
	第 25 条【共同犯罪的概念】	★
	第 64 条【犯罪所得之物、所用之物的处理】	★
	第 69 条【判决宣告前一人犯数罪的并罚】	★
	第 384 条【挪用公款罪】	★

X3.4.189 对违法票据承兑、付款、保证罪 ★

常见适用的法条

	常见适用的法条
刑法	第37条【免予刑事处罚与非刑事处罚措施】
	第67条【自首及其认定】
	第72条【缓刑的条件、禁止令与附加刑的执行】
	第73条【缓刑考验期限】
	第177条【伪造、变造金融票证罪】
	第189条【对违法票据承兑、付款、保证罪】

333

X3.4.190 逃汇罪 ★

常见适用的法条

	常见适用的法条
刑法	第53条【罚金的缴纳、减免】
	第64条【犯罪所得之物、所用之物的处理】
	第67条【自首及其认定】
	第72条【缓刑的条件、禁止令与附加刑的执行】
	第73条【缓刑考验期限】
	第190条【逃汇罪】

333

X3.4.190-1　骗购外汇罪① ★

■ **常见适用的法条**

		常见适用的法条
775	关于惩治骗购外汇、逃汇和非法买卖外汇犯罪的决定	第1条【骗购外汇罪】
		第8条【追缴、没收财物和罚金的处理】
333	刑法	第25条【共同犯罪的概念】
		第26条【主犯;犯罪集团】
		第27条【从犯;从犯的处罚】
		第31条【单位犯罪的处罚】
		第52条【罚金数额的裁量】
		第53条【罚金的缴纳、减免】
		第61条【量刑根据】
		第63条【减轻处罚】
		第64条【犯罪所得之物、所用之物的处理】
		第67条【自首及其认定】
		第72条【缓刑的条件、禁止令与附加刑的执行】
		第73条【缓刑考验期限】

---

① 该罪名规定在《全国人民代表大会常务委员会关于惩治骗购外汇、逃汇和非法买卖外汇犯罪的决定》。

X3.4.191　洗钱罪 ·································· ★★

主要适用的法条及其相关度

	主要适用的法条	相关度	
刑法	第67条【自首及其认定】	★★★★★	333
	第191条【洗钱罪】	★★★★★	
	第64条【犯罪所得之物、所用之物的处理】	★★★	
	第72条【缓刑的条件、禁止令与附加刑的执行】	★★★	
	第73条【缓刑考验期限】	★★★	
	第52条【罚金数额的裁量】	★★	
	第53条【罚金的缴纳、减免】	★★	
	第25条【共同犯罪的概念】	★	
	第27条【从犯；从犯的处罚】	★	
	第69条【判决宣告前一人犯数罪的并罚】	★	
	第312条【掩饰、隐瞒犯罪所得、犯罪所得收益罪】	★	
审理洗钱等刑事案件司法解释	第1条【洗钱罪和掩饰、隐瞒犯罪所得、犯罪所得收益罪"明知"的认定】	★	893
	第2条【洗钱罪"以其他方式掩饰、隐瞒犯罪所得及其收益的来源和性质"的认定】	★	
	第4条【洗钱罪，掩饰、隐瞒犯罪所得、犯罪所得收益罪以及包庇毒品犯罪分子罪和窝藏、转移、隐瞒毒品、毒赃罪中上游犯罪的认定和影响】	★	

3.5　金融诈骗罪

X3.5.192　集资诈骗罪 ·································· ★★★★

一、主要适用的法条及其相关度

	主要适用的法条	相关度	
刑法	第64条【犯罪所得之物、所用之物的处理】	★★★★★	333
	第192条【集资诈骗罪】	★★★★★	

		主要适用的法条	相关度
333	刑法	第67条【自首及其认定】	★★★★
		第25条【共同犯罪的概念】	★★★
		第52条【罚金数额的裁量】	★★★
		第53条【罚金的缴纳、减免】	★★★
		第26条【主犯;犯罪集团】	★★
		第27条【从犯;从犯的处罚】	★★
		第57条【死刑、无期徒刑犯剥夺政治权利的期限】	★★
		第176条【非法吸收公众存款罪】	★★
		第61条【量刑根据】	★
		第69条【判决宣告前一人犯数罪的并罚】	★
842	司法解释 资刑事案件 审理非法集资	第4条【集资诈骗罪的特殊表现形式】	★★★
		第5条【集资诈骗数额认定】	★★★

二、常见适用的其他法条

		常见适用的其他法条
333	刑法	第45条【有期徒刑的期限】
		第47条【有期徒刑刑期的计算与折抵】
		第55条【剥夺政治权利的期限】
		第56条【剥夺政治权利的适用范围】
		第59条【没收财产的范围】
		第65条【一般累犯】
		第70条【判决宣告后刑罚执行完毕前发现漏罪的并罚】
		第72条【缓刑的条件、禁止令与附加刑的执行】
		第73条【缓刑考验期限】
		第266条【诈骗罪】

	常见适用的其他法条	
司法解释	第1条【非法吸收公众存款罪的条件】	842
资刑事案件集 审理非法	第2条【非法吸收公众存款罪的特殊表现形式】	
	第3条【应当追究刑事责任的非法吸收公众存款情形】	

X3.5.193 贷款诈骗罪 ★★★

主要适用的法条及其相关度

	主要适用的法条	相关度	
刑法	第67条【自首及其认定】	★★★★★	333
	第193条【贷款诈骗罪】	★★★★★	
	第52条【罚金数额的裁量】	★★★★	
	第53条【罚金的缴纳、减免】	★★★	
	第64条【犯罪所得之物、所用之物的处理】	★★★	
	第25条【共同犯罪的概念】	★★	
	第69条【判决宣告前一人犯数罪的并罚】	★★	
	第72条【缓刑的条件、禁止令与附加刑的执行】	★★	
	第73条【缓刑考验期限】	★★	
	第26条【主犯;犯罪集团】	★	
	第27条【从犯;从犯的处罚】	★	
	第61条【量刑根据】	★	
	第175条之1【骗取贷款、票据承兑、金融票证罪】	★	
	第266条【诈骗罪】	★	

X3.5.194.1　票据诈骗罪 ★★★

主要适用的法条及其相关度

	主要适用的法条	相关度
刑法	第194条【票据诈骗罪；金融凭证诈骗罪】	★★★★★
	第64条【犯罪所得之物、所用之物的处理】	★★★★
	第67条【自首及其认定】	★★★★
	第52条【罚金数额的裁量】	★★★
	第53条【罚金的缴纳、减免】	★★★
	第25条【共同犯罪的概念】	★★
	第23条【犯罪未遂；犯罪未遂的处罚】	★
	第26条【主犯；犯罪集团】	★
	第27条【从犯；从犯的处罚】	★
	第69条【判决宣告前一人犯数罪的并罚】	★
	第72条【缓刑的条件、禁止令与附加刑的执行】	★
	第73条【缓刑考验期限】	★
	第266条【诈骗罪】	★

X3.5.194.2　金融凭证诈骗罪 ★★

主要适用的法条及其相关度

	主要适用的法条	相关度
刑法	第194条【票据诈骗罪；金融凭证诈骗罪】	★★★★★
	第67条【自首及其认定】	★★★★
	第25条【共同犯罪的概念】	★★★
	第52条【罚金数额的裁量】	★★★
	第53条【罚金的缴纳、减免】	★★★
	第64条【犯罪所得之物、所用之物的处理】	★★★
	第26条【主犯；犯罪集团】	★★

	主要适用的法条	相关度
刑法	第27条【从犯;从犯的处罚】	★★
	第69条【判决宣告前一人犯数罪的并罚】	★★
	第72条【缓刑的条件、禁止令与附加刑的执行】	★★
	第23条【犯罪未遂;犯罪未遂的处罚】	★
	第30条【单位负刑事责任的范围】	★
	第31条【单位犯罪的处罚】	★
	第56条【剥夺政治权利的适用范围】	★
	第61条【量刑根据】	★
	第65条【一般累犯】	★
	第68条【立功】	★
	第73条【缓刑考验期限】	★
	第200条【单位犯金融诈骗罪的处罚规则】	★
	第272条【挪用资金罪;挪用公款罪】	★

X3.5.195　信用证诈骗罪　★

■ 常见适用的法条

	常见适用的法条
刑法	第12条【刑法的溯及力】
	第25条【共同犯罪的概念】
	第26条【主犯;犯罪集团】
	第27条【从犯;从犯的处罚】
	第30条【单位负刑事责任的范围】
	第31条【单位犯罪的处罚】
	第37条【免予刑事处罚与非刑事处罚措施】
	第47条【有期徒刑刑期的计算与折抵】
	第52条【罚金数额的裁量】
	第53条【罚金的缴纳、减免】

		常见适用的法条
333	刑法	第55条【剥夺政治权利的期限】
		第56条【剥夺政治权利的适用范围】
		第57条【死刑、无期徒刑犯剥夺政治权利的期限】
		第61条【量刑根据】
		第64条【犯罪所得之物、所用之物的处理】
		第67条【自首及其认定】
		第69条【判决宣告前一人犯数罪的并罚】
		第72条【缓刑的条件、禁止令与附加刑的执行】
		第73条【缓刑考验期限】
		第177条【伪造、变造金融票证罪】
		第192条【集资诈骗罪】
		第195条【信用证诈骗罪】
		第196条【信用卡诈骗罪;恶意透支的含义;盗窃罪】
		第200条【单位犯金融诈骗罪的处罚规则】
830	办理妨害信用卡管理刑事案件司法解释	第6条【信用卡"恶意透支"的认定】
804	财产刑适用规定	第5条【判决指定的期限的确定】
799	自首和立功司法解释	第4条【如实供述同种罪行的法律后果】

X3.5.196 信用卡诈骗罪 ★★★★★

一、主要适用的法条及其相关度

	主要适用的法条	相关度	
刑法	第67条【自首及其认定】	★★★★★	333
	第196条【信用卡诈骗罪;恶意透支的含义;盗窃罪】	★★★★★	
	第52条【罚金数额的裁量】	★★★	
	第53条【罚金的缴纳、减免】	★★★	
	第64条【犯罪所得之物、所用之物的处理】	★★★	
	第72条【缓刑的条件、禁止令与附加刑的执行】	★★★	
	第73条【缓刑考验期限】	★★★	
	第61条【量刑根据】	★★	
	第25条【共同犯罪的概念】	★	
	第69条【判决宣告前一人犯数罪的并罚】	★	
办理妨害信用卡管理刑事案件司法解释	第6条【信用卡"恶意透支"的认定】	★★★	830
	第5条【信用卡诈骗罪"数额较大""数额巨大""数额特别巨大"的认定;冒用他人信用卡的认定】	★	

二、常见适用的其他法条

	常见适用的其他法条	
刑法	第37条【免予刑事处罚与非刑事处罚措施】	333
	第45条【有期徒刑的期限】	
	第47条【有期徒刑刑期的计算与折抵】	
	第65条【一般累犯】	
	第266条【诈骗罪】	

X3.5.197　有价证券诈骗罪 ★

■ 常见适用的法条

	常见适用的法条
刑法	第23条【犯罪未遂;犯罪未遂的处罚】
	第25条【共同犯罪的概念】
	第26条【主犯;犯罪集团】
	第27条【从犯;从犯的处罚】
	第45条【有期徒刑的期限】
	第47条【有期徒刑刑期的计算与折抵】
	第52条【罚金数额的裁量】
	第53条【罚金的缴纳、减免】
	第61条【量刑根据】
	第64条【犯罪所得之物、所用之物的处理】
	第67条【自首及其认定】
	第69条【判决宣告前一人犯数罪的并罚】
	第197条【有价证券诈骗罪】
	第224条【合同诈骗罪】
	第266条【诈骗罪】

X3.5.198　保险诈骗罪 ★★★★

■ 一、主要适用的法条及其相关度

	主要适用的法条	相关度
刑法	第67条【自首及其认定】	★★★★★
	第72条【缓刑的条件、禁止令与附加刑的执行】	★★★★★
	第198条【保险诈骗罪】	★★★★★
	第25条【共同犯罪的概念】	★★★★

主要适用的法条	相关度
刑法 第73条【缓刑考验期限】	★★★★
第26条【主犯；犯罪集团】	★★★
第27条【从犯；从犯的处罚】	★★★
第52条【罚金数额的裁量】	★★★
第53条【罚金的缴纳、减免】	★★★
第23条【犯罪未遂；犯罪未遂的处罚】	★★
第64条【犯罪所得之物、所用之物的处理】	★★
第61条【量刑根据】	★
第69条【判决宣告前一人犯数罪的并罚】	★

333

■ 二、常见适用的其他法条

常见适用的其他法条
刑法 第45条【有期徒刑的期限】
第47条【有期徒刑刑期的计算与折抵】
第68条【立功】
第266条【诈骗罪】
司法解释 立功和自首 第1条【自首及其认定】

333

799

3.6 危害税收征管罪

X3.6.201 逃税罪 ················ ★★★

■ 主要适用的法条及其相关度

主要适用的法条	相关度
刑法 第201条【逃税罪】	★★★★★
第67条【自首及其认定】	★★★★

333

	主要适用的法条	相关度
刑法	第52条【罚金数额的裁量】	★★★
	第53条【罚金的缴纳、减免】	★★★
	第72条【缓刑的条件、禁止令与附加刑的执行】	★★★
	第73条【缓刑考验期限】	★★★
	第211条【单位犯危害税收征管罪的处罚】	★★★
	第30条【单位负刑事责任的范围】	★★
	第31条【单位犯罪的处罚】	★★
	第64条【犯罪所得之物、所用之物的处理】	★★
	第25条【共同犯罪的概念】	★
	第61条【量刑根据】	★

X3.6.202　抗税罪①

X3.6.203　逃避追缴欠税罪 ………………………………… ★

■ 常见适用的法条

	常见适用的法条
刑法	第30条【单位负刑事责任的范围】
	第31条【单位犯罪的处罚】
	第52条【罚金数额的裁量】
	第53条【罚金的缴纳、减免】
	第64条【犯罪所得之物、所用之物的处理】
	第67条【自首及其认定】
	第72条【缓刑的条件、禁止令与附加刑的执行】
	第73条【缓刑考验期限】
	第201条【逃税罪】
	第203条【逃避追缴欠税罪】

---

① 说明：本案由尚无足够数量判决书可供法律大数据分析。

	常见适用的法条	
刑法	第211条【单位犯危害税收征管罪的处罚】	333
	第212条【税款的追缴】	

X3.6.204.1　骗取出口退税罪 ·· ★★

主要适用的法条及其相关度

	主要适用的法条	相关度	
刑法	第67条【自首及其认定】	★★★★★	333
	第204条【骗取出口退税罪；逃税罪】	★★★★★	
	第25条【共同犯罪的概念】	★★★★	
	第64条【犯罪所得之物、所用之物的处理】	★★★★	
	第72条【缓刑的条件、禁止令与附加刑的执行】	★★★★	
	第23条【犯罪未遂；犯罪未遂的处罚】	★★★	
	第27条【从犯；从犯的处罚】	★★★	
	第52条【罚金数额的裁量】	★★★	
	第53条【罚金的缴纳、减免】	★★★	
	第73条【缓刑考验期限】	★★★	
	第211条【单位犯危害税收征管罪的处罚】	★★★	
	第26条【主犯；犯罪集团】	★★	
	第30条【单位负刑事责任的范围】	★	
	第31条【单位犯罪的处罚】	★	
	第61条【量刑根据】	★	
	第68条【立功】	★	
	第69条【判决宣告前一人犯数罪的并罚】	★	
	第205条【虚开增值税专用发票、用于骗取出口退税、抵扣税款发票罪】	★	
	第212条【税款的追缴】	★	

		主要适用的法条	相关度
888	司法解释	第3条【骗取出口退税罪、逃税罪"数额较大"、"数额巨大"、"数额特别巨大"的认定】	★★
	审理骗取出口退税刑事案件	第1条【骗取出口退税罪、逃税罪"假报出口"的认定】	★
		第2条【骗取出口退税罪、逃税罪、"其他欺骗手段"的认定】	★
		第6条【骗取出口退税罪;逃税罪】	★

X3.6.205 虚开增值税专用发票、用于骗取出口退税、抵扣税款发票罪 ★★★★

一、主要适用的法条及其相关度

		主要适用的法条	相关度
333	刑法	第67条【自首及其认定】	★★★★★
		第72条【缓刑的条件、禁止令与附加刑的执行】	★★★★★
		第205条【虚开增值税专用发票、用于骗取出口退税、抵扣税款发票罪】	★★★★★
		第73条【缓刑考验期限】	★★★★
		第25条【共同犯罪的概念】	★★★
		第52条【罚金数额的裁量】	★★★
		第53条【罚金的缴纳、减免】	★★★
		第64条【犯罪所得之物、所用之物的处理】	★★★
		第30条【单位负刑事责任的范围】	★★
		第31条【单位犯罪的处罚】	★★
		第27条【从犯;从犯的处罚】	★
799	司法解释 立功和自首	第1条【自首及其认定】	★

二、常见适用的其他法条

	常见适用的其他法条	
关于适用《惩治虚开、伪造和非法出售增值税专用发票犯罪的决定》的解释	第1条【虚开增值税专用发票、用于骗取出口退税、抵扣税款发票罪】	911
刑法	第26条【主犯；犯罪集团】	333
	第61条【量刑根据】	
	第68条【立功】	
	第69条【判决宣告前一人犯数罪的并罚】	

X3.6.205-1 虚开发票罪 ★★★★

X3.6.205-1

一、主要适用的法条及其相关度

	主要适用的法条	相关度	
刑法	第67条【自首及其认定】	★★★★★	333
	第72条【缓刑的条件、禁止令与附加刑的执行】	★★★★★	
	第205条之1【虚开发票罪】	★★★★★	
	第52条【罚金数额的裁量】	★★★★	
	第25条【共同犯罪的概念】	★★★	
	第53条【罚金的缴纳、减免】	★★★	
	第64条【犯罪所得之物、所用之物的处理】	★★★	
	第73条【缓刑考验期限】	★★★	
	第26条【主犯；犯罪集团】	★	

▌二、常见适用的其他法条

	常见适用的其他法条
刑法	第27条【从犯;从犯的处罚】
	第30条【单位负刑事责任的范围】
	第31条【单位犯罪的处罚】
	第38条【管制的期限;禁止令;社区矫正】
	第41条【管制刑期的计算与折抵】
	第61条【量刑根据】
	第69条【判决宣告前一人犯数罪的并罚】
立法解释 司法解释 自首和立功	第1条【自首及其认定】

X3.6.206　伪造、出售伪造的增值税专用发票罪 ……… ★★

▌主要适用的法条及其相关度

	主要适用的法条	相关度
刑法	第67条【自首及其认定】	★★★★★
	第206条【伪造、出售伪造的增值税专用发票罪】	★★★★★
	第64条【犯罪所得之物、所用之物的处理】	★★★★
	第69条【判决宣告前一人犯数罪的并罚】	★★★★
	第209条【非法制造、出售非法制造的用于骗取出口退税、抵扣税款发票罪;非法制造、出售非法制造的发票罪;非法出售用于骗取出口退税、抵扣税款发票罪;非法出售发票罪】	★★★
	第23条【犯罪未遂;犯罪未遂的处罚】	★★★
	第25条【共同犯罪的概念】	★★★
	第52条【罚金数额的裁量】	★★★
	第53条【罚金的缴纳、减免】	★★★

	主要适用的法条	相关度	
刑法	第27条【从犯;从犯的处罚】	★★	333
	第26条【主犯;犯罪集团】	★	
	第63条【减轻处罚】	★	
	第65条【一般累犯】	★	
	第72条【缓刑的条件、禁止令与附加刑的执行】	★	
	第73条【缓刑考验期限】	★	
	第208条【非法购买增值税专用发票、购买伪造的增值税专用发票罪;虚开增值税专用发票罪;出售伪造的增值税专用发票罪;非法出售增值税专用发票罪】	★	
关于适用《惩治虚开、伪造和非法出售增值税专用发票犯罪的决定》的解释	第2条【伪造、出售伪造的增值税专用发票罪】	★	911

X3.6.207 非法出售增值税专用发票罪 .... ★

▩ 常见适用的法条

	常见适用的法条	
刑法	第23条【犯罪未遂;犯罪未遂的处罚】	333
	第25条【共同犯罪的概念】	
	第26条【主犯;犯罪集团】	
	第27条【从犯;从犯的处罚】	
	第52条【罚金数额的裁量】	
	第53条【罚金的缴纳、减免】	

		常见适用的法条
333	刑法	第61条【量刑根据】
		第64条【犯罪所得之物、所用之物的处理】
		第67条【自首及其认定】
		第68条【立功】
		第69条【判决宣告前一人犯数罪的并罚】
		第71条【判决宣告后刑罚执行完毕前又犯新罪的并罚】
		第72条【缓刑的条件、禁止令与附加刑的执行】
		第73条【缓刑考验期限】
		第205条【虚开增值税专用发票、用于骗取出口退税、抵扣税款发票罪】
		第207条【非法出售增值税专用发票罪】
		第208条【非法购买增值税专用发票、购买伪造的增值税专用发票罪;虚开增值税专用发票罪;出售伪造的增值税专用发票罪;非法出售增值税专用发票罪】
		第209条【非法制造、出售非法制造的用于骗取出口退税、抵扣税款发票罪;非法制造、出售非法制造的发票罪;非法出售用于骗取出口退税、抵扣税款发票罪;非法出售发票罪】
		第210条【盗窃罪;诈骗罪】
		第266条【诈骗罪】
		第272条【挪用资金罪;挪用公款罪】
799	立功和自首司法解释	第1条【自首及其认定】
		第3条【从轻、减轻或免除处罚:自首情节】
804	财产刑适用规定	第1条【罚金的适用规则:并处、可并处】
		第5条【判决指定的期限的确定】
		第8条【罚金刑数额的计算单位】

X3.6.208.1 非法购买增值税专用发票、购买伪造的增值税专用发票罪 ★★

▨ 主要适用的法条及其相关度

	主要适用的法条	相关度
刑法	第67条【自首及其认定】	★★★★★
	第208条【非法购买增值税专用发票、购买伪造的增值税专用发票罪;虚开增值税专用发票罪;出售伪造的增值税专用发票罪;非法出售增值税专用发票罪】	★★★★★
	第72条【缓刑的条件、禁止令与附加刑的执行】	★★★★
	第73条【缓刑考验期限】	★★★★
	第52条【罚金数额的裁量】	★★★
	第53条【罚金的缴纳、减免】	★★★
	第64条【犯罪所得之物、所用之物的处理】	★★
	第25条【共同犯罪的概念】	★
	第61条【量刑根据】	★
	第68条【立功】	★
	第69条【判决宣告前一人犯数罪的并罚】	★
	第205条【虚开增值税专用发票、用于骗取出口退税、抵扣税款发票罪】	★
	第211条【单位犯危害税收征管罪的处罚】	★

X3.6.209.1 非法制造、出售非法制造的用于骗取出口退税、抵扣税款发票罪 ★

▨ 常见适用的法条

	常见适用的法条
刑法	第25条【共同犯罪的概念】
	第26条【主犯;犯罪集团】

		常见适用的法条
333	刑法	第27条【从犯；从犯的处罚】
		第45条【有期徒刑的期限】
		第47条【有期徒刑刑期的计算与折抵】
		第52条【罚金数额的裁量】
		第53条【罚金的缴纳、减免】
		第61条【量刑根据】
		第64条【犯罪所得之物、所用之物的处理】
		第67条【自首及其认定】
		第68条【立功】
		第69条【判决宣告前一人犯数罪的并罚】
		第72条【缓刑的条件、禁止令与附加刑的执行】
		第73条【缓刑考验期限】
		第205条【虚开增值税专用发票、用于骗取出口退税、抵扣税款发票罪】
		第209条【非法制造、出售非法制造的用于骗取出口退税、抵扣税款发票罪；非法制造、出售非法制造的发票罪；非法出售用于骗取出口退税、抵扣税款发票罪；非法出售发票罪】
		第266条【诈骗罪】
799	自首和立功司法解释	第5条【立功表现的认定】

X3.6.209.2 非法制造、出售非法制造的发票罪 … ★★★★

■ 一、主要适用的法条及其相关度

		主要适用的法条	相关度
333	刑法	第209条【非法制造、出售非法制造的用于骗取出口退税、抵扣税款发票罪；非法制造、出售非法制造的发票罪；非法出售用于骗取出口退税、抵扣税款发票罪；非法出售发票罪】	★★★★★

	主要适用的法条	相关度
刑法	第64条【犯罪所得之物、所用之物的处理】	★★★★
	第67条【自首及其认定】	★★★★
	第23条【犯罪未遂;犯罪未遂的处罚】	★★★
	第52条【罚金数额的裁量】	★★★
	第53条【罚金的缴纳、减免】	★★★
	第72条【缓刑的条件、禁止令与附加刑的执行】	★★★
	第73条【缓刑考验期限】	★★★
	第25条【共同犯罪的概念】	★★
	第27条【从犯;从犯的处罚】	★
	第61条【量刑根据】	★

二、常见适用的其他法条

	常见适用的其他法条
刑法	第26条【主犯;犯罪集团】
	第47条【有期徒刑刑期的计算与折抵】
	第65条【一般累犯】
	第68条【立功】
	第69条【判决宣告前一人犯数罪的并罚】
	第210条之1【持有伪造的发票罪】
财产刑适用规定	第2条【罚金数额的裁量】

X3.6.209.3 非法出售用于骗取出口退税、抵扣税款发票罪 ★

■ 常见适用的法条

		常见适用的法条
333	刑法	第23条【犯罪未遂;犯罪未遂的处罚】
		第25条【共同犯罪的概念】
		第26条【主犯;犯罪集团】
		第37条【免予刑事处罚与非刑事处罚措施】
		第52条【罚金数额的裁量】
		第53条【罚金的缴纳、减免】
		第61条【量刑根据】
		第64条【犯罪所得之物、所用之物的处理】
		第67条【自首及其认定】
		第69条【判决宣告前一人犯数罪的并罚】
		第70条【判决宣告后刑罚执行完毕前发现漏罪的并罚】
		第72条【缓刑的条件、禁止令与附加刑的执行】
		第73条【缓刑考验期限】
		第128条【非法持有、私藏枪支、弹药罪;非法出租、出借枪支罪】
		第209条【非法制造、出售非法制造的用于骗取出口退税、抵扣税款发票罪;非法制造、出售非法制造的发票罪;非法出售用于骗取出口退税、抵扣税款发票罪;非法出售发票罪】
		第280条【伪造、变造、买卖国家机关公文、证件、印章罪;盗窃、抢夺、毁灭国家机关公文、证件、印章罪;伪造公司、企业、事业单位、人民团体印章罪;伪造、变造、买卖身份证件罪】
		第292条【聚众斗殴罪】
		第310条【窝藏、包庇罪】

X3.6.209.4 非法出售发票罪 ★★★

主要适用的法条及其相关度

	主要适用的法条	相关度
刑法	第67条【自首及其认定】	★★★★★
	第209条【非法制造、出售非法制造的用于骗取出口退税、抵扣税款发票罪;非法制造、出售非法制造的发票罪;非法出售用于骗取出口退税、抵扣税款发票罪;非法出售发票罪】	★★★★★
	第53条【罚金的缴纳、减免】	★★★★
	第23条【犯罪未遂;犯罪未遂的处罚】	★★★
	第52条【罚金数额的裁量】	★★★
	第64条【犯罪所得之物、所用之物的处理】	★★★
	第72条【缓刑的条件、禁止令与附加刑的执行】	★★★
	第73条【缓刑考验期限】	★★★
	第61条【量刑根据】	★★
	第25条【共同犯罪的概念】	★

X3.6.210-1 持有伪造的发票罪 ★★★★

一、主要适用的法条及其相关度

	主要适用的法条	相关度
刑法	第67条【自首及其认定】	★★★★★
	第210条之1【持有伪造的发票罪】	★★★★★
	第53条【罚金的缴纳、减免】	★★★★
	第64条【犯罪所得之物、所用之物的处理】	★★★★

		主要适用的法条	相关度
333	刑法	第52条【罚金数额的裁量】	★★★
		第72条【缓刑的条件、禁止令与附加刑的执行】	★★★
		第73条【缓刑考验期限】	★★★

■ 二、常见适用的其他法条

		常见适用的其他法条
333	刑法	第25条【共同犯罪的概念】
		第47条【有期徒刑刑期的计算与折抵】
		第61条【量刑根据】
		第65条【一般累犯】
		第69条【判决宣告前一人犯数罪的并罚】
804	财产刑适用规定	第2条【罚金数额的裁量】

3.7 侵犯知识产权罪

X3.7.213 假冒注册商标罪 ·················· ★★★★

■ 一、主要适用的法条及其相关度

		主要适用的法条	相关度
333	刑法	第67条【自首及其认定】	★★★★★
		第213条【假冒注册商标罪】	★★★★★
		第52条【罚金数额的裁量】	★★★★
		第64条【犯罪所得之物、所用之物的处理】	★★★★

	主要适用的法条	相关度	
刑法	第72条【缓刑的条件、禁止令与附加刑的执行】	★★★★	333
	第25条【共同犯罪的概念】	★★★	
	第27条【从犯;从犯的处罚】	★★★	
	第53条【罚金的缴纳、减免】	★★★	
	第73条【缓刑考验期限】	★★★	
	第26条【主犯;犯罪集团】	★★	
司法解释一 办理侵犯知识产权刑事案件	第1条【假冒注册商标罪"情节严重""情节特别严重"的认定】	★★★	845
	第12条【"非法经营数额"的认定】	★★	
司法解释二 办理侵犯知识产权刑事案件	第4条【法院在审判侵犯知识产权犯罪时罚金的确定标准】	★★★	836

二、常见适用的其他法条

	常见适用的其他法条	
刑法	第61条【量刑根据】	333
	第214条【销售假冒注册商标的商品罪】	
	第220条【单位犯侵犯知识产权罪的处罚】	
司法解释一 办理侵犯知识产权刑事案件	第8条【假冒注册商标罪"相同的商标"和"使用"的认定】	845
	第13条【假冒注册商标罪和销售假冒注册商标的商品罪的竞合】	

X3.7.214 销售假冒注册商标的商品罪 ★★★★

一、主要适用的法条及其相关度

		主要适用的法条	相关度
333	刑法	第64条【犯罪所得之物、所用之物的处理】	★★★★★
		第67条【自首及其认定】	★★★★★
		第214条【销售假冒注册商标的商品罪】	★★★★★
		第53条【罚金的缴纳、减免】	★★★★
		第72条【缓刑的条件、禁止令与附加刑的执行】	★★★★
		第73条【缓刑考验期限】	★★★★
		第23条【犯罪未遂;犯罪未遂的处罚】	★★★
		第25条【共同犯罪的概念】	★★★
		第52条【罚金数额的裁量】	★★★
		第26条【主犯;犯罪集团】	★★
		第27条【从犯;从犯的处罚】	★★
845	司法解释一	办理侵犯知识产权刑事案件	第2条【销售假冒注册商标罪"数额较大""数额巨大"的认定】	★★★
			第12条【"非法经营数额"的认定】	★★
836	司法解释二	办理侵犯知识产权刑事案件	第4条【法院在审判侵犯知识产权犯罪时罚金的确定标准】	★★★

二、常见适用的其他法条

	常见适用的其他法条	
刑法	第61条【量刑根据】	333
	第213条【假冒注册商标罪】	
司法解释一	办理侵犯知识产权刑事案件	第1条【假冒注册商标罪"情节严重""情节特别严重"的认定】	845
		第9条【销售假冒注册商标的商品罪"销售金额"和"明知"的认定】	
法律的意见	办理侵犯知识产权刑事案件适用	第8条【关于销售假冒注册商标犯罪案件中尚未销售或者部分销售情形的定罪量刑问题】	913

X3.7.215 非法制造、销售非法制造的注册商标标识罪 ★★★★

一、主要适用的法条及其相关度

	主要适用的法条	相关度	
刑法	第67条【自首及其认定】	★★★★★	333
	第215条【非法制造、销售非法制造的注册商标标识罪】	★★★★★	
	第64条【犯罪所得之物、所用之物的处理】	★★★★	
	第72条【缓刑的条件、禁止令与附加刑的执行】	★★★★	
	第73条【缓刑考验期限】	★★★★	
	第25条【共同犯罪的概念】	★★★	
	第52条【罚金数额的裁量】	★★★	
	第53条【罚金的缴纳、减免】	★★★	
	第23条【犯罪未遂;犯罪未遂的处罚】	★★	

		主要适用的法条	相关度
333	刑法	第26条【主犯;犯罪集团】	★★
		第27条【从犯;从犯的处罚】	★★
845	司法解释一 办理侵犯知识产权刑事案件	第3条【非法制造、销售非法制造的注册商标标识罪】	★★★
		第12条【"非法经营数额"的认定】	★★
836	司法解释二 办理侵犯知识产权刑事案件	第4条【法院在审判侵犯知识产权犯罪时罚金的确定标准】	★★

二、常见适用的其他法条

		常见适用的其他法条
333	刑法	第61条【量刑根据】
		第68条【立功】
		第69条【判决宣告前一人犯数罪的并罚】
		第76条【社区矫正;缓刑考验合格的处理】
		第213条【假冒注册商标罪】
		第220条【单位犯侵犯知识产权罪的处罚】
799	法解释 立功自首和司	第1条【自首及其认定】
		第3条【从轻、减轻或免除处罚;自首情节】
845	司法解释一 办理侵犯知识产权刑事案件	第1条【假冒注册商标罪"情节严重""情节特别严重"的认定】

X3.7.216 假冒专利罪 ★

■ 常见适用的法条

		常见适用的法条	
刑法		第25条【共同犯罪的概念】	333
		第26条【主犯；犯罪集团】	
		第27条【从犯；从犯的处罚】	
		第52条【罚金数额的裁量】	
		第53条【罚金的缴纳、减免】	
		第62条【从重、从轻处罚】	
		第64条【犯罪所得之物、所用之物的处理】	
		第67条【自首及其认定】	
		第72条【缓刑的条件、禁止令与附加刑的执行】	
		第73条【缓刑考验期限】	
		第216条【假冒专利罪】	
司法解释一	办理侵犯知识产权刑事案件	第4条【假冒专利罪"情节严重"的认定】	845
		第10条【假冒他人专利行为的认定】	
司法解释二	办理侵犯知识产权刑事案件	第4条【法院在审判侵犯知识产权犯罪时罚金的确定标准】	836

X3.7.217 侵犯著作权罪 ★★★★

一、主要适用的法条及其相关度

		主要适用的法条	相关度
333	刑法	第67条【自首及其认定】	★★★★★
		第217条【侵犯著作权罪的认定与处罚】	★★★★★
		第64条【犯罪所得之物、所用之物的处理】	★★★★
		第72条【缓刑的条件、禁止令与附加刑的执行】	★★★★
		第23条【犯罪未遂；犯罪未遂的处罚】	★★★
		第52条【罚金数额的裁量】	★★★
		第53条【罚金的缴纳、减免】	★★★
		第73条【缓刑考验期限】	★★★
		第25条【共同犯罪的概念】	★★
836	司法解释二 办理侵犯知识产权刑事案件	第1条【侵犯著作权罪中"有其他严重情节"和"有其他特别严重情节"的定义】	★★★
		第4条【法院在审判侵犯知识产权犯罪时罚金的确定标准】	★★★
		第2条【侵犯著作权罪中"复制发行"的认定】	★

二、常见适用的其他法条

		常见适用的其他法条
333	刑法	第26条【主犯；犯罪集团】
		第27条【从犯；从犯的处罚】
		第61条【量刑根据】

		常见适用的其他法条	
司法解释一	办理侵犯知识产权刑事案件	第5条【侵犯著作权罪"违法所得数额较大""违法所得数额巨大"及"有其他严重情节""有其他特别严重情节"的认定】	845
		第11条【侵犯著作权罪中"以营利为目的""未经著作权人许可"和"复制发行"的认定】	
		第12条【最高人民法院、最高人民检察院关于办理侵犯知识产权刑事案件具体应用法律若干问题的解释中"非法经营数额"的定义】	
适用法律的意见	办理侵犯知识产权刑事案件	第12条【侵犯著作权罪中"发行"的认定及相关问题】	485

X3.7.218 销售侵权复制品罪 ★★

■ 主要适用的法条及其相关度

	主要适用的法条	相关度	
刑法	第218条【销售侵权复制品罪】	★★★★★	333
	第52条【罚金数额的裁量】	★★★★	
	第53条【罚金的缴纳、减免】	★★★★	
	第67条【自首及其认定】	★★★★	
	第72条【缓刑的条件、禁止令与附加刑的执行】	★★★★	
	第73条【缓刑考验期限】	★★★★	
	第23条【犯罪未遂;犯罪未遂的处罚】	★★★	
	第64条【犯罪所得之物、所用之物的处理】	★★★	
	第25条【共同犯罪的概念】	★★	
	第217条【侵犯著作权罪的认定与处罚】	★★	
	第26条【主犯;犯罪集团】	★	

		主要适用的法条	相关度
333	刑法	第27条【从犯;从犯的处罚】	★
		第45条【有期徒刑的期限】	★
		第225条【非法经营罪】	★
845	司法解释一	办理侵犯知识产权刑事案件 第12条【"非法经营数额"的认定】	★
836	司法解释二	办理侵犯知识产权刑事案件 第4条【法院在审判侵犯知识产权犯罪时罚金的确定标准】	★

X3.7.219 侵犯商业秘密罪 ★★

主要适用的法条及其相关度

		主要适用的法条	相关度
333	刑法	第219条【侵犯商业秘密罪】	★★★★★
		第67条【自首及其认定】	★★★★
		第25条【共同犯罪的概念】	★★★
		第52条【罚金数额的裁量】	★★★
		第53条【罚金的缴纳、减免】	★★★
		第64条【犯罪所得之物、所用之物的处理】	★★★
		第72条【缓刑的条件、禁止令与附加刑的执行】	★★★
		第73条【缓刑考验期限】	★★★
		第69条【判决宣告前一人犯数罪的并罚】	★

		主要适用的法条	相关度	
司法解释一	办理侵犯知识产权刑事案件	第7条【侵犯商业秘密罪】	★★★★	845
反不正当竞争法		第9条【侵犯商业秘密的方式;商业秘密的定义】	★★★	787
		第17条【不正当竞争者的赔偿责任】	★	
司法解释二	办理侵犯知识产权刑事案件	第4条【法院在审判侵犯知识产权犯罪时罚金的确定标准】	★★★	836
不正当竞争案件司法解释		第14条【当事人的举证责任】	★★★	895
		第9条【反不正当竞争法第十条第三款规定的"不为公众所知悉"的认定;不构成不为公众所知悉的情形】	★	
		第11条【反不正当竞争法第十条第三款规定的"保密措施"的认定;是否采取了保密措施的认定;采取了保密措施的情形】	★	
		第13条【商业秘密中的客户名单的定义】	★	
		第17条【确定不正当竞争行为、侵犯商业秘密行为的损害赔偿额的依据;确定商业秘密价值的因素】	★	
民法通则		第118条【公民、法人的知识产权保护方式;停止侵害、消除影响、赔偿损失】	★	781
		第130条【共同实施侵权行为人的连带责任】	★	
法解释	自首和立功司	第1条【自首及其认定】	★	799

3.8 扰乱市场秩序罪

X3.8.221 损害商业信誉、商品声誉罪 ★

■ 常见适用的法条

		常见适用的法条
914	规定二 案件立案追诉标准 公安机关管辖的刑事	第74条【损害商业信誉、商品声誉案立案追诉标准】
333	刑法	第25条【共同犯罪的概念】
		第26条【主犯;犯罪集团】
		第37条【免予刑事处罚与非刑事处罚措施】
		第52条【罚金数额的裁量】
		第53条【罚金的缴纳、减免】
		第61条【量刑根据】
		第64条【犯罪所得之物、所用之物的处理】
		第65条【一般累犯】
		第67条【自首及其认定】
		第72条【缓刑的条件、禁止令与附加刑的执行】
		第73条【缓刑考验期限】
		第221条【损害商业信誉、商品声誉罪】
804	用规定 财产刑适	第2条【罚金数额的裁量】

	常见适用的法条	
法解释 立法 司法 自首和	第1条【自首及其认定】	799

X3.8.222 虚假广告罪 ★

常见适用的法条

	常见适用的法条	
刑法	第25条【共同犯罪的概念】	333
	第30条【单位负刑事责任的范围】	
	第31条【单位犯罪的处罚】	
	第47条【有期徒刑刑期的计算与折抵】	
	第52条【罚金数额的裁量】	
	第53条【罚金的缴纳、减免】	
	第61条【量刑根据】	
	第64条【犯罪所得之物、所用之物的处理】	
	第67条【自首及其认定】	
	第72条【缓刑的条件、禁止令与附加刑的执行】	
	第73条【缓刑考验期限】	
	第222条【虚假广告罪】	
	第231条【对单位犯扰乱市场秩序罪的处罚方式】	
广告法	第4条【广告不得含有欺诈性内容】	789
	第37条【禁止广告的商品或服务】	
法解释 立法 司法 自首和	第1条【自首及其认定】	799
	第3条【从轻、减轻或免除处罚:自首情节】	
财产刑适用规定	第5条【判决指定的期限的确定】	804

X3.8.223　串通投标罪 ·· ★★★

▍主要适用的法条及其相关度

	主要适用的法条	相关度
刑法	第67条【自首及其认定】	★★★★★
	第223条【串通投标罪】	★★★★★
	第25条【共同犯罪的概念】	★★★★
	第72条【缓刑的条件、禁止令与附加刑的执行】	★★★★
	第52条【罚金数额的裁量】	★★★
	第53条【罚金的缴纳、减免】	★★★
	第64条【犯罪所得之物、所用之物的处理】	★★★
	第73条【缓刑考验期限】	★★★
	第27条【从犯；从犯的处罚】	★★
	第26条【主犯；犯罪集团】	★
	第69条【判决宣告前一人犯数罪的并罚】	★
	第231条【对单位犯扰乱市场秩序罪的处罚方式】	★

X3.8.224　合同诈骗罪 ·· ★★★★★

▍一、主要适用的法条及其相关度

	主要适用的法条	相关度
刑法	第224条【合同诈骗罪】	★★★★★
	第67条【自首及其认定】	★★★★
	第25条【共同犯罪的概念】	★★★
	第52条【罚金数额的裁量】	★★★
	第53条【罚金的缴纳、减免】	★★★
	第64条【犯罪所得之物、所用之物的处理】	★★★
	第72条【缓刑的条件、禁止令与附加刑的执行】	★★★

	主要适用的法条	相关度
刑法	第27条【从犯；从犯的处罚】	★★
	第61条【量刑根据】	★★
	第69条【判决宣告前一人犯数罪的并罚】	★★
	第73条【缓刑考验期限】	★★
	第26条【主犯；犯罪集团】	★
	第47条【有期徒刑刑期的计算与折抵】	★
	第65条【一般累犯】	★
	第266条【诈骗罪】	★

333

二、常见适用的其他法条

	常见适用的其他法条
刑法	第45条【有期徒刑的期限】
	第55条【剥夺政治权利的期限】
	第56条【剥夺政治权利的适用范围】
	第70条【判决宣告后刑罚执行完毕前发现漏罪的并罚】
	第77条【缓刑考验不合格的处理】
	第231条【对单位犯扰乱市场秩序罪的处罚方式】

333

X3.8.224-1　组织、领导传销活动罪 ★★★★

一、主要适用的法条及其相关度

	主要适用的法条	相关度
刑法	第67条【自首及其认定】	★★★★★
	第224条之1【组织、领导传销活动罪】	★★★★★
	第25条【共同犯罪的概念】	★★★★
	第52条【罚金数额的裁量】	★★★

333

一、主要适用的法条及其相关度

		主要适用的法条	相关度
333	刑法	第 53 条【罚金的缴纳、减免】	★★★
		第 64 条【犯罪所得之物、所用之物的处理】	★★★
		第 72 条【缓刑的条件、禁止令与附加刑的执行】	★★★
		第 73 条【缓刑考验期限】	★★★
		第 26 条【主犯;犯罪集团】	★★
		第 27 条【从犯;从犯的处罚】	★★

二、常见适用的其他法条

		常见适用的其他法条
333	刑法	第 45 条【有期徒刑的期限】
		第 47 条【有期徒刑刑期的计算与折抵】
		第 61 条【量刑根据】
		第 68 条【立功】
		第 69 条【判决宣告前一人犯数罪的并罚】
914	法律的意见	办理组织领导传销活动刑事案件适用	第 1 条【关于传销组织层级及人数的认定问题】
			第 2 条【关于传销活动有关人员的认定和处理问题】
			第 4 条【关于"情节严重"的认定问题】

X3.8.225 非法经营罪 ★★★★★

一、主要适用的法条及其相关度

		主要适用的法条	相关度
333	刑法	第 67 条【自首及其认定】	★★★★★
		第 225 条【非法经营罪】	★★★★★

	主要适用的法条	相关度	
刑法	第64条【犯罪所得之物、所用之物的处理】	★★★★	333
	第72条【缓刑的条件、禁止令与附加刑的执行】	★★★★	
	第25条【共同犯罪的概念】	★★★	
	第27条【从犯;从犯的处罚】	★★★	
	第52条【罚金数额的裁量】	★★★	
	第53条【罚金的缴纳、减免】	★★★	
	第73条【缓刑考验期限】	★★★	
	第26条【主犯;犯罪集团】	★★	
	第61条【量刑根据】	★★	
办理非法生产、销售烟草专卖品等刑事案件司法解释	第1条【生产、销售伪劣产品罪;假冒注册商标罪;销售假冒注册商标的商品罪;非法制造、销售非法制造的注册商标标识罪;非法经营罪】	★★	837
	第3条【非法经营烟草专卖品"情节严重""情节特别严重"的认定】	★★	
	第4条【非法经营烟草专卖品的非法经营数额的计算】	★	

二、常见适用的其他法条

	常见适用的其他法条	
刑法	第23条【犯罪未遂;犯罪未遂的处罚】	333
	第45条【有期徒刑的期限】	
	第47条【有期徒刑刑期的计算与折抵】	
	第65条【一般累犯】	
	第68条【立功】	
	第69条【判决宣告前一人犯数罪的并罚】	
	第76条【社区矫正;缓刑考验合格的处理】	

		常见适用的其他法条
837	办理非法生产、销售烟草专卖品等刑事案件司法解释	第5条【非法生产、销售烟草专卖品罪与生产、销售伪劣产品罪、侵犯知识产权犯罪、非法经营罪的竞合】
		第6条【共犯认定】
		第9条【"烟草专卖品""卷烟辅料""烟草专用机械""同类烟草专用机械"的认定】
830	办理妨害信用卡管理刑事案件司法解释	第12条【非法经营罪与信用卡诈骗罪的认定】
835	办理赌博刑事案件司法解释	第6条【擅自发行、销售彩票触犯刑法的认定】
799	自首和立功司法解释	第1条【自首及其认定】

X3.8.226 强迫交易罪 ······ ★★★★

■ 一、主要适用的法条及其相关度

		主要适用的法条	相关度
333	刑法	第226条【强迫交易罪】	★★★★★
		第25条【共同犯罪的概念】	★★★★
		第67条【自首及其认定】	★★★★
		第52条【罚金数额的裁量】	★★★
		第53条【罚金的缴纳、减免】	★★★
		第72条【缓刑的条件、禁止令与附加刑的执行】	★★★
		第73条【缓刑考验期限】	★★★
		第26条【主犯;犯罪集团】	★★

	主要适用的法条	相关度
刑法	第27条【从犯;从犯的处罚】	★★
	第64条【犯罪所得之物、所用之物的处理】	★★
	第65条【一般累犯】	★★
	第69条【判决宣告前一人犯数罪的并罚】	★★
	第61条【量刑根据】	★

333

二、常见适用的其他法条

	常见适用的其他法条
刑法	第23条【犯罪未遂;犯罪未遂的处罚】
	第77条【缓刑考验不合格的处理】
	第234条【故意伤害罪】
	第274条【敲诈勒索罪】
	第293条【寻衅滋事罪】
财产刑适用规定	第2条【罚金数额的裁量】

333

804

X3.8.227.1 伪造、倒卖伪造的有价票证罪 ················ ★★

主要适用的法条及其相关度

	主要适用的法条	相关度
刑法	第227条【伪造、倒卖伪造的有价票证罪;倒卖车票、船票罪】	★★★★★
	第64条【犯罪所得之物、所用之物的处理】	★★★★
	第67条【自首及其认定】	★★★★
	第25条【共同犯罪的概念】	★★★
	第52条【罚金数额的裁量】	★★★

333

	主要适用的法条	相关度
333 刑法	第53条【罚金的缴纳、减免】	★★★
	第72条【缓刑的条件、禁止令与附加刑的执行】	★★★
	第73条【缓刑考验期限】	★★
	第23条【犯罪未遂;犯罪未遂的处罚】	★
	第26条【主犯;犯罪集团】	★
	第27条【从犯;从犯的处罚】	★
	第61条【量刑根据】	★
	第68条【立功】	★
	第69条【判决宣告前一人犯数罪的并罚】	★

X3.8.227.2 倒卖车票、船票罪 ★★

■ 主要适用的法条及其相关度

	主要适用的法条	相关度
333 刑法	第67条【自首及其认定】	★★★★★
	第227条【伪造、倒卖伪造的有价票证罪;倒卖车票、船票罪】	★★★★★
	第53条【罚金的缴纳、减免】	★★★★
	第64条【犯罪所得之物、所用之物的处理】	★★★★
	第52条【罚金数额的裁量】	★★★
	第72条【缓刑的条件、禁止令与附加刑的执行】	★★★
	第25条【共同犯罪的概念】	★★
	第73条【缓刑考验期限】	★★
	第26条【主犯;犯罪集团】	★
	第27条【从犯;从犯的处罚】	★
887 司法解释	审理刑事案件倒卖车票	第1条【"倒卖车票情节严重"的认定】	★★★
		第2条【倒卖车票罪从重处罚的情形】	★

	主要适用的法条	相关度	
用财产刑适用规定	第2条【罚金数额的裁量】	★	804
	第5条【判决指定的期限的确定】	★	

X3.8.228 非法转让、倒卖土地使用权罪 ············ ★★★★

■ 一、主要适用的法条及其相关度

	主要适用的法条	相关度	
刑法	第228条【非法转让、倒卖土地使用权罪】	★★★★★	333
	第67条【自首及其认定】	★★★★	
	第72条【缓刑的条件、禁止令与附加刑的执行】	★★★★	
	第25条【共同犯罪的概念】	★★★	
	第52条【罚金数额的裁量】	★★★	
	第53条【罚金的缴纳、减免】	★★★	
	第64条【犯罪所得之物、所用之物的处理】	★★★	
	第73条【缓刑考验期限】	★★★	
	第31条【单位犯罪的处罚】	★★	
	第231条【对单位犯扰乱市场秩序罪的处罚方式】	★★	
	第26条【主犯;犯罪集团】	★	
	第27条【从犯;从犯的处罚】	★	
	第30条【单位负刑事责任的范围】	★	
	第61条【量刑根据】	★	
	第69条【判决宣告前一人犯数罪的并罚】	★	
司法解释 破坏土地资源犯罪	第1条【非法转让、倒卖土地使用权罪"情节严重"的认定】	★★	872
	第2条【非法转让、倒卖土地使用权罪"情节特别严重"的认定】	★★	

■ 二、常见适用的其他法条

	常见适用的其他法条
刑法	第37条【免予刑事处罚与非刑事处罚措施】
	第68条【立功】
	第342条【非法占用农用地罪】

X3.8.229.1 提供虚假证明文件罪 ★★

■ 主要适用的法条及其相关度

	主要适用的法条	相关度
刑法	第67条【自首及其认定】	★★★★★
	第229条【提供虚假证明文件罪;出具证明文件重大失实罪】	★★★★★
	第72条【缓刑的条件、禁止令与附加刑的执行】	★★★★
	第52条【罚金数额的裁量】	★★★
	第53条【罚金的缴纳、减免】	★★★
	第64条【犯罪所得之物、所用之物的处理】	★★★
	第73条【缓刑考验期限】	★★★
	第25条【共同犯罪的概念】	★★
	第26条【主犯;犯罪集团】	★
	第27条【从犯;从犯的处罚】	★
	第30条【单位负刑事责任的范围】	★
	第31条【单位犯罪的处罚】	★
	第37条【免予刑事处罚与非刑事处罚措施】	★
	第231条【对单位犯扰乱市场秩序罪的处罚方式】	★

X3.8.229.3 出具证明文件重大失实罪 ★★

■ 主要适用的法条及其相关度

刑法	主要适用的法条	相关度	
	第67条【自首及其认定】	★★★★★	333
	第229条【提供虚假证明文件罪;出具证明文件重大失实罪】	★★★★★	
	第52条【罚金数额的裁量】	★★★	
	第53条【罚金的缴纳、减免】	★★★	
	第72条【缓刑的条件、禁止令与附加刑的执行】	★★★	
	第73条【缓刑考验期限】	★★★	
	第37条【免予刑事处罚与非刑事处罚措施】	★★	
	第25条【共同犯罪的概念】	★	
	第64条【犯罪所得之物、所用之物的处理】	★	
	第69条【判决宣告前一人犯数罪的并罚】	★	
	第175条之1【骗取贷款、票据承兑、金融票证罪】	★	
	第231条【对单位犯扰乱市场秩序罪的处罚方式】	★	
	第397条【滥用职权罪;玩忽职守罪】	★	

X3.8.230 逃避商检罪 ★

■ 常见适用的法条

	常见适用的法条	
刑法	第64条【犯罪所得之物、所用之物的处理】	333
	第67条【自首及其认定】	
	第230条【逃避商检罪】	
法解释 立功司 自首和	第1条【自首及其认定】	799

4 侵犯公民人身权利、民主权利罪

X4.232 故意杀人罪 ★★★★★

一、主要适用的法条及其相关度

		主要适用的法条	相关度
		第232条【故意杀人罪】	★★★★★
		第67条【自首及其认定】	★★★★
		第23条【犯罪未遂;犯罪未遂的处罚】	★★★
		第36条【犯罪行为的民事赔偿责任】	★★★
		第57条【死刑、无期徒刑犯剥夺政治权利的期限】	★★★
		第64条【犯罪所得之物、所用之物的处理】	★★★
		第18条【精神病人与醉酒的人的刑事责任】	★★
	刑法	第48条【死刑的适用条件与核准程序】	★★
		第55条【剥夺政治权利的期限】	★★
		第56条【剥夺政治权利的适用范围】	★★
		第61条【量刑根据】	★★
		第25条【共同犯罪的概念】	★
		第69条【判决宣告前一人犯数罪的并罚】	★
		第72条【缓刑的条件、禁止令与附加刑的执行】	★
		第73条【缓刑考验期限】	★
		第234条【故意伤害罪】	★
	民法通则	第119条【人身损害赔偿项目:一般人身损害赔偿项目、伤残赔偿项目、死亡赔偿项目】	★★
	侵权责任法	第16条【人身损害赔偿项目:一般人身损害赔偿项目、伤残赔偿项目、死亡赔偿项目】	★
	人身损害赔偿司法解释	第17条【人身损害赔偿项目:一般人身损害赔偿项目、伤残赔偿项目、死亡赔偿项目】	★
		第27条【丧葬费计算标准】	★

■ 二、常见适用的其他法条

	常见适用的其他法条	
刑法	第24条【犯罪中止；犯罪中止的处罚】	333
	第26条【主犯；犯罪集团】	
	第27条【从犯；从犯的处罚】	
	第45条【有期徒刑的期限】	
	第47条【有期徒刑刑期的计算与折抵】	
	第50条【死缓的法律后果；死缓的限制减刑情形】	
	第65条【一般累犯】	
人身损害赔偿司法解释	第19条【医疗费计算标准】	801
	第20条【误工费计算标准】	
	第21条【护理费计算标准】	
	第22条【交通费计算标准】	
	第23条【伙食费、住宿费计算标准】	
	第29条【死亡赔偿金计算标准】	
自首和立功司法解释	第1条【自首及其认定】	799

X4.233 过失致人死亡罪 ★★★★

■ 一、主要适用的法条及其相关度

	主要适用的法条	相关度	
刑法	第67条【自首及其认定】	★★★★★	333
	第72条【缓刑的条件、禁止令与附加刑的执行】	★★★★★	
	第233条【过失致人死亡罪】	★★★★★	
	第73条【缓刑考验期限】	★★★★	
	第61条【量刑根据】	★	

二、常见适用的其他法条

		常见适用的其他法条
333	刑法	第36条【犯罪行为的民事赔偿责任】
		第76条【社区矫正;缓刑考验合格的处理】
799	法解释 立功司 自首和	第1条【自首及其认定】
796	法解释 事罪司 交通肇	第8条【在公共交通管理范围内及范围外发生重大交通事故的定罪量刑】

X4.234 故意伤害罪 ★★★★★

一、主要适用的法条及其相关度

		主要适用的法条	相关度
333	刑法	第234条【故意伤害罪】	★★★★★
		第67条【自首及其认定】	★★★★
		第72条【缓刑的条件、禁止令与附加刑的执行】	★★★
		第73条【缓刑考验期限】	★★★
		第25条【共同犯罪的概念】	★★
		第36条【犯罪行为的民事赔偿责任】	★★
		第61条【量刑根据】	★★
		第64条【犯罪所得之物、所用之物的处理】	★
		第65条【一般累犯】	★
781	通则 民法	第119条【人身损害赔偿项目:一般人身损害赔偿项目、伤残赔偿项目、死亡赔偿项目】	★

	主要适用的法条	相关度	
人身损害赔偿司法解释	第17条【人身损害赔偿项目；一般人身损害赔偿项目、伤残赔偿项目、死亡赔偿项目】	★	801
	第19条【医疗费计算标准】	★	
	第20条【误工费计算标准】	★	
	第21条【护理费计算标准】	★	

二、常见适用的其他法条

	常见适用的其他法条	
刑法	第26条【主犯；犯罪集团】	333
	第27条【从犯；从犯的处罚】	
	第45条【有期徒刑的期限】	
	第47条【有期徒刑刑期的计算与折抵】	
	第69条【判决宣告前一人犯数罪的并罚】	
	第76条【社区矫正；缓刑考验合格的处理】	
侵权责任法	第16条【人身损害赔偿项目；一般人身损害赔偿项目、伤残赔偿项目、死亡赔偿项目】	782
人身损害赔偿司法解释	第22条【交通费计算标准】	801
	第23条【伙食费、住宿费计算标准】	
	第24条【营养费计算标准】	
自首和立功司法解释	第1条【自首及其认定】	799

X4.234-1.1 组织出卖人体器官罪 ★

■ 常见适用的法条

		常见适用的法条
刑法		第22条【犯罪预备；犯罪预备的处罚】
		第23条【犯罪未遂；犯罪未遂的处罚】
		第24条【犯罪中止；犯罪中止的处罚】
		第25条【共同犯罪的概念】
		第26条【主犯；犯罪集团】
		第27条【从犯；从犯的处罚】
		第45条【有期徒刑的期限】
		第47条【有期徒刑刑期的计算与折抵】
		第52条【罚金数额的裁量】
		第53条【罚金的缴纳、减免】
		第61条【量刑根据】
		第64条【犯罪所得之物、所用之物的处理】
		第65条【一般累犯】
		第67条【自首及其认定】
		第68条【立功】
		第69条【判决宣告前一人犯数罪的并罚】
		第72条【缓刑的条件、禁止令与附加刑的执行】
		第73条【缓刑考验期限】
		第77条【缓刑考验不合格的处理】
		第234条之1【组织出卖人体器官罪；故意伤害罪、故意杀人罪；盗窃、侮辱、故意毁坏尸体、尸骨、骨灰罪】
适用规定	财产刑	第2条【罚金数额的裁量】

X4.235 过失致人重伤罪 ★★★★

一、主要适用的法条及其相关度

	主要适用的法条	相关度	
刑法	第67条【自首及其认定】	★★★★★	333
	第235条【过失致人重伤罪】	★★★★★	
	第72条【缓刑的条件、禁止令与附加刑的执行】	★★★★	
	第73条【缓刑考验期限】	★★★★	
	第36条【犯罪行为的民事赔偿责任】	★	
	第61条【量刑根据】	★	

二、常见适用的其他法条

		常见适用的其他法条	
民法通则		第119条【人身损害赔偿项目：一般人身损害赔偿项目、伤残赔偿项目、死亡赔偿项目】	781
刑法		第64条【犯罪所得之物、所用之物的处理】	333
侵权责任法		第16条【人身损害赔偿项目：一般人身损害赔偿项目、伤残赔偿项目、死亡赔偿项目】	782
人身损害赔偿司法解释		第17条【人身损害赔偿项目：一般人身损害赔偿项目、伤残赔偿项目、死亡赔偿项目】	801
		第19条【医疗费计算标准】	
		第20条【误工费计算标准】	
		第21条【护理费计算标准】	
		第22条【交通费计算标准】	
		第23条【伙食费、住宿费计算标准】	
自首和立功司法解释		第1条【自首及其认定】	799

X4.236 强奸罪 ★★★★

一、主要适用的法条及其相关度

	主要适用的法条	相关度
刑法	第236条【强奸罪】	★★★★★
	第67条【自首及其认定】	★★★★
	第23条【犯罪未遂；犯罪未遂的处罚】	★★★
	第61条【量刑根据】	★
	第65条【一般累犯】	★
	第69条【判决宣告前一人犯数罪的并罚】	★
	第72条【缓刑的条件、禁止令与附加刑的执行】	★

二、常见适用的其他法条

	常见适用的其他法条
刑法	第24条【犯罪中止；犯罪中止的处罚】
	第25条【共同犯罪的概念】
	第45条【有期徒刑的期限】
	第47条【有期徒刑刑期的计算与折抵】
	第52条【罚金数额的裁量】
	第53条【罚金的缴纳、减免】
	第56条【剥夺政治权利的适用范围】
	第64条【犯罪所得之物、所用之物的处理】
	第73条【缓刑考验期限】
	第263条【抢劫罪】

X4.237.1　强制猥亵、侮辱罪　★★★★

■ 一、主要适用的法条及其相关度

	主要适用的法条	相关度
刑法	第237条【强制猥亵、侮辱罪；猥亵儿童罪】	★★★★★
	第67条【自首及其认定】	★★★★
	第69条【判决宣告前一人犯数罪的并罚】	★★
	第72条【缓刑的条件、禁止令与附加刑的执行】	★★
	第64条【犯罪所得之物、所用之物的处理】	★
	第65条【一般累犯】	★
	第73条【缓刑考验期限】	★
	第263条【抢劫罪】	★

■ 二、常见适用的其他法条

	常见适用的其他法条
刑法	第23条【犯罪未遂；犯罪未遂的处罚】
	第25条【共同犯罪的概念】
	第45条【有期徒刑的期限】
	第47条【有期徒刑刑期的计算与折抵】
	第52条【罚金数额的裁量】
	第53条【罚金的缴纳、减免】
	第61条【量刑根据】
	第236条【强奸罪】
	第264条【盗窃罪】

X4.237.3　猥亵儿童罪 ★★★★

一、主要适用的法条及其相关度

	主要适用的法条	相关度
刑法	第237条【强制猥亵、侮辱罪；猥亵儿童罪】	★★★★★
	第67条【自首及其认定】	★★★★
	第61条【量刑根据】	★
	第69条【判决宣告前一人犯数罪的并罚】	★

333

二、常见适用的其他法条

	常见适用的其他法条
刑法	第45条【有期徒刑的期限】
	第47条【有期徒刑刑期的计算与折抵】
	第65条【一般累犯】
	第72条【缓刑的条件、禁止令与附加刑的执行】
	第73条【缓刑考验期限】
	第236条【强奸罪】
惩治侵害未成年人犯罪的意见	第25条【依法从严惩处强奸、猥亵未成年人的情形】

333

916

X4.238　非法拘禁罪 ★★★★★

一、主要适用的法条及其相关度

	主要适用的法条	相关度
刑法	第25条【共同犯罪的概念】	★★★★★
	第67条【自首及其认定】	★★★★★

333

	主要适用的法条	相关度
刑法	第238条【非法拘禁罪】	★★★★★
	第26条【主犯；犯罪集团】	★★★
	第27条【从犯；从犯的处罚】	★★★
	第72条【缓刑的条件、禁止令与附加刑的执行】	★★★
	第73条【缓刑考验期限】	★★★
	第61条【量刑根据】	★★
	第65条【一般累犯】	★★
	第47条【有期徒刑刑期的计算与折抵】	★
	第64条【犯罪所得之物、所用之物的处理】	★
	第69条【判决宣告前一人犯数罪的并罚】	★

二、常见适用的其他法条

	常见适用的其他法条
刑法	第45条【有期徒刑的期限】
	第52条【罚金数额的裁量】
	第53条【罚金的缴纳、减免】
	第68条【立功】
	第77条【缓刑考验不合格的处理】

X4.239 绑架罪……………………………………………★★★★

一、主要适用的法条及其相关度

	主要适用的法条	相关度
刑法	第239条【绑架罪】	★★★★★
	第25条【共同犯罪的概念】	★★★★
	第67条【自首及其认定】	★★★★
	第52条【罚金数额的裁量】	★★★

	主要适用的法条	相关度
刑法 (333)	第53条【罚金的缴纳、减免】	★★★
	第64条【犯罪所得之物、所用之物的处理】	★★★
	第26条【主犯;犯罪集团】	★★
	第27条【从犯;从犯的处罚】	★★
	第55条【剥夺政治权利的期限】	★★
	第56条【剥夺政治权利的适用范围】	★★
	第65条【一般累犯】	★★
	第69条【判决宣告前一人犯数罪的并罚】	★★
	第61条【量刑根据】	★
	第263条【抢劫罪】	★

■ 二、常见适用的其他法条

	常见适用的其他法条
刑法 (333)	第23条【犯罪未遂;犯罪未遂的处罚】
	第36条【犯罪行为的民事赔偿责任】
	第45条【有期徒刑的期限】
	第47条【有期徒刑刑期的计算与折抵】
	第68条【立功】
	第72条【缓刑的条件、禁止令与附加刑的执行】
	第238条【非法拘禁罪】
	第264条【盗窃罪】

X4.240　拐卖妇女、儿童罪 ……………………………… ★★★★

■ 一、主要适用的法条及其相关度

	主要适用的法条	相关度
刑法 (333)	第240条【拐卖妇女、儿童罪】	★★★★★
	第25条【共同犯罪的概念】	★★★★

	主要适用的法条	相关度
刑法	第 67 条【自首及其认定】	★★★★
	第 27 条【从犯；从犯的处罚】	★★★
	第 52 条【罚金数额的裁量】	★★★
	第 53 条【罚金的缴纳、减免】	★★★
	第 64 条【犯罪所得之物、所用之物的处理】	★★★
	第 72 条【缓刑的条件、禁止令与附加刑的执行】	★★★
	第 26 条【主犯；犯罪集团】	★★
	第 73 条【缓刑考验期限】	★★
	第 47 条【有期徒刑刑期的计算与折抵】	★
	第 61 条【量刑根据】	★

333

二、常见适用的其他法条

	常见适用的其他法条
刑法	第 12 条【刑法的溯及力】
	第 23 条【犯罪未遂；犯罪未遂的处罚】
	第 56 条【剥夺政治权利的适用范围】
	第 63 条【减轻处罚】
	第 65 条【一般累犯】
	第 68 条【立功】
	第 69 条【判决宣告前一人犯数罪的并罚】
	第 241 条【收买被拐卖的妇女、儿童罪；强奸罪；非法拘禁罪；故意伤害罪；侮辱罪；拐卖妇女、儿童罪】
司法解释 审理拐卖妇女儿童犯罪案件	第 3 条【以介绍婚姻为名实施拐卖妇女罪】
	第 9 条【儿童、婴儿、幼儿的界定】

333

917

X4.241.1 收买被拐卖的妇女、儿童罪 ★★★

■ 主要适用的法条及其相关度

	主要适用的法条	相关度
刑法	第 67 条【自首及其认定】	★★★★★
	第 72 条【缓刑的条件、禁止令与附加刑的执行】	★★★★★
	第 241 条【收买被拐卖的妇女、儿童罪；强奸罪；非法拘禁罪；故意伤害罪；侮辱罪；拐卖妇女、儿童罪】	★★★★★
	第 25 条【共同犯罪的概念】	★★★★
	第 73 条【缓刑考验期限】	★★★★
	第 240 条【拐卖妇女、儿童罪】	★★★
	第 27 条【从犯；从犯的处罚】	★★
	第 52 条【罚金数额的裁量】	★★
	第 53 条【罚金的缴纳、减免】	★★
	第 64 条【犯罪所得之物、所用之物的处理】	★★
	第 26 条【主犯；犯罪集团】	★
	第 61 条【量刑根据】	★
	第 68 条【立功】	★
	第 69 条【判决宣告前一人犯数罪的并罚】	★

X4.242.2 聚众阻碍解救被收买的妇女、儿童罪①

X4.243 诬告陷害罪 ★★★

■ 主要适用的法条及其相关度

	主要适用的法条	相关度
刑法	第 243 条【诬告陷害罪】	★★★★★
	第 67 条【自首及其认定】	★★★★

---

① 说明：本案由尚无足够数量判决书可供法律大数据分析。

	主要适用的法条	相关度
刑法	第72条【缓刑的条件、禁止令与附加刑的执行】	★★★
	第25条【共同犯罪的概念】	★★
	第73条【缓刑考验期限】	★★
	第52条【罚金数额的裁量】	★
	第53条【罚金的缴纳、减免】	★
	第61条【量刑根据】	★
	第64条【犯罪所得之物、所用之物的处理】	★
	第69条【判决宣告前一人犯数罪的并罚】	★
	第264条【盗窃罪】	★

X4.244 强迫劳动罪 ★★

主要适用的法条及其相关度

	主要适用的法条	相关度
刑法	第244条【强迫劳动罪】	★★★★★
	第25条【共同犯罪的概念】	★★★
	第27条【从犯;从犯的处罚】	★★★
	第52条【罚金数额的裁量】	★★★
	第53条【罚金的缴纳、减免】	★★★
	第67条【自首及其认定】	★★★
	第72条【缓刑的条件、禁止令与附加刑的执行】	★★★
	第73条【缓刑考验期限】	★★★
	第26条【主犯;犯罪集团】	★★
	第61条【量刑根据】	★

X4.244-1　雇用童工从事危重劳动罪　★

■ 常见适用的法条

	主要适用的法条
刑法	第 67 条【自首及其认定】
	第 72 条【缓刑的条件、禁止令与附加刑的执行】
	第 73 条【缓刑考验期限】
	第 244 条之 1【雇用童工从事危重劳动罪】

X4.245:1　非法搜查罪　★

■ 常见适用的法条

	常见适用的法条
刑法	第 25 条【共同犯罪的概念】
	第 37 条【免予刑事处罚与非刑事处罚措施】
	第 45 条【有期徒刑的期限】
	第 47 条【有期徒刑刑期的计算与折抵】
	第 61 条【量刑根据】
	第 64 条【犯罪所得之物、所用之物的处理】
	第 67 条【自首及其认定】
	第 69 条【判决宣告前一人犯数罪的并罚】
	第 72 条【缓刑的条件、禁止令与附加刑的执行】
	第 73 条【缓刑考验期限】
	第 238 条【非法拘禁罪】
	第 245 条【非法搜查罪、非法侵入住宅罪】

X4.245:2 非法侵入住宅罪 ★★★★

一、主要适用的法条及其相关度

	主要适用的法条	相关度
刑法	第245条【非法搜查罪、非法侵入住宅罪】	★★★★★
	第67条【自首及其认定】	★★★★
	第25条【共同犯罪的概念】	★★★
	第72条【缓刑的条件、禁止令与附加刑的执行】	★★★
	第73条【缓刑考验期限】	★★★
	第65条【一般累犯】	★★
	第64条【犯罪所得之物、所用之物的处理】	★
	第69条【判决宣告前一人犯数罪的并罚】	★

333

二、常见适用的其他法条

	常见适用的其他法条
刑法	第26条【主犯;犯罪集团】
	第27条【从犯;从犯的处罚】
	第37条【免予刑事处罚与非刑事处罚措施】
	第42条【拘役的期限】
	第52条【罚金数额的裁量】
	第61条【量刑根据】
	第264条【盗窃罪】

333

X4.246:1 侮辱罪 ·· ★★

■ 主要适用的法条及其相关度

		主要适用的法条	相关度
333	刑法	第246条【侮辱罪、诽谤罪】	★★★★★
		第67条【自首及其认定】	★★★
		第25条【共同犯罪的概念】	★★
		第72条【缓刑的条件、禁止令与附加刑的执行】	★★
		第73条【缓刑考验期限】	★★
		第237条【强制猥亵、侮辱罪；猥亵儿童罪】	★★
		第36条【犯罪行为的民事赔偿责任】	★
		第37条【免予刑事处罚与非刑事处罚措施】	★
		第61条【量刑根据】	★
		第69条【判决宣告前一人犯数罪的并罚】	★
781	民法通则	第119条【人身损害赔偿项目：一般人身损害赔偿项目、伤残赔偿项目、死亡赔偿项目】	★
801	人身损害赔偿司法解释	第19条【医疗费计算标准】	★
		第20条【误工费计算标准】	★
		第21条【护理费计算标准】	★
		第22条【交通费计算标准】	★
		第23条【伙食费、住宿费计算标准】	★

X4.246:2 诽谤罪 ·· ★★

■ 主要适用的法条及其相关度

		主要适用的法条	相关度
333	刑法	第246条【侮辱罪、诽谤罪】	★★★★★
		第67条【自首及其认定】	★★★

	主要适用的法条	相关度
刑法	第37条【免予刑事处罚与非刑事处罚措施】	★
	第38条【管制的期限;禁止令;社区矫正】	★
	第61条【量刑根据】	★
	第72条【缓刑的条件、禁止令与附加刑的执行】	★
	第73条【缓刑考验期限】	★
办理利用信息网络实施诽谤等刑事案件司法解释	第1条【侮辱罪、诽谤罪"捏造事实诽谤他人"的认定】	★★★
	第2条【利用信息网络诽谤他人构成侮辱罪、诽谤罪"情节严重"的认定】	★★★

X4.247:1 刑讯逼供罪 ······ ★

■ 常见适用的法条

	常见适用的法条
刑法	第17条【刑事责任年龄】
	第18条【精神病人与醉酒的人的刑事责任】
	第25条【共同犯罪的概念】
	第26条【主犯;犯罪集团】
	第27条【从犯;从犯的处罚】
	第37条【免予刑事处罚与非刑事处罚措施】
	第52条【罚金数额的裁量】
	第53条【罚金的缴纳、减免】
	第61条【量刑根据】
	第67条【自首及其认定】
	第68条【立功】
	第72条【缓刑的条件、禁止令与附加刑的执行】
	第73条【缓刑考验期限】

		常见适用的法条
333	刑法	第94条【司法工作人员的含义】
		第234条【故意伤害罪】
		第247条【刑讯逼供罪、暴力取证罪、故意伤害罪、故意杀人罪】
		第266条【诈骗罪】
793	条例 政府信息公开	第2条【政府信息】
899	的规定 公开审理行政案件 政府信息	第12条【政府信息公开行政案件中判决驳回诉讼请求的情形】
799	法解释 立功 自首和司	第5条【立功表现的认定】

X4.247:2 暴力取证罪 ★

▩ 常见适用的法条

		常见适用的法条
333	刑法	第25条【共同犯罪的概念】
		第37条【免予刑事处罚与非刑事处罚措施】
		第61条【量刑根据】
		第67条【自首及其认定】
		第93条【国家工作人员的范围】
		第234条【故意伤害罪】
		第247条【刑讯逼供罪、暴力取证罪、故意伤害罪、故意杀人罪】

X4.248 虐待被监管人罪 ★★

主要适用的法条及其相关度

	主要适用的法条	相关度
刑法	第248条【虐待被监管人罪、故意伤害罪、故意杀人罪】	★★★★★
	第37条【免予刑事处罚与非刑事处罚措施】	★★★★
	第67条【自首及其认定】	★★★
	第25条【共同犯罪的概念】	★
	第61条【量刑根据】	★
	第64条【犯罪所得之物、所用之物的处理】	★
	第69条【判决宣告前一人犯数罪的并罚】	★
	第72条【缓刑的条件、禁止令与附加刑的执行】	★
	第93条【国家工作人员的范围】	★
	第383条【贪污罪的处罚】	★
	第385条【受贿罪】	★
	第386条【受贿罪的处罚】	★

X4.249 煽动民族仇恨、民族歧视罪 ★

常见适用的法条

	常见适用的法条
刑法	第25条【共同犯罪的概念】
	第37条【免予刑事处罚与非刑事处罚措施】
	第61条【量刑根据】
	第64条【犯罪所得之物、所用之物的处理】
	第67条【自首及其认定】
	第68条【立功】

	常见适用的法条
刑法	第69条【判决宣告前一人犯数罪的并罚】
	第120条之6【非法持有宣扬恐怖主义、极端主义物品罪】
	第249条【煽动民族仇恨、民族歧视罪】
	第291条之1【投放虚假危险物质罪;编造、故意传播虚假恐怖信息罪;编造、故意传播虚假信息罪】

X4.250　出版歧视、侮辱少数民族作品罪①

X4.251:1　非法剥夺公民宗教信仰自由罪②

X4.251:2　侵犯少数民族风俗习惯罪③

X4.252　侵犯通信自由罪 …………………………………… ★

■ 常见适用的法条

	常见适用的法条
刑法	第37条【免予刑事处罚与非刑事处罚措施】
	第64条【犯罪所得之物、所用之物的处理】
	第67条【自首及其认定】
	第72条【缓刑的条件、禁止令与附加刑的执行】
	第73条【缓刑考验期限】

---

① 说明:本案由尚无足够数量判决书可供法律大数据分析。
② 同上注。
③ 同上注。

	常见适用的法条
刑法	第252条【侵犯通信自由罪】
	第253条之1【侵犯公民个人信息罪】
	第264条【盗窃罪】
	第286条【破坏计算机信息系统罪】

X4.253.1 私自开拆、隐匿、毁弃邮件、电报罪……★★★★

一、主要适用的法条及其相关度

	主要适用的法条	相关度
刑法	第67条【自首及其认定】	★★★★★
	第253条【私自开拆、隐匿、毁弃邮件、电报】	★★★★★
	第253条之1【侵犯公民个人信息罪】	★★★★★
	第64条【犯罪所得之物、所用之物的处理】	★★★★
	第52条【罚金数额的裁量】	★★★
	第53条【罚金的缴纳、减免】	★★★
	第72条【缓刑的条件、禁止令与附加刑的执行】	★★★
	第73条【缓刑考验期限】	★★★
	第25条【共同犯罪的概念】	★★
	第61条【量刑根据】	★

二、常见适用的其他法条

	常见适用的其他法条
刑法	第5条【罪责刑相适应原则】
	第12条【刑法的溯及力】
	第26条【主犯;犯罪集团】

		常见适用的其他法条
333 刑法		第27条【从犯;从犯的处罚】
		第45条【有期徒刑的期限】
		第47条【有期徒刑刑期的计算与折抵】
		第65条【一般累犯】
		第69条【判决宣告前一人犯数罪的并罚】
		第266条【诈骗罪】
917 案件司法解释	办理侵犯公民个人信息刑事	第5条【侵犯公民个人信息罪"情节严重""情节特别严重"的认定】
		第12条【侵犯公民个人信息犯罪罚金数额的确定因素】

X4.253-1　侵犯公民个人信息罪①

X4.254　报复陷害罪②

X4.255　打击报复会计、统计人员罪③

---

① 说明:本案由尚无足够数量判决书可供法律大数据分析。
② 同上注。
③ 同上注。

X4.256 破坏选举罪 ★

常见适用的法条

	常见适用的法条
刑法	第25条【共同犯罪的概念】
	第26条【主犯；犯罪集团】
	第27条【从犯；从犯的处罚】
	第44条【拘役刑期的计算与折抵】
	第47条【有期徒刑刑期的计算与折抵】
	第64条【犯罪所得之物、所用之物的处理】
	第67条【自首及其认定】
	第68条【立功】
	第69条【判决宣告前一人犯数罪的并罚】
	第72条【缓刑的条件、禁止令与附加刑的执行】
	第73条【缓刑考验期限】
	第256条【破坏选举罪】
	第382条【贪污罪；贪污罪共犯的认定】
	第383条【贪污罪的处罚】
	第385条【受贿罪】
	第386条【受贿罪的处罚】
	第392条【介绍贿赂罪】
	第396条【私分国有资产罪；私分罚没财物罪】

333

X4.257 暴力干涉婚姻自由罪①

---

① 说明：本案由尚无足够数量判决书可供法律大数据分析。

X4.258　重婚罪 ★★★★

■ 主要适用的法条及其相关度

	主要适用的法条	相关度
刑法	第258条【重婚罪】	★★★★★
	第67条【自首及其认定】	★★★★
	第72条【缓刑的条件、禁止令与附加刑的执行】	★★★★
	第73条【缓刑考验期限】	★★★
	第25条【共同犯罪的概念】	★★
	第61条【量刑根据】	★

X4.259.1　破坏军婚罪 ★

■ 常见适用的法条

	常见适用的法条
刑法	第61条【量刑根据】
	第65条【一般累犯】
	第67条【自首及其认定】
	第72条【缓刑的条件、禁止令与附加刑的执行】
	第73条【缓刑考验期限】
	第259条【破坏军婚罪;强奸罪】

X4.260　虐待罪 ★★

■ 主要适用的法条及其相关度

	主要适用的法条	相关度
刑法	第260条【虐待罪】	★★★★★
	第67条【自首及其认定】	★★★★

	主要适用的法条	相关度	
刑法	第72条【缓刑的条件、禁止令与附加刑的执行】	★★★	333
	第73条【缓刑考验期限】	★★	
	第25条【共同犯罪的概念】	★	
	第61条【量刑根据】	★	
	第64条【犯罪所得之物、所用之物的处理】	★	
	第260条之1【虐待被监护人、看护人罪】	★	

X4.260-1 虐待被监护、看护人罪 ············ ★

常见适用的法条

	常见适用的法条	
刑法	第18条【精神病人与醉酒的人的刑事责任】	333
	第25条【共同犯罪的概念】	
	第37条之1【从业禁止】	
	第61条【量刑根据】	
	第64条【犯罪所得之物、所用之物的处理】	
	第65条【一般累犯】	
	第67条【自首及其认定】	
	第72条【缓刑的条件、禁止令与附加刑的执行】	
	第73条【缓刑考验期限】	
	第260条之1【虐待被监护人、看护人罪】	
对判处管制、宣告缓刑的犯罪分子适用禁止令有关问题的规定（试行）	第6条【禁止令的执行期限】	904

X4.261　遗弃罪 ★★★

■ 主要适用的法条及其相关度

刑法	主要适用的法条	相关度
	第261条【遗弃罪】	★★★★★
	第67条【自首及其认定】	★★★★
	第72条【缓刑的条件、禁止令与附加刑的执行】	★★★★
	第73条【缓刑考验期限】	★★★★
	第25条【共同犯罪的概念】	★★
	第61条【量刑根据】	★

X4.262　拐骗儿童罪 ★★★

■ 主要适用的法条及其相关度

刑法	主要适用的法条	相关度
	第262条【拐骗儿童罪】	★★★★★
	第67条【自首及其认定】	★★★★
	第25条【共同犯罪的概念】	★
	第61条【量刑根据】	★
	第64条【犯罪所得之物、所用之物的处理】	★
	第65条【一般累犯】	★
	第72条【缓刑的条件、禁止令与附加刑的执行】	★
	第73条【缓刑考验期限】	★

X4.262-1 组织残疾人、儿童乞讨罪 ★

常见适用的法条

	常见适用的法条	
刑法	第 19 条【又聋又哑的人或者盲人犯罪的刑事责任】	333
	第 52 条【罚金数额的裁量】	
	第 53 条【罚金的缴纳、减免】	
	第 61 条【量刑根据】	
	第 64 条【犯罪所得之物、所用之物的处理】	
	第 67 条【自首及其认定】	
	第 262 条之 1【组织残疾人、儿童乞讨罪】	

X4.262-2 组织未成年人进行违反治安管理活动罪 ★

常见适用的法条

	常见适用的法条	
刑法	第 17 条【刑事责任年龄】	333
	第 25 条【共同犯罪的概念】	
	第 26 条【主犯;犯罪集团】	
	第 27 条【从犯;从犯的处罚】	
	第 29 条【教唆犯;教唆犯的处罚】	
	第 42 条【拘役的期限】	
	第 44 条【拘役刑期的计算与折抵】	
	第 45 条【有期徒刑的期限】	
	第 47 条【有期徒刑刑期的计算与折抵】	
	第 52 条【罚金数额的裁量】	
	第 53 条【罚金的缴纳、减免】	
	第 64 条【犯罪所得之物、所用之物的处理】	

	常见适用的法条
刑法	第 65 条【一般累犯】
	第 67 条【自首及其认定】
	第 68 条【立功】
	第 69 条【判决宣告前一人犯数罪的并罚】
	第 71 条【判决宣告后刑罚执行完毕前又犯新罪的并罚】
	第 72 条【缓刑的条件、禁止令与附加刑的执行】
	第 73 条【缓刑考验期限】
	第 77 条【缓刑考验不合格的处理】
	第 262 条【拐骗儿童罪】
	第 262 条之 2【组织未成年人进行违反治安管理活动罪】
	第 263 条【抢劫罪】
	第 264 条【盗窃罪】
	第 271 条【职务侵占罪；贪污罪】
	第 293 条【寻衅滋事罪】
	第 312 条【掩饰、隐瞒犯罪所得、犯罪所得收益罪】
财产刑适用规定	第 2 条【罚金数额的裁量】

333

804

5 侵犯财产罪

X5.263 抢劫罪·················· ★★★★★

一、主要适用的法条及其相关度

	主要适用的法条	相关度
刑法	第263条【抢劫罪】	★★★★★
	第67条【自首及其认定】	★★★★
	第25条【共同犯罪的概念】	★★★
	第52条【罚金数额的裁量】	★★★
	第53条【罚金的缴纳、减免】	★★★
	第64条【犯罪所得之物、所用之物的处理】	★★★
	第23条【犯罪未遂；犯罪未遂的处罚】	★★
	第26条【主犯；犯罪集团】	★★
	第27条【从犯；从犯的处罚】	★★
	第65条【一般累犯】	★★
	第269条【抢劫罪】	★★
	第47条【有期徒刑刑期的计算与折抵】	★
	第55条【剥夺政治权利的期限】	★
	第56条【剥夺政治权利的适用范围】	★
	第61条【量刑根据】	★
	第69条【判决宣告前一人犯数罪的并罚】	★
	第72条【缓刑的条件、禁止令与附加刑的执行】	★

二、常见适用的其他法条

	常见适用的其他法条
刑法	第17条【刑事责任年龄】
	第45条【有期徒刑的期限】

333

		常见适用的其他法条	
333	刑法	第68条【立功】	
		第73条【缓刑考验期限】	
		第264条【盗窃罪】	
		第267条【抢夺罪、抢劫罪】	
804	财产刑适用规定	第2条【罚金数额的裁量】	

X5.264 盗窃罪 ★★★★★

一、主要适用的法条及其相关度

		主要适用的法条	相关度
333	刑法	第67条【自首及其认定】	★★★★★
		第264条【盗窃罪】	★★★★★
		第25条【共同犯罪的概念】	★★★
		第52条【罚金数额的裁量】	★★★
		第53条【罚金的缴纳、减免】	★★★
		第64条【犯罪所得之物、所用之物的处理】	★★★
		第65条【一般累犯】	★★★
		第72条【缓刑的条件、禁止令与附加刑的执行】	★★
		第73条【缓刑考验期限】	★★
		第23条【犯罪未遂；犯罪未遂的处罚】	★
		第26条【主犯；犯罪集团】	★
		第47条【有期徒刑刑期的计算与折抵】	★
		第61条【量刑根据】	★
797	法解释 盗窃罪司	第1条【盗窃罪"数额较大""数额巨大""数额特别巨大"的认定】	★
		第14条【盗窃罪中罚金的确定规则】	★

■ 二、常见适用的其他法条

	常见适用的其他法条	
刑法	第27条【从犯;从犯的处罚】	333
	第45条【有期徒刑的期限】	
	第69条【判决宣告前一人犯数罪的并罚】	
法解释盗窃罪司	第2条【盗窃罪】	797
	第3条【"多次盗窃""入户盗窃""携带凶器盗窃""扒窃"的认定】	

X5.266　诈骗罪·····················★★★★★

■ 一、主要适用的法条及其相关度

	主要适用的法条	相关度	
刑法	第266条【诈骗罪】	★★★★★	333
	第67条【自首及其认定】	★★★★	
	第25条【共同犯罪的概念】	★★★	
	第52条【罚金数额的裁量】	★★★	
	第53条【罚金的缴纳、减免】	★★★	
	第64条【犯罪所得之物、所用之物的处理】	★★★	
	第72条【缓刑的条件、禁止令与附加刑的执行】	★★★	
	第73条【缓刑考验期限】	★★★	
	第26条【主犯;犯罪集团】	★★	
	第27条【从犯;从犯的处罚】	★★	
	第61条【量刑根据】	★★	
	第65条【一般累犯】	★★	
	第47条【有期徒刑刑期的计算与折抵】	★	
	第69条【判决宣告前一人犯数罪的并罚】	★	

		主要适用的法条	相关度
805	法解释 诈骗罪司	第1条【诈骗罪】	★

二、常见适用的其他法条

		常见适用的其他法条
333	刑法	第23条【犯罪未遂；犯罪未遂的处罚】
		第45条【有期徒刑的期限】
		第70条【判决宣告后刑罚执行完毕前发现漏罪的并罚】
		第77条【缓刑考验不合格的处理】
805	法解释 诈骗罪司	第2条【诈骗罪中酌情从严惩处的情形】
919	件的意见 诈骗等刑事案 办理电信网络	第2条【依法惩治电信网络诈骗犯罪】

X5.267.1　抢夺罪 ·········· ★★★★★

一、主要适用的法条及其相关度

		主要适用的法条	相关度
333	刑法	第267条【抢夺罪、抢劫罪】	★★★★★
		第67条【自首及其认定】	★★★★
		第25条【共同犯罪的概念】	★★★
		第52条【罚金数额的裁量】	★★★

		主要适用的法条	相关度	
刑法		第53条【罚金的缴纳、减免】	★★★	333
		第64条【犯罪所得之物、所用之物的处理】	★★★	
		第65条【一般累犯】	★★★	
		第23条【犯罪未遂；犯罪未遂的处罚】	★★	
		第26条【主犯；犯罪集团】	★★	
		第69条【判决宣告前一人犯数罪的并罚】	★★	
		第264条【盗窃罪】	★★	
		第47条【有期徒刑刑期的计算与折抵】	★	
		第61条【量刑根据】	★	
		第72条【缓刑的条件、禁止令与附加刑的执行】	★	
		第263条【抢劫罪】	★	
抢夺罪司法解释		第1条【抢夺公私财物"数额较大""数额巨大""数额特别巨大"的认定】	★★	811
		第2条【抢夺公私财物"数额较大"按照一般标准的百分之五十确定的情形】	★	

二、常见适用的其他法条

		常见适用的其他法条	
刑法		第27条【从犯；从犯的处罚】	333
		第45条【有期徒刑的期限】	
		第68条【立功】	
		第73条【缓刑考验期限】	
财产刑适用规定		第2条【罚金数额的裁量】	804
		第5条【判决指定的期限的确定】	

X5.268　聚众哄抢罪 ★★

■ 主要适用的法条及其相关度

	主要适用的法条	相关度
刑法	第268条【聚众哄抢罪】	★★★★★
	第25条【共同犯罪的概念】	★★★★
	第67条【自首及其认定】	★★★★
	第52条【罚金数额的裁量】	★★★
	第53条【罚金的缴纳、减免】	★★★
	第72条【缓刑的条件、禁止令与附加刑的执行】	★★★
	第73条【缓刑考验期限】	★★★
	第26条【主犯;犯罪集团】	★★
	第64条【犯罪所得之物、所用之物的处理】	★★
	第27条【从犯;从犯的处罚】	★
	第61条【量刑根据】	★

X5.270　侵占罪 ★★★

■ 主要适用的法条及其相关度

	主要适用的法条	相关度
刑法	第270条【侵占罪】	★★★★★
	第64条【犯罪所得之物、所用之物的处理】	★★★★
	第67条【自首及其认定】	★★★
	第52条【罚金数额的裁量】	★★
	第53条【罚金的缴纳、减免】	★★
	第61条【量刑根据】	★
	第69条【判决宣告前一人犯数罪的并罚】	★
	第72条【缓刑的条件、禁止令与附加刑的执行】	★

	主要适用的法条	相关度	
刑法	第73条【缓刑考验期限】	★	333
	第271条【职务侵占罪;贪污罪】	★	
偿国 法家 赔	第4条【受害人遭受行政机关及其工作人员财产权侵犯时有取得国家赔偿的权利的法定情形】	★★	786

X5.271.1 职务侵占罪 ★★★★★

一、主要适用的法条及其相关度

	主要适用的法条	相关度	
刑法	第67条【自首及其认定】	★★★★★	333
	第271条【职务侵占罪;贪污罪】	★★★★★	
	第25条【共同犯罪的概念】	★★★	
	第64条【犯罪所得之物、所用之物的处理】	★★★	
	第72条【缓刑的条件、禁止令与附加刑的执行】	★★★	
	第73条【缓刑考验期限】	★★★	
	第26条【主犯;犯罪集团】	★★	
	第27条【从犯;从犯的处罚】	★	
	第61条【量刑根据】	★	
	第69条【判决宣告前一人犯数罪的并罚】	★	
司法解释	刑事案件 办理贪贿	第11条【非国家工作人员受贿罪、职务侵占罪的数额起点】	★	806

二、常见适用的其他法条

	常见适用的其他法条	
刑法	第23条【犯罪未遂;犯罪未遂的处罚】	333
	第45条【有期徒刑的期限】	

		常见适用的其他法条
333	刑法	第47条【有期徒刑刑期的计算与折抵】
		第52条【罚金数额的裁量】
		第53条【罚金的缴纳、减免】
		第59条【没收财产的范围】
		第68条【立功】
		第266条【诈骗罪】
806	司法解释 刑事案件 办理贪贿	第1条【贪污罪、受贿罪"数额较大""其他较重情节"的认定】
799	法解释 立功和自首司	第1条【自首及其认定】

X5.272.1 挪用资金罪 ············ ★★★★

■ 一、主要适用的法条及其相关度

		主要适用的法条	相关度
333	刑法	第67条【自首及其认定】	★★★★★
		第272条【挪用资金罪;挪用公款罪】	★★★★★
		第64条【犯罪所得之物、所用之物的处理】	★★★
		第72条【缓刑的条件、禁止令与附加刑的执行】	★★★
		第73条【缓刑考验期限】	★★★
		第69条【判决宣告前一人犯数罪的并罚】	★
806	司法解释 刑事案件 办理贪贿	第11条【非国家工作人员受贿罪、职务侵占罪的数额起点】	★

二、常见适用的其他法条

	常见适用的其他法条	
刑法	第25条【共同犯罪的概念】	333
	第47条【有期徒刑刑期的计算与折抵】	
	第61条【量刑根据】	
	第271条【职务侵占罪;贪污罪】	
司法解释	刑事办理贪贿案件 第6条【挪用公款罪"数额较大""数额巨大""情节严重"的认定】	806

X5.273 挪用特定款物罪 ★★

主要适用的法条及其相关度

	主要适用的法条	相关度	
刑法	第273条【挪用特定款物罪】	★★★★★	333
	第67条【自首及其认定】	★★★★	
	第25条【共同犯罪的概念】	★★★	
	第37条【免予刑事处罚与非刑事处罚措施】	★★★	
	第72条【缓刑的条件、禁止令与附加刑的执行】	★★★	
	第73条【缓刑考验期限】	★★★	
	第26条【主犯;犯罪集团】	★	
	第27条【从犯;从犯的处罚】	★	
	第64条【犯罪所得之物、所用之物的处理】	★	
	第69条【判决宣告前一人犯数罪的并罚】	★	
	第382条【贪污罪;贪污罪共犯的认定】	★	
	第383条【贪污罪的处罚】	★	

X5.274　敲诈勒索罪 ★★★★★

■ 一、主要适用的法条及其相关度

		主要适用的法条	相关度
刑法		第274条【敲诈勒索罪】	★★★★★
		第67条【自首及其认定】	★★★★
		第23条【犯罪未遂;犯罪未遂的处罚】	★★★
		第25条【共同犯罪的概念】	★★★
		第52条【罚金数额的裁量】	★★★
		第53条【罚金的缴纳、减免】	★★★
		第64条【犯罪所得之物、所用之物的处理】	★★★
		第72条【缓刑的条件、禁止令与附加刑的执行】	★★★
		第73条【缓刑考验期限】	★★★
		第26条【主犯;犯罪集团】	★★
		第27条【从犯;从犯的处罚】	★★
		第61条【量刑根据】	★★
		第65条【一般累犯】	★★
		第69条【判决宣告前一人犯数罪的并罚】	★★
		第47条【有期徒刑刑期的计算与折抵】	★
解释	办理刑事案件敲诈勒索司法	第1条【敲诈勒索公私财物"数额较大""数额巨大""数额特别巨大"的认定】	★
		第8条【犯敲诈勒索罪的被告人罚金数额的确定】	★

■ 二、常见适用的其他法条

		常见适用的其他法条
刑法		第45条【有期徒刑的期限】
		第68条【立功】

	常见适用的其他法条
刑法	第263条【抢劫罪】
	第264条【盗窃罪】

X5.275　故意毁坏财物罪 ★★★★★

一、主要适用的法条及其相关度

	主要适用的法条	相关度
刑法	第67条【自首及其认定】	★★★★★
	第275条【故意毁坏财物罪】	★★★★★
	第25条【共同犯罪的概念】	★★★
	第72条【缓刑的条件、禁止令与附加刑的执行】	★★★
	第73条【缓刑考验期限】	★★★
	第26条【主犯;犯罪集团】	★★
	第52条【罚金数额的裁量】	★★
	第61条【量刑根据】	★★
	第64条【犯罪所得之物、所用之物的处理】	★★
	第69条【判决宣告前一人犯数罪的并罚】	★★
	第27条【从犯;从犯的处罚】	★
	第36条【犯罪行为的民事赔偿责任】	★
	第53条【罚金的缴纳、减免】	★
	第65条【一般累犯】	★

二、常见适用的其他法条

	常见适用的其他法条
刑法	第42条【拘役的期限】
	第45条【有期徒刑的期限】
	第47条【有期徒刑刑期的计算与折抵】

		常见适用的其他法条
333	刑法	第234条【故意伤害罪】
		第264条【盗窃罪】

X5.276 破坏生产经营罪 ★★★★

一、主要适用的法条及其相关度

		主要适用的法条	相关度
333	刑法	第276条【破坏生产经营罪】	★★★★★
		第67条【自首及其认定】	★★★★
		第72条【缓刑的条件、禁止令与附加刑的执行】	★★★★
		第25条【共同犯罪的概念】	★★★
		第73条【缓刑考验期限】	★★★
		第26条【主犯;犯罪集团】	★★
		第27条【从犯;从犯的处罚】	★
		第61条【量刑根据】	★
		第64条【犯罪所得之物、所用之物的处理】	★

二、常见适用的其他法条

		常见适用的其他法条
333	刑法	第36条【犯罪行为的民事赔偿责任】
		第45条【有期徒刑的期限】
		第47条【有期徒刑刑期的计算与折抵】
		第69条【判决宣告前一人犯数罪的并罚】

X5.276-1　拒不支付劳动报酬罪 ···················· ★★★★

■ 一、主要适用的法条及其相关度

	主要适用的法条	相关度	
刑法	第276条之1【拒不支付劳动报酬罪】	★★★★★	333
	第67条【自首及其认定】	★★★★	
	第52条【罚金数额的裁量】	★★★	
	第53条【罚金的缴纳、减免】	★★★	
	第72条【缓刑的条件、禁止令与附加刑的执行】	★★★	
	第73条【缓刑考验期限】	★★★	
	第64条【犯罪所得之物、所用之物的处理】	★★	
	第61条【量刑根据】	★	
司法解释 拒不支付劳动报酬罪	第2条【"以转移财产、逃匿等方法逃避支付劳动者的劳动报酬"的认定】	★★	859
	第3条【不支付劳动报酬"数额较大"的认定】	★★	
	第4条【不支付劳动报酬"经政府有关部门责令支付仍不支付"的认定】	★★	
	第6条【不构成拒不支付劳动者的劳动报酬的认定;减轻、从轻、免除处罚的情形;酌情从宽处罚的情形】	★	

■ 二、常见适用的其他法条

	常见适用的其他法条	
刑法	第25条【共同犯罪的概念】	333
	第30条【单位负刑事责任的范围】	

		常见适用的其他法条
333	刑法	第31条【单位犯罪的处罚】
		第69条【判决宣告前一人犯数罪的并罚】
859	法解释 拒不支付劳动报酬罪司	第1条【"劳动者劳动报酬"的认定】

6 妨害社会管理秩序罪

6.1 扰乱公共秩序罪

X6.1.277 妨害公务罪 ····· ★★★★★

■ 一、主要适用的法条及其相关度

	主要适用的法条	相关度
刑法	第277条【妨害公务罪】	★★★★★
	第67条【自首及其认定】	★★★★
	第72条【缓刑的条件、禁止令与附加刑的执行】	★★★
	第73条【缓刑考验期限】	★★★
	第25条【共同犯罪的概念】	★★
	第61条【量刑根据】	★★
	第26条【主犯;犯罪集团】	★
	第52条【罚金数额的裁量】	★
	第64条【犯罪所得之物、所用之物的处理】	★
	第69条【判决宣告前一人犯数罪的并罚】	★

■ 二、常见适用的其他法条

	常见适用的其他法条
刑法	第27条【从犯;从犯的处罚】
	第42条【拘役的期限】
	第44条【拘役刑期的计算与折抵】
	第45条【有期徒刑的期限】

	常见适用的其他法条
刑法	第47条【有期徒刑刑期的计算与折抵】
	第53条【罚金的缴纳、减免】
	第65条【一般累犯】
	第133条之1【危险驾驶罪】
	第293条【寻衅滋事罪】

333

X6.1.278 煽动暴力抗拒法律实施罪 ······ ★

▇ 常见适用的法条

	常见适用的法条
刑法	第64条【犯罪所得之物、所用之物的处理】
	第72条【缓刑的条件、禁止令与附加刑的执行】
	第73条【缓刑考验期限】
	第278条【煽动暴力抗拒法律实施罪】

333

X6.1.279 招摇撞骗罪 ······ ★★★★

▇ 一、主要适用的法条及其相关度

	主要适用的法条	相关度
刑法	第279条【招摇撞骗罪】	★★★★★
	第67条【自首及其认定】	★★★★
	第64条【犯罪所得之物、所用之物的处理】	★★★
	第65条【一般累犯】	★★★
	第25条【共同犯罪的概念】	★★
	第69条【判决宣告前一人犯数罪的并罚】	★★
	第72条【缓刑的条件、禁止令与附加刑的执行】	★★
	第52条【罚金数额的裁量】	★

333

	主要适用的法条	相关度
刑法	第53条【罚金的缴纳、减免】	★
	第61条【量刑根据】	★
	第73条【缓刑考验期限】	★
	第266条【诈骗罪】	★

■ 二、常见适用的其他法条

	常见适用的其他法条
刑法	第23条【犯罪未遂;犯罪未遂的处罚】
	第26条【主犯;犯罪集团】
	第27条【从犯;从犯的处罚】
	第45条【有期徒刑的期限】
	第47条【有期徒刑刑期的计算与折抵】
	第264条【盗窃罪】

X6.1.280.1:1 伪造、变造、买卖国家机关公文、证件、印章罪 ★★★★

■ 一、主要适用的法条及其相关度

	主要适用的法条	相关度
刑法	第67条【自首及其认定】	★★★★★
	第280条【伪造、变造、买卖国家机关公文、证件、印章罪;盗窃、抢夺、毁灭国家机关公文、证件、印章罪;伪造公司、企业、事业单位、人民团体印章罪;伪造、变造、买卖身份证件罪】	★★★★★
	第64条【犯罪所得之物、所用之物的处理】	★★★
	第69条【判决宣告前一人犯数罪的并罚】	★★★
	第72条【缓刑的条件、禁止令与附加刑的执行】	★★★

	主要适用的法条	相关度
刑法	第73条【缓刑考验期限】	★★★
	第25条【共同犯罪的概念】	★★
	第52条【罚金数额的裁量】	★★
	第53条【罚金的缴纳、减免】	★★
	第61条【量刑根据】	★

■ 二、常见适用的其他法条

	常见适用的其他法条
刑法	第12条【刑法的溯及力】
	第26条【主犯；犯罪集团】
	第27条【从犯；从犯的处罚】
	第37条【免予刑事处罚与非刑事处罚措施】
	第65条【一般累犯】
	第68条【立功】
	第266条【诈骗罪】

X6.1.280.1:2 盗窃、抢夺、毁灭国家机关公文、证件、印章罪 ·················· ★★

■ 主要适用的法条及其相关度

	主要适用的法条	相关度
刑法	第280条【伪造、变造、买卖国家机关公文、证件、印章罪；盗窃、抢夺、毁灭国家机关公文、证件、印章罪；伪造公司、企业、事业单位、人民团体印章罪；伪造、变造、买卖身份证件罪】	★★★★★
	第67条【自首及其认定】	★★★★
	第25条【共同犯罪的概念】	★★★

	主要适用的法条	相关度
刑法	第52条【罚金数额的裁量】	★★★
	第53条【罚金的缴纳、减免】	★★★
	第65条【一般累犯】	★★★
	第64条【犯罪所得之物、所用之物的处理】	★★
	第69条【判决宣告前一人犯数罪的并罚】	★★
	第26条【主犯；犯罪集团】	★
	第72条【缓刑的条件、禁止令与附加刑的执行】	★
	第73条【缓刑考验期限】	★
	第264条【盗窃罪】	★

X6.1.280.2 伪造公司、企业、事业单位、人民团体印章罪 ★★★★

一、主要适用的法条及其相关度

	主要适用的法条	相关度
刑法	第67条【自首及其认定】	★★★★★
	第280条【伪造、变造、买卖国家机关公文、证件、印章罪；盗窃、抢夺、毁灭国家机关公文、证件、印章罪；伪造公司、企业、事业单位、人民团体印章罪；伪造、变造、买卖身份证件罪】	★★★★★
	第64条【犯罪所得之物、所用之物的处理】	★★★
	第72条【缓刑的条件、禁止令与附加刑的执行】	★★★
	第73条【缓刑考验期限】	★★★
	第25条【共同犯罪的概念】	★★
	第52条【罚金数额的裁量】	★★
	第53条【罚金的缴纳、减免】	★★
	第69条【判决宣告前一人犯数罪的并罚】	★★
	第61条【量刑根据】	★

■ 二、常见适用的其他法条

	常见适用的其他法条
刑法	第 12 条【刑法的溯及力】
	第 26 条【主犯；犯罪集团】
	第 27 条【从犯；从犯的处罚】

X6.1.280.3　伪造、变造、买卖身份证件罪　……　★★★★

■ 一、主要适用的法条及其相关度

	主要适用的法条	相关度
刑法	第 67 条【自首及其认定】	★★★★★
	第 280 条【伪造、变造、买卖国家机关公文、证件、印章罪；盗窃、抢夺、毁灭国家机关公文、证件、印章罪；伪造公司、企业、事业单位、人民团体印章罪；伪造、变造、买卖身份证件罪】	★★★★
	第 64 条【犯罪所得之物、所用之物的处理】	★★★★
	第 52 条【罚金数额的裁量】	★★★
	第 53 条【罚金的缴纳、减免】	★★★
	第 72 条【缓刑的条件、禁止令与附加刑的执行】	★★★
	第 73 条【缓刑考验期限】	★★★
	第 25 条【共同犯罪的概念】	★★
	第 61 条【量刑根据】	★

■ 二、常见适用的其他法条

	常见适用的其他法条
刑法	第 23 条【犯罪未遂；犯罪未遂的处罚】
	第 26 条【主犯；犯罪集团】

	常见适用的其他法条	
刑法	第65条【一般累犯】	333
	第69条【判决宣告前一人犯数罪的并罚】	

X6.1.280-1 使用虚假身份证件、盗用身份证件罪 ★★★

■ 主要适用的法条及其相关度

	主要适用的法条	相关度	
刑法	第67条【自首及其认定】	★★★★★	333
	第280条之1【使用虚假身份证件、盗用身份证件罪】	★★★★★	
	第52条【罚金数额的裁量】	★★★★	
	第53条【罚金的缴纳、减免】	★★★	
	第64条【犯罪所得之物、所用之物的处理】	★★★	
	第72条【缓刑的条件、禁止令与附加刑的执行】	★★	
	第73条【缓刑考验期限】	★	

X6.1.281 非法生产、买卖警用装备罪 ★★

■ 主要适用的法条及其相关度

	主要适用的法条	相关度	
刑法	第281条【非法生产、买卖警用装备罪】	★★★★★	333
	第67条【自首及其认定】	★★★★	
	第52条【罚金数额的裁量】	★★★	
	第64条【犯罪所得之物、所用之物的处理】	★★★	
	第72条【缓刑的条件、禁止令与附加刑的执行】	★★★	
	第53条【罚金的缴纳、减免】	★★	
	第73条【缓刑考验期限】	★★	

	主要适用的法条	相关度
刑法	第25条【共同犯罪的概念】	★
	第61条【量刑根据】	★

X6.1.282.1　非法获取国家秘密罪 ·················· ★★

■ 主要适用的法条及其相关度

	主要适用的法条	相关度
刑法	第282条【非法获取国家秘密罪；非法持有国家绝密、机密文件、资料、物品罪】	★★★★★
	第25条【共同犯罪的概念】	★★★★
	第64条【犯罪所得之物、所用之物的处理】	★★★★
	第67条【自首及其认定】	★★★★
	第27条【从犯；从犯的处罚】	★★★
	第72条【缓刑的条件、禁止令与附加刑的执行】	★★★
	第73条【缓刑考验期限】	★★★
	第26条【主犯；犯罪集团】	★★
	第37条【免予刑事处罚与非刑事处罚措施】	★
	第61条【量刑根据】	★
	第69条【判决宣告前一人犯数罪的并罚】	★

X6.1.282.2　非法持有国家绝密、机密文件、资料、物品罪 ·················· ★

■ 常见适用的法条

	常见适用的法条
刑法	第42条【拘役的期限】
	第44条【拘役刑期的计算与折抵】
	第67条【自首及其认定】

	常见适用的法条	
刑法	第282条【非法获取国家秘密罪;非法持有国家绝密、机密文件、资料、物品罪】	333

X6.1.283 非法生产、销售专用间谍器材、窃听、窃照专用器材罪 ······················ ★

▪ 常见适用的法条

	常见适用的法条	
刑法	第23条【犯罪未遂;犯罪未遂的处罚】	333
	第25条【共同犯罪的概念】	
	第26条【主犯;犯罪集团】	
	第27条【从犯;从犯的处罚】	
	第37条【免予刑事处罚与非刑事处罚措施】	
	第52条【罚金数额的裁量】	
	第53条【罚金的缴纳、减免】	
	第61条【量刑根据】	
	第64条【犯罪所得之物、所用之物的处理】	
	第65条【一般累犯】	
	第67条【自首及其认定】	
	第72条【缓刑的条件、禁止令与附加刑的执行】	
	第73条【缓刑考验期限】	
	第283条【非法生产、销售专用间谍器材、窃听、窃照专用器材罪】	

X6.1.284　非法使用窃听、窃照专用器材罪 ★★

■ 主要适用的法条及其相关度

	主要适用的法条	相关度
刑法	第67条【自首及其认定】	★★★★★
	第284条【非法使用窃听、窃照专用器材罪】	★★★★★
	第25条【共同犯罪的概念】	★★★★
	第64条【犯罪所得之物、所用之物的处理】	★★★★
	第72条【缓刑的条件、禁止令与附加刑的执行】	★★★
	第73条【缓刑考验期限】	★★★
	第26条【主犯；犯罪集团】	★
	第27条【从犯；从犯的处罚】	★
	第65条【一般累犯】	★
	第69条【判决宣告前一人犯数罪的并罚】	★
	第77条【缓刑考验不合格的处理】	★

X6.1.284-1.1　组织考试作弊罪 ★★★

■ 主要适用的法条及其相关度

	主要适用的法条	相关度
刑法	第67条【自首及其认定】	★★★★★
	第284条之1【组织考试作弊罪；非法出售、提供试题、答案罪；代替考试罪】	★★★★★
	第72条【缓刑的条件、禁止令与附加刑的执行】	★★★★
	第25条【共同犯罪的概念】	★★★
	第52条【罚金数额的裁量】	★★★
	第53条【罚金的缴纳、减免】	★★★
	第64条【犯罪所得之物、所用之物的处理】	★★★

	主要适用的法条	相关度
刑法	第73条【缓刑考验期限】	★★★
	第27条【从犯；从犯的处罚】	★★
	第26条【主犯；犯罪集团】	★
	第42条【拘役的期限】	★
	第61条【量刑根据】	★

333

X6.1.284-1.3 非法出售、提供试题、答案罪 ★★

主要适用的法条及其相关度

	主要适用的法条	相关度
刑法	第67条【自首及其认定】	★★★★★
	第284条之1【组织考试作弊罪；非法出售、提供试题、答案罪；代替考试罪】	★★★★
	第64条【犯罪所得之物、所用之物的处理】	★★★★
	第25条【共同犯罪的概念】	★★★
	第52条【罚金数额的裁量】	★★★
	第53条【罚金的缴纳、减免】	★★★
	第72条【缓刑的条件、禁止令与附加刑的执行】	★★★
	第73条【缓刑考验期限】	★★
	第26条【主犯；犯罪集团】	★
	第42条【拘役的期限】	★
	第44条【拘役刑期的计算与折抵】	★
	第45条【有期徒刑的期限】	★
	第47条【有期徒刑刑期的计算与折抵】	★
	第68条【立功】	★
	第69条【判决宣告前一人犯数罪的并罚】	★
	第70条【判决宣告后刑罚执行完毕前发现漏罪的并罚】	★
	第282条【非法获取国家秘密罪；非法持有国家绝密、机密文件、资料、物品罪】	★

333

		主要适用的法条	相关度
898	司法解释	九时间效力	刑法修正案	第6条【组织考试作弊相关行为认定适用的溯及力规定】	★

X6.1.284-1.4 代替考试罪 ★★★

■ 主要适用的法条及其相关度

		主要适用的法条	相关度
333	刑法	第67条【自首及其认定】	★★★★★
		第284条之1【组织考试作弊罪;非法出售、提供试题、答案罪;代替考试罪】	★★★★★
		第25条【共同犯罪的概念】	★★★
		第52条【罚金数额的裁量】	★★★
		第53条【罚金的缴纳、减免】	★★★
		第61条【量刑根据】	★★
		第72条【缓刑的条件,禁止令与附加刑的执行】	★★
		第73条【缓刑考验期限】	★★
		第64条【犯罪所得之物、所用之物的处理】	★

X6.1.285.1 非法侵入计算机信息系统罪 ★★

■ 主要适用的法条及其相关度

		主要适用的法条	相关度
333	刑法	第67条【自首及其认定】	★★★★★
		第285条【非法侵入计算机信息系统罪、非法获取计算机信息系统数据、非法控制计算机信息系统罪;提供侵入、非法控制计算机信息系统程序、工具罪】	★★★★★

	主要适用的法条	相关度
刑法	第 64 条【犯罪所得之物、所用之物的处理】	★★★★
	第 72 条【缓刑的条件、禁止令与附加刑的执行】	★★★★
	第 25 条【共同犯罪的概念】	★★★
	第 73 条【缓刑考验期限】	★★★
	第 27 条【从犯；从犯的处罚】	★
	第 52 条【罚金数额的裁量】	★
	第 53 条【罚金的缴纳、减免】	★
	第 61 条【量刑根据】	★
	第 65 条【一般累犯】	★

X6.1.285.2 非法获取计算机信息系统数据、非法控制计算机信息系统罪 ★★★

主要适用的法条及其相关度

	主要适用的法条	相关度
刑法	第 67 条【自首及其认定】	★★★★★
	第 285 条【非法侵入计算机信息系统罪、非法获取计算机信息系统数据、非法控制计算机信息系统罪；提供侵入、非法控制计算机信息系统程序、工具罪】	★★★★★
	第 64 条【犯罪所得之物、所用之物的处理】	★★★★
	第 25 条【共同犯罪的概念】	★★★
	第 52 条【罚金数额的裁量】	★★★
	第 53 条【罚金的缴纳、减免】	★★★
	第 72 条【缓刑的条件、禁止令与附加刑的执行】	★★★
	第 73 条【缓刑考验期限】	★★★
	第 27 条【从犯；从犯的处罚】	★★
	第 26 条【主犯；犯罪集团】	★
	第 69 条【判决宣告前一人犯数罪的并罚】	★

		主要适用的法条	相关度
878	事案件司法解释	办理危害计算机信息系统安全刑	第1条【非法获取计算机信息系统数据、非法控制计算机信息系统罪"情节严重""情节特别严重"的认定】	★★

X6.1.285.3　提供侵入、非法控制计算机信息系统程序、工具罪 …………………………………………… ★★

■ 主要适用的法条及其相关度

		主要适用的法条	相关度
333	刑法	第64条【犯罪所得之物、所用之物的处理】	★★★★★
		第67条【自首及其认定】	★★★★★
		第285条【非法侵入计算机信息系统罪、非法获取计算机信息系统数据、非法控制计算机信息系统罪；提供侵入、非法控制计算机信息系统程序、工具罪】	★★★★★
		第72条【缓刑的条件、禁止令与附加刑的执行】	★★★★
		第52条【罚金数额的裁量】	★★★
		第53条【罚金的缴纳、减免】	★★★
		第73条【缓刑考验期限】	★★★
		第25条【共同犯罪的概念】	★★
878	事案件司法解释	办理危害计算机信息系统安全刑	第3条【提供侵入、非法控制计算机信息系统程序、工具罪"情节严重""情节特别严重"的认定】	★★★
		第2条【"专门用于侵入、非法控制计算机信息系统的程序、工具"的认定】	★

X6.1.286　破坏计算机信息系统罪 ……………………… ★★★

■ 主要适用的法条及其相关度

	主要适用的法条	相关度	
刑法	第67条【自首及其认定】	★★★★★	333
	第286条【破坏计算机信息系统罪】	★★★★★	
	第64条【犯罪所得之物、所用之物的处理】	★★★★	
	第25条【共同犯罪的概念】	★★★	
	第72条【缓刑的条件、禁止令与附加刑的执行】	★★★	
	第73条【缓刑考验期限】	★★★	
	第26条【主犯；犯罪集团】	★★	
	第27条【从犯；从犯的处罚】	★	
办理危害计算机信息系统安全刑事案件司法解释	第4条【破坏计算机信息系统罪"后果严重""后果特别严重"的认定】	★★★	878

X6.1.286-1　拒不履行信息网络安全管理义务罪①

X6.1.287-1　非法利用信息网络罪……………………………… ★

■ 常见适用的法条

	常见适用的法条	
刑法	第25条【共同犯罪的概念】	333
	第26条【主犯；犯罪集团】	
	第27条【从犯；从犯的处罚】	
	第45条【有期徒刑的期限】	

---

① 说明：本案由尚无足够数量判决书可供法律大数据分析。

	常见适用的法条
333 刑法	第47条【有期徒刑刑期的计算与折抵】
	第52条【罚金数额的裁量】
	第53条【罚金的缴纳、减免】
	第61条【量刑根据】
	第62条【从重、从轻处罚】
	第64条【犯罪所得之物、所用之物的处理】
	第65条【一般累犯】
	第67条【自首及其认定】
	第72条【缓刑的条件、禁止令与附加刑的执行】
	第73条【缓刑考验期限】
	第266条【诈骗罪】
	第287条【利用计算机实施有关犯罪的规定】
	第287条之1【非法利用信息网络罪】
805 法解释 诈骗罪司	第1条【诈骗罪】

X6.1.287-2　帮助信息网络犯罪活动罪 ·························· ★

▨ 常见适用的法条

	常见适用的法条
333 刑法	第25条【共同犯罪的概念】
	第26条【主犯；犯罪集团】
	第27条【从犯；从犯的处罚】
	第52条【罚金数额的裁量】
	第53条【罚金的缴纳、减免】
	第64条【犯罪所得之物、所用之物的处理】
	第65条【一般累犯】

	常见适用的法条
刑法	第 67 条【自首及其认定】
	第 68 条【立功】
	第 69 条【判决宣告前一人犯数罪的并罚】
	第 72 条【缓刑的条件、禁止令与附加刑的执行】
	第 73 条【缓刑考验期限】
	第 225 条【非法经营罪】
	第 266 条【诈骗罪】
	第 287 条之 1【非法利用信息网络罪】
	第 287 条之 2【帮助信息网络犯罪活动罪】

X6.1.288 扰乱无线电通讯管理秩序罪 ★★★

主要适用的法条及其相关度

	主要适用的法条	相关度
刑法	第 64 条【犯罪所得之物、所用之物的处理】	★★★★★
	第 67 条【自首及其认定】	★★★★★
	第 288 条【扰乱无线电通讯管理秩序罪】	★★★★★
	第 52 条【罚金数额的裁量】	★★★
	第 53 条【罚金的缴纳、减免】	★★★
	第 72 条【缓刑的条件、禁止令与附加刑的执行】	★★★
	第 25 条【共同犯罪的概念】	★★
	第 73 条【缓刑考验期限】	★★
	第 26 条【主犯;犯罪集团】	★
	第 27 条【从犯;从犯的处罚】	★
	第 61 条【量刑根据】	★

		主要适用的法条	相关度
921	案件司法解释 办理扰乱无线电通讯管理秩序等刑事	第1条【"擅自设置、使用无线电台(站),或者擅自使用无线电频率,干扰无线电通讯秩序"的认定】	★
		第2条【扰乱无线电通讯管理秩序"情节严重"的认定】	★

X6.1.290.1 聚众扰乱社会秩序罪 ★★★★

一、主要适用的法条及其相关度

		主要适用的法条	相关度
333	刑法	第290条【聚众扰乱社会秩序罪;聚众冲击国家机关罪;扰乱国家机关工作秩序罪;组织、资助非法聚集罪】	★★★★★
		第25条【共同犯罪的概念】	★★★★
		第67条【自首及其认定】	★★★★
		第72条【缓刑的条件、禁止令与附加刑的执行】	★★★★
		第73条【缓刑考验期限】	★★★
		第61条【量刑根据】	★★
		第26条【主犯;犯罪集团】	★

二、常见适用的其他法条

		常见适用的其他法条
333	刑法	第27条【从犯;从犯的处罚】
		第37条【免予刑事处罚与非刑事处罚措施】
		第45条【有期徒刑的期限】
		第47条【有期徒刑刑期的计算与折抵】

	常见适用的其他法条	
刑法	第62条【从重、从轻处罚】	333
	第64条【犯罪所得之物、所用之物的处理】	
	第69条【判决宣告前一人犯数罪的并罚】	

X6.1.290.2 聚众冲击国家机关罪 ★★★

■ 主要适用的法条及其相关度

	主要适用的法条	相关度	
刑法	第290条【聚众扰乱社会秩序罪;聚众冲击国家机关罪;扰乱国家机关工作秩序罪;组织、资助非法聚集罪】	★★★★★	333
	第25条【共同犯罪的概念】	★★★★	
	第67条【自首及其认定】	★★★★	
	第72条【缓刑的条件、禁止令与附加刑的执行】	★★★	
	第73条【缓刑考验期限】	★★★	
	第26条【主犯;犯罪集团】	★	
	第27条【从犯;从犯的处罚】	★	
	第61条【量刑根据】	★	
	第69条【判决宣告前一人犯数罪的并罚】	★	

X6.1.290.3 扰乱国家机关工作秩序罪 ★★

■ 主要适用的法条及其相关度

	主要适用的法条	相关度	
刑法	第290条【聚众扰乱社会秩序罪;聚众冲击国家机关罪;扰乱国家机关工作秩序罪;组织、资助非法聚集罪】	★★★★★	333

	主要适用的法条	相关度
刑法	第 67 条【自首及其认定】	★★★
	第 61 条【量刑根据】	★★
	第 72 条【缓刑的条件、禁止令与附加刑的执行】	★★
	第 73 条【缓刑考验期限】	★
	第 293 条【寻衅滋事罪】	★

X6.1.290.4　组织、资助非法聚集罪 ★

■ 常见适用的法条

	常见适用的法条
刑法	第 22 条【犯罪预备;犯罪预备的处罚】
	第 23 条【犯罪未遂;犯罪未遂的处罚】
	第 25 条【共同犯罪的概念】
	第 26 条【主犯;犯罪集团】
	第 37 条【免予刑事处罚与非刑事处罚措施】
	第 45 条【有期徒刑的期限】
	第 47 条【有期徒刑刑期的计算与折抵】
	第 61 条【量刑根据】
	第 62 条【从重、从轻处罚】
	第 65 条【一般累犯】
	第 67 条【自首及其认定】
	第 72 条【缓刑的条件、禁止令与附加刑的执行】
	第 73 条【缓刑考验期限】
	第 290 条【聚众扰乱社会秩序罪;聚众冲击国家机关罪;扰乱国家机关工作秩序罪;组织、资助非法聚集罪】

X6.1.291　聚众扰乱公共场所秩序、交通秩序罪 …… ★★★

■ 主要适用的法条及其相关度

	主要适用的法条	相关度
刑法	第291条【聚众扰乱公共场所秩序、交通秩序罪】	★★★★★
	第67条【自首及其认定】	★★★★
	第25条【共同犯罪的概念】	★★★
	第72条【缓刑的条件、禁止令与附加刑的执行】	★★★
	第73条【缓刑考验期限】	★★★
	第61条【量刑根据】	★

X6.1.291-1.1:1　投放虚假危险物质罪 ………………… ★

■ 常见适用的法条

	常见适用的法条
刑法	第12条【刑法的溯及力】
	第23条【犯罪未遂;犯罪未遂的处罚】
	第25条【共同犯罪的概念】
	第26条【主犯;犯罪集团】
	第27条【从犯;从犯的处罚】
	第42条【拘役的期限】
	第43条【拘役的执行】
	第44条【拘役刑期的计算与折抵】
	第47条【有期徒刑刑期的计算与折抵】
	第52条【罚金数额的裁量】
	第53条【罚金的缴纳、减免】
	第61条【量刑根据】
	第64条【犯罪所得之物、所用之物的处理】
	第65条【一般累犯】

		常见适用的法条
333	刑法	第 67 条【自首及其认定】
		第 69 条【判决宣告前一人犯数罪的并罚】
		第 72 条【缓刑的条件、禁止令与附加刑的执行】
		第 73 条【缓刑考验期限】
		第 274 条【敲诈勒索罪】
		第 291 条【聚众扰乱公共场所秩序、交通秩序罪】
		第 291 条之 1【投放虚假危险物质罪;编造、故意传播虚假恐怖信息罪;编造、故意传播虚假信息罪】
		第 293 条【寻衅滋事罪】
818	法解释 寻衅滋事罪司	第 3 条【寻衅滋事行为中追逐、拦截、辱骂、恐吓他人"情节严重"的认定】

X6.1.291-1.1:2　编造、故意传播虚假恐怖信息罪 … ★★★

■ 主要适用的法条及其相关度

		主要适用的法条	相关度
333	刑法	第 67 条【自首及其认定】	★★★★★
		第 291 条之 1【投放虚假危险物质罪;编造、故意传播虚假恐怖信息罪;编造、故意传播虚假信息罪】	★★★★★
		第 64 条【犯罪所得之物、所用之物的处理】	★★★
		第 47 条【有期徒刑刑期的计算与折抵】	★
		第 61 条【量刑根据】	★
		第 69 条【判决宣告前一人犯数罪的并罚】	★

		主要适用的法条	相关度	
虚假恐怖信息刑事案件司法解释	审理编造、故意传播虚假恐怖信息刑事案件司法解释	第 2 条【编造、故意传播虚假信息罪"严重扰乱社会秩序"的认定】	★★	880
		第 1 条【编造、故意传播虚假恐怖信息罪】	★	
		第 6 条【"虚假恐怖信息"的认定】	★	

X6.1.291-1.2 编造、故意传播虚假信息罪 ············· ★

▨ 常见适用的法条

	常见适用的法条	
刑法	第 12 条【刑法的溯及力】	333
	第 25 条【共同犯罪的概念】	
	第 47 条【有期徒刑刑期的计算与折抵】	
	第 64 条【犯罪所得之物、所用之物的处理】	
	第 67 条【自首及其认定】	
	第 72 条【缓刑的条件、禁止令与附加刑的执行】	
	第 73 条【缓刑考验期限】	
	第 291 条之 1【投放虚假危险物质罪;编造、故意传播虚假恐怖信息罪;编造、故意传播虚假信息罪】	
	第 292 条之 1【聚众斗殴罪】	

X6.1.292.1 聚众斗殴罪 ················· ★★★★★

▨ 一、主要适用的法条及其相关度

	主要适用的法条	相关度	
刑法	第 25 条【共同犯罪的概念】	★★★★★	333
	第 67 条【自首及其认定】	★★★★★	

	主要适用的法条	相关度
刑法	第292条【聚众斗殴罪】	★★★★★
	第26条【主犯；犯罪集团】	★★★
	第27条【从犯；从犯的处罚】	★★★
	第72条【缓刑的条件、禁止令与附加刑的执行】	★★★
	第73条【缓刑考验期限】	★★★
	第64条【犯罪所得之物、所用之物的处理】	★★
	第65条【一般累犯】	★★
	第69条【判决宣告前一人犯数罪的并罚】	★★
	第234条【故意伤害罪】	★★
	第61条【量刑根据】	★
	第68条【立功】	★
	第293条【寻衅滋事罪】	★

二、常见适用的其他法条

	常见适用的其他法条
刑法	第17条【刑事责任年龄】
	第23条【犯罪未遂；犯罪未遂的处罚】
	第45条【有期徒刑的期限】
	第47条【有期徒刑刑期的计算与折抵】
	第76条【社区矫正；缓刑考验合格的处理】
	第77条【缓刑考验不合格的处理】
	第303条【赌博罪；开设赌场罪】
自首和立功司法解释	第1条【自首及其认定】

X6.1.293 寻衅滋事罪 ★★★★★

一、主要适用的法条及其相关度

	主要适用的法条	相关度
刑法	第67条【自首及其认定】	★★★★★
	第293条【寻衅滋事罪】	★★★★★
	第25条【共同犯罪的概念】	★★★
	第72条【缓刑的条件、禁止令与附加刑的执行】	★★★
	第73条【缓刑考验期限】	★★★
	第26条【主犯；犯罪集团】	★★
	第61条【量刑根据】	★★
	第65条【一般累犯】	★★
	第27条【从犯；从犯的处罚】	★
	第64条【犯罪所得之物、所用之物的处理】	★
	第69条【判决宣告前一人犯数罪的并罚】	★
司法解释 寻衅滋事罪	第2条【寻衅滋事行为中随意殴打他人"情节恶劣"的认定】	★★
	第1条【寻衅滋事行为的界定与排除】	★
	第4条【寻衅滋事行为中强拿硬要或者任意损毁、占用公私财物"情节严重"的认定】	★
	第8条【寻衅滋事刑事案件中的以从轻处罚、不起诉或者免予刑事处罚的情形】	★

333

818

二、常见适用的其他法条

	常见适用的其他法条
刑法	第36条【犯罪行为的民事赔偿责任】
	第45条【有期徒刑的期限】
	第47条【有期徒刑刑期的计算与折抵】
	第68条【立功】
	第77条【缓刑考验不合格的处理】
	第234条【故意伤害罪】

333

X6.1.294.1　组织、领导、参加黑社会性质组织罪……★★★

■ 主要适用的法条及其相关度

	主要适用的法条	相关度
刑法	第25条【共同犯罪的概念】	★★★★★
	第67条【自首及其认定】	★★★★★
	第69条【判决宣告前一人犯数罪的并罚】	★★★★★
	第294条【组织、领导、参加黑社会性质组织罪；入境发展黑社会组织罪；包庇、纵容黑社会性质组织罪；黑社会性质组织的特征】	★★★★★
	第293条【寻衅滋事罪】	★★★★
	第27条【从犯；从犯的处罚】	★★★
	第234条【故意伤害罪】	★★★
	第26条【主犯；犯罪集团】	★★
	第52条【罚金数额的裁量】	★★
	第53条【罚金的缴纳、减免】	★★
	第64条【犯罪所得之物、所用之物的处理】	★★
	第65条【一般累犯】	★★
	第274条【敲诈勒索罪】	★★
	第292条【聚众斗殴罪】	★★
	第303条【赌博罪；开设赌场罪】	★★
	第12条【刑法的溯及力】	★
	第23条【犯罪未遂；犯罪未遂的处罚】	★
	第61条【量刑根据】	★
	第68条【立功】	★
	第70条【判决宣告后刑罚执行完毕前发现漏罪的并罚】	★
	第72条【缓刑的条件、禁止令与附加刑的执行】	★
	第73条【缓刑考验期限】	★
	第77条【缓刑考验不合格的处理】	★
	第226条【强迫交易罪】	★
	第238条【非法拘禁罪】	★
	第275条【故意毁坏财物罪】	★

	主要适用的法条	相关度
法解释 组织犯罪司 黑社会性质	第3条【组织、领导、参加黑社会性质组织罪】	★

883

X6.1.294.2　入境发展黑社会组织罪①

X6.1.294.3　包庇、纵容黑社会性质组织罪 ·················· ★

■ 常见适用的法条

	常见适用的法条
刑法	第12条【刑法的溯及力】
	第25条【共同犯罪的概念】
	第26条【主犯;犯罪集团】
	第27条【从犯;从犯的处罚】
	第52条【罚金数额的裁量】
	第64条【犯罪所得之物、所用之物的处理】
	第65条【一般累犯】
	第67条【自首及其认定】
	第68条【立功】
	第69条【判决宣告前一人犯数罪的并罚】
	第125条【非法制造、买卖、运输、邮寄、储存枪支、弹药、爆炸物罪;非法制造、买卖、运输、储存危险物质罪】
	第128条【非法持有、私藏枪支、弹药罪;非法出租、出借枪支罪】
	第292条【聚众斗殴罪】

333

---

① 说明:本案由尚无足够数量判决书可供法律大数据分析。

		常见适用的法条
333	刑法	第294条【组织、领导、参加黑社会性质组织罪；入境发展黑社会组织罪；包庇、纵容黑社会性质组织罪；黑社会性质组织的特征】
		第303条【赌博罪；开设赌场罪】
		第348条【非法持有毒品罪】
900	刑法条文的批复	在裁判文书中如何表述修正前后	第1条【裁判文书中表述修正前后刑法条文的规定】
883	法解释	黑社会性质组织犯罪司	第6条【包庇、纵容黑社会性质组织罪"情节严重"的认定】

X6.1.295 传授犯罪方法罪 ★★

■ 主要适用的法条及其相关度

		主要适用的法条	相关度
333	刑法	第67条【自首及其认定】	★★★★★
		第295条【传授犯罪方法罪】	★★★★★
		第64条【犯罪所得之物、所用之物的处理】	★★★★
		第25条【共同犯罪的概念】	★★★
		第69条【判决宣告前一人犯数罪的并罚】	★★★
		第52条【罚金数额的裁量】	★★
		第53条【罚金的缴纳、减免】	★★
		第72条【缓刑的条件、禁止令与附加刑的执行】	★★
		第264条【盗窃罪】	★★
		第266条【诈骗罪】	★★

	主要适用的法条	相关度
刑法	第26条【主犯;犯罪集团】	★
	第27条【从犯;从犯的处罚】	★
	第47条【有期徒刑刑期的计算与折抵】	★
	第61条【量刑根据】	★
	第65条【一般累犯】	★
	第68条【立功】	★
	第73条【缓刑考验期限】	★

333

X6.1.296　非法集会、游行、示威罪 ★★

■ 主要适用的法条及其相关度

	主要适用的法条	相关度
刑法	第296条【非法集会、游行、示威罪】	★★★★★
	第72条【缓刑的条件、禁止令与附加刑的执行】	★★★★
	第25条【共同犯罪的概念】	★★★
	第67条【自首及其认定】	★★★
	第73条【缓刑考验期限】	★★★
	第26条【主犯;犯罪集团】	★
	第37条【免予刑事处罚与非刑事处罚措施】	★
	第45条【有期徒刑的期限】	★
	第47条【有期徒刑刑期的计算与折抵】	★
	第61条【量刑根据】	★
	第64条【犯罪所得之物、所用之物的处理】	★

333

X6.1.297　非法携带武器、管制刀具、爆炸物参加集会、游行、示威罪 ★

■ 常见适用的法条

	常见适用的法条
刑法	第23条【犯罪未遂；犯罪未遂的处罚】
	第25条【共同犯罪的概念】
	第26条【主犯；犯罪集团】
	第27条【从犯；从犯的处罚】
	第64条【犯罪所得之物、所用之物的处理】
	第67条【自首及其认定】
	第69条【判决宣告前一人犯数罪的并罚】
	第292条【聚众斗殴罪】
	第297条【非法携带武器、管制刀具、爆炸物参加集会、游行、示威罪】

X6.1.298　破坏集会、游行、示威罪 ★

■ 常见适用的法条

	常见适用的法条
刑法	第25条【共同犯罪的概念】
	第27条【从犯；从犯的处罚】
	第64条【犯罪所得之物、所用之物的处理】
	第67条【自首及其认定】
	第72条【缓刑的条件、禁止令与附加刑的执行】
	第73条【缓刑考验期限】
	第298条【破坏集会、游行、示威罪】

	常见适用的法条	
旅游法	第35条【不得指定购物场所、另行安排付费项目】	789
	第83条【监督管理和监督检查的主体】	
	第85条【监督管理事项】	
	第88条【处理职责内的违法行为】	
	第98条【对指定购物、另行安排付费项目的处罚】	
行政处罚法	第3条【依法行政原则】	791
	第15条【行政处罚主体、职权法定】	
	第38条【作出行政处罚决定】	
旅行社条例	第3条【监督管理主体】	794
	第4条【自愿、平等、公平、诚信原则】	
	第9条【申请经营出境旅游业务的前提】	
	第12条【变更登记、注销登记】	
	第14条【设立分社须增存质量保证金】	
	第33条【导游、领队的禁止行为】	
	第59条【对不履行或者瑕疵履行旅游合同行为的处罚】	
政府信息公开条例	第21条【对申请公开信息的答复】	793
	第24条【答复期限】	
审理政府信息公开行政案件的规定	第10条【政府信息公开案件的法院判决】	899
	第12条【政府信息公开行政案件中判决驳回诉讼请求的情形】	
审理行政赔偿案件规定	第33条【驳回原告的赔偿请求】	922

X6.1.299　侮辱国旗、国徽罪 ★

■ 常见适用的法条

	常见适用的法条
刑法	第64条【犯罪所得之物、所用之物的处理】
	第67条【自首及其认定】
	第72条【缓刑的条件、禁止令与附加刑的执行】
	第73条【缓刑考验期限】
	第299条【侮辱国旗、国徽罪】

X6.1.300.1　组织、利用会道门、邪教组织、利用迷信破坏法律实施罪 ★★★★

■ 一、主要适用的法条及其相关度

	主要适用的法条	相关度
刑法	第300条【组织、利用会道门、邪教组织、利用迷信破坏法律实施罪；组织、利用会道门、邪教组织、利用迷信致人重伤、死亡罪】	★★★★★
	第64条【犯罪所得之物、所用之物的处理】	★★★★
	第67条【自首及其认定】	★★★
	第25条【共同犯罪的概念】	★★
	第52条【罚金数额的裁量】	★★
	第53条【罚金的缴纳、减免】	★★
	第72条【缓刑的条件、禁止令与附加刑的执行】	★★
	第73条【缓刑考验期限】	★★
	第61条【量刑根据】	★

二、常见适用的其他法条

	常见适用的其他法条	
刑法	第2条【刑法的任务】	333
	第4条【适用刑法人人平等原则】	
	第5条【罪责刑相适应原则】	
	第12条【刑法的溯及力】	
	第22条【犯罪预备;犯罪预备的处罚】	
	第23条【犯罪未遂;犯罪未遂的处罚】	
	第26条【主犯;犯罪集团】	
	第27条【从犯;从犯的处罚】	
	第45条【有期徒刑的期限】	
	第47条【有期徒刑刑期的计算与折抵】	
	第65条【一般累犯】	
刑事案件司法解释	办理组织、利用邪教等	第2条【组织、利用邪教组织破坏法律实施的认定】	923
		第4条【组织、利用邪教组织破坏法律实施"情节较轻"的认定】	

X6.1.300.2 组织、利用会道门、邪教组织、利用迷信致人重伤、死亡罪 ············· ★

常见适用的法条

	常见适用的法条	
刑法	第25条【共同犯罪的概念】	333
	第26条【主犯;犯罪集团】	
	第27条【从犯;从犯的处罚】	

	常见适用的法条
333 刑法	第64条【犯罪所得之物、所用之物的处理】
	第72条【缓刑的条件、禁止令与附加刑的执行】
	第73条【缓刑考验期限】
	第300条【组织、利用会道门、邪教组织、利用迷信破坏法律实施罪;组织、利用会道门、邪教组织、利用迷信致人重伤、死亡罪】

X6.1.301.1 聚众淫乱罪 ★

■ 常见适用的法条

	常见适用的法条
333 刑法	第1条【刑法的目的与根据】
	第23条【犯罪未遂;犯罪未遂的处罚】
	第25条【共同犯罪的概念】
	第26条【主犯;犯罪集团】
	第27条【从犯;从犯的处罚】
	第37条【免予刑事处罚与非刑事处罚措施】
	第64条【犯罪所得之物、所用之物的处理】
	第67条【自首及其认定】
	第72条【缓刑的条件、禁止令与附加刑的执行】
	第73条【缓刑考验期限】
	第76条【社区矫正;缓刑考验合格的处理】
	第301条【聚众淫乱罪;引诱未成年人聚众淫乱罪】
	第354条【容留他人吸毒罪】

X6.1.301.2　引诱未成年人聚众淫乱罪 ★

▓ 常见适用的法条

	常见适用的法条	
刑法	第301条【聚众淫乱罪；引诱未成年人聚众淫乱罪】	333

X6.1.302　盗窃、侮辱、故意毁坏尸体、尸骨、骨灰罪 ★★

▓ 主要适用的法条及其相关度

	主要适用的法条	相关度	
刑法	第302条【盗窃、侮辱尸体罪】	★★★★★	333
	第67条【自首及其认定】	★★★★	
	第25条【共同犯罪的概念】	★★★	
	第72条【缓刑的条件、禁止令与附加刑的执行】	★★	
	第26条【主犯；犯罪集团】	★	
	第27条【从犯；从犯的处罚】	★	
	第61条【量刑根据】	★	
	第64条【犯罪所得之物、所用之物的处理】	★	
	第65条【一般累犯】	★	
	第73条【缓刑考验期限】	★	

X6.1.303.1　赌博罪 ★★★★★

▓ 一、主要适用的法条及其相关度

	主要适用的法条	相关度	
刑法	第67条【自首及其认定】	★★★★★	333
	第303条【赌博罪；开设赌场罪】	★★★★★	

		主要适用的法条	相关度
333	刑法	第64条【犯罪所得之物、所用之物的处理】	★★★★
		第72条【缓刑的条件、禁止令与附加刑的执行】	★★★★
		第25条【共同犯罪的概念】	★★★
		第27条【从犯；从犯的处罚】	★★★
		第52条【罚金数额的裁量】	★★★
		第53条【罚金的缴纳、减免】	★★★
		第73条【缓刑考验期限】	★★★
		第26条【主犯；犯罪集团】	★★
		第65条【一般累犯】	★★
835	司法解释 办理刑事赌博案件	第1条【"聚众赌博"的认定】	★★
804	财产刑适用规定	第2条【罚金数额的裁量】	★★

■ 二、常见适用的其他法条

		常见适用的其他法条
333	刑法	第42条【拘役的期限】
		第47条【有期徒刑刑期的计算与折抵】
		第61条【量刑根据】
		第68条【立功】
		第69条【判决宣告前一人犯数罪的并罚】
		第76条【社区矫正；缓刑考验合格的处理】
		第77条【缓刑考验不合格的处理】
835	司法解释 办理刑事赌博案件	第4条【赌博罪共犯的认定情形】
		第8条【赌资的范围】

X6.1.303.2　开设赌场罪　★★★★★

一、主要适用的法条及其相关度

	主要适用的法条	相关度
刑法	第67条【自首及其认定】	★★★★★
	第303条【赌博罪;开设赌场罪】	★★★★★
	第64条【犯罪所得之物、所用之物的处理】	★★★★
	第25条【共同犯罪的概念】	★★★
	第26条【主犯;犯罪集团】	★★★
	第27条【从犯;从犯的处罚】	★★★
	第52条【罚金数额的裁量】	★★★
	第53条【罚金的缴纳、减免】	★★★
	第72条【缓刑的条件、禁止令与附加刑的执行】	★★★
	第73条【缓刑考验期限】	★★★
	第65条【一般累犯】	★★
	第61条【量刑根据】	★
	第69条【判决宣告前一人犯数罪的并罚】	★

二、常见适用的其他法条

	常见适用的其他法条
刑法	第45条【有期徒刑的期限】
	第47条【有期徒刑刑期的计算与折抵】

		常见适用的其他法条
333	刑法	第68条【立功】
		第77条【缓刑考验不合格的处理】
925	办理利用赌博机开设赌场案件适用法律若干问题的意见	第2条【关于利用赌博机开设赌场的定罪处罚标准】

X6.1.304　故意延误投递邮件罪①

6.2　妨害司法罪

X6.2.305　伪证罪 ★★★

■ 主要适用的法条及其相关度

		主要适用的法条	相关度
333	刑法	第305条【伪证罪】	★★★★★
		第67条【自首及其认定】	★★★★
		第72条【缓刑的条件、禁止令与附加刑的执行】	★★★★
		第73条【缓刑考验期限】	★★★
		第25条【共同犯罪的概念】	★
		第37条【免予刑事处罚与非刑事处罚措施】	★
		第61条【量刑根据】	★

---

① 说明:本案由尚无足够数量判决书可供法律大数据分析。

X6.2.306　辩护人、诉讼代理人毁灭证据、伪造证据、妨害作证罪 ★

常见适用的法条

	常见适用的法条
刑法	第13条【犯罪概念】
	第25条【共同犯罪的概念】
	第26条【主犯；犯罪集团】
	第27条【从犯；从犯的处罚】
	第37条【免予刑事处罚与非刑事处罚措施】
	第47条【有期徒刑刑期的计算与折抵】
	第61条【量刑根据】
	第67条【自首及其认定】
	第69条【判决宣告前一人犯数罪的并罚】
	第72条【缓刑的条件、禁止令与附加刑的执行】
	第73条【缓刑考验期限】
	第77条【缓刑考验不合格的处理】
	第306条【辩护人、诉讼代理人毁灭证据、伪造证据、妨害作证罪】
	第307条【妨害作证罪；帮助毁灭、伪造证据罪】

X6.2.307.1　妨害作证罪 ★★★

主要适用的法条及其相关度

	主要适用的法条	相关度
刑法	第307条【妨害作证罪；帮助毁灭、伪造证据罪】	★★★★★
	第67条【自首及其认定】	★★★★
	第72条【缓刑的条件、禁止令与附加刑的执行】	★★★

	主要适用的法条	相关度
刑法	第73条【缓刑考验期限】	★★★
	第25条【共同犯罪的概念】	★★
	第69条【判决宣告前一人犯数罪的并罚】	★★
	第26条【主犯;犯罪集团】	★
	第64条【犯罪所得之物、所用之物的处理】	★
	第305条【伪证罪】	★
	第310条【窝藏、包庇罪】	★

X6.2.307.2　帮助毁灭、伪造证据罪 ……………… ★★★

▓ 主要适用的法条及其相关度

	主要适用的法条	相关度
刑法	第67条【自首及其认定】	★★★★★
	第307条【妨害作证罪;帮助毁灭、伪造证据罪】	★★★★★
	第72条【缓刑的条件、禁止令与附加刑的执行】	★★★
	第73条【缓刑考验期限】	★★★
	第25条【共同犯罪的概念】	★★
	第26条【主犯;犯罪集团】	★
	第27条【从犯;从犯的处罚】	★
	第61条【量刑根据】	★
	第64条【犯罪所得之物、所用之物的处理】	★
	第69条【判决宣告前一人犯数罪的并罚】	★
	第133条【交通肇事罪】	★

X6.2.307-1　虚假诉讼罪①

---

① 说明:本案由尚无足够数量判决书可供法律大数据分析。

X6.2.308　打击报复证人罪 ★★

■ 主要适用的法条及其相关度

	主要适用的法条	相关度
刑法	第308条【打击报复证人罪】	★★★★★
	第67条【自首及其认定】	★★★★
	第65条【一般累犯】	★★★
	第72条【缓刑的条件、禁止令与附加刑的执行】	★★★
	第73条【缓刑考验期限】	★★★
	第25条【共同犯罪的概念】	★★
	第26条【主犯；犯罪集团】	★★
	第27条【从犯；从犯的处罚】	★
	第61条【量刑根据】	★
	第64条【犯罪所得之物、所用之物的处理】	★
	第69条【判决宣告前一人犯数罪的并罚】	★
	第293条【寻衅滋事罪】	★

X6.2.308-1.1　泄露不应公开的案件信息罪①

X6.2.308-1.3　披露、报道不应公开的案件信息罪②

X6.2.309　扰乱法庭秩序罪 ★★

■ 主要适用的法条及其相关度

	主要适用的法条	相关度
刑法	第67条【自首及其认定】	★★★★★
	第309条【扰乱法庭秩序罪】	★★★★★

---

① 说明：本案由尚无足够数量判决书可供法律大数据分析。
② 同上注。

	主要适用的法条	相关度
333 刑法	第25条【共同犯罪的概念】	★★★
	第72条【缓刑的条件、禁止令与附加刑的执行】	★★★
	第73条【缓刑考验期限】	★★★
	第69条【判决宣告前一人犯数罪的并罚】	★

X6.2.310 窝藏、包庇罪 ★★★★

一、主要适用的法条及其相关度

	主要适用的法条	相关度
333 刑法	第67条【自首及其认定】	★★★★★
	第310条【窝藏、包庇罪】	★★★★★
	第72条【缓刑的条件、禁止令与附加刑的执行】	★★★★
	第73条【缓刑考验期限】	★★★
	第25条【共同犯罪的概念】	★★
	第61条【量刑根据】	★
	第133条【交通肇事罪】	★

二、常见适用的其他法条

	常见适用的其他法条
333 刑法	第26条【主犯;犯罪集团】
	第27条【从犯;从犯的处罚】
	第52条【罚金数额的裁量】
	第53条【罚金的缴纳、减免】
	第64条【犯罪所得之物、所用之物的处理】
	第65条【一般累犯】
	第68条【立功】
	第69条【判决宣告前一人犯数罪的并罚】

	常见适用的其他法条	
刑法	第234条【故意伤害罪】	333
	第264条【盗窃罪】	

X6.2.311 拒绝提供间谍犯罪、恐怖主义犯罪、极端主义犯罪证据罪[①]

X6.2.312 掩饰、隐瞒犯罪所得、犯罪所得收益罪
·· ★★★★★

■ 一、主要适用的法条及其相关度

	主要适用的法条	相关度	
刑法	第67条【自首及其认定】	★★★★★	333
	第312条【掩饰、隐瞒犯罪所得、犯罪所得收益罪】	★★★★★	
	第25条【共同犯罪的概念】	★★★	
	第52条【罚金数额的裁量】	★★★	
	第53条【罚金的缴纳、减免】	★★★	
	第64条【犯罪所得之物、所用之物的处理】	★★★	
	第65条【一般累犯】	★★★	
	第72条【缓刑的条件、禁止令与附加刑的执行】	★★★	
	第73条【缓刑考验期限】	★★★	
	第264条【盗窃罪】	★★★	
	第26条【主犯;犯罪集团】	★★	
	第61条【量刑根据】	★★	
	第68条【立功】	★★	
	第69条【判决宣告前一人犯数罪的并罚】	★★	
	第27条【从犯;从犯的处罚】	★	

---

① 说明:本案由尚无足够数量判决书可供法律大数据分析。

■ 二、常见适用的其他法条

		常见适用的其他法条
333	刑法	第23条【犯罪未遂;犯罪未遂的处罚】
		第42条【拘役的期限】
		第45条【有期徒刑的期限】
		第47条【有期徒刑刑期的计算与折抵】
		第77条【缓刑考验不合格的处理】
821	审理掩饰、隐瞒犯罪所得、犯罪所得收益刑事案件司法解释	第1条【以掩饰、隐瞒犯罪所得、犯罪所得收益罪定罪处罚的具体情形】
813	办理盗窃、抢劫、诈骗、抢夺机动车刑事案件司法解释	第1条【对盗窃、抢劫、诈骗、抢夺的机动车以掩饰、隐瞒犯罪所得、犯罪所得收益罪定罪的行为认定】
		第6条【盗窃、抢劫、诈骗、抢夺机动车相关刑事案件中"明知"的认定】
797	盗窃罪司法解释	第1条【"盗窃罪数额较大""数额巨大""数额特别巨大"的认定】
		第14条【盗窃罪中罚金的确定规则】
804	财产刑适用规定	第2条【罚金数额的裁量】

X6.2.313 拒不执行判决、裁定罪 ★★★★

一、主要适用的法条及其相关度

	主要适用的法条	相关度	
刑法	第313条【拒不执行判决、裁定罪】	★★★★★	333
	第67条【自首及其认定】	★★★★	
	第72条【缓刑的条件、禁止令与附加刑的执行】	★★★	
	第73条【缓刑考验期限】	★★★	
	第37条【免予刑事处罚与非刑事处罚措施】	★	
	第52条【罚金数额的裁量】	★	
	第53条【罚金的缴纳、减免】	★	
	第61条【量刑根据】	★	
案件司法解释 审理拒不执行刑事 判决、裁定	第2条【拒不执行判决、裁定罪"其他有能力执行而拒不执行,情节严重的情形"的认定】	★★	858
	第6条【拒不执行判决、裁定罪酌情从宽处罚情形】	★★	
	第1条【被执行人、协助执行义务人、担保人等负有执行义务的人以拒不执行判决、裁定罪处罚的情形】	★	

二、常见适用的其他法条

	常见适用的其他法条	
刑法	第25条【共同犯罪的概念】	333
案件司法解释 审理拒不执行刑事 判决、裁定	第3条【拒不执行判决、裁定刑事案件以自诉案件立案审理的情形】	858

X6.2.314　非法处置查封、扣押、冻结的财产罪 ★★★

■ 主要适用的法条及其相关度

	主要适用的法条	相关度
刑法	第314条【非法处置查封、扣押、冻结的财产罪】	★★★★★
	第67条【自首及其认定】	★★★★
	第72条【缓刑的条件、禁止令与附加刑的执行】	★★★
	第73条【缓刑考验期限】	★★
	第25条【共同犯罪的概念】	★
	第61条【量刑根据】	★

333

X6.2.315　破坏监管秩序罪 ★★★

■ 主要适用的法条及其相关度

	主要适用的法条	相关度
刑法	第69条【判决宣告前一人犯数罪的并罚】	★★★★★
	第71条【判决宣告后刑罚执行完毕前又犯新罪的并罚】	★★★★★
	第315条【破坏监管秩序罪】	★★★★★
	第67条【自首及其认定】	★★★★
	第25条【共同犯罪的概念】	★
	第52条【罚金数额的裁量】	★
	第61条【量刑根据】	★

333

X6.2.316.1 脱逃罪 ★★★

主要适用的法条及其相关度

	主要适用的法条	相关度
刑法	第67条【自首及其认定】	★★★★★
	第69条【判决宣告前一人犯数罪的并罚】	★★★★★
	第316条【脱逃罪;劫夺被押解人员罪】	★★★★★
	第71条【判决宣告后刑罚执行完毕前又犯新罪的并罚】	★★★★
	第64条【犯罪所得之物、所用之物的处理】	★★★
	第264条【盗窃罪】	★★★
	第52条【罚金数额的裁量】	★★
	第53条【罚金的缴纳、减免】	★★
	第12条【刑法的溯及力】	★
	第23条【犯罪未遂;犯罪未遂的处罚】	★
	第25条【共同犯罪的概念】	★
	第65条【一般累犯】	★
	第66条【特别累犯】	★
	第161条【违规披露、不披露重要信息罪】	★

X6.2.316.2 劫夺被押解人员罪 ★

常见适用的法条

	常见适用的法条
刑法	第23条【犯罪未遂;犯罪未遂的处罚】
	第25条【共同犯罪的概念】
	第26条【主犯;犯罪集团】
	第27条【从犯;从犯的处罚】

		常见适用的法条
刑法		第45条【有期徒刑的期限】
		第47条【有期徒刑刑期的计算与折抵】
		第52条【罚金数额的裁量】
		第53条【罚金的缴纳、减免】
		第54条【剥夺政治权利的范围】
		第55条【剥夺政治权利的期限】
		第56条【剥夺政治权利的适用范围】
		第61条【量刑根据】
		第62条【从重、从轻处罚】
		第63条【减轻处罚】
		第67条【自首及其认定】
		第68条【立功】
		第69条【判决宣告前一人犯数罪的并罚】
		第71条【判决宣告后刑罚执行完毕前又犯新罪的并罚】
		第72条【缓刑的条件、禁止令与附加刑的执行】
		第73条【缓刑考验期限】
		第263条【抢劫罪】
		第277条【妨害公务罪】
		第293条【寻衅滋事罪】
		第316条【脱逃罪；劫夺被押解人员罪】
法解释	自首和立功司	第1条【自首及其认定】
		第3条【从轻、减轻或免除处罚：自首情节】

X6.2.317.1 组织越狱罪 ★

常见适用的法条

	常见适用的法条
刑法	第 22 条【犯罪预备；犯罪预备的处罚】
	第 23 条【犯罪未遂；犯罪未遂的处罚】
	第 25 条【共同犯罪的概念】
	第 59 条【没收财产的范围】
	第 64 条【犯罪所得之物、所用之物的处理】
	第 67 条【自首及其认定】
	第 69 条【判决宣告前一人犯数罪的并罚】
	第 70 条【判决宣告后刑罚执行完毕前发现漏罪的并罚】
	第 71 条【判决宣告后刑罚执行完毕前又犯新罪的并罚】
	第 317 条【组织越狱罪；暴动越狱罪；聚众持械劫狱罪】
	第 347 条【走私、贩卖、运输、制造毒品罪】

X6.2.317.2:1 暴动越狱罪①

X6.2.317.2:2 聚众持械劫狱罪②

---

① 说明：本案由尚无足够数量判决书可供法律大数据分析。
② 同上注。

6.3 妨害国(边)境管理罪

X6.3.318 组织他人偷越国(边)境罪 ★★★

主要适用的法条及其相关度

		主要适用的法条	相关度
刑法		第67条【自首及其认定】	★★★★★
		第318条【组织他人偷越国(边)境罪】	★★★★★
		第25条【共同犯罪的概念】	★★★★
		第52条【罚金数额的裁量】	★★★
		第53条【罚金的缴纳、减免】	★★★
		第64条【犯罪所得之物、所用之物的处理】	★★★
		第72条【缓刑的条件、禁止令与附加刑的执行】	★★★
		第23条【犯罪未遂;犯罪未遂的处罚】	★★
		第26条【主犯;犯罪集团】	★★
		第27条【从犯;从犯的处罚】	★★
		第73条【缓刑考验期限】	★★
		第6条【属地管辖】	★
		第35条【驱逐出境】	★
		第61条【量刑根据】	★
司法解释	办理妨害国(边)境管理刑事案件	第1条【组织他人偷越国(边)境罪的具体认定】	★

X6.3.319 骗取出境证件罪 ★★

■ 主要适用的法条及其相关度

		主要适用的法条	相关度	
刑法		第67条【自首及其认定】	★★★★★	333
		第319条【骗取出境证件罪】	★★★★★	
		第25条【共同犯罪的概念】	★★★★	
		第23条【犯罪未遂;犯罪未遂的处罚】	★★★	
		第52条【罚金数额的裁量】	★★★	
		第53条【罚金的缴纳、减免】	★★★	
		第61条【量刑根据】	★★★	
		第64条【犯罪所得之物、所用之物的处理】	★★★	
		第72条【缓刑的条件、禁止令与附加刑的执行】	★★★	
		第73条【缓刑考验期限】	★★★	
		第26条【主犯;犯罪集团】	★★	
		第27条【从犯;从犯的处罚】	★★	
		第69条【判决宣告前一人犯数罪的并罚】	★	
		第318条【组织他人偷越国(边)境罪】	★	
司法解释	办理妨害国(边)境管理刑事案件	第2条【骗取出境证件罪的具体认定】	★★★	867

X6.3.320:1 提供伪造、变造的出入境证件罪 ★

常见适用的法条

		常见适用的法条
333	刑法	第6条【属地管辖】
		第25条【共同犯罪的概念】
		第26条【主犯;犯罪集团】
		第27条【从犯;从犯的处罚】
		第53条【罚金的缴纳、减免】
		第64条【犯罪所得之物、所用之物的处理】
		第67条【自首及其认定】
		第68条【立功】
		第69条【判决宣告前一人犯数罪的并罚】
		第72条【缓刑的条件、禁止令与附加刑的执行】
		第73条【缓刑考验期限】
		第280条【伪造、变造、买卖国家机关公文、证件、印章罪;盗窃、抢夺、毁灭国家机关公文、证件、印章罪;伪造公司、企业、事业单位、人民团体印章罪;伪造、变造、买卖身份证件罪】
		第318条【组织他人偷越国(边)境罪】
		第320条【提供伪造、变造的出入境证件罪;出售出入境证件罪】
804	财产刑适用规定	第2条【罚金数额的裁量】
867	司法解释	办理妨害国(边)境管理刑事案件	第4条【运送他人偷越国(边)境罪"人数众多""违法所得数额巨大"的认定】

X6.3.320:2　出售出入境证件罪 ★

■ 常见适用的法条

	常见适用的法条	
刑法	第6条【属地管辖】	333
	第23条【犯罪未遂;犯罪未遂的处罚】	
	第25条【共同犯罪的概念】	
	第26条【主犯;犯罪集团】	
	第27条【从犯;从犯的处罚】	
	第35条【驱逐出境】	
	第52条【罚金数额的裁量】	
	第53条【罚金的缴纳、减免】	
	第61条【量刑根据】	
	第64条【犯罪所得之物、所用之物的处理】	
	第65条【一般累犯】	
	第67条【自首及其认定】	
	第68条【立功】	
	第72条【缓刑的条件、禁止令与附加刑的执行】	
	第73条【缓刑考验期限】	
	第319条【骗取出境证件罪】	
	第320条【提供伪造、变造的出入境证件罪;出售出入境证件罪】	
	第322条【偷越国(边)境罪】	
立法司法解释 自首和立功	第1条【自首及其认定】	799

	常见适用的法条
867 司法解释 办理妨害国(边)境管理刑事案件	第2条【骗取出境证件罪的具体认定：证件界定、情节严重】
	第3条【出售出入境证件罪的具体认定】

X6.3.321　运送他人偷越国(边)境罪 ★★★

■ 主要适用的法条及其相关度

		主要适用的法条	相关度
333	刑法	第64条【犯罪所得之物、所用之物的处理】	★★★★★
		第67条【自首及其认定】	★★★★★
		第321条【运送他人偷越国(边)境罪】	★★★★★
		第23条【犯罪未遂；犯罪未遂的处罚】	★★
		第25条【共同犯罪的概念】	★★
		第26条【主犯；犯罪集团】	★
		第27条【从犯；从犯的处罚】	★
		第52条【罚金数额的裁量】	★
		第53条【罚金的缴纳、减免】	★
		第61条【量刑根据】	★
		第62条【从重、从轻处罚】	★
		第65条【一般累犯】	★
		第72条【缓刑的条件、禁止令与附加刑的执行】	★
		第73条【缓刑考验期限】	★
		第322条【偷越国(边)境罪】	★

X6.3.322 偷越国(边)境罪 ★★★

■ 主要适用的法条及其相关度

	主要适用的法条	相关度	
刑法	第67条【自首及其认定】	★★★★★	333
	第322条【偷越国(边)境罪】	★★★★★	
	第52条【罚金数额的裁量】	★★★	
	第72条【缓刑的条件、禁止令与附加刑的执行】	★★★	
	第73条【缓刑考验期限】	★★★	
	第53条【罚金的缴纳、减免】	★★	
	第25条【共同犯罪的概念】	★	
	第26条【主犯;犯罪集团】	★	
司法解释 办理妨害国(边)境管理刑事案件	第5条【偷越国(边)境罪"情节严重"的认定】	★★	867
	第6条【"偷越国(边)境"行为的认定】	★	

X6.3.323:1 破坏界碑、界桩罪[①]

X6.3.323:2 破坏永久性测量标志罪[②]

[①] 说明:本案由尚无足够数量判决书可供法律大数据分析。
[②] 同上注。

6.4 妨害文物管理罪

X6.4.324.1 故意损毁文物罪 ·········· ★★

▨ 主要适用的法条及其相关度

	主要适用的法条	相关度
刑法	第67条【自首及其认定】	★★★★★
	第324条【故意毁坏文物罪;故意损坏名胜古迹罪;过失损坏文物罪】	★★★★★
	第72条【缓刑的条件、禁止令与附加刑的执行】	★★★★
	第73条【缓刑考验期限】	★★★★
	第52条【罚金数额的裁量】	★★★
	第53条【罚金的缴纳、减免】	★★★
	第25条【共同犯罪的概念】	★★
	第26条【主犯;犯罪集团】	★
	第27条【从犯;从犯的处罚】	★
	第61条【量刑根据】	★

X6.4.324.2 故意损毁名胜古迹罪 ·········· ★

▨ 常见适用的法条

	常见适用的法条
刑法	第25条【共同犯罪的概念】
	第52条【罚金数额的裁量】
	第67条【自首及其认定】
	第72条【缓刑的条件、禁止令与附加刑的执行】

	常见适用的法条
刑法	第 73 条【缓刑考验期限】
	第 324 条【故意毁坏文物罪;故意损坏名胜古迹罪;过失损坏文物罪】

X6.4.324.3　过失损毁文物罪　★

■ 常见适用的法条

	常见适用的法条
刑法	第 37 条【免予刑事处罚与非刑事处罚措施】
	第 64 条【犯罪所得之物、所用之物的处理】
	第 67 条【自首及其认定】
	第 72 条【缓刑的条件、禁止令与附加刑的执行】
	第 73 条【缓刑考验期限】
	第 133 条之 1【危险驾驶罪】
	第 324 条【故意毁坏文物罪;故意损坏名胜古迹罪;过失损坏文物罪】

X6.4.325　非法向外国人出售、赠送珍贵文物罪①

X6.4.326　倒卖文物罪　★★

■ 主要适用的法条及其相关度

	主要适用的法条	相关度
刑法	第 326 条【倒卖文物罪】	★★★★★
	第 67 条【自首及其认定】	★★★★
	第 25 条【共同犯罪的概念】	★★★

---

① 说明:本案由尚无足够数量判决书可供法律大数据分析。

	主要适用的法条	相关度
刑法	第52条【罚金数额的裁量】	★★★
	第53条【罚金的缴纳、减免】	★★★
	第64条【犯罪所得之物、所用之物的处理】	★★★
	第72条【缓刑的条件、禁止令与附加刑的执行】	★★★
	第73条【缓刑考验期限】	★★★
	第23条【犯罪未遂;犯罪未遂的处罚】	★
	第26条【主犯;犯罪集团】	★
	第27条【从犯;从犯的处罚】	★

X6.4.327　非法出售、私赠文物藏品罪①

X6.4.328.1　盗掘古文化遗址、古墓葬罪 …………… ★★★★

■ 一、主要适用的法条及其相关度

	主要适用的法条	相关度
刑法	第25条【共同犯罪的概念】	★★★★★
	第328条【盗掘古文化遗址、古墓葬罪;盗掘古人类化石、古脊椎动物化石罪】	★★★★★
	第67条【自首及其认定】	★★★★
	第26条【主犯;犯罪集团】	★★★
	第27条【从犯;从犯的处罚】	★★★
	第52条【罚金数额的裁量】	★★★
	第53条【罚金的缴纳、减免】	★★★
	第64条【犯罪所得之物、所用之物的处理】	★★★
	第72条【缓刑的条件、禁止令与附加刑的执行】	★★★
	第73条【缓刑考验期限】	★★★
	第61条【量刑根据】	★

---

① 说明:本案由尚无足够数量判决书可供法律大数据分析。

	主要适用的法条	相关度
刑法	第65条【一般累犯】	★
	第69条【判决宣告前一人犯数罪的并罚】	★

二、常见适用的其他法条

	常见适用的其他法条
刑法	第22条【犯罪预备；犯罪预备的处罚】
	第23条【犯罪未遂；犯罪未遂的处罚】
	第68条【立功】
	第264条【盗窃罪】

X6.4.328.2 盗掘古人类化石、古脊椎动物化石罪 ……★

常见适用的法条

	常见适用的法条
刑法	第25条【共同犯罪的概念】
	第26条【主犯；犯罪集团】
	第27条【从犯；从犯的处罚】
	第37条【免予刑事处罚与非刑事处罚措施】
	第52条【罚金数额的裁量】
	第53条【罚金的缴纳、减免】
	第64条【犯罪所得之物、所用之物的处理】
	第67条【自首及其认定】
	第72条【缓刑的条件、禁止令与附加刑的执行】
	第73条【缓刑考验期限】
	第328条【盗掘古文化遗址、古墓葬罪；盗掘古人类化石、古脊椎动物化石罪】

	常见适用的法条
自首和立功问题意见	第1条【关于"自动投案"的具体认定】
	第2条【关于"如实供述自己的罪行"的具体认定】
	第7条【关于自首、立功证据材料的审查】
	第8条【关于对自首、立功的被告人的处罚】
自首和立功司法解释	第1条【自首及其认定】
	第3条【从轻、减轻或免除处罚:自首情节】

X6.4.329.1　抢夺、窃取国有档案罪 ★

■ 常见适用的法条

	常见适用的法条
刑法	第25条【共同犯罪的概念】
	第67条【自首及其认定】
	第72条【缓刑的条件、禁止令与附加刑的执行】
	第73条【缓刑考验期限】
	第277条【妨害公务罪】
	第329条【抢夺、窃取国有档案罪;擅自出卖、转让国有档案罪】

X6.4.329.2　擅自出卖、转让国有档案罪 ★

■ 常见适用的法条

	常见适用的法条
刑法	第23条【犯罪未遂;犯罪未遂的处罚】
	第67条【自首及其认定】
	第72条【缓刑的条件、禁止令与附加刑的执行】

	常见适用的法条
刑法	第73条【缓刑考验期限】
	第329条【抢夺、窃取国有档案罪;擅自出卖、转让国有档案罪】

6.5 危害公共卫生罪

X6.5.330 妨害传染病防治罪[①]

X6.5.331 传染病菌种、毒种扩散罪[②]

X6.5.332 妨害国境卫生检疫罪[③]

X6.5.333.1:1 非法组织卖血罪 ★★★

■ 主要适用的法条及其相关度

	主要适用的法条	相关度
刑法	第67条【自首及其认定】	★★★★★
	第333条【非法组织卖血罪;强迫卖血罪;故意伤害罪】	★★★★★
	第53条【罚金的缴纳、减免】	★★★★
	第25条【共同犯罪的概念】	★★★
	第52条【罚金数额的裁量】	★★
	第64条【犯罪所得之物、所用之物的处理】	★★

---

① 说明:本案由尚无足够数量判决书可供法律大数据分析。
② 同上注。
③ 同上注。

	主要适用的法条	相关度
刑法	第65条【一般累犯】	★★
	第72条【缓刑的条件、禁止令与附加刑的执行】	★★
	第73条【缓刑考验期限】	★★
	第26条【主犯;犯罪集团】	★
	第27条【从犯;从犯的处罚】	★

333

X6.5.333.1:2　强迫卖血罪①

X6.5.334.1　非法采集、供应血液、制作、供应血液制品罪②

X6.5.334.2　采集、供应血液、制作、供应血液制品事故罪③

X6.5.335　医疗事故罪 …………………………………… ★★

■ **主要适用的法条及其相关度**

	主要适用的法条	相关度
侵权责任法	第16条【人身损害赔偿项目:一般人身损害赔偿项目、伤残赔偿项目、死亡赔偿项目】	★★★★★
	第54条【医疗损害的过错责任与替代责任】	★★★★★
	第6条【过错责任原则;过错推定责任原则】	★★★
	第22条【侵害他人人身权益的精神损害赔偿】	★★
	第3条【侵权责任的当事人主义】	★

782

---

① 说明:本案由尚无足够数量判决书可供法律大数据分析。
② 同上注。
③ 同上注。

	主要适用的法条	相关度	
侵权责任法	第15条【侵权责任的主要承担方式】	★	782
	第26条【过错相抵:被侵权人过错】	★	
	第57条【医务人员违反相当诊疗义务的医疗机构替代责任】	★	
刑法	第335条【医疗事故罪】	★★★	333
	第67条【自首及其认定】	★★	
	第72条【缓刑的条件、禁止令与附加刑的执行】	★	
	第73条【缓刑考验期限】	★	
人身损害赔偿司法解释	第17条【人身损害赔偿项目:一般人身损害赔偿项目、伤残赔偿项目、死亡赔偿项目】	★★★	801
	第19条【医疗费计算标准】	★★★	
	第22条【交通费计算标准】	★★★	
	第18条【精神损害抚慰金的请求权】	★★	
	第21条【护理费计算标准】	★★	
	第23条【伙食费、住宿费计算标准】	★★	
	第24条【营养费计算标准】	★★	
	第20条【误工费计算标准】	★	
	第25条【残疾赔偿金计算标准】	★	
	第27条【人身损害赔偿:丧葬费计算标准】	★	
	第28条【被扶养人生活费数额的确定】	★	
	第29条【死亡赔偿金计算标准】	★	
民法通则	第119条【人身损害赔偿项目:一般人身损害赔偿项目、伤残赔偿项目、死亡赔偿项目】	★	781
精神损害赔偿司法解释	第8条【致人精神损害的责任方式】	★	897
	第10条【精神损害赔偿数额的确定标准】	★	

X6.5.336.1 非法行医罪 ★★★★

一、主要适用的法条及其相关度

		主要适用的法条	相关度
刑法		第67条【自首及其认定】	★★★★★
		第336条【非法行医罪;非法进行节育手术罪】	★★★★★
		第52条【罚金数额的裁量】	★★★
		第53条【罚金的缴纳、减免】	★★★
		第64条【犯罪所得之物、所用之物的处理】	★★★
		第72条【缓刑的条件、禁止令与附加刑的执行】	★★★
		第73条【缓刑考验期限】	★★★
法解释	非法行医罪司	第1条【"未取得医生执业资格的人非法行医"的认定】	★★★
		第2条【非法行医"情节严重"的认定】	★★★

二、常见适用的其他法条

	常见适用的其他法条
刑法	第25条【共同犯罪的概念】
	第61条【量刑根据】

X6.5.336.2 非法进行节育手术罪 ★★★

■ 主要适用的法条及其相关度

	主要适用的法条	相关度
刑法	第336条【非法行医罪;非法进行节育手术罪】	★★★★★
	第67条【自首及其认定】	★★★★
	第52条【罚金数额的裁量】	★★★
	第64条【犯罪所得之物、所用之物的处理】	★★★
	第72条【缓刑的条件、禁止令与附加刑的执行】	★★★
	第25条【共同犯罪的概念】	★★
	第53条【罚金的缴纳、减免】	★★
	第73条【缓刑考验期限】	★★
	第27条【从犯;从犯的处罚】	★
	第61条【量刑根据】	★

X6.5.337.1 妨害动植物防疫、检疫罪 ★

■ 常见适用的法条

	常见适用的法条
刑法	第25条【共同犯罪的概念】
	第26条【主犯;犯罪集团】
	第42条【拘役的期限】
	第44条【拘役刑期的计算与折抵】
	第45条【有期徒刑的期限】
	第47条【有期徒刑刑期的计算与折抵】
	第52条【罚金数额的裁量】
	第53条【罚金的缴纳、减免】
	第61条【量刑根据】
	第64条【犯罪所得之物、所用之物的处理】

		常见适用的法条
333	刑法	第67条【自首及其认定】
		第72条【缓刑的条件、禁止令与附加刑的执行】
		第73条【缓刑考验期限】
		第114条【放火罪、决水罪、爆炸罪、投放危险物质罪、以危险方法危害公共安全罪】
		第337条【妨害动植物防疫、检疫罪】
799	立法解释和自首司法	第1条【自首及其认定】

6.6 破坏环境资源保护罪

X6.6.338 污染环境罪 ★★★★

■ 一、主要适用的法条及其相关度

		主要适用的法条	相关度
333	刑法	第67条【自首及其认定】	★★★★★
		第338条【污染环境罪】	★★★★★
		第25条【共同犯罪的概念】	★★★
		第52条【罚金数额的裁量】	★★★
		第53条【罚金的缴纳、减免】	★★★
		第72条【缓刑的条件、禁止令与附加刑的执行】	★★★
		第73条【缓刑考验期限】	★★★
		第27条【从犯;从犯的处罚】	★★
		第64条【犯罪所得之物、所用之物的处理】	★★
		第26条【主犯;犯罪集团】	★

	主要适用的法条	相关度	
解释 犯罪司法 环境污染	第1条【污染环境罪中"严重污染环境"的认定】	★★★	849
	第10条【破坏计算机信息系统罪】	★★	

二、常见适用的其他法条

	常见适用的其他法条	
刑法	第30条【单位负刑事责任的范围】	333
	第31条【单位犯罪的处罚】	
	第61条【量刑根据】	
	第68条【立功】	
	第346条【单位犯破坏环境资源保护罪的处罚】	
解释 犯罪司法 环境污染	第11条【单位犯罪的处罚】	849
	第15条【对污染环境罪中"有毒物质"的认定】	

X6.6.339.1 非法处置进口的固体废物罪 ····················· ★

常见适用的法条

	常见适用的法条	
刑法	第25条【共同犯罪的概念】	333
	第42条【拘役的期限】	
	第52条【罚金数额的裁量】	
	第53条【罚金的缴纳、减免】	
	第67条【自首及其认定】	
	第72条【缓刑的条件、禁止令与附加刑的执行】	
	第73条【缓刑考验期限】	
	第339条【非法处置进口的固体废物罪;擅自进口固体废物罪;走私废物罪】	

		常见适用的法条
849	环境污染犯罪司法解释	第5条【环境犯罪中酌情从宽处罚的认定】

X6.6.339.2　擅自进口固体废物罪①

X6.6.340　非法捕捞水产品罪 ★★★★

一、主要适用的法条及其相关度

	主要适用的法条	相关度
333 刑法	第67条【自首及其认定】	★★★★★
	第340条【非法捕捞水产品罪】	★★★★★
	第64条【犯罪所得之物、所用之物的处理】	★★★★
	第25条【共同犯罪的概念】	★★★
	第72条【缓刑的条件、禁止令与附加刑的执行】	★★★
	第73条【缓刑考验期限】	★★★
	第52条【罚金数额的裁量】	★★
	第53条【罚金的缴纳、减免】	★★
	第26条【主犯;犯罪集团】	★

二、常见适用的其他法条

	常见适用的其他法条
333 刑法	第27条【从犯;从犯的处罚】

---

① 说明:本案由尚无足够数量判决书可供法律大数据分析。

X6.6.341.1:1　非法猎捕、杀害珍贵、濒危野生动物罪

★★★

主要适用的法条及其相关度

	主要适用的法条	相关度	
刑法	第67条【自首及其认定】	★★★★★	333
	第341条【非法猎捕、杀害珍贵、濒危野生动物罪；非法收购、运输、出售珍贵、濒危野生动物、珍贵、濒危野生动物制品罪；非法狩猎罪】	★★★★★	
	第72条【缓刑的条件、禁止令与附加刑的执行】	★★★★	
	第25条【共同犯罪的概念】	★★★	
	第52条【罚金数额的裁量】	★★★	
	第53条【罚金的缴纳、减免】	★★★	
	第64条【犯罪所得之物、所用之物的处理】	★★★	
	第73条【缓刑考验期限】	★★★	
	第69条【判决宣告前一人犯数罪的并罚】	★★	
	第26条【主犯；犯罪集团】	★	
	第27条【从犯；从犯的处罚】	★	
	第61条【量刑根据】	★	
	第128条【非法持有、私藏枪支、弹药罪；非法出租、出借枪支罪】	★	
案件司法解释	动物资源刑事	审理破坏野生	第1条【珍贵、濒危野生动物的认定】	★★	863
			第3条【非法猎捕、杀害、收购、运输、出售珍贵、濒危野生动物"情节严重""情节特别严重"的认定】	★	

X6.6.341.1:2 非法收购、运输、出售珍贵、濒危野生动物、珍贵、濒危野生动物制品罪 …………★★★★

一、主要适用的法条及其相关度

		主要适用的法条	相关度
333	刑法	第67条【自首及其认定】	★★★★★
		第341条【非法猎捕、杀害珍贵、濒危野生动物罪；非法收购、运输、出售珍贵、濒危野生动物、珍贵、濒危野生动物制品罪；非法狩猎罪】	★★★★★
		第52条【罚金数额的裁量】	★★★★
		第64条【犯罪所得之物、所用之物的处理】	★★★★
		第72条【缓刑的条件、禁止令与附加刑的执行】	★★★★
		第53条【罚金的缴纳、减免】	★★★
		第73条【缓刑考验期限】	★★★
		第23条【犯罪未遂；犯罪未遂的处罚】	★★
		第25条【共同犯罪的概念】	★★
		第61条【量刑根据】	★
863	审理破坏野生动物资源刑事案件司法解释	第1条【珍贵、濒危野生动物的认定】	★★★
		第2条【非法收购、运输、出售珍贵、濒危野生动物、珍贵、濒危野生动物制品罪"收购""运输""出售"的认定】	★★

二、常见适用的其他法条

		常见适用的其他法条
333	刑法	第26条【主犯；犯罪集团】
		第27条【从犯；从犯的处罚】

	常见适用的其他法条	
刑法	第37条【免予刑事处罚与非刑事处罚措施】	333
	第68条【立功】	
	第69条【判决宣告前一人犯数罪的并罚】	
案件司法解释	审理破坏野生动物资源刑事	第3条【非法猎捕、杀害、收购、运输、出售珍贵、濒危野生动物"情节严重""情节特别严重"的认定】	863
		第5条【非法收购、运输、出售珍贵、濒危野生动物制品"情节严重""情节特别严重"的认定】

X6.6.341.2 非法狩猎罪 ★★★★

一、主要适用的法条及其相关度

	主要适用的法条	相关度	
刑法	第67条【自首及其认定】	★★★★★	333
	第341条【非法猎捕、杀害珍贵、濒危野生动物罪；非法收购、运输、出售珍贵、濒危野生动物、珍贵、濒危野生动物制品罪；非法狩猎罪】	★★★★★	
	第25条【共同犯罪的概念】	★★★	
	第64条【犯罪所得之物、所用之物的处理】	★★★	
	第72条【缓刑的条件、禁止令与附加刑的执行】	★★★	
	第52条【罚金数额的裁量】	★★	
	第53条【罚金的缴纳、减免】	★★	
	第73条【缓刑考验期限】	★★	
案件司法解释	审理破坏野生动物资源刑事	第6条【非法狩猎"情节严重"的认定】	★★★	863

■ 二、常见适用的其他法条

		常见适用的其他法条
333	刑法	第26条【主犯;犯罪集团】
		第27条【从犯;从犯的处罚】
		第61条【量刑根据】

X6.6.342 非法占用农用地罪 ★★★★★

■ 一、主要适用的法条及其相关度

		主要适用的法条	相关度
333	刑法	第342条【非法占用农用地罪】	★★★★★
		第67条【自首及其认定】	★★★★
		第72条【缓刑的条件、禁止令与附加刑的执行】	★★★★
		第52条【罚金数额的裁量】	★★★
		第53条【罚金的缴纳、减免】	★★★
		第73条【缓刑考验期限】	★★★
		第25条【共同犯罪的概念】	★★
		第64条【犯罪所得之物、所用之物的处理】	★★
		第61条【量刑根据】	★
		第346条【单位犯破坏环境资源保护罪的处罚】	★
852	司法解释 审理破坏林地资源刑事案件	第1条【非法占用农用地罪】	★★★

二、常见适用的其他法条

	常见适用的其他法条	
刑法	第 26 条【主犯；犯罪集团】	333
	第 30 条【单位负刑事责任的范围】	
	第 31 条【单位犯罪的处罚】	
	第 42 条【拘役的期限】	
	第 45 条【有期徒刑的期限】	
	第 69 条【判决宣告前一人犯数罪的并罚】	
司法解释 破坏土地资源犯罪	第 3 条【非法占用农用地罪】	872
司法解释 审理破坏草原资源刑事案件	第 1 条【非法占用草原,改变被占用草原用途以非法占用农用地罪定罪处罚的情形】	876
	第 2 条【非法占用农用地罪"数量较大""造成耕地林地等农用地大量毁坏"的认定】	

X6.6.343.1 非法采矿罪 ★★★★

一、主要适用的法条及其相关度

	主要适用的法条	相关度	
刑法	第 67 条【自首及其认定】	★★★★★	333
	第 343 条【非法采矿罪；破坏性采矿罪】	★★★★★	
	第 72 条【缓刑的条件、禁止令与附加刑的执行】	★★★★	
	第 25 条【共同犯罪的概念】	★★★	
	第 52 条【罚金数额的裁量】	★★★	
	第 53 条【罚金的缴纳、减免】	★★★	
	第 64 条【犯罪所得之物、所用之物的处理】	★★★	
	第 73 条【缓刑考验期限】	★★★	

	主要适用的法条	相关度
刑法	第26条【主犯;犯罪集团】	★★
	第27条【从犯;从犯的处罚】	★★
	第61条【量刑根据】	★

■ 二、常见适用的其他法条

	常见适用的其他法条
刑法	第45条【有期徒刑的期限】
	第47条【有期徒刑刑期的计算与折抵】
	第65条【一般累犯】
	第68条【立功】
	第69条【判决宣告前一人犯数罪的并罚】

X6.6.343.2 破坏性采矿罪 ………………………… ★

■ 常见适用的法条

	常见适用的法条
刑法	第52条【罚金数额的裁量】
	第53条【罚金的缴纳、减免】
	第61条【量刑根据】
	第67条【自首及其认定】
	第343条【非法采矿罪;破坏性采矿罪】

X6.6.344:1 非法采伐、毁坏国家重点保护植物罪

★★★★

一、主要适用的法条及其相关度

	主要适用的法条	相关度	
刑法	第67条【自首及其认定】	★★★★★	333
	第344条【非法采伐、毁坏国家重点保护植物罪;非法收购、运输、加工、出售国家重点保护植物、国家重点保护植物制品罪】	★★★★★	
	第52条【罚金数额的裁量】	★★★★	
	第72条【缓刑的条件、禁止令与附加刑的执行】	★★★★	
	第25条【共同犯罪的概念】	★★★	
	第53条【罚金的缴纳、减免】	★★★	
	第64条【犯罪所得之物、所用之物的处理】	★★★	
	第73条【缓刑考验期限】	★★★	
	第26条【主犯;犯罪集团】	★	
	第27条【从犯;从犯的处罚】	★	
	第61条【量刑根据】	★	
	第69条【判决宣告前一人犯数罪的并罚】	★	
司法解释 破坏森林资源犯罪	第2条【非法采伐、毁坏珍贵树木行为"情节严重"的认定】	★★★	832
	第1条【"珍贵树木"的范围】	★★	

二、常见适用的其他法条

	常见适用的其他法条	
刑法	第45条【有期徒刑的期限】	333
	第47条【有期徒刑刑期的计算与折抵】	
	第65条【一般累犯】	

		常见适用的其他法条
333	刑法	第345条【盗伐林木罪;滥伐林木罪;非法收购、运输盗伐、滥伐的林木罪】

X6.6.344:2　非法收购、运输、加工、出售国家重点保护植物、国家重点保护植物制品罪·········★★★★

■ 一、主要适用的法条及其相关度

		主要适用的法条	相关度
333	刑法	第67条【自首及其认定】	★★★★★
		第344条【非法采伐、毁坏国家重点保护植物罪;非法收购、运输、加工、出售国家重点保护植物、国家重点保护植物制品罪】	★★★★★
		第52条【罚金数额的裁量】	★★★★
		第64条【犯罪所得之物、所用之物的处理】	★★★★
		第72条【缓刑的条件、禁止令与附加刑的执行】	★★★★
		第73条【缓刑考验期限】	★★★★
		第25条【共同犯罪的概念】	★★★
		第53条【罚金的缴纳、减免】	★★★
		第61条【量刑根据】	★★
		第26条【主犯;犯罪集团】	★
		第27条【从犯;从犯的处罚】	★
		第69条【判决宣告前一人犯数罪的并罚】	★
832	司法解释	资源犯罪 破坏森林	第1条【"珍贵树木"的范围】	★
			第2条【非法采伐、毁坏珍贵树木行为"情节严重"的认定】	★

二、常见适用的其他法条

	常见适用的其他法条	
刑法	第45条【有期徒刑的期限】	333
	第47条【有期徒刑刑期的计算与折抵】	
	第62条【从重、从轻处罚】	
	第68条【立功】	
	第76条【社区矫正;缓刑考验合格的处理】	

X6.6.345.1　盗伐林木罪 ★★★★

一、主要适用的法条及其相关度

	主要适用的法条	相关度	
刑法	第67条【自首及其认定】	★★★★★	333
	第345条【盗伐林木罪;滥伐林木罪;非法收购、运输盗伐、滥伐的林木罪】	★★★★★	
	第52条【罚金数额的裁量】	★★★★	
	第72条【缓刑的条件、禁止令与附加刑的执行】	★★★★	
	第25条【共同犯罪的概念】	★★★	
	第53条【罚金的缴纳、减免】	★★★	
	第64条【犯罪所得之物、所用之物的处理】	★★★	
	第73条【缓刑考验期限】	★★★	
	第26条【主犯;犯罪集团】	★	
	第27条【从犯;从犯的处罚】	★	
	第61条【量刑根据】	★	
司法解释 资源破坏森林犯罪	第3条【盗伐林木行为的认定】	★★	832
	第4条【盗伐林木"数量较大""数量巨大""数量特别巨大"的认定】	★★	

■ 二、常见适用的其他法条

	常见适用的其他法条
333 刑法	第42条【拘役的期限】
	第45条【有期徒刑的期限】
	第47条【有期徒刑刑期的计算与折抵】
	第62条【从重、从轻处罚】
	第65条【一般累犯】
	第69条【判决宣告前一人犯数罪的并罚】
804 财产刑适用规定	第2条【罚金数额的裁量】

X6.6.345.2　滥伐林木罪　★★★★★

■ 一、主要适用的法条及其相关度

	主要适用的法条	相关度
333 刑法	第67条【自首及其认定】	★★★★★
	第345条【盗伐林木罪;滥伐林木罪;非法收购、运输盗伐、滥伐的林木罪】	★★★★★
	第52条【罚金数额的裁量】	★★★★
	第72条【缓刑的条件、禁止令与附加刑的执行】	★★★★
	第73条【缓刑考验期限】	★★★★
	第53条【罚金的缴纳、减免】	★★★
	第64条【犯罪所得之物、所用之物的处理】	★★★
	第25条【共同犯罪的概念】	★★
	第61条【量刑根据】	★★
	第26条【主犯;犯罪集团】	★

		主要适用的法条	相关度	
司法解释	破坏森林资源犯罪	第6条【滥伐林木"数量较大""数量巨大"的认定】	★★★	832
		第5条【以滥伐林木罪定罪处罚的情形】	★★	
适用规定	财产刑	第2条【罚金数额的裁量】	★	804

■ 二、常见适用的其他法条

	常见适用的其他法条	
刑法	第27条【从犯;从犯的处罚】	333
	第45条【有期徒刑的期限】	
	第62条【从重、从轻处罚】	
	第76条【社区矫正;缓刑考验合格的处理】	
司法解释	自首和立功	第1条【自首及其认定】	799
适用规定	财产刑	第1条【罚金的适用规则】	804
		第8条【罚金刑数额的计算单位】	

X6.6.345.3　非法收购、运输盗伐、滥伐的林木罪……★★★

■ 主要适用的法条及其相关度

	主要适用的法条	相关度	
刑法	第67条【自首及其认定】	★★★★★	333
	第345条【盗伐林木罪;滥伐林木罪;非法收购、运输盗伐、滥伐的林木罪】	★★★★★	
	第52条【罚金数额的裁量】	★★★★	
	第72条【缓刑的条件、禁止令与附加刑的执行】	★★★★	
	第73条【缓刑考验期限】	★★★★	

		主要适用的法条	相关度
333	刑法	第53条【罚金的缴纳、减免】	★★★
		第64条【犯罪所得之物、所用之物的处理】	★★★
		第25条【共同犯罪的概念】	★
		第61条【量刑根据】	★
832	司法解释 资源破坏犯罪 森林	第11条【非法收购盗伐、滥伐的林木"情节严重""情节特别严重"的认定】	★★

6.7 走私、贩卖、运输、制造毒品罪

X6.7.347 走私、贩卖、运输、制造毒品罪 ………… ★★★★★

■ 一、主要适用的法条及其相关度

		主要适用的法条	相关度
333	刑法	第347条【走私、贩卖、运输、制造毒品罪】	★★★★★
		第64条【犯罪所得之物、所用之物的处理】	★★★★
		第67条【自首及其认定】	★★★★
		第52条【罚金数额的裁量】	★★★
		第53条【罚金的缴纳、减免】	★★★
		第25条【共同犯罪的概念】	★★
		第65条【一般累犯】	★★
		第356条【毒品再犯的处罚】	★★
		第26条【主犯;犯罪集团】	★
		第27条【从犯;从犯的处罚】	★
		第47条【有期徒刑刑期的计算与折抵】	★
		第61条【量刑根据】	★
		第68条【立功】	★
		第69条【判决宣告前一人犯数罪的并罚】	★

二、常见适用的其他法条

	常见适用的其他法条	
刑法	第 45 条【有期徒刑的期限】	333
	第 55 条【剥夺政治权利的期限】	
	第 56 条【剥夺政治权利的适用范围】	
	第 57 条【死刑、无期徒刑犯剥夺政治权利的期限】	
	第 59 条【没收财产的范围】	
	第 354 条【容留他人吸毒罪】	
	第 357 条【毒品的概念、数量计算】	
财产刑适用规定	第 2 条【罚金数额的裁量】	804
	第 5 条【判决指定的期限的确定】	

X6.7.348 非法持有毒品罪 ★★★★★

一、主要适用的法条及其相关度

	主要适用的法条	相关度	
刑法	第 348 条【非法持有毒品罪】	★★★★★	333
	第 67 条【自首及其认定】	★★★★	
	第 52 条【罚金数额的裁量】	★★★	
	第 53 条【罚金的缴纳、减免】	★★★	
	第 64 条【犯罪所得之物、所用之物的处理】	★★★	
	第 65 条【一般累犯】	★★★	
	第 69 条【判决宣告前一人犯数罪的并罚】	★★	
	第 356 条【毒品再犯的处罚】	★★	
	第 25 条【共同犯罪的概念】	★	
	第 47 条【有期徒刑刑期的计算与折抵】	★	
	第 61 条【量刑根据】	★	
	第 68 条【立功】	★	

256 刑法司法适用

		主要适用的法条	相关度
333	刑法	第347条【走私、贩卖、运输、制造毒品罪】	★
		第354条【容留他人吸毒罪】	★
		第357条【毒品的概念、数量计算】	★

■ 二、常见适用的其他法条

		常见适用的其他法条
333	刑法	第45条【有期徒刑的期限】
		第55条【剥夺政治权利的期限】
		第56条【剥夺政治权利的适用范围】
804	财产刑适用规定	第2条【罚金数额的裁量】

X6.7.349.1:1　包庇毒品犯罪分子罪 ·················· ★★

■ 主要适用的法条及其相关度

		主要适用的法条	相关度
333	刑法	第349条【包庇毒品犯罪分子罪;窝藏、转移、隐瞒毒品、毒赃罪】	★★★★★
		第67条【自首及其认定】	★★★★
		第347条【走私、贩卖、运输、制造毒品罪】	★★★
		第25条【共同犯罪的概念】	★★
		第64条【犯罪所得之物、所用之物的处理】	★★
		第65条【一般累犯】	★★
		第69条【判决宣告前一人犯数罪的并罚】	★★
		第26条【主犯;犯罪集团】	★
		第27条【从犯;从犯的处罚】	★

	主要适用的法条	相关度
刑法	第52条【罚金数额的裁量】	★
	第53条【罚金的缴纳、减免】	★
	第57条【死刑、无期徒刑犯剥夺政治权利的期限】	★
	第59条【没收财产的范围】	★
	第68条【立功】	★
	第72条【缓刑的条件、禁止令与附加刑的执行】	★
	第73条【缓刑考验期限】	★
	第354条【容留他人吸毒罪】	★
	第356条【毒品再犯的处罚】	★

X6.7.349.1:2　窝藏、转移、隐瞒毒品、毒赃罪 ……………★★

■ 主要适用的法条及其相关度

	主要适用的法条	相关度
刑法	第349条【包庇毒品犯罪分子罪；窝藏、转移、隐瞒毒品、毒赃罪】	★★★★★
	第67条【自首及其认定】	★★★★
	第64条【犯罪所得之物、所用之物的处理】	★★★
	第347条【走私、贩卖、运输、制造毒品罪】	★★★
	第25条【共同犯罪的概念】	★★
	第26条【主犯；犯罪集团】	★
	第27条【从犯；从犯的处罚】	★
	第52条【罚金数额的裁量】	★
	第53条【罚金的缴纳、减免】	★
	第57条【死刑、无期徒刑犯剥夺政治权利的期限】	★
	第59条【没收财产的范围】	★
	第65条【一般累犯】	★
	第69条【判决宣告前一人犯数罪的并罚】	★

	主要适用的法条	相关度
刑法	第72条【缓刑的条件、禁止令与附加刑的执行】	★
	第73条【缓刑考验期限】	★
	第348条【非法持有毒品罪】	★
	第356条【毒品再犯的处罚】	★

X6.7.350 非法生产、买卖、运输制毒物品、走私制毒物品罪 ★★★

■ 主要适用的法条及其相关度

	主要适用的法条	相关度
刑法	第67条【自首及其认定】	★★★★★
	第350条【非法生产、买卖、运输制毒物品罪、走私制毒物品罪】	★★★★★
	第25条【共同犯罪的概念】	★★★★
	第52条【罚金数额的裁量】	★★★
	第53条【罚金的缴纳、减免】	★★★
	第64条【犯罪所得之物、所用之物的处理】	★★★
	第72条【缓刑的条件、禁止令与附加刑的执行】	★★★
	第22条【犯罪预备;犯罪预备的处罚】	★★
	第26条【主犯;犯罪集团】	★★
	第27条【从犯;从犯的处罚】	★★
	第73条【缓刑考验期限】	★★
	第12条【刑法的溯及力】	★
	第23条【犯罪未遂;犯罪未遂的处罚】	★
	第45条【有期徒刑的期限】	★
	第47条【有期徒刑刑期的计算与折抵】	★
	第61条【量刑根据】	★
	第69条【判决宣告前一人犯数罪的并罚】	★

X6.7.351 非法种植毒品原植物罪 ★★★★

一、主要适用的法条及其相关度

	主要适用的法条	相关度
刑法	第67条【自首及其认定】	★★★★★
	第351条【非法种植毒品原植物罪】	★★★★★
	第72条【缓刑的条件、禁止令与附加刑的执行】	★★★★
	第52条【罚金数额的裁量】	★★★
	第53条【罚金的缴纳、减免】	★★★
	第73条【缓刑考验期限】	★★★
	第61条【量刑根据】	★★
	第17条之1【老年人犯罪的刑事责任】	★
	第38条【管制的期限;禁止令;社区矫正】	★
	第64条【犯罪所得之物、所用之物的处理】	★

二、常见适用的其他法条

	常见适用的其他法条
刑法	第41条【管制刑期的计算与折抵】

X6.7.352 非法买卖、运输、携带、持有毒品原植物种子、幼苗罪 ★★

主要适用的法条及其相关度

	主要适用的法条	相关度
刑法	第52条【罚金数额的裁量】	★★★★★
	第352条【非法买卖、运输、携带、持有毒品原植物种子、幼苗罪】	★★★★★

	主要适用的法条	相关度
刑法	第67条【自首及其认定】	★★★★
	第53条【罚金的缴纳、减免】	★★★
	第61条【量刑根据】	★★★
	第72条【缓刑的条件、禁止令与附加刑的执行】	★★★
	第73条【缓刑考验期限】	★★★
	第64条【犯罪所得之物、所用之物的处理】	★★
	第25条【共同犯罪的概念】	★
	第42条【拘役的期限】	★
	第69条【判决宣告前一人犯数罪的并罚】	★
	第347条【走私、贩卖、运输、制造毒品罪】	★

X6.7.353.1 引诱、教唆、欺骗他人吸毒罪 ★★★

主要适用的法条及其相关度

	主要适用的法条	相关度
刑法	第353条【引诱、教唆、欺骗他人吸毒罪；强迫他人吸毒罪】	★★★★★
	第67条【自首及其认定】	★★★★
	第52条【罚金数额的裁量】	★★★
	第53条【罚金的缴纳、减免】	★★★
	第69条【判决宣告前一人犯数罪的并罚】	★★
	第25条【共同犯罪的概念】	★
	第61条【量刑根据】	★
	第64条【犯罪所得之物、所用之物的处理】	★
	第65条【一般累犯】	★
	第72条【缓刑的条件、禁止令与附加刑的执行】	★
	第73条【缓刑考验期限】	★
	第354条【容留他人吸毒罪】	★

X6.7.353.2　强迫他人吸毒罪 ·································· ★★

■ 主要适用的法条及其相关度

	主要适用的法条	相关度
刑法	第353条【引诱、教唆、欺骗他人吸毒罪;强迫他人吸毒罪】	★★★★★
	第67条【自首及其认定】	★★★★
	第69条【判决宣告前一人犯数罪的并罚】	★★★★
	第25条【共同犯罪的概念】	★★★
	第52条【罚金数额的裁量】	★★★
	第53条【罚金的缴纳、减免】	★★★
	第65条【一般累犯】	★★★
	第27条【从犯;从犯的处罚】	★★
	第64条【犯罪所得之物、所用之物的处理】	★★
	第236条【强奸罪】	★★
	第238条【非法拘禁罪】	★★
	第23条【犯罪未遂;犯罪未遂的处罚】	★
	第26条【主犯;犯罪集团】	★
	第47条【有期徒刑刑期的计算与折抵】	★
	第263条【抢劫罪】	★
	第354条【容留他人吸毒罪】	★

X6.7.354　容留他人吸毒罪 ·································· ★★★★★

■ 一、主要适用的法条及其相关度

	主要适用的法条	相关度
刑法	第67条【自首及其认定】	★★★★★
	第354条【容留他人吸毒罪】	★★★★★

		主要适用的法条	相关度
333	刑法	第52条【罚金数额的裁量】	★★★
		第53条【罚金的缴纳、减免】	★★★
		第64条【犯罪所得之物、所用之物的处理】	★★
		第65条【一般累犯】	★★
		第25条【共同犯罪的概念】	★
		第47条【有期徒刑刑期的计算与折抵】	★
		第61条【量刑根据】	★
		第68条【立功】	★
		第69条【判决宣告前一人犯数罪的并罚】	★
		第72条【缓刑的条件、禁止令与附加刑的执行】	★
		第73条【缓刑考验期限】	★
		第347条【走私、贩卖、运输、制造毒品罪】	★
		第356条【毒品再犯的处罚】	★
820	司法解释 审理毒品犯罪案件	第12条【容留他人吸毒罪定罪范围】	★

■ 二、常见适用的其他法条

		常见适用的其他法条
333	刑法	第42条【拘役的期限】
		第44条【拘役刑期的计算与折抵】
		第45条【有期徒刑的期限】
		第357条【毒品的概念、数量计算】
804	财产刑适用规定	第2条【罚金数额的裁量】

X6.7.355　非法提供麻醉药品、精神药品罪①

6.8　组织、强迫、引诱、容留、介绍卖淫罪

X6.8.358.1:1　组织卖淫罪 ★★★★

一、主要适用的法条及其相关度

	主要适用的法条	相关度	
刑法	第358条【组织卖淫罪;强迫卖淫罪;协助组织卖淫罪】	★★★★★	333
	第25条【共同犯罪的概念】	★★★★	
	第52条【罚金数额的裁量】	★★★★	
	第53条【罚金的缴纳、减免】	★★★★	
	第67条【自首及其认定】	★★★★	
	第64条【犯罪所得之物、所用之物的处理】	★★★	
	第26条【主犯;犯罪集团】	★★	
	第27条【从犯;从犯的处罚】	★★	
	第72条【缓刑的条件、禁止令与附加刑的执行】	★★	
	第73条【缓刑考验期限】	★★	
	第359条【引诱、容留、介绍卖淫罪;引诱幼女卖淫罪】	★★	
	第65条【一般累犯】	★	

---

① 说明:本案由尚无足够数量判决书可供法律大数据分析。

二、常见适用的其他法条

	常见适用的其他法条
刑法	第45条【有期徒刑的期限】
	第47条【有期徒刑刑期的计算与折抵】
	第56条【剥夺政治权利的适用范围】
	第61条【量刑根据】
	第68条【立功】
	第69条【判决宣告前一人犯数罪的并罚】

X6.8.358.1:2 强迫卖淫罪 ★★★

主要适用的法条及其相关度

	主要适用的法条	相关度
刑法	第358条【组织卖淫罪;强迫卖淫罪;协助组织卖淫罪】	★★★★★
	第25条【共同犯罪的概念】	★★★★
	第52条【罚金数额的裁量】	★★★
	第53条【罚金的缴纳、减免】	★★★
	第67条【自首及其认定】	★★★
	第26条【主犯;犯罪集团】	★★
	第27条【从犯;从犯的处罚】	★★
	第69条【判决宣告前一人犯数罪的并罚】	★★
	第17条【刑事责任年龄】	★
	第23条【犯罪未遂;犯罪未遂的处罚】	★
	第47条【有期徒刑刑期的计算与折抵】	★
	第61条【量刑根据】	★
	第64条【犯罪所得之物、所用之物的处理】	★

	主要适用的法条	相关度
刑法	第65条【一般累犯】	★
	第72条【缓刑的条件、禁止令与附加刑的执行】	★
	第236条【强奸罪】	★
	第359条【引诱、容留;介绍卖淫罪;引诱幼女卖淫罪】	★

X6.8.358.4 协助组织卖淫罪 ★★★★

一、主要适用的法条及其相关度

	主要适用的法条	相关度
刑法	第67条【自首及其认定】	★★★★★
	第358条【组织卖淫罪;强迫卖淫罪;协助组织卖淫罪】	★★★★★
	第25条【共同犯罪的概念】	★★★★
	第52条【罚金数额的裁量】	★★★★
	第53条【罚金的缴纳、减免】	★★★
	第64条【犯罪所得之物、所用之物的处理】	★★★
	第72条【缓刑的条件、禁止令与附加刑的执行】	★★★
	第73条【缓刑考验期限】	★★★
	第27条【从犯;从犯的处罚】	★★
	第26条【主犯;犯罪集团】	★
	第65条【一般累犯】	★

二、常见适用的其他法条

	常见适用的其他法条
刑法	第45条【有期徒刑的期限】
	第47条【有期徒刑刑期的计算与折抵】

	常见适用的其他法条
刑法	第61条【量刑根据】
	第68条【立功】
	第69条【判决宣告前一人犯数罪的并罚】
	第359条【引诱、容留、介绍卖淫罪;引诱幼女卖淫罪】

333

X6.8.359.1 引诱、容留、介绍卖淫罪 ★★★★★

一、主要适用的法条及其相关度

333

	主要适用的法条	相关度
刑法	第67条【自首及其认定】	★★★★★
	第359条【引诱、容留、介绍卖淫罪;引诱幼女卖淫罪】	★★★★★
	第25条【共同犯罪的概念】	★★★
	第52条【罚金数额的裁量】	★★★
	第53条【罚金的缴纳、减免】	★★★
	第64条【犯罪所得之物、所用之物的处理】	★★★
	第72条【缓刑的条件、禁止令与附加刑的执行】	★★★
	第73条【缓刑考验期限】	★★★
	第27条【从犯;从犯的处罚】	★★
	第26条【主犯;犯罪集团】	★
	第61条【量刑根据】	★
	第65条【一般累犯】	★

二、常见适用的其他法条

		常见适用的其他法条	
刑法		第45条【有期徒刑的期限】	333
		第47条【有期徒刑刑期的计算与折抵】	
		第69条【判决宣告前一人犯数罪的并罚】	
财产刑适用规定		第2条【罚金数额的裁量】	804
办理组织、强迫、引诱、容留、介绍卖淫刑事案件司法解释		第8条【引诱、容留、介绍他人卖淫的认定】	926

X6.8.359.2　引诱幼女卖淫罪 ★

常见适用的法条

	常见适用的法条	
刑法	第17条【刑事责任年龄】	333
	第23条【犯罪未遂;犯罪未遂的处罚】	
	第25条【共同犯罪的概念】	
	第27条【从犯;从犯的处罚】	
	第45条【有期徒刑的期限】	
	第47条【有期徒刑刑期的计算与折抵】	
	第52条【罚金数额的裁量】	
	第53条【罚金的缴纳、减免】	
	第61条【量刑根据】	
	第64条【犯罪所得之物、所用之物的处理】	

	常见适用的法条
333 刑法	第67条【自首及其认定】
	第69条【判决宣告前一人犯数罪的并罚】
	第72条【缓刑的条件、禁止令与附加刑的执行】
	第236条【强奸罪】
	第264条【盗窃罪】
	第359条【引诱、容留、介绍卖淫罪；引诱幼女卖淫罪】
931 解释	未成年人犯罪司法 第16条【未成年罪犯应当宣告缓刑的条件】

X6.8.360　传播性病罪 ★★

▓ 主要适用的法条及其相关度

	主要适用的法条	相关度
333 刑法	第67条【自首及其认定】	★★★★★
	第360条【传播性病罪】	★★★★★
	第52条【罚金数额的裁量】	★★★
	第53条【罚金的缴纳、减免】	★★★
	第61条【量刑根据】	★
	第64条【犯罪所得之物、所用之物的处理】	★
	第72条【缓刑的条件、禁止令与附加刑的执行】	★
	第73条【缓刑考验期限】	★

6.9 制作、贩卖、传播淫秽物品罪

X6.9.363.1 制作、复制、出版、贩卖、传播淫秽物品牟利罪 ★★★★

一、主要适用的法条及其相关度

	主要适用的法条	相关度	
刑法	第67条【自首及其认定】	★★★★★	333
	第363条【制作、复制、出版、贩卖、传播淫秽物品牟利罪;为他人提供书号出版淫秽书刊罪】	★★★★★	
	第64条【犯罪所得之物、所用之物的处理】	★★★★	
	第52条【罚金数额的裁量】	★★★	
	第53条【罚金的缴纳、减免】	★★★	
	第72条【缓刑的条件、禁止令与附加刑的执行】	★★★	
	第73条【缓刑考验期限】	★★★	
	第23条【犯罪未遂;犯罪未遂的处罚】	★★	
审理非法出版物刑事案件司法解释	第8条【以牟利为目的制作、复制、出版、贩卖、传播淫秽物品牟利罪定罪处罚的情形】	★★	865

■ 二、常见适用的其他法条

		常见适用的其他法条
927	办理利用互联网、移动通讯终端、声讯台制作、复制、出版、贩卖、传播淫秽电子信息案件司法解释一	第1条【制作、复制、出版、贩卖、传播淫秽物品牟利罪】
		第2条【制作、复制、出版、贩卖、传播淫秽物品牟利罪"情节严重""情节特别严重"的认定】
333	刑法	第25条【共同犯罪的概念】
		第27条【从犯;从犯的处罚】
		第47条【有期徒刑刑期的计算与折抵】
		第61条【量刑根据】
		第69条【判决宣告前一人犯数罪的并罚】
		第217条【侵犯著作权罪的认定与处罚】
804	财产刑适用规定	第2条【罚金数额的裁量】

X6.9.363.2　为他人提供书号出版淫秽书刊罪①

---

① 说明:本案由尚无足够数量判决书可供法律大数据分析。

X6.9.364.1 传播淫秽物品罪 ★★★★

一、主要适用的法条及其相关度

	主要适用的法条	相关度	
刑法	第67条【自首及其认定】	★★★★★	333
	第364条【传播淫秽物品罪;组织播放淫秽音像制品罪】	★★★★★	
	第72条【缓刑的条件、禁止令与附加刑的执行】	★★★★	
	第64条【犯罪所得之物、所用之物的处理】	★★★	
	第73条【缓刑考验期限】	★★★	
	第25条【共同犯罪的概念】	★★	
办理利用互联网、移动通讯终端、声讯台制作、复制、出版、贩卖、传播淫秽电子信息案件司法解释一	第1条【制作、复制、出版、贩卖、传播淫秽物品牟利罪】	★★	927
	第3条【传播淫秽物品罪】	★★	
办理利用互联网、移动通讯终端、声讯台制作、复制、出版、贩卖、传播淫秽电子信息案件司法解释二	第3条【利用互联网建立主要用于传播淫秽电子信息的群组的定罪处罚】	★★	875

二、常见适用的其他法条

	常见适用的其他法条
刑法	第26条【主犯；犯罪集团】
	第27条【从犯；从犯的处罚】
	第61条【量刑根据】

X6.9.364.2　组织播放淫秽音像制品罪 ★

常见适用的法条

	常见适用的法条
刑法	第25条【共同犯罪的概念】
	第52条【罚金数额的裁量】
	第64条【犯罪所得之物、所用之物的处理】
	第67条【自首及其认定】
	第72条【缓刑的条件、禁止令与附加刑的执行】
	第73条【缓刑考验期限】
	第364条【传播淫秽物品罪；组织播放淫秽音像制品罪】

X6.9.365　组织淫秽表演罪 ★★

主要适用的法条及其相关度

	主要适用的法条	相关度
刑法	第67条【自首及其认定】	★★★★★
	第365条【组织淫秽表演罪】	★★★★★
	第25条【共同犯罪的概念】	★★★★
	第52条【罚金数额的裁量】	★★★

	主要适用的法条	相关度
刑法	第53条【罚金的缴纳、减免】	★★★
	第64条【犯罪所得之物、所用之物的处理】	★★★
	第72条【缓刑的条件、禁止令与附加刑的执行】	★★★
	第26条【主犯;犯罪集团】	★★
	第27条【从犯;从犯的处罚】	★★
	第73条【缓刑考验期限】	★★
	第61条【量刑根据】	★

7 危害国防利益罪

X7.368.1 阻碍军人执行职务罪 ★

■ 常见适用的法条

	常见适用的法条
刑法	第25条【共同犯罪的概念】
	第52条【罚金数额的裁量】
	第67条【自首及其认定】
	第69条【判决宣告前一人犯数罪的并罚】
	第72条【缓刑的条件、禁止令与附加刑的执行】
	第73条【缓刑考验期限】
	第76条【社区矫正;缓刑考验合格的处理】
	第368条【阻碍军人执行职务罪;阻碍军事行动罪】

X7.368.2 阻碍军事行动罪 ★

■ 常见适用的法条

	常见适用的法条
刑法	第25条【共同犯罪的概念】
	第65条【一般累犯】
	第67条【自首及其认定】
	第72条【缓刑的条件、禁止令与附加刑的执行】
	第73条【缓刑考验期限】
	第368条【阻碍军人执行职务罪;阻碍军事行动罪】

X7.369.1 破坏武器装备、军事设施、军事通信罪 ★★

■ 主要适用的法条及其相关度

		主要适用的法条	相关度	
刑法		第67条【自首及其认定】	★★★★★	333
		第369条【破坏武器装备、军事设施、军事通信罪；过失损坏武器装备、军事设施、军事通信罪】	★★★★★	
		第72条【缓刑的条件、禁止令与附加刑的执行】	★★★	
		第73条【缓刑考验期限】	★★★	
		第25条【共同犯罪的概念】	★★	
		第26条【主犯；犯罪集团】	★	
		第27条【从犯；从犯的处罚】	★	
		第45条【有期徒刑的期限】	★	
		第61条【量刑根据】	★	
		第64条【犯罪所得之物、所用之物的处理】	★	
		第68条【立功】	★	
司法解释	审理危害军事通信案件	第7条【"重要军事通信"的认定和军事通信相关界定】	★	888

X7.369.2 过失损坏武器装备、军事设施、军事通信罪 ★★

■ 主要适用的法条及其相关度

	主要适用的法条	相关度	
刑法	第67条【自首及其认定】	★★★★★	333
	第72条【缓刑的条件、禁止令与附加刑的执行】	★★★★	
	第369条【破坏武器装备、军事设施、军事通信罪；过失损坏武器装备、军事设施、军事通信罪】	★★★★★	

		主要适用的法条	相关度
333	刑法	第73条【缓刑考验期限】	★★★★
		第25条【共同犯罪的概念】	★
		第61条【量刑根据】	★
888	司法解释	审理危害军事通信案件 第3条【过失损坏军事通信罪定罪】	★★

X7.370.1　故意提供不合格武器装备、军事设施罪①

X7.370.2　过失提供不合格武器装备、军事设施罪②

X7.371.1　聚众冲击军事禁区罪························★

▋常见适用的法条

		常见适用的法条
333	刑法	第25条【共同犯罪的概念】
		第27条【从犯;从犯的处罚】
		第67条【自首及其认定】
		第72条【缓刑的条件、禁止令与附加刑的执行】
		第73条【缓刑考验期限】
		第371条【聚众冲击军事禁区罪;聚众扰乱军事管理区秩序罪】

---

① 说明:本案由尚无足够数量判决书可供法律大数据分析。
② 同上注。

X7.371.2 聚众扰乱军事管理区秩序罪 ★

▣ 常见适用的法条

	常见适用的法条
刑法	第25条【共同犯罪的概念】
	第37条【免予刑事处罚与非刑事处罚措施】
	第67条【自首及其认定】
	第371条【聚众冲击军事禁区罪；聚众扰乱军事管理区秩序罪】

X7.372 冒充军人招摇撞骗罪 ★★★

▣ 主要适用的法条及其相关度

	主要适用的法条	相关度
刑法	第372条【冒充军人招摇撞骗罪】	★★★★★
	第67条【自首及其认定】	★★★★
	第64条【犯罪所得之物、所用之物的处理】	★★★
	第25条【共同犯罪的概念】	★
	第52条【罚金数额的裁量】	★
	第53条【罚金的缴纳、减免】	★
	第61条【量刑根据】	★
	第65条【一般累犯】	★
	第69条【判决宣告前一人犯数罪的并罚】	★
	第72条【缓刑的条件、禁止令与附加刑的执行】	★
	第266条【诈骗罪】	★

X7.373:1 煽动军人逃离部队罪①

---

① 说明：本案由尚无足够数量判决书可供法律大数据分析。

X7.373:2　雇用逃离部队军人罪①

X7.374　接送不合格兵员罪②

X7.375.1:1　伪造、变造、买卖武装部队公文、证件、印章罪

··· ★★

■ 主要适用的法条及其相关度

	主要适用的法条	相关度
刑法	第67条【自首及其认定】	★★★★★
	第375条【伪造、变造、买卖武装部队公文、证件、印章罪;盗窃、抢夺武装部队公文、证件、印章罪;非法生产、买卖武装部队制式服装罪;伪造、盗窃、买卖、非法提供、非法使用武装部队专用标志罪】	★★★★★
	第64条【犯罪所得之物、所用之物的处理】	★★★
	第72条【缓刑的条件、禁止令与附加刑的执行】	★★★
	第25条【共同犯罪的概念】	★★
	第69条【判决宣告前一人犯数罪的并罚】	★★
	第73条【缓刑考验期限】	★★
	第52条【罚金数额的裁量】	★
	第61条【量刑根据】	★
	第266条【诈骗罪】	★

---

① 说明:本案由尚无足够数量判决书可供法律大数据分析。
② 同上注。

	主要适用的法条	相关度	
办理妨害武装部队车辆号牌管理秩序案件司法解释	第1条【以伪造、变造、买卖武装部队公文、证件、印章罪或者盗窃、抢夺武装部队公文、证件、印章罪定罪处罚的情形】	★	885

X7.375.1:2 盗窃、抢夺武装部队公文、证件、印章罪[①]

X7.375.2 非法生产、买卖武装部队制式服装罪 ……… ★

常见适用的法条

	常见适用的法条	
刑法	第23条【犯罪未遂；犯罪未遂的处罚】	333
	第25条【共同犯罪的概念】	
	第26条【主犯；犯罪集团】	
	第27条【从犯；从犯的处罚】	
	第52条【罚金数额的裁量】	
	第53条【罚金的缴纳、减免】	
	第64条【犯罪所得之物、所用之物的处理】	
	第67条【自首及其认定】	
	第69条【判决宣告前一人犯数罪的并罚】	
	第72条【缓刑的条件、禁止令与附加刑的执行】	
	第73条【缓刑考验期限】	
	第281条【非法生产、买卖警用装备罪】	
	第375条【伪造、变造、买卖武装部队公文、证件、印章罪；盗窃、抢夺武装部队公文、证件、印章罪；非法生产、买卖武装部队制式服装罪；伪造、盗窃、买卖、非法提供、非法使用武装部队专用标志罪】	

---

① 说明：本案由尚无足够数量判决书可供法律大数据分析。

		常见适用的法条
885	办理妨害武装部队制式服装、车辆号牌管理秩序案件司法解释	第2条【非法生产、买卖武装部队制式服装"情节严重"的认定】
804	财产刑适用规定	第1条【罚金的适用规则：并处、可并处】
		第2条【罚金数额的裁量】

X7.375.3　伪造、盗窃、买卖、非法提供、非法使用武装部队专用标志罪……………………………………★★

■ 主要适用的法条及其相关度

		主要适用的法条	相关度
333	刑法	第67条【自首及其认定】	★★★★★
		第375条【伪造、变造、买卖武装部队公文、证件、印章罪；盗窃、抢夺武装部队公文、证件、印章罪；非法生产、买卖武装部队制式服装罪；伪造、盗窃、买卖、非法提供、非法使用武装部队专用标志罪】	★★★★★
		第25条【共同犯罪的概念】	★★★
		第64条【犯罪所得之物、所用之物的处理】	★★★
		第69条【判决宣告前一人犯数罪的并罚】	★★★
		第72条【缓刑的条件、禁止令与附加刑的执行】	★★★
		第73条【缓刑考验期限】	★★★
		第26条【主犯；犯罪集团】	★★
		第52条【罚金数额的裁量】	★★
		第53条【罚金的缴纳、减免】	★★
		第27条【从犯；从犯的处罚】	★
		第281条【非法生产、买卖警用装备罪】	★

	主要适用的法条	相关度	
办理妨害武装部队管理秩序案件司法解释	办理妨害武装部队制式服装、车辆号牌管理秩序案件司法解释	第3条【伪造、盗窃、买卖或者非法提供、非法使用武装部队专用标志罪"情节严重""情节特别严重"的认定】	★★★	885

X7.376.1　战时拒绝、逃避征召、军事训练罪①

X7.376.2　战时拒绝、逃避服役罪②

X7.377　战时故意提供虚假敌情罪③

X7.378　战时造谣扰乱军心罪④

X7.379　战时窝藏逃离部队军人罪⑤

---

① 说明：本案由尚无足够数量判决书可供法律大数据分析。
② 同上注。
③ 同上注。
④ 同上注。
⑤ 同上注。

X7.380 战时拒绝、故意延误军事订货罪①

X7.381 战时拒绝军事征收、征用罪②

---

① 说明:本案由尚无足够数量判决书可供法律大数据分析。
② 同上注。

8 贪污贿赂罪

X8.382 贪污罪 ★★★★★

一、主要适用的法条及其相关度

	主要适用的法条	相关度	
刑法	第67条【自首及其认定】	★★★★★	333
	第382条【贪污罪;贪污罪共犯的认定】	★★★★★	
	第383条【贪污罪的处罚】	★★★★★	
	第64条【犯罪所得之物、所用之物的处理】	★★★★	
	第25条【共同犯罪的概念】	★★★	
	第52条【罚金数额的裁量】	★★★	
	第72条【缓刑的条件、禁止令与附加刑的执行】	★★★	
	第73条【缓刑考验期限】	★★★	
	第93条【国家工作人员的范围】	★★★	
	第26条【主犯;犯罪集团】	★★	
	第27条【从犯;从犯的处罚】	★★	
	第37条【免予刑事处罚与非刑事处罚措施】	★★	
	第53条【罚金的缴纳、减免】	★★	
	第61条【量刑根据】	★★	
	第12条【刑法的溯及力】	★	
	第69条【判决宣告前一人犯数罪的并罚】	★	
司法解释 刑事案件 办理贪贿	第1条【贪污罪、受贿罪"数额较大""其他较重情节"的认定】	★★★	806
	第19条【罚金数额】	★★★	

		主要适用的法条	相关度
806	办理贪贿刑事案件司法解释	第 2 条【贪污罪、受贿罪“数额巨大”“其他严重情节”的认定】	★★
		第 18 条【财物处理】	★

二、常见适用的其他法条

		常见适用的其他法条
333	刑法	第 45 条【有期徒刑的期限】
		第 47 条【有期徒刑刑期的计算与折抵】
		第 59 条【没收财产的范围】
		第 62 条【从重、从轻处罚】
		第 63 条【减轻处罚】
		第 68 条【立功】
		第 266 条【诈骗罪】
		第 271 条【职务侵占罪;贪污罪】
		第 385 条【受贿罪】
		第 386 条【受贿罪的处罚】
799	自首和立功司法解释	第 1 条【自首及其认定】

X8.384

X8.384 挪用公款罪 ························ ★★★★

一、主要适用的法条及其相关度

		主要适用的法条	相关度
333	刑法	第 67 条【自首及其认定】	★★★★★
		第 384 条【挪用公款罪】	★★★★★
		第 64 条【犯罪所得之物、所用之物的处理】	★★★

	主要适用的法条	相关度	
刑法	第72条【缓刑的条件、禁止令与附加刑的执行】	★★★	333
	第73条【缓刑考验期限】	★★★	
	第25条【共同犯罪的概念】	★★	
	第37条【免予刑事处罚与非刑事处罚措施】	★★	
	第69条【判决宣告前一人犯数罪的并罚】	★★	
	第93条【国家工作人员的范围】	★★	
	第383条【贪污罪的处罚】	★★	
	第27条【从犯;从犯的处罚】	★	
	第61条【量刑根据】	★	
	第382条【贪污罪;贪污罪共犯的认定】	★	
司法解释 办理贪贿刑事案件	第6条【挪用公款罪"数额较大""数额巨大""情节严重"的认定】	★★	806
司法解释 审理挪用公款案件	第2条【挪用公款罪】	★	861
	第3条【挪用公款归个人使用中各情形数额起点及"情节严重"的认定】	★	

■ 二、常见适用的其他法条

	常见适用的其他法条	
刑法	第26条【主犯;犯罪集团】	333
	第52条【罚金数额的裁量】	
	第53条【罚金的缴纳、减免】	
	第68条【立功】	
	第272条【挪用资金罪;挪用公款罪】	
	第385条【受贿罪】	
	第386条【受贿罪的处罚】	

	常见适用的其他法条
799 法解释 立功司和自首	第1条【自首及其认定】
806 司法解释 刑事案件办理贪贿	第1条【贪污罪、受贿罪"数额较大""其他较重情节"的认定】
	第19条【罚金数额】
861 司法解释 公款案件审理挪用	第1条【"挪用公款归个人使用"的认定】

X8.385

X8.385 受贿罪 ★★★★★

一、主要适用的法条及其相关度

	主要适用的法条	相关度
333 刑法	第64条【犯罪所得之物、所用之物的处理】	★★★★★
	第67条【自首及其认定】	★★★★★
	第383条【贪污罪的处罚】	★★★★★
	第385条【受贿罪】	★★★★★
	第386条【受贿罪的处罚】	★★★★★
	第72条【缓刑的条件、禁止令与附加刑的执行】	★★★
	第73条【缓刑考验期限】	★★★
	第93条【国家工作人员的范围】	★★★
	第12条【刑法的溯及力】	★★
	第25条【共同犯罪的概念】	★★
	第37条【免予刑事处罚与非刑事处罚措施】	★★
	第52条【罚金数额的裁量】	★★

	主要适用的法条	相关度	
刑法	第53条【罚金的缴纳、减免】	★★	333
	第61条【量刑根据】	★★	
	第68条【立功】	★★	
	第69条【判决宣告前一人犯数罪的并罚】	★★	
	第382条【贪污罪;贪污罪共犯的认定】	★★	
	第27条【从犯;从犯的处罚】	★	
	第47条【有期徒刑刑期的计算与折抵】	★	
	第59条【没收财产的范围】	★	
办理贪贿刑事案件司法解释	第19条【罚金数额】	★★★	806
	第1条【贪污罪、受贿罪"数额较大""其他较重情节"的认定】	★★	
	第2条【属于贪污罪、受贿罪"数额巨大""其他严重情节"的认定】	★★	
	第15条【计算受贿数额】	★	
	第18条【财物处理】	★	
自首和立功司法解释	第1条【自首及其认定】	★	799

二、常见适用的其他法条

	常见适用的其他法条	
刑法	第26条【主犯;犯罪集团】	333
	第45条【有期徒刑的期限】	
	第62条【从重、从轻处罚】	
	第63条【减轻处罚】	
	第163条【非国家工作人员受贿罪;受贿罪】	
	第388条【受贿罪】	
	第389条【行贿罪】	
	第390条【行贿罪的处罚】	

		常见适用的其他法条
806	司法解释 / 刑事案件 / 办理贪贿	第13条【"为他人谋取利益"的认定】
822	量刑情节的意见 / 认定自首、立功等 / 办理职务犯罪案件	第1条【关于自首的认定和处理】
799	法解释 / 立功司 / 自首和	第4条【如实供述同种罪行的法律后果】

X8.387 单位受贿罪 ★★★

■ 主要适用的法条及其相关度

		主要适用的法条	相关度
333	刑法	第67条【自首及其认定】	★★★★★
		第387条【单位受贿罪】	★★★★★
		第64条【犯罪所得之物、所用之物的处理】	★★★★
		第31条【单位犯罪的处罚】	★★★
		第37条【免予刑事处罚与非刑事处罚措施】	★★★
		第52条【罚金数额的裁量】	★★★
		第53条【罚金的缴纳、减免】	★★★
		第30条【单位负刑事责任的范围】	★★
		第69条【判决宣告前一人犯数罪的并罚】	★★
		第72条【缓刑的条件、禁止令与附加刑的执行】	★★
		第383条【贪污罪的处罚】	★★
		第385条【受贿罪】	★★

	主要适用的法条	相关度
刑法	第386条【受贿罪的处罚】	★★
	第25条【共同犯罪的概念】	★
	第27条【从犯；从犯的处罚】	★
	第61条【量刑根据】	★
	第73条【缓刑考验期限】	★
	第382条【贪污罪；贪污罪共犯的认定】	★
司法解释 刑事案件 办理贪贿	第2条【贪污罪、受贿罪"数额巨大""其他严重情节"的认定】	★
	第19条【罚金数额】	★

333

806

X8.388-1 利用影响力受贿罪 ★★

■ 主要适用的法条及其相关度

	主要适用的法条	相关度
刑法	第64条【犯罪所得之物、所用之物的处理】	★★★★★
	第67条【自首及其认定】	★★★★★
	第388条之1【利用影响力受贿罪】	★★★★★
	第52条【罚金数额的裁量】	★★★
	第53条【罚金的缴纳、减免】	★★★
	第69条【判决宣告前一人犯数罪的并罚】	★★★
	第72条【缓刑的条件、禁止令与附加刑的执行】	★★★
	第73条【缓刑考验期限】	★★★
	第383条【贪污罪的处罚】	★★
	第385条【受贿罪】	★★
	第386条【受贿罪的处罚】	★★
	第25条【共同犯罪的概念】	★
	第61条【量刑根据】	★
	第388条【受贿罪】	★

333

		主要适用的法条	相关度
333	刑法	第389条【行贿罪】	★
		第390条【行贿罪的处罚】	★
806	办理贪贿刑事案件司法解释	第10条【利用影响力受贿罪、对有影响力的人行贿罪的定罪量刑标准】	★★★
		第19条【罚金数额】	★★
		第1条【贪污罪、受贿罪"数额较大""其他较重情节"的认定】	★
		第2条【贪污罪、受贿罪"数额巨大""其他严重情节"的认定】	★
		第18条【财物处理】	★

X8.389 行贿罪 ············· ★★★★

一、主要适用的法条及其相关度

		主要适用的法条	相关度
333	刑法	第389条【行贿罪】	★★★★★
		第390条【行贿罪的处罚】	★★★★★
		第67条【自首及其认定】	★★★★
		第72条【缓刑的条件、禁止令与附加刑的执行】	★★★★
		第73条【缓刑考验期限】	★★★★
		第12条【刑法的溯及力】	★★
		第52条【罚金数额的裁量】	★★
		第64条【犯罪所得之物、所用之物的处理】	★★
		第25条【共同犯罪的概念】	★
		第37条【免予刑事处罚与非刑事处罚措施】	★
		第53条【罚金的缴纳、减免】	★
		第61条【量刑根据】	★

	主要适用的法条	相关度	
司法解释	刑事办理贪污 第7条【行贿罪】	★★	806
	第19条【罚金数额】	★	

■ 二、常见适用的其他法条

	常见适用的其他法条	
刑法	第68条【立功】	333
	第69条【判决宣告前一人犯数罪的并罚】	
司法解释办理行贿案	第1条【追究行贿罪的数额起点】	869
	第2条【行贿罪"情节严重"的认定】	
	第5条【多次行贿未经处理的数额认定】	
	第12条【行贿罪"谋取不正当利益"的认定】	
	第13条【行贿罪"被追诉前"的认定】	
司法解释 刑事办理贪污	第8条【行贿罪"情节严重"的认定】	806

X8.390-1 对有影响力的人行贿罪 ············ ★

X8.390-1

■ 常见适用的法条

	常见适用的法条	
刑法	第30条【单位负刑事责任的范围】	333
	第31条【单位犯罪的处罚】	
	第52条【罚金数额的裁量】	
	第53条【罚金的缴纳、减免】	
	第67条【自首及其认定】	
	第69条【判决宣告前一人犯数罪的并罚】	

		常见适用的法条
333	刑法	第72条【缓刑的条件、禁止令与附加刑的执行】
		第73条【缓刑考验期限】
		第389条【行贿罪】
		第390条【行贿罪的处罚】
		第390条之1【对有影响力的人行贿罪】
806	司法解释 刑事案件 办理贪贿	第14条【行贿罪"犯罪较轻""重大案件""对侦破重大案件起关键作用"的认定】
		第19条【罚金数额】

X8.391　对单位行贿罪 ★★

▇ 主要适用的法条及其相关度

		主要适用的法条	相关度
333	刑法	第391条【对单位行贿罪】	★★★★★
		第67条【自首及其认定】	★★★★
		第72条【缓刑的条件、禁止令与附加刑的执行】	★★★★
		第73条【缓刑考验期限】	★★★
		第37条【免予刑事处罚与非刑事处罚措施】	★★
		第69条【判决宣告前一人犯数罪的并罚】	★★
		第389条【行贿罪】	★★
		第12条【刑法的溯及力】	★
		第25条【共同犯罪的概念】	★
		第30条【单位负刑事责任的范围】	★
		第31条【单位犯罪的处罚】	★
		第52条【罚金数额的裁量】	★
		第53条【罚金的缴纳、减免】	★
		第61条【量刑根据】	★

	主要适用的法条	相关度
刑法	第 64 条【犯罪所得之物、所用之物的处理】	★
	第 390 条【行贿罪的处罚】	★
	第 393 条【单位行贿罪】	★

X8.392　介绍贿赂罪 ★★★

■ 主要适用的法条及其相关度

		主要适用的法条	相关度
刑法		第 392 条【介绍贿赂罪】	★★★★★
		第 67 条【自首及其认定】	★★★★
		第 64 条【犯罪所得之物、所用之物的处理】	★★★
		第 72 条【缓刑的条件、禁止令与附加刑的执行】	★★★
		第 73 条【缓刑考验期限】	★★★
		第 12 条【刑法的溯及力】	★
		第 25 条【共同犯罪的概念】	★
		第 37 条【免予刑事处罚与非刑事处罚措施】	★
		第 52 条【罚金数额的裁量】	★
		第 61 条【量刑根据】	★
		第 69 条【判决宣告前一人犯数罪的并罚】	★
		第 383 条【贪污罪的处罚】	★
		第 385 条【受贿罪】	★
		第 386 条【受贿罪的处罚】	★
		第 389 条【行贿罪】	★
		第 390 条【行贿罪的处罚】	★
司法解释	刑事案件	办理贪贿	第 19 条【罚金数额】	★

X8.393　单位行贿罪 ★★★★

一、主要适用的法条及其相关度

	主要适用的法条	相关度
刑法	第67条【自首及其认定】	★★★★★
	第393条【单位行贿罪】	★★★★★
	第72条【缓刑的条件、禁止令与附加刑的执行】	★★★★
	第30条【单位负刑事责任的范围】	★★★
	第31条【单位犯罪的处罚】	★★★
	第52条【罚金数额的裁量】	★★★
	第53条【罚金的缴纳、减免】	★★★
	第73条【缓刑考验期限】	★★★
	第390条【行贿罪的处罚】	★★★
	第12条【刑法的溯及力】	★★
	第37条【免予刑事处罚与非刑事处罚措施】	★★
	第64条【犯罪所得之物、所用之物的处理】	★★
	第61条【量刑根据】	★
解释 办理行贿案件司法	第7条【行贿罪中减轻或者免除处罚的情形】	★★

二、常见适用的其他法条

	常见适用的其他法条
刑法	第25条【共同犯罪的概念】
	第68条【立功】
	第69条【判决宣告前一人犯数罪的并罚】
	第389条【行贿罪】
	第391条【对单位行贿罪】

	常见适用的其他法条	
司法解释 刑事案件 办理贪贿	第19条【罚金数额】	806
司法解释 办理行贿案件	第12条【行贿罪"谋取不正当利益"的认定】	869
	第13条【"被追诉前"的定义】	
法解释 立功 自首和	第1条【自首及其认定】	799

X8.395.1 巨额财产来源不明罪 ★★

主要适用的法条及其相关度

	主要适用的法条	相关度	
刑法	第64条【犯罪所得之物、所用之物的处理】	★★★★★	333
	第69条【判决宣告前一人犯数罪的并罚】	★★★★★	
	第383条【贪污罪的处罚】	★★★★★	
	第385条【受贿罪】	★★★★★	
	第386条【受贿罪的处罚】	★★★★★	
	第395条【巨额财产来源不明罪;隐瞒境外存款罪】	★★★★★	
	第67条【自首及其认定】	★★★★	
	第52条【罚金数额的裁量】	★★	
	第59条【没收财产的范围】	★★	
	第61条【量刑根据】	★★	
	第382条【贪污罪;贪污罪共犯的认定】	★★	
	第12条【刑法的溯及力】	★	
	第25条【共同犯罪的概念】	★	
	第26条【主犯;犯罪集团】	★	
	第27条【从犯;从犯的处罚】	★	

		主要适用的法条	相关度
333	刑法	第47条【有期徒刑刑期的计算与折抵】	★
		第53条【罚金的缴纳、减免】	★
		第56条【剥夺政治权利的适用范围】	★
		第72条【缓刑的条件、禁止令与附加刑的执行】	★
		第93条【国家工作人员的范围】	★
		第397条【滥用职权罪；玩忽职守罪】	★
806	办理贪贿刑事案件司法解释	第19条【罚金数额】	★★
		第1条【贪污罪、受贿罪"数额较大""其他较重情节"的认定】	★
		第2条【贪污罪、受贿罪"数额巨大""其他严重情节"的认定】	★
		第3条【贪污罪、受贿罪"数额特别巨大""其他特别严重情节"的认定】	★
		第18条【财物处理】	★

X8.395.2　隐瞒境外存款罪 ································ ★

■ 常见适用的法条

		常见适用的法条
333	刑法	第67条【自首及其认定】
		第395条【巨额财产来源不明罪；隐瞒境外存款罪】

X8.396.1 私分国有资产罪 ★★★

■ 主要适用的法条及其相关度

	主要适用的法条	相关度	
刑法	第67条【自首及其认定】	★★★★★	333
	第396条【私分国有资产罪;私分罚没财物罪】	★★★★★	
	第64条【犯罪所得之物、所用之物的处理】	★★★★	
	第25条【共同犯罪的概念】	★★★	
	第37条【免予刑事处罚与非刑事处罚措施】	★★★	
	第69条【判决宣告前一人犯数罪的并罚】	★★★	
	第27条【从犯;从犯的处罚】	★★	
	第52条【罚金数额的裁量】	★★	
	第53条【罚金的缴纳、减免】	★★	
	第72条【缓刑的条件、禁止令与附加刑的执行】	★★	
	第73条【缓刑考验期限】	★★	
	第382条【贪污罪;贪污罪共犯的认定】	★★	
	第383条【贪污罪的处罚】	★★	
	第385条【受贿罪】	★★	
	第26条【主犯;犯罪集团】	★	
	第93条【国家工作人员的范围】	★	
	第386条【受贿罪的处罚】	★	
司法解释	刑事案件 办理贪贿 第19条【罚金数额】	★	806

X8.396.2 私分罚没财物罪①

---

① 说明:本案由尚无足够数量判决书可供法律大数据分析。

9 渎职罪

X9.397:1　滥用职权罪　……………………………… ★★★★

一、主要适用的法条及其相关度

	主要适用的法条	相关度
刑法	第67条【自首及其认定】	★★★★★
	第397条【滥用职权罪；玩忽职守罪】	★★★★★
	第25条【共同犯罪的概念】	★★★
	第37条【免予刑事处罚与非刑事处罚措施】	★★★
	第64条【犯罪所得之物、所用之物的处理】	★★★
	第69条【判决宣告前一人犯数罪的并罚】	★★★
	第72条【缓刑的条件、禁止令与附加刑的执行】	★★★
	第383条【贪污罪的处罚】	★★★
	第385条【受贿罪】	★★★
	第386条【受贿罪的处罚】	★★★
	第27条【从犯；从犯的处罚】	★★
	第73条【缓刑考验期限】	★★
	第93条【国家工作人员的范围】	★★
	第26条【主犯；犯罪集团】	★
	第52条【罚金数额的裁量】	★
	第53条【罚金的缴纳、减免】	★
	第61条【量刑根据】	★
	第382条【贪污罪；贪污罪共犯的认定】	★

	主要适用的法条	相关度	
解释一 案件司法 办理渎职	第1条【滥用职权罪、玩忽职守罪"致使公共财产、国家和人民利益遭受重大损失"的认定】	★★	853
司法解释 刑事案件 办理贪贿	第1条【贪污罪、受贿罪"数额较大""其他较重情节"的认定】	★	806
	第19条【罚金数额】	★	

二、常见适用的其他法条

	常见适用的其他法条	
刑法	第12条【刑法的溯及力】	333
	第45条【有期徒刑的期限】	
	第47条【有期徒刑刑期的计算与折抵】	
	第68条【立功】	
	第389条【行贿罪】	
	第390条【行贿罪的处罚】	
司法解释 刑事案件 办理贪贿	第2条【贪污罪、受贿罪"数额巨大""其他严重情节"的认定】	806
	第18条【财物处理】	
解释一 案件司法 办理渎职	第3条【渎职犯罪和受贿罪数罪并罚的情形】	853
	第8条【渎职犯罪"经济损失"的认定】	
法解释 立功司 自首和	第1条【自首及其认定】	799

X9.397:2　玩忽职守罪 ★★★★

■ 主要适用的法条及其相关度

		主要适用的法条	相关度
	刑法	第397条【滥用职权罪；玩忽职守罪】	★★★★★
		第37条【免予刑事处罚与非刑事处罚措施】	★★★★
		第67条【自首及其认定】	★★★★
		第72条【缓刑的条件、禁止令与附加刑的执行】	★★
		第73条【缓刑考验期限】	★★
		第61条【量刑根据】	★
		第64条【犯罪所得之物、所用之物的处理】	★
		第69条【判决宣告前一人犯数罪的并罚】	★
		第93条【国家工作人员的范围】	★
		第383条【贪污罪的处罚】	★
		第385条【受贿罪】	★
		第386条【受贿罪的处罚】	★
	解释一办理渎职案件司法	第1条【滥用职权罪、玩忽职守罪"致使公共财产、国家和人民利益遭受重大损失"的认定】	★★

X9.398:1　故意泄露国家秘密罪 ★★

■ 主要适用的法条及其相关度

		主要适用的法条	相关度
	刑法	第67条【自首及其认定】	★★★★★
		第398条【故意泄露国家秘密罪；过失泄露国家秘密罪】	★★★★★

	主要适用的法条	相关度
刑法	第64条【犯罪所得之物、所用之物的处理】	★★★★
	第25条【共同犯罪的概念】	★★★
	第37条【免予刑事处罚与非刑事处罚措施】	★★★
	第72条【缓刑的条件、禁止令与附加刑的执行】	★★★
	第73条【缓刑考验期限】	★★★
	第26条【主犯;犯罪集团】	★
	第27条【从犯;从犯的处罚】	★
	第282条【非法获取国家秘密罪;非法持有国家绝密、机密文件、资料、物品罪】	★

X9.398:2 过失泄露国家秘密罪①

X9.399.1 徇私枉法罪 ······ ★★★

一、主要适用的法条及其相关度

	主要适用的法条	相关度
刑法	第399条【徇私枉法罪;民事、行政枉法裁判罪;执行判决、裁定失职罪;执行判决、裁定滥用职权罪】	★★★★★
	第67条【自首及其认定】	★★★★
	第64条【犯罪所得之物、所用之物的处理】	★★★
	第25条【共同犯罪的概念】	★★
	第37条【免予刑事处罚与非刑事处罚措施】	★★
	第69条【判决宣告前一人犯数罪的并罚】	★★
	第72条【缓刑的条件、禁止令与附加刑的执行】	★★
	第383条【贪污罪的处罚】	★★
	第385条【受贿罪】	★★

---

① 说明:本案由尚无足够数量判决书可供法律大数据分析。

一、主要适用的法条及其相关度

		主要适用的法条	相关度
333	刑法	第386条【受贿罪的处罚】	★★
		第26条【主犯;犯罪集团】	★
		第27条【从犯;从犯的处罚】	★
		第61条【量刑根据】	★
		第73条【缓刑考验期限】	★
806	司法解释 刑事案件 办理贪贿	第19条【罚金数额】	★

二、常见适用的其他法条

		常见适用的其他法条
333	刑法	第399条之1【枉法仲裁罪】

X9.399.2

X9.399.2 民事、行政枉法裁判罪 ………………… ★★

主要适用的法条及其相关度

		主要适用的法条	相关度
333	刑法	第399条【徇私枉法罪;民事、行政枉法裁判罪;执行判决、裁定失职罪;执行判决、裁定滥用职权罪】	★★★★★
		第67条【自首及其认定】	★★★★
		第25条【共同犯罪的概念】	★★★
		第37条【免予刑事处罚与非刑事处罚措施】	★★★
		第69条【判决宣告前一人犯数罪的并罚】	★★★
		第72条【缓刑的条件、禁止令与附加刑的执行】	★★★
		第383条【贪污罪的处罚】	★★★
		第385条【受贿罪】	★★★

	主要适用的法条	相关度
刑法	第386条【受贿罪的处罚】	★★★
	第26条【主犯;犯罪集团】	★★
	第27条【从犯;从犯的处罚】	★★
	第73条【缓刑考验期限】	★★
	第64条【犯罪所得之物、所用之物的处理】	★
	第70条【判决宣告后刑罚执行完毕前发现漏罪的并罚】	★
	第76条【社区矫正;缓刑考验合格的处理】	★
	第77条【缓刑考验不合格的处理】	★
	第271条【职务侵占罪;贪污罪】	★
量刑情节的意见 认定自首、立功等 办理职务犯罪案件	第1条【关于自首的认定和处理】	★

333

822

X9.399.3:1　执行判决、裁定失职罪 ……………………………… ★

■ 常见适用的法条

	常见适用的法条
刑法	第13条【犯罪概念】
	第37条【免予刑事处罚与非刑事处罚措施】
	第61条【量刑根据】
	第67条【自首及其认定】
	第69条【判决宣告前一人犯数罪的并罚】
	第72条【缓刑的条件、禁止令与附加刑的执行】
	第73条【缓刑考验期限】
	第382条【贪污罪;贪污罪共犯的认定】

333

		常见适用的法条
333	刑法	第383条【贪污罪的处罚】
		第384条【挪用公款罪】
		第385条【受贿罪】
		第386条【受贿罪的处罚】
		第399条【徇私枉法罪；民事、行政枉法裁判罪；执行判决、裁定失职罪；执行判决、裁定滥用职权罪】
853	解释一	案件办理司法渎职	第1条【滥用职权罪、玩忽职守罪"致使公共财产、国家和人民利益遭受重大损失"的认定】
		第2条【滥用职权罪或者玩忽职守罪的定罪范围】

X9.399.3:2　执行判决、裁定滥用职权罪 ·················· ★

■ 常见适用的法条

		常见适用的法条
333	刑法	第25条【共同犯罪的概念】
		第37条【免予刑事处罚与非刑事处罚措施】
		第64条【犯罪所得之物、所用之物的处理】
		第67条【自首及其认定】
		第69条【判决宣告前一人犯数罪的并罚】
		第72条【缓刑的条件、禁止令与附加刑的执行】
		第73条【缓刑考验期限】
		第383条【贪污罪的处罚】
		第384条【挪用公款罪】
		第385条【受贿罪】
		第386条【受贿罪的处罚】
		第389条【行贿罪】

	常见适用的法条	
刑法	第390条【行贿罪的处罚】	
	第397条【滥用职权罪；玩忽职守罪】	
	第399条【徇私枉法罪；民事、行政枉法裁判罪；执行判决、裁定失职罪；执行判决、裁定滥用职权罪】	
办理渎职案件司法解释一	第1条【滥用职权罪、玩忽职守罪"致使公共财产、国家和人民利益遭受重大损失"的认定】	853
办理贪贿刑事案件司法解释	第1条【贪污罪、受贿罪"数额较大""其他较重情节"的认定】	806
	第6条【挪用公款罪"数额较大""数额巨大""情节严重"的认定】	
	第19条【罚金数额】	

X9.399-1 枉法仲裁罪①

X9.400.1 私放在押人员罪 ……………………… ★

常见适用的法条

	常见适用的法条	
刑法	第1条【刑法的目的与根据】	333
	第5条【罪责刑相适应原则】	
	第23条【犯罪未遂；犯罪未遂的处罚】	
	第25条【共同犯罪的概念】	
	第26条【主犯；犯罪集团】	
	第27条【从犯；从犯的处罚】	
	第37条【免予刑事处罚与非刑事处罚措施】	

---

① 说明：本案由尚无足够数量判决书可供法律大数据分析。

		常见适用的法条
333	刑法	第45条【有期徒刑的期限】
		第47条【有期徒刑刑期的计算与折抵】
		第61条【量刑根据】
		第62条【从重、从轻处罚】
		第64条【犯罪所得之物、所用之物的处理】
		第67条【自首及其认定】
		第68条【立功】
		第69条【判决宣告前一人犯数罪的并罚】
		第72条【缓刑的条件、禁止令与附加刑的执行】
		第73条【缓刑考验期限】
		第128条【非法持有、私藏枪支、弹药罪;非法出租、出借枪支罪】
		第310条【窝藏、包庇罪】
		第397条【滥用职权罪;玩忽职守罪】
		第400条【私放在押人员罪;失职致使在押人员脱逃罪】
814	司法解释 非法制造买卖运输枪支弹药爆炸物罪	第5条【以非法持有、私藏枪支、弹药罪论处的情形】

X9.400.2　失职致使在押人员脱逃罪 ······························ ★★

■ 主要适用的法条及其相关度

		主要适用的法条	相关度
333	刑法	第67条【自首及其认定】	★★★★★
		第400条【私放在押人员罪;失职致使在押人员脱逃罪】	★★★★★

	主要适用的法条	相关度
刑法	第37条【免予刑事处罚与非刑事处罚措施】	★★★
	第72条【缓刑的条件、禁止令与附加刑的执行】	★★
	第73条【缓刑考验期限】	★★

333

X9.401 徇私舞弊减刑、假释、暂予监外执行罪 ………… ★★

▨ 主要适用的法条及其相关度

	主要适用的法条	相关度
刑法	第67条【自首及其认定】	★★★★★
	第401条【徇私舞弊减刑、假释、暂予监外执行罪】	★★★★★
	第37条【免予刑事处罚与非刑事处罚措施】	★★★
	第64条【犯罪所得之物、所用之物的处理】	★★★
	第69条【判决宣告前一人犯数罪的并罚】	★★★
	第383条【贪污罪的处罚】	★★★
	第385条【受贿罪】	★★★
	第386条【受贿罪的处罚】	★★★
	第72条【缓刑的条件、禁止令与附加刑的执行】	★★
	第25条【共同犯罪的概念】	★
	第52条【罚金数额的裁量】	★
	第53条【罚金的缴纳、减免】	★
	第61条【量刑根据】	★
	第68条【立功】	★
	第73条【缓刑考验期限】	★
	第93条【国家工作人员的认定:国家机关公务人员;国有公司、企业、事业单位、人民团体公务人员、被委派公务人员】	★
	第94条【司法工作人员的含义】	★

333

		主要适用的法条	相关度
806	司法解释	第1条【贪污罪、受贿罪"数额较大""其他较重情节"的认定】	★
	刑事案件办理贪贿	第19条【罚金数额】	★

X9.402　徇私舞弊不移交刑事案件罪 ……………… ★★

■ 主要适用的法条及其相关度

		主要适用的法条	相关度
333	刑法	第67条【自首及其认定】	★★★★★
		第402条【徇私舞弊不移交刑事案件罪】	★★★★★
		第37条【免予刑事处罚与非刑事处罚措施】	★★★★
		第25条【共同犯罪的概念】	★★
		第72条【缓刑的条件、禁止令与附加刑的执行】	★★
		第26条【主犯；犯罪集团】	★
		第61条【量刑根据】	★
		第64条【犯罪所得之物、所用之物的处理】	★
		第69条【判决宣告前一人犯数罪的并罚】	★
		第73条【缓刑考验期限】	★
		第342条【非法占用农用地罪】	★
		第383条【贪污罪的处罚】	★
		第385条【受贿罪】	★
		第386条【受贿罪的处罚】	★

X9.403　滥用管理公司、证券职权罪 ★

■ 常见适用的法条

	常见适用的法条
刑法	第25条【共同犯罪的概念】
	第67条【自首及其认定】
	第403条【滥用管理公司、证券职权罪】

X9.404　徇私舞弊不征、少征税款罪 ★★

■ 主要适用的法条及其相关度

	主要适用的法条	相关度
刑法	第64条【犯罪所得之物、所用之物的处理】	★★★★★
	第67条【自首及其认定】	★★★★★
	第69条【判决宣告前一人犯数罪的并罚】	★★★★★
	第383条【贪污罪的处罚】	★★★★★
	第385条【受贿罪】	★★★★★
	第386条【受贿罪的处罚】	★★★★★
	第404条【徇私舞弊不征、少征税款罪】	★★★★★
	第25条【共同犯罪的概念】	★★
	第37条【免予刑事处罚与非刑事处罚措施】	★★
	第52条【罚金数额的裁量】	★
	第53条【罚金的缴纳、减免】	★
	第61条【量刑根据】	★
	第68条【立功】	★
	第72条【缓刑的条件、禁止令与附加刑的执行】	★
	第73条【缓刑考验期限】	★

		主要适用的法条	相关度
333	刑法	第 93 条【国家工作人员的范围】	★
		第 397 条【滥用职权罪;玩忽职守罪】	★
806	办理贪贿刑事案件司法解释	第 1 条【贪污罪、受贿罪"数额较大""其他较重情节"的认定】	★★
		第 2 条【贪污罪、受贿罪"数额巨大""其他严重情节"的认定】	★
		第 15 条【计算受贿数额】	★
		第 18 条【财物处理】	★
		第 19 条【罚金数额】	★
853	办理渎职司法解释一	第 3 条【渎职犯罪和受贿罪数罪并罚的情形】	★
		第 8 条【渎职犯罪"经济损失"的认定】	★

X9.405.1 徇私舞弊发售发票、抵扣税款、出口退税罪 … ★

■ 常见适用的法条

		常见适用的法条
333	刑法	第 25 条【共同犯罪的概念】
		第 26 条【主犯;犯罪集团】
		第 27 条【从犯;从犯的处罚】
		第 37 条【免予刑事处罚与非刑事处罚措施】
		第 42 条【拘役的期限】
		第 44 条【拘役刑期的计算与折抵】
		第 47 条【有期徒刑刑期的计算与折抵】
		第 55 条【剥夺政治权利的期限】
		第 56 条【剥夺政治权利的适用范围】

	常见适用的法条	
刑法	第59条【没收财产的范围】	333
	第61条【量刑根据】	
	第64条【犯罪所得之物、所用之物的处理】	
	第67条【自首及其认定】	
	第69条【判决宣告前一人犯数罪的并罚】	
	第70条【判决宣告后刑罚执行完毕前发现漏罪的并罚】	
	第72条【缓刑的条件、禁止令与附加刑的执行】	
	第73条【缓刑考验期限】	
	第93条【国家工作人员的范围】	
	第382条【贪污罪；贪污罪共犯的认定】	
	第383条【贪污罪的处罚】	
	第385条【受贿罪】	
	第386条【受贿罪的处罚】	
	第397条【滥用职权罪；玩忽职守罪】	
	第405条【徇私舞弊发售发票、抵扣税款、出口退税罪；违法提供出口退税凭证罪】	

X9.405.2　违法提供出口退税凭证罪 ……………………… ★

■ 常见适用的法条

	常见适用的法条	
刑法	第25条【共同犯罪的概念】	333
	第64条【犯罪所得之物、所用之物的处理】	
	第67条【自首及其认定】	
	第68条【立功】	

	常见适用的法条
刑法	第69条【判决宣告前一人犯数罪的并罚】
	第383条【贪污罪的处罚】
	第385条【受贿罪】
	第386条【受贿罪的处罚】
	第405条【徇私舞弊发售发票、抵扣税款、出口退税罪;违法提供出口退税凭证罪】

333

X9.406　国家机关工作人员签订、履行合同失职被骗罪 ★

■ 常见适用的法条

	常见适用的法条
刑法	第37条【免予刑事处罚与非刑事处罚措施】
	第67条【自首及其认定】
	第167条【签订、履行合同失职被骗罪】
	第406条【国家机关工作人员签订、履行合同失职被骗罪】

333

X9.407　违法发放林木采伐许可证罪 ★★

■ 主要适用的法条及其相关度

	主要适用的法条	相关度
刑法	第37条【免予刑事处罚与非刑事处罚措施】	★★★★★
	第67条【自首及其认定】	★★★★★
	第407条【违法发放林木采伐许可证罪】	★★★★★

333

	主要适用的法条	相关度	
刑法	第72条【缓刑的条件、禁止令与附加刑的执行】	★★	333
	第73条【缓刑考验期限】	★★	
	第25条【共同犯罪的概念】	★	
	第61条【量刑根据】	★	
	第64条【犯罪所得之物、所用之物的处理】	★	
	第68条【立功】	★	
	第172条【持有、使用假币罪】	★	
	第397条【滥用职权罪；玩忽职守罪】	★	
司法解释 破坏森林资源犯罪	第12条【违法发放林木采伐许可证罪】	★★	832
法解释 立功自首和司	第1条【自首及其认定】	★	799

X9.408 环境监管失职罪 ★★

▩ 主要适用的法条及其相关度

	主要适用的法条	相关度	
刑法	第408条【环境监管失职罪】	★★★★★	333
	第37条【免予刑事处罚与非刑事处罚措施】	★★★★	
	第67条【自首及其认定】	★★★★	
	第93条【国家工作人员的范围】	★★★	
	第64条【犯罪所得之物、所用之物的处理】	★	
	第69条【判决宣告前一人犯数罪的并罚】	★	
	第72条【缓刑的条件、禁止令与附加刑的执行】	★	

		主要适用的法条	相关度
333	刑法	第 73 条【缓刑考验期限】	★
		第 383 条【贪污罪的处罚】	★
		第 385 条【受贿罪】	★
		第 386 条【受贿罪的处罚】	★
849	解释 犯罪 环境污染 司法	第 1 条【污染环境罪中"严重污染环境"的认定】	★★
		第 2 条【环境犯罪及环境监管失职犯罪中后果严重的认定】	★★

X9.408-1　食品监管渎职罪　★★

■ 主要适用的法条及其相关度

		主要适用的法条	相关度
333	刑法	第 67 条【自首及其认定】	★★★★★
		第 408 条之 1【食品监管渎职罪】	★★★★★
		第 37 条【免予刑事处罚与非刑事处罚措施】	★★★★
		第 25 条【共同犯罪的概念】	★
		第 64 条【犯罪所得之物、所用之物的处理】	★
		第 69 条【判决宣告前一人犯数罪的并罚】	★
		第 72 条【缓刑的条件、禁止令与附加刑的执行】	★
		第 73 条【缓刑考验期限】	★
		第 93 条【国家工作人员的范围】	★
		第 383 条【贪污罪的处罚】	★
		第 385 条【受贿罪】	★
		第 386 条【受贿罪的处罚】	★

	主要适用的法条	相关度	
解释一 办理渎职案件司法	第1条【滥用职权罪、玩忽职守罪"致使公共财产、国家和人民利益遭受重大损失"的认定】	★	853

X9.409 传染病防治失职罪 ……………………………… ★

■ 常见适用的法条

	常见适用的法条	
刑法	第37条【免予刑事处罚与非刑事处罚措施】	333
	第67条【自首及其认定】	
	第409条【传染病防治失职罪】	

X9.410:1 非法批准征收、征用、占用土地罪 …………… ★

■ 常见适用的法条

	常见适用的法条	
刑法	第23条【犯罪未遂;犯罪未遂的处罚】	333
	第25条【共同犯罪的概念】	
	第26条【主犯;犯罪集团】	
	第27条【从犯;从犯的处罚】	
	第37条【免予刑事处罚与非刑事处罚措施】	
	第42条【拘役的期限】	
	第52条【罚金数额的裁量】	
	第53条【罚金的缴纳、减免】	
	第61条【量刑根据】	
	第64条【犯罪所得之物、所用之物的处理】	

		常见适用的法条
333	刑法	第67条【自首及其认定】
		第69条【判决宣告前一人犯数罪的并罚】
		第72条【缓刑的条件、禁止令与附加刑的执行】
		第73条【缓刑考验期限】
		第93条【国家工作人员的范围】
		第266条【诈骗罪】
		第383条【贪污罪的处罚】
		第385条【受贿罪】
		第386条【受贿罪的处罚】
		第389条【行贿罪】
		第390条【行贿罪的处罚】
		第397条【滥用职权罪;玩忽职守罪】
		第410条【非法批准征收、征用、占用土地罪;非法低价出让国有土地使用权罪】
876	司法解释 资源刑事案件 审理破坏草原	第3条【国家机关工作人员违反草原法等土地管理法规徇私舞弊情形的认定】
872	司法解释 资源破坏犯罪土地	第4条【非法批准征收、征用、占用土地罪"情节严重"的认定】
852	司法解释 资源刑事案件 审理破坏林地	第2条【国家机关工作人员违反土地管理法规徇私舞弊情形的认定】

X9.410:2 非法低价出让国有土地使用权罪 ······ ★

■ 常见适用的法条

	常见适用的法条	
刑法	第25条【共同犯罪的概念】	333
	第37条【免予刑事处罚与非刑事处罚措施】	
	第52条【罚金数额的裁量】	
	第61条【量刑根据】	
	第64条【犯罪所得之物、所用之物的处理】	
	第67条【自首及其认定】	
	第68条【立功】	
	第69条【判决宣告前一人犯数罪的并罚】	
	第72条【缓刑的条件、禁止令与附加刑的执行】	
	第73条【缓刑考验期限】	
	第383条【贪污罪的处罚】	
	第385条【受贿罪】	
	第386条【受贿罪的处罚】	
	第397条【滥用职权罪;玩忽职守罪】	
	第410条【非法批准征收、征用、占用土地罪;非法低价出让国有土地使用权罪】	
法解释 自首立功和司	第1条【自首及其认定】	799
	第3条【从轻、减轻或免除处罚:自首情节】	
	第5条【立功表现的认定】	
司法解释 破坏土地资源犯罪	第7条【非法低价出让国有土地使用权罪"致使国家和集体利益遭受特别重大损失"的认定】	872
解释一 办理渎职案件司法	第3条【渎职犯罪和受贿罪数罪并罚的情形】	853
	第5条【国家机关负责人员构成渎职犯罪的认定】	

		常见适用的法条
806	办理贪贿刑事案件司法解释	第2条【贪污罪、受贿罪"数额巨大""其他严重情节"的认定】
		第15条【计算受贿数额】
		第18条【财物处理】
		第19条【罚金数额】
822	量刑情节的意见	办理职务犯罪案件认定自首、立功等	第1条【关于自首的认定和处理】
		第4条【关于赃款赃物追缴等情形的处理】

X9.411 放纵走私罪 ★

■ 常见适用的法条

		常见适用的法条
333	刑法	第23条【犯罪未遂;犯罪未遂的处罚】
		第25条【共同犯罪的概念】
		第26条【主犯;犯罪集团】
		第37条【免予刑事处罚与非刑事处罚措施】
		第47条【有期徒刑刑期的计算与折抵】
		第52条【罚金数额的裁量】
		第53条【罚金的缴纳、减免】
		第63条【减轻处罚】
		第64条【犯罪所得之物、所用之物的处理】
		第67条【自首及其认定】
		第68条【立功】
		第69条【判决宣告前一人犯数罪的并罚】

	常见适用的法条	
刑法	第72条【缓刑的条件、禁止令与附加刑的执行】	333
	第73条【缓刑考验期限】	
	第383条【贪污罪的处罚】	
	第385条【受贿罪】	
	第386条【受贿罪的处罚】	
	第411条【放纵走私罪】	
法律的意见 办理走私刑事案件适用	第16条【关于放纵走私罪的认定问题】	824
案件司法解释 办理贪贿刑事	第1条【贪污罪、受贿罪"数额较大""其他较重情节"的认定】	806
	第2条【贪污罪、受贿罪"数额巨大""其他严重情节"的认定】	
	第18条【财物处理】	
	第19条【罚金数额】	
量刑情节的意见 认定自首、立功等 办理职务犯罪案件	第1条【关于自首的认定和处理】	822
法解释 立功司 自首和	第1条【自首及其认定】	799
	第3条【从轻、减轻或免除处罚：自首情节】	

X9.412.1　商检徇私舞弊罪 ★

■ 常见适用的法条

		常见适用的法条
333	刑法	第64条【犯罪所得之物、所用之物的处理】
		第67条【自首及其认定】
		第69条【判决宣告前一人犯数罪的并罚】
		第383条【贪污罪的处罚】
		第385条【受贿罪】
		第386条【受贿罪的处罚】
		第412条【商检徇私舞弊罪；商检失职罪】
853	解释一 案件 办理渎职司法	第3条【渎职犯罪和受贿罪数罪并罚的情形】
806	司法解释 刑事案件 办理贪贿	第2条【贪污罪、受贿罪"数额巨大""其他严重情节"的认定】
		第17条【国家工作人员同时构成受贿罪和渎职犯罪的，除刑法另有规定外，数罪并罚】
		第19条【罚金数额】

X9.412.2　商检失职罪①

---

① 说明：本案由尚无足够数量判决书可供法律大数据分析。

X9.413.1 动植物检疫徇私舞弊罪 ★★★

主要适用的法条及其相关度

	主要适用的法条	相关度	
刑法	第67条【自首及其认定】	★★★★★	333
	第413条【动植物检疫徇私舞弊罪;动植物检疫失职罪】	★★★★★	
	第72条【缓刑的条件、禁止令与附加刑的执行】	★★★	
	第25条【共同犯罪的概念】	★★	
	第37条【免予刑事处罚与非刑事处罚措施】	★★	
	第64条【犯罪所得之物、所用之物的处理】	★★	
	第73条【缓刑考验期限】	★★	
	第26条【主犯;犯罪集团】	★	
	第69条【判决宣告前一人犯数罪的并罚】	★	

X9.413.2 动植物检疫失职罪 ★

常见适用的法条

	常见适用的法条	
刑法	第37条【免予刑事处罚与非刑事处罚措施】	333
	第64条【犯罪所得之物、所用之物的处理】	
	第67条【自首及其认定】	
	第383条【贪污罪的处罚】	
	第385条【受贿罪】	
	第386条【受贿罪的处罚】	
	第413条【动植物检疫徇私舞弊罪;动植物检疫失职罪】	
司法解释	刑事案件 办理贪贿 第1条【贪污罪、受贿罪"数额较大""其他较重情节"的认定】	806

X9.414　放纵制售伪劣商品犯罪行为罪 ……………………… ★

▨ 常见适用的法条

	常见适用的法条
刑法	第 25 条【共同犯罪的概念】
	第 27 条【从犯；从犯的处罚】
	第 37 条【免予刑事处罚与非刑事处罚措施】
	第 52 条【罚金数额的裁量】
	第 53 条【罚金的缴纳、减免】
	第 61 条【量刑根据】
	第 62 条【从重、从轻处罚】
	第 64 条【犯罪所得之物、所用之物的处理】
	第 67 条【自首及其认定】
	第 68 条【立功】
	第 69 条【判决宣告前一人犯数罪的并罚】
	第 72 条【缓刑的条件、禁止令与附加刑的执行】
	第 73 条【缓刑考验期限】
	第 89 条【追诉期限的计算】
	第 93 条【国家工作人员的范围】
	第 140 条【生产、销售伪劣产品罪】
	第 383 条【贪污罪的处罚】
刑法	第 385 条【受贿罪】
	第 386 条【受贿罪的处罚】
	第 397 条【滥用职权罪；玩忽职守罪】
	第 414 条【放纵制售伪劣商品犯罪行为罪】

	常见适用的法条	
伪劣商品刑事案件司法解释 办理生产、销售	第8条【放纵制售伪劣商品犯罪行为罪"情节严重"的认定】	871
法解释 立功司 自首和	第5条【立功表现的认定】	799

X9.415:1　办理偷越国(边)境人员出入境证件罪①

X9.415:2　放行偷越国(边)境人员罪②

X9.416.1　不解救被拐卖、绑架妇女、儿童罪③

X9.416.2　阻碍解救被拐卖、绑架妇女、儿童罪④

---

① 说明:本案由尚无足够数量判决书可供法律大数据分析。
② 同上注。
③ 同上注。
④ 同上注。

X9.417　帮助犯罪分子逃避处罚罪 ★★★

■ 主要适用的法条及其相关度

	主要适用的法条	相关度
刑法	第67条【自首及其认定】	★★★★★
	第417条【帮助犯罪分子逃避处罚罪】	★★★★★
	第64条【犯罪所得之物、所用之物的处理】	★★★
	第72条【缓刑的条件、禁止令与附加刑的执行】	★★★
	第25条【共同犯罪的概念】	★★
	第69条【判决宣告前一人犯数罪的并罚】	★★
	第73条【缓刑考验期限】	★★
	第383条【贪污罪的处罚】	★★
	第385条【受贿罪】	★★
	第37条【免予刑事处罚与非刑事处罚措施】	★
	第61条【量刑根据】	★
	第93条【国家工作人员的范围】	★
	第386条【受贿罪的处罚】	★

X9.418　招收公务员、学生徇私舞弊罪 ★★

■ 主要适用的法条及其相关度

	主要适用的法条	相关度
刑法	第37条【免予刑事处罚与非刑事处罚措施】	★★★★★
	第418条【招收公务员、学生徇私舞弊罪】	★★★★★
	第67条【自首及其认定】	★★★★

	主要适用的法条	相关度
刑法	第25条【共同犯罪的概念】	★★
	第64条【犯罪所得之物、所用之物的处理】	★
	第69条【判决宣告前一人犯数罪的并罚】	★
	第383条【贪污罪的处罚】	★
	第385条【受贿罪】	★
	第386条【受贿罪的处罚】	★

333

X9.419 失职造成珍贵文物损毁、流失罪 ············ ★

■ 常见适用的法条

	常见适用的法条	
刑法	第37条【免予刑事处罚与非刑事处罚措施】	333
	第67条【自首及其认定】	
	第69条【判决宣告前一人犯数罪的并罚】	
	第70条【判决宣告后刑罚执行完毕前发现漏罪的并罚】	
	第72条【缓刑的条件、禁止令与附加刑的执行】	
	第73条【缓刑考验期限】	
	第419条【失职造成珍贵文物损毁、流失罪】	
司法解释	办理妨害文物管理刑事案件 第10条【失职造成珍贵文物损毁、流失罪"后果严重"认定】	904

10 军人违反职责罪[①]

 X10.421　战时违抗命令罪

 X10.422:1　隐瞒、谎报军情罪

 X10.422:2　拒传、假传军令罪

 X10.423　投降罪

 X10.424　战时临阵脱逃罪

 X10.425　擅离、玩忽军事职守罪

 X10.426　阻碍执行军事职务罪

 X10.427　指使部属违反职责罪

---

① 说明:本部分案由尚无足够数量判决书可供法律大数据分析。

X10.428　违令作战消极罪

X10.429　拒不救援友邻部队罪

X10.430　军人叛逃罪

X10.431.1　非法获取军事秘密罪

X10.431.2　为境外窃取、刺探、收买、非法提供军事秘密罪

X10.432:1　故意泄露军事秘密罪

X10.432:2　过失泄露军事秘密罪

X10.433　战时造谣惑众罪

X10.434　战时自伤罪

X10.435　逃离部队罪

 X10.436　武器装备肇事罪

 X10.437　擅自改变武器装备编配用途罪

 X10.438　盗窃、抢夺武器装备、军用物资罪

 X10.439　非法出卖、转让武器装备罪

 X10.440　遗弃武器装备罪

 X10.441　遗失武器装备罪

X10.442　擅自出卖、转让军队房地产罪

X10.443　虐待部属罪

X10.444　遗弃伤病军人罪

X10.445　战时拒不救治伤病军人罪

X10.446　战时残害居民、掠夺居民财物罪

X10.447　私放俘虏罪

X10.448　虐待俘虏罪

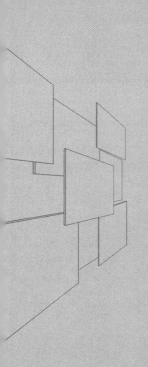

第二编
核心法律条文主要适用案由及关联法条索引

一、中华人民共和国刑法[①]

(1979年7月1日第五届全国人民代表大会第二次会议通过,根据1997年3月14日第八届全国人民代表大会第五次会议修订,根据1999年12月25日第九届全国人民代表大会常务委员会第十三次会议通过的《中华人民共和国刑法修正案》修正,根据2001年8月31日第九届全国人民代表大会常务委员会第二十三次会议通过的《中华人民共和国刑法修正案二》修正,根据2001年12月29日第九届全国人民代表大会常务委员会第二十五次会议通过的《中华人民共和国刑法修正案三》修正,根据2002年12月28日第九届全国人民代表大会常务委员会第三十一次会议通过的《中华人民共和国刑法修正案四》修正,根据2005年2月28日第十届全国人民代表大会常务委员会第十四次会议通过的《中华人民共和国刑法修正案五》修正,根据2006年6月29日第十届全国人民代表大会常务委员会第二十二次会议通过的《中华人民共和国刑法修正案六》修正,根据2009年2月28日根据《中华人民共和国刑法修正案七》修正,根据2009年8月27日第十一届全国人民代表大会常务委员会第十次会议《关于修改部分法律的决定》修正,根据2011年2月25日第十一届全国人民代表大会常务委员会第十九次会议通过的《中华人民共和国刑法修正案八》修正,根据2015年8月29日第十二届全国人民代表大会常务委员会第十六次会议通过的《中华人民共和国刑法修正案九》修正,根据2017年11月4日第十二届全国人民代表大会常务委员会第三十次会议通过的《中华人民共和国刑法修正案十》修正)

第一编 总 则

第一章 刑法的任务、基本原则和适用范围

第1条【刑法的目的与根据】 ★★★★

为了惩罚犯罪,保护人民,根据宪法,结合我国同犯罪作斗争的具体经

[①] 简称《刑法》。

验及实际情况,制定本法。

一、主要适用的案由及其相关度

案由编号	主要适用的案由	相关度
X5.264	盗窃罪	★★★★★
X2.133-1	危险驾驶罪	★★★★
X4.234	故意伤害罪	★★★
X6.7.347	走私、贩卖、运输、制造毒品罪	★★★
X2.133	交通肇事罪	★★
X5.266	诈骗罪	★★
X6.1.293	寻衅滋事罪	★★
X5.263	抢劫罪	★
X6.7.354	容留他人吸毒罪	★

二、同时适用的法条及其相关度

	同时适用的法条	相关度
刑法	第52条【罚金数额的裁量】	★★★★★
	第53条【罚金的缴纳、减免】	★★★★★
	第67条【自首及其认定】	★★★★★
	第25条【共同犯罪的概念】	★★★
	第64条【犯罪所得之物、所用之物的处理】	★★★
	第72条【缓刑的条件、禁止令与附加刑的执行】	★★★
	第73条【缓刑考验期限】	★★★
	第264条【盗窃罪】	★★★
	第65条【一般累犯】	★★
	第133条之1【危险驾驶罪】	★★
	第234条【故意伤害罪】	★
	第347条【走私、贩卖、运输、制造毒品罪】	★
	第357条【毒品的概念、数量计算】	★

第2条【刑法的任务】 ★★★★

中华人民共和国刑法的任务,是用刑罚同一切犯罪行为作斗争,以保卫国家安全,保卫人民民主专政的政权和社会主义制度,保护国有财产和劳动群众集体所有的财产,保护公民私人所有的财产,保护公民的人身权利、民主权利和其他权利,维护社会秩序、经济秩序,保障社会主义建设事业的顺利进行。

一、主要适用的案由及其相关度

案由编号	主要适用的案由	相关度
X2.133-1	危险驾驶罪	★★★★★
X6.1.300.1	组织、利用会道门、邪教组织、利用迷信破坏法律实施罪	★★★★
X2.133	交通肇事罪	★★★
X5.264	盗窃罪	★★
X6.1.293	寻衅滋事罪	★★
X4.234	故意伤害罪	★
X5.266	诈骗罪	★
X6.1.288	扰乱无线电通讯管理秩序罪	★
X6.1.303.2	开设赌场罪	★
X6.2.313	拒不执行判决、裁定罪	★
X8.385	受贿罪	★

二、同时适用的法条及其相关度

	同时适用的法条	相关度
刑法	第67条【自首及其认定】	★★★★★
	第72条【缓刑的条件、禁止令与附加刑的执行】	★★★★
	第73条【缓刑考验期限】	★★★★
	第52条【罚金数额的裁量】	★★★
	第53条【罚金的缴纳、减免】	★★★

	同时适用的法条	相关度
刑法	第64条【犯罪所得之物、所用之物的处理】	★★★
	第133条之1【危险驾驶罪】	★★★
	第1条【刑法的目的与根据】	★★
	第4条【适用刑法人人平等原则】	★★
	第25条【共同犯罪的概念】	★★
	第300条【组织、利用会道门、邪教组织、利用迷信破坏法律实施罪；组织、利用会道门、邪教组织、利用迷信致人重伤、死亡罪】	★★
	第3条【罪刑法定原则】	★
	第5条【罪责刑相适应原则】	★
	第26条【主犯；犯罪集团】	★
	第61条【量刑根据】	★
	第133条【交通肇事罪】	★
	第264条【盗窃罪】	★

第3条【罪刑法定原则】　　　　　　　　　　★★★★

法律明文规定为犯罪行为的，依照法律定罪处刑；法律没有明文规定为犯罪行为的，不得定罪处刑。

一、主要适用的案由及其相关度

案由编号	主要适用的案由	相关度
X5.264	盗窃罪	★★★★★
X2.133-1	危险驾驶罪	★★★
X2.133	交通肇事罪	★★
X4.234	故意伤害罪	★★
X6.7.347	走私、贩卖、运输、制造毒品罪	★★
X3.8.225	非法经营罪	★
X5.263	抢劫罪	★

案由编号	主要适用的案由	相关度
X5.266	诈骗罪	★
X6.1.293	寻衅滋事罪	★
X6.1.303.1	赌博罪	★
X6.1.303.2	开设赌场罪	★
X6.2.312	掩饰、隐瞒犯罪所得、犯罪所得收益罪	★
X6.6.343.1	非法采矿罪	★
X6.7.354	容留他人吸毒罪	★

二、同时适用的法条及其相关度

	同时适用的法条	相关度
刑法	第67条【自首及其认定】	★★★★★
	第72条【缓刑的条件、禁止令与附加刑的执行】	★★★★
	第25条【共同犯罪的概念】	★★★
	第52条【罚金数额的裁量】	★★★
	第53条【罚金的缴纳、减免】	★★★
	第64条【犯罪所得之物、所用之物的处理】	★★★
	第73条【缓刑考验期限】	★★★
	第61条【量刑根据】	★★
	第264条【盗窃罪】	★★
	第1条【刑法的目的与根据】	★
	第2条【刑法的任务】	★
	第26条【主犯;犯罪集团】	★
	第27条【从犯;从犯的处罚】	★
	第65条【一般累犯】	★
	第133条之1【危险驾驶罪】	★

第4条【适用刑法人人平等原则】 ★★★

对任何人犯罪,在适用法律上一律平等。不允许任何人有超越法律的特权。

一、主要适用的案由及其相关度

案由编号	主要适用的案由	相关度
X6.1.300.1	组织、利用会道门、邪教组织、利用迷信破坏法律实施罪	★★★★★
X6.7.347	走私、贩卖、运输、制造毒品罪	★★★
X5.264	盗窃罪	★★
X6.1.293	寻衅滋事罪	★★
X4.234	故意伤害罪	★
X4.253-1	侵犯公民个人信息罪	★
X6.8.358.4	协助组织卖淫罪	★

二、同时适用的法条及其相关度

	同时适用的法条	相关度
刑法	第64条【犯罪所得之物、所用之物的处理】	★★★★★
	第67条【自首及其认定】	★★★★★
	第52条【罚金数额的裁量】	★★★★
	第2条【刑法的任务】	★★★
	第25条【共同犯罪的概念】	★★★
	第53条【罚金的缴纳、减免】	★★★
	第72条【缓刑的条件、禁止令与附加刑的执行】	★★★
	第300条【组织、利用会道门、邪教组织、利用迷信破坏法律实施罪;组织、利用会道门、邪教组织、利用迷信致人重伤、死亡罪】	★★★
	第1条【刑法的目的与根据】	★★

	同时适用的法条	相关度
刑法	第5条【罪责刑相适应原则】	★★
	第26条【主犯;犯罪集团】	★★
	第27条【从犯;从犯的处罚】	★★
	第61条【量刑根据】	★★
	第73条【缓刑考验期限】	★★
	第3条【罪刑法定原则】	★
	第6条【属地管辖】	★
	第12条【刑法的溯及力】	★
	第45条【有期徒刑的期限】	★
	第47条【有期徒刑刑期的计算与折抵】	★
	第65条【一般累犯】	★
	第69条【判决宣告前一人犯数罪的并罚】	★
	第253条之1【侵犯公民个人信息罪】	★
	第264条【盗窃罪】	★
	第293条【寻衅滋事罪】	★
	第347条【走私、贩卖、运输、制造毒品罪】	★

第5条【罪责刑相适应原则】 ★★★★

刑罚的轻重,应当与犯罪分子所犯罪行和承担的刑事责任相适应。

一、主要适用的案由及其相关度

案由编号	主要适用的案由	相关度
X4.234	故意伤害罪	★★★★★
X4.253-1	侵犯公民个人信息罪	★★★★★
X5.264	盗窃罪	★★★★★
X6.1.293	寻衅滋事罪	★★★
X6.1.300.1	组织、利用会道门、邪教组织、利用迷信破坏法律实施罪	★★★

案由编号	主要适用的案由	相关度
X2.128.1	非法持有、私藏枪支、弹药罪	★★
X5.266	诈骗罪	★★
X6.1.303.2	开设赌场罪	★★
X6.7.347	走私、贩卖、运输、制造毒品罪	★★
X6.7.354	容留他人吸毒罪	★★
X2.133	交通肇事罪	★
X2.133-1	危险驾驶罪	★
X3.1.144	生产、销售有毒、有害食品罪	★
X3.5.196	信用卡诈骗罪	★
X5.263	抢劫罪	★
X6.1.277	妨害公务罪	★
X6.2.312	掩饰、隐瞒犯罪所得、犯罪所得收益罪	★

二、同时适用的法条及其相关度

	同时适用的法条	相关度
刑法	第61条【量刑根据】	★★★★★
	第67条【自首及其认定】	★★★★★
	第25条【共同犯罪的概念】	★★★
	第52条【罚金数额的裁量】	★★★
	第53条【罚金的缴纳、减免】	★★★
	第64条【犯罪所得之物、所用之物的处理】	★★★
	第72条【缓刑的条件、禁止令与附加刑的执行】	★★★
	第73条【缓刑考验期限】	★★★
	第26条【主犯；犯罪集团】	★★
	第45条【有期徒刑的期限】	★★
	第47条【有期徒刑刑期的计算与折抵】	★★

	同时适用的法条	相关度
刑法	第62条【从重、从轻处罚】	★★
	第234条【故意伤害罪】	★★
	第253条之1【侵犯公民个人信息罪】	★★
	第264条【盗窃罪】	★★
	第2条【刑法的任务】	★
	第4条【适用刑法人人平等原则】	★
	第14条【故意犯罪】	★
	第27条【从犯；从犯的处罚】	★
	第65条【一般累犯】	★
	第69条【判决宣告前一人犯数罪的并罚】	★
	第293条【寻衅滋事罪】	★

第6条【属地管辖】 ★★★★

凡在中华人民共和国领域内犯罪的，除法律有特别规定的以外，都适用本法。

凡在中华人民共和国船舶或者航空器内犯罪的，也适用本法。

犯罪的行为或者结果有一项发生在中华人民共和国领域内的，就认为是在中华人民共和国领域内犯罪。

一、主要适用的案由及其相关度

案由编号	主要适用的案由	相关度
X6.7.347	走私、贩卖、运输、制造毒品罪	★★★★★
X5.264	盗窃罪	★★★★
X2.133-1	危险驾驶罪	★★
X4.234	故意伤害罪	★
X5.266	诈骗罪	★
X6.7.348	非法持有毒品罪	★

二、同时适用的法条及其相关度

	同时适用的法条	相关度
刑法	第 64 条【犯罪所得之物、所用之物的处理】	★★★★★
	第 67 条【自首及其认定】	★★★★★
	第 52 条【罚金数额的裁量】	★★★★
	第 53 条【罚金的缴纳、减免】	★★★★
	第 25 条【共同犯罪的概念】	★★★
	第 35 条【驱逐出境】	★★★
	第 61 条【量刑根据】	★★★
	第 264 条【盗窃罪】	★★★
	第 347 条【走私、贩卖、运输、制造毒品罪】	★★★
	第 26 条【主犯；犯罪集团】	★★
	第 27 条【从犯；从犯的处罚】	★★
	第 72 条【缓刑的条件、禁止令与附加刑的执行】	★★
	第 73 条【缓刑考验期限】	★★
	第 59 条【没收财产的范围】	★
	第 133 条之 1【危险驾驶罪】	★

第 7 条【属人管辖】 ★★

中华人民共和国公民在中华人民共和国领域外犯本法规定之罪的，适用本法，但是按本法规定的最高刑为三年以下有期徒刑的，可以不予追究。

中华人民共和国国家工作人员和军人在中华人民共和国领域外犯本法规定之罪的，适用本法。

一、主要适用的案由及其相关度

案由编号	主要适用的案由	相关度
X6.7.347	走私、贩卖、运输、制造毒品罪	★★★★★
X5.264	盗窃罪	★★★
X4.234	故意伤害罪	★★

案由编号	主要适用的案由	相关度
X8.389	行贿罪	★★
X2.133	交通肇事罪	★
X2.133-1	危险驾驶罪	★
X5.266	诈骗罪	★
X6.1.293	寻衅滋事罪	★

二、同时适用的法条及其相关度

	同时适用的法条	相关度
刑法	第52条【罚金数额的裁量】	★★★★★
	第67条【自首及其认定】	★★★★★
	第72条【缓刑的条件、禁止令与附加刑的执行】	★★★★
	第25条【共同犯罪的概念】	★★★
	第53条【罚金的缴纳、减免】	★★★
	第64条【犯罪所得之物、所用之物的处理】	★★★
	第73条【缓刑考验期限】	★★★
	第340条【非法捕捞水产品罪】	★★★
	第65条【一般累犯】	★★
	第264条【盗窃罪】	★★
	第347条【走私、贩卖、运输、制造毒品罪】	★★
	第389条【行贿罪】	★★
	第390条【行贿罪的处罚】	★★
	第1条【刑法的目的与根据】	★
	第12条【刑法的溯及力】	★
	第19条【又聋又哑的人或者盲人犯罪的刑事责任】	★
	第26条【主犯;犯罪集团】	★
	第27条【从犯;从犯的处罚】	★

	同时适用的法条	相关度
刑法	第 45 条【有期徒刑的期限】	★
	第 61 条【量刑根据】	★
	第 68 条【立功】	★
	第 69 条【判决宣告前一人犯数罪的并罚】	★
	第 133 条之 1【危险驾驶罪】	★
	第 234 条【故意伤害罪】	★
	第 356 条【毒品再犯的处罚】	★

第 8 条【保护管辖】 ★★★

外国人在中华人民共和国领域外对中华人民共和国国家或者公民犯罪,而按本法规定的最低刑为三年以上有期徒刑的,可以适用本法,但是按照犯罪地的法律不受处罚的除外。

一、主要适用的案由及其相关度

案由编号	主要适用的案由	相关度
X6.8.359.1	引诱、容留、介绍卖淫罪	★★★★★

二、同时适用的法条及其相关度

	同时适用的法条	相关度
刑法	第 67 条【自首及其认定】	★★★★★
	第 359 条【引诱、容留、介绍卖淫罪;引诱幼女卖淫罪】	★★★★★
	第 52 条【罚金数额的裁量】	★★★★
	第 64 条【犯罪所得之物、所用之物的处理】	★★★★
	第 13 条【犯罪概念】	★★★
	第 25 条【共同犯罪的概念】	★★★
	第 53 条【罚金的缴纳、减免】	★★★

	同时适用的法条	相关度
刑法	第72条【缓刑的条件、禁止令与附加刑的执行】	★★★
	第73条【缓刑考验期限】	★★★
	第10条【域外刑事判决的消极承认】	★★
	第1条【刑法的目的与根据】	★
	第26条【主犯;犯罪集团】	★
	第27条【从犯;从犯的处罚】	★
	第61条【量刑根据】	★

第9条【普遍管辖】 ★★

对于中华人民共和国缔结或者参加的国际条约所规定的罪行,中华人民共和国在所承担条约义务的范围内行使刑事管辖权的,适用本法。

一、主要适用的案由及其相关度

案由编号	主要适用的案由	相关度
X6.1.300.1	组织、利用会道门、邪教组织、利用迷信破坏法律实施罪	★★★★★
X4.234	故意伤害罪	★★
X5.264	盗窃罪	★★
X6.8.359.1	引诱、容留、介绍卖淫罪	★★
X2.125.1	非法制造、买卖、运输、邮寄、储存枪支、弹药、爆炸物罪	★
X2.133	交通肇事罪	★
X3.1.144	生产、销售有毒、有害食品罪	★
X5.266	诈骗罪	★

■ 二、同时适用的法条及其相关度

同时适用的法条	相关度
第 52 条【罚金数额的裁量】	★★★★★
第 53 条【罚金的缴纳、减免】	★★★★★
第 64 条【犯罪所得之物、所用之物的处理】	★★★★★
第 67 条【自首及其认定】	★★★★★
第 1 条【刑法的目的与根据】	★★★★
第 72 条【缓刑的条件、禁止令与附加刑的执行】	★★★★
第 73 条【缓刑考验期限】	★★★★
第 300 条【组织、利用会道门、邪教组织、利用迷信破坏法律实施罪；组织、利用会道门、邪教组织、利用迷信致人重伤、死亡罪】	★★★★
第 2 条【刑法的任务】	★★★
第 25 条【共同犯罪的概念】	★★★
第 5 条【罪责刑相适应原则】	★★
第 26 条【主犯；犯罪集团】	★★
第 3 条【罪刑法定原则】	★
第 4 条【适用刑法人人平等原则】	★
第 6 条【属地管辖】	★
第 8 条【保护管辖】	★
第 17 条之 1【老年人犯罪的刑事责任】	★
第 27 条【从犯；从犯的处罚】	★
第 37 条【免予刑事处罚与非刑事处罚措施】	★
第 61 条【量刑根据】	★
第 65 条【一般累犯】	★
第 133 条【交通肇事罪】	★
第 234 条【故意伤害罪】	★

(刑法)

	同时适用的法条	相关度
刑法	第264条【盗窃罪】	★
	第266条【诈骗罪】	★
	第359条【引诱、容留、介绍卖淫罪；引诱幼女卖淫罪】	★

第10条【域外刑事判决的消极承认】 ★★

凡在中华人民共和国领域外犯罪，依照本法应当负刑事责任的，虽然经过外国审判，仍然可以依照本法追究，但是在外国已经受过刑罚处罚的，可以免除或者减轻处罚。

■ 一、主要适用的案由及其相关度

案由编号	主要适用的案由	相关度
X6.8.359.1	引诱、容留、介绍卖淫罪	★★★★★
X4.253-1	侵犯公民个人信息罪	★★★
X6.8.358.1:1	组织卖淫罪	★

■ 二、同时适用的法条及其相关度

	同时适用的法条	相关度
刑法	第64条【犯罪所得之物、所用之物的处理】	★★★★★
	第67条【自首及其认定】	★★★★★
	第8条【保护管辖】	★★★★
	第52条【罚金数额的裁量】	★★★★
	第53条【罚金的缴纳、减免】	★★★★
	第359条【引诱、容留、介绍卖淫罪；引诱幼女卖淫罪】	★★★★
	第13条【犯罪概念】	★★★
	第25条【共同犯罪的概念】	★★★

同时适用的法条	相关度
第72条【缓刑的条件、禁止令与附加刑的执行】	★★★
第73条【缓刑考验期限】	★★★
第5条【罪责刑相适应原则】	★★
第27条【从犯;从犯的处罚】	★★
第61条【量刑根据】	★★
第253条之1【侵犯公民个人信息罪】	★★
第1条【刑法的目的与根据】	★
第4条【适用刑法人人平等原则】	★
第12条【刑法的溯及力】	★
第26条【主犯;犯罪集团】	★
第69条【判决宣告前一人犯数罪的并罚】	★
第358条【组织卖淫罪、强迫卖淫罪;协助组织卖淫罪】	★

(刑法)

第11条【外交豁免】　★★

享有外交特权和豁免权的外国人的刑事责任,通过外交途径解决。

一、主要适用的案由及其相关度

案由编号	主要适用的案由	相关度
X5.272.1	挪用资金罪	★★★★★
X3.1.141	生产、销售假药罪	★★★
X4.253-1	侵犯公民个人信息罪	★★★
X5.271.1	职务侵占罪	★★★
X5.264	盗窃罪	★★
X6.9.363.1	制作、复制、出版、贩卖、传播淫秽物品牟利罪	★★
X3.8.225	非法经营罪	★
X8.382	贪污罪	★

二、同时适用的法条及其相关度

	同时适用的法条	相关度
刑法	第67条【自首及其认定】	★★★★★
	第64条【犯罪所得之物、所用之物的处理】	★★★★
	第1条【刑法的目的与根据】	★★★
	第6条【属地管辖】	★★★
	第12条【刑法的溯及力】	★★★
	第52条【罚金数额的裁量】	★★★
	第53条【罚金的缴纳、减免】	★★★
	第72条【缓刑的条件、禁止令与附加刑的执行】	★★★
	第73条【缓刑考验期限】	★★★
	第272条【挪用资金罪;挪用公款罪】	★★★
	第25条【共同犯罪的概念】	★★
	第37条【免予刑事处罚与非刑事处罚措施】	★★
	第271条【职务侵占罪;贪污罪】	★★
	第4条【适用刑法人人平等原则】	★
	第5条【罪责刑相适应原则】	★
	第10条【域外刑事判决的消极承认】	★
	第26条【主犯;犯罪集团】	★
	第27条【从犯;从犯的处罚】	★
	第47条【有期徒刑刑期的计算与折抵】	★
	第61条【量刑根据】	★
	第69条【判决宣告前一人犯数罪的并罚】	★
	第141条【生产、销售假药罪;假药的含义】	★
	第253条之1【侵犯公民个人信息罪】	★
	第363条【制作、复制、出版、贩卖、传播淫秽物品牟利罪;为他人提供书号出版淫秽书刊罪】	★

第12条【刑法的溯及力】 ★★★★

中华人民共和国成立以后本法施行以前的行为,如果当时的法律不认为是犯罪的,适用当时的法律;如果当时的法律认为是犯罪的,依照本法总则第四章第八节的规定应当追诉的,按照当时的法律追究刑事责任,但是如果本法不认为是犯罪或者处刑较轻的,适用本法。

本法施行以前,依照当时的法律已经作出的生效判决,继续有效。

一、主要适用的案由及其相关度

案由编号	主要适用的案由	相关度
X8.385	受贿罪	★★★★★
X2.133-1	危险驾驶罪	★★★★
X8.389	行贿罪	★★★★
X5.264	盗窃罪	★★★
X6.1.280.1:1	伪造、变造、买卖国家机关公文、证件、印章罪	★★★
X8.382	贪污罪	★★★
X4.234	故意伤害罪	★★
X5.263	抢劫罪	★★
X6.1.277	妨害公务罪	★★
X6.1.280.2	伪造公司、企业、事业单位、人民团体印章罪	★★
X8.393	单位行贿罪	★★
X3.6.205	虚开增值税专用发票、用于骗取出口退税、抵扣税款发票罪	★
X4.232	故意杀人罪	★
X5.266	诈骗罪	★
X5.271.1	职务侵占罪	★
X8.384	挪用公款罪	★
X9.397:1	滥用职权罪	★

二、同时适用的法条及其相关度

	同时适用的法条	相关度
刑法	第67条【自首及其认定】	★★★★★
	第64条【犯罪所得之物、所用之物的处理】	★★★★
	第25条【共同犯罪的概念】	★★★
	第52条【罚金数额的裁量】	★★★
	第53条【罚金的缴纳、减免】	★★★
	第72条【缓刑的条件、禁止令与附加刑的执行】	★★★
	第73条【缓刑考验期限】	★★★
	第383条【贪污罪的处罚】	★★★
	第61条【量刑根据】	★★
	第69条【判决宣告前一人犯数罪的并罚】	★★
	第133条之1【危险驾驶罪】	★★
	第382条【贪污罪；贪污罪共犯的认定】	★★
	第385条【受贿罪】	★★
	第386条【受贿罪的处罚】	★★
	第389条【行贿罪】	★★
	第390条【行贿罪的处罚】	★★
	第26条【主犯；犯罪集团】	★
	第27条【从犯；从犯的处罚】	★
	第93条【国家工作人员的范围】	★
	第264条【盗窃罪】	★
	第280条【伪造、变造、买卖国家机关公文、证件、印章罪；盗窃、抢夺、毁灭国家机关公文、证件、印章罪；伪造公司、企业、事业单位、人民团体印章罪；伪造、变造、买卖身份证件罪】	★

	同时适用的法条	相关度
806 案件办理贪贿刑事司法解释	第19条【罚金数额】	★★
	第1条【贪污罪、受贿罪"数额较大""其他较重情节"的认定】	★
	第2条【贪污罪、受贿罪"数额巨大""其他严重情节"的认定】	★

第二章 犯罪

第一节 犯罪和刑事责任

第13条【犯罪概念】 ★★★

一切危害国家主权、领土完整和安全,分裂国家、颠覆人民民主专政的政权和推翻社会主义制度,破坏社会秩序和经济秩序,侵犯国有财产或者劳动群众集体所有的财产,侵犯公民私人所有的财产,侵犯公民的人身权利、民主权利和其他权利,以及其他危害社会的行为,依照法律应当受刑罚处罚的,都是犯罪,但是情节显著轻微危害不大的,不认为是犯罪。

■ 一、主要适用的案由及其相关度

案由编号	主要适用的案由	相关度
X6.8.359.1	引诱、容留、介绍卖淫罪	★★★★★
X4.234	故意伤害罪	★★★★
X2.133-1	危险驾驶罪	★
X5.264	盗窃罪	★
X6.1.293	寻衅滋事罪	★
X6.6.343.1	非法采矿罪	★
X6.7.347	走私、贩卖、运输、制造毒品罪	★
X6.8.358.1:1	组织卖淫罪	★
X8.382	贪污罪	★
X8.385	受贿罪	★
X9.397:1	滥用职权罪	★

二、同时适用的法条及其相关度

	同时适用的法条	相关度
刑法	第 67 条【自首及其认定】	★★★★★
	第 52 条【罚金数额的裁量】	★★★★
	第 64 条【犯罪所得之物、所用之物的处理】	★★★★
	第 8 条【保护管辖】	★★★
	第 25 条【共同犯罪的概念】	★★★
	第 53 条【罚金的缴纳、减免】	★★★
	第 72 条【缓刑的条件、禁止令与附加刑的执行】	★★★
	第 359 条【引诱、容留、介绍卖淫罪;引诱幼女卖淫罪】	★★★
	第 26 条【主犯;犯罪集团】	★★
	第 27 条【从犯;从犯的处罚】	★★
	第 61 条【量刑根据】	★★
	第 73 条【缓刑考验期限】	★★
	第 1 条【刑法的目的与根据】	★
	第 3 条【罪刑法定原则】	★
	第 10 条【域外刑事判决的消极承认】	★
	第 12 条【刑法的溯及力】	★
	第 37 条【免予刑事处罚与非刑事处罚措施】	★
	第 45 条【有期徒刑的期限】	★
	第 47 条【有期徒刑刑期的计算与折抵】	★
	第 65 条【一般累犯】	★
	第 69 条【判决宣告前一人犯数罪的并罚】	★
	第 234 条【故意伤害罪】	★
	第 358 条【组织卖淫罪、强迫卖淫罪;协助组织卖淫罪】	★

		同时适用的法条	相关度
333	刑法	第382条【贪污罪;贪污罪共犯的认定】	★
		第383条【贪污罪的处罚】	★
		第385条【受贿罪】	★
		第397条【滥用职权罪;玩忽职守罪】	★
781	民法通则	第119条【人身损害赔偿项目;一般人身损害赔偿项目、伤残赔偿项目、死亡赔偿项目】	★
		第131条【过错相抵;被侵权人过错】	★
782	侵权责任法	第16条【人身损害赔偿项目;一般人身损害赔偿项目、伤残赔偿项目、死亡赔偿项目】	★

第14条【故意犯罪】 ★★★★

明知自己的行为会发生危害社会的结果,并且希望或者放任这种结果发生,因而构成犯罪的,是故意犯罪。

故意犯罪,应当负刑事责任。

一、主要适用的案由及其相关度

案由编号	主要适用的案由	相关度
X2.133-1	危险驾驶罪	★★★★★
X5.264	盗窃罪	★★★★★
X4.234	故意伤害罪	★★★
X5.263	抢劫罪	★
X5.266	诈骗罪	★
X6.1.293	寻衅滋事罪	★
X6.7.347	走私、贩卖、运输、制造毒品罪	★

二、同时适用的法条及其相关度

	同时适用的法条	相关度	
刑法	第52条【罚金数额的裁量】	★★★★★	333
	第53条【罚金的缴纳、减免】	★★★★★	
	第67条【自首及其认定】	★★★★★	
	第45条【有期徒刑的期限】	★★★★	
	第47条【有期徒刑刑期的计算与折抵】	★★★★	
	第25条【共同犯罪的概念】	★★★	
	第42条【拘役的期限】	★★★	
	第64条【犯罪所得之物、所用之物的处理】	★★★	
	第72条【缓刑的条件、禁止令与附加刑的执行】	★★★	
	第73条【缓刑考验期限】	★★★	
	第133条之1【危险驾驶罪】	★★★	
	第264条【盗窃罪】	★★★	
	第44条【拘役刑期的计算与折抵】	★★	
	第61条【量刑根据】	★★	
	第62条【从重、从轻处罚】	★★	
	第65条【一般累犯】	★★	
	第234条【故意伤害罪】	★★	
	第5条【罪责刑相适应原则】	★	
	第26条【主犯；犯罪集团】	★	
	第27条【从犯；从犯的处罚】	★	
	第266条【诈骗罪】	★	
	第347条【走私、贩卖、运输、制造毒品罪】	★	
盗窃罪司法解释	第1条【盗窃罪"数额较大""数额巨大""数额特别巨大"的认定】	★	797

		同时适用的法条	相关度
906	意见适用 罪醉驾犯	第2条【醉酒驾驶机动车从重处罚情节】	★

第15条【过失犯罪】 ★★★

应当预见自己的行为可能发生危害社会的结果,因为疏忽大意而没有预见,或者已经预见而轻信能够避免,以致发生这种结果的,是过失犯罪。

过失犯罪,法律有规定的才负刑事责任。

一、主要适用的案由及其相关度

案由编号	主要适用的案由	相关度
X2.115.2:1	失火罪	★★★★★
X2.133	交通肇事罪	★★★★★
X4.233	过失致人死亡罪	★★★
X4.234	故意伤害罪	★
X4.235	过失致人重伤罪	★

二、同时适用的法条及其相关度

		同时适用的法条	相关度
333	刑法	第67条【自首及其认定】	★★★★★
		第72条【缓刑的条件、禁止令与附加刑的执行】	★★★★★
		第73条【缓刑考验期限】	★★★★★
		第45条【有期徒刑的期限】	★★★
		第61条【量刑根据】	★★★
		第115条【放火罪、决水罪、爆炸罪、投放危险物质罪、以危险方法危害公共安全罪;失火罪、过失决水罪、过失爆炸罪、过失投放危险物质罪、过失以危险方法危害公共安全罪】	★★★

	同时适用的法条	相关度	
刑法	第133条【交通肇事罪】	★★★	333
	第47条【有期徒刑刑期的计算与折抵】	★★	
	第62条【从重、从轻处罚】	★★	
	第233条【过失致人死亡罪】	★★	
	第36条【犯罪行为的民事赔偿责任】	★	
	第64条【犯罪所得之物、所用之物的处理】	★	
交通肇事罪司法解释	第2条【交通肇事罪】	★	796

第16条【不可抗力与意外事件】 ★★

行为在客观上虽然造成了损害结果,但是不是出于故意或者过失,而是由于不能抗拒或者不能预见的原因所引起的,不是犯罪。

▨ 同时适用的法条及其相关度

	同时适用的法条	相关度	
刑法	第67条【自首及其认定】	★★★★★	333
	第25条【共同犯罪的概念】	★★★★	
	第52条【罚金数额的裁量】	★★★	
	第53条【罚金的缴纳、减免】	★★★	
	第64条【犯罪所得之物、所用之物的处理】	★★★	
	第72条【缓刑的条件、禁止令与附加刑的执行】	★★★	
	第73条【缓刑考验期限】	★★	
	第264条【盗窃罪】	★★	
	第1条【刑法的目的与根据】	★	
	第2条【刑法的任务】	★	
	第6条【属地管辖】	★	
	第18条【精神病人与醉酒的人的刑事责任】	★	

	同时适用的法条	相关度
刑法	第19条【又聋又哑的人或者盲人犯罪的刑事责任】	★
	第22条【犯罪预备;犯罪预备的处罚】	★
	第27条【从犯;从犯的处罚】	★
	第61条【量刑根据】	★
	第63条【减轻处罚】	★
	第214条【销售假冒注册商标的商品罪】	★
	第234条【故意伤害罪】	★
	第382条【贪污罪;贪污罪共犯的认定】	★
	第383条【贪污罪的处罚】	★

第17条【刑事责任年龄】 ★★★★

已满十六周岁的人犯罪,应当负刑事责任。

已满十四周岁不满十六周岁的人,犯故意杀人、故意伤害致人重伤或者死亡、强奸、抢劫、贩卖毒品、放火、爆炸、投毒罪的,应当负刑事责任。

已满十四周岁不满十八周岁的人犯罪,应当从轻或者减轻处罚。

因不满十六周岁不予刑事处罚的,责令他的家长或者监护人加以管教;在必要的时候,也可以由政府收容教养。

一、主要适用的案由及其相关度

案由编号	主要适用的案由	相关度
X5.264	盗窃罪	★★★★★
X4.234	故意伤害罪	★★★
X5.263	抢劫罪	★★★
X6.1.293	寻衅滋事罪	★★★
X6.1.292.1	聚众斗殴罪	★★

二、同时适用的法条及其相关度

	同时适用的法条	相关度
刑法	第67条【自首及其认定】	★★★★★
	第25条【共同犯罪的概念】	★★★★
	第52条【罚金数额的裁量】	★★★
	第53条【罚金的缴纳、减免】	★★★
	第64条【犯罪所得之物、所用之物的处理】	★★★
	第72条【缓刑的条件、禁止令与附加刑的执行】	★★★
	第73条【缓刑考验期限】	★★★
	第264条【盗窃罪】	★★★
	第26条【主犯;犯罪集团】	★★
	第27条【从犯;从犯的处罚】	★★
	第69条【判决宣告前一人犯数罪的并罚】	★★
	第234条【故意伤害罪】	★★
	第263条【抢劫罪】	★★
	第293条【寻衅滋事罪】	★★
	第61条【量刑根据】	★
	第292条【聚众斗殴罪】	★

第17条之1【老年人犯罪的刑事责任】 ★★★★

已满七十五周岁的人故意犯罪的,可以从轻或者减轻处罚;过失犯罪的,应当从轻或者减轻处罚。

一、主要适用的案由及其相关度

案由编号	主要适用的案由	相关度
X2.115.2:1	失火罪	★★★★★
X4.234	故意伤害罪	★★★★
X6.7.351	非法种植毒品原植物罪	★★★★
X5.264	盗窃罪	★★★★

案由编号	主要适用的案由	相关度
X2.128.1	非法持有、私藏枪支、弹药罪	★★★
X4.232	故意杀人罪	★★★
X6.7.347	走私、贩卖、运输、制造毒品罪	★★★
X2.133	交通肇事罪	★★
X6.8.359.1	引诱、容留、介绍卖淫罪	★★
X2.114:1	放火罪	★
X2.125.1	非法制造、买卖、运输、邮寄、储存枪支、弹药、爆炸物罪	★
X4.236	强奸罪	★
X5.266	诈骗罪	★
X5.275	故意毁坏财物罪	★
X6.1.277	妨害公务罪	★
X6.1.293	寻衅滋事罪	★
X6.1.300.1	组织、利用会道门、邪教组织、利用迷信破坏法律实施罪	★
X6.1.303.2	开设赌场罪	★
X6.6.345.2	滥伐林木罪	★

▓ 二、同时适用的法条及其相关度

	同时适用的法条	相关度
刑法	第67条【自首及其认定】	★★★★★
	第72条【缓刑的条件、禁止令与附加刑的执行】	★★★★★
	第73条【缓刑考验期限】	★★★★
	第52条【罚金数额的裁量】	★★★
	第53条【罚金的缴纳、减免】	★★★
	第64条【犯罪所得之物、所用之物的处理】	★★★

	同时适用的法条	相关度
刑法	第25条【共同犯罪的概念】	★★
	第115条【放火罪、决水罪、爆炸罪、投放危险物质罪、以危险方法危害公共安全罪;失火罪、过失决水罪、过失爆炸罪、过失投放危险物质罪、过失以危险方法危害公共安全罪】	★★
	第234条【故意伤害罪】	★★
	第351条【非法种植毒品原植物罪】	★★
	第61条【量刑根据】	★
	第128条【非法持有、私藏枪支、弹药罪;非法出租、出借枪支罪】	★
	第264条【盗窃罪】	★

第18条【精神病人与醉酒的人的刑事责任】 ★★★★★

精神病人在不能辨认或者不能控制自己行为的时候造成危害结果,经法定程序鉴定确认的,不负刑事责任,但是应当责令他的家属或者监护人严加看管和医疗;在必要的时候,由政府强制医疗。

间歇性的精神病人在精神正常的时候犯罪,应当负刑事责任。

尚未完全丧失辨认或者控制自己行为能力的精神病人犯罪的,应当负刑事责任,但是可以从轻或者减轻处罚。

醉酒的人犯罪,应当负刑事责任。

一、主要适用的案由及其相关度

案由编号	主要适用的案由	相关度
X4.234	故意伤害罪	★★★★★
X5.264	盗窃罪	★★★★★
X2.133-1	危险驾驶罪	★★★
X4.232	故意杀人罪	★★★
X2.114:1	放火罪	★★
X5.263	抢劫罪	★★

案由编号	主要适用的案由	相关度
X6.1.277	妨害公务罪	★★
X6.1.293	寻衅滋事罪	★★
X5.275	故意毁坏财物罪	★

■ 二、同时适用的法条及其相关度

	同时适用的法条	相关度
刑法	第67条【自首及其认定】	★★★★★
	第52条【罚金数额的裁量】	★★★
	第53条【罚金的缴纳、减免】	★★★
	第64条【犯罪所得之物、所用之物的处理】	★★★
	第72条【缓刑的条件、禁止令与附加刑的执行】	★★★
	第73条【缓刑考验期限】	★★★
	第234条【故意伤害罪】	★★★
	第264条【盗窃罪】	★★★
	第23条【犯罪未遂;犯罪未遂的处罚】	★★
	第36条【犯罪行为的民事赔偿责任】	★★
	第61条【量刑根据】	★★
	第65条【一般累犯】	★★
	第133条之1【危险驾驶罪】	★★
	第232条【故意杀人罪】	★★
	第25条【共同犯罪的概念】	★
	第47条【有期徒刑刑期的计算与折抵】	★
	第56条【剥夺政治权利的适用范围】	★
	第57条【死刑、无期徒刑犯剥夺政治权利的期限】	★
	第69条【判决宣告前一人犯数罪的并罚】	★

	同时适用的法条	相关度
刑法	第114条【放火罪、决水罪、爆炸罪、投放危险物质罪、以危险方法危害公共安全罪】	★
	第263条【抢劫罪】	★
	第277条【妨害公务罪】	★
	第293条【寻衅滋事罪】	★

第19条【又聋又哑的人或者盲人犯罪的刑事责任】　★★★★

又聋又哑的人或者盲人犯罪,可以从轻、减轻或者免除处罚。

一、主要适用的案由及其相关度

案由编号	主要适用的案由	相关度
X5.264	盗窃罪	★★★★★

二、同时适用的法条及其相关度

	同时适用的法条	相关度
刑法	第67条【自首及其认定】	★★★★★
	第264条【盗窃罪】	★★★★★
	第52条【罚金数额的裁量】	★★★★
	第53条【罚金的缴纳、减免】	★★★★
	第25条【共同犯罪的概念】	★★★
	第64条【犯罪所得之物、所用之物的处理】	★★★
	第65条【一般累犯】	★★★
	第23条【犯罪未遂;犯罪未遂的处罚】	★
	第26条【主犯;犯罪集团】	★
	第61条【量刑根据】	★
	第72条【缓刑的条件、禁止令与附加刑的执行】	★
	第73条【缓刑考验期限】	★

第20条【正当防卫;防卫过当;特别防卫】　★★★★

为了使国家、公共利益、本人或者他人的人身、财产和其他权利免受正在进行的不法侵害,而采取的制止不法侵害的行为,对不法侵害人造成损害的,属于正当防卫,不负刑事责任。

正当防卫明显超过必要限度造成重大损害的,应当负刑事责任,但是应当减轻或者免除处罚。

对正在进行行凶、杀人、抢劫、强奸、绑架以及其他严重危及人身安全的暴力犯罪,采取防卫行为,造成不法侵害人伤亡的,不属于防卫过当,不负刑事责任。

一、主要适用的案由及其相关度

案由编号	主要适用的案由	相关度
X4.234	故意伤害罪	★★★★★

二、同时适用的法条及其相关度

	同时适用的法条	相关度
刑法	第67条【自首及其认定】	★★★★★
	第234条【故意伤害罪】	★★★★★
	第64条【犯罪所得之物、所用之物的处理】	★★★
	第72条【缓刑的条件、禁止令与附加刑的执行】	★★★
	第73条【缓刑考验期限】	★★★
	第25条【共同犯罪的概念】	★★
	第36条【犯罪行为的民事赔偿责任】	★★
	第61条【量刑根据】	★
民法通则	第119条【人身损害赔偿项目:一般人身损害赔偿项目、伤残赔偿项目、死亡赔偿项目】	★
人身损害赔偿司法解释	第19条【医疗费计算标准】	★

第21条【紧急避险;避险过当】①

为了使国家、公共利益、本人或者他人的人身、财产和其他权利免受正在发生的危险,不得已采取的紧急避险行为,造成损害的,不负刑事责任。

紧急避险超过必要限度造成不应有的损害的,应当负刑事责任,但是应当减轻或者免除处罚。

第一款中关于避免本人危险的规定,不适用于职务上、业务上负有特定责任的人。

第二节 犯罪的预备、未遂和中止

第22条【犯罪预备;犯罪预备的处罚】 ★★★★

为了犯罪,准备工具、制造条件的,是犯罪预备。

对于预备犯,可以比照既遂犯从轻、减轻处罚或者免除处罚。

一、主要适用的案由及其相关度

案由编号	主要适用的案由	相关度
X5.263	抢劫罪	★★★★★
X5.264	盗窃罪	★★★★
X6.7.347	走私、贩卖、运输、制造毒品罪	★★
X4.232	故意杀人罪	★
X4.234	故意伤害罪	★
X6.1.300.1	组织、利用会道门、邪教组织、利用迷信破坏法律实施罪	★
X6.7.350	非法生产、买卖、运输制毒物品、走私制毒物品罪	★

---

① 说明:本法条尚无足够数量判决书可供法律大数据分析。

■ 二、同时适用的法条及其相关度

	同时适用的法条	相关度
刑法	第67条【自首及其认定】	★★★★★
	第25条【共同犯罪的概念】	★★★★
	第52条【罚金数额的裁量】	★★★★
	第53条【罚金的缴纳、减免】	★★★★
	第64条【犯罪所得之物、所用之物的处理】	★★★★
	第65条【一般累犯】	★★★
	第263条【抢劫罪】	★★★
	第264条【盗窃罪】	★★★
	第12条【刑法的溯及力】	★★
	第23条【犯罪未遂；犯罪未遂的处罚】	★★
	第26条【主犯；犯罪集团】	★★
	第27条【从犯；从犯的处罚】	★★
	第69条【判决宣告前一人犯数罪的并罚】	★★
	第72条【缓刑的条件、禁止令与附加刑的执行】	★★
	第73条【缓刑考验期限】	★★
	第150条【单位犯生产、销售伪劣商品罪的处罚】	★★
	第24条【犯罪中止；犯罪中止的处罚】	★
	第47条【有期徒刑刑期的计算与折抵】	★
	第61条【量刑根据】	★
	第68条【立功】	★
	第347条【走私、贩卖、运输、制造毒品罪】	★
	第350条【非法生产、买卖、运输制毒物品罪、走私制毒物品罪】	★

第23条【犯罪未遂;犯罪未遂的处罚】 ★★★★★

已经着手实行犯罪,由于犯罪分子意志以外的原因而未得逞的,是犯罪未遂。

对于未遂犯,可以比照既遂犯从轻或者减轻处罚。

一、主要适用的案由及其相关度

案由编号	主要适用的案由	相关度
X5.264	盗窃罪	★★★★★
X5.263	抢劫罪	★★★
X4.232	故意杀人罪	★★
X5.266	诈骗罪	★★
X5.274	敲诈勒索罪	★★
X6.7.347	走私、贩卖、运输、制造毒品罪	★★
X3.7.214	销售假冒注册商标的商品罪	★
X4.236	强奸罪	★

二、同时适用的法条及其相关度

	同时适用的法条	相关度
刑法	第67条【自首及其认定】	★★★★★
	第52条【罚金数额的裁量】	★★★★
	第53条【罚金的缴纳、减免】	★★★★
	第64条【犯罪所得之物、所用之物的处理】	★★★★
	第264条【盗窃罪】	★★★★
	第25条【共同犯罪的概念】	★★★
	第65条【一般累犯】	★★★
	第72条【缓刑的条件、禁止令与附加刑的执行】	★★★
	第26条【主犯;犯罪集团】	★★
	第27条【从犯;从犯的处罚】	★★
	第61条【量刑根据】	★★

		同时适用的法条	相关度
333	刑法	第69条【判决宣告前一人犯数罪的并罚】	★★
		第73条【缓刑考验期限】	★★
		第263条【抢劫罪】	★★
		第274条【敲诈勒索罪】	★★
		第47条【有期徒刑刑期的计算与折抵】	★
		第232条【故意杀人罪】	★
		第266条【诈骗罪】	★
		第269条【抢劫罪】	★
		第347条【走私、贩卖、运输、制造毒品罪】	★
797	盗窃罪司法解释	第3条【"多次盗窃""入户盗窃""携带凶器盗窃""扒窃"的认定】	★

第24条【犯罪中止;犯罪中止的处罚】 ★★★★

在犯罪过程中,自动放弃犯罪或者自动有效地防止犯罪结果发生的,是犯罪中止。

对于中止犯,没有造成损害的,应当免除处罚;造成损害的,应当减轻处罚。

■ 一、主要适用的案由及其相关度

案由编号	主要适用的案由	相关度
X4.232	故意杀人罪	★★★★★
X4.236	强奸罪	★★★★
X5.263	抢劫罪	★★★★
X5.264	盗窃罪	★★★
X2.114:1	放火罪	★
X4.234	故意伤害罪	★
X5.274	敲诈勒索罪	★

二、同时适用的法条及其相关度

	同时适用的法条	相关度
刑法	第67条【自首及其认定】	★★★★★
	第52条【罚金数额的裁量】	★★★
	第53条【罚金的缴纳、减免】	★★★
	第64条【犯罪所得之物、所用之物的处理】	★★★
	第72条【缓刑的条件、禁止令与附加刑的执行】	★★★
	第232条【故意杀人罪】	★★★
	第236条【强奸罪】	★★★
	第263条【抢劫罪】	★★★
	第23条【犯罪未遂;犯罪未遂的处罚】	★★
	第25条【共同犯罪的概念】	★★
	第65条【一般累犯】	★★
	第69条【判决宣告前一人犯数罪的并罚】	★★
	第73条【缓刑考验期限】	★★
	第264条【盗窃罪】	★★
	第12条【刑法的溯及力】	★
	第22条【犯罪预备;犯罪预备的处罚】	★
	第26条【主犯;犯罪集团】	★
	第27条【从犯;从犯的处罚】	★
	第61条【量刑根据】	★
	第114条【放火罪、决水罪、爆炸罪、投放危险物质罪、以危险方法危害公共安全罪】	★

第三节 共同犯罪

第25条【共同犯罪的概念】 ★★★★★

共同犯罪是指二人以上共同故意犯罪。

二人以上共同过失犯罪,不以共同犯罪论处;应当负刑事责任的,按照他们所犯的罪分别处罚。

一、主要适用的案由及其相关度

案由编号	主要适用的案由	相关度
X5.264	盗窃罪	★★★★★
X4.234	故意伤害罪	★★★
X6.1.293	寻衅滋事罪	★★★
X4.238	非法拘禁罪	★★
X5.263	抢劫罪	★★
X5.266	诈骗罪	★★
X6.1.292.1	聚众斗殴罪	★★
X6.1.303.2	开设赌场罪	★★
X6.7.347	走私、贩卖、运输、制造毒品罪	★★
X5.274	敲诈勒索罪	★
X6.1.303.1	赌博罪	★
X6.2.312	掩饰、隐瞒犯罪所得、犯罪所得收益罪	★

二、同时适用的法条及其相关度

	同时适用的法条	相关度
刑法	第67条【自首及其认定】	★★★★★
	第26条【主犯;犯罪集团】	★★★
	第27条【从犯;从犯的处罚】	★★★
	第52条【罚金数额的裁量】	★★★
	第53条【罚金的缴纳、减免】	★★★
	第64条【犯罪所得之物、所用之物的处理】	★★★
	第65条【一般累犯】	★★★
	第72条【缓刑的条件、禁止令与附加刑的执行】	★★★
	第73条【缓刑考验期限】	★★★

	同时适用的法条	相关度
刑法	第264条【盗窃罪】	★★★
	第61条【量刑根据】	★★
	第69条【判决宣告前一人犯数罪的并罚】	★★
	第234条【故意伤害罪】	★★
	第293条【寻衅滋事罪】	★★
	第303条【赌博罪;开设赌场罪】	★★
	第23条【犯罪未遂;犯罪未遂的处罚】	★
	第47条【有期徒刑刑期的计算与折抵】	★
	第68条【立功】	★
	第238条【非法拘禁罪】	★
	第263条【抢劫罪】	★
	第266条【诈骗罪】	★
	第347条【走私、贩卖、运输、制造毒品罪】	★

第26条【主犯;犯罪集团】　　　　　　　　　　　　★★★★★

组织、领导犯罪集团进行犯罪活动的或者在共同犯罪中起主要作用的,是主犯。

三人以上为共同实施犯罪而组成的较为固定的犯罪组织,是犯罪集团。

对组织、领导犯罪集团的首要分子,按照集团所犯的全部罪行处罚。

对于第三款规定以外的主犯,应当按照其所参与的或者组织、指挥的全部犯罪处罚。

■ 一、主要适用的案由及其相关度

案由编号	主要适用的案由	相关度
X5.264	盗窃罪	★★★★★
X4.234	故意伤害罪	★★★
X5.266	诈骗罪	★★★

案由编号	主要适用的案由	相关度
X6.1.293	寻衅滋事罪	★★★
X6.1.303.2	开设赌场罪	★★★
X6.7.347	走私、贩卖、运输、制造毒品罪	★★★
X4.238	非法拘禁罪	★★
X5.263	抢劫罪	★★
X6.1.292.1	聚众斗殴罪	★★
X6.1.303.1	赌博罪	★★
X6.2.312	掩饰、隐瞒犯罪所得、犯罪所得收益罪	★★
X3.8.225	非法经营罪	★
X5.267.1	抢夺罪	★
X5.274	敲诈勒索罪	★
X5.275	故意毁坏财物罪	★
X8.382	贪污罪	★

二、同时适用的法条及其相关度

	同时适用的法条	相关度
刑法	第25条【共同犯罪的概念】	★★★★★
	第67条【自首及其认定】	★★★★★
	第27条【从犯；从犯的处罚】	★★★
	第52条【罚金数额的裁量】	★★★
	第53条【罚金的缴纳、减免】	★★★
	第64条【犯罪所得之物、所用之物的处理】	★★★
	第65条【一般累犯】	★★★
	第72条【缓刑的条件、禁止令与附加刑的执行】	★★★
	第73条【缓刑考验期限】	★★★
	第264条【盗窃罪】	★★★

	同时适用的法条	相关度
刑法	第61条【量刑根据】	★★
	第69条【判决宣告前一人犯数罪的并罚】	★★
	第234条【故意伤害罪】	★★
	第303条【赌博罪;开设赌场罪】	★★
	第23条【犯罪未遂;犯罪未遂的处罚】	★
	第47条【有期徒刑刑期的计算与折抵】	★
	第68条【立功】	★
	第238条【非法拘禁罪】	★
	第263条【抢劫罪】	★
	第266条【诈骗罪】	★
	第293条【寻衅滋事罪】	★
	第347条【走私、贩卖、运输、制造毒品罪】	★

第27条【从犯;从犯的处罚】 ★★★★★

在共同犯罪中起次要或者辅助作用的,是从犯。

对于从犯,应当从轻、减轻处罚或者免除处罚。

一、主要适用的案由及其相关度

案由编号	主要适用的案由	相关度
X5.264	盗窃罪	★★★★★
X6.1.303.2	开设赌场罪	★★★★
X4.234	故意伤害罪	★★★
X4.238	非法拘禁罪	★★★
X5.266	诈骗罪	★★★
X6.1.293	寻衅滋事罪	★★★
X6.7.347	走私、贩卖、运输、制造毒品罪	★★★
X3.4.176	非法吸收公众存款罪	★★
X3.8.225	非法经营罪	★★

案由编号	主要适用的案由	相关度
X5.263	抢劫罪	★★
X5.274	敲诈勒索罪	★★
X6.1.292.1	聚众斗殴罪	★★
X6.1.303.1	赌博罪	★★
X6.2.312	掩饰、隐瞒犯罪所得、犯罪所得收益罪	★★
X8.382	贪污罪	★★
X3.1.140	生产、销售伪劣产品罪	★
X3.7.213	假冒注册商标罪	★
X3.8.224	合同诈骗罪	★
X5.271.1	职务侵占罪	★
X5.275	故意毁坏财物罪	★
X6.7.354	容留他人吸毒罪	★
X6.8.359.1	引诱、容留、介绍卖淫罪	★

■ 二、同时适用的法条及其相关度

	同时适用的法条	相关度
刑法	第25条【共同犯罪的概念】	★★★★★
	第67条【自首及其认定】	★★★★★
	第26条【主犯;犯罪集团】	★★★★
	第52条【罚金数额的裁量】	★★★
	第53条【罚金的缴纳、减免】	★★★
	第64条【犯罪所得之物、所用之物的处理】	★★★
	第72条【缓刑的条件、禁止令与附加刑的执行】	★★★
	第73条【缓刑考验期限】	★★★
	第61条【量刑根据】	★★
	第65条【一般累犯】	★★

	同时适用的法条	相关度
刑法	第69条【判决宣告前一人犯数罪的并罚】	★★
	第234条【故意伤害罪】	★★
	第264条【盗窃罪】	★★
	第266条【诈骗罪】	★★
	第303条【赌博罪;开设赌场罪】	★★
	第347条【走私、贩卖、运输、制造毒品罪】	★★
	第23条【犯罪未遂;犯罪未遂的处罚】	★
	第47条【有期徒刑刑期的计算与折抵】	★
	第68条【立功】	★
	第238条【非法拘禁罪】	★
	第293条【寻衅滋事罪】	★

第28条【胁从犯】　　★★

对于被胁迫参加犯罪的,应当按照他的犯罪情节减轻处罚或者免除处罚。

■ 同时适用的法条及其相关度

	同时适用的法条	相关度
刑法	第25条【共同犯罪的概念】	★★★★★
	第67条【自首及其认定】	★★★★★
	第26条【主犯;犯罪集团】	★★★★
	第52条【罚金数额的裁量】	★★★★
	第27条【从犯;从犯的处罚】	★★★
	第53条【罚金的缴纳、减免】	★★★
	第64条【犯罪所得之物、所用之物的处理】	★★★
	第72条【缓刑的条件、禁止令与附加刑的执行】	★★★
	第263条【抢劫罪】	★★★

	同时适用的法条	相关度
刑法	第61条【量刑根据】	★★
	第69条【判决宣告前一人犯数罪的并罚】	★★
	第264条【盗窃罪】	★★
	第23条【犯罪未遂;犯罪未遂的处罚】	★
	第47条【有期徒刑刑期的计算与折抵】	★
	第55条【剥夺政治权利的期限】	★
	第56条【剥夺政治权利的适用范围】	★
	第65条【一般累犯】	★
	第68条【立功】	★
	第73条【缓刑考验期限】	★
	第234条【故意伤害罪】	★
	第238条【非法拘禁罪】	★
	第266条【诈骗罪】	★
	第293条【寻衅滋事罪】	★
	第347条【走私、贩卖、运输、制造毒品罪】	★

第29条【教唆犯;教唆犯的处罚】 ★★★

教唆他人犯罪的,应当按照他在共同犯罪中所起的作用处罚。教唆不满十八周岁的人犯罪的,应当从重处罚。

如果被教唆的人没有犯被教唆的罪,对于教唆犯,可以从轻或者减轻处罚。

一、主要适用的案由及其相关度

案由编号	主要适用的案由	相关度
X5.264	盗窃罪	★★★★★
X4.234	故意伤害罪	★★
X5.263	抢劫罪	★
X5.275	故意毁坏财物罪	★
X6.1.293	寻衅滋事罪	★

二、同时适用的法条及其相关度

	同时适用的法条	相关度
刑法	第25条【共同犯罪的概念】	★★★★★
	第67条【自首及其认定】	★★★★★
	第264条【盗窃罪】	★★★★
	第52条【罚金数额的裁量】	★★★
	第53条【罚金的缴纳、减免】	★★★
	第64条【犯罪所得之物、所用之物的处理】	★★★
	第72条【缓刑的条件、禁止令与附加刑的执行】	★★★
	第26条【主犯；犯罪集团】	★★
	第65条【一般累犯】	★★
	第73条【缓刑考验期限】	★★
	第27条【从犯；从犯的处罚】	★
	第61条【量刑根据】	★
	第68条【立功】	★
	第69条【判决宣告前一人犯数罪的并罚】	★
	第234条【故意伤害罪】	★
	第263条【抢劫罪】	★

第四节　单位犯罪

第30条【单位负刑事责任的范围】　　　　　　　　　　★★★★

公司、企业、事业单位、机关、团体实施的危害社会的行为，法律规定为单位犯罪的，应当负刑事责任。

一、主要适用的案由及其相关度

案由编号	主要适用的案由	相关度
X3.6.205	虚开增值税专用发票、用于骗取出口退税、抵扣税款发票罪	★★★★★
X3.4.176	非法吸收公众存款罪	★★★
X8.393	单位行贿罪	★★★
X3.2.153	走私普通货物、物品罪	★★
X3.4.175-1	骗取贷款、票据承兑、金融票证罪	★★
X6.6.342	非法占用农用地罪	★★
X3.8.224	合同诈骗罪	★
X5.276-1	拒不支付劳动报酬罪	★
X6.6.338	污染环境罪	★

二、同时适用的法条及其相关度

	同时适用的法条	相关度
刑法	第31条【单位犯罪的处罚】	★★★★★
	第67条【自首及其认定】	★★★★★
	第72条【缓刑的条件、禁止令与附加刑的执行】	★★★★
	第73条【缓刑考验期限】	★★★★
	第25条【共同犯罪的概念】	★★★
	第52条【罚金数额的裁量】	★★★
	第53条【罚金的缴纳、减免】	★★★
	第64条【犯罪所得之物、所用之物的处理】	★★★
	第205条【虚开增值税专用发票、用于骗取出口退税、抵扣税款发票罪】	★★★
	第27条【从犯；从犯的处罚】	★★
	第393条【单位行贿罪】	★★

	同时适用的法条	相关度
刑法	第26条【主犯；犯罪集团】	★
	第61条【量刑根据】	★
	第69条【判决宣告前一人犯数罪的并罚】	★
	第176条【非法吸收公众存款罪】	★

第31条【单位犯罪的处罚】 ★★★★

单位犯罪的,对单位判处罚金,并对其直接负责的主管人员和其他直接责任人员判处刑罚。本法分则和其他法律另有规定的,依照规定。

一、主要适用的案由及其相关度

案由编号	主要适用的案由	相关度
X3.6.205	虚开增值税专用发票、用于骗取出口退税、抵扣税款发票罪	★★★★★
X3.4.176	非法吸收公众存款罪	★★★
X8.393	单位行贿罪	★★★
X3.2.153	走私普通货物、物品罪	★★
X3.4.175-1	骗取贷款、票据承兑、金融票证罪	★★
X3.8.224	合同诈骗罪	★★
X6.6.342	非法占用农用地罪	★★
X5.276-1	拒不支付劳动报酬罪	★
X6.6.338	污染环境罪	★

二、同时适用的法条及其相关度

	同时适用的法条	相关度
刑法	第30条【单位负刑事责任的范围】	★★★★★
	第67条【自首及其认定】	★★★★★
	第72条【缓刑的条件、禁止令与附加刑的执行】	★★★★
	第73条【缓刑考验期限】	★★★★

	同时适用的法条	相关度
刑法	第25条【共同犯罪的概念】	★★★
	第52条【罚金数额的裁量】	★★★
	第53条【罚金的缴纳、减免】	★★★
	第64条【犯罪所得之物、所用之物的处理】	★★★
	第205条【虚开增值税专用发票、用于骗取出口退税、抵扣税款发票罪】	★★★
	第27条【从犯;从犯的处罚】	★★
	第393条【单位行贿罪】	★★
	第26条【主犯;犯罪集团】	★
	第61条【量刑根据】	★
	第69条【判决宣告前一人犯数罪的并罚】	★
	第176条【非法吸收公众存款罪】	★

第三章 刑罚

第一节 刑罚的种类

第32条【刑罚的种类】①

刑罚分为主刑和附加刑。

第33条【主刑种类】　　　　　　　　　　★★

主刑的种类如下：

（一）管制；

（二）拘役；

（三）有期徒刑；

（四）无期徒刑；

（五）死刑。

---

① 说明：本法条尚无足够数量判决书可供法律大数据分析。

一、主要适用的案由及其相关度

案由编号	主要适用的案由	相关度
X2.133	交通肇事罪	★★★★★
X4.234	故意伤害罪	★★★★★
X5.264	盗窃罪	★★
X4.232	故意杀人罪	★
X4.233	过失致人死亡罪	★
X5.275	故意毁坏财物罪	★
X6.1.293	寻衅滋事罪	★
X6.2.312	掩饰、隐瞒犯罪所得、犯罪所得收益罪	★
X6.7.347	走私、贩卖、运输、制造毒品罪	★

二、同时适用的法条及其相关度

	同时适用的法条	相关度
刑法	第67条【自首及其认定】	★★★★★
	第61条【量刑根据】	★★★★
	第69条【判决宣告前一人犯数罪的并罚】	★★★★
	第72条【缓刑的条件、禁止令与附加刑的执行】	★★★★
	第234条【故意伤害罪】	★★★★
	第34条【附加刑种类】	★★★
	第71条【判决宣告后刑罚执行完毕前又犯新罪的并罚】	★★★
	第133条【交通肇事罪】	★★★
	第25条【共同犯罪的概念】	★★
	第26条【主犯;犯罪集团】	★★
	第45条【有期徒刑的期限】	★★
	第47条【有期徒刑刑期的计算与折抵】	★★

		同时适用的法条	相关度
333	刑法	第52条【罚金数额的裁量】	★★
		第53条【罚金的缴纳、减免】	★★
		第62条【从重、从轻处罚】	★★
		第64条【犯罪所得之物、所用之物的处理】	★★
		第73条【缓刑考验期限】	★★
		第27条【从犯；从犯的处罚】	★
		第36条【犯罪行为的民事赔偿责任】	★
		第37条【免予刑事处罚与非刑事处罚措施】	★
		第38条【管制的期限；禁止令；社区矫正】	★
		第41条【管制刑期的计算与折抵】	★
		第54条【剥夺政治权利的范围】	★
		第57条【死刑、无期徒刑犯剥夺政治权利的期限】	★
		第65条【一般累犯】	★
		第264条【盗窃罪】	★
782	侵权责任法	第16条【人身损害赔偿项目：一般人身损害赔偿项目、伤残赔偿项目、死亡赔偿项目】	★
801	人身损害赔偿司法解释	第17条【人身损害赔偿项目：一般人身损害赔偿项目、伤残赔偿项目、死亡赔偿项目】	★
		第20条【误工费计算标准】	★
		第27条【丧葬费计算标准】	★
		第29条【死亡赔偿金计算标准】	★
797	盗窃罪司法解释	第1条【盗窃罪"数额较大""数额巨大""数额特别巨大"的认定】	★

第34条【附加刑种类】 ★★★

附加刑的种类如下：

（一）罚金；

（二）剥夺政治权利；

（三）没收财产。

附加刑也可以独立适用。

一、主要适用的案由及其相关度

案由编号	主要适用的案由	相关度
X5.264	盗窃罪	★★★★★
X5.266	诈骗罪	★
X6.2.312	掩饰、隐瞒犯罪所得、犯罪所得收益罪	★
X6.6.342	非法占用农用地罪	★
X6.6.345.2	滥伐林木罪	★

二、同时适用的法条及其相关度

	同时适用的法条	相关度
刑法	第52条【罚金数额的裁量】	★★★★★
	第53条【罚金的缴纳、减免】	★★★★★
	第67条【自首及其认定】	★★★★★
	第264条【盗窃罪】	★★★★
	第25条【共同犯罪的概念】	★★
	第64条【犯罪所得之物、所用之物的处理】	★★
	第26条【主犯；犯罪集团】	★
	第27条【从犯；从犯的处罚】	★
	第61条【量刑根据】	★
	第65条【一般累犯】	★
	第69条【判决宣告前一人犯数罪的并罚】	★

	同时适用的法条	相关度
刑法	第72条【缓刑的条件、禁止令与附加刑的执行】	★
	第73条【缓刑考验期限】	★
	第266条【诈骗罪】	★
	第312条【掩饰、隐瞒犯罪所得、犯罪所得收益罪】	★

第35条【驱逐出境】 ★★★

对于犯罪的外国人,可以独立适用或者附加适用驱逐出境。

一、主要适用的案由及其相关度

案由编号	主要适用的案由	相关度
X5.264	盗窃罪	★★★★★
X6.7.347	走私、贩卖、运输、制造毒品罪	★★★★
X4.234	故意伤害罪	★
X5.263	抢劫罪	★
X5.266	诈骗罪	★
X6.1.277	妨害公务罪	★
X6.3.318	组织他人偷越国(边)境罪	★
X6.3.322	偷越国(边)境罪	★
X6.7.348	非法持有毒品罪	★

二、同时适用的法条及其相关度

	同时适用的法条	相关度
刑法	第6条【属地管辖】	★★★★★
	第53条【罚金的缴纳、减免】	★★★★★
	第67条【自首及其认定】	★★★★★
	第52条【罚金数额的裁量】	★★★★
	第64条【犯罪所得之物、所用之物的处理】	★★★★
	第25条【共同犯罪的概念】	★★★

	同时适用的法条	相关度
刑法	第264条【盗窃罪】	★★★
	第26条【主犯；犯罪集团】	★★
	第61条【量刑根据】	★★
	第347条【走私、贩卖、运输、制造毒品罪】	★★
	第23条【犯罪未遂；犯罪未遂的处罚】	★
	第27条【从犯；从犯的处罚】	★
	第318条【组织他人偷越国(边)境罪】	★
	第322条【偷越国(边)境罪】	★

第36条【犯罪行为的民事赔偿责任】 ★★★★★

由于犯罪行为而使被害人遭受经济损失的，对犯罪分子除依法给予刑事处罚外，并应根据情况判处赔偿经济损失。

承担民事赔偿责任的犯罪分子，同时被判处罚金，其财产不足以全部支付的，或者被判处没收财产的，应当先承担对被害人的民事赔偿责任。

■ 一、主要适用的案由及其相关度

案由编号	主要适用的案由	相关度
X4.234	故意伤害罪	★★★★★
X2.133	交通肇事罪	★★★
X4.232	故意杀人罪	★★
X6.1.293	寻衅滋事罪	★★

■ 二、同时适用的法条及其相关度

	同时适用的法条	相关度
刑法	第67条【自首及其认定】	★★★★★
	第234条【故意伤害罪】	★★★★★
	第72条【缓刑的条件、禁止令与附加刑的执行】	★★★
	第133条【交通肇事罪】	★★★

		同时适用的法条	相关度
333	刑法	第25条【共同犯罪的概念】	★★
		第47条【有期徒刑刑期的计算与折抵】	★★
		第57条【死刑、无期徒刑犯剥夺政治权利的期限】	★★
		第61条【量刑根据】	★★
		第64条【犯罪所得之物、所用之物的处理】	★★
		第65条【一般累犯】	★★
		第73条【缓刑考验期限】	★★
		第232条【故意杀人罪】	★★
		第26条【主犯;犯罪集团】	★
		第27条【从犯;从犯的处罚】	★
		第45条【有期徒刑的期限】	★
		第69条【判决宣告前一人犯数罪的并罚】	★
		第293条【寻衅滋事罪】	★
781	民法通则	第119条【人身损害赔偿项目:一般人身损害赔偿项目、伤残赔偿项目、死亡赔偿项目】	★★★
		第106条【民事责任归责原则:违约责任;过错侵权责任;无过错侵权责任】	★
		第130条【共同实施侵权行为人的连带责任】	★
		第131条【过错相抵:被侵权人过错】	★
782	侵权责任法	第16条【人身损害赔偿项目:一般人身损害赔偿项目、伤残赔偿项目、死亡赔偿项目】	★★★
		第6条【过错责任原则;过错推定责任原则】	★★
		第15条【侵权责任的主要承担方式】	★
		第26条【过错相抵:被侵权人过错】	★
		第48条【机动车交通事故损害赔偿责任的法律适用】	★

	同时适用的法条	相关度	
人身损害赔偿司法解释	第17条【人身损害赔偿项目：一般人身损害赔偿项目、伤残赔偿项目、死亡赔偿项目】	★★★	801
	第19条【医疗费计算标准】	★★★	
	第20条【误工费计算标准】	★★★	
	第21条【护理费计算标准】	★★★	
	第22条【交通费计算标准】	★★★	
	第23条【伙食费、住宿费计算标准】	★★★	
	第24条【营养费计算标准】	★★	
	第27条【丧葬费计算标准】	★★	
	第29条【死亡赔偿金计算标准】	★★	
	第25条【残疾赔偿金计算标准】	★	
	第28条【被扶养人生活费数额的确定】	★	
	第35条【人身损害赔偿相关概念的界定】	★	
道路交通安全法	第76条【交通事故的赔偿责任】	★★	784
道路交通事故司法解释	第16条【交强险和商业三者险并存时的赔付规则】	★	811
交通肇事罪司法解释	第2条【交通肇事罪】	★	796

第37条【免予刑事处罚与非刑事处罚措施】 ★★★★★

对于犯罪情节轻微不需要判处刑罚的，可以免予刑事处罚，但是可以根据案件的不同情况，予以训诫或者责令具结悔过、赔礼道歉、赔偿损失，或者由主管部门予以行政处罚或者行政处分。

一、主要适用的案由及其相关度

案由编号	主要适用的案由	相关度
X2.133-1	危险驾驶罪	★★★★★
X4.234	故意伤害罪	★★★★
X9.397:2	玩忽职守罪	★★★★
X8.382	贪污罪	★★★
X8.385	受贿罪	★★★
X9.397:1	滥用职权罪	★★★
X2.128.1	非法持有、私藏枪支、弹药罪	★★
X2.133	交通肇事罪	★★
X3.5.196	信用卡诈骗罪	★★
X5.264	盗窃罪	★★
X8.384	挪用公款罪	★★
X5.266	诈骗罪	★
X6.1.293	寻衅滋事罪	★
X6.2.313	拒不执行判决、裁定罪	★
X8.389	行贿罪	★

二、同时适用的法条及其相关度

	同时适用的法条	相关度
刑法	第67条【自首及其认定】	★★★★★
	第25条【共同犯罪的概念】	★★★
	第64条【犯罪所得之物、所用之物的处理】	★★★
	第133条之1【危险驾驶罪】	★★★
	第234条【故意伤害罪】	★★★
	第397条【滥用职权罪;玩忽职守罪】	★★★
	第26条【主犯;犯罪集团】	★★

同时适用的法条	相关度
第27条【从犯;从犯的处罚】	★★
第61条【量刑根据】	★★
第72条【缓刑的条件、禁止令与附加刑的执行】	★★
第73条【缓刑考验期限】	★★
第382条【贪污罪;贪污罪共犯的认定】	★★
第383条【贪污罪的处罚】	★★
第385条【受贿罪】	★★
第52条【罚金数额的裁量】	★
第53条【罚金的缴纳、减免】	★
第69条【判决宣告前一人犯数罪的并罚】	★
第93条【国家工作人员的范围】	★
第133条【交通肇事罪】	★
第264条【盗窃罪】	★
第384条【挪用公款罪】	★
第386条【受贿罪的处罚】	★

（左侧合并单元格：刑法）

第37条之1【从业禁止】 ★★

因利用职业便利实施犯罪，或者实施违背职业要求的特定义务的犯罪被判处刑罚的，人民法院可以根据犯罪情况和预防再犯罪的需要，禁止其自刑罚执行完毕之日或者假释之日起从事相关职业，期限为三年至五年。

被禁止从事相关职业的人违反人民法院依照前款规定作出的决定的，由公安机关依法给予处罚；情节严重的，依照本法第三百一十三条的规定定罪处罚。

其他法律、行政法规对其从事相关职业另有禁止或者限制性规定的，从其规定。

一、主要适用的案由及其相关度

案由编号	主要适用的案由	相关度
X3.1.144	生产、销售有毒、有害食品罪	★★★★★

案由编号	主要适用的案由	相关度
X3.1.143	生产、销售不符合安全标准的食品罪	★★★
X3.1.141	生产、销售假药罪	★★

二、同时适用的法条及其相关度

		同时适用的法条	相关度
刑法		第67条【自首及其认定】	★★★★★
		第64条【犯罪所得之物、所用之物的处理】	★★★★
		第72条【缓刑的条件、禁止令与附加刑的执行】	★★★★
		第52条【罚金数额的裁量】	★★★
		第53条【罚金的缴纳、减免】	★★★
		第73条【缓刑考验期限】	★★★
		第144条【生产、销售有毒、有害食品罪】	★★★
		第143条【生产、销售不符合安全标准的食品罪】	★★
		第23条【犯罪未遂；犯罪未遂的处罚】	★
		第25条【共同犯罪的概念】	★
		第26条【主犯；犯罪集团】	★
		第27条【从犯；从犯的处罚】	★
		第61条【量刑根据】	★
		第141条【生产、销售假药罪；假药的含义】	★
司法解释	办理危害食品安全刑事案件	第1条【食品"足以造成严重食物中毒事故或者其他严重食源性疾病"的认定】	★
		第17条【生产、销售不符合安全标准的食品罪与生产、销售有毒、有害食品罪罚金刑的适用】	★
		第18条【危害食品安全刑事案件中缓刑和禁止令的适用】	★

第二节 管 制

第38条【管制的期限;禁止令;社区矫正】 ★★★★

管制的期限,为三个月以上二年以下。

判处管制,可以根据犯罪情况,同时禁止犯罪分子在执行期间从事特定活动,进入特定区域、场所,接触特定的人。

对判处管制的犯罪分子,依法实行社区矫正。

违反第二款规定的禁止令的,由公安机关依照《中华人民共和国治安管理处罚法》的规定处罚。

一、主要适用的案由及其相关度

案由编号	主要适用的案由	相关度
X4.234	故意伤害罪	★★★★★
X5.264	盗窃罪	★★★★
X2.128.1	非法持有、私藏枪支、弹药罪	★★★
X6.1.303.2	开设赌场罪	★★
X6.1.293	寻衅滋事罪	★
X6.2.312	掩饰、隐瞒犯罪所得、犯罪所得收益罪	★
X6.7.347	走私、贩卖、运输、制造毒品罪	★
X6.7.351	非法种植毒品原植物罪	★
X6.7.354	容留他人吸毒罪	★

二、同时适用的法条及其相关度

	同时适用的法条	相关度
刑法	第41条【管制刑期的计算与折抵】	★★★★★
	第67条【自首及其认定】	★★★★★
	第25条【共同犯罪的概念】	★★★
	第52条【罚金数额的裁量】	★★★
	第53条【罚金的缴纳、减免】	★★★

	同时适用的法条	相关度
刑法	第 64 条【犯罪所得之物、所用之物的处理】	★★★
	第 234 条【故意伤害罪】	★★★
	第 61 条【量刑根据】	★★
	第 128 条【非法持有、私藏枪支、弹药罪;非法出租、出借枪支罪】	★★
	第 264 条【盗窃罪】	★★
	第 26 条【主犯;犯罪集团】	★
	第 27 条【从犯;从犯的处罚】	★
	第 72 条【缓刑的条件、禁止令与附加刑的执行】	★
	第 303 条【赌博罪;开设赌场罪】	★

第 39 条【管制犯的义务;劳动报酬】 ★★★

被判处管制的犯罪分子,在执行期间,应当遵守下列规定:

(一)遵守法律、行政法规,服从监督;

(二)未经执行机关批准,不得行使言论、出版、集会、结社、游行、示威自由的权利;

(三)按照执行机关规定报告自己的活动情况;

(四)遵守执行机关关于会客的规定;

(五)离开所居住的市、县或者迁居,应当报经执行机关批准。

对于被判处管制的犯罪分子,在劳动中应当同工同酬。

■ 一、主要适用的案由及其相关度

案由编号	主要适用的案由	相关度
X4.234	故意伤害罪	★★★★★
X5.264	盗窃罪	★★★★
X2.128.1	非法持有、私藏枪支、弹药罪	★★★
X6.1.303.2	开设赌场罪	★★★
X6.1.293	寻衅滋事罪	★
X6.2.312	掩饰、隐瞒犯罪所得、犯罪所得收益罪	★

案由编号	主要适用的案由	相关度
X6.6.345.1	盗伐林木罪	★
X6.6.345.2	滥伐林木罪	★
X6.7.347	走私、贩卖、运输、制造毒品罪	★
X6.7.354	容留他人吸毒罪	★

二、同时适用的法条及其相关度

	同时适用的法条	相关度
刑法	第38条【管制的期限；禁止令；社区矫正】	★★★★★
	第41条【管制刑期的计算与折抵】	★★★★★
	第67条【自首及其认定】	★★★★
	第25条【共同犯罪的概念】	★★
	第40条【管制的解除】	★★
	第52条【罚金数额的裁量】	★★
	第53条【罚金的缴纳、减免】	★★
	第64条【犯罪所得之物、所用之物的处理】	★★
	第234条【故意伤害罪】	★★
	第26条【主犯；犯罪集团】	★
	第27条【从犯；从犯的处罚】	★
	第61条【量刑根据】	★
	第128条【非法持有、私藏枪支、弹药罪；非法出租、出借枪支罪】	★
	第264条【盗窃罪】	★
	第303条【赌博罪；开设赌场罪】	★

第40条【管制的解除】 ★★★

被判处管制的犯罪分子，管制期满，执行机关应即向本人和其所在单位或者居住地的群众宣布解除管制。

一、主要适用的案由及其相关度

案由编号	主要适用的案由	相关度
X2.128.1	非法持有、私藏枪支、弹药罪	★★★★★
X4.234	故意伤害罪	★★★★★
X5.264	盗窃罪	★★★
X6.1.303.2	开设赌场罪	★★★
X6.7.347	走私、贩卖、运输、制造毒品罪	★★
X2.133-1	危险驾驶罪	★
X4.238	非法拘禁罪	★
X5.263	抢劫罪	★
X5.274	敲诈勒索罪	★
X6.1.280.1:1	伪造、变造、买卖国家机关公文、证件、印章罪	★
X6.1.293	寻衅滋事罪	★
X6.2.312	掩饰、隐瞒犯罪所得、犯罪所得收益罪	★
X6.7.354	容留他人吸毒罪	★

二、同时适用的法条及其相关度

	同时适用的法条	相关度
刑法	第38条【管制的期限；禁止令；社区矫正】	★★★★★
	第39条【管制犯的义务；劳动报酬】	★★★★★
	第41条【管制刑期的计算与折抵】	★★★★★
	第67条【自首及其认定】	★★★★
	第52条【罚金数额的裁量】	★★★
	第25条【共同犯罪的概念】	★★
	第53条【罚金的缴纳、减免】	★★
	第64条【犯罪所得之物、所用之物的处理】	★★

	同时适用的法条	相关度
刑法	第128条【非法持有、私藏枪支、弹药罪;非法出租、出借枪支罪】	★★
	第26条【主犯;犯罪集团】	★
	第27条【从犯;从犯的处罚】	★
	第42条【拘役的期限】	★
	第61条【量刑根据】	★
	第72条【缓刑的条件、禁止令与附加刑的执行】	★
	第73条【缓刑考验期限】	★
	第234条【故意伤害罪】	★
	第264条【盗窃罪】	★
	第303条【赌博罪;开设赌场罪】	★

第41条【管制刑期的计算与折抵】 ★★★★

管制的刑期,从判决执行之日起计算;判决执行以前先行羁押的,羁押一日折抵刑期二日。

一、主要适用的案由及其相关度

案由编号	主要适用的案由	相关度
X4.234	故意伤害罪	★★★★★
X5.264	盗窃罪	★★★★
X2.128.1	非法持有、私藏枪支、弹药罪	★★★
X6.1.303.2	开设赌场罪	★★
X6.1.293	寻衅滋事罪	★
X6.2.312	掩饰、隐瞒犯罪所得、犯罪所得收益罪	★
X6.6.345.2	滥伐林木罪	★
X6.7.347	走私、贩卖、运输、制造毒品罪	★
X6.7.354	容留他人吸毒罪	★

二、同时适用的法条及其相关度

	同时适用的法条	相关度
刑法	第38条【管制的期限;禁止令;社区矫正】	★★★★★
	第67条【自首及其认定】	★★★★★
	第52条【罚金数额的裁量】	★★★
	第53条【罚金的缴纳、减免】	★★★
	第234条【故意伤害罪】	★★★
	第25条【共同犯罪的概念】	★★
	第61条【量刑根据】	★★
	第64条【犯罪所得之物、所用之物的处理】	★★
	第128条【非法持有、私藏枪支、弹药罪;非法出租、出借枪支罪】	★★
	第264条【盗窃罪】	★★
	第26条【主犯;犯罪集团】	★
	第27条【从犯;从犯的处罚】	★
	第303条【赌博罪;开设赌场罪】	★

第三节 拘役

第42条【拘役的期限】　　　　　　　　★★★★★

拘役的期限,为一个月以上六个月以下。

一、主要适用的案由及其相关度

案由编号	主要适用的案由	相关度
X2.133-1	危险驾驶罪	★★★★★
X5.264	盗窃罪	★★★
X4.234	故意伤害罪	★
X6.7.354	容留他人吸毒罪	★

■ 二、同时适用的法条及其相关度

	同时适用的法条	相关度
刑法	第52条【罚金数额的裁量】	★★★★★
	第67条【自首及其认定】	★★★★★
	第133条之1【危险驾驶罪】	★★★★★
	第53条【罚金的缴纳、减免】	★★★★
	第44条【拘役刑期的计算与折抵】	★★★
	第61条【量刑根据】	★★★
	第72条【缓刑的条件、禁止令与附加刑的执行】	★★★
	第73条【缓刑考验期限】	★★★
	第25条【共同犯罪的概念】	★★
	第64条【犯罪所得之物、所用之物的处理】	★★
	第264条【盗窃罪】	★★
	第43条【拘役的执行】	★
	第62条【从重、从轻处罚】	★
	第234条【故意伤害罪】	★
适用意见 醉驾犯罪	第1条【醉酒驾驶机动车的认定】	★
	第2条【醉酒驾驶机动车从重处罚情节】	★

第43条【拘役的执行】 ★★★★

被判处拘役的犯罪分子,由公安机关就近执行。

在执行期间,被判处拘役的犯罪分子每月可以回家一天至两天;参加劳动的,可以酌量发给报酬。

■ 一、主要适用的案由及其相关度

案由编号	主要适用的案由	相关度
X2.133-1	危险驾驶罪	★★★★★
X5.264	盗窃罪	★★★

案由编号	主要适用的案由	相关度
X4.234	故意伤害罪	★

二、同时适用的法条及其相关度

	同时适用的法条	相关度
刑法	第 42 条【拘役的期限】	★★★★★
	第 52 条【罚金数额的裁量】	★★★★★
	第 53 条【罚金的缴纳、减免】	★★★★
	第 67 条【自首及其认定】	★★★★
	第 133 条之 1【危险驾驶罪】	★★★★
	第 44 条【拘役刑期的计算与折抵】	★★★
	第 72 条【缓刑的条件、禁止令与附加刑的执行】	★★★
	第 73 条【缓刑考验期限】	★★★
	第 264 条【盗窃罪】	★★
	第 25 条【共同犯罪的概念】	★
	第 61 条【量刑根据】	★
	第 64 条【犯罪所得之物、所用之物的处理】	★

第 44 条【拘役刑期的计算与折抵】　　★★★★★

拘役的刑期,从判决执行之日起计算;判决执行以前先行羁押的,羁押一日折抵刑期一日。

一、主要适用的案由及其相关度

案由编号	主要适用的案由	相关度
X2.133-1	危险驾驶罪	★★★★★
X5.264	盗窃罪	★★★
X6.7.354	容留他人吸毒罪	★★
X4.234	故意伤害罪	★
X6.7.347	走私、贩卖、运输、制造毒品罪	★

二、同时适用的法条及其相关度

	同时适用的法条	相关度
刑法	第42条【拘役的期限】	★★★★★
	第52条【罚金数额的裁量】	★★★★★
	第53条【罚金的缴纳、减免】	★★★★★
	第67条【自首及其认定】	★★★★★
	第133条之1【危险驾驶罪】	★★★★
	第61条【量刑根据】	★★★
	第264条【盗窃罪】	★★★
	第25条【共同犯罪的概念】	★★
	第64条【犯罪所得之物、所用之物的处理】	★★
	第72条【缓刑的条件、禁止令与附加刑的执行】	★★
	第73条【缓刑考验期限】	★★
	第26条【主犯;犯罪集团】	★
	第62条【从重、从轻处罚】	★
	第234条【故意伤害罪】	★
	第354条【容留他人吸毒罪】	★
适用意见 醉驾犯罪	第2条【醉酒驾驶机动车从重处罚情节】	★

第四节 有期徒刑、无期徒刑

第45条【有期徒刑的期限】 ★★★★★

有期徒刑的期限,除本法第五十条、第六十九条规定外,为六个月以上十五年以下。

一、主要适用的案由及其相关度

案由编号	主要适用的案由	相关度
X5.264	盗窃罪	★★★★★
X2.133	交通肇事罪	★★★
X4.234	故意伤害罪	★★★
X5.266	诈骗罪	★★★
X6.7.347	走私、贩卖、运输、制造毒品罪	★★★
X2.128.1	非法持有、私藏枪支、弹药罪	★★
X5.263	抢劫罪	★★
X6.1.293	寻衅滋事罪	★★
X6.7.354	容留他人吸毒罪	★★
X3.5.196	信用卡诈骗罪	★
X4.238	非法拘禁罪	★
X6.1.277	妨害公务罪	★
X6.1.303.2	开设赌场罪	★
X6.2.312	掩饰、隐瞒犯罪所得、犯罪所得收益罪	★
X6.7.348	非法持有毒品罪	★

二、同时适用的法条及其相关度

	同时适用的法条	相关度
刑法	第47条【有期徒刑刑期的计算与折抵】	★★★★★
	第52条【罚金数额的裁量】	★★★★★
	第67条【自首及其认定】	★★★★★
	第53条【罚金的缴纳、减免】	★★★★
	第25条【共同犯罪的概念】	★★★
	第61条【量刑根据】	★★★
	第64条【犯罪所得之物、所用之物的处理】	★★★

	同时适用的法条	相关度
刑法	第65条【一般累犯】	★★★
	第72条【缓刑的条件、禁止令与附加刑的执行】	★★★
	第73条【缓刑考验期限】	★★★
	第264条【盗窃罪】	★★★
	第26条【主犯;犯罪集团】	★★
	第27条【从犯;从犯的处罚】	★★
	第62条【从重、从轻处罚】	★★
	第69条【判决宣告前一人犯数罪的并罚】	★★
	第133条【交通肇事罪】	★★
	第234条【故意伤害罪】	★★
	第347条【走私、贩卖、运输、制造毒品罪】	★★
	第23条【犯罪未遂;犯罪未遂的处罚】	★
	第266条【诈骗罪】	★
	第293条【寻衅滋事罪】	★
	第354条【容留他人吸毒罪】	★
盗窃罪司法解释	第14条【盗窃罪中罚金的确定规则】	★

第46条【有期徒刑与无期徒刑的执行】 ★★★

被判处有期徒刑、无期徒刑的犯罪分子,在监狱或者其他执行场所执行;凡有劳动能力的,都应当参加劳动,接受教育和改造。

一、主要适用的案由及其相关度

案由编号	主要适用的案由	相关度
X2.133	交通肇事罪	★★★★★
X5.264	盗窃罪	★★★★★
X2.133-1	危险驾驶罪	★★★

案由编号	主要适用的案由	相关度
X4.234	故意伤害罪	★★★
X6.7.347	走私、贩卖、运输、制造毒品罪	★★★
X4.232	故意杀人罪	★★
X5.266	诈骗罪	★★
X6.1.293	寻衅滋事罪	★
X6.2.312	掩饰、隐瞒犯罪所得、犯罪所得收益罪	★
X6.7.354	容留他人吸毒罪	★

■ 二、同时适用的法条及其相关度

	同时适用的法条	相关度
刑法	第45条【有期徒刑的期限】	★★★★★
	第52条【罚金数额的裁量】	★★★★
	第53条【罚金的缴纳、减免】	★★★★
	第67条【自首及其认定】	★★★★
	第47条【有期徒刑刑期的计算与折抵】	★★★
	第72条【缓刑的条件、禁止令与附加刑的执行】	★★★
	第73条【缓刑考验期限】	★★★
	第64条【犯罪所得之物、所用之物的处理】	★★
	第264条【盗窃罪】	★★
	第25条【共同犯罪的概念】	★
	第57条【死刑、无期徒刑犯剥夺政治权利的期限】	★
	第61条【量刑根据】	★
	第62条【从重、从轻处罚】	★
	第65条【一般累犯】	★
	第133条【交通肇事罪】	★
	第133条之1【危险驾驶罪】	★
	第234条【故意伤害罪】	★
	第347条【走私、贩卖、运输、制造毒品罪】	★

第47条【有期徒刑刑期的计算与折抵】　★★★★★

有期徒刑的刑期,从判决执行之日起计算;判决执行以前先行羁押的,羁押一日折抵刑期一日。

一、主要适用的案由及其相关度

案由编号	主要适用的案由	相关度
X5.264	盗窃罪	★★★★★
X4.234	故意伤害罪	★★★
X6.7.347	走私、贩卖、运输、制造毒品罪	★★★
X2.133	交通肇事罪	★★
X5.263	抢劫罪	★★
X5.266	诈骗罪	★★
X6.1.293	寻衅滋事罪	★★
X6.7.354	容留他人吸毒罪	★★
X6.2.312	掩饰、隐瞒犯罪所得、犯罪所得收益罪	★
X6.7.348	非法持有毒品罪	★

二、同时适用的法条及其相关度

	同时适用的法条	相关度
刑法	第52条【罚金数额的裁量】	★★★★★
	第53条【罚金的缴纳、减免】	★★★★★
	第67条【自首及其认定】	★★★★★
	第45条【有期徒刑的期限】	★★★★
	第64条【犯罪所得之物、所用之物的处理】	★★★★
	第25条【共同犯罪的概念】	★★★
	第61条【量刑根据】	★★★
	第65条【一般累犯】	★★★
	第264条【盗窃罪】	★★★

		同时适用的法条	相关度
333	刑法	第347条【走私、贩卖、运输、制造毒品罪】	★★★
		第26条【主犯；犯罪集团】	★★
		第27条【从犯；从犯的处罚】	★★
		第62条【从重、从轻处罚】	★★
		第69条【判决宣告前一人犯数罪的并罚】	★★
		第72条【缓刑的条件、禁止令与附加刑的执行】	★★
		第73条【缓刑考验期限】	★★
		第234条【故意伤害罪】	★★
		第23条【犯罪未遂；犯罪未遂的处罚】	★
		第36条【犯罪行为的民事赔偿责任】	★
		第133条【交通肇事罪】	★
		第263条【抢劫罪】	★
		第266条【诈骗罪】	★
		第354条【容留他人吸毒罪】	★
797	盗窃罪司法解释	第1条【盗窃罪"数额较大""数额巨大""数额特别巨大"的认定】	★
		第14条【盗窃罪中罚金的确定规则】	★
804	财产刑适用规定	第2条【罚金数额的裁量】	★

第五节 死刑

第48条【死刑的适用条件与核准程序】 ★★★★

死刑只适用于罪行极其严重的犯罪分子。对于应当判处死刑的犯罪分子,如果不是必须立即执行的,可以判处死刑同时宣告缓期二年执行。

死刑除依法由最高人民法院判决的以外,都应当报请最高人民法院核准。死刑缓期执行的,可以由高级人民法院判决或者核准。

■ 一、主要适用的案由及其相关度

案由编号	主要适用的案由	相关度
X4.232	故意杀人罪	★★★★★
X6.7.347	走私、贩卖、运输、制造毒品罪	★★★★★
X4.234	故意伤害罪	★★
X5.263	抢劫罪	★

■ 二、同时适用的法条及其相关度

	同时适用的法条	相关度
刑法	第57条【死刑、无期徒刑犯剥夺政治权利的期限】	★★★★★
	第64条【犯罪所得之物、所用之物的处理】	★★★★
	第67条【自首及其认定】	★★★★
	第25条【共同犯罪的概念】	★★★
	第36条【犯罪行为的民事赔偿责任】	★★★
	第232条【故意杀人罪】	★★★
	第347条【走私、贩卖、运输、制造毒品罪】	★★★
	第26条【主犯;犯罪集团】	★★
	第27条【从犯;从犯的处罚】	★★
	第50条【死缓的法律后果;死缓的限制减刑情形】	★★
	第59条【没收财产的范围】	★★
	第61条【量刑根据】	★★
	第65条【一般累犯】	★★
	第69条【判决宣告前一人犯数罪的并罚】	★★
	第51条【死缓期间与减为有期徒刑的刑期计算】	★
	第234条【故意伤害罪】	★
	第356条【毒品再犯的处罚】	★

		同时适用的法条	相关度
781	通则民法	第119条【人身损害赔偿项目：一般人身损害赔偿项目、伤残赔偿项目、死亡赔偿项目】	★★
801	解释赔偿人身损害司法	第27条【丧葬费计算标准】	★

第49条【不得适用死刑的对象】 ★★

犯罪的时候不满十八周岁的人和审判的时候怀孕的妇女，不适用死刑。

审判的时候已满七十五周岁的人，不适用死刑，但以特别残忍手段致人死亡的除外。

■ 一、主要适用的案由及其相关度

案由编号	主要适用的案由	相关度
X4.232	故意杀人罪	★★★★★
X6.7.347	走私、贩卖、运输、制造毒品罪	★★★

■ 二、同时适用的法条及其相关度

		同时适用的法条	相关度
333	刑法	第57条【死刑、无期徒刑犯剥夺政治权利的期限】	★★★★★
		第67条【自首及其认定】	★★★★★
		第232条【故意杀人罪】	★★★★★
		第64条【犯罪所得之物、所用之物的处理】	★★★★
		第36条【犯罪行为的民事赔偿责任】	★★★
		第347条【走私、贩卖、运输、制造毒品罪】	★★★
		第17条之1【老年人犯罪的刑事责任】	★★
		第56条【剥夺政治权利的适用范围】	★★
		第12条【刑法的溯及力】	★

	同时适用的法条	相关度	
刑法	第17条【刑事责任年龄】	★	333
	第18条【精神病人与醉酒的人的刑事责任】	★	
	第25条【共同犯罪的概念】	★	
	第26条【主犯;犯罪集团】	★	
	第27条【从犯;从犯的处罚】	★	
	第47条【有期徒刑刑期的计算与折抵】	★	
	第48条【死刑的适用条件与核准程序】	★	
	第54条【剥夺政治权利的范围】	★	
	第55条【剥夺政治权利的期限】	★	
	第59条【没收财产的范围】	★	
	第61条【量刑根据】	★	
民法通则	第119条【人身损害赔偿项目:一般人身损害赔偿项目、伤残赔偿项目、死亡赔偿项目】	★	781
人身损害赔偿司法解释	第27条【丧葬费计算标准】	★	801

第50条【死缓的法律后果;死缓的限制减刑情形】 ★★★

判处死刑缓期执行的,在死刑缓期执行期间,如果没有故意犯罪,二年期满以后,减为无期徒刑;如果确有重大立功表现,二年期满以后,减为二十五年有期徒刑;如果故意犯罪,情节恶劣的,报请最高人民法院核准后执行死刑;对于故意犯罪未执行死刑的,死刑缓期执行的期间重新计算,并报最高人民法院备案。

对被判处死刑缓期执行的累犯以及因故意杀人、强奸、抢劫、绑架、放火、爆炸、投放危险物质或者有组织的暴力性犯罪被判处死刑缓期执行的犯罪分子,人民法院根据犯罪情节等情况可以同时决定对其限制减刑。

一、主要适用的案由及其相关度

案由编号	主要适用的案由	相关度
X4.232	故意杀人罪	★★★★★
X5.263	抢劫罪	★
X6.7.347	走私、贩卖、运输、制造毒品罪	★

二、同时适用的法条及其相关度

	同时适用的法条	相关度
刑法	第48条【死刑的适用条件与核准程序】	★★★★★
刑法	第57条【死刑、无期徒刑犯剥夺政治权利的期限】	★★★★★
刑法	第232条【故意杀人罪】	★★★★★
刑法	第67条【自首及其认定】	★★★★
刑法	第36条【犯罪行为的民事赔偿责任】	★★★
刑法	第64条【犯罪所得之物、所用之物的处理】	★★★
刑法	第25条【共同犯罪的概念】	★★
刑法	第65条【一般累犯】	★★
刑法	第26条【主犯；犯罪集团】	★
刑法	第27条【从犯；从犯的处罚】	★
刑法	第51条【死缓期间与减为有期徒刑的刑期计算】	★
刑法	第52条【罚金数额的裁量】	★
刑法	第53条【罚金的缴纳、减免】	★
刑法	第56条【剥夺政治权利的适用范围】	★
刑法	第59条【没收财产的范围】	★
刑法	第61条【量刑根据】	★
刑法	第69条【判决宣告前一人犯数罪的并罚】	★
刑法	第263条【抢劫罪】	★
刑法	第264条【盗窃罪】	★
刑法	第347条【走私、贩卖、运输、制造毒品罪】	★
刑法	第356条【毒品再犯的处罚】	★

	同时适用的法条	相关度	
民法通则	第119条【人身损害赔偿项目：一般人身损害赔偿项目、伤残赔偿项目、死亡赔偿项目】	★	781
人身损害赔偿司法解释	第17条【人身损害赔偿项目：一般人身损害赔偿项目、伤残赔偿项目、死亡赔偿项目】	★	801
	第27条【丧葬费计算标准】	★	
	第29条【死亡赔偿金计算标准】	★	

第51条【死缓期间与减为有期徒刑的刑期计算】 ★★★

死刑缓期执行的期间，从判决确定之日起计算。死刑缓期执行减为有期徒刑的刑期，从死刑缓期执行期满之日起计算。

■ 一、主要适用的案由及其相关度

案由编号	主要适用的案由	相关度
X4.232	故意杀人罪	★★★★★
X6.7.347	走私、贩卖、运输、制造毒品罪	★★★
X4.234	故意伤害罪	★★
X5.263	抢劫罪	★★

■ 二、同时适用的法条及其相关度

	同时适用的法条	相关度	
刑法	第48条【死刑的适用条件与核准程序】	★★★★★	333
	第57条【死刑、无期徒刑犯剥夺政治权利的期限】	★★★★★	
	第67条【自首及其认定】	★★★★★	
	第64条【犯罪所得之物、所用之物的处理】	★★★★	
	第36条【犯罪行为的民事赔偿责任】	★★★	
	第52条【罚金数额的裁量】	★★★	
	第61条【量刑根据】	★★★	

		同时适用的法条	相关度
333	刑法	第 232 条【故意杀人罪】	★★★
		第 12 条【刑法的溯及力】	★★
		第 25 条【共同犯罪的概念】	★★
		第 26 条【主犯；犯罪集团】	★★
		第 50 条【死缓的法律后果；死缓的限制减刑情形】	★★
		第 59 条【没收财产的范围】	★★
		第 347 条【走私、贩卖、运输、制造毒品罪】	★★
		第 22 条【犯罪预备；犯罪预备的处罚】	★
		第 27 条【从犯；从犯的处罚】	★
		第 47 条【有期徒刑刑期的计算与折抵】	★
		第 53 条【罚金的缴纳、减免】	★
		第 56 条【剥夺政治权利的适用范围】	★
		第 65 条【一般累犯】	★
		第 69 条【判决宣告前一人犯数罪的并罚】	★
		第 134 条【重大责任事故罪；强令违章冒险作业罪】	★
		第 150 条【单位犯生产、销售伪劣商品罪的处罚】	★
		第 234 条【故意伤害罪】	★
		第 264 条【盗窃罪】	★
		第 356 条【毒品再犯的处罚】	★
781	民法通则	第 119 条【人身损害赔偿项目：一般人身损害赔偿项目、伤残赔偿项目、死亡赔偿项目】	★

第六节 罚金

第 52 条【罚金数额的裁量】 ★★★★★

判处罚金，应当根据犯罪情节决定罚金数额。

一、主要适用的案由及其相关度

案由编号	主要适用的案由	相关度
X5.264	盗窃罪	★★★★★
X2.133-1	危险驾驶罪	★★★★
X6.7.347	走私、贩卖、运输、制造毒品罪	★★★
X5.266	诈骗罪	★★
X6.7.354	容留他人吸毒罪	★★
X3.5.196	信用卡诈骗罪	★
X5.263	抢劫罪	★
X6.1.303.2	开设赌场罪	★
X6.2.312	掩饰、隐瞒犯罪所得、犯罪所得收益罪	★
X6.7.348	非法持有毒品罪	★

二、同时适用的法条及其相关度

	同时适用的法条	相关度
刑法	第53条【罚金的缴纳、减免】	★★★★★
	第67条【自首及其认定】	★★★★★
	第64条【犯罪所得之物、所用之物的处理】	★★★
	第72条【缓刑的条件、禁止令与附加刑的执行】	★★★
	第73条【缓刑考验期限】	★★★
	第133条之1【危险驾驶罪】	★★★
	第264条【盗窃罪】	★★★
	第25条【共同犯罪的概念】	★★
	第61条【量刑根据】	★★
	第65条【一般累犯】	★★
	第347条【走私、贩卖、运输、制造毒品罪】	★★
	第26条【主犯;犯罪集团】	★

	同时适用的法条	相关度
刑法	第27条【从犯；从犯的处罚】	★
	第42条【拘役的期限】	★
	第45条【有期徒刑的期限】	★
	第47条【有期徒刑刑期的计算与折抵】	★
	第69条【判决宣告前一人犯数罪的并罚】	★
	第266条【诈骗罪】	★
	第354条【容留他人吸毒罪】	★

第53条【罚金的缴纳、减免】 ★★★★★

罚金在判决指定的期限内一次或者分期缴纳。期满不缴纳的,强制缴纳。对于不能全部缴纳罚金的,人民法院在任何时候发现被执行人有可以执行的财产,应当随时追缴。

由于遭遇不能抗拒的灾祸等原因缴纳确实有困难的,经人民法院裁定,可以延期缴纳、酌情减少或者免除。

一、主要适用的案由及其相关度

案由编号	主要适用的案由	相关度
X5.264	盗窃罪	★★★★★
X2.133-1	危险驾驶罪	★★★★
X6.7.347	走私、贩卖、运输、制造毒品罪	★★★
X5.266	诈骗罪	★★
X6.7.354	容留他人吸毒罪	★★
X3.5.196	信用卡诈骗罪	★
X5.263	抢劫罪	★
X6.1.303.2	开设赌场罪	★
X6.2.312	掩饰、隐瞒犯罪所得、犯罪所得收益罪	★
X6.7.348	非法持有毒品罪	★

二、同时适用的法条及其相关度

	同时适用的法条	相关度
刑法	第52条【罚金数额的裁量】	★★★★★
	第67条【自首及其认定】	★★★★★
	第64条【犯罪所得之物、所用之物的处理】	★★★
	第72条【缓刑的条件、禁止令与附加刑的执行】	★★★
	第73条【缓刑考验期限】	★★★
	第133条之1【危险驾驶罪】	★★★
	第264条【盗窃罪】	★★★
	第25条【共同犯罪的概念】	★★
	第61条【量刑根据】	★★
	第65条【一般累犯】	★★
	第347条【走私、贩卖、运输、制造毒品罪】	★★
	第26条【主犯；犯罪集团】	★
	第27条【从犯；从犯的处罚】	★
	第42条【拘役的期限】	★
	第47条【有期徒刑刑期的计算与折抵】	★
	第69条【判决宣告前一人犯数罪的并罚】	★
	第266条【诈骗罪】	★
	第354条【容留他人吸毒罪】	★

第七节 剥夺政治权利

第54条【剥夺政治权利的范围】 ★★★★

剥夺政治权利是剥夺下列权利：

（一）选举权和被选举权；

（二）言论、出版、集会、结社、游行、示威自由的权利；

（三）担任国家机关职务的权利；

（四）担任国有公司、企业、事业单位和人民团体领导职务的权利。

一、主要适用的案由及其相关度

案由编号	主要适用的案由	相关度
X6.7.347	走私、贩卖、运输、制造毒品罪	★★★★★
X5.263	抢劫罪	★★★
X4.232	故意杀人罪	★★
X4.234	故意伤害罪	★★
X5.264	盗窃罪	★★
X5.266	诈骗罪	★★
X6.7.348	非法持有毒品罪	★

二、同时适用的法条及其相关度

	同时适用的法条	相关度
刑法	第55条【剥夺政治权利的期限】	★★★★★
	第52条【罚金数额的裁量】	★★★★
	第53条【罚金的缴纳、减免】	★★★★
	第56条【剥夺政治权利的适用范围】	★★★★
	第64条【犯罪所得之物、所用之物的处理】	★★★★
	第67条【自首及其认定】	★★★★
	第25条【共同犯罪的概念】	★★★
	第58条【附加剥夺政治权利的刑期计算、效力与执行】	★★★
	第65条【一般累犯】	★★★
	第69条【判决宣告前一人犯数罪的并罚】	★★★
	第263条【抢劫罪】	★★★
	第347条【走私、贩卖、运输、制造毒品罪】	★★★
	第26条【主犯;犯罪集团】	★★
	第27条【从犯;从犯的处罚】	★★

	同时适用的法条	相关度
刑法	第57条【死刑、无期徒刑犯剥夺政治权利的期限】	★★
	第59条【没收财产的范围】	★★
	第61条【量刑根据】	★★
	第264条【盗窃罪】	★★
	第23条【犯罪未遂；犯罪未遂的处罚】	★
	第47条【有期徒刑刑期的计算与折抵】	★
	第68条【立功】	★
	第232条【故意杀人罪】	★
	第234条【故意伤害罪】	★
	第266条【诈骗罪】	★
	第356条【毒品再犯的处罚】	★

第55条【剥夺政治权利的期限】 ★★★★★

剥夺政治权利的期限，除本法第五十七条规定外，为一年以上五年以下。

判处管制附加剥夺政治权利的，剥夺政治权利的期限与管制的期限相等，同时执行。

一、主要适用的案由及其相关度

案由编号	主要适用的案由	相关度
X6.7.347	走私、贩卖、运输、制造毒品罪	★★★★★
X5.263	抢劫罪	★★★★
X4.232	故意杀人罪	★★★
X4.234	故意伤害罪	★★★
X5.264	盗窃罪	★★
X5.266	诈骗罪	★★
X6.7.348	非法持有毒品罪	★

■ 二、同时适用的法条及其相关度

	同时适用的法条	相关度
刑法	第56条【剥夺政治权利的适用范围】	★★★★★
	第64条【犯罪所得之物、所用之物的处理】	★★★★
	第67条【自首及其认定】	★★★★
	第25条【共同犯罪的概念】	★★★
	第26条【主犯;犯罪集团】	★★★
	第52条【罚金数额的裁量】	★★★
	第53条【罚金的缴纳、减免】	★★★
	第65条【一般累犯】	★★★
	第263条【抢劫罪】	★★★
	第347条【走私、贩卖、运输、制造毒品罪】	★★★
	第27条【从犯;从犯的处罚】	★★
	第54条【剥夺政治权利的范围】	★★
	第58条【附加剥夺政治权利的刑期计算、效力与执行】	★★
	第59条【没收财产的范围】	★★
	第61条【量刑根据】	★★
	第69条【判决宣告前一人犯数罪的并罚】	★★
	第232条【故意杀人罪】	★★
	第234条【故意伤害罪】	★★
	第264条【盗窃罪】	★★
	第266条【诈骗罪】	★★
	第356条【毒品再犯的处罚】	★★
	第23条【犯罪未遂;犯罪未遂的处罚】	★
	第36条【犯罪行为的民事赔偿责任】	★
	第45条【有期徒刑的期限】	★

	同时适用的法条	相关度
刑法	第47条【有期徒刑刑期的计算与折抵】	★
	第57条【死刑、无期徒刑犯剥夺政治权利的期限】	★
	第68条【立功】	★
	第348条【非法持有毒品罪】	★

第56条【剥夺政治权利的适用范围】 ★★★★★

对于危害国家安全的犯罪分子应当附加剥夺政治权利；对于故意杀人、强奸、放火、爆炸、投毒、抢劫等严重破坏社会秩序的犯罪分子，可以附加剥夺政治权利。

独立适用剥夺政治权利的，依照本法分则的规定。

一、主要适用的案由及其相关度

案由编号	主要适用的案由	相关度
X6.7.347	走私、贩卖、运输、制造毒品罪	★★★★★
X5.263	抢劫罪	★★★★
X4.232	故意杀人罪	★★★
X4.234	故意伤害罪	★★★
X5.264	盗窃罪	★★
X5.266	诈骗罪	★★
X3.8.224	合同诈骗罪	★
X6.7.348	非法持有毒品罪	★

二、同时适用的法条及其相关度

	同时适用的法条	相关度
刑法	第55条【剥夺政治权利的期限】	★★★★★
	第67条【自首及其认定】	★★★★★
	第64条【犯罪所得之物、所用之物的处理】	★★★★
	第25条【共同犯罪的概念】	★★★

		同时适用的法条	相关度
333	刑法	第26条【主犯;犯罪集团】	★★★
		第52条【罚金数额的裁量】	★★★
		第53条【罚金的缴纳、减免】	★★★
		第65条【一般累犯】	★★★
		第69条【判决宣告前一人犯数罪的并罚】	★★★
		第263条【抢劫罪】	★★★
		第347条【走私、贩卖、运输、制造毒品罪】	★★★
		第23条【犯罪未遂;犯罪未遂的处罚】	★★
		第27条【从犯;从犯的处罚】	★★
		第36条【犯罪行为的民事赔偿责任】	★★
		第57条【死刑、无期徒刑犯剥夺政治权利的期限】	★★
		第59条【没收财产的范围】	★★
		第61条【量刑根据】	★★
		第68条【立功】	★★
		第232条【故意杀人罪】	★★
		第234条【故意伤害罪】	★★
		第264条【盗窃罪】	★★
		第266条【诈骗罪】	★★
		第356条【毒品再犯的处罚】	★★
		第47条【有期徒刑刑期的计算与折抵】	★
		第54条【剥夺政治权利的范围】	★
		第58条【附加剥夺政治权利的刑期计算、效力与执行】	★
		第348条【非法持有毒品罪】	★
781	民法通则	第119条【人身损害赔偿项目:一般人身损害赔偿项目、伤残赔偿项目、死亡赔偿项目】	★

第57条【死刑、无期徒刑犯剥夺政治权利的期限】 ★★★★★

对于被判处死刑、无期徒刑的犯罪分子,应当剥夺政治权利终身。

在死刑缓期执行减为有期徒刑或者无期徒刑减为有期徒刑的时候,应当把附加剥夺政治权利的期限改为三年以上十年以下。

一、主要适用的案由及其相关度

案由编号	主要适用的案由	相关度
X4.232	故意杀人罪	★★★★★
X6.7.347	走私、贩卖、运输、制造毒品罪	★★★★★
X4.234	故意伤害罪	★★★

二、同时适用的法条及其相关度

	同时适用的法条	相关度
刑法	第64条【犯罪所得之物、所用之物的处理】	★★★★★
	第67条【自首及其认定】	★★★★★
	第232条【故意杀人罪】	★★★★
	第347条【走私、贩卖、运输、制造毒品罪】	★★★★
	第25条【共同犯罪的概念】	★★★
	第26条【主犯;犯罪集团】	★★★
	第27条【从犯;从犯的处罚】	★★★
	第36条【犯罪行为的民事赔偿责任】	★★★
	第48条【死刑的适用条件与核准程序】	★★★
	第59条【没收财产的范围】	★★★
	第61条【量刑根据】	★★★
	第65条【一般累犯】	★★★
	第69条【判决宣告前一人犯数罪的并罚】	★★★
	第234条【故意伤害罪】	★★★
	第52条【罚金数额的裁量】	★★
	第53条【罚金的缴纳、减免】	★★

		同时适用的法条	相关度
333	刑法	第55条【剥夺政治权利的期限】	★★
		第56条【剥夺政治权利的适用范围】	★★
		第68条【立功】	★★
		第356条【毒品再犯的处罚】	★★
		第18条【精神病人与醉酒的人的刑事责任】	★
		第50条【死缓的法律后果;死缓的限制减刑情形】	★
		第62条【从重、从轻处罚】	★
		第263条【抢劫罪】	★
		第266条【诈骗罪】	★
		第348条【非法持有毒品罪】	★
781	民法通则	第119条【人身损害赔偿项目:一般人身损害赔偿项目、伤残赔偿项目、死亡赔偿项目】	★★
801	人身损害赔偿司法解释	第27条【丧葬费计算标准】	★★
		第17条【人身损害赔偿项目:一般人身损害赔偿项目、伤残赔偿项目、死亡赔偿项目】	★
		第29条【死亡赔偿金计算标准】	★

第58条【附加剥夺政治权利的刑期计算、效力与执行】 ★★★★

附加剥夺政治权利的刑期,从徒刑、拘役执行完毕之日或者从假释之日起计算;剥夺政治权利的效力当然施用于主刑执行期间。

被剥夺政治权利的犯罪分子,在执行期间,应当遵守法律、行政法规和国务院公安部门有关监督管理的规定,服从监督;不得行使本法第五十四条规定的各项权利。

一、主要适用的案由及其相关度

案由编号	主要适用的案由	相关度
X6.7.347	走私、贩卖、运输、制造毒品罪	★★★★★
X5.263	抢劫罪	★★★
X5.264	盗窃罪	★★★

案由编号	主要适用的案由	相关度
X4.232	故意杀人罪	★★
X4.234	故意伤害罪	★★
X5.266	诈骗罪	★
X6.7.348	非法持有毒品罪	★

二、同时适用的法条及其相关度

	同时适用的法条	相关度
刑法	第55条【剥夺政治权利的期限】	★★★★★
	第56条【剥夺政治权利的适用范围】	★★★★★
	第64条【犯罪所得之物、所用之物的处理】	★★★★★
	第67条【自首及其认定】	★★★★★
	第25条【共同犯罪的概念】	★★★★
	第52条【罚金数额的裁量】	★★★★
	第53条【罚金的缴纳、减免】	★★★★
	第26条【主犯；犯罪集团】	★★★
	第54条【剥夺政治权利的范围】	★★★
	第65条【一般累犯】	★★★
	第69条【判决宣告前一人犯数罪的并罚】	★★★
	第71条【判决宣告后刑罚执行完毕前又犯新罪的并罚】	★★★
	第263条【抢劫罪】	★★★
	第347条【走私、贩卖、运输、制造毒品罪】	★★★
	第27条【从犯；从犯的处罚】	★★
	第47条【有期徒刑刑期的计算与折抵】	★★
	第59条【没收财产的范围】	★★

	同时适用的法条	相关度
刑法	第61条【量刑根据】	★★
	第264条【盗窃罪】	★★
	第356条【毒品再犯的处罚】	★★
	第23条【犯罪未遂;犯罪未遂的处罚】	★
	第57条【死刑、无期徒刑犯剥夺政治权利的期限】	★
	第68条【立功】	★
	第232条【故意杀人罪】	★
	第234条【故意伤害罪】	★

第八节 没收财产

第59条【没收财产的范围】 ★★★★★

没收财产是没收犯罪分子个人所有财产的一部或者全部。没收全部财产的,应当对犯罪分子个人及其扶养的家属保留必需的生活费用。

在判处没收财产的时候,不得没收属于犯罪分子家属所有或者应有的财产。

■ 一、主要适用的案由及其相关度

案由编号	主要适用的案由	相关度
X6.7.347	走私、贩卖、运输、制造毒品罪	★★★★★
X8.385	受贿罪	★

■ 二、同时适用的法条及其相关度

	同时适用的法条	相关度
刑法	第64条【犯罪所得之物、所用之物的处理】	★★★★
	第67条【自首及其认定】	★★★★
	第347条【走私、贩卖、运输、制造毒品罪】	★★★★★
	第25条【共同犯罪的概念】	★★★

	同时适用的法条	相关度
刑法	第26条【主犯;犯罪集团】	★★★
	第27条【从犯;从犯的处罚】	★★★
	第52条【罚金数额的裁量】	★★★
	第53条【罚金的缴纳、减免】	★★★
	第55条【剥夺政治权利的期限】	★★★
	第56条【剥夺政治权利的适用范围】	★★★
	第57条【死刑、无期徒刑犯剥夺政治权利的期限】	★★★
	第61条【量刑根据】	★★★
	第65条【一般累犯】	★★★
	第47条【有期徒刑刑期的计算与折抵】	★★
	第62条【从重、从轻处罚】	★★
	第68条【立功】	★★
	第69条【判决宣告前一人犯数罪的并罚】	★★
	第356条【毒品再犯的处罚】	★★
	第383条【贪污罪的处罚】	★★
	第385条【受贿罪】	★★
	第386条【受贿罪的处罚】	★★
	第45条【有期徒刑的期限】	★
	第48条【死刑的适用条件与核准程序】	★
	第72条【缓刑的条件、禁止令与附加刑的执行】	★
	第93条【国家工作人员的范围】	★
	第271条【职务侵占罪;贪污罪】	★
	第348条【非法持有毒品罪】	★
	第354条【容留他人吸毒罪】	★
	第357条【毒品的概念、数量计算】	★
	第382条【贪污罪;贪污罪共犯的认定】	★

	同时适用的法条	相关度
804 用财产刑适定规	第1条【罚金的适用规则：并处、可并处】	★

第60条【正当债务的偿还】 ★★

没收财产以前犯罪分子所负的正当债务，需要以没收的财产偿还的，经债权人请求，应当偿还。

一、主要适用的案由及其相关度

案由编号	主要适用的案由	相关度
X5.263	抢劫罪	★★★★★
X5.264	盗窃罪	★★★★★
X6.7.347	走私、贩卖、运输、制造毒品罪	★★★★★
X2.133-1	危险驾驶罪	★★
X2.128.1	非法持有、私藏枪支、弹药罪	★
X2.133	交通肇事罪	★
X3.5.192	集资诈骗罪	★
X3.8.224	合同诈骗罪	★
X4.232	故意杀人罪	★
X4.234	故意伤害罪	★
X4.240	拐卖妇女、儿童罪	★
X5.266	诈骗罪	★
X6.1.303.2	开设赌场罪	★
X6.7.354	容留他人吸毒罪	★

二、同时适用的法条及其相关度

	同时适用的法条	相关度
刑法	第52条【罚金数额的裁量】	★★★★★
	第67条【自首及其认定】	★★★★★
	第53条【罚金的缴纳、减免】	★★★★
	第64条【犯罪所得之物、所用之物的处理】	★★★★
	第12条【刑法的溯及力】	★★★
	第22条【犯罪预备;犯罪预备的处罚】	★★★
	第25条【共同犯罪的概念】	★★★
	第59条【没收财产的范围】	★★★
	第72条【缓刑的条件、禁止令与附加刑的执行】	★★★
	第73条【缓刑考验期限】	★★★
	第150条【单位犯生产、销售伪劣商品罪的处罚】	★★★
	第264条【盗窃罪】	★★★
	第347条【走私、贩卖、运输、制造毒品罪】	★★★
	第26条【主犯;犯罪集团】	★★
	第27条【从犯;从犯的处罚】	★★
	第61条【量刑根据】	★★
	第23条【犯罪未遂;犯罪未遂的处罚】	★
	第42条【拘役的期限】	★
	第45条【有期徒刑的期限】	★
	第47条【有期徒刑刑期的计算与折抵】	★
	第51条【死缓期间与减为有期徒刑的刑期计算】	★
	第55条【剥夺政治权利的期限】	★
	第57条【死刑、无期徒刑犯剥夺政治权利的期限】	★
	第62条【从重、从轻处罚】	★
	第65条【一般累犯】	★

	同时适用的法条	相关度
刑法	第68条【立功】	★
	第69条【判决宣告前一人犯数罪的并罚】	★
	第133条【交通肇事罪】	★
	第133条之1【危险驾驶罪】	
	第266条【诈骗罪】	★

第四章　刑罚的具体运用

第一节　量刑

第61条【量刑根据】　★★★★★

对于犯罪分子决定刑罚的时候,应当根据犯罪的事实、犯罪的性质、情节和对于社会的危害程度,依照本法的有关规定判处。

■ 一、主要适用的案由及其相关度

案由编号	主要适用的案由	相关度
X5.264	盗窃罪	★★★★★
X2.133-1	危险驾驶罪	★★★★
X4.234	故意伤害罪	★★★★
X2.133	交通肇事罪	★★★
X6.7.347	走私、贩卖、运输、制造毒品罪	★★★
X2.128.1	非法持有、私藏枪支、弹药罪	★★
X5.266	诈骗罪	★★
X6.1.293	寻衅滋事罪	★★
X6.7.354	容留他人吸毒罪	★★
X3.5.196	信用卡诈骗罪	★
X4.238	非法拘禁罪	★
X5.263	抢劫罪	★

案由编号	主要适用的案由	相关度
X6.1.277	妨害公务罪	★
X6.1.303.2	开设赌场罪	★
X6.2.312	掩饰、隐瞒犯罪所得、犯罪所得收益罪	★
X6.6.345.2	滥伐林木罪	★

二、同时适用的法条及其相关度

	同时适用的法条	相关度
刑法	第67条【自首及其认定】	★★★★★
	第52条【罚金数额的裁量】	★★★★
	第25条【共同犯罪的概念】	★★★
	第53条【罚金的缴纳、减免】	★★★
	第62条【从重、从轻处罚】	★★★
	第64条【犯罪所得之物、所用之物的处理】	★★★
	第72条【缓刑的条件、禁止令与附加刑的执行】	★★★
	第73条【缓刑考验期限】	★★★
	第264条【盗窃罪】	★★★
	第42条【拘役的期限】	★★
	第45条【有期徒刑的期限】	★★
	第47条【有期徒刑刑期的计算与折抵】	★★
	第65条【一般累犯】	★★
	第133条【交通肇事罪】	★★
	第133条之1【危险驾驶罪】	★★
	第234条【故意伤害罪】	★★
	第26条【主犯；犯罪集团】	★
	第27条【从犯；从犯的处罚】	★

	同时适用的法条	相关度
刑法	第44条【拘役刑期的计算与折抵】	★
	第69条【判决宣告前一人犯数罪的并罚】	★
	第266条【诈骗罪】	★
	第347条【走私、贩卖、运输、制造毒品罪】	★

第62条【从重、从轻处罚】 ★★★★★

犯罪分子具有本法规定的从重处罚、从轻处罚情节的，应当在法定刑的限度以内判处刑罚。

■ 一、主要适用的案由及其相关度

案由编号	主要适用的案由	相关度
X5.264	盗窃罪	★★★★★
X2.133-1	危险驾驶罪	★★★★
X2.133	交通肇事罪	★★★
X4.234	故意伤害罪	★★★
X6.7.347	走私、贩卖、运输、制造毒品罪	★★★
X2.128.1	非法持有、私藏枪支、弹药罪	★★
X5.266	诈骗罪	★★
X6.1.293	寻衅滋事罪	★★
X6.1.303.2	开设赌场罪	★★
X6.7.354	容留他人吸毒罪	★★
X3.5.196	信用卡诈骗罪	★
X4.238	非法拘禁罪	★
X5.263	抢劫罪	★
X6.1.277	妨害公务罪	★
X6.2.312	掩饰、隐瞒犯罪所得、犯罪所得收益罪	★
X6.6.345.2	滥伐林木罪	★
X8.385	受贿罪	★

二、同时适用的法条及其相关度

	同时适用的法条	相关度	
刑法	第61条【量刑根据】	★★★★★	333
	第67条【自首及其认定】	★★★★★	
	第52条【罚金数额的裁量】	★★★★	
	第25条【共同犯罪的概念】	★★★	
	第45条【有期徒刑的期限】	★★★	
	第53条【罚金的缴纳、减免】	★★★	
	第64条【犯罪所得之物、所用之物的处理】	★★★	
	第72条【缓刑的条件、禁止令与附加刑的执行】	★★★	
	第73条【缓刑考验期限】	★★★	
	第264条【盗窃罪】	★★★	
	第26条【主犯;犯罪集团】	★★	
	第42条【拘役的期限】	★★	
	第47条【有期徒刑刑期的计算与折抵】	★★	
	第65条【一般累犯】	★★	
	第133条【交通肇事罪】	★★	
	第133条之1【危险驾驶罪】	★★	
	第234条【故意伤害罪】	★★	
	第347条【走私、贩卖、运输、制造毒品罪】	★★	
	第27条【从犯;从犯的处罚】	★	
	第44条【拘役刑期的计算与折抵】	★	
	第69条【判决宣告前一人犯数罪的并罚】	★	
法解释 盗窃罪司	第1条【盗窃罪"数额较大""数额巨大""数额特别巨大"的认定】	★	797

第63条【减轻处罚】 ★★★★

犯罪分子具有本法规定的减轻处罚情节的,应当在法定刑以下判处刑罚;本法规定有数个量刑幅度的,应当在法定量刑幅度的下一个量刑幅度内判处刑罚。

犯罪分子虽然不具有本法规定的减轻处罚情节,但是根据案件的特殊情况,经最高人民法院核准,也可以在法定刑以下判处刑罚。

一、主要适用的案由及其相关度

案由编号	主要适用的案由	相关度
X4.234	故意伤害罪	★★★★★
X5.263	抢劫罪	★★★★
X6.7.347	走私、贩卖、运输、制造毒品罪	★★★★
X2.133	交通肇事罪	★★★
X5.264	盗窃罪	★★★
X5.266	诈骗罪	★★★
X6.1.292.1	聚众斗殴罪	★★★
X8.382	贪污罪	★★★
X8.385	受贿罪	★★★
X2.125.1	非法制造、买卖、运输、邮寄、储存枪支、弹药、爆炸物罪	★★
X3.8.225	非法经营罪	★★
X4.232	故意杀人罪	★★
X2.133-1	危险驾驶罪	★
X3.4.176	非法吸收公众存款罪	★
X3.5.196	信用卡诈骗罪	★
X3.6.205	虚开增值税专用发票、用于骗取出口退税、抵扣税款发票罪	★
X3.8.224	合同诈骗罪	★
X4.236	强奸罪	★

案由编号	主要适用的案由	相关度
X5.274	敲诈勒索罪	★
X6.1.303.2	开设赌场罪	★
X6.6.345.2	滥伐林木罪	★
X8.384	挪用公款罪	★
X8.389	行贿罪	★

二、同时适用的法条及其相关度

	同时适用的法条	相关度
刑法	第67条【自首及其认定】	★★★★★
	第25条【共同犯罪的概念】	★★★★
	第64条【犯罪所得之物、所用之物的处理】	★★★★
	第26条【主犯;犯罪集团】	★★★
	第27条【从犯;从犯的处罚】	★★★
	第52条【罚金数额的裁量】	★★★
	第53条【罚金的缴纳、减免】	★★★
	第61条【量刑根据】	★★★
	第72条【缓刑的条件、禁止令与附加刑的执行】	★★★
	第73条【缓刑考验期限】	★★★
	第23条【犯罪未遂;犯罪未遂的处罚】	★★
	第45条【有期徒刑的期限】	★★
	第47条【有期徒刑刑期的计算与折抵】	★★
	第62条【从重、从轻处罚】	★★
	第68条【立功】	★★
	第69条【判决宣告前一人犯数罪的并罚】	★★
	第234条【故意伤害罪】	★★
	第383条【贪污罪的处罚】	★★

同时适用的法条	相关度
第65条【一般累犯】	★
第263条【抢劫罪】	★
第347条【走私、贩卖、运输、制造毒品罪】	★
第385条【受贿罪】	★
第386条【受贿罪的处罚】	★

（刑法）

第64条【犯罪所得之物、所用之物的处理】 ★★★★★

犯罪分子违法所得的一切财物，应当予以追缴或者责令退赔；对被害人的合法财产，应当及时返还；违禁品和供犯罪所用的本人财物，应当予以没收。没收的财物和罚金，一律上缴国库，不得挪用和自行处理。

一、主要适用的案由及其相关度

案由编号	主要适用的案由	相关度
X5.264	盗窃罪	★★★★★
X6.7.347	走私、贩卖、运输、制造毒品罪	★★★
X4.234	故意伤害罪	★★
X5.266	诈骗罪	★★
X6.1.303.2	开设赌场罪	★★
X2.128.1	非法持有、私藏枪支、弹药罪	★
X2.133-1	危险驾驶罪	★
X5.263	抢劫罪	★
X6.1.303.1	赌博罪	★
X6.2.312	掩饰、隐瞒犯罪所得、犯罪所得收益罪	★
X6.7.348	非法持有毒品罪	★
X6.7.354	容留他人吸毒罪	★
X8.385	受贿罪	★

二、同时适用的法条及其相关度

	同时适用的法条	相关度
刑法	第67条【自首及其认定】	★★★★★
	第25条【共同犯罪的概念】	★★★
	第52条【罚金数额的裁量】	★★★
	第53条【罚金的缴纳、减免】	★★★
	第65条【一般累犯】	★★★
	第72条【缓刑的条件、禁止令与附加刑的执行】	★★★
	第264条【盗窃罪】	★★★
	第347条【走私、贩卖、运输、制造毒品罪】	★★★
	第26条【主犯；犯罪集团】	★★
	第27条【从犯；从犯的处罚】	★★
	第61条【量刑根据】	★★
	第69条【判决宣告前一人犯数罪的并罚】	★★
	第73条【缓刑考验期限】	★★
	第266条【诈骗罪】	★★
	第23条【犯罪未遂；犯罪未遂的处罚】	★
	第47条【有期徒刑刑期的计算与折抵】	★
	第68条【立功】	★
	第303条【赌博罪；开设赌场罪】	★
	第356条【毒品再犯的处罚】	★

第二节 累犯

第65条【一般累犯】 ★★★★★

被判处有期徒刑以上刑罚的犯罪分子，刑罚执行完毕或者赦免以后，在五年以内再犯应当判处有期徒刑以上刑罚之罪的，是累犯，应当从重处罚，但是过失犯罪和不满十八周岁的人犯罪的除外。

前款规定的期限，对于被假释的犯罪分子，从假释期满之日起计算。

■ 一、主要适用的案由及其相关度

案由编号	主要适用的案由	相关度
X5.264	盗窃罪	★★★★★
X6.7.347	走私、贩卖、运输、制造毒品罪	★★★
X4.234	故意伤害罪	★
X5.266	诈骗罪	★
X6.1.293	寻衅滋事罪	★
X6.7.354	容留他人吸毒罪	★

■ 二、同时适用的法条及其相关度

	同时适用的法条	相关度
刑法	第67条【自首及其认定】	★★★★★
刑法	第264条【盗窃罪】	★★★★★
刑法	第52条【罚金数额的裁量】	★★★★
刑法	第53条【罚金的缴纳、减免】	★★★★
刑法	第64条【犯罪所得之物、所用之物的处理】	★★★★
刑法	第25条【共同犯罪的概念】	★★★
刑法	第26条【主犯；犯罪集团】	★★
刑法	第27条【从犯；从犯的处罚】	★★
刑法	第47条【有期徒刑刑期的计算与折抵】	★★
刑法	第61条【量刑根据】	★★
刑法	第69条【判决宣告前一人犯数罪的并罚】	★★
刑法	第347条【走私、贩卖、运输、制造毒品罪】	★★
刑法	第356条【毒品再犯的处罚】	★★
刑法	第23条【犯罪未遂；犯罪未遂的处罚】	★
刑法	第45条【有期徒刑的期限】	★
刑法	第68条【立功】	★

	同时适用的法条	相关度	
刑法	第72条【缓刑的条件、禁止令与附加刑的执行】	★	333
	第73条【缓刑考验期限】	★	
	第234条【故意伤害罪】	★	
	第293条【寻衅滋事罪】	★	
	第354条【容留他人吸毒罪】	★	
法解释 盗窃罪司	第1条【盗窃罪"数额较大""数额巨大""数额特别巨大"的认定】	★	797
	第14条【盗窃罪中罚金的确定规则】	★	

第66条【特别累犯】 ★★

危害国家安全犯罪、恐怖活动犯罪、黑社会性质的组织犯罪的犯罪分子,在刑罚执行完毕或者赦免以后,在任何时候再犯上述任一类罪的,都以累犯论处。

■ 一、主要适用的案由及其相关度

案由编号	主要适用的案由	相关度
X6.2.316.1	脱逃罪	★★★★★
X5.266	诈骗罪	★★★
X4.234	故意伤害罪	★
X5.264	盗窃罪	★

■ 二、同时适用的法条及其相关度

	同时适用的法条	相关度	
刑法	第64条【犯罪所得之物、所用之物的处理】	★★★★★	333
	第67条【自首及其认定】	★★★★	
	第161条【违规披露、不披露重要信息罪】	★★★★	
	第12条【刑法的溯及力】	★★★	
	第25条【共同犯罪的概念】	★★	

	同时适用的法条	相关度
刑法	第52条【罚金数额的裁量】	★★
	第53条【罚金的缴纳、减免】	★★
	第22条【犯罪预备;犯罪预备的处罚】	★
	第23条【犯罪未遂;犯罪未遂的处罚】	★
	第26条【主犯;犯罪集团】	★
	第27条【从犯;从犯的处罚】	★
	第45条【有期徒刑的期限】	★
	第47条【有期徒刑刑期的计算与折抵】	★
	第61条【量刑根据】	★
	第63条【减轻处罚】	★
	第65条【一般累犯】	★
	第72条【缓刑的条件、禁止令与附加刑的执行】	★
	第73条【缓刑考验期限】	★
	第234条【故意伤害罪】	★
	第264条【盗窃罪】	★
监狱法	第59条【服刑期间故意犯罪的从重处罚的规定】	★

第三节 自首和立功

第67条【自首及其认定】 ★★★★★

犯罪以后自动投案,如实供述自己的罪行的,是自首。对于自首的犯罪分子,可以从轻或者减轻处罚。其中,犯罪较轻的,可以免除处罚。

被采取强制措施的犯罪嫌疑人、被告人和正在服刑的罪犯,如实供述司法机关还未掌握的本人其他罪行的,以自首论。

犯罪嫌疑人虽不具有前两款规定的自首情节,但是如实供述自己罪行的,可以从轻处罚;因其如实供述自己罪行,避免特别严重后果发生的,可以减轻处罚。

一、主要适用的案由及其相关度

案由编号	主要适用的案由	相关度
X2.133-1	危险驾驶罪	★★★★★
X5.264	盗窃罪	★★★★★
X2.133	交通肇事罪	★★★
X4.234	故意伤害罪	★★★
X6.7.347	走私、贩卖、运输、制造毒品罪	★★★
X5.266	诈骗罪	★★
X6.1.293	寻衅滋事罪	★★
X6.1.303.2	开设赌场罪	★★
X6.7.354	容留他人吸毒罪	★★
X2.128.1	非法持有、私藏枪支、弹药罪	★
X3.5.196	信用卡诈骗罪	★
X5.263	抢劫罪	★
X6.1.277	妨害公务罪	★
X6.2.312	掩饰、隐瞒犯罪所得、犯罪所得收益罪	★

二、同时适用的法条及其相关度

	同时适用的法条	相关度
刑法	第52条【罚金数额的裁量】	★★★★★
	第53条【罚金的缴纳、减免】	★★★★★
	第72条【缓刑的条件、禁止令与附加刑的执行】	★★★★★
	第73条【缓刑考验期限】	★★★★★
	第64条【犯罪所得之物、所用之物的处理】	★★★★
	第264条【盗窃罪】	★★★★
	第25条【共同犯罪的概念】	★★★
	第65条【一般累犯】	★★★

		同时适用的法条	相关度
333	刑法	第133条【交通肇事罪】	★★★
		第133条之1【危险驾驶罪】	★★★
		第234条【故意伤害罪】	★★★
		第26条【主犯;犯罪集团】	★★
		第27条【从犯;从犯的处罚】	★★
		第47条【有期徒刑刑期的计算与折抵】	★★
		第61条【量刑根据】	★★
		第69条【判决宣告前一人犯数罪的并罚】	★★
		第347条【走私、贩卖、运输、制造毒品罪】	★★
		第354条【容留他人吸毒罪】	★★
		第23条【犯罪未遂;犯罪未遂的处罚】	★
		第42条【拘役的期限】	★
		第45条【有期徒刑的期限】	★
		第62条【从重、从轻处罚】	★
		第68条【立功】	★
		第266条【诈骗罪】	★
		第293条【寻衅滋事罪】	★
		第303条【赌博罪;开设赌场罪】	★
799	自首和立功司法解释	第1条【自首及其认定】	★
796	交通肇事罪司法解释	第2条【交通肇事罪】	★

第68条【立功】 ★★★★★

犯罪分子有揭发他人犯罪行为,查证属实的,或者提供重要线索,从而得以侦破其他案件等立功表现的,可以从轻或者减轻处罚;有重大立功表现的,可以减轻或者免除处罚。

一、主要适用的案由及其相关度

案由编号	主要适用的案由	相关度
X5.264	盗窃罪	★★★★★
X6.7.347	走私、贩卖、运输、制造毒品罪	★★★★★
X6.2.312	掩饰、隐瞒犯罪所得、犯罪所得收益罪	★★★
X6.7.354	容留他人吸毒罪	★★★
X2.133-1	危险驾驶罪	★★
X4.234	故意伤害罪	★★
X5.263	抢劫罪	★★
X5.266	诈骗罪	★★
X6.1.293	寻衅滋事罪	★★
X6.1.303.2	开设赌场罪	★★
X6.7.348	非法持有毒品罪	★★
X8.385	受贿罪	★★
X2.128.1	非法持有、私藏枪支、弹药罪	★
X3.8.225	非法经营罪	★
X4.238	非法拘禁罪	★
X6.1.292.1	聚众斗殴罪	★

二、同时适用的法条及其相关度

	同时适用的法条	相关度
刑法	第67条【自首及其认定】	★★★★★
	第25条【共同犯罪的概念】	★★★★
	第64条【犯罪所得之物、所用之物的处理】	★★★★
	第26条【主犯；犯罪集团】	★★★
	第27条【从犯；从犯的处罚】	★★★
	第52条【罚金数额的裁量】	★★★

	同时适用的法条	相关度
刑法	第53条【罚金的缴纳、减免】	★★★
	第65条【一般累犯】	★★★
	第72条【缓刑的条件、禁止令与附加刑的执行】	★★★
	第73条【缓刑考验期限】	★★★
	第264条【盗窃罪】	★★★
	第347条【走私、贩卖、运输、制造毒品罪】	★★★
	第61条【量刑根据】	★★
	第69条【判决宣告前一人犯数罪的并罚】	★★
	第312条【掩饰、隐瞒犯罪所得、犯罪所得收益罪】	★★
	第354条【容留他人吸毒罪】	★★
	第23条【犯罪未遂;犯罪未遂的处罚】	★
	第47条【有期徒刑刑期的计算与折抵】	★
	第234条【故意伤害罪】	★
	第263条【抢劫罪】	★
	第266条【诈骗罪】	★
	第293条【寻衅滋事罪】	★
	第356条【毒品再犯的处罚】	★
	第383条【贪污罪的处罚】	★
	第385条【受贿罪】	★
	第386条【受贿罪的处罚】	★
自首和立功司法解释	第5条【立功表现的认定】	★★

第四节 数罪并罚

第69条【判决宣告前一人犯数罪的并罚】 ★★★★★

判决宣告以前一人犯数罪的,除判处死刑和无期徒刑的以外,应当在总和刑期以下、数刑中最高刑期以上,酌情决定执行的刑期,但是管制最高不能超过三年,拘役最高不能超过一年,有期徒刑总和刑期不满三十五年的,最高不能超过二十年,总和刑期在三十五年以上的,最高不能超过二十五年。

数罪中有判处有期徒刑和拘役的,执行有期徒刑。数罪中有判处有期徒刑和管制,或者拘役和管制的,有期徒刑、拘役执行完毕后,管制仍须执行。

数罪中有判处附加刑的,附加刑仍须执行,其中附加刑种类相同的,合并执行,种类不同的,分别执行。

一、主要适用的案由及其相关度

案由编号	主要适用的案由	相关度
X5.264	盗窃罪	★★★★★
X4.234	故意伤害罪	★★★
X6.1.293	寻衅滋事罪	★★★
X6.7.347	走私、贩卖、运输、制造毒品罪	★★★
X6.7.354	容留他人吸毒罪	★★★
X2.128.1	非法持有、私藏枪支、弹药罪	★★
X2.133-1	危险驾驶罪	★★
X3.8.224	合同诈骗罪	★★
X4.238	非法拘禁罪	★★
X5.263	抢劫罪	★★
X5.266	诈骗罪	★★
X5.267.1	抢夺罪	★★
X6.1.277	妨害公务罪	★★
X6.1.292.1	聚众斗殴罪	★★
X6.1.303.2	开设赌场罪	★★
X6.2.312	掩饰、隐瞒犯罪所得、犯罪所得收益罪	★★
X6.7.348	非法持有毒品罪	★★
X8.385	受贿罪	★★

案由编号	主要适用的案由	相关度
X2.133	交通肇事罪	★
X3.5.196	信用卡诈骗罪	★
X5.274	敲诈勒索罪	★
X5.275	故意毁坏财物罪	★
X6.1.280.1:1	伪造、变造、买卖国家机关公文、证件、印章罪	★
X9.397:1	滥用职权罪	★

■ 二、同时适用的法条及其相关度

	同时适用的法条	相关度
刑法	第67条【自首及其认定】	★★★★★
	第64条【犯罪所得之物、所用之物的处理】	★★★★
	第25条【共同犯罪的概念】	★★★
	第52条【罚金数额的裁量】	★★★
	第53条【罚金的缴纳、减免】	★★★
	第65条【一般累犯】	★★★
	第77条【缓刑考验不合格的处理】	★★★
	第264条【盗窃罪】	★★★
	第26条【主犯;犯罪集团】	★★
	第27条【从犯;从犯的处罚】	★★
	第47条【有期徒刑刑期的计算与折抵】	★★
	第61条【量刑根据】	★★
	第68条【立功】	★★
	第70条【判决宣告后刑罚执行完毕前发现漏罪的并罚】	★★

	同时适用的法条	相关度
刑法	第71条【判决宣告后刑罚执行完毕前又犯新罪的并罚】	★★
	第72条【缓刑的条件、禁止令与附加刑的执行】	★★
	第73条【缓刑考验期限】	★★
	第234条【故意伤害罪】	★★
	第263条【抢劫罪】	★★
	第266条【诈骗罪】	★★
	第293条【寻衅滋事罪】	★★
	第347条【走私、贩卖、运输、制造毒品罪】	★★
	第354条【容留他人吸毒罪】	★★
	第23条【犯罪未遂;犯罪未遂的处罚】	★
	第45条【有期徒刑的期限】	★
	第128条【非法持有、私藏枪支、弹药罪;非法出租、出借枪支罪】	★
	第133条之1【危险驾驶罪】	★
	第303条【赌博罪;开设赌场罪】	★
	第312条【掩饰、隐瞒犯罪所得、犯罪所得收益罪】	★
	第348条【非法持有毒品罪】	★
	第356条【毒品再犯的处罚】	★
	第383条【贪污罪的处罚】	★
	第385条【受贿罪】	★
	第386条【受贿罪的处罚】	★

第70条【判决宣告后刑罚执行完毕前发现漏罪的并罚】 ★★★★★

判决宣告以后,刑罚执行完毕以前,发现被判刑的犯罪分子在判决宣告以前还有其他罪没有判决的,应当对新发现的罪作出判决,把前后两个判决所判处的刑罚,依照本法第六十九条的规定,决定执行的刑罚。已经执行的刑期,应当计算在新判决决定的刑期以内。

一、主要适用的案由及其相关度

案由编号	主要适用的案由	相关度
X5.264	盗窃罪	★★★★★
X5.266	诈骗罪	★★★
X4.234	故意伤害罪	★★
X6.7.347	走私、贩卖、运输、制造毒品罪	★★
X3.8.224	合同诈骗罪	★
X5.263	抢劫罪	★
X6.1.293	寻衅滋事罪	★
X6.2.312	掩饰、隐瞒犯罪所得、犯罪所得收益罪	★

二、同时适用的法条及其相关度

	同时适用的法条	相关度
刑法	第69条【判决宣告前一人犯数罪的并罚】	★★★★★
	第67条【自首及其认定】	★★★★
	第25条【共同犯罪的概念】	★★★
	第52条【罚金数额的裁量】	★★★
	第53条【罚金的缴纳、减免】	★★★
	第64条【犯罪所得之物、所用之物的处理】	★★★
	第65条【一般累犯】	★★★
	第264条【盗窃罪】	★★★
	第26条【主犯;犯罪集团】	★★
	第27条【从犯;从犯的处罚】	★★
	第72条【缓刑的条件、禁止令与附加刑的执行】	★★
	第266条【诈骗罪】	★★
	第47条【有期徒刑刑期的计算与折抵】	★
	第61条【量刑根据】	★

	同时适用的法条	相关度
刑法	第73条【缓刑考验期限】	★
	第77条【缓刑考验不合格的处理】	★
	第234条【故意伤害罪】	★
	第347条【走私、贩卖、运输、制造毒品罪】	★

第71条【判决宣告后刑罚执行完毕前又犯新罪的并罚】 ★★★★★

判决宣告以后，刑罚执行完毕以前，被判刑的犯罪分子又犯罪的，应当对新犯的罪作出判决，把前罪没有执行的刑罚和后罪所判处的刑罚，依照本法第六十九条的规定，决定执行的刑罚。

一、主要适用的案由及其相关度

案由编号	主要适用的案由	相关度
X5.264	盗窃罪	★★★★★
X6.7.347	走私、贩卖、运输、制造毒品罪	★★★★
X4.234	故意伤害罪	★★★
X2.133-1	危险驾驶罪	★
X5.266	诈骗罪	★
X6.1.293	寻衅滋事罪	★
X6.7.348	非法持有毒品罪	★

二、同时适用的法条及其相关度

	同时适用的法条	相关度
刑法	第67条【自首及其认定】	★★★★★
	第69条【判决宣告前一人犯数罪的并罚】	★★★★★
	第25条【共同犯罪的概念】	★★★
	第52条【罚金数额的裁量】	★★★
	第53条【罚金的缴纳、减免】	★★★
	第64条【犯罪所得之物、所用之物的处理】	★★★

同时适用的法条	相关度
第65条【一般累犯】	★★★
第264条【盗窃罪】	★★★
第347条【走私、贩卖、运输、制造毒品罪】	★★★
第26条【主犯；犯罪集团】	★★
第27条【从犯；从犯的处罚】	★★
第61条【量刑根据】	★★
第72条【缓刑的条件、禁止令与附加刑的执行】	★★
第77条【缓刑考验不合格的处理】	★★
第86条【假释考验不合格的处理】	★★
第234条【故意伤害罪】	★★
第356条【毒品再犯的处罚】	★★
第45条【有期徒刑的期限】	★
第47条【有期徒刑刑期的计算与折抵】	★
第68条【立功】	★
第73条【缓刑考验期限】	★

（左侧栏：刑法）

第五节 缓刑

第72条【缓刑的条件、禁止令与附加刑的执行】 ★★★★★

对于被判处拘役、三年以下有期徒刑的犯罪分子，同时符合下列条件的，可以宣告缓刑，对其中不满十八周岁的人、怀孕的妇女和已满七十五周岁的人，应当宣告缓刑：

（一）犯罪情节较轻；

（二）有悔罪表现；

（三）没有再犯罪的危险；

（四）宣告缓刑对所居住社区没有重大不良影响。

宣告缓刑，可以根据犯罪情况，同时禁止犯罪分子在缓刑考验期限内从事特定活动，进入特定区域、场所，接触特定的人。

被宣告缓刑的犯罪分子，如果被判处附加刑，附加刑仍须执行。

一、主要适用的案由及其相关度

案由编号	主要适用的案由	相关度
X2.133	交通肇事罪	★★★★★
X2.133-1	危险驾驶罪	★★★★
X4.234	故意伤害罪	★★★★
X5.264	盗窃罪	★★★
X5.266	诈骗罪	★★
X6.1.293	寻衅滋事罪	★★
X6.1.303.2	开设赌场罪	★★
X2.128.1	非法持有、私藏枪支、弹药罪	★
X3.5.196	信用卡诈骗罪	★
X3.8.225	非法经营罪	★
X6.1.277	妨害公务罪	★
X6.1.303.1	赌博罪	★
X6.2.312	掩饰、隐瞒犯罪所得、犯罪所得收益罪	★
X6.6.345.2	滥伐林木罪	★

二、同时适用的法条及其相关度

	同时适用的法条	相关度
刑法	第 67 条【自首及其认定】	★★★★★
	第 73 条【缓刑考验期限】	★★★★★
	第 52 条【罚金数额的裁量】	★★★
	第 53 条【罚金的缴纳、减免】	★★★
	第 133 条【交通肇事罪】	★★★
	第 133 条之 1【危险驾驶罪】	★★★
	第 25 条【共同犯罪的概念】	★★
	第 61 条【量刑根据】	★★

	同时适用的法条	相关度
刑法	第 64 条【犯罪所得之物、所用之物的处理】	★★
	第 234 条【故意伤害罪】	★★
	第 264 条【盗窃罪】	★★
	第 26 条【主犯；犯罪集团】	★
	第 27 条【从犯；从犯的处罚】	★
	第 303 条【赌博罪；开设赌场罪】	★

第 73 条【缓刑考验期限】　★★★★★

拘役的缓刑考验期限为原判刑期以上一年以下，但是不能少于二个月。

有期徒刑的缓刑考验期限为原判刑期以上五年以下，但是不能少于一年。

缓刑考验期限，从判决确定之日起计算。

一、主要适用的案由及其相关度

案由编号	主要适用的案由	相关度
X2.133	交通肇事罪	★★★★★
X2.133-1	危险驾驶罪	★★★★★
X4.234	故意伤害罪	★★★★
X5.264	盗窃罪	★★★
X5.266	诈骗罪	★★
X6.1.293	寻衅滋事罪	★★
X6.1.303.2	开设赌场罪	★★
X2.128.1	非法持有、私藏枪支、弹药罪	★
X3.5.196	信用卡诈骗罪	★
X3.8.225	非法经营罪	★
X6.1.277	妨害公务罪	★
X6.1.303.1	赌博罪	★

案由编号	主要适用的案由	相关度
X6.2.312	掩饰、隐瞒犯罪所得、犯罪所得收益罪	★
X6.6.345.2	滥伐林木罪	★

二、同时适用的法条及其相关度

	同时适用的法条	相关度
刑法	第67条【自首及其认定】	★★★★★
	第72条【缓刑的条件、禁止令与附加刑的执行】	★★★★★
	第52条【罚金数额的裁量】	★★★
	第53条【罚金的缴纳、减免】	★★★
	第133条之1【危险驾驶罪】	★★★
	第25条【共同犯罪的概念】	★★
	第61条【量刑根据】	★★
	第64条【犯罪所得之物、所用之物的处理】	★★
	第133条【交通肇事罪】	★★
	第234条【故意伤害罪】	★★
	第26条【主犯;犯罪集团】	★
	第27条【从犯;从犯的处罚】	★
	第264条【盗窃罪】	★

第74条【不适用缓刑的对象】 ★★★

对于累犯和犯罪集团的首要分子,不适用缓刑。

一、主要适用的案由及其相关度

案由编号	主要适用的案由	相关度
X5.264	盗窃罪	★★★★★
X4.234	故意伤害罪	★★★
X6.1.293	寻衅滋事罪	★★
X6.1.292.1	聚众斗殴罪	★

案由编号	主要适用的案由	相关度
X6.1.303.2	开设赌场罪	★
X6.2.312	掩饰、隐瞒犯罪所得、犯罪所得收益罪	★
X6.7.347	走私、贩卖、运输、制造毒品罪	★

二、同时适用的法条及其相关度

	同时适用的法条	相关度
刑法	第65条【一般累犯】	★★★★★
	第67条【自首及其认定】	★★★★★
	第25条【共同犯罪的概念】	★★★
	第52条【罚金数额的裁量】	★★★
	第53条【罚金的缴纳、减免】	★★★
	第64条【犯罪所得之物、所用之物的处理】	★★★
	第72条【缓刑的条件、禁止令与附加刑的执行】	★★★
	第73条【缓刑考验期限】	★★★
	第264条【盗窃罪】	★★★
	第26条【主犯;犯罪集团】	★★
	第27条【从犯;从犯的处罚】	★★
	第47条【有期徒刑刑期的计算与折抵】	★★
	第234条【故意伤害罪】	★★
	第45条【有期徒刑的期限】	★
	第61条【量刑根据】	★
	第69条【判决宣告前一人犯数罪的并罚】	★
	第293条【寻衅滋事罪】	★

第75条【缓刑犯应遵守的规定】　　　　　　　　★★★★

被宣告缓刑的犯罪分子,应当遵守下列规定:

(一)遵守法律、行政法规,服从监督;

(二)按照考察机关的规定报告自己的活动情况;

（三）遵守考察机关关于会客的规定；

（四）离开所居住的市、县或者迁居,应当报经考察机关批准。

一、主要适用的案由及其相关度

案由编号	主要适用的案由	相关度
X2.133	交通肇事罪	★★★★★
X4.234	故意伤害罪	★★★★★
X2.133-1	危险驾驶罪	★★★★
X5.264	盗窃罪	★★★
X3.5.196	信用卡诈骗罪	★★
X2.128.1	非法持有、私藏枪支、弹药罪	★
X5.266	诈骗罪	★
X6.1.293	寻衅滋事罪	★

二、同时适用的法条及其相关度

	同时适用的法条	相关度
刑法	第67条【自首及其认定】	★★★★★
	第72条【缓刑的条件、禁止令与附加刑的执行】	★★★★★
	第73条【缓刑考验期限】	★★★★★
	第76条【社区矫正；缓刑考验合格的处理】	★★★★★
	第52条【罚金数额的裁量】	★★★
	第25条【共同犯罪的概念】	★★
	第45条【有期徒刑的期限】	★★
	第53条【罚金的缴纳、减免】	★★
	第64条【犯罪所得之物、所用之物的处理】	★★
	第133条【交通肇事罪】	★★
	第133条之1【危险驾驶罪】	★★
	第234条【故意伤害罪】	★★

	同时适用的法条	相关度
刑法	第47条【有期徒刑刑期的计算与折抵】	★
	第61条【量刑根据】	★

第76条【社区矫正;缓刑考验合格的处理】 ★★★★★

被宣告缓刑的犯罪分子,在缓刑考验期限内,依法实行社区矫正,如果没有本法第七十七条规定的情形,缓刑考验期满,原判的刑罚就不再执行,并公开予以宣告。

一、主要适用的案由及其相关度

案由编号	主要适用的案由	相关度
X2.133	交通肇事罪	★★★★★
X2.133-1	危险驾驶罪	★★★★
X4.234	故意伤害罪	★★★★
X5.264	盗窃罪	★★★
X5.266	诈骗罪	★
X6.1.293	寻衅滋事罪	★
X6.1.303.2	开设赌场罪	★
X6.6.345.2	滥伐林木罪	★

二、同时适用的法条及其相关度

	同时适用的法条	相关度
刑法	第67条【自首及其认定】	★★★★★
	第72条【缓刑的条件、禁止令与附加刑的执行】	★★★★★
	第73条【缓刑考验期限】	★★★★★
	第52条【罚金数额的裁量】	★★★
	第25条【共同犯罪的概念】	★★
	第53条【罚金的缴纳、减免】	★★
	第61条【量刑根据】	★★

	同时适用的法条	相关度
刑法	第 64 条【犯罪所得之物、所用之物的处理】	★★
	第 75 条【缓刑犯应遵守的规定】	★★
	第 133 条【交通肇事罪】	★★
	第 133 条之 1【危险驾驶罪】	★★
	第 234 条【故意伤害罪】	★★
	第 26 条【主犯;犯罪集团】	★
	第 27 条【从犯;从犯的处罚】	★
	第 62 条【从重、从轻处罚】	★
	第 264 条【盗窃罪】	★

第 77 条【缓刑考验不合格的处理】 ★★★★★

被宣告缓刑的犯罪分子,在缓刑考验期限内犯新罪或者发现判决宣告以前还有其他罪没有判决的,应当撤销缓刑,对新犯的罪或者新发现的罪作出判决,把前罪和后罪所判处的刑罚,依照本法第六十九条的规定,决定执行的刑罚。

被宣告缓刑的犯罪分子,在缓刑考验期限内,违反法律、行政法规或者国务院有关部门关于缓刑的监督管理规定,或者违反人民法院判决中的禁止令,情节严重的,应当撤销缓刑,执行原判刑罚。

一、主要适用的案由及其相关度

案由编号	主要适用的案由	相关度
X5.264	盗窃罪	★★★★★
X2.133-1	危险驾驶罪	★★★
X4.234	故意伤害罪	★★★
X5.266	诈骗罪	★★★
X6.1.293	寻衅滋事罪	★★★
X6.7.347	走私、贩卖、运输、制造毒品罪	★★★
X6.1.303.2	开设赌场罪	★★

案由编号	主要适用的案由	相关度
X6.2.312	掩饰、隐瞒犯罪所得、犯罪所得收益罪	★★
X6.7.354	容留他人吸毒罪	★★
X2.133	交通肇事罪	★
X4.238	非法拘禁罪	★
X6.1.292.1	聚众斗殴罪	★

二、同时适用的法条及其相关度

	同时适用的法条	相关度
刑法	第67条【自首及其认定】	★★★★★
	第69条【判决宣告前一人犯数罪的并罚】	★★★★★
	第25条【共同犯罪的概念】	★★★
	第52条【罚金数额的裁量】	★★★
	第53条【罚金的缴纳、减免】	★★★
	第64条【犯罪所得之物、所用之物的处理】	★★★
	第72条【缓刑的条件、禁止令与附加刑的执行】	★★★
	第264条【盗窃罪】	★★★
	第26条【主犯；犯罪集团】	★★
	第27条【从犯；从犯的处罚】	★★
	第61条【量刑根据】	★★
	第65条【一般累犯】	★★
	第73条【缓刑考验期限】	★★
	第234条【故意伤害罪】	★★
	第266条【诈骗罪】	★★
	第47条【有期徒刑刑期的计算与折抵】	★
	第68条【立功】	★

	同时适用的法条	相关度
刑法	第70条【判决宣告后刑罚执行完毕前发现漏罪的并罚】	★
	第71条【判决宣告后刑罚执行完毕前又犯新罪的并罚】	★
	第133条之1【危险驾驶罪】	★
	第293条【寻衅滋事罪】	★
	第303条【赌博罪;开设赌场罪】	★
	第347条【走私、贩卖、运输、制造毒品罪】	★

第六节 减刑

第78条【减刑的条件与限度】①

被判处管制、拘役、有期徒刑、无期徒刑的犯罪分子,在执行期间,如果认真遵守监规,接受教育改造,确有悔改表现的,或者有立功表现的,可以减刑;有下列重大立功表现之一的,应当减刑:

(一)阻止他人重大犯罪活动的;

(二)检举监狱内外重大犯罪活动,经查证属实的;

(三)有发明创造或者重大技术革新的;

(四)在日常生产、生活中舍己救人的;

(五)在抗御自然灾害或者排除重大事故中,有突出表现的;

(六)对国家和社会有其他重大贡献的。

减刑以后实际执行的刑期不能少于下列期限:

(一)判处管制、拘役、有期徒刑的,不能少于原判刑期的二分之一;

(二)判处无期徒刑的,不能少于十三年;

(三)人民法院依照本法第五十条第二款规定限制减刑的死刑缓期执行的犯罪分子,缓期执行期满后依法减为无期徒刑的,不能少于二十五年,缓期执行期满后依法减为二十五年有期徒刑的,不能少于二十年。

第79条【减刑程序】②

---

① 说明:本法条尚无足够数量判决书可供法律大数据分析。

② 同上注。

对于犯罪分子的减刑,由执行机关向中级以上人民法院提出减刑建议书。人民法院应当组成合议庭进行审理,对确有悔改或者立功事实的,裁定予以减刑。非经法定程序不得减刑。

第80条【无期徒刑减刑的刑期计算】①

无期徒刑减为有期徒刑的刑期,从裁定减刑之日起计算。

第七节 假释

第81条【假释的条件;不得假释的情形】 ★★★★

被判处有期徒刑的犯罪分子,执行原判刑期二分之一以上,被判处无期徒刑的犯罪分子,实际执行十三年以上,如果认真遵守监规,接受教育改造,确有悔改表现,没有再犯罪的危险的,可以假释。如果有特殊情况,经最高人民法院核准,可以不受上述执行刑期的限制。

对累犯以及因故意杀人、强奸、抢劫、绑架、放火、爆炸、投放危险物质或者有组织的暴力性犯罪被判处十年以上有期徒刑、无期徒刑的犯罪分子,不得假释。

对犯罪分子决定假释时,应当考虑其假释后对所居住社区的影响。

■ 一、主要适用的案由及其相关度

案由编号	主要适用的案由	相关度
X5.264	盗窃罪	★★★★★
X6.7.347	走私、贩卖、运输、制造毒品罪	★★★
X4.234	故意伤害罪	★★
X6.1.293	寻衅滋事罪	★★
X6.7.354	容留他人吸毒罪	★★

■ 二、同时适用的法条及其相关度

	同时适用的法条	相关度
刑法	第65条【一般累犯】	★★★★★
	第67条【自首及其认定】	★★★★★
	第52条【罚金数额的裁量】	★★★★

---

① 说明:本法条尚无足够数量判决书可供法律大数据分析。

	同时适用的法条	相关度
刑法	第53条【罚金的缴纳、减免】	★★★★
	第25条【共同犯罪的概念】	★★★
	第47条【有期徒刑刑期的计算与折抵】	★★★
	第264条【盗窃罪】	★★★
	第45条【有期徒刑的期限】	★★
	第64条【犯罪所得之物、所用之物的处理】	★★
	第347条【走私、贩卖、运输、制造毒品罪】	★★
	第356条【毒品再犯的处罚】	★★
	第26条【主犯；犯罪集团】	★
	第27条【从犯；从犯的处罚】	★
	第61条【量刑根据】	★
	第68条【立功】	★
	第69条【判决宣告前一人犯数罪的并罚】	★
	第354条【容留他人吸毒罪】	★

第82条【假释的程序】①

对于犯罪分子的假释，依照本法第七十九条规定的程序进行。非经法定程序不得假释。

第83条【假释考验期限】 ★★

有期徒刑的假释考验期限，为没有执行完毕的刑期；无期徒刑的假释考验期限为十年。

假释考验期限，从假释之日起计算。

■ 同时适用的法条及其相关度

	同时适用的法条	相关度
刑法	第67条【自首及其认定】	★★★★★
	第69条【判决宣告前一人犯数罪的并罚】	★★★★★

---

① 说明：本法条尚无足够数量判决书可供法律大数据分析。

	同时适用的法条	相关度
刑法 (333)	第25条【共同犯罪的概念】	★★★★
	第64条【犯罪所得之物、所用之物的处理】	★★★★
	第71条【判决宣告后刑罚执行完毕前又犯新罪的并罚】	★★★★
	第86条【假释考验不合格的处理】	★★★★
	第26条【主犯;犯罪集团】	★★★
	第52条【罚金数额的裁量】	★★★
	第53条【罚金的缴纳、减免】	★★★
	第65条【一般累犯】	★★★
	第72条【缓刑的条件、禁止令与附加刑的执行】	★★★
	第264条【盗窃罪】	★★★
	第27条【从犯;从犯的处罚】	★★
	第385条【受贿罪】	★★
	第386条【受贿罪的处罚】	★★
	第45条【有期徒刑的期限】	★
	第47条【有期徒刑刑期的计算与折抵】	★
	第61条【量刑根据】	★
	第68条【立功】	★
	第73条【缓刑考验期限】	★
	第234条【故意伤害罪】	★
	第263条【抢劫罪】	★
	第354条【容留他人吸毒罪】	★
	第382条【贪污罪;贪污罪共犯的认定】	★
盗窃罪司法解释 (797)	第1条【盗窃罪"数额较大""数额巨大""数额特别巨大"的认定】	★

第84条【假释犯应遵守的规定】①

被宣告假释的犯罪分子,应当遵守下列规定:

(一)遵守法律、行政法规,服从监督;

(二)按照监督机关的规定报告自己的活动情况;

(三)遵守监督机关关于会客的规定;

(四)离开所居住的市、县或者迁居,应当报经监督机关批准。

第85条【社区矫正;假释考验合格的处理】　　　　　　　　★★

被假释的犯罪分子,在假释考验期限内,依法实行社区矫正,如果没有本法第八十六条规定的情形,假释考验期满,就认为原判刑罚已经执行完毕,并公开予以宣告。

■ 同时适用的法条及其相关度

	同时适用的法条	相关度
刑法	第67条【自首及其认定】	★★★★★
	第52条【罚金数额的裁量】	★★★★
	第53条【罚金的缴纳、减免】	★★★
	第64条【犯罪所得之物、所用之物的处理】	★★★
	第65条【一般累犯】	★★★
	第25条【共同犯罪的概念】	★★
	第26条【主犯;犯罪集团】	★★
	第47条【有期徒刑刑期的计算与折抵】	★★
	第196条【信用卡诈骗罪;恶意透支的含义;盗窃罪】	★★
	第264条【盗窃罪】	★★
	第383条【贪污罪的处罚】	★★
	第386条【受贿罪的处罚】	★★
	第27条【从犯;从犯的处罚】	★
	第61条【量刑根据】	★
	第69条【判决宣告前一人犯数罪的并罚】	★

---

① 说明:本法条尚无足够数量判决书可供法律大数据分析。

		同时适用的法条	相关度
333	刑法	第72条【缓刑的条件、禁止令与附加刑的执行】	★
		第73条【缓刑考验期限】	★
		第293条【寻衅滋事罪】	★
		第389条【行贿罪】	★
806	司法解释 刑事案件 办理贪贿	第2条【贪污罪、受贿罪"数额巨大""其他严重情节"的认定】	★

第86条【假释考验不合格的处理】　　　　　　　　★★★★

被假释的犯罪分子,在假释考验期限内犯新罪,应当撤销假释,依照本法第七十一条的规定实行数罪并罚。

在假释考验期限内,发现被假释的犯罪分子在判决宣告以前还有其他罪没有判决的,应当撤销假释,依照本法第七十条的规定实行数罪并罚。

被假释的犯罪分子,在假释考验期限内,有违反法律、行政法规或者国务院有关部门关于假释的监督管理规定的行为,尚未构成新的犯罪的,应当依照法定程序撤销假释,收监执行未执行完毕的刑罚。

一、主要适用的案由及其相关度

案由编号	主要适用的案由	相关度
X5.264	盗窃罪	★★★★★
X4.234	故意伤害罪	★★
X5.266	诈骗罪	★★
X6.1.293	寻衅滋事罪	★★
X6.7.347	走私、贩卖、运输、制造毒品罪	★★
X2.133-1	危险驾驶罪	★
X5.263	抢劫罪	★
X6.2.312	掩饰、隐瞒犯罪所得、犯罪所得收益罪	★

二、同时适用的法条及其相关度

	同时适用的法条	相关度
刑法	第 67 条【自首及其认定】	★★★★★
	第 69 条【判决宣告前一人犯数罪的并罚】	★★★★★
	第 71 条【判决宣告后刑罚执行完毕前又犯新罪的并罚】	★★★★★
	第 25 条【共同犯罪的概念】	★★★
	第 52 条【罚金数额的裁量】	★★★
	第 53 条【罚金的缴纳、减免】	★★★
	第 64 条【犯罪所得之物、所用之物的处理】	★★★
	第 264 条【盗窃罪】	★★★
	第 26 条【主犯；犯罪集团】	★★
	第 27 条【从犯；从犯的处罚】	★★
	第 65 条【一般累犯】	★★
	第 47 条【有期徒刑刑期的计算与折抵】	★
	第 61 条【量刑根据】	★
	第 72 条【缓刑的条件、禁止令与附加刑的执行】	★
	第 73 条【缓刑考验期限】	★
	第 234 条【故意伤害罪】	★
	第 347 条【走私、贩卖、运输、制造毒品罪】	★

第八节 时效

第 87 条【追诉期限】 ★★

犯罪经过下列期限不再追诉：

（一）法定最高刑为不满五年有期徒刑的，经过五年；

（二）法定最高刑为五年以上不满十年有期徒刑的，经过十年；

（三）法定最高刑为十年以上有期徒刑的，经过十五年；

（四）法定最高刑为无期徒刑、死刑的，经过二十年。如果二十年以后认为必须追诉的,须报请最高人民检察院核准。

■ 同时适用的法条及其相关度

	同时适用的法条	相关度
刑法	第 64 条【犯罪所得之物、所用之物的处理】	★★★★★
	第 67 条【自首及其认定】	★★★★★
	第 89 条【追诉期限的计算】	★★★★
	第 25 条【共同犯罪的概念】	★★★
	第 52 条【罚金数额的裁量】	★★★
	第 53 条【罚金的缴纳、减免】	★★★
	第 69 条【判决宣告前一人犯数罪的并罚】	★★★
	第 72 条【缓刑的条件、禁止令与附加刑的执行】	★★★
	第 383 条【贪污罪的处罚】	★★★
	第 385 条【受贿罪】	★★★
	第 12 条【刑法的溯及力】	★★
	第 61 条【量刑根据】	★★
	第 73 条【缓刑考验期限】	★★
	第 88 条【不受追诉期限限制的情形】	★★
	第 386 条【受贿罪的处罚】	★★
	第 26 条【主犯;犯罪集团】	★
	第 27 条【从犯;从犯的处罚】	★
	第 37 条【免予刑事处罚与非刑事处罚措施】	★
	第 45 条【有期徒刑的期限】	★
	第 47 条【有期徒刑刑期的计算与折抵】	★
	第 62 条【从重、从轻处罚】	★
	第 68 条【立功】	★
	第 93 条【国家工作人员的范围】	★
	第 99 条【刑法中以上、以下、以内的界定】	★

	同时适用的法条	相关度	
刑法	第234条【故意伤害罪】	★	333
	第264条【盗窃罪】	★	
	第293条【寻衅滋事罪】	★	
	第382条【贪污罪;贪污罪共犯的认定】	★	
	第389条【行贿罪】	★	
	第390条【行贿罪的处罚】	★	
	第397条【滥用职权罪;玩忽职守罪】	★	
司法解释 刑事案件 办理贪贿	第1条【贪污罪、受贿罪"数额较大""其他较重情节"的认定】	★	806
	第2条【贪污罪、受贿罪"数额巨大""其他严重情节"的认定】	★	
	第19条【罚金数额】	★	

第88条【不受追诉期限限制的情形】 ★★

在人民检察院、公安机关、国家安全机关立案侦查或者在人民法院受理案件以后,逃避侦查或者审判的,不受追诉期限的限制。

被害人在追诉期限内提出控告,人民法院、人民检察院、公安机关应当立案而不予立案的,不受追诉期限的限制。

一、主要适用的案由及其相关度

案由编号	主要适用的案由	相关度
X4.234	故意伤害罪	★★★★★
X5.264	盗窃罪	★★★★★
X8.382	贪污罪	★★★★★
X5.263	抢劫罪	★★★
X2.133	交通肇事罪	★★
X5.266	诈骗罪	★★
X6.1.293	寻衅滋事罪	★★

案由编号	主要适用的案由	相关度
X2.118:1	破坏电力设备罪	★
X4.232	故意杀人罪	★
X4.238	非法拘禁罪	★
X4.240	拐卖妇女、儿童罪	★
X4.245:2	非法侵入住宅罪	★
X6.2.316.1	脱逃罪	★
X6.7.347	走私、贩卖、运输、制造毒品罪	★
X8.385	受贿罪	★

二、同时适用的法条及其相关度

	同时适用的法条	相关度
刑法	第67条【自首及其认定】	★★★★★
	第25条【共同犯罪的概念】	★★★★
	第12条【刑法的溯及力】	★★★
	第52条【罚金数额的裁量】	★★★
	第53条【罚金的缴纳、减免】	★★★
	第72条【缓刑的条件、禁止令与附加刑的执行】	★★★
	第73条【缓刑考验期限】	★★★
	第37条【免予刑事处罚与非刑事处罚措施】	★★
	第87条【追诉期限】	★★
	第93条【国家工作人员的范围】	★★
	第234条【故意伤害罪】	★★
	第264条【盗窃罪】	★★
	第382条【贪污罪;贪污罪共犯的认定】	★★
	第383条【贪污罪的处罚】	★★
	第26条【主犯;犯罪集团】	★

	同时适用的法条	相关度
刑法	第27条【从犯；从犯的处罚】	★
	第47条【有期徒刑刑期的计算与折抵】	★
	第61条【量刑根据】	★
	第64条【犯罪所得之物、所用之物的处理】	★
	第69条【判决宣告前一人犯数罪的并罚】	★
	第89条【追诉期限的计算】	★

第89条【追诉期限的计算】 ★★

追诉期限从犯罪之日起计算；犯罪行为有连续或者继续状态的，从犯罪行为终了之日起计算。

在追诉期限以内又犯罪的，前罪追诉的期限从犯后罪之日起计算。

一、主要适用的案由及其相关度

案由编号	主要适用的案由	相关度
X8.385	受贿罪	★★★★★
X5.264	盗窃罪	★★★
X8.382	贪污罪	★★★
X8.389	行贿罪	★★★
X9.397:1	滥用职权罪	★★★
X6.6.342	非法占用农用地罪	★★
X2.125.1	非法制造、买卖、运输、邮寄、储存枪支、弹药、爆炸物罪	★
X2.128.1	非法持有、私藏枪支、弹药罪	★
X2.133	交通肇事罪	★
X3.3.163	非国家工作人员受贿罪	★
X3.8.228	非法转让、倒卖土地使用权罪	★
X5.266	诈骗罪	★

案由编号	主要适用的案由	相关度
X6.1.280.1:1	伪造、变造、买卖国家机关公文、证件、印章罪	★
X6.1.294.1	组织、领导、参加黑社会性质组织罪	★
X6.2.316.1	脱逃罪	★
X9.414	放纵制售伪劣商品犯罪行为罪	★

■ 二、同时适用的法条及其相关度

	同时适用的法条	相关度
刑法	第64条【犯罪所得之物、所用之物的处理】	★★★★★
刑法	第67条【自首及其认定】	★★★★★
刑法	第69条【判决宣告前一人犯数罪的并罚】	★★★★★
刑法	第87条【追诉期限】	★★★★★
刑法	第25条【共同犯罪的概念】	★★★
刑法	第52条【罚金数额的裁量】	★★★
刑法	第53条【罚金的缴纳、减免】	★★★
刑法	第72条【缓刑的条件、禁止令与附加刑的执行】	★★★
刑法	第73条【缓刑考验期限】	★★★
刑法	第93条【国家工作人员的范围】	★★★
刑法	第383条【贪污罪的处罚】	★★★
刑法	第385条【受贿罪】	★★★
刑法	第386条【受贿罪的处罚】	★★★
刑法	第12条【刑法的溯及力】	★★
刑法	第26条【主犯;犯罪集团】	★★
刑法	第61条【量刑根据】	★★
刑法	第382条【贪污罪;贪污罪共犯的认定】	★★
刑法	第27条【从犯;从犯的处罚】	★

	同时适用的法条	相关度
刑法	第37条【免予刑事处罚与非刑事处罚措施】	★
	第45条【有期徒刑的期限】	★
	第47条【有期徒刑刑期的计算与折抵】	★
	第62条【从重、从轻处罚】	★
	第68条【立功】	★
	第70条【判决宣告后刑罚执行完毕前发现漏罪的并罚】	★
	第88条【不受追诉期限限制的情形】	★
	第234条【故意伤害罪】	★
	第264条【盗窃罪】	★
	第266条【诈骗罪】	★
	第293条【寻衅滋事罪】	★
	第389条【行贿罪】	★
	第390条【行贿罪的处罚】	★
	第397条【滥用职权罪；玩忽职守罪】	★
办理贪污贿赂刑事案件司法解释	第19条【罚金数额】	★★★
	第1条【贪污罪、受贿罪"数额较大""其他较重情节"的认定】	★★
	第2条【贪污罪、受贿罪"数额巨大""其他严重情节"的认定】	★
	第15条【计算受贿数额】	★
	第18条【财物处理】	★

333

806

第五章 其他规定

第90条【民族自治地方对刑法的变通、补充规定】①

---

① 说明：本法条尚无足够数量判决书可供法律大数据分析。

民族自治地方不能全部适用本法规定的,可以由自治区或者省的人民代表大会根据当地民族的政治、经济、文化的特点和本法规定的基本原则,制定变通或者补充的规定,报请全国人民代表大会常务委员会批准施行。

第91条【公共财产的定义与范围】 ★★★

本法所称公共财产,是指下列财产:

(一)国有财产;

(二)劳动群众集体所有的财产;

(三)用于扶贫和其他公益事业的社会捐助或者专项基金的财产。

在国家机关、国有公司、企业、集体企业和人民团体管理、使用或者运输中的私人财产,以公共财产论。

一、主要适用的案由及其相关度

案由编号	主要适用的案由	相关度
X8.382	贪污罪	★★★★★
X8.384	挪用公款罪	★★★
X8.385	受贿罪	★
X9.397:1	滥用职权罪	★

二、同时适用的法条及其相关度

	同时适用的法条	相关度
刑法	第64条【犯罪所得之物、所用之物的处理】	★★★★★
	第67条【自首及其认定】	★★★★★
	第93条【国家工作人员的范围】	★★★★★
	第382条【贪污罪;贪污罪共犯的认定】	★★★★★
	第383条【贪污罪的处罚】	★★★★★
	第25条【共同犯罪的概念】	★★★
	第72条【缓刑的条件、禁止令与附加刑的执行】	★★★
	第37条【免予刑事处罚与非刑事处罚措施】	★★
	第52条【罚金数额的裁量】	★★
	第53条【罚金的缴纳、减免】	★★

	同时适用的法条	相关度	
刑法	第69条【判决宣告前一人犯数罪的并罚】	★★	333
	第73条【缓刑考验期限】	★★	
	第384条【挪用公款罪】	★★	
	第12条【刑法的溯及力】	★	
	第26条【主犯;犯罪集团】	★	
	第27条【从犯;从犯的处罚】	★	
	第47条【有期徒刑刑期的计算与折抵】	★	
	第61条【量刑根据】	★	
	第68条【立功】	★	
	第385条【受贿罪】	★	
	第386条【受贿罪的处罚】	★	
	第397条【滥用职权罪;玩忽职守罪】	★	
办理贪污贿赂刑事案件司法解释	第1条【贪污罪、受贿罪"数额较大""其他较重情节"的认定】	★★	806
	第19条【罚金数额】	★★	
	第2条【贪污罪、受贿罪"数额巨大""其他严重情节"的认定】	★	
	第6条【挪用公款罪"数额较大""数额巨大""情节严重"的认定】	★	
	第18条【财物处理】	★	
审理公款挪用案件司法解释	第2条【挪用公款罪】	★	861

第92条【公民私人所有财产的范围】　　　　　　　　　　　　★★

本法所称公民私人所有的财产,是指下列财产:

（一）公民的合法收入、储蓄、房屋和其他生活资料;

（二）依法归个人、家庭所有的生产资料;

（三）个体户和私营企业的合法财产;

(四) 依法归个人所有的股份、股票、债券和其他财产。

■ 同时适用的法条及其相关度

	同时适用的法条	相关度
刑法	第 64 条【犯罪所得之物、所用之物的处理】	★★★★★
	第 67 条【自首及其认定】	★★★★★
	第 383 条【贪污罪的处罚】	★★★★★
	第 52 条【罚金数额的裁量】	★★★★
	第 53 条【罚金的缴纳、减免】	★★★★
	第 25 条【共同犯罪的概念】	★★★
	第 45 条【有期徒刑的期限】	★★★
	第 61 条【量刑根据】	★★★
	第 69 条【判决宣告前一人犯数罪的并罚】	★★★
	第 72 条【缓刑的条件、禁止令与附加刑的执行】	★★★
	第 382 条【贪污罪;贪污罪共犯的认定】	★★★
	第 385 条【受贿罪】	★★★
	第 386 条【受贿罪的处罚】	★★★
	第 26 条【主犯;犯罪集团】	★★
	第 27 条【从犯;从犯的处罚】	★★
	第 47 条【有期徒刑刑期的计算与折抵】	★★
	第 73 条【缓刑考验期限】	★★
	第 12 条【刑法的溯及力】	★
	第 37 条【免予刑事处罚与非刑事处罚措施】	★
	第 62 条【从重、从轻处罚】	★
	第 68 条【立功】	★
	第 93 条【国家工作人员的范围】	★
	第 264 条【盗窃罪】	★
	第 384 条【挪用公款罪】	★

	同时适用的法条	相关度
案件办理司法解释贪贿刑事	第2条【贪污罪、受贿罪"数额巨大""其他严重情节"的认定】	★★★
	第19条【罚金数额】	★★★
	第1条【贪污罪、受贿罪"数额较大""其他较重情节"的认定】	★★
	第18条【财物处理】	★★

806

第93条【国家工作人员的范围】 ★★★★★

本法所称国家工作人员,是指国家机关中从事公务的人员。

国有公司、企业、事业单位、人民团体中从事公务的人员和国家机关、国有公司、企业、事业单位委派到非国有公司、企业、事业单位、社会团体从事公务的人员,以及其他依照法律从事公务的人员,以国家工作人员论。

■ 一、主要适用的案由及其相关度

案由编号	主要适用的案由	相关度
X8.382	贪污罪	★★★★★
X8.385	受贿罪	★★★★★
X8.384	挪用公款罪	★★★
X9.397:1	滥用职权罪	★
X9.397:2	玩忽职守罪	★

■ 二、同时适用的法条及其相关度

	同时适用的法条	相关度
刑法	第64条【犯罪所得之物、所用之物的处理】	★★★★★
	第67条【自首及其认定】	★★★★★
	第383条【贪污罪的处罚】	★★★★★
	第25条【共同犯罪的概念】	★★★
	第52条【罚金数额的裁量】	★★★

333

		同时适用的法条	相关度
333	刑法	第72条【缓刑的条件、禁止令与附加刑的执行】	★★★
		第73条【缓刑考验期限】	★★★
		第382条【贪污罪;贪污罪共犯的认定】	★★★
		第385条【受贿罪】	★★★
		第386条【受贿罪的处罚】	★★★
		第12条【刑法的溯及力】	★★
		第26条【主犯;犯罪集团】	★★
		第27条【从犯;从犯的处罚】	★★
		第37条【免予刑事处罚与非刑事处罚措施】	★★
		第53条【罚金的缴纳、减免】	★★
		第61条【量刑根据】	★★
		第68条【立功】	★★
		第69条【判决宣告前一人犯数罪的并罚】	★★
		第384条【挪用公款罪】	★★
		第397条【滥用职权罪;玩忽职守罪】	★★
		第59条【没收财产的范围】	★
806	办理贪污贿赂刑事案件司法解释	第1条【贪污罪、受贿罪"数额较大""其他较重情节"的认定】	★★★
		第19条【罚金数额】	★★★
		第2条【贪污罪、受贿罪"数额巨大""其他严重情节"的认定】	★★
		第18条【财物处理】	★★
		第6条【挪用公款罪"数额较大""数额巨大""情节严重"的认定】	★
		第15条【计算受贿数额】	★
799	立功和自首司法解释	第1条【自首及其认定】	★

第94条【司法工作人员的含义】 ★★

本法所称司法工作人员,是指有侦查、检察、审判、监管职责的工作人员。

一、主要适用的案由及其相关度

案由编号	主要适用的案由	相关度
X9.399.1	徇私枉法罪	★★★★★
X8.385	受贿罪	★★★
X9.401	徇私舞弊减刑、假释、暂予监外执行罪	★★
X4.247:1	刑讯逼供罪	★
X5.264	盗窃罪	★
X8.393	单位行贿罪	★
X9.397:2	玩忽职守罪	★
X9.417	帮助犯罪分子逃避处罚罪	★

二、同时适用的法条及其相关度

	同时适用的法条	相关度
刑法	第67条【自首及其认定】	★★★★★
	第64条【犯罪所得之物、所用之物的处理】	★★★★
	第385条【受贿罪】	★★★★
	第399条【徇私枉法罪;民事、行政枉法裁判罪;执行判决、裁定失职罪;执行判决、裁定滥用职权罪】	★★★★
	第25条【共同犯罪的概念】	★★★
	第52条【罚金数额的裁量】	★★★
	第53条【罚金的缴纳、减免】	★★★
	第69条【判决宣告前一人犯数罪的并罚】	★★★
	第93条【国家工作人员的范围】	★★★
	第383条【贪污罪的处罚】	★★★
	第386条【受贿罪的处罚】	★★★

		同时适用的法条	相关度
333	刑法	第37条【免予刑事处罚与非刑事处罚措施】	★★
		第12条【刑法的溯及力】	★
		第26条【主犯;犯罪集团】	★
		第27条【从犯;从犯的处罚】	★
		第61条【量刑根据】	★
		第68条【立功】	★
		第72条【缓刑的条件、禁止令与附加刑的执行】	★
		第73条【缓刑考验期限】	★
		第389条【行贿罪】	★
		第390条【行贿罪的处罚】	★
		第401条【徇私舞弊减刑、假释、暂予监外执行罪】	★
806	司法解释 办理刑事贪贿案件	第19条【罚金数额】	★★★
		第2条【贪污罪、受贿罪"数额巨大""其他严重情节"的认定】	★★
		第18条【财物处理】	★
799	法解释 自首和立功司	第1条【自首及其认定】	★

第95条【重伤的含义】①

本法所称重伤,是指有下列情形之一的伤害:

(一)使人肢体残废或者毁人容貌的;

(二)使人丧失听觉、视觉或者其他器官机能的;

(三)其他对于人身健康有重大伤害的。

第96条【违反国家规定的含义】②

本法所称违反国家规定,是指违反全国人民代表大会及其常务委员会制定的法律和决定,国务院制定的行政法规、规定的行政措施、发布的决定

---

① 说明:本法条尚无足够数量判决书可供法律大数据分析。

② 同上注。

和命令。

第97条【首要分子的含义】 ★★

本法所称首要分子,是指在犯罪集团或者聚众犯罪中起组织、策划、指挥作用的犯罪分子。

一、主要适用的案由及其相关度

案由编号	主要适用的案由	相关度
X6.1.292.1	聚众斗殴罪	★★★★★
X6.1.290.1	聚众扰乱社会秩序罪	★★★
X6.1.291	聚众扰乱公共场所秩序、交通秩序罪	★

二、同时适用的法条及其相关度

	同时适用的法条	相关度
刑法	第25条【共同犯罪的概念】	★★★★★
	第67条【自首及其认定】	★★★★★
	第292条【聚众斗殴罪】	★★★★★
	第72条【缓刑的条件、禁止令与附加刑的执行】	★★★★
	第26条【主犯;犯罪集团】	★★★
	第27条【从犯;从犯的处罚】	★★★
	第73条【缓刑考验期限】	★★★
	第64条【犯罪所得之物、所用之物的处理】	★★
	第65条【一般累犯】	★★
	第69条【判决宣告前一人犯数罪的并罚】	★★
	第234条【故意伤害罪】	★★
	第290条【聚众扰乱社会秩序罪;聚众冲击国家机关罪;扰乱国家机关工作秩序罪;组织、资助非法聚集罪】	★★
	第45条【有期徒刑的期限】	★
	第47条【有期徒刑刑期的计算与折抵】	★

	同时适用的法条	相关度
刑法	第61条【量刑根据】	★
	第68条【立功】	★
	第291条【聚众扰乱公共场所秩序、交通秩序罪】	★

第98条【告诉才处理的含义】①

本法所称告诉才处理,是指被害人告诉才处理。如果被害人因受强制、威吓无法告诉的,人民检察院和被害人的近亲属也可以告诉。

第99条【刑法中以上、以下、以内的界定】 ★★

本法所称以上、以下、以内,包括本数。

■ 同时适用的法条及其相关度

	同时适用的法条	相关度
刑法	第67条【自首及其认定】	★★★★★
	第72条【缓刑的条件、禁止令与附加刑的执行】	★★★★
	第64条【犯罪所得之物、所用之物的处理】	★★★
	第73条【缓刑考验期限】	★★★
	第234条【故意伤害罪】	★★★
	第25条【共同犯罪的概念】	★★
	第52条【罚金数额的裁量】	★★
	第69条【判决宣告前一人犯数罪的并罚】	★★
	第87条【追诉期限】	★★
	第133条【交通肇事罪】	★★
	第26条【主犯;犯罪集团】	★
	第27条【从犯;从犯的处罚】	★
	第36条【犯罪行为的民事赔偿责任】	★
	第53条【罚金的缴纳、减免】	★
	第61条【量刑根据】	★

---

① 说明:本法条尚无足够数量判决书可供法律大数据分析。

	同时适用的法条	相关度	
刑法	第93条【国家工作人员的范围】	★	333
	第101条【总则的效力】	★	
	第266条【诈骗罪】	★	
	第382条【贪污罪;贪污罪共犯的认定】	★	
	第383条【贪污罪的处罚】	★	
	第385条【受贿罪】	★	
	第386条【受贿罪的处罚】	★	
	第389条【行贿罪】	★	
	第390条【行贿罪的处罚】	★	
人身损害赔偿司法解释	第19条【医疗费计算标准】	★★	801
	第20条【误工费计算标准】	★★	
	第17条【人身损害赔偿项目:一般人身损害赔偿项目、伤残赔偿项目、死亡赔偿项目】	★	
	第21条【护理费计算标准】	★	
	第22条【交通费计算标准】	★	
	第23条【伙食费、住宿费计算标准】	★	
	第28条【被扶养人生活费数额的确定】	★	
侵权责任法	第6条【过错责任原则;过错推定责任原则】	★	782
	第16条【人身损害赔偿项目:一般人身损害赔偿项目、伤残赔偿项目、死亡赔偿项目】	★	
道路交通安全法	第76条【交通事故的赔偿责任】	★	784
交通肇事罪司法解释	第3条【交通运输肇事后逃逸的界定】	★	796

第100条【前科报告】①

依法受过刑事处罚的人,在入伍、就业的时候,应当如实向有关单位报告自己曾受过刑事处罚,不得隐瞒。

犯罪的时候不满十八周岁被判处五年有期徒刑以下刑罚的人,免除前款规定的报告义务。

第101条【总则的效力】②

本法总则适用于其他有刑罚规定的法律,但是其他法律有特别规定的除外。

第二编　分　　则

第一章　危害国家安全罪

第102条【背叛国家罪】③

勾结外国,危害中华人民共和国的主权、领土完整和安全的,处无期徒刑或者十年以上有期徒刑。

与境外机构、组织、个人相勾结,犯前款罪的,依照前款的规定处罚。

第103条【分裂国家罪;煽动分裂国家罪】④

组织、策划、实施分裂国家、破坏国家统一的,对首要分子或者罪行重大的,处无期徒刑或者十年以上有期徒刑;对积极参加的,处三年以上十年以下有期徒刑;对其他参加的,处三年以下有期徒刑、拘役、管制或者剥夺政治权利。

煽动分裂国家、破坏国家统一的,处五年以下有期徒刑、拘役、管制或者剥夺政治权利;首要分子或者罪行重大的,处五年以上有期徒刑。

第104条【武装叛乱、暴乱罪】⑤

组织、策划、实施武装叛乱或者武装暴乱的,对首要分子或者罪行重大的,处无期徒刑或者十年以上有期徒刑;对积极参加的,处三年以上十年以

---

① 说明:本法条尚无足够数量判决书可供法律大数据分析。
② 同上注。
③ 同上注。
④ 同上注。
⑤ 同上注。

下有期徒刑;对其他参加的,处三年以下有期徒刑、拘役、管制或者剥夺政治权利。

策动、胁迫、勾引、收买国家机关工作人员、武装部队人员、人民警察、民兵进行武装叛乱或者武装暴乱的,依照前款的规定从重处罚。

第105条【颠覆国家政权罪;煽动颠覆国家政权罪】①

组织、策划、实施颠覆国家政权、推翻社会主义制度的,对首要分子或者罪行重大的,处无期徒刑或者十年以上有期徒刑;对积极参加的,处三年以上十年以下有期徒刑;对其他参加的,处三年以下有期徒刑、拘役、管制或者剥夺政治权利。

以造谣、诽谤或者其他方式煽动颠覆国家政权、推翻社会主义制度的,处五年以下有期徒刑、拘役、管制或者剥夺政治权利;首要分子或者罪行重大的,处五年以上有期徒刑。

第106条【与境外勾结犯罪从重处罚】②

与境外机构、组织、个人相勾结,实施本章第一百零三条、第一百零四条、第一百零五条规定之罪的,依照各该条的规定从重处罚。

第107条【资助危害国家安全犯罪活动罪】③

境内外机构、组织或者个人资助实施本章第一百零二条、第一百零三条、第一百零四条、第一百零五条规定之罪的,对直接责任人员,处五年以下有期徒刑、拘役、管制或者剥夺政治权利;情节严重的,处五年以上有期徒刑。

第108条【投敌叛变罪】④

投敌叛变的,处三年以上十年以下有期徒刑;情节严重或者带领武装部队人员、人民警察、民兵投敌叛变的,处十年以上有期徒刑或者无期徒刑。

第109条【叛逃罪】⑤

国家机关工作人员在履行公务期间,擅离岗位,叛逃境外或者在境外叛逃的,处五年以下有期徒刑、拘役、管制或者剥夺政治权利;情节严重的,

---

① 说明:本法条尚无足够数量判决书可供法律大数据分析。
② 同上注。
③ 同上注。
④ 同上注。
⑤ 同上注。

处五年以上十年以下有期徒刑。

掌握国家秘密的国家工作人员叛逃境外或者在境外叛逃的,依照前款的规定从重处罚。

第110条【间谍罪】①

有下列间谍行为之一,危害国家安全的,处十年以上有期徒刑或者无期徒刑;情节较轻的,处三年以上十年以下有期徒刑:

（一）参加间谍组织或者接受间谍组织及其代理人的任务的;

（二）为敌人指示轰击目标的。

第111条【为境外窃取、刺探、收买、非法提供国家秘密、情报罪】②

为境外的机构、组织、人员窃取、刺探、收买、非法提供国家秘密或者情报的,处五年以上十年以下有期徒刑;情节特别严重的,处十年以上有期徒刑或者无期徒刑;情节较轻的,处五年以下有期徒刑、拘役、管制或者剥夺政治权利。

第112条【资敌罪】③

战时供给敌人武器装备、军用物资资敌的,处十年以上有期徒刑或者无期徒刑;情节较轻的,处三年以上十年以下有期徒刑。

第113条【危害国家安全罪死刑及没收财产的适用】　★★

本章上述危害国家安全罪行中,除第一百零三条第二款、第一百零五条、第一百零七条、第一百零九条外,对国家和人民危害特别严重、情节特别恶劣的,可以判处死刑。

犯本章之罪的,可以并处没收财产。

一、主要适用的案由及其相关度

案由编号	主要适用的案由	相关度
X2.133	交通肇事罪	★★★★★
X6.2.313	拒不执行判决、裁定罪	★★

---

① 说明:本法条尚无足够数量判决书可供法律大数据分析。
② 同上注。
③ 同上注。

二、同时适用的法条及其相关度

	同时适用的法条	相关度	
刑法	第67条【自首及其认定】	★★★★★	333
	第72条【缓刑的条件、禁止令与附加刑的执行】	★★★★	
	第12条【刑法的溯及力】	★★★	
	第73条【缓刑考验期限】	★★★	
	第25条【共同犯罪的概念】	★	
	第37条【免予刑事处罚与非刑事处罚措施】	★	
	第56条【剥夺政治权利的适用范围】	★	
	第61条【量刑根据】	★	
	第64条【犯罪所得之物、所用之物的处理】	★	
	第68条【立功】	★	
	第133条【交通肇事罪】	★	
民法通则	第119条【人身损害赔偿项目：一般人身损害赔偿项目、伤残赔偿项目、死亡赔偿项目】	★	781

第二章 危害公共安全罪

第114条【放火罪、决水罪、爆炸罪、投放危险物质罪、以危险方法危害公共安全罪】 ★★★★

放火、决水、爆炸以及投放毒害性、放射性、传染病病原体等物质或者以其他危险方法危害公共安全，尚未造成严重后果的，处三年以上十年以下有期徒刑。

一、主要适用的案由及其相关度

案由编号	主要适用的案由	相关度
X2.114:1	放火罪	★★★★★
X2.114:5	以危险方法危害公共安全罪	★★
X2.114:4	投放危险物质罪	★

■ 二、同时适用的法条及其相关度

	同时适用的法条	相关度
刑法	第 67 条【自首及其认定】	★★★★★
	第 72 条【缓刑的条件、禁止令与附加刑的执行】	★★★
	第 73 条【缓刑考验期限】	★★★
	第 61 条【量刑根据】	★★
	第 64 条【犯罪所得之物、所用之物的处理】	★★
	第 18 条【精神病人与醉酒的人的刑事责任】	★
	第 23 条【犯罪未遂;犯罪未遂的处罚】	★
	第 65 条【一般累犯】	★
	第 69 条【判决宣告前一人犯数罪的并罚】	★

第 115 条【放火罪、决水罪、爆炸罪、投放危险物质罪、以危险方法危害公共安全罪;失火罪、过失决水罪、过失爆炸罪、过失投放危险物质罪、过失以危险方法危害公共安全罪】 ★★★★

放火、决水、爆炸以及投放毒害性、放射性、传染病病原体等物质或者以其他危险方法致人重伤、死亡或者使公私财产遭受重大损失的,处十年以上有期徒刑、无期徒刑或者死刑。

过失犯前款罪的,处三年以上七年以下有期徒刑;情节较轻的,处三年以下有期徒刑或者拘役。

■ 一、主要适用的案由及其相关度

案由编号	主要适用的案由	相关度
X2.115.2:1	失火罪	★★★★★

■ 二、同时适用的法条及其相关度

	同时适用的法条	相关度
刑法	第 67 条【自首及其认定】	★★★★★
	第 72 条【缓刑的条件、禁止令与附加刑的执行】	★★★★★

	同时适用的法条	相关度
刑法	第73条【缓刑考验期限】	★★★★
	第64条【犯罪所得之物、所用之物的处理】	★★
	第61条【量刑根据】	★

第116条【破坏交通工具罪】 ★★

破坏火车、汽车、电车、船只、航空器,足以使火车、汽车、电车、船只、航空器发生倾覆、毁坏危险,尚未造成严重后果的,处三年以上十年以下有期徒刑。

■ 一、主要适用的案由及其相关度

案由编号	主要适用的案由	相关度
X2.116	破坏交通工具罪	★★★★★

■ 二、同时适用的法条及其相关度

	同时适用的法条	相关度
刑法	第67条【自首及其认定】	★★★★★
	第72条【缓刑的条件、禁止令与附加刑的执行】	★★★★
	第26条【主犯;犯罪集团】	★★★
	第73条【缓刑考验期限】	★★★
	第25条【共同犯罪的概念】	★★
	第61条【量刑根据】	★★
	第64条【犯罪所得之物、所用之物的处理】	★★
	第27条【从犯;从犯的处罚】	★
	第45条【有期徒刑的期限】	★
	第47条【有期徒刑刑期的计算与折抵】	★
	第69条【判决宣告前一人犯数罪的并罚】	★

第117条【破坏交通设施罪】 ★★

破坏轨道、桥梁、隧道、公路、机场、航道、灯塔、标志或者进行其他破坏活动,足以使火车、汽车、电车、船只、航空器发生倾覆、毁坏危险,尚未造成严重后果的,处三年以上十年以下有期徒刑。

一、主要适用的案由及其相关度

案由编号	主要适用的案由	相关度
X2.117	破坏交通设施罪	★★★★★

二、同时适用的法条及其相关度

	同时适用的法条	相关度
刑法	第67条【自首及其认定】	★★★★★
	第25条【共同犯罪的概念】	★★★
	第64条【犯罪所得之物、所用之物的处理】	★★★
	第72条【缓刑的条件、禁止令与附加刑的执行】	★★★
	第26条【主犯;犯罪集团】	★★
	第27条【从犯;从犯的处罚】	★★
	第65条【一般累犯】	★★
	第73条【缓刑考验期限】	★★
	第18条【精神病人与醉酒的人的刑事责任】	★
	第47条【有期徒刑刑期的计算与折抵】	★
	第52条【罚金数额的裁量】	★
	第53条【罚金的缴纳、减免】	★
	第61条【量刑根据】	★
	第69条【判决宣告前一人犯数罪的并罚】	★
	第264条【盗窃罪】	★
	第312条【掩饰、隐瞒犯罪所得、犯罪所得收益罪】	★

第118条【破坏电力设备罪、破坏易燃易爆设备罪】 ★★★★

破坏电力、燃气或者其他易燃易爆设备,危害公共安全,尚未造成严重后果的,处三年以上十年以下有期徒刑。

一、主要适用的案由及其相关度

案由编号	主要适用的案由	相关度
X2.118:1	破坏电力设备罪	★★★★★
X2.118:2	破坏易燃易爆设备罪	★★★★
X5.264	盗窃罪	★
X6.2.312	掩饰、隐瞒犯罪所得、犯罪所得收益罪	★

二、同时适用的法条及其相关度

	同时适用的法条	相关度
刑法	第25条【共同犯罪的概念】	★★★★★
	第67条【自首及其认定】	★★★★★
	第64条【犯罪所得之物、所用之物的处理】	★★★★
	第27条【从犯;从犯的处罚】	★★★
	第65条【一般累犯】	★★★
	第69条【判决宣告前一人犯数罪的并罚】	★★★
	第72条【缓刑的条件、禁止令与附加刑的执行】	★★★
	第264条【盗窃罪】	★★★
	第26条【主犯;犯罪集团】	★★
	第52条【罚金数额的裁量】	★★
	第53条【罚金的缴纳、减免】	★★
	第73条【缓刑考验期限】	★★
	第312条【掩饰、隐瞒犯罪所得、犯罪所得收益罪】	★★
	第61条【量刑根据】	★
	第68条【立功】	★

第119条【破坏交通工具罪、破坏交通设施罪、破坏电力设备罪、破坏易燃易爆设备罪;过失损坏交通工具罪、过失损坏交通设施罪、过失损坏电力设备罪、过失损坏易燃易爆设备罪】 ★★

破坏交通工具、交通设施、电力设备、燃气设备、易燃易爆设备,造成严重后果的,处十年以上有期徒刑、无期徒刑或者死刑。

过失犯前款罪的,处三年以上七年以下有期徒刑;情节较轻的,处三年以下有期徒刑或者拘役。

一、主要适用的案由及其相关度

案由编号	主要适用的案由	相关度
X2.118:2	破坏易燃易爆设备罪	★★★★★
X2.119.2:3	过失损坏电力设备罪	★★★
X2.118:1	破坏电力设备罪	★★
X4.234	故意伤害罪	★★
X2.117	破坏交通设施罪	★
X2.119.2:2	过失损坏交通设施罪	★
X2.119.2:4	过失损坏易燃易爆设备罪	★
X2.133	交通肇事罪	★
X6.2.312	掩饰、隐瞒犯罪所得、犯罪所得收益罪	★

二、同时适用的法条及其相关度

	同时适用的法条	相关度
刑法	第25条【共同犯罪的概念】	★★★★★
	第67条【自首及其认定】	★★★★★
	第72条【缓刑的条件、禁止令与附加刑的执行】	★★★★
	第26条【主犯;犯罪集团】	★★★
	第27条【从犯;从犯的处罚】	★★★
	第69条【判决宣告前一人犯数罪的并罚】	★★★
	第73条【缓刑考验期限】	★★★

	同时适用的法条	相关度
刑法	第47条【有期徒刑刑期的计算与折抵】	★★
	第64条【犯罪所得之物、所用之物的处理】	★★
	第65条【一般累犯】	★★
	第264条【盗窃罪】	★★
	第312条【掩饰、隐瞒犯罪所得、犯罪所得收益罪】	★★
	第36条【犯罪行为的民事赔偿责任】	★
	第45条【有期徒刑的期限】	★
	第52条【罚金数额的裁量】	★
	第53条【罚金的缴纳、减免】	★
	第55条【剥夺政治权利的期限】	★
	第56条【剥夺政治权利的适用范围】	★
	第61条【量刑根据】	★
	第68条【立功】	★
	第70条【判决宣告后刑罚执行完毕前发现漏罪的并罚】	★
	第118条【破坏电力设备罪、破坏易燃易爆设备罪】	★
	第234条【故意伤害罪】	★
	第310条【窝藏、包庇罪】	★
办理盗窃油气、破坏油气设备等刑事案件司法解释	第2条【破坏燃气或者其他易燃易爆设备"造成严重后果"的认定】	★★
	第1条【"破坏燃气或者其他易燃易爆设备"行为的认定】	★

	同时适用的法条	相关度
司法解释 破坏电力设备罪	第1条【破坏电力设备"造成严重后果"的认定】	★
	第2条【过失损坏电力设备罪】	★
	第4条【电力设备的认定；直接经济损失的计算范围】	★

第120条【组织、领导、参加恐怖活动罪】①

组织、领导恐怖活动组织的，处十年以上有期徒刑或者无期徒刑，并处没收财产；积极参加的，处三年以上十年以下有期徒刑，并处罚金；其他参加的，处三年以下有期徒刑、拘役、管制或者剥夺政治权利，可以并处罚金。

犯前款罪并实施杀人、爆炸、绑架等犯罪的，依照数罪并罚的规定处罚。

第120条之1【帮助恐怖活动罪】②

资助恐怖活动组织、实施恐怖活动的个人的，或者资助恐怖活动培训的，处五年以下有期徒刑、拘役、管制或者剥夺政治权利，并处罚金；情节严重的，处五年以上有期徒刑，并处罚金或者没收财产。

为恐怖活动组织、实施恐怖活动或者恐怖活动培训招募、运送人员的，依照前款的规定处罚。

单位犯前两款罪的，对单位判处罚金，并对其直接负责的主管人员和其他直接责任人员，依照第一款的规定处罚。

第120条之2【准备实施恐怖活动罪】③

有下列情形之一的，处五年以下有期徒刑、拘役、管制或者剥夺政治权利，并处罚金；情节严重的，处五年以上有期徒刑，并处罚金或者没收财产：

（一）为实施恐怖活动准备凶器、危险物品或者其他工具的；

（二）组织恐怖活动培训或者积极参加恐怖活动培训的；

（三）为实施恐怖活动与境外恐怖活动组织或者人员联络的；

（四）为实施恐怖活动进行策划或者其他准备的。

---

① 说明：本法条尚无足够数量判决书可供法律大数据分析。
② 同上注。
③ 同上注。

有前款行为,同时构成其他犯罪的,依照处罚较重的规定定罪处罚。

第120条之3【宣扬恐怖主义、极端主义、煽动实施恐怖活动罪】①

以制作、散发宣扬恐怖主义、极端主义的图书、音频视频资料或者其他物品,或者通过讲授、发布信息等方式宣扬恐怖主义、极端主义的,或者煽动实施恐怖活动的,处五年以下有期徒刑、拘役、管制或者剥夺政治权利,并处罚金;情节严重的,处五年以上有期徒刑,并处罚金或者没收财产。

第120条之4【利用极端主义破坏法律实施罪】②

利用极端主义煽动、胁迫群众破坏国家法律确立的婚姻、司法、教育、社会管理等制度实施的,处三年以下有期徒刑、拘役或者管制,并处罚金;情节严重的,处三年以上七年以下有期徒刑,并处罚金;情节特别严重的,处七年以上有期徒刑,并处罚金或者没收财产。

第120条之5【强制穿戴宣扬恐怖主义、极端主义服饰、标志罪】③

以暴力、胁迫等方式强制他人在公共场所穿着、佩戴宣扬恐怖主义、极端主义服饰、标志的,处三年以下有期徒刑、拘役或者管制,并处罚金。

第120条之6【非法持有宣扬恐怖主义、极端主义物品罪】④

明知是宣扬恐怖主义、极端主义的图书、音频视频资料或者其他物品而非法持有,情节严重的,处三年以下有期徒刑、拘役或者管制,并处或者单处罚金。

第121条【劫持航空器罪】⑤

以暴力、胁迫或者其他方法劫持航空器的,处十年以上有期徒刑或者无期徒刑;致人重伤、死亡或者使航空器遭受严重破坏的,处死刑。

第122条【劫持船只、汽车罪】　　　　　　　　　　　　★★

以暴力、胁迫或者其他方法劫持船只、汽车的,处五年以上十年以下有期徒刑;造成严重后果的,处十年以上有期徒刑或者无期徒刑。

---

① 说明:本法条尚无足够数量判决书可供法律大数据分析。
② 同上注。
③ 同上注。
④ 同上注。
⑤ 同上注。

一、主要适用的案由及其相关度

案由编号	主要适用的案由	相关度
X2.122	劫持船只、汽车罪	★★★★★

二、同时适用的法条及其相关度

	同时适用的法条	相关度
刑法	第67条【自首及其认定】	★★★★★
	第25条【共同犯罪的概念】	★★★
	第64条【犯罪所得之物、所用之物的处理】	★★★
	第65条【一般累犯】	★★★
	第69条【判决宣告前一人犯数罪的并罚】	★★★
	第47条【有期徒刑刑期的计算与折抵】	★
	第52条【罚金数额的裁量】	★
	第53条【罚金的缴纳、减免】	★
	第61条【量刑根据】	★
	第234条【故意伤害罪】	★

第123条【暴力危及飞行安全罪】①

对飞行中的航空器上的人员使用暴力,危及飞行安全,尚未造成严重后果的,处五年以下有期徒刑或者拘役;造成严重后果的,处五年以上有期徒刑。

第124条【破坏广播电视设施、公用电信设施罪;过失破坏广播电视设施、公用电信设施罪】 ★★★★

破坏广播电视设施、公用电信设施,危害公共安全的,处三年以上七年以下有期徒刑;造成严重后果的,处七年以上有期徒刑。

过失犯前款罪的,处三年以上七年以下有期徒刑;情节较轻的,处三年以下有期徒刑或者拘役。

---

① 说明:本法条尚无足够数量判决书可供法律大数据分析。

一、主要适用的案由及其相关度

案由编号	主要适用的案由	相关度
X2.124.1	破坏广播电视设施、公用电信设施罪	★★★★★

二、同时适用的法条及其相关度

	同时适用的法条	相关度
刑法	第64条【犯罪所得之物、所用之物的处理】	★★★★★
	第67条【自首及其认定】	★★★★★
	第72条【缓刑的条件、禁止令与附加刑的执行】	★★★★
	第25条【共同犯罪的概念】	★★★
	第27条【从犯；从犯的处罚】	★★★
	第73条【缓刑考验期限】	★★★
	第26条【主犯；犯罪集团】	★★
	第61条【量刑根据】	★
	第65条【一般累犯】	★
司法解释 破坏公用电信设施罪	第1条【破坏公用电信设施罪定罪】	★★★

333

864

第 125 条【非法制造、买卖、运输、邮寄、储存枪支、弹药、爆炸物罪；非法制造、买卖、运输、储存危险物质罪】 ★★★★★

非法制造、买卖、运输、邮寄、储存枪支、弹药、爆炸物的,处三年以上十年以下有期徒刑；情节严重的,处十年以上有期徒刑、无期徒刑或者死刑。

非法制造、买卖、运输、储存毒害性、放射性、传染病病原体等物质,危害公共安全的,依照前款的规定处罚。

单位犯前两款罪的,对单位判处罚金,并对其直接负责的主管人员和其他直接责任人员,依照第一款的规定处罚。

一、主要适用的案由及其相关度

案由编号	主要适用的案由	相关度
X2.125.1	非法制造、买卖、运输、邮寄、储存枪支、弹药、爆炸物罪	★★★★★
X2.128.1	非法持有、私藏枪支、弹药罪	★

二、同时适用的法条及其相关度

		同时适用的法条	相关度
刑法		第67条【自首及其认定】	★★★★★
		第64条【犯罪所得之物、所用之物的处理】	★★★★
		第72条【缓刑的条件、禁止令与附加刑的执行】	★★★★
		第73条【缓刑考验期限】	★★★★
		第25条【共同犯罪的概念】	★★★
		第27条【从犯;从犯的处罚】	★★
		第61条【量刑根据】	★★
		第69条【判决宣告前一人犯数罪的并罚】	★★
		第26条【主犯;犯罪集团】	★
		第128条【非法持有、私藏枪支、弹药罪;非法出租、出借枪支罪】	★
司法解释	非法制造买卖运输枪支弹药爆炸物罪	第1条【非法制造、买卖、运输、邮寄、储存枪支、弹药、爆炸物罪定罪】	★★★
		第2条【非法制造、买卖、运输、邮寄、储存枪支、弹药、爆炸物"情节严重"的认定】	★★
		第9条【非法制造、买卖、运输、邮寄、储存爆炸物品等行为的定罪量刑标准】	★★

第126条【违规制造、销售枪支罪】①

依法被指定、确定的枪支制造企业、销售企业,违反枪支管理规定,有

---

① 说明:本法条尚无足够数量判决书可供法律大数据分析。

下列行为之一的,对单位判处罚金,并对其直接负责的主管人员和其他直接责任人员,处五年以下有期徒刑;情节严重的,处五年以上十年以下有期徒刑;情节特别严重的,处十年以上有期徒刑或者无期徒刑:

(一)以非法销售为目的,超过限额或者不按照规定的品种制造、配售枪支的;

(二)以非法销售为目的,制造无号、重号、假号的枪支的;

(三)非法销售枪支或者在境内销售为出口制造的枪支的。

第127条【盗窃、抢夺枪支、弹药、爆炸物、危险物质罪;抢劫枪支、弹药、爆炸物、危险物质罪】 ★★

盗窃、抢夺枪支、弹药、爆炸物的,或者盗窃、抢夺毒害性、放射性、传染病病原体等物质,危害公共安全的,处三年以上十年以下有期徒刑;情节严重的,处十年以上有期徒刑、无期徒刑或者死刑。

抢劫枪支、弹药、爆炸物的,或者抢劫毒害性、放射性、传染病病原体等物质,危害公共安全的,或者盗窃、抢夺国家机关、军警人员、民兵的枪支、弹药、爆炸物的,处十年以上有期徒刑、无期徒刑或者死刑。

一、主要适用的案由及其相关度

案由编号	主要适用的案由	相关度
X2.127.1	盗窃、抢夺枪支、弹药、爆炸物、危险物质罪	★★★★★
X2.125.1	非法制造、买卖、运输、邮寄、储存枪支、弹药、爆炸物罪	★
X2.127.2	抢劫枪支、弹药、爆炸物、危险物质罪	★
X5.264	盗窃罪	★

二、同时适用的法条及其相关度

	同时适用的法条	相关度
刑法	第67条【自首及其认定】	★★★★★
	第69条【判决宣告前一人犯数罪的并罚】	★★★★
	第25条【共同犯罪的概念】	★★★

		同时适用的法条	相关度
333	刑法	第52条【罚金数额的裁量】	★★★
		第53条【罚金的缴纳、减免】	★★★
		第64条【犯罪所得之物、所用之物的处理】	★★★
		第264条【盗窃罪】	★★★
		第23条【犯罪未遂；犯罪未遂的处罚】	★★
		第26条【主犯；犯罪集团】	★★
		第27条【从犯；从犯的处罚】	★★
		第65条【一般累犯】	★★
		第47条【有期徒刑刑期的计算与折抵】	★
		第61条【量刑根据】	★
		第72条【缓刑的条件、禁止令与附加刑的执行】	★
		第73条【缓刑考验期限】	★
		第125条【非法制造、买卖、运输、邮寄、储存枪支、弹药、爆炸物罪；非法制造、买卖、运输、储存危险物质罪】	★
		第128条【非法持有、私藏枪支、弹药罪；非法出租、出借枪支罪】	★
814	司法解释 枪支弹药爆炸物罪 非法制造买卖运输	第4条【盗窃、抢夺枪支、弹药、爆炸物罪】	★★★

第128条【非法持有、私藏枪支、弹药罪；非法出租、出借枪支罪】

★★★★★

违反枪支管理规定,非法持有、私藏枪支、弹药的,处三年以下有期徒刑、拘役或者管制;情节严重的,处三年以上七年以下有期徒刑。

依法配备公务用枪的人员,非法出租、出借枪支的,依照前款的规定处罚。

依法配置枪支的人员,非法出租、出借枪支,造成严重后果的,依照第一款的规定处罚。

单位犯第二款、第三款罪的,对单位判处罚金,并对其直接负责的主管人员和其他直接责任人员,依照第一款的规定处罚。

一、主要适用的案由及其相关度

案由编号	主要适用的案由	相关度
X2.128.1	非法持有、私藏枪支、弹药罪	★★★★★

二、同时适用的法条及其相关度

		同时适用的法条	相关度
刑法		第67条【自首及其认定】	★★★★★
		第64条【犯罪所得之物、所用之物的处理】	★★★★
		第72条【缓刑的条件、禁止令与附加刑的执行】	★★★★
		第73条【缓刑考验期限】	★★★
		第25条【共同犯罪的概念】	★★
		第61条【量刑根据】	★★
		第69条【判决宣告前一人犯数罪的并罚】	★★
		第26条【主犯;犯罪集团】	★
		第42条【拘役的期限】	★
		第45条【有期徒刑的期限】	★
		第52条【罚金数额的裁量】	★
		第53条【罚金的缴纳、减免】	★
		第62条【从重、从轻处罚】	★
		第65条【一般累犯】	★
司法解释	非法制造买卖运输枪支弹药爆炸物罪	第5条【以非法持有、私藏枪支、弹药罪论处的情形】	★★★
		第8条【非法储存、非法持有、私藏枪支弹药爆炸物的定义】	★

第 129 条【丢失枪支不报罪】①

依法配备公务用枪的人员,丢失枪支不及时报告,造成严重后果的,处三年以下有期徒刑或者拘役。

第 130 条【非法携带枪支、弹药、管制刀具、危险物品危及公共安全罪】

★★

非法携带枪支、弹药、管制刀具或者爆炸性、易燃性、放射性、毒害性、腐蚀性物品,进入公共场所或者公共交通工具,危及公共安全,情节严重的,处三年以下有期徒刑、拘役或者管制。

■ 主要适用的案由及其相关度

案由编号	主要适用的案由	相关度
X2.130	非法携带枪支、弹药、管制刀具、危险物品危及公共安全罪	★★★★★
X2.133	交通肇事罪	★

第 131 条【重大飞行事故罪】②

航空人员违反规章制度,致使发生重大飞行事故,造成严重后果的,处三年以下有期徒刑或者拘役;造成飞机坠毁或者人员死亡的,处三年以上七年以下有期徒刑。

第 132 条【铁路运营安全事故罪】　　　　　　　　　★★★

铁路职工违反规章制度,致使发生铁路运营安全事故,造成严重后果的,处三年以下有期徒刑或者拘役;造成特别严重后果的,处三年以上七年以下有期徒刑。

■ 一、主要适用的案由及其相关度

案由编号	主要适用的案由	相关度
X4.232	故意杀人罪	★★★★★

---

① 说明:本法条尚无足够数量判决书可供法律大数据分析。
② 同上注。

■ 二、同时适用的法条及其相关度

	同时适用的法条	相关度	
刑法	第12条【刑法的溯及力】	★★★★★	333
	第53条【罚金的缴纳、减免】	★★★★	
	第67条【自首及其认定】	★★★	
	第22条【犯罪预备；犯罪预备的处罚】	★★	
	第31条【单位犯罪的处罚】	★★	
	第57条【死刑、无期徒刑犯剥夺政治权利的期限】	★★	
	第23条【犯罪未遂；犯罪未遂的处罚】	★	
	第24条【犯罪中止；犯罪中止的处罚】	★	
	第25条【共同犯罪的概念】	★	
	第36条【犯罪行为的民事赔偿责任】	★	
	第43条【拘役的执行】	★	
	第51条【死缓期间与减为有期徒刑的刑期计算】	★	
	第52条【罚金数额的裁量】	★	
	第63条【减轻处罚】	★	
	第72条【缓刑的条件、禁止令与附加刑的执行】	★	
民法通则	第119条【人身损害赔偿项目：一般人身损害赔偿项目、伤残赔偿项目、死亡赔偿项目】	★★	781
人身损害赔偿司法解释	第27条【丧葬费计算标准】	★	801

第133条【交通肇事罪】　　　　　　　　　　　★★★★★

违反交通运输管理法规，因而发生重大事故，致人重伤、死亡或者使公私财产遭受重大损失的，处三年以下有期徒刑或者拘役；交通运输肇事后逃逸或者有其他特别恶劣情节的，处三年以上七年以下有期徒刑；因逃逸致人死亡的，处七年以上有期徒刑。

■ 一、主要适用的案由及其相关度

案由编号	主要适用的案由	相关度
X2.133	交通肇事罪	★★★★★

■ 二、同时适用的法条及其相关度

		同时适用的法条	相关度
333	刑法	第67条【自首及其认定】	★★★★★
		第72条【缓刑的条件、禁止令与附加刑的执行】	★★★★
		第73条【缓刑考验期限】	★★★
		第61条【量刑根据】	★★
		第36条【犯罪行为的民事赔偿责任】	★
796	交通肇事罪司法解释	第2条【交通肇事罪】	★★★
784	道路交通安全法	第76条【交通事故的赔偿责任】	★
782	侵权责任法	第16条【人身损害赔偿项目:一般人身损害赔偿项目、伤残赔偿项目、死亡赔偿项目】	★
799	自首和立功司法解释	第1条【自首及其认定】	★

第133条之1【危险驾驶罪】 ★★★★★

在道路上驾驶机动车,有下列情形之一的,处拘役,并处罚金:

(一)追逐竞驶,情节恶劣的;

(二)醉酒驾驶机动车的;

(三)从事校车业务或者旅客运输,严重超过额定乘员载客,或者严重超过规定时速行驶的;

(四)违反危险化学品安全管理规定运输危险化学品,危及公共安全的。

机动车所有人、管理人对前款第三项、第四项行为负有直接责任的,依照前款的规定处罚。

有前两款行为,同时构成其他犯罪的,依照处罚较重的规定定罪处罚。

一、主要适用的案由及其相关度

案由编号	主要适用的案由	相关度
X2.133-1	危险驾驶罪	★★★★★

二、同时适用的法条及其相关度

	同时适用的法条	相关度	
刑法	第67条【自首及其认定】	★★★★★	333
	第52条【罚金数额的裁量】	★★★★	
	第72条【缓刑的条件、禁止令与附加刑的执行】	★★★★	
	第53条【罚金的缴纳、减免】	★★★	
	第73条【缓刑考验期限】	★★★	
	第42条【拘役的期限】	★★	
	第61条【量刑根据】	★★	
	第44条【拘役刑期的计算与折抵】	★	
意见罪适用醉驾犯	第2条【醉酒驾驶机动车从重处罚情节】	★★	906
	第1条【醉酒驾驶机动车的认定】	★	

第134条【重大责任事故罪;强令违章冒险作业罪】 ★★★★

在生产、作业中违反有关安全管理的规定,因而发生重大伤亡事故或者造成其他严重后果的,处三年以下有期徒刑或者拘役;情节特别恶劣的,处三年以上七年以下有期徒刑。

强令他人违章冒险作业,因而发生重大伤亡事故或者造成其他严重后果的,处五年以下有期徒刑或者拘役;情节特别恶劣的,处五年以上有期徒刑。

一、主要适用的案由及其相关度

案由编号	主要适用的案由	相关度
X2.134.1	重大责任事故罪	★★★★★
X4.234	故意伤害罪	★

二、同时适用的法条及其相关度

	同时适用的法条	相关度
刑法	第67条【自首及其认定】	★★★★★
刑法	第72条【缓刑的条件、禁止令与附加刑的执行】	★★★★★
刑法	第73条【缓刑考验期限】	★★★
刑法	第12条【刑法的溯及力】	★
刑法	第61条【量刑根据】	★

第135条【重大劳动安全事故罪】 ★★★

安全生产设施或者安全生产条件不符合国家规定,因而发生重大伤亡事故或者造成其他严重后果的,对直接负责的主管人员和其他直接责任人员,处三年以下有期徒刑或者拘役;情节特别恶劣的,处三年以上七年以下有期徒刑。

一、主要适用的案由及其相关度

案由编号	主要适用的案由	相关度
X2.135	重大劳动安全事故罪	★★★★★

二、同时适用的法条及其相关度

	同时适用的法条	相关度
刑法	第67条【自首及其认定】	★★★★★
刑法	第72条【缓刑的条件、禁止令与附加刑的执行】	★★★★★
刑法	第73条【缓刑考验期限】	★★★★★
刑法	第61条【量刑根据】	★

第135条之1【大型群众性活动重大安全事故罪】①

举办大型群众性活动违反安全管理规定,因而发生重大伤亡事故或者造成其他严重后果的,对直接负责的主管人员和其他直接责任人员,处三年以下有期徒刑或者拘役;情节特别恶劣的,处三年以上七年以下有期徒刑。

第136条【危险物品肇事罪】 ★★

违反爆炸性、易燃性、放射性、毒害性、腐蚀性物品的管理规定,在生产、储存、运输、使用中发生重大事故,造成严重后果的,处三年以下有期徒刑或者拘役;后果特别严重的,处三年以上七年以下有期徒刑。

■ 一、主要适用的案由及其相关度

案由编号	主要适用的案由	相关度
X2.136	危险物品肇事罪	★★★★★

■ 二、同时适用的法条及其相关度

	同时适用的法条	相关度
刑法	第67条【自首及其认定】	★★★★★
	第72条【缓刑的条件、禁止令与附加刑的执行】	★★★★★
	第73条【缓刑考验期限】	★★★
	第25条【共同犯罪的概念】	★
	第61条【量刑根据】	★
	第64条【犯罪所得之物、所用之物的处理】	★

第137条【工程重大安全事故罪】 ★★

建设单位、设计单位、施工单位、工程监理单位违反国家规定,降低工程质量标准,造成重大安全事故的,对直接责任人员,处五年以下有期徒刑或者拘役,并处罚金;后果特别严重的,处五年以上十年以下有期徒刑,并处罚金。

---

① 说明:本法条尚无足够数量判决书可供法律大数据分析。

一、主要适用的案由及其相关度

案由编号	主要适用的案由	相关度
X2.137	工程重大安全事故罪	★★★★★

二、同时适用的法条及其相关度

	同时适用的法条	相关度
刑法	第67条【自首及其认定】	★★★★★
	第72条【缓刑的条件、禁止令与附加刑的执行】	★★★★★
	第52条【罚金数额的裁量】	★★★★
	第73条【缓刑考验期限】	★★★★
	第53条【罚金的缴纳、减免】	★★★
	第37条【免予刑事处罚与非刑事处罚措施】	★★
	第61条【量刑根据】	★★
	第12条【刑法的溯及力】	★
	第25条【共同犯罪的概念】	★
	第69条【判决宣告前一人犯数罪的并罚】	★
	第397条【滥用职权罪;玩忽职守罪】	★
立法解释、自首和司法解释	第1条【自首及其认定】	★

第138条【教育设施重大安全事故罪】　　★★

明知校舍或者教育教学设施有危险,而不采取措施或者不及时报告,致使发生重大伤亡事故的,对直接责任人员,处三年以下有期徒刑或者拘役;后果特别严重的,处三年以上七年以下有期徒刑。

同时适用的法条及其相关度

	同时适用的法条	相关度
刑法	第67条【自首及其认定】	★★★★★
	第25条【共同犯罪的概念】	★★★
	第72条【缓刑的条件、禁止令与附加刑的执行】	★★★
	第73条【缓刑考验期限】	★★★
	第61条【量刑根据】	★★
	第26条【主犯;犯罪集团】	★
	第27条【从犯;从犯的处罚】	★
	第36条【犯罪行为的民事赔偿责任】	★
	第37条【免予刑事处罚与非刑事处罚措施】	★
	第45条【有期徒刑的期限】	★
	第47条【有期徒刑刑期的计算与折抵】	★
	第64条【犯罪所得之物、所用之物的处理】	★
	第155条【间接走私行为的认定与处罚】	★
	第232条【故意杀人罪】	★
	第293条【寻衅滋事罪】	★

第139条【消防责任事故罪】 ★★

违反消防管理法规,经消防监督机构通知采取改正措施而拒绝执行,造成严重后果的,对直接责任人员,处三年以下有期徒刑或者拘役;后果特别严重的,处三年以上七年以下有期徒刑。

一、主要适用的案由及其相关度

案由编号	主要适用的案由	相关度
X2.139	消防责任事故罪	★★★★★

二、同时适用的法条及其相关度

		同时适用的法条	相关度
刑法		第67条【自首及其认定】	★★★★★
		第72条【缓刑的条件、禁止令与附加刑的执行】	★★★★
		第73条【缓刑考验期限】	★★★
		第12条【刑法的溯及力】	★
		第45条【有期徒刑的期限】	★
		第61条【量刑根据】	★
		第76条【社区矫正;缓刑考验合格的处理】	★
司法解释	立功和自首	第1条【自首及其认定】	★
司法解释	办理危害安全刑事案件	第7条【危害生产安全犯罪中相关责任人员承担刑事责任的情形】	★

第139条之1【不报、谎报安全事故罪】①

在安全事故发生后,负有报告职责的人员不报或者谎报事故情况,贻误事故抢救,情节严重的,处三年以下有期徒刑或者拘役;情节特别严重的,处三年以上七年以下有期徒刑。

第三章 破坏社会主义市场经济秩序罪

第一节 生产、销售伪劣商品罪

第140条【生产、销售伪劣产品罪】　　　　　　　★★★★

生产者、销售者在产品中掺杂、掺假,以假充真,以次充好或者以不合格产品冒充合格产品,销售金额五万元以上不满二十万元的,处二年以下有期徒刑或者拘役,并处或者单处销售金额百分之五十以上二倍以下罚

---

① 说明:本法条尚无足够数量判决书可供法律大数据分析。

金;销售金额二十万元以上不满五十万元的,处二年以上七年以下有期徒刑,并处销售金额百分之五十以上二倍以下罚金;销售金额五十万元以上不满二百万元的,处七年以上有期徒刑,并处销售金额百分之五十以上二倍以下罚金;销售金额二百万元以上的,处十五年有期徒刑或者无期徒刑,并处销售金额百分之五十以上二倍以下罚金或者没收财产。

■ 主要适用的案由及其相关度

案由编号	主要适用的案由	相关度
X3.1.140	生产、销售伪劣产品罪	★★★★★

第141条【生产、销售假药罪;假药的含义】　　★★★★★

生产、销售假药的,处三年以下有期徒刑或者拘役,并处罚金;对人体健康造成严重危害或者有其他严重情节的,处三年以上十年以下有期徒刑,并处罚金;致人死亡或者有其他特别严重情节的,处十年以上有期徒刑、无期徒刑或者死刑,并处罚金或者没收财产。

本条所称假药,是指依照《中华人民共和国药品管理法》的规定属于假药和按假药处理的药品、非药品。

■ 一、主要适用的案由及其相关度

案由编号	主要适用的案由	相关度
X3.1.141	生产、销售假药罪	★★★★★

■ 二、同时适用的法条及其相关度

	同时适用的法条	相关度
刑法	第64条【犯罪所得之物、所用之物的处理】	★★★★★
	第67条【自首及其认定】	★★★★★
	第52条【罚金数额的裁量】	★★★★
	第72条【缓刑的条件、禁止令与附加刑的执行】	★★★★
	第73条【缓刑考验期限】	★★★★
	第53条【罚金的缴纳、减免】	★★★
	第23条【犯罪未遂;犯罪未遂的处罚】	★★
	第25条【共同犯罪的概念】	★★

	同时适用的法条		相关度
333	刑法	第61条【量刑根据】	★★
		第26条【主犯；犯罪集团】	★
		第27条【从犯；从犯的处罚】	★
855	司法解释 办理危害药品安全刑事案件	第11条【危害药品安全刑事案件中禁止令的适用和不是犯罪的认定】	★★
		第12条【生产、销售假药罪中罚金刑的适用】	★★

第142条【生产、销售劣药罪；劣药的含义】①

生产、销售劣药，对人体健康造成严重危害的，处三年以上十年以下有期徒刑，并处销售金额百分之五十以上二倍以下罚金；后果特别严重的，处十年以上有期徒刑或者无期徒刑，并处销售金额百分之五十以上二倍以下罚金或者没收财产。

本条所称劣药，是指依照《中华人民共和国药品管理法》的规定属于劣药的药品。

第143条【生产、销售不符合安全标准的食品罪】 ★★★★

生产、销售不符合食品安全标准的食品，足以造成严重食物中毒事故或者其他严重食源性疾病的，处三年以下有期徒刑或者拘役，并处罚金；对人体健康造成严重危害或者有其他严重情节的，处三年以上七年以下有期徒刑，并处罚金；后果特别严重的，处七年以上有期徒刑或者无期徒刑，并处罚金或者没收财产。

一、主要适用的案由及其相关度

案由编号	主要适用的案由	相关度
X3.1.143	生产、销售不符合安全标准的食品罪	★★★★★

---

① 说明：本法条尚无足够数量判决书可供法律大数据分析。

二、同时适用的法条及其相关度

	同时适用的法条	相关度	
刑法	第67条【自首及其认定】	★★★★★	333
	第72条【缓刑的条件、禁止令与附加刑的执行】	★★★★★	
	第52条【罚金数额的裁量】	★★★★	
	第53条【罚金的缴纳、减免】	★★★★	
	第73条【缓刑考验期限】	★★★★	
	第64条【犯罪所得之物、所用之物的处理】	★★★	
	第25条【共同犯罪的概念】	★★	
	第26条【主犯;犯罪集团】	★	
	第27条【从犯;从犯的处罚】	★	
	第61条【量刑根据】	★	
办理危害食品安全刑事案件司法解释	第1条【食品"足以造成严重食物中毒事故或者其他严重食源性疾病"的认定】	★★★	840
	第18条【危害食品安全刑事案件中缓刑和禁止令的适用】	★★★	
	第17条【生产、销售不符合安全标准的食品罪与生产、销售有毒、有害食品罪罚金刑的适用】	★★	
	第8条【在食品及食用农产品种植、养殖、加工、销售、运输、贮存等过程中构成生产、销售不符合安全标准的食品罪的情形】	★	

第144条【生产、销售有毒、有害食品罪】 ★★★★★

在生产、销售的食品中掺入有毒、有害的非食品原料的,或者销售明知掺有有毒、有害的非食品原料的食品的,处五年以下有期徒刑,并处罚金;对人体健康造成严重危害或者有其他严重情节的,处五年以上十年以下有期徒刑,并处罚金;致人死亡或者有其他特别严重情节的,依照本法第一百四十一条的规定处罚。

■ 一、主要适用的案由及其相关度

案由编号	主要适用的案由	相关度
X3.1.144	生产、销售有毒、有害食品罪	★★★★★

■ 二、同时适用的法条及其相关度

		同时适用的法条	相关度
刑法		第67条【自首及其认定】	★★★★★
		第52条【罚金数额的裁量】	★★★★
		第53条【罚金的缴纳、减免】	★★★★
		第64条【犯罪所得之物、所用之物的处理】	★★★★
		第72条【缓刑的条件、禁止令与附加刑的执行】	★★★★
		第73条【缓刑考验期限】	★★★★
		第25条【共同犯罪的概念】	★★★
		第61条【量刑根据】	★★
		第26条【主犯;犯罪集团】	★
		第27条【从犯;从犯的处罚】	★
办理危害食品安全刑事案件司法解释		第18条【危害食品安全刑事案件中缓刑和禁止令的适用】	★★★
		第9条【生产、销售有毒、有害食品罪】	★★
		第20条【"有毒、有害的非食品原料"的认定】	★★
		第17条【生产、销售不符合安全标准的食品罪与生产、销售有毒、有害食品罪罚金刑的适用】	★

第145条【生产、销售不符合标准的医用器材罪】①

生产不符合保障人体健康的国家标准、行业标准的医疗器械、医用卫生材料,或者销售明知是不符合保障人体健康的国家标准、行业标准的医疗器械、医用卫生材料,足以严重危害人体健康的,处三年以下有期徒刑或

---

① 说明:本法条尚无足够数量判决书可供法律大数据分析。

者拘役,并处销售金额百分之五十以上二倍以下罚金;对人体健康造成严重危害的,处三年以上十年以下有期徒刑,并处销售金额百分之五十以上二倍以下罚金;后果特别严重的,处十年以上有期徒刑或者无期徒刑,并处销售金额百分之五十以上二倍以下罚金或者没收财产。

第146条【生产、销售不符合安全标准的产品罪】 ★★

生产不符合保障人身、财产安全的国家标准、行业标准的电器、压力容器、易燃易爆产品或者其他不符合保障人身、财产安全的国家标准、行业标准的产品,或者销售明知是以上不符合保障人身、财产安全的国家标准、行业标准的产品,造成严重后果的,处五年以下有期徒刑,并处销售金额百分之五十以上二倍以下罚金;后果特别严重的,处五年以上有期徒刑,并处销售金额百分之五十以上二倍以下罚金。

一、主要适用的案由及其相关度

案由编号	主要适用的案由	相关度
X3.1.146	生产、销售不符合安全标准的产品罪	★★★★★

二、同时适用的法条及其相关度

	同时适用的法条	相关度
刑法	第67条【自首及其认定】	★★★★★
	第72条【缓刑的条件、禁止令与附加刑的执行】	★★★★★
	第73条【缓刑考验期限】	★★★★★
	第52条【罚金数额的裁量】	★★★
	第53条【罚金的缴纳、减免】	★★★
	第64条【犯罪所得之物、所用之物的处理】	★★★
	第25条【共同犯罪的概念】	★
	第150条【单位犯生产、销售伪劣商品罪的处罚】	★

第147条【生产、销售伪劣农药、兽药、化肥、种子罪】 ★★

生产假农药、假兽药、假化肥,销售明知是假的或者失去使用效能的农药、兽药、化肥、种子,或者生产者、销售者以不合格的农药、兽药、化肥、种子冒充合格的农药、兽药、化肥、种子,使生产遭受较大损失的,处三年以下有期徒刑或者拘役,并处或者单处销售金额百分之五十以上二倍以下罚金;使生产遭受重大损失的,处三年以上七年以下有期徒刑,并处销售金额百分之五十以上二倍以下罚金;使生产遭受特别重大损失的,处七年以上有期徒刑或者无期徒刑,并处销售金额百分之五十以上二倍以下罚金或者没收财产。

一、主要适用的案由及其相关度

案由编号	主要适用的案由	相关度
X3.1.147	生产、销售伪劣农药、兽药、化肥、种子罪	★★★★★
X3.1.140	生产、销售伪劣产品罪	★

二、同时适用的法条及其相关度

	同时适用的法条	相关度
刑法	第67条【自首及其认定】	★★★★★
	第72条【缓刑的条件、禁止令与附加刑的执行】	★★★★★
	第25条【共同犯罪的概念】	★★★★
	第52条【罚金数额的裁量】	★★★★
	第53条【罚金的缴纳、减免】	★★★★
	第73条【缓刑考验期限】	★★★★
	第27条【从犯;从犯的处罚】	★★★
	第64条【犯罪所得之物、所用之物的处理】	★★★
	第26条【主犯;犯罪集团】	★★
	第31条【单位犯罪的处罚】	★
	第61条【量刑根据】	★
	第140条【生产、销售伪劣产品罪】	★
	第149条【竞合的适用】	★
	第150条【单位犯生产、销售伪劣商品罪的处罚】	★

	同时适用的法条	相关度
办理生产、销售伪劣商品刑事案件司法解释	第7条【生产、销售伪劣农药、兽药、化肥、种子罪"较大损失""重大损失""特别重大损失"的认定】	★★★

第148条【生产、销售不符合卫生标准的化妆品罪】①

生产不符合卫生标准的化妆品,或者销售明知是不符合卫生标准的化妆品,造成严重后果的,处三年以下有期徒刑或者拘役,并处或者单处销售金额百分之五十以上二倍以下罚金。

第149条【竞合的适用】 ★★

生产、销售本节第一百四十一条至第一百四十八条所列产品,不构成各该条规定的犯罪,但是销售金额在五万元以上的,依照本节第一百四十条的规定定罪处罚。

生产、销售本节第一百四十一条至第一百四十八条所列产品,构成各该条规定的犯罪,同时又构成本节第一百四十条规定之罪的,依照处罚较重的规定定罪处罚。

一、主要适用的案由及其相关度

案由编号	主要适用的案由	相关度
X3.1.140	生产、销售伪劣产品罪	★★★★★
X3.1.141	生产、销售假药罪	★
X3.1.143	生产、销售不符合安全标准的食品罪	★

二、同时适用的法条及其相关度

	同时适用的法条	相关度
刑法	第67条【自首及其认定】	★★★★★
	第140条【生产、销售伪劣产品罪】	★★★★★

---

① 说明:本法条尚无足够数量判决书可供法律大数据分析。

		同时适用的法条	相关度
刑法		第64条【犯罪所得之物、所用之物的处理】	★★★★
		第25条【共同犯罪的概念】	★★★
		第26条【主犯；犯罪集团】	★★★
		第27条【从犯；从犯的处罚】	★★★
		第52条【罚金数额的裁量】	★★★
		第53条【罚金的缴纳、减免】	★★★
		第72条【缓刑的条件、禁止令与附加刑的执行】	★★★
		第73条【缓刑考验期限】	★★★
		第141条【生产、销售假药罪；假药的含义】	★★
		第23条【犯罪未遂；犯罪未遂的处罚】	★
		第61条【量刑根据】	★
		第69条【判决宣告前一人犯数罪的并罚】	★
		第143条【生产、销售不符合安全标准的食品罪】	★
		第144条【生产、销售有毒、有害食品罪】	★
		第150条【单位犯生产、销售伪劣商品罪的处罚】	★
司法解释	办理危害食品安全刑事案件	第2条【食品"对人体健康造成严重危害"的认定】	★
		第1条【食品"足以造成严重食物中毒事故或者其他严重食源性疾病"的认定】	★

第150条【单位犯生产、销售伪劣商品罪的处罚】 ★★★

单位犯本节第一百四十条至第一百四十八条规定之罪的，对单位判处罚金，并对其直接负责的主管人员和其他直接责任人员，依照各该条的规定处罚。

■ 主要适用的案由及其相关度

案由编号	主要适用的案由	相关度
X3.1.140	生产、销售伪劣产品罪	★★★

案由编号	主要适用的案由	相关度
X3.1.141	生产、销售假药罪	★★
X3.1.144	生产、销售有毒、有害食品罪	★

第二节 走私罪

第151条【走私武器、弹药罪；走私核材料罪；走私假币罪；走私文物罪；走私贵重金属罪；走私珍贵动物、珍贵动物制品罪；走私国家禁止进出口的货物、物品罪】 ★★★

走私武器、弹药、核材料或者伪造的货币的,处七年以上有期徒刑,并处罚金或者没收财产;情节特别严重的,处无期徒刑,并处没收财产;情节较轻的,处三年以上七年以下有期徒刑,并处罚金。

走私国家禁止出口的文物、黄金、白银和其他贵重金属或者国家禁止进出口的珍贵动物及其制品的,处五年以上十年以下有期徒刑,并处罚金;情节特别严重的,处十年以上有期徒刑或者无期徒刑,并处没收财产;情节较轻的,处五年以下有期徒刑,并处罚金。

走私珍稀植物及其制品等国家禁止进出口的其他货物、物品的,处五年以下有期徒刑或者拘役,并处或者单处罚金;情节严重的,处五年以上有期徒刑,并处罚金。

单位犯本条规定之罪的,对单位判处罚金,并对其直接负责的主管人员和其他直接责任人员,依照本条各款的规定处罚。

一、主要适用的案由及其相关度

案由编号	主要适用的案由	相关度
X3.2.151.2:3	走私珍贵动物、珍贵动物制品罪	★★★★★
X3.2.151.3	走私国家禁止进出口的货物、物品罪	★★★★★
X3.2.151.1:1	走私武器、弹药罪	★★★

■ 二、同时适用的法条及其相关度

		同时适用的法条	相关度
	刑法	第64条【犯罪所得之物、所用之物的处理】	★★★★★
		第67条【自首及其认定】	★★★★★
		第25条【共同犯罪的概念】	★★★★
		第52条【罚金数额的裁量】	★★★★
		第27条【从犯;从犯的处罚】	★★★
		第53条【罚金的缴纳、减免】	★★★
		第72条【缓刑的条件、禁止令与附加刑的执行】	★★★
		第73条【缓刑考验期限】	★★★
		第156条【走私罪的共犯】	★★
		第26条【主犯;犯罪集团】	★
		第61条【量刑根据】	★
		第69条【判决宣告前一人犯数罪的并罚】	★
	办理走私刑事案件司法解释	第9条【走私国家一、二级保护动物"情节较轻"的认定;处五年以上十年以下有期徒刑,并处罚金的情形;"情节特别严重"的认定】	★★
		第11条【走私国家禁止进出口的货物、物品具体的定罪处罚】	★★
		第1条【走私武器、弹药罪"情节较轻"的认定;处七年以上有期徒刑,并处罚金或者没收财产的情形;"情节特别严重"的认定】	★

第152条【走私淫秽物品罪;走私废物罪】 ★★

以牟利或者传播为目的,走私淫秽的影片、录像带、录音带、图片、书刊或者其他淫秽物品的,处三年以上十年以下有期徒刑,并处罚金;情节严重的,处十年以上有期徒刑或者无期徒刑,并处罚金或者没收财产;情节较轻的,处三年以下有期徒刑、拘役或者管制,并处罚金。

逃避海关监管将境外固体废物、液态废物和气态废物运输进境,情节严重的,处五年以下有期徒刑,并处或者单处罚金;情节特别严重的,处五年以上有期徒刑,并处罚金。

单位犯前两款罪的,对单位判处罚金,并对其直接负责的主管人员和其他直接责任人员,依照前两款的规定处罚。

一、主要适用的案由及其相关度

案由编号	主要适用的案由	相关度
X3.2.152.2	走私废物罪	★★★★★

二、同时适用的法条及其相关度

	同时适用的法条	相关度	
刑法	第64条【犯罪所得之物、所用之物的处理】	★★★★★	333
	第67条【自首及其认定】	★★★★★	
	第25条【共同犯罪的概念】	★★★★	
	第27条【从犯;从犯的处罚】	★★★★	
	第52条【罚金数额的裁量】	★★★★	
	第72条【缓刑的条件、禁止令与附加刑的执行】	★★★★	
	第26条【主犯;犯罪集团】	★★★	
	第53条【罚金的缴纳、减免】	★★★	
	第73条【缓刑考验期限】	★★★	
	第30条【单位负刑事责任的范围】	★★	
	第31条【单位犯罪的处罚】	★★	
	第156条【走私罪的共犯】	★★	
	第68条【立功】	★	
	第69条【判决宣告前一人犯数罪的并罚】	★	
司法解释 刑事办理走私案件	第14条【走私废物罪"情节严重""情节特别严重"的认定】	★★★	824
	第21条【走私犯罪中违反许可制度的行为的定罪处罚】	★	

第153条【走私普通货物、物品罪】 ★★★★

走私本法第一百五十一条、第一百五十二条、第三百四十七条规定以外的货物、物品的,根据情节轻重,分别依照下列规定处罚:

（一）走私货物、物品偷逃应缴税额较大或者一年内曾因走私被给予二次行政处罚后又走私的,处三年以下有期徒刑或者拘役,并处偷逃应缴税额一倍以上五倍以下罚金。

（二）走私货物、物品偷逃应缴税额巨大或者有其他严重情节的,处三年以上十年以下有期徒刑,并处偷逃应缴税额一倍以上五倍以下罚金。

（三）走私货物、物品偷逃应缴税额特别巨大或者有其他特别严重情节的,处十年以上有期徒刑或者无期徒刑,并处偷逃应缴税额一倍以上五倍以下罚金或者没收财产。

单位犯前款罪的,对单位判处罚金,并对其直接负责的主管人员和其他直接责任人员,处三年以下有期徒刑或者拘役;情节严重的,处三年以上十年以下有期徒刑;情节特别严重的,处十年以上有期徒刑。

对多次走私未经处理的,按照累计走私货物、物品的偷逃应缴税额处罚。

一、主要适用的案由及其相关度

案由编号	主要适用的案由	相关度
X3.2.153	走私普通货物、物品罪	★★★★★

二、同时适用的法条及其相关度

	同时适用的法条	相关度
刑法	第64条【犯罪所得之物、所用之物的处理】	★★★★★
	第67条【自首及其认定】	★★★★★
	第25条【共同犯罪的概念】	★★★★
	第27条【从犯;从犯的处罚】	★★★★
	第52条【罚金数额的裁量】	★★★★
	第72条【缓刑的条件、禁止令与附加刑的执行】	★★★★
	第73条【缓刑考验期限】	★★★★
	第53条【罚金的缴纳、减免】	★★★
	第26条【主犯;犯罪集团】	★★

	同时适用的法条	相关度
刑法	第30条【单位负刑事责任的范围】	★★
	第31条【单位犯罪的处罚】	★★
	第156条【走私罪的共犯】	★
司法解释 刑事办理走私案件	第16条【走私普通货物、物品罪"偷逃应缴税额较大""偷逃应缴税额巨大""偷逃应缴税额特别巨大""其他严重情形""其他特别严重情形"的认定】	★★
	第24条【单位犯走私罪的定罪处罚】	★★

第154条【走私普通货物、物品罪】　★★

下列走私行为，根据本节规定构成犯罪的，依照本法第一百五十三条的规定定罪处罚：

（一）未经海关许可并且未补缴应缴税额，擅自将批准进口的来料加工、来件装配、补偿贸易的原材料、零件、制成品、设备等保税货物，在境内销售牟利的；

（二）未经海关许可并且未补缴应缴税额，擅自将特定减税、免税进口的货物、物品，在境内销售牟利的。

一、主要适用的案由及其相关度

案由编号	主要适用的案由	相关度
X3.2.153	走私普通货物、物品罪	★★★★★

二、同时适用的法条及其相关度

	同时适用的法条	相关度
刑法	第67条【自首及其认定】	★★★★★
	第72条【缓刑的条件、禁止令与附加刑的执行】	★★★★★
	第153条【走私普通货物、物品罪】	★★★★★
	第64条【犯罪所得之物、所用之物的处理】	★★★★
	第73条【缓刑考验期限】	★★★★
	第25条【共同犯罪的概念】	★★★

	同时适用的法条	相关度
刑法	第27条【从犯;从犯的处罚】	★★★
	第30条【单位负刑事责任的范围】	★★★
	第31条【单位犯罪的处罚】	★★★
	第52条【罚金数额的裁量】	★★★
	第53条【罚金的缴纳、减免】	★★★
	第26条【主犯;犯罪集团】	★★
	第12条【刑法的溯及力】	★
	第156条【走私罪的共犯】	★
司法解释 刑事办理走私案件	第24条【单位犯走私罪的定罪处罚】	★★★

第155条【间接走私行为的认定与处罚】 ★★

下列行为,以走私罪论处,依照本节的有关规定处罚:

(一)直接向走私人非法收购国家禁止进口物品的,或者直接向走私人非法收购走私进口的其他货物、物品,数额较大的;

(二)在内海、领海、界河、界湖运输、收购、贩卖国家禁止进出口物品的,或者运输、收购、贩卖国家限制进出口货物、物品,数额较大,没有合法证明的。

一、主要适用的案由及其相关度

案由编号	主要适用的案由	相关度
X3.2.153	走私普通货物、物品罪	★★★★★
X3.2.151.3	走私国家禁止进出口的货物、物品罪	★

二、同时适用的法条及其相关度

	同时适用的法条	相关度
刑法	第64条【犯罪所得之物、所用之物的处理】	★★★★★
	第67条【自首及其认定】	★★★★★

	同时适用的法条	相关度
刑法	第153条【走私普通货物、物品罪】	★★★★★
	第25条【共同犯罪的概念】	★★★★
	第27条【从犯；从犯的处罚】	★★★★
	第52条【罚金数额的裁量】	★★★★
	第53条【罚金的缴纳、减免】	★★★★
	第72条【缓刑的条件、禁止令与附加刑的执行】	★★★★
	第26条【主犯；犯罪集团】	★★★
	第73条【缓刑考验期限】	★★★
	第30条【单位负刑事责任的范围】	★
	第31条【单位犯罪的处罚】	★
	第68条【立功】	★
	第151条【走私武器、弹药罪；走私核材料罪；走私假币罪；走私文物罪；走私贵重金属罪；走私珍贵动物、珍贵动物制品罪；走私国家禁止进出口的货物、物品罪】	★
	第156条【走私罪的共犯】	★
司法解释 刑事案件 办理走私	第16条【走私普通货物、物品罪中"偷逃应缴税额较大""偷逃应缴税额巨大""偷逃应缴税额特别巨大""其他严重情形""其他特别严重情形"的认定】	★★★

333

824

第156条【走私罪的共犯】　　　　　　　　　　　　★★★

与走私罪犯通谋，为其提供贷款、资金、账号、发票、证明，或者为其提供运输、保管、邮寄或者其他方便的，以走私罪的共犯论处。

■ 一、主要适用的案由及其相关度

案由编号	主要适用的案由	相关度
X3.2.151.3	走私国家禁止进出口的货物、物品罪	★★★★★
X3.2.153	走私普通货物、物品罪	★★★★★

案由编号	主要适用的案由	相关度
X3.2.151.2:3	走私珍贵动物、珍贵动物制品罪	★
X3.2.152.2	走私废物罪	★

二、同时适用的法条及其相关度

		同时适用的法条	相关度
刑法		第 25 条【共同犯罪的概念】	★★★★★
		第 27 条【从犯;从犯的处罚】	★★★★★
		第 52 条【罚金数额的裁量】	★★★★★
		第 64 条【犯罪所得之物、所用之物的处理】	★★★★★
		第 67 条【自首及其认定】	★★★★★
		第 53 条【罚金的缴纳、减免】	★★★★
		第 72 条【缓刑的条件、禁止令与附加刑的执行】	★★★
		第 73 条【缓刑考验期限】	★★★
		第 151 条【走私武器、弹药罪;走私核材料罪;走私假币罪;走私文物罪;走私贵重金属罪;走私珍贵动物、珍贵动物制品罪;走私国家禁止进出口的货物、物品罪】	★★★
		第 153 条【走私普通货物、物品罪】	★★★
		第 26 条【主犯;犯罪集团】	★★
		第 152 条【走私淫秽物品罪;走私废物罪】	★
司法解释	办理走私刑事案件	第 11 条【走私国家禁止进出口的货物、物品具体的定罪处罚】	★
		第 16 条【走私普通货物、物品罪中"偷逃应缴税额较大""偷逃应缴税额巨大""偷逃应缴税额特别巨大""其他严重情形""其他特别严重情形"的认定】	★

第 157 条【武装掩护走私、抗拒缉私的处罚】①

武装掩护走私的,依照本法第一百五十一条第一款的规定从重处罚。

---

① 说明:本法条尚无足够数量判决书可供法律大数据分析。

以暴力、威胁方法抗拒缉私的,以走私罪和本法第二百七十七条规定的阻碍国家机关工作人员依法执行职务罪,依照数罪并罚的规定处罚。

第三节 妨害对公司、企业的管理秩序罪

第158条【虚报注册资本罪】 ★★★

申请公司登记使用虚假证明文件或者采取其他欺诈手段虚报注册资本,欺骗公司登记主管部门,取得公司登记,虚报注册资本数额巨大、后果严重或者有其他严重情节的,处三年以下有期徒刑或者拘役,并处或者单处虚报注册资本金额百分之一以上百分之五以下罚金。

单位犯前款罪的,对单位判处罚金,并对其直接负责的主管人员和其他直接责任人员,处三年以下有期徒刑或者拘役。

一、主要适用的案由及其相关度

案由编号	主要适用的案由	相关度
X3.3.158	虚报注册资本罪	★★★★★
X3.4.176	非法吸收公众存款罪	★

二、同时适用的法条及其相关度

	同时适用的法条	相关度
刑法	第67条【自首及其认定】	★★★★★
	第25条【共同犯罪的概念】	★★★★
	第72条【缓刑的条件、禁止令与附加刑的执行】	★★★★
	第52条【罚金数额的裁量】	★★★
	第53条【罚金的缴纳、减免】	★★★
	第64条【犯罪所得之物、所用之物的处理】	★★★
	第69条【判决宣告前一人犯数罪的并罚】	★★★
	第73条【缓刑考验期限】	★★★
	第27条【从犯;从犯的处罚】	★★
	第26条【主犯;犯罪集团】	★
	第176条【非法吸收公众存款罪】	★
	第224条【合同诈骗罪】	★

第159条【虚假出资、抽逃出资罪】 ★★★

公司发起人、股东违反公司法的规定未交付货币、实物或者未转移财产权,虚假出资,或者在公司成立后又抽逃其出资,数额巨大、后果严重或者有其他严重情节的,处五年以下有期徒刑或者拘役,并处或者单处虚假出资金额或者抽逃出资金额百分之二以上百分之十以下罚金。

单位犯前款罪的,对单位判处罚金,并对其直接负责的主管人员和其他直接责任人员,处五年以下有期徒刑或者拘役。

一、主要适用的案由及其相关度

案由编号	主要适用的案由	相关度
X3.3.159	虚假出资、抽逃出资罪	★★★★★
X3.4.175-1	骗取贷款、票据承兑、金融票证罪	★
X3.4.176	非法吸收公众存款罪	★

二、同时适用的法条及其相关度

	同时适用的法条	相关度
刑法	第25条【共同犯罪的概念】	★★★★★
	第52条【罚金数额的裁量】	★★★★★
	第53条【罚金的缴纳、减免】	★★★★★
	第67条【自首及其认定】	★★★★★
	第69条【判决宣告前一人犯数罪的并罚】	★★★★★
	第64条【犯罪所得之物、所用之物的处理】	★★★★
	第72条【缓刑的条件、禁止令与附加刑的执行】	★★★★
	第73条【缓刑考验期限】	★★★
	第26条【主犯;犯罪集团】	★★
	第27条【从犯;从犯的处罚】	★★
	第224条【合同诈骗罪】	★★
	第30条【单位负刑事责任的范围】	★
	第31条【单位犯罪的处罚】	★

	同时适用的法条	相关度	
刑法	第37条【免予刑事处罚与非刑事处罚措施】	★	333
	第61条【量刑根据】	★	
	第175条之1【骗取贷款、票据承兑、金融票证罪】	★	
	第176条【非法吸收公众存款罪】	★	
	第266条【诈骗罪】	★	
财产刑适用规定	第2条【罚金数额的裁量】	★	804
立法解释和自首司法解释	第1条【自首及其认定】	★	799

第160条【欺诈发行股票、债券罪】①

在招股说明书、认股书、公司、企业债券募集办法中隐瞒重要事实或者编造重大虚假内容,发行股票或者公司、企业债券,数额巨大、后果严重或者有其他严重情节的,处五年以下有期徒刑或者拘役,并处或者单处非法募集资金金额百分之一以上百分之五以下罚金。

单位犯前款罪的,对单位判处罚金,并对其直接负责的主管人员和其他直接责任人员,处五年以下有期徒刑或者拘役。

第161条【违规披露、不披露重要信息罪】　　　　　　　★★

依法负有信息披露义务的公司、企业向股东和社会公众提供虚假的或者隐瞒重要事实的财务会计报告,或者对依法应当披露的其他重要信息不按照规定披露,严重损害股东或者其他人利益,或者有其他严重情节的,对其直接负责的主管人员和其他直接责任人员,处三年以下有期徒刑或者拘役,并处或者单处二万元以上二十万元以下罚金。

---

① 说明:本法条尚无足够数量判决书可供法律大数据分析。

■ 同时适用的法条及其相关度

	同时适用的法条	相关度
刑法	第64条【犯罪所得之物、所用之物的处理】	★★★★★
	第66条【特别累犯】	★★★★★
	第12条【刑法的溯及力】	★★★★
	第67条【自首及其认定】	★★★
	第63条【减轻处罚】	★★
	第22条【犯罪预备;犯罪预备的处罚】	★
	第23条【犯罪未遂;犯罪未遂的处罚】	★
	第69条【判决宣告前一人犯数罪的并罚】	★
	第71条【判决宣告后刑罚执行完毕前又犯新罪的并罚】	★
监狱法	第59条【服刑期间故意犯罪的从重处罚的规定】	★

第162条【妨害清算罪】 ★★

公司、企业进行清算时,隐匿财产,对资产负债表或者财产清单作虚伪记载或者在未清偿债务前分配公司、企业财产,严重损害债权人或者其他人利益的,对其直接负责的主管人员和其他直接责任人员,处五年以下有期徒刑或者拘役,并处或者单处二万元以上二十万元以下罚金。

■ 同时适用的法条及其相关度

	同时适用的法条	相关度
刑法	第67条【自首及其认定】	★★★★★
	第72条【缓刑的条件、禁止令与附加刑的执行】	★★★★★
	第73条【缓刑考验期限】	★★★★
	第25条【共同犯罪的概念】	★★★
	第52条【罚金数额的裁量】	★★★
	第53条【罚金的缴纳、减免】	★★★

	同时适用的法条	相关度	
刑法	第64条【犯罪所得之物、所用之物的处理】	★★★	333
	第12条【刑法的溯及力】	★★	
	第27条【从犯;从犯的处罚】	★★	
	第69条【判决宣告前一人犯数罪的并罚】	★★	
	第205条【虚开增值税专用发票、用于骗取出口退税、抵扣税款发票罪】	★★	
	第1条【刑法的目的与根据】	★	
	第26条【主犯;犯罪集团】	★	
	第31条【单位犯罪的处罚】	★	
	第37条【免予刑事处罚与非刑事处罚措施】	★	
	第57条【死刑、无期徒刑犯剥夺政治权利的期限】	★	
	第65条【一般累犯】	★	
	第162条之1【隐匿、故意销毁会计凭证、会计账簿、财务会计报告罪】	★	
	第234条【故意伤害罪】	★	
	第271条【职务侵占罪;贪污罪】	★	
	第272条【挪用资金罪;挪用公款罪】	★	
民法通则	第119条【人身损害赔偿项目;一般人身损害赔偿项目、伤残赔偿项目、死亡赔偿项目】	★	781
侵权责任法	第10条【共同危险行为人的侵权责任】	★	782
	第26条【过错相抵;被侵权人过错】	★	
人身损害赔偿司法解释	第19条【医疗费计算标准】	★	801
	第20条【误工费计算标准】	★	
	第21条【护理费计算标准】	★	
	第22条【交通费计算标准】	★	
	第23条【伙食费、住宿费计算标准】	★	

第 162 条之 1【隐匿、故意销毁会计凭证、会计账簿、财务会计报告罪】

★★★

隐匿或者故意销毁依法应当保存的会计凭证、会计账簿、财务会计报告,情节严重的,处五年以下有期徒刑或者拘役,并处或者单处二万元以上二十万元以下罚金。

单位犯前款罪的,对单位判处罚金,并对其直接负责的主管人员和其他直接责任人员,依照前款的规定处罚。

一、主要适用的案由及其相关度

案由编号	主要适用的案由	相关度
X3.3.162-1	隐匿、故意销毁会计凭证、会计账簿、财务会计报告罪	★★★★★

二、同时适用的法条及其相关度

	同时适用的法条	相关度
刑法	第 67 条【自首及其认定】	★★★★★
	第 25 条【共同犯罪的概念】	★★★★
	第 52 条【罚金数额的裁量】	★★★★
	第 69 条【判决宣告前一人犯数罪的并罚】	★★★★
	第 27 条【从犯;从犯的处罚】	★★★
	第 53 条【罚金的缴纳、减免】	★★★
	第 64 条【犯罪所得之物、所用之物的处理】	★★★
	第 72 条【缓刑的条件、禁止令与附加刑的执行】	★★★
	第 73 条【缓刑考验期限】	★★★
	第 26 条【主犯;犯罪集团】	★★
	第 30 条【单位负刑事责任的范围】	★
	第 31 条【单位犯罪的处罚】	★
	第 37 条【免予刑事处罚与非刑事处罚措施】	★
	第 47 条【有期徒刑刑期的计算与折抵】	★

	同时适用的法条	相关度
刑法	第61条【量刑根据】	★
	第205条【虚开增值税专用发票、用于骗取出口退税、抵扣税款发票罪】	★
	第271条【职务侵占罪;贪污罪】	★
	第382条【贪污罪;贪污罪共犯的认定】	★
	第383条【贪污罪的处罚】	★
	第384条【挪用公款罪】	★

第162条之2【虚假破产罪】①

公司、企业通过隐匿财产、承担虚构的债务或者以其他方法转移、处分财产，实施虚假破产，严重损害债权人或者其他人利益的，对其直接负责的主管人员和其他直接责任人员，处五年以下有期徒刑或者拘役，并处或者单处二万元以上二十万元以下罚金。

第163条【非国家工作人员受贿罪;受贿罪】 ★★★★

公司、企业或者其他单位的工作人员利用职务上的便利，索取他人财物或者非法收受他人财物，为他人谋取利益，数额较大的，处五年以下有期徒刑或者拘役;数额巨大的，处五年以上有期徒刑，可以并处没收财产。

公司、企业或者其他单位的工作人员在经济往来中，利用职务上的便利，违反国家规定，收受各种名义的回扣、手续费，归个人所有的，依照前款的规定处罚。

国有公司、企业或者其他国有单位中从事公务的人员和国有公司、企业或者其他国有单位委派到非国有公司、企业以及其他单位从事公务的人员有前两款行为的，依照本法第三百八十五条、第三百八十六条的规定定罪处罚。

■ 一、主要适用的案由及其相关度

案由编号	主要适用的案由	相关度
X3.3.163	非国家工作人员受贿罪	★★★★★

---

① 说明:本法条尚无足够数量判决书可供法律大数据分析。

案由编号	主要适用的案由	相关度
X8.385	受贿罪	★★

■ 二、同时适用的法条及其相关度

		同时适用的法条	相关度
刑法		第64条【犯罪所得之物、所用之物的处理】	★★★★★
		第67条【自首及其认定】	★★★★★
		第72条【缓刑的条件、禁止令与附加刑的执行】	★★★★
		第69条【判决宣告前一人犯数罪的并罚】	★★★
		第73条【缓刑考验期限】	★★★
		第25条【共同犯罪的概念】	★★
		第383条【贪污罪的处罚】	★★
		第26条【主犯；犯罪集团】	★
		第27条【从犯；从犯的处罚】	★
		第37条【免予刑事处罚与非刑事处罚措施】	★
		第61条【量刑根据】	★
		第164条【对非国家工作人员行贿罪；对外国公职人员、国际公共组织官员行贿罪】	★
		第271条【职务侵占罪；贪污罪】	★
		第385条【受贿罪】	★
		第386条【受贿罪的处罚】	★
司法解释	刑事案件	办理贪贿	第11条【非国家工作人员受贿罪、职务侵占罪的数额起点】	★★
			第1条【贪污罪、受贿罪"数额较大""其他较重情节"的认定】	★

第164条【对非国家工作人员行贿罪；对外国公职人员、国际公共组织官员行贿罪】 ★★★

为谋取不正当利益,给予公司、企业或者其他单位的工作人员以财物,数额较大的,处三年以下有期徒刑或者拘役,并处罚金;数额巨大的,处三

年以上十年以下有期徒刑,并处罚金。

为谋取不正当商业利益,给予外国公职人员或者国际公共组织官员以财物的,依照前款的规定处罚。

单位犯前两款罪的,对单位判处罚金,并对其直接负责的主管人员和其他直接责任人员,依照第一款的规定处罚。

行贿人在被追诉前主动交待行贿行为的,可以减轻处罚或者免除处罚。

一、主要适用的案由及其相关度

案由编号	主要适用的案由	相关度
X3.3.164.1	对非国家工作人员行贿罪	★★★★★
X8.389	行贿罪	★★
X3.3.163	非国家工作人员受贿罪	★

二、同时适用的法条及其相关度

	同时适用的法条	相关度
刑法	第67条【自首及其认定】	★★★★★
	第72条【缓刑的条件、禁止令与附加刑的执行】	★★★★★
	第73条【缓刑考验期限】	★★★★
	第64条【犯罪所得之物、所用之物的处理】	★★★
	第69条【判决宣告前一人犯数罪的并罚】	★★★
	第163条【非国家工作人员受贿罪;受贿罪】	★★★
	第25条【共同犯罪的概念】	★★
	第52条【罚金数额的裁量】	★★
	第53条【罚金的缴纳、减免】	★★
	第12条【刑法的溯及力】	★
	第26条【主犯;犯罪集团】	★
	第27条【从犯;从犯的处罚】	★
	第37条【免予刑事处罚与非刑事处罚措施】	★
	第61条【量刑根据】	★
	第389条【行贿罪】	★
	第390条【行贿罪的处罚】	★

	同时适用的法条	相关度
司法解释 刑事案件 办理贪贿	第7条【行贿罪】	★
	第11条【非国家工作人员受贿罪、职务侵占罪的数额起点】	★

第165条【非法经营同类营业罪】①

国有公司、企业的董事、经理利用职务便利,自己经营或者为他人经营与其所任职公司、企业同类的营业,获取非法利益,数额巨大的,处三年以下有期徒刑或者拘役,并处或者单处罚金;数额特别巨大的,处三年以上七年以下有期徒刑,并处罚金。

第166条【为亲友非法牟利罪】②

国有公司、企业、事业单位的工作人员,利用职务便利,有下列情形之一,使国家利益遭受重大损失的,处三年以下有期徒刑或者拘役,并处或者单处罚金;致使国家利益遭受特别重大损失的,处三年以上七年以下有期徒刑,并处罚金:

(一)将本单位的盈利业务交由自己的亲友进行经营的;

(二)以明显高于市场的价格向自己的亲友经营管理的单位采购商品或者以明显低于市场的价格向自己的亲友经营管理的单位销售商品的;

(三)向自己的亲友经营管理的单位采购不合格商品的。

第167条【签订、履行合同失职被骗罪】 ★★

国有公司、企业、事业单位直接负责的主管人员,在签订、履行合同过程中,因严重不负责任被诈骗,致使国家利益遭受重大损失的,处三年以下有期徒刑或者拘役;致使国家利益遭受特别重大损失的,处三年以上七年以下有期徒刑。

■ 同时适用的法条及其相关度

	同时适用的法条	相关度
刑法	第64条【犯罪所得之物、所用之物的处理】	★★★★★
	第67条【自首及其认定】	★★★★★

---

① 说明:本法条尚无足够数量判决书可供法律大数据分析。
② 同上注。

	同时适用的法条	相关度	
刑法	第 52 条【罚金数额的裁量】	★★★★	333
	第 53 条【罚金的缴纳、减免】	★★★★	
	第 25 条【共同犯罪的概念】	★★★	
	第 69 条【判决宣告前一人犯数罪的并罚】	★★★	
	第 72 条【缓刑的条件、禁止令与附加刑的执行】	★★	
	第 73 条【缓刑考验期限】	★★	
	第 383 条【贪污罪的处罚】	★★	
	第 26 条【主犯；犯罪集团】	★	
	第 27 条【从犯；从犯的处罚】	★	
	第 37 条【免予刑事处罚与非刑事处罚措施】	★	
	第 42 条【拘役的期限】	★	
	第 55 条【剥夺政治权利的期限】	★	
	第 61 条【量刑根据】	★	
	第 93 条【国家工作人员的范围】	★	
	第 133 条之 1【危险驾驶罪】	★	
	第 168 条【国有公司、企业、事业单位人员失职罪；国有公司、企业、事业单位人员滥用职权罪】	★	
	第 385 条【受贿罪】	★	
	第 386 条【受贿罪的处罚】	★	
	第 396 条【私分国有资产罪；私分罚没财物罪】	★	
司法解释 审理非法集资刑事案件	第 3 条【应当追究刑事责任的非法吸收公众存款情形】	★	842
法解释 抢夺罪司	第 2 条【抢夺公私财物"数额较大"按照一般标准的百分之五十确定的情形】	★	811

	同时适用的法条	相关度
806 司法解释 刑事办理案件贪贿	第 2 条【贪污罪、受贿罪"数额巨大""其他严重情节"的认定】	★
	第 19 条【罚金数额】	★

第 168 条【国有公司、企业、事业单位人员失职罪;国有公司、企业、事业单位人员滥用职权罪】 ★★

国有公司、企业的工作人员,由于严重不负责任或者滥用职权,造成国有公司、企业破产或者严重损失,致使国家利益遭受重大损失的,处三年以下有期徒刑或者拘役;致使国家利益遭受特别重大损失的,处三年以上七年以下有期徒刑。

国有事业单位的工作人员有前款行为,致使国家利益遭受重大损失的,依照前款的规定处罚。

国有公司、企业、事业单位的工作人员,徇私舞弊,犯前两款罪的,依照第一款的规定从重处罚。

一、主要适用的案由及其相关度

案由编号	主要适用的案由	相关度
X3.3.168:1	国有公司、企业、事业单位人员失职罪	★★★★★
X3.3.168:2	国有公司、企业、事业单位人员滥用职权罪	★★★★★
X9.397:1	滥用职权罪	★★★
X8.382	贪污罪	★
X8.384	挪用公款罪	★
X8.385	受贿罪	★
X9.397:2	玩忽职守罪	★

二、同时适用的法条及其相关度

	同时适用的法条	相关度
333 刑法	第 67 条【自首及其认定】	★★★★★
	第 64 条【犯罪所得之物、所用之物的处理】	★★★

	同时适用的法条	相关度
刑法	第69条【判决宣告前一人犯数罪的并罚】	★★★
	第72条【缓刑的条件、禁止令与附加刑的执行】	★★★
	第73条【缓刑考验期限】	★★★
	第383条【贪污罪的处罚】	★★★
	第25条【共同犯罪的概念】	★★
	第37条【免予刑事处罚与非刑事处罚措施】	★★
	第52条【罚金数额的裁量】	★★
	第53条【罚金的缴纳、减免】	★★
	第385条【受贿罪】	★★
	第386条【受贿罪的处罚】	★★
	第26条【主犯;犯罪集团】	★
	第27条【从犯;从犯的处罚】	★
	第47条【有期徒刑刑期的计算与折抵】	★
	第61条【量刑根据】	★
	第93条【国家工作人员的范围】	★
	第382条【贪污罪;贪污罪共犯的认定】	★
	第384条【挪用公款罪】	★
司法解释 刑事案件 办理贪贿	第19条【罚金数额】	★

第169条【徇私舞弊低价折股、出售国有资产罪】①

国有公司、企业或者其上级主管部门直接负责的主管人员,徇私舞弊,将国有资产低价折股或者低价出售,致使国家利益遭受重大损失的,处三年以下有期徒刑或者拘役;致使国家利益遭受特别重大损失的,处三年以上七年以下有期徒刑。

第169条之1【背信损害上市公司利益罪】②

上市公司的董事、监事、高级管理人员违背对公司的忠实义务,利用职务便利,操纵上市公司从事下列行为之一,致使上市公司利益遭受重大损

---

① 说明:本法条尚无足够数量判决书可供法律大数据分析。
② 同上注。

失的,处三年以下有期徒刑或者拘役,并处或者单处罚金;致使上市公司利益遭受特别重大损失的,处三年以上七年以下有期徒刑,并处罚金:

(一)无偿向其他单位或者个人提供资金、商品、服务或者其他资产的;

(二)以明显不公平的条件,提供或者接受资金、商品、服务或者其他资产的;

(三)向明显不具有清偿能力的单位或者个人提供资金、商品、服务或者其他资产的;

(四)为明显不具有清偿能力的单位或者个人提供担保,或者无正当理由为其他单位或者个人提供担保的;

(五)无正当理由放弃债权、承担债务的;

(六)采用其他方式损害上市公司利益的。

上市公司的控股股东或者实际控制人,指使上市公司董事、监事、高级管理人员实施前款行为的,依照前款的规定处罚。

犯前款罪的上市公司的控股股东或者实际控制人是单位的,对单位判处罚金,并对其直接负责的主管人员和其他直接责任人员,依照第一款的规定处罚。

第四节 破坏金融管理秩序罪

第170条【伪造货币罪】 ★★

伪造货币的,处三年以上十年以下有期徒刑,并处罚金;有下列情形之一的,处十年以上有期徒刑或者无期徒刑,并处罚金或者没收财产:

(一)伪造货币集团的首要分子;

(二)伪造货币数额特别巨大的;

(三)有其他特别严重情节的。

■ 主要适用的案由及其相关度

案由编号	主要适用的案由	相关度
X3.4.170	伪造货币罪	★★★★★
X3.4.171.1	出售、购买、运输假币罪	★★

第171条【出售、购买、运输假币罪；金融工作人员购买假币、以假币换取货币罪】 ★★★

出售、购买伪造的货币或者明知是伪造的货币而运输，数额较大的，处三年以下有期徒刑或者拘役，并处二万元以上二十万元以下罚金；数额巨大的，处三年以上十年以下有期徒刑，并处五万元以上五十万元以下罚金；数额特别巨大的，处十年以上有期徒刑或者无期徒刑，并处五万元以上五十万元以下罚金或者没收财产。

银行或者其他金融机构的工作人员购买伪造的货币或者利用职务上的便利，以伪造的货币换取货币的，处三年以上十年以下有期徒刑，并处二万元以上二十万元以下罚金；数额巨大或者有其他严重情节的，处十年以上有期徒刑或者无期徒刑，并处二万元以上二十万元以下罚金或者没收财产；情节较轻的，处三年以下有期徒刑或者拘役，并处或者单处一万元以上十万元以下罚金。

伪造货币并出售或者运输伪造的货币的，依照本法第一百七十条的规定定罪从重处罚。

一、主要适用的案由及其相关度

案由编号	主要适用的案由	相关度
X3.4.171.1	出售、购买、运输假币罪	★★★★★

二、同时适用的法条及其相关度

	同时适用的法条	相关度
刑法	第67条【自首及其认定】	★★★★★
	第52条【罚金数额的裁量】	★★★★
	第53条【罚金的缴纳、减免】	★★★★
	第64条【犯罪所得之物、所用之物的处理】	★★★★
	第25条【共同犯罪的概念】	★★★
	第72条【缓刑的条件、禁止令与附加刑的执行】	★★★
	第23条【犯罪未遂；犯罪未遂的处罚】	★★
	第26条【主犯；犯罪集团】	★★

	同时适用的法条	相关度
刑法	第73条【缓刑考验期限】	★★
刑法	第27条【从犯;从犯的处罚】	★
刑法	第61条【量刑根据】	★
刑法	第65条【一般累犯】	★
刑法	第68条【立功】	★
刑法	第69条【判决宣告前一人犯数罪的并罚】	★
刑法	第170条【伪造货币罪】	★
刑法	第172条【持有、使用假币罪】	★
法解释一 审理伪造货币等案件司	第3条【出售、购买、运输假币罪"数额较大""数额巨大""数额特别巨大"的认定】	★★
法解释一 审理伪造货币等案件司	第2条【购买假币罪从重处罚;出售、运输假币罪与使用假币罪数罪并罚】	★

第172条【持有、使用假币罪】 ★★★

明知是伪造的货币而持有、使用,数额较大的,处三年以下有期徒刑或者拘役,并处或者单处一万元以上十万元以下罚金;数额巨大的,处三年以上十年以下有期徒刑,并处二万元以上二十万元以下罚金;数额特别巨大的,处十年以上有期徒刑,并处五万元以上五十万元以下罚金或者没收财产。

▨ 一、主要适用的案由及其相关度

案由编号	主要适用的案由	相关度
X3.4.172	持有、使用假币罪	★★★★★

▨ 二、同时适用的法条及其相关度

	同时适用的法条	相关度
刑法	第52条【罚金数额的裁量】	★★★★★
刑法	第67条【自首及其认定】	★★★★★

	同时适用的法条	相关度
刑法	第53条【罚金的缴纳、减免】	★★★★
	第64条【犯罪所得之物、所用之物的处理】	★★★★
	第25条【共同犯罪的概念】	★★★
	第72条【缓刑的条件、禁止令与附加刑的执行】	★★
	第26条【主犯；犯罪集团】	★
	第27条【从犯；从犯的处罚】	★
	第61条【量刑根据】	★
	第65条【一般累犯】	★
	第69条【判决宣告前一人犯数罪的并罚】	★
	第73条【缓刑考验期限】	★
	第171条【出售、购买、运输假币罪；金融工作人员购买假币、以假币换取货币罪】	★
	第264条【盗窃罪】	★
法解释一 币等案件司 审理伪造货	第5条【持有、使用假币罪"数额较大""数额巨大""数额特别巨大"的认定】	★★

第173条【变造货币罪】①

变造货币，数额较大的，处三年以下有期徒刑或者拘役，并处或者单处一万元以上十万元以下罚金；数额巨大的，处三年以上十年以下有期徒刑，并处二万元以上二十万元以下罚金。

第174条【擅自设立金融机构罪；伪造、变造、转让金融机构经营许可证、批准文件罪】②

未经国家有关主管部门批准，擅自设立商业银行、证券交易所、期货交易所、证券公司、期货经纪公司、保险公司或者其他金融机构的，处三年以下有期徒刑或者拘役，并处或者单处二万元以上二十万元以下罚金；情节

---

① 说明：本法条尚无足够数量判决书可供法律大数据分析。
② 同上注。

严重的,处三年以上十年以下有期徒刑,并处五万元以上五十万元以下罚金。

伪造、变造、转让商业银行、证券交易所、期货交易所、证券公司、期货经纪公司、保险公司或者其他金融机构的经营许可证或者批准文件的,依照前款的规定处罚。

单位犯前两款罪的,对单位判处罚金,并对其直接负责的主管人员和其他直接责任人员,依照第一款的规定处罚。

第175条【高利转贷罪】 ★★

以转贷牟利为目的,套取金融机构信贷资金高利转贷他人,违法所得数额较大的,处三年以下有期徒刑或者拘役,并处违法所得一倍以上五倍以下罚金;数额巨大的,处三年以上七年以下有期徒刑,并处违法所得一倍以上五倍以下罚金。

单位犯前款罪的,对单位判处罚金,并对其直接负责的主管人员和其他直接责任人员,处三年以下有期徒刑或者拘役。

一、主要适用的案由及其相关度

案由编号	主要适用的案由	相关度
X3.4.175-1	骗取贷款、票据承兑、金融票证罪	★★★★★
X3.4.175	高利转贷罪	★★★

二、同时适用的法条及其相关度

	同时适用的法条	相关度
刑法	第52条【罚金数额的裁量】	★★★★★
	第67条【自首及其认定】	★★★★★
	第53条【罚金的缴纳、减免】	★★★★
	第64条【犯罪所得之物、所用之物的处理】	★★★★
	第69条【判决宣告前一人犯数罪的并罚】	★★★
	第72条【缓刑的条件、禁止令与附加刑的执行】	★★★
	第73条【缓刑考验期限】	★★★
	第25条【共同犯罪的概念】	★★

	同时适用的法条	相关度
刑法	第26条【主犯;犯罪集团】	★
	第27条【从犯;从犯的处罚】	★
	第61条【量刑根据】	★
	第175条之1【骗取贷款、票据承兑、金融票证罪】	★
	第383条【贪污罪的处罚】	★
	第385条【受贿罪】	★
	第386条【受贿罪的处罚】	★

第175条之1【骗取贷款、票据承兑、金融票证罪】 ★★★★

以欺骗手段取得银行或者其他金融机构贷款、票据承兑、信用证、保函等,给银行或者其他金融机构造成重大损失或者有其他严重情节的,处三年以下有期徒刑或者拘役,并处或者单处罚金;给银行或者其他金融机构造成特别重大损失或者有其他特别严重情节的,处三年以上七年以下有期徒刑,并处罚金。

单位犯前款罪的,对单位判处罚金,并对其直接负责的主管人员和其他直接责任人员,依照前款的规定处罚。

一、主要适用的案由及其相关度

案由编号	主要适用的案由	相关度
X3.4.175-1	骗取贷款、票据承兑、金融票证罪	★★★★★

二、同时适用的法条及其相关度

	同时适用的法条	相关度
刑法	第67条【自首及其认定】	★★★★★
	第52条【罚金数额的裁量】	★★★★
	第53条【罚金的缴纳、减免】	★★★★
	第64条【犯罪所得之物、所用之物的处理】	★★★★
	第25条【共同犯罪的概念】	★★★

	同时适用的法条	相关度
刑法	第72条【缓刑的条件、禁止令与附加刑的执行】	★★★
	第73条【缓刑考验期限】	★★★
	第27条【从犯；从犯的处罚】	★★
	第69条【判决宣告前一人犯数罪的并罚】	★★
	第26条【主犯；犯罪集团】	★
	第30条【单位负刑事责任的范围】	★
	第31条【单位犯罪的处罚】	★
	第61条【量刑根据】	★

第176条【非法吸收公众存款罪】 ★★★★★

非法吸收公众存款或者变相吸收公众存款，扰乱金融秩序的，处三年以下有期徒刑或者拘役，并处或者单处二万元以上二十万元以下罚金；数额巨大或者有其他严重情节的，处三年以上十年以下有期徒刑，并处五万元以上五十万元以下罚金。

单位犯前款罪的，对单位判处罚金，并对其直接负责的主管人员和其他直接责任人员，依照前款的规定处罚。

一、主要适用的案由及其相关度

案由编号	主要适用的案由	相关度
X3.4.176	非法吸收公众存款罪	★★★★★

二、同时适用的法条及其相关度

	同时适用的法条	相关度
刑法	第64条【犯罪所得之物、所用之物的处理】	★★★★★
	第67条【自首及其认定】	★★★★★
	第25条【共同犯罪的概念】	★★★★
	第52条【罚金数额的裁量】	★★★★
	第53条【罚金的缴纳、减免】	★★★★

		同时适用的法条	相关度	
刑法		第27条【从犯;从犯的处罚】	★★★	333
		第72条【缓刑的条件、禁止令与附加刑的执行】	★★★	
		第26条【主犯;犯罪集团】	★★	
		第69条【判决宣告前一人犯数罪的并罚】	★★	
		第73条【缓刑考验期限】	★★	
		第61条【量刑根据】	★	
司法解释	审理非法集资刑事案件	第3条【应当追究刑事责任的非法吸收公众存款情形】	★★★	842
		第1条【非法吸收公众存款罪的条件】	★★	
		第2条【非法吸收公众存款罪的特殊表现形式】	★	

第177条【伪造、变造金融票证罪】　　　　　　　　　　　　★★★

有下列情形之一,伪造、变造金融票证的,处五年以下有期徒刑或者拘役,并处或者单处二万元以上二十万元以下罚金;情节严重的,处五年以上十年以下有期徒刑,并处五万元以上五十万元以下罚金;情节特别严重的,处十年以上有期徒刑或者无期徒刑,并处五万元以上五十万元以下罚金或者没收财产:

（一）伪造、变造汇票、本票、支票的;

（二）伪造、变造委托收款凭证、汇款凭证、银行存单等其他银行结算凭证的;

（三）伪造、变造信用证或者附随的单据、文件的;

（四）伪造信用卡的。

单位犯前款罪的,对单位判处罚金,并对其直接负责的主管人员和其他直接责任人员,依照前款的规定处罚。

一、主要适用的案由及其相关度

案由编号	主要适用的案由	相关度
X3.4.177	伪造、变造金融票证罪	★★★★★
X3.4.177-1.1	妨害信用卡管理罪	★

二、同时适用的法条及其相关度

	同时适用的法条	相关度
刑法	第67条【自首及其认定】	★★★★★
	第25条【共同犯罪的概念】	★★★
	第52条【罚金数额的裁量】	★★★
	第53条【罚金的缴纳、减免】	★★★
	第64条【犯罪所得之物、所用之物的处理】	★★★
	第72条【缓刑的条件、禁止令与附加刑的执行】	★★★
	第73条【缓刑考验期限】	★★★
	第69条【判决宣告前一人犯数罪的并罚】	★★
	第26条【主犯；犯罪集团】	★
	第27条【从犯；从犯的处罚】	★
	第61条【量刑根据】	★
	第196条【信用卡诈骗罪；恶意透支的含义；盗窃罪】	★
	第266条【诈骗罪】	★

第177条之1【妨害信用卡管理罪；窃取、收买、非法提供信用卡信息罪】

★★★★

有下列情形之一，妨害信用卡管理的，处三年以下有期徒刑或者拘役，并处或者单处一万元以上十万元以下罚金；数量巨大或者有其他严重情节的，处三年以上十年以下有期徒刑，并处二万元以上二十万元以下罚金：

（一）明知是伪造的信用卡而持有、运输的，或者明知是伪造的空白信用卡而持有、运输，数量较大的；

（二）非法持有他人信用卡，数量较大的；

（三）使用虚假的身份证明骗领信用卡的；

（四）出售、购买、为他人提供伪造的信用卡或者以虚假的身份证明骗领的信用卡的。

窃取、收买或者非法提供他人信用卡信息资料的，依照前款规定处罚。

银行或者其他金融机构的工作人员利用职务上的便利，犯第二款罪的,从重处罚。

一、主要适用的案由及其相关度

案由编号	主要适用的案由	相关度
X3.4.177-1.1	妨害信用卡管理罪	★★★★★

二、同时适用的法条及其相关度

	同时适用的法条	相关度	
刑法	第67条【自首及其认定】	★★★★★	333
	第64条【犯罪所得之物、所用之物的处理】	★★★★	
	第25条【共同犯罪的概念】	★★★	
	第52条【罚金数额的裁量】	★★★	
	第53条【罚金的缴纳、减免】	★★★	
	第69条【判决宣告前一人犯数罪的并罚】	★★★	
	第26条【主犯;犯罪集团】	★★	
	第27条【从犯;从犯的处罚】	★★	
	第72条【缓刑的条件、禁止令与附加刑的执行】	★★	
	第73条【缓刑考验期限】	★★	
	第23条【犯罪未遂;犯罪未遂的处罚】	★	
	第61条【量刑根据】	★	
	第65条【一般累犯】	★	
	第266条【诈骗罪】	★	
办理妨害信用卡管理刑事案件司法解释	第2条【妨害信用卡管理罪"数量较大""数量巨大""使用虚假的身份证明骗领信用卡"的认定】	★★★	830

第178条【伪造、变造国家有价证券罪；伪造、变造股票、公司、企业债券罪】①

伪造、变造国库券或者国家发行的其他有价证券，数额较大的，处三年以下有期徒刑或者拘役，并处或者单处二万元以上二十万元以下罚金；数额巨大的，处三年以上十年以下有期徒刑，并处五万元以上五十万元以下罚金；数额特别巨大的，处十年以上有期徒刑或者无期徒刑，并处五万元以上五十万元以下罚金或者没收财产。

伪造、变造股票或者公司、企业债券，数额较大的，处三年以下有期徒刑或者拘役，并处或者单处一万元以上十万元以下罚金；数额巨大的，处三年以上十年以下有期徒刑，并处二万元以上二十万元以下罚金。

单位犯前两款罪的，对单位判处罚金，并对其直接负责的主管人员和其他直接责任人员，依照前两款的规定处罚。

第179条【擅自发行股票、公司、企业债券罪】②

未经国家有关主管部门批准，擅自发行股票或者公司、企业债券，数额巨大、后果严重或者有其他严重情节的，处五年以下有期徒刑或者拘役，并处或者单处非法募集资金金额百分之一以上百分之五以下罚金。

单位犯前款罪的，对单位判处罚金，并对其直接负责的主管人员和其他直接责任人员，处五年以下有期徒刑或者拘役。

第180条【内幕交易、泄露内幕信息罪；利用未公开信息交易罪】　★★

证券、期货交易内幕信息的知情人员或者非法获取证券、期货交易内幕信息的人员，在涉及证券的发行，证券、期货交易或者其他对证券、期货交易价格有重大影响的信息尚未公开前，买入或者卖出该证券，或者从事与该内幕信息有关的期货交易，或者泄露该信息，或者明示、暗示他人从事上述交易活动，情节严重的，处五年以下有期徒刑或者拘役，并处或者单处违法所得一倍以上五倍以下罚金；情节特别严重的，处五年以上十年以下有期徒刑，并处违法所得一倍以上五倍以下罚金。

单位犯前款罪的，对单位判处罚金，并对其直接负责的主管人员和其他直接责任人员，处五年以下有期徒刑或者拘役。

内幕信息、知情人员的范围，依照法律、行政法规的规定确定。

证券交易所、期货交易所、证券公司、期货经纪公司、基金管理公司、商

---

① 说明：本法条尚无足够数量判决书可供法律大数据分析。
② 同上注。

业银行、保险公司等金融机构的从业人员以及有关监管部门或者行业协会的工作人员,利用因职务便利获取的内幕信息以外的其他未公开的信息,违反规定,从事与该信息相关的证券、期货交易活动,或者明示、暗示他人从事相关交易活动,情节严重的,依照第一款的规定处罚。

■ 主要适用的案由及其相关度

案由编号	主要适用的案由	相关度
X3.4.180.1	内幕交易、泄露内幕信息罪	★★★★★
X3.4.180.4	利用未公开信息交易罪	★★★★
X6.1.280.1:1	伪造、变造、买卖国家机关公文、证件、印章罪	★

第181条【编造并传播证券、期货交易虚假信息罪;诱骗投资者买卖证券、期货合约罪】①

编造并且传播影响证券、期货交易的虚假信息,扰乱证券、期货交易市场,造成严重后果的,处五年以下有期徒刑或者拘役,并处或者单处一万元以上十万元以下罚金。

证券交易所、期货交易所、证券公司、期货经纪公司的从业人员,证券业协会、期货业协会或者证券期货监督管理部门的工作人员,故意提供虚假信息或者伪造、变造、销毁交易记录,诱骗投资者买卖证券、期货合约,造成严重后果的,处五年以下有期徒刑或者拘役,并处或者单处一万元以上十万元以下罚金;情节特别恶劣的,处五年以上十年以下有期徒刑,并处二万元以上二十万元以下罚金。

单位犯前两款罪的,对单位判处罚金,并对其直接负责的主管人员和其他直接责任人员,处五年以下有期徒刑或者拘役。

第182条【操纵证券、期货市场罪】 ★★

有下列情形之一,操纵证券、期货市场,情节严重的,处五年以下有期徒刑或者拘役,并处或者单处罚金;情节特别严重的,处五年以上十年以下有期徒刑,并处罚金:

(一)单独或者合谋,集中资金优势、持股或者持仓优势或者利用信息优势联合或者连续买卖,操纵证券、期货交易价格或者证券、期货交易

---

① 说明:本法条尚无足够数量判决书可供法律大数据分析。

量的;

（二）与他人串通,以事先约定的时间、价格和方式相互进行证券、期货交易,影响证券、期货交易价格或者证券、期货交易量的;

（三）在自己实际控制的账户之间进行证券交易,或者以自己为交易对象,自买自卖期货合约,影响证券、期货交易价格或者证券、期货交易量的;

（四）以其他方法操纵证券、期货市场的。

单位犯前款罪的,对单位判处罚金,并对其直接负责的主管人员和其他直接责任人员,依照前款的规定处罚。

■ 同时适用的法条及其相关度

		同时适用的法条	相关度
刑法		第67条【自首及其认定】	★★★★★
		第64条【犯罪所得之物、所用之物的处理】	★★★★
		第72条【缓刑的条件、禁止令与附加刑的执行】	★★★
		第73条【缓刑考验期限】	★★★
		第37条【免予刑事处罚与非刑事处罚措施】	★★
		第52条【罚金数额的裁量】	★★
		第53条【罚金的缴纳、减免】	★★
		第69条【判决宣告前一人犯数罪的并罚】	★★
		第25条【共同犯罪的概念】	★
		第26条【主犯;犯罪集团】	★
		第27条【从犯;从犯的处罚】	★
		第56条【剥夺政治权利的适用范围】	★
		第68条【立功】	★
		第234条【故意伤害罪】	★
		第382条【贪污罪;贪污罪共犯的认定】	★
		第383条【贪污罪的处罚】	★
		第385条【受贿罪】	★
		第386条【受贿罪的处罚】	★
		第397条【滥用职权罪;玩忽职守罪】	★

	同时适用的法条	相关度	
司法解释 枪支弹药爆炸物罪 非法制造买卖运输	第5条【以非法持有、私藏枪支、弹药罪论处的情形】	★★	814
案件司法解释 办理贪贿刑事	第1条【贪污罪、受贿罪"数额较大""其他较重情节"的定义】	★	806

第183条【职务侵占罪;贪污罪】 ★★

保险公司的工作人员利用职务上的便利,故意编造未曾发生的保险事故进行虚假理赔,骗取保险金归自己所有的,依照本法第二百七十一条的规定定罪处罚。

国有保险公司工作人员和国有保险公司委派到非国有保险公司从事公务的人员有前款行为的,依照本法第三百八十二条、第三百八十三条的规定定罪处罚。

■ 一、主要适用的案由及其相关度

案由编号	主要适用的案由	相关度
X5.271.1	职务侵占罪	★★★★★
X8.382	贪污罪	★★★
X8.385	受贿罪	★

■ 二、同时适用的法条及其相关度

	同时适用的法条	相关度	
刑法	第67条【自首及其认定】	★★★★★	333
	第64条【犯罪所得之物、所用之物的处理】	★★★★	
	第72条【缓刑的条件、禁止令与附加刑的执行】	★★★★	
	第73条【缓刑考验期限】	★★★★	

		同时适用的法条	相关度
333	刑法	第271条【职务侵占罪;贪污罪】	★★★★
		第25条【共同犯罪的概念】	★★★
		第26条【主犯;犯罪集团】	★★
		第27条【从犯;从犯的处罚】	★★
		第382条【贪污罪;贪污罪共犯的认定】	★★
		第37条【免予刑事处罚与非刑事处罚措施】	★
		第52条【罚金数额的裁量】	★
		第53条【罚金的缴纳、减免】	★
		第61条【量刑根据】	★
		第63条【减轻处罚】	★
		第69条【判决宣告前一人犯数罪的并罚】	★
		第198条【保险诈骗罪】	★
		第383条【贪污罪的处罚】	★
806	办理贪污贿赂刑事案件司法解释	第1条【贪污罪、受贿罪"数额较大""其他较重情节"的认定】	★
		第2条【贪污罪、受贿罪"数额巨大""其他严重情节"的认定】	★
		第11条【非国家工作人员受贿罪、职务侵占罪的数额起点】	★
799	自首和立功司法解释	第1条【自首及其认定】	★

第184条【非国家工作人员受贿罪;受贿罪】　　　　　　　　★★

　　银行或者其他金融机构的工作人员在金融业务活动中索取他人财物或者非法收受他人财物,为他人谋取利益的,或者违反国家规定,收受各种名义的回扣、手续费,归个人所有的,依照本法第一百六十三条的规定定罪处罚。

　　国有金融机构工作人员和国有金融机构委派到非国有金融机构从事

公务的人员有前款行为的,依照本法第三百八十五条、第三百八十六条的规定定罪处罚。

一、主要适用的案由及其相关度

案由编号	主要适用的案由	相关度
X3.3.163	非国家工作人员受贿罪	★★★★★
X8.385	受贿罪	★★★

二、同时适用的法条及其相关度

	同时适用的法条	相关度
刑法	第64条【犯罪所得之物、所用之物的处理】	★★★★★
	第67条【自首及其认定】	★★★★
	第163条【非国家工作人员受贿罪;受贿罪】	★★★★★
	第69条【判决宣告前一人犯数罪的并罚】	★★★
	第72条【缓刑的条件、禁止令与附加刑的执行】	★★★
	第73条【缓刑考验期限】	★★★
	第25条【共同犯罪的概念】	★★
	第26条【主犯;犯罪集团】	★★
	第12条【刑法的溯及力】	★
	第27条【从犯;从犯的处罚】	★
	第37条【免予刑事处罚与非刑事处罚措施】	★
	第45条【有期徒刑的期限】	★
	第52条【罚金数额的裁量】	★
	第53条【罚金的缴纳、减免】	★
	第61条【量刑根据】	★
	第68条【立功】	★
	第164条【对非国家工作人员行贿罪;对外国公职人员、国际公共组织官员行贿罪】	★

		同时适用的法条	相关度
333	刑法	第175条之1【骗取贷款、票据承兑、金融票证罪】	★
		第186条【违法发放贷款罪】	★
		第383条【贪污罪的处罚】	★
		第385条【受贿罪】	★
		第386条【受贿罪的处罚】	★
806	办理贪贿刑事案件司法解释	第11条【非国家工作人员受贿罪、职务侵占罪的数额起点】	★★
		第1条【贪污罪、受贿罪"数额较大""其他较重情节"的认定】	★
		第2条【贪污罪、受贿罪"数额巨大""其他严重情节"的认定】	★
		第19条【罚金数额】	★
799	自首和立功司法解释	第1条【自首及其认定】	★
		第3条【从轻、减轻或免除处罚:自首情节】	★

第185条【挪用资金罪;挪用公款罪】 ★★

商业银行、证券交易所、期货交易所、证券公司、期货经纪公司、保险公司或者其他金融机构的工作人员利用职务上的便利,挪用本单位或者客户资金的,依照本法第二百七十二条的规定定罪处罚。

国有商业银行、证券交易所、期货交易所、证券公司、期货经纪公司、保险公司或者其他国有金融机构的工作人员和国有商业银行、证券交易所、期货交易所、证券公司、期货经纪公司、保险公司或者其他国有金融机构委派到前款规定中的非国有机构从事公务的人员有前款行为的,依照本法第三百八十四条的规定定罪处罚。

■ 一、主要适用的案由及其相关度

案由编号	主要适用的案由	相关度
X5.272.1	挪用资金罪	★★★★★
X8.384	挪用公款罪	★★★
X3.4.186	违法发放贷款罪	★

■ 二、同时适用的法条及其相关度

	同时适用的法条	相关度
刑法	第67条【自首及其认定】	★★★★★
	第272条【挪用资金罪;挪用公款罪】	★★★★★
	第64条【犯罪所得之物、所用之物的处理】	★★★★
	第69条【判决宣告前一人犯数罪的并罚】	★★★
	第72条【缓刑的条件、禁止令与附加刑的执行】	★★★
	第73条【缓刑考验期限】	★★★
	第384条【挪用公款罪】	★★★
	第25条【共同犯罪的概念】	★
	第26条【主犯;犯罪集团】	★
	第27条【从犯;从犯的处罚】	★
	第47条【有期徒刑刑期的计算与折抵】	★
	第52条【罚金数额的裁量】	★
	第53条【罚金的缴纳、减免】	★
	第61条【量刑根据】	★
	第175条之1【骗取贷款、票据承兑、金融票证罪】	★
	第186条【违法发放贷款罪】	★
司法解释 刑办理贪贿案件	第6条【挪用公款罪"数额较大""数额巨大""情节严重"的认定】	★
	第11条【非国家工作人员受贿罪、职务侵占罪的数额起点】	★

第185条之1【背信运用受托财产罪;违法运用资金罪】①

商业银行、证券交易所、期货交易所、证券公司、期货经纪公司、保险公司或者其他金融机构,违背受托义务,擅自运用客户资金或者其他委托、信托的财产,情节严重的,对单位判处罚金,并对其直接负责的主管人员和其

---

① 说明:本法条尚无足够数量判决书可供法律大数据分析。

他直接责任人员,处三年以下有期徒刑或者拘役,并处三万元以上三十万元以下罚金;情节特别严重的,处三年以上十年以下有期徒刑,并处五万元以上五十万元以下罚金。

社会保障基金管理机构、住房公积金管理机构等公众资金管理机构,以及保险公司、保险资产管理公司、证券投资基金管理公司,违反国家规定运用资金的,对其直接负责的主管人员和其他直接责任人员,依照前款的规定处罚。

第186条【违法发放贷款罪】　　　　　　　　　　　　　　★★★

银行或者其他金融机构的工作人员违反国家规定发放贷款,数额巨大或者造成重大损失的,处五年以下有期徒刑或者拘役,并处一万元以上十万元以下罚金;数额特别巨大或者造成特别重大损失的,处五年以上有期徒刑,并处二万元以上二十万元以下罚金。

银行或者其他金融机构的工作人员违反国家规定,向关系人发放贷款的,依照前款的规定从重处罚。

单位犯前两款罪的,对单位判处罚金,并对其直接负责的主管人员和其他直接责任人员,依照前两款的规定处罚。

关系人的范围,依照《中华人民共和国商业银行法》和有关金融法规确定。

■ 一、主要适用的案由及其相关度

案由编号	主要适用的案由	相关度
X3.4.186	违法发放贷款罪	★★★★★

■ 二、同时适用的法条及其相关度

	同时适用的法条	相关度
刑法	第67条【自首及其认定】	★★★★★
	第52条【罚金数额的裁量】	★★★★
	第53条【罚金的缴纳、减免】	★★★

同时适用的法条	相关度
刑法	第72条【缓刑的条件、禁止令与附加刑的执行】	★★★
	第73条【缓刑考验期限】	★★★
	第25条【共同犯罪的概念】	★★
	第64条【犯罪所得之物、所用之物的处理】	★★
	第69条【判决宣告前一人犯数罪的并罚】	★★
	第175条之1【骗取贷款、票据承兑、金融票证罪】	★★
	第26条【主犯；犯罪集团】	★
	第27条【从犯；从犯的处罚】	★
	第37条【免予刑事处罚与非刑事处罚措施】	★
	第61条【量刑根据】	★
	第272条【挪用资金罪；挪用公款罪】	★

第187条【吸收客户资金不入账罪】①

银行或者其他金融机构的工作人员吸收客户资金不入账，数额巨大或者造成重大损失的，处五年以下有期徒刑或者拘役，并处二万元以上二十万元以下罚金；数额特别巨大或者造成特别重大损失的，处五年以上有期徒刑，并处五万元以上五十万元以下罚金。

单位犯前款罪的，对单位判处罚金，并对其直接负责的主管人员和其他直接责任人员，依照前款的规定处罚。

第188条【违规出具金融票证罪】 ★★

银行或者其他金融机构的工作人员违反规定，为他人出具信用证或者其他保函、票据、存单、资信证明，情节严重的，处五年以下有期徒刑或者拘役；情节特别严重的，处五年以上有期徒刑。

单位犯前款罪的，对单位判处罚金，并对其直接负责的主管人员和其他直接责任人员，依照前款的规定处罚。

---

① 说明：本法条尚无足够数量判决书可供法律大数据分析。

一、主要适用的案由及其相关度

案由编号	主要适用的案由	相关度
X3.4.188	违规出具金融票证罪	★★★★★
X6.1.280.2	伪造公司、企业、事业单位、人民团体印章罪	★

二、同时适用的法条及其相关度

		同时适用的法条	相关度
333	刑法	第67条【自首及其认定】	★★★★★
		第69条【判决宣告前一人犯数罪的并罚】	★★★
		第72条【缓刑的条件、禁止令与附加刑的执行】	★★★
		第73条【缓刑考验期限】	★★★
		第64条【犯罪所得之物、所用之物的处理】	★★
		第175条之1【骗取贷款、票据承兑、金融票证罪】	★★
		第12条【刑法的溯及力】	★
		第25条【共同犯罪的概念】	★
		第26条【主犯;犯罪集团】	★
		第27条【从犯;从犯的处罚】	★
		第37条【免予刑事处罚与非刑事处罚措施】	★
		第52条【罚金数额的裁量】	★
		第53条【罚金的缴纳、减免】	★
		第61条【量刑根据】	★
		第266条【诈骗罪】	★
		第280条【伪造、变造、买卖国家机关公文、证件、印章罪;盗窃、抢夺、毁灭国家机关公文、证件、印章罪;伪造公司、企业、事业单位、人民团体印章罪;伪造、变造、买卖身份证件罪】	★
		第384条【挪用公款罪】	★
806	司法解释	刑事案件	办理贪贿	第6条【挪用公款罪数额较大"数额巨大""情节严重"的认定】	★

第 189 条【对违法票据承兑、付款、保证罪】①

银行或者其他金融机构的工作人员在票据业务中，对违反票据法规定的票据予以承兑、付款或者保证，造成重大损失的，处五年以下有期徒刑或者拘役；造成特别重大损失的，处五年以上有期徒刑。

单位犯前款罪的，对单位判处罚金，并对其直接负责的主管人员和其他直接责任人员，依照前款的规定处罚。

第 190 条【逃汇罪】②

国有公司、企业或者其他国有单位，违反国家规定，擅自将外汇存放境外，或者将境内的外汇非法转移到境外，情节严重的，对单位判处罚金，并对其直接负责的主管人员和其他直接责任人员，处五年以下有期徒刑或者拘役。

第 191 条【洗钱罪】　　　　　　　　　　　　　　　　　　★★

明知是毒品犯罪、黑社会性质的组织犯罪、恐怖活动犯罪、走私犯罪、贪污贿赂犯罪、破坏金融管理秩序犯罪、金融诈骗犯罪的所得及其产生的收益，为掩饰、隐瞒其来源和性质，有下列行为之一的，没收实施以上犯罪的所得及其产生的收益，处五年以下有期徒刑或者拘役，并处或者单处洗钱数额百分之五以上百分之二十以下罚金；情节严重的，处五年以上十年以下有期徒刑，并处洗钱数额百分之五以上百分之二十以下罚金：

（一）提供资金账户的；

（二）协助将财产转换为现金、金融票据、有价证券的；

（三）通过转账或者其他结算方式协助资金转移的；

（四）协助将资金汇往境外的；

（五）以其他方法掩饰、隐瞒犯罪所得及其收益的来源和性质的。

单位犯前款罪的，对单位判处罚金，并对其直接负责的主管人员和其他直接责任人员，处五年以下有期徒刑或者拘役；情节严重的，处五年以上十年以下有期徒刑。

---

① 说明：本法条尚无足够数量判决书可供法律大数据分析。
② 同上注。

一、主要适用的案由及其相关度

案由编号	主要适用的案由	相关度
X3.4.191	洗钱罪	★★★★★
X3.5.196	信用卡诈骗罪	★
X6.2.312	掩饰、隐瞒犯罪所得、犯罪所得收益罪	★

二、同时适用的法条及其相关度

		同时适用的法条	相关度
333	刑法	第67条【自首及其认定】	★★★★★
		第64条【犯罪所得之物、所用之物的处理】	★★★★
		第72条【缓刑的条件、禁止令与附加刑的执行】	★★★★
		第25条【共同犯罪的概念】	★★★
		第52条【罚金数额的裁量】	★★★
		第53条【罚金的缴纳、减免】	★★★
		第73条【缓刑考验期限】	★★★
		第27条【从犯;从犯的处罚】	★★
		第69条【判决宣告前一人犯数罪的并罚】	★★
		第26条【主犯;犯罪集团】	★
		第383条【贪污罪的处罚】	★
		第385条【受贿罪】	★
		第386条【受贿罪的处罚】	★
893	审理洗钱等刑事案件司法解释	第1条【洗钱罪和掩饰、隐瞒犯罪所得、犯罪所得收益罪"明知"的认定】	★★
		第2条【洗钱罪"以其他方式掩饰、隐瞒犯罪所得及其收益的来源和性质"的认定】	★
		第4条【洗钱罪,掩饰、隐瞒犯罪所得、犯罪所得收益罪以及包庇毒品犯罪分子罪和窝藏、转移、隐瞒毒品、毒赃罪中上游犯罪的认定和影响】	★

第五节 金融诈骗罪

第192条【集资诈骗罪】 ★★★★

以非法占有为目的,使用诈骗方法非法集资,数额较大的,处五年以下有期徒刑或者拘役,并处二万元以上二十万元以下罚金;数额巨大或者有其他严重情节的,处五年以上十年以下有期徒刑,并处五万元以上五十万元以下罚金;数额特别巨大或者有其他特别严重情节的,处十年以上有期徒刑或者无期徒刑,并处五万元以上五十万元以下罚金或者没收财产。

一、主要适用的案由及其相关度

案由编号	主要适用的案由	相关度
X3.5.192	集资诈骗罪	★★★★★
X3.4.176	非法吸收公众存款罪	★★★

二、同时适用的法条及其相关度

	同时适用的法条	相关度
刑法	第64条【犯罪所得之物、所用之物的处理】	★★★★★
	第67条【自首及其认定】	★★★★
	第25条【共同犯罪的概念】	★★★
	第27条【从犯;从犯的处罚】	★★★
	第52条【罚金数额的裁量】	★★★
	第53条【罚金的缴纳、减免】	★★★
	第69条【判决宣告前一人犯数罪的并罚】	★★★
	第176条【非法吸收公众存款罪】	★★★
	第26条【主犯;犯罪集团】	★★
	第57条【死刑、无期徒刑犯剥夺政治权利的期限】	★★
	第56条【剥夺政治权利的适用范围】	★
	第61条【量刑根据】	★
	第72条【缓刑的条件、禁止令与附加刑的执行】	★

	同时适用的法条	相关度
司法解释 审理资刑事非法集案件	第4条【集资诈骗罪的特殊表现形式】	★★★
	第5条【集资诈骗数额认定】	★★★
	第2条【非法吸收公众存款罪的条件】	★
	第3条【应当追究刑事责任的非法吸收公众存款情形】	★

第193条【贷款诈骗罪】 ★★★

有下列情形之一,以非法占有为目的,诈骗银行或者其他金融机构的贷款,数额较大的,处五年以下有期徒刑或者拘役,并处二万元以上二十万元以下罚金;数额巨大或者有其他严重情节的,处五年以上十年以下有期徒刑,并处五万元以上五十万元以下罚金;数额特别巨大或者有其他特别严重情节的,处十年以上有期徒刑或者无期徒刑,并处五万元以上五十万元以下罚金或者没收财产:

(一)编造引进资金、项目等虚假理由的;
(二)使用虚假的经济合同的;
(三)使用虚假的证明文件的;
(四)使用虚假的产权证明作担保或者超出抵押物价值重复担保的;
(五)以其他方法诈骗贷款的。

■ 一、主要适用的案由及其相关度

案由编号	主要适用的案由	相关度
X3.5.193	贷款诈骗罪	★★★★★

■ 二、同时适用的法条及其相关度

	同时适用的法条	相关度
刑法	第52条【罚金数额的裁量】	★★★★★
	第67条【自首及其认定】	★★★★
	第53条【罚金的缴纳、减免】	★★★★
	第64条【犯罪所得之物、所用之物的处理】	★★★★
	第25条【共同犯罪的概念】	★★★

	同时适用的法条	相关度
刑法	第69条【判决宣告前一人犯数罪的并罚】	★★★
	第72条【缓刑的条件、禁止令与附加刑的执行】	★★★
	第27条【从犯;从犯的处罚】	★★
	第73条【缓刑考验期限】	★★
	第26条【主犯;犯罪集团】	★
	第47条【有期徒刑刑期的计算与折抵】	★
	第61条【量刑根据】	★
	第175条之1【骗取贷款、票据承兑、金融票证罪】	★
	第224条【合同诈骗罪】	★
	第266条【诈骗罪】	★

第194条【票据诈骗罪;金融凭证诈骗罪】 ★★★

有下列情形之一,进行金融票据诈骗活动,数额较大的,处五年以下有期徒刑或者拘役,并处二万元以上二十万元以下罚金;数额巨大或者有其他严重情节的,处五年以上十年以下有期徒刑,并处五万元以上五十万元以下罚金;数额特别巨大或者有其他特别严重情节的,处十年以上有期徒刑或者无期徒刑,并处五万元以上五十万元以下罚金或者没收财产:

（一）明知是伪造、变造的汇票、本票、支票而使用的;

（二）明知是作废的汇票、本票、支票而使用的;

（三）冒用他人的汇票、本票、支票的;

（四）签发空头支票或者与其预留印鉴不符的支票,骗取财物的;

（五）汇票、本票的出票人签发无资金保证的汇票、本票或者在出票时作虚假记载,骗取财物的。

使用伪造、变造的委托收款凭证、汇款凭证、银行存单等其他银行结算凭证的,依照前款的规定处罚。

■ 一、主要适用的案由及其相关度

案由编号	主要适用的案由	相关度
X3.5.194.1	票据诈骗罪	★★★★★
X3.5.194.2	金融凭证诈骗罪	★

二、同时适用的法条及其相关度

	同时适用的法条	相关度
刑法	第64条【犯罪所得之物、所用之物的处理】	★★★★★
	第67条【自首及其认定】	★★★★★
	第52条【罚金数额的裁量】	★★★★
	第53条【罚金的缴纳、减免】	★★★★
	第25条【共同犯罪的概念】	★★★
	第69条【判决宣告前一人犯数罪的并罚】	★★★
	第26条【主犯;犯罪集团】	★★
	第27条【从犯;从犯的处罚】	★★
	第72条【缓刑的条件、禁止令与附加刑的执行】	★★
	第23条【犯罪未遂;犯罪未遂的处罚】	★
	第47条【有期徒刑刑期的计算与折抵】	★
	第56条【剥夺政治权利的适用范围】	★
	第61条【量刑根据】	★
	第65条【一般累犯】	★
	第73条【缓刑考验期限】	★
	第224条【合同诈骗罪】	★
	第266条【诈骗罪】	★

第195条【信用证诈骗罪】 ★★

有下列情形之一,进行信用证诈骗活动的,处五年以下有期徒刑或者拘役,并处二万元以上二十万元以下罚金;数额巨大或者有其他严重情节的,处五年以上十年以下有期徒刑,并处五万元以上五十万元以下罚金;数额特别巨大或者有其他特别严重情节的,处十年以上有期徒刑或者无期徒刑,并处五万元以上五十万元以下罚金或者没收财产:

(一)使用伪造、变造的信用证或者附随的单据、文件的;

(二)使用作废的信用证的;

(三)骗取信用证的;

(四) 以其他方法进行信用证诈骗活动的。

▨ 同时适用的法条及其相关度

	同时适用的法条	相关度
刑法	第 52 条【罚金数额的裁量】	★★★★★
	第 67 条【自首及其认定】	★★★★★
	第 53 条【罚金的缴纳、减免】	★★★★
	第 64 条【犯罪所得之物、所用之物的处理】	★★★★
	第 25 条【共同犯罪的概念】	★★★
	第 26 条【主犯;犯罪集团】	★★★
	第 27 条【从犯;从犯的处罚】	★★
	第 37 条【免予刑事处罚与非刑事处罚措施】	★★
	第 61 条【量刑根据】	★★
	第 69 条【判决宣告前一人犯数罪的并罚】	★★
	第 72 条【缓刑的条件、禁止令与附加刑的执行】	★★
	第 200 条【单位犯集资诈骗罪、票据诈骗罪、信用证诈骗罪的规定】	★★
	第 12 条【刑法的溯及力】	★
	第 55 条【剥夺政治权利的期限】	★
	第 56 条【剥夺政治权利的适用范围】	★
	第 57 条【死刑、无期徒刑犯剥夺政治权利的期限】	★
	第 62 条【从重、从轻处罚】	★
	第 65 条【一般累犯】	★
	第 73 条【缓刑考验期限】	★
	第 264 条【盗窃罪】	★
	第 266 条【诈骗罪】	★
	第 303 条【赌博罪;开设赌场罪】	★
	第 347 条【走私、贩卖、运输、制造毒品罪】	★
	第 383 条【贪污罪的处罚】	★

333

		同时适用的法条	相关度
781	民法通则	第119条【人身损害赔偿项目：一般人身损害赔偿项目、伤残赔偿项目、死亡赔偿项目】	★
801	人身损害赔偿司法解释	第17条【人身损害赔偿项目：一般人身损害赔偿项目、伤残赔偿项目、死亡赔偿项目】	★
		第19条【医疗费计算标准】	★
		第20条【误工费计算标准】	★
		第21条【护理费计算标准】	★
		第23条【伙食费、住宿费计算标准】	★

第196条【信用卡诈骗罪；恶意透支的含义；盗窃罪】　★★★★★

有下列情形之一，进行信用卡诈骗活动，数额较大的，处五年以下有期徒刑或者拘役，并处二万元以上二十万元以下罚金；数额巨大或者有其他严重情节的，处五年以上十年以下有期徒刑，并处五万元以上五十万元以下罚金；数额特别巨大或者有其他特别严重情节的，处十年以上有期徒刑或者无期徒刑，并处五万元以上五十万元以下罚金或者没收财产：

（一）使用伪造的信用卡，或者使用以虚假的身份证明骗领的信用卡的；

（二）使用作废的信用卡的；

（三）冒用他人信用卡的；

（四）恶意透支的。

前款所称恶意透支，是指持卡人以非法占有为目的，超过规定限额或者规定期限透支，并且经发卡银行催收后仍不归还的行为。

盗窃信用卡并使用的，依照本法第二百六十四条的规定定罪处罚。

■ 一、主要适用的案由及其相关度

案由编号	主要适用的案由	相关度
X3.5.196	信用卡诈骗罪	★★★★★
X5.264	盗窃罪	★

二、同时适用的法条及其相关度

	同时适用的法条	相关度	
刑法	第67条【自首及其认定】	★★★★★	333
	第52条【罚金数额的裁量】	★★★★	
	第53条【罚金的缴纳、减免】	★★★★	
	第72条【缓刑的条件、禁止令与附加刑的执行】	★★★★	
	第64条【犯罪所得之物、所用之物的处理】	★★★	
	第73条【缓刑考验期限】	★★★	
	第61条【量刑根据】	★★	
	第69条【判决宣告前一人犯数罪的并罚】	★★	
	第264条【盗窃罪】	★★	
	第25条【共同犯罪的概念】	★	
	第45条【有期徒刑的期限】	★	
办理妨害信用卡管理刑事案件司法解释	第6条【信用卡"恶意透支"的认定】	★★★	830
	第5条【信用卡诈骗罪"数额较大""数额巨大""数额特别巨大"的认定；冒用他人信用卡的认定】	★	

第197条【有价证券诈骗罪】①

使用伪造、变造的国库券或者国家发行的其他有价证券,进行诈骗活动,数额较大的,处五年以下有期徒刑或者拘役,并处二万元以上二十万元以下罚金;数额巨大或者有其他严重情节的,处五年以上十年以下有期徒刑,并处五万元以上五十万元以下罚金;数额特别巨大或者有其他特别严重情节的,处十年以上有期徒刑或者无期徒刑,并处五万元以上五十万元以下罚金或者没收财产。

---

① 说明:本法条尚无足够数量判决书可供法律大数据分析。

第198条【保险诈骗罪】　　　　　　　　　　　　　　　　★★★★

有下列情形之一,进行保险诈骗活动,数额较大的,处五年以下有期徒刑或者拘役,并处一万元以上十万元以下罚金;数额巨大或者有其他严重情节的,处五年以上十年以下有期徒刑,并处二万元以上二十万元以下罚金;数额特别巨大或者有其他特别严重情节的,处十年以上有期徒刑,并处二万元以上二十万元以下罚金或者没收财产:

（一）投保人故意虚构保险标的,骗取保险金的;

（二）投保人、被保险人或者受益人对发生的保险事故编造虚假的原因或者夸大损失的程度,骗取保险金的;

（三）投保人、被保险人或者受益人编造未曾发生的保险事故,骗取保险金的;

（四）投保人、被保险人故意造成财产损失的保险事故,骗取保险金的;

（五）投保人、受益人故意造成被保险人死亡、伤残或者疾病,骗取保险金的。

有前款第四项、第五项所列行为,同时构成其他犯罪的,依照数罪并罚的规定处罚。

单位犯第一款罪的,对单位判处罚金,并对其直接负责的主管人员和其他直接责任人员,处五年以下有期徒刑或者拘役;数额巨大或者有其他严重情节的,处五年以上十年以下有期徒刑;数额特别巨大或者有其他特别严重情节的,处十年以上有期徒刑。

保险事故的鉴定人、证明人、财产评估人故意提供虚假的证明文件,为他人诈骗提供条件的,以保险诈骗的共犯论处。

一、主要适用的案由及其相关度

案由编号	主要适用的案由	相关度
X3.5.198	保险诈骗罪	★★★★★

二、同时适用的法条及其相关度

	同时适用的法条	相关度
刑法	第25条【共同犯罪的概念】	★★★★★
	第67条【自首及其认定】	★★★★★
	第72条【缓刑的条件、禁止令与附加刑的执行】	★★★★★
	第73条【缓刑考验期限】	★★★★
	第23条【犯罪未遂；犯罪未遂的处罚】	★★★
	第26条【主犯；犯罪集团】	★★★
	第27条【从犯；从犯的处罚】	★★★
	第52条【罚金数额的裁量】	★★★
	第53条【罚金的缴纳、减免】	★★★
	第64条【犯罪所得之物、所用之物的处理】	★★★
	第69条【判决宣告前一人犯数罪的并罚】	★★
	第61条【量刑根据】	★
	第68条【立功】	★
	第199条【金融诈骗罪判处无期徒刑或死刑的情形】	★★

第199条

文本内容被刑法修正案九删除。

第200条【单位犯集资诈骗罪、票据诈骗罪、信用证诈骗罪的规定】　★★

单位犯本节第一百九十二条、第一百九十四条、第一百九十五条规定之罪的，对单位判处罚金，并对其直接负责的主管人员和其他直接责任人员，处五年以下有期徒刑或者拘役，可以并处罚金；数额巨大或者有其他严重情节的，处五年以上十年以下有期徒刑，并处罚金；数额特别巨大或者有其他特别严重情节的，处十年以上有期徒刑或者无期徒刑，并处罚金。

同时适用的法条及其相关度

	同时适用的法条	相关度
刑法	第64条【犯罪所得之物、所用之物的处理】	★★★★★
	第67条【自首及其认定】	★★★★★
	第52条【罚金数额的裁量】	★★★★
	第53条【罚金的缴纳、减免】	★★★★
	第192条【集资诈骗罪】	★★★★
	第25条【共同犯罪的概念】	★★★
	第30条【单位负刑事责任的范围】	★★★
	第31条【单位犯罪的处罚】	★★★
	第69条【判决宣告前一人犯数罪的并罚】	★★★
	第72条【缓刑的条件、禁止令与附加刑的执行】	★★★
	第176条【非法吸收公众存款罪】	★★★
	第194条【票据诈骗罪;金融凭证诈骗罪】	★★★
	第27条【从犯;从犯的处罚】	★★
	第61条【量刑根据】	★★
	第73条【缓刑考验期限】	★★
	第23条【犯罪未遂;犯罪未遂的处罚】	★
	第26条【主犯;犯罪集团】	★
	第37条【免予刑事处罚与非刑事处罚措施】	★
	第56条【剥夺政治权利的适用范围】	★
	第57条【死刑、无期徒刑犯剥夺政治权利的期限】	★
	第65条【一般累犯】	★
	第195条【信用证诈骗罪】	★
	第224条【合同诈骗罪】	★

	同时适用的法条	相关度
司法解释 审理资刑非案法件集	第4条【集资诈骗罪的特殊表现形式】	★★
	第5条【集资诈骗数额认定】	★★
	第1条【非法吸收公众存款罪的条件】	★
	第2条【非法吸收公众存款罪的特殊表现形式】	★
	第3条【应当追究刑事责任的非法吸收公众存款情形】	★

第六节 危害税收征管罪

第201条【逃税罪】 ★★★

纳税人采取欺骗、隐瞒手段进行虚假纳税申报或者不申报，逃避缴纳税款数额较大并且占应纳税额百分之十以上的，处三年以下有期徒刑或者拘役，并处罚金；数额巨大并且占应纳税额百分之三十以上的，处三年以上七年以下有期徒刑，并处罚金。

扣缴义务人采取前款所列手段，不缴或者少缴已扣、已收税款，数额较大的，依照前款的规定处罚。

对多次实施前两款行为，未经处理的，按照累计数额计算。

有第一款行为，经税务机关依法下达追缴通知后，补缴应纳税款，缴纳滞纳金，已受行政处罚的，不予追究刑事责任；但是，五年内因逃避缴纳税款受过刑事处罚或者被税务机关给予二次以上行政处罚的除外。

一、主要适用的案由及其相关度

案由编号	主要适用的案由	相关度
X3.6.201	逃税罪	★★★★★

二、同时适用的法条及其相关度

	同时适用的法条	相关度
刑法	第67条【自首及其认定】	★★★★★
	第72条【缓刑的条件、禁止令与附加刑的执行】	★★★★★

	同时适用的法条	相关度
333 刑法	第52条【罚金数额的裁量】	★★★★
	第211条【单位犯危害税收征管罪的处罚】	★★★★
	第53条【罚金的缴纳、减免】	★★★
	第73条【缓刑考验期限】	★★★
	第25条【共同犯罪的概念】	★★
	第30条【单位负刑事责任的范围】	★★
	第31条【单位犯罪的处罚】	★★
	第64条【犯罪所得之物、所用之物的处理】	★★
333 刑法	第26条【主犯;犯罪集团】	★
	第27条【从犯;从犯的处罚】	★
	第37条【免予刑事处罚与非刑事处罚措施】	★
	第61条【量刑根据】	★
	第69条【判决宣告前一人犯数罪的并罚】	★

第202条【抗税罪】①

以暴力、威胁方法拒不缴纳税款的,处三年以下有期徒刑或者拘役,并处拒缴税款一倍以上五倍以下罚金;情节严重的,处三年以上七年以下有期徒刑,并处拒缴税款一倍以上五倍以下罚金。

第203条【逃避追缴欠税罪】 ★★

纳税人欠缴应纳税款,采取转移或者隐匿财产的手段,致使税务机关无法追缴欠缴的税款,数额在一万元以上不满十万元的,处三年以下有期徒刑或者拘役,并处或者单处欠缴税款一倍以上五倍以下罚金;数额在十万元以上的,处三年以上七年以下有期徒刑,并处欠缴税款一倍以上五倍以下罚金。

---

① 说明:本法条尚无足够数量判决书可供法律大数据分析。

一、主要适用的案由及其相关度

案由编号	主要适用的案由	相关度
X6.1.293	寻衅滋事罪	★★★★★
X6.1.303.2	开设赌场罪	★★★★★
X3.6.203	逃避追缴欠税罪	★★
X6.1.303.1	赌博罪	★★

二、同时适用的法条及其相关度

	同时适用的法条	相关度
刑法	第67条【自首及其认定】	★★★★★
	第25条【共同犯罪的概念】	★★★
	第52条【罚金数额的裁量】	★★★
	第72条【缓刑的条件、禁止令与附加刑的执行】	★★★
	第73条【缓刑考验期限】	★★★
	第53条【罚金的缴纳、减免】	★★
	第64条【犯罪所得之物、所用之物的处理】	★★
	第26条【主犯;犯罪集团】	★
	第27条【从犯;从犯的处罚】	★
	第69条【判决宣告前一人犯数罪的并罚】	★
法解释 寻衅滋事罪司	第2条【寻衅滋事行为中随意殴打他人"情节恶劣"的认定】	★

第204条【骗取出口退税罪;逃税罪】 ★★

以假报出口或者其他欺骗手段,骗取国家出口退税款,数额较大的,处五年以下有期徒刑或者拘役,并处骗取税款一倍以上五倍以下罚金;数额巨大或者有其他严重情节的,处五年以上十年以下有期徒刑,并处骗取税款一倍以上五倍以下罚金;数额特别巨大或者有其他特别严重情节的,处十年以上有期徒刑或者无期徒刑,并处骗取税款一倍以上五倍以下罚金或者没收财产。

纳税人缴纳税款后,采取前款规定的欺骗方法,骗取所缴纳的税款的,依照本法第二百零一条的规定定罪处罚;骗取税款超过所缴纳的税款部分,依照前款规定处罚。

一、主要适用的案由及其相关度

案由编号	主要适用的案由	相关度
X3.6.204.1	骗取出口退税罪	★★★★★
X3.6.205	虚开增值税专用发票、用于骗取出口退税、抵扣税款发票罪	★★
X4.234	故意伤害罪	★★
X5.264	盗窃罪	★★
X3.8.224	合同诈骗罪	★

二、同时适用的法条及其相关度

	同时适用的法条	相关度
刑法	第67条【自首及其认定】	★★★★★
	第25条【共同犯罪的概念】	★★★★
	第52条【罚金数额的裁量】	★★★★
	第64条【犯罪所得之物、所用之物的处理】	★★★★
	第27条【从犯;从犯的处罚】	★★★
	第53条【罚金的缴纳、减免】	★★★
	第72条【缓刑的条件、禁止令与附加刑的执行】	★★★
	第73条【缓刑考验期限】	★★★
	第211条【单位犯危害税收征管罪的处罚】	★★★
	第23条【犯罪未遂;犯罪未遂的处罚】	★★
	第26条【主犯;犯罪集团】	★★
	第30条【单位负刑事责任的范围】	★

	同时适用的法条	相关度	
刑法	第 31 条【单位犯罪的处罚】	★	333
	第 47 条【有期徒刑刑期的计算与折抵】	★	
	第 61 条【量刑根据】	★	
	第 65 条【一般累犯】	★	
	第 68 条【立功】	★	
	第 69 条【判决宣告前一人犯数罪的并罚】	★	
	第 205 条【虚开增值税专用发票、用于骗取出口退税、抵扣税款发票罪】	★	
	第 212 条【税款的追缴】	★	
司法解释	审理骗取出口退税刑事案件	第 1 条【骗取出口退税罪、逃税罪"假报出口"的认定】	★	888
		第 3 条【骗取出口退税罪、逃税罪"数额较大""数额巨大""数额特别巨大"的认定】	★	

第 205 条【虚开增值税专用发票、用于骗取出口退税、抵扣税款发票罪】

★★★★★

虚开增值税专用发票或者虚开用于骗取出口退税、抵扣税款的其他发票的,处三年以下有期徒刑或者拘役,并处二万元以上二十万元以下罚金;虚开的税款数额较大或者有其他严重情节的,处三年以上十年以下有期徒刑,并处五万元以上五十万元以下罚金;虚开的税款数额巨大或者有其他特别严重情节的,处十年以上有期徒刑或者无期徒刑,并处五万元以上五十万元以下罚金或者没收财产。

单位犯本条规定之罪的,对单位判处罚金,并对其直接负责的主管人员和其他直接责任人员,处三年以下有期徒刑或者拘役;虚开的税款数额较大或者有其他严重情节的,处三年以上十年以下有期徒刑;虚开的税款数额巨大或者有其他特别严重情节的,处十年以上有期徒刑或者无期徒刑。

虚开增值税专用发票或者虚开用于骗取出口退税、抵扣税款的其他发票,是指有为他人虚开、为自己虚开、让他人为自己虚开、介绍他人虚开行为之一的。

■ 一、主要适用的案由及其相关度

案由编号	主要适用的案由	相关度
X3.6.205	虚开增值税专用发票、用于骗取出口退税、抵扣税款发票罪	★★★★★

■ 二、同时适用的法条及其相关度

	同时适用的法条	相关度
刑法	第67条【自首及其认定】	★★★★★
	第72条【缓刑的条件、禁止令与附加刑的执行】	★★★★★
	第73条【缓刑考验期限】	★★★★
	第25条【共同犯罪的概念】	★★★
	第52条【罚金数额的裁量】	★★★
	第53条【罚金的缴纳、减免】	★★★
	第64条【犯罪所得之物、所用之物的处理】	★★★
	第30条【单位负刑事责任的范围】	★★
	第31条【单位犯罪的处罚】	★★
	第26条【主犯,犯罪集团】	★
	第27条【从犯;从犯的处罚】	★
	第69条【判决宣告前一人犯数罪的并罚】	★
自首和立功司法解释	第1条【自首及其认定】	★

第205条之1【虚开发票罪】 ★★★★

虚开本法第二百零五条规定以外的其他发票,情节严重的,处二年以下有期徒刑、拘役或者管制,并处罚金;情节特别严重的,处二年以上七年以下有期徒刑,并处罚金。

单位犯前款罪的,对单位判处罚金,并对其直接负责的主管人员和其他直接责任人员,依照前款的规定处罚。

一、主要适用的案由及其相关度

案由编号	主要适用的案由	相关度
X3.6.205-1	虚开发票罪	★★★★★

二、同时适用的法条及其相关度

	同时适用的法条	相关度
刑法	第67条【自首及其认定】	★★★★★
	第72条【缓刑的条件、禁止令与附加刑的执行】	★★★★★
	第52条【罚金数额的裁量】	★★★★
	第73条【缓刑考验期限】	★★★★
	第25条【共同犯罪的概念】	★★★
	第53条【罚金的缴纳、减免】	★★★
	第64条【犯罪所得之物、所用之物的处理】	★★★
	第26条【主犯;犯罪集团】	★

第206条【伪造、出售伪造的增值税专用发票罪】 ★★

伪造或者出售伪造的增值税专用发票的,处三年以下有期徒刑、拘役或者管制,并处二万元以上二十万元以下罚金;数量较大或者有其他严重情节的,处三年以上十年以下有期徒刑,并处五万元以上五十万元以下罚金;数量巨大或者有其他特别严重情节的,处十年以上有期徒刑或者无期徒刑,并处五万元以上五十万元以下罚金或者没收财产。

单位犯本条规定之罪的,对单位判处罚金,并对其直接负责的主管人员和其他直接责任人员,处三年以下有期徒刑、拘役或者管制;数量较大或者有其他严重情节的,处三年以上十年以下有期徒刑;数量巨大或者有其他特别严重情节的,处十年以上有期徒刑或者无期徒刑。

一、主要适用的案由及其相关度

案由编号	主要适用的案由	相关度
X3.6.206	伪造、出售伪造的增值税专用发票罪	★★★★★
X3.6.209.2	非法制造、出售非法制造的发票罪	★★

二、同时适用的法条及其相关度

	同时适用的法条	相关度
刑法	第52条【罚金数额的裁量】	★★★★★
	第64条【犯罪所得之物、所用之物的处理】	★★★★★
	第67条【自首及其认定】	★★★★★
	第69条【判决宣告前一人犯数罪的并罚】	★★★★★
	第209条【非法制造、出售非法制造的用于骗取出口退税、抵扣税款发票罪；非法制造、出售非法制造的发票罪；非法出售用于骗取出口退税、抵扣税款发票罪；非法出售发票罪】	★★★★★
	第53条【罚金的缴纳、减免】	★★★★
	第23条【犯罪未遂；犯罪未遂的处罚】	★★★
	第25条【共同犯罪的概念】	★★★
	第27条【从犯；从犯的处罚】	★★★
	第26条【主犯；犯罪集团】	★★
	第72条【缓刑的条件、禁止令与附加刑的执行】	★★
	第73条【缓刑考验期限】	★★
	第61条【量刑根据】	★
	第65条【一般累犯】	★
	第208条【非法购买增值税专用发票、购买伪造的增值税专用发票罪；虚开增值税专用发票罪；出售伪造的增值税专用发票罪；非法出售增值税专用发票罪】	★

	同时适用的法条	相关度	
关于适用《惩治虚开、伪造和非法出售增值税专用发票犯罪的决定》的解释	第2条【伪造、出售伪造的增值税专用发票罪】	★	911

第207条【非法出售增值税专用发票罪】　　★★

非法出售增值税专用发票的,处三年以下有期徒刑、拘役或者管制,并处二万元以上二十万元以下罚金;数量较大的,处三年以上十年以下有期徒刑,并处五万元以上五十万元以下罚金;数量巨大的,处十年以上有期徒刑或者无期徒刑,并处五万元以上五十万元以下罚金或者没收财产。

▨ 同时适用的法条及其相关度

	同时适用的法条	相关度	
刑法	第67条【自首及其认定】	★★★★★	333
	第25条【共同犯罪的概念】	★★★	
	第52条【罚金数额的裁量】	★★★	
	第53条【罚金的缴纳、减免】	★★★	
	第64条【犯罪所得之物、所用之物的处理】	★★★	
	第72条【缓刑的条件、禁止令与附加刑的执行】	★★★	
	第73条【缓刑考验期限】	★★★	
	第69条【判决宣告前一人犯数罪的并罚】	★★	
	第23条【犯罪未遂;犯罪未遂的处罚】	★	
	第26条【主犯;犯罪集团】	★	
	第27条【从犯;从犯的处罚】	★	
	第61条【量刑根据】	★	

	同时适用的法条	相关度
刑法	第208条【非法购买增值税专用发票、购买伪造的增值税专用发票罪;虚开增值税专用发票罪;出售伪造的增值税专用发票罪;非法出售增值税专用发票罪】	★
	第209条【非法制造、出售非法制造的用于骗取出口退税、抵扣税款发票罪;非法制造、出售非法制造的发票罪;非法出售用于骗取出口退税、抵扣税款发票罪;非法出售发票罪】	★

第208条【非法购买增值税专用发票、购买伪造的增值税专用发票罪;虚开增值税专用发票罪;出售伪造的增值税专用发票罪;非法出售增值税专用发票罪】 ★★

非法购买增值税专用发票或者购买伪造的增值税专用发票的,处五年以下有期徒刑或者拘役,并处或者单处二万元以上二十万元以下罚金。

非法购买增值税专用发票或者购买伪造的增值税专用发票又虚开或者出售的,分别依照本法第二百零五条、第二百零六条、第二百零七条的规定定罪处罚。

一、主要适用的案由及其相关度

案由编号	主要适用的案由	相关度
X3.6.208.1	非法购买增值税专用发票、购买伪造的增值税专用发票罪	★★★★★
X3.6.205	虚开增值税专用发票、用于骗取出口退税、抵扣税款发票罪	★★

二、同时适用的法条及其相关度

	同时适用的法条	相关度
刑法	第67条【自首及其认定】	★★★★★
	第72条【缓刑的条件、禁止令与附加刑的执行】	★★★★★

	同时适用的法条	相关度
刑法	第52条【罚金数额的裁量】	★★★★
	第73条【缓刑考验期限】	★★★★
	第53条【罚金的缴纳、减免】	★★★
	第64条【犯罪所得之物、所用之物的处理】	★★★
	第25条【共同犯罪的概念】	★★
	第69条【判决宣告前一人犯数罪的并罚】	★★
	第205条【虚开增值税专用发票、用于骗取出口退税、抵扣税款发票罪】	★★
	第26条【主犯;犯罪集团】	★
	第27条【从犯;从犯的处罚】	★
	第61条【量刑根据】	★
	第211条【单位犯危害税收征管罪的处罚】	★

第209条【非法制造、出售非法制造的用于骗取出口退税、抵扣税款发票罪;非法制造、出售非法制造的发票罪;非法出售用于骗取出口退税、抵扣税款发票罪;非法出售发票罪】 ★★★★

伪造、擅自制造或者出售伪造、擅自制造的可以用于骗取出口退税、抵扣税款的其他发票的,处三年以下有期徒刑、拘役或者管制,并处二万元以上二十万元以下罚金;数量巨大的,处三年以上七年以下有期徒刑,并处五万元以上五十万元以下罚金;数量特别巨大的,处七年以上有期徒刑,并处五万元以上五十万元以下罚金或者没收财产。

伪造、擅自制造或者出售伪造、擅自制造的前款规定以外的其他发票的,处二年以下有期徒刑、拘役或者管制,并处或者单处一万元以上五万元以下罚金;情节严重的,处二年以上七年以下有期徒刑,并处五万元以上五十万元以下罚金。

非法出售可以用于骗取出口退税、抵扣税款的其他发票的,依照第一款的规定处罚。

非法出售第三款规定以外的其他发票的,依照第二款的规定处罚。

■ 一、主要适用的案由及其相关度

案由编号	主要适用的案由	相关度
X3.6.209.2	非法制造、出售非法制造的发票罪	★★★★★
X3.6.209.4	非法出售发票罪	★★

■ 二、同时适用的法条及其相关度

	同时适用的法条	相关度
刑法	第53条【罚金的缴纳、减免】	★★★★★
	第64条【犯罪所得之物、所用之物的处理】	★★★★★
	第67条【自首及其认定】	★★★★★
	第52条【罚金数额的裁量】	★★★★
	第23条【犯罪未遂;犯罪未遂的处罚】	★★★
	第25条【共同犯罪的概念】	★★★
	第72条【缓刑的条件、禁止令与附加刑的执行】	★★★
	第73条【缓刑考验期限】	★★★
	第61条【量刑根据】	★★
	第69条【判决宣告前一人犯数罪的并罚】	★★
	第26条【主犯;犯罪集团】	★
	第27条【从犯;从犯的处罚】	★

第210条【盗窃罪;诈骗罪】①

盗窃增值税专用发票或者可以用于骗取出口退税、抵扣税款的其他发票的,依照本法第二百六十四条的规定定罪处罚。

使用欺骗手段骗取增值税专用发票或者可以用于骗取出口退税、抵扣税款的其他发票的,依照本法第二百六十六条的规定定罪处罚。

第210条之1【持有伪造的发票罪】 ★★★★

明知是伪造的发票而持有,数量较大的,处二年以下有期徒刑、拘役或

---

① 说明:本法条尚无足够数量判决书可供法律大数据分析。

者管制,并处罚金;数量巨大的,处二年以上七年以下有期徒刑,并处罚金。

单位犯前款罪的,对单位判处罚金,并对其直接负责的主管人员和其他直接责任人员,依照前款的规定处罚。

■ 主要适用的案由及其相关度

案由编号	主要适用的案由	相关度
X3.6.210-1	持有伪造的发票罪	★★★★★

第211条【单位犯危害税收征管罪的处罚】　★★

单位犯本节第二百零一条、第二百零三条、第二百零四条、第二百零七条、第二百零八条、第二百零九条规定之罪的,对单位判处罚金,并对其直接负责的主管人员和其他直接责任人员,依照各该条的规定处罚。

■ 一、主要适用的案由及其相关度

案由编号	主要适用的案由	相关度
X3.6.201	逃税罪	★★★★★
X3.6.204.1	骗取出口退税罪	★★
X3.6.205	虚开增值税专用发票、用于骗取出口退税、抵扣税款发票罪	★

■ 二、同时适用的法条及其相关度

	同时适用的法条	相关度
刑法	第67条【自首及其认定】	★★★★★
	第201条【逃税罪】	★★★★★
	第52条【罚金数额的裁量】	★★★★
	第72条【缓刑的条件、禁止令与附加刑的执行】	★★★★
	第25条【共同犯罪的概念】	★★★
	第30条【单位负刑事责任的范围】	★★★
	第31条【单位犯罪的处罚】	★★★
	第53条【罚金的缴纳、减免】	★★★
	第64条【犯罪所得之物、所用之物的处理】	★★★

	同时适用的法条	相关度
刑法	第73条【缓刑考验期限】	★★★
	第204条【骗取出口退税罪;逃税罪】	★★
	第26条【主犯;犯罪集团】	★
	第27条【从犯;从犯的处罚】	★
	第68条【立功】	★
	第69条【判决宣告前一人犯数罪的并罚】	★
	第205条【虚开增值税专用发票、用于骗取出口退税、抵扣税款发票罪】	★
	第212条【税款的追缴】	★

第212条【税款的追缴】 ★★

犯本节第二百零一条至第二百零五条规定之罪,被判处罚金、没收财产的,在执行前,应当先由税务机关追缴税款和所骗取的出口退税款。

一、主要适用的案由及其相关度

案由编号	主要适用的案由	相关度
X3.6.205	虚开增值税专用发票、用于骗取出口退税、抵扣税款发票罪	★★★★★
X6.2.312	掩饰、隐瞒犯罪所得、犯罪所得收益罪	★★★
X3.6.201	逃税罪	★
X3.6.204.1	骗取出口退税罪	★

二、同时适用的法条及其相关度

	同时适用的法条	相关度
刑法	第52条【罚金数额的裁量】	★★★★★
	第53条【罚金的缴纳、减免】	★★★★
	第64条【犯罪所得之物、所用之物的处理】	★★★★

	同时适用的法条	相关度
刑法	第67条【自首及其认定】	★★★★★
	第72条【缓刑的条件、禁止令与附加刑的执行】	★★★★★
	第25条【共同犯罪的概念】	★★★★
	第73条【缓刑考验期限】	★★★★
	第205条【虚开增值税专用发票、用于骗取出口退税、抵扣税款发票罪】	★★★★
	第27条【从犯;从犯的处罚】	★★★
	第30条【单位负刑事责任的范围】	★★★
	第31条【单位犯罪的处罚】	★★★
	第26条【主犯;犯罪集团】	★★
	第211条【单位犯危害税收征管罪的处罚】	★★
	第264条【盗窃罪】	★★
	第23条【犯罪未遂;犯罪未遂的处罚】	★
	第45条【有期徒刑的期限】	★
	第61条【量刑根据】	★
	第65条【一般累犯】	★
	第68条【立功】	★
	第69条【判决宣告前一人犯数罪的并罚】	★
	第77条【缓刑考验不合格的处理】	★
	第201条【逃税罪】	★
	第204条【骗取出口退税罪;逃税罪】	★

		同时适用的法条	相关度
911	罪的决定》的解释关于适用《惩治虚开、伪造和非法出售增值税专用发票犯	第1条【虚开增值税专用发票、用于骗取出口退税、抵扣税款发票罪】	★
888	司法解释审理骗取出口退税刑事案件	第9条【同时构成骗取出口退税罪和其他罪名的定罪处罚】	★

第七节 侵犯知识产权罪

第213条【假冒注册商标罪】　　★★★★

未经注册商标所有人许可,在同一种商品上使用与其注册商标相同的商标,情节严重的,处三年以下有期徒刑或者拘役,并处或者单处罚金;情节特别严重的,处三年以上七年以下有期徒刑,并处罚金。

■ 一、主要适用的案由及其相关度

案由编号	主要适用的案由	相关度
X3.7.213	假冒注册商标罪	★★★★★

■ 二、同时适用的法条及其相关度

		同时适用的法条	相关度
333	刑法	第64条【犯罪所得之物、所用之物的处理】	★★★★★
		第67条【自首及其认定】	★★★★★
		第72条【缓刑的条件、禁止令与附加刑的执行】	★★★★★

	同时适用的法条	相关度	
刑法	第52条【罚金数额的裁量】	★★★★	333
	第53条【罚金的缴纳、减免】	★★★★	
	第73条【缓刑考验期限】	★★★★	
	第25条【共同犯罪的概念】	★★★	
	第26条【主犯；犯罪集团】	★★★	
	第27条【从犯；从犯的处罚】	★★★	
	第61条【量刑根据】	★	
	第214条【销售假冒注册商标的商品罪】	★	
	第220条【单位犯侵犯知识产权罪的处罚】	★	
司法解释一 办理侵犯知识产权刑事案件	第1条【假冒注册商标罪"情节严重""情节特别严重"的认定】	★★★★	845
	第12条【"非法经营数额"的认定】	★★★	
	第8条【假冒注册商标罪"相同的商标"和"使用"的认定】	★	
	第13条【假冒注册商标罪和销售假冒注册商标的商品罪的竞合】	★	
司法解释二 办理侵犯知识产权刑事案件	第4条【法院在审判侵犯知识产权犯罪时罚金的确定标准】	★★★	836

第214条【销售假冒注册商标的商品罪】 ★★★★

销售明知是假冒注册商标的商品,销售金额数额较大的,处三年以下有期徒刑或者拘役,并处或者单处罚金;销售金额数额巨大的,处三年以上七年以下有期徒刑,并处罚金。

一、主要适用的案由及其相关度

案由编号	主要适用的案由	相关度
X3.7.214	销售假冒注册商标的商品罪	★★★★★

二、同时适用的法条及其相关度

		同时适用的法条	相关度
刑法		第64条【犯罪所得之物、所用之物的处理】	★★★★★
		第67条【自首及其认定】	★★★★★
		第72条【缓刑的条件、禁止令与附加刑的执行】	★★★★★
		第23条【犯罪未遂;犯罪未遂的处罚】	★★★★
		第52条【罚金数额的裁量】	★★★★
		第53条【罚金的缴纳、减免】	★★★★
		第73条【缓刑考验期限】	★★★★
		第25条【共同犯罪的概念】	★★★
		第27条【从犯;从犯的处罚】	★★★
		第26条【主犯;犯罪集团】	★★
		第61条【量刑根据】	★
		第213条【假冒注册商标罪】	★
司法解释一	办理侵犯知识产权刑事案件	第2条【销售假冒注册商标罪"数额较大""数额巨大"的认定】	★★★★
		第12条【"非法经营数额"的认定】	★★
		第9条【销售假冒注册商标的商品罪"销售金额"和"明知"的认定】	★
司法解释二	办理侵犯知识产权刑事案件	第4条【法院在审判侵犯知识产权犯罪时罚金的确定标准】	★★★

	同时适用的法条	相关度
法律的意见 权办理刑事案件适用 侵犯知识产	第8条【关于销售假冒注册商标犯罪案件中尚未销售或者部分销售情形的定罪量刑问题】	★

913

第215条【非法制造、销售非法制造的注册商标标识罪】 ★★★★

伪造、擅自制造他人注册商标标识或者销售伪造、擅自制造的注册商标标识,情节严重的,处三年以下有期徒刑、拘役或者管制,并处或者单处罚金;情节特别严重的,处三年以上七年以下有期徒刑,并处罚金。

一、主要适用的案由及其相关度

案由编号	主要适用的案由	相关度
X3.7.215	非法制造、销售非法制造的注册商标标识罪	★★★★★

二、同时适用的法条及其相关度

	同时适用的法条	相关度
刑法	第64条【犯罪所得之物、所用之物的处理】	★★★★★
	第67条【自首及其认定】	★★★★★
	第72条【缓刑的条件、禁止令与附加刑的执行】	★★★★★
	第73条【缓刑考验期限】	★★★★
	第25条【共同犯罪的概念】	★★★
	第52条【罚金数额的裁量】	★★★
	第53条【罚金的缴纳、减免】	★★★
	第26条【主犯;犯罪集团】	★★
	第27条【从犯;从犯的处罚】	★★
	第23条【犯罪未遂;犯罪未遂的处罚】	★
	第213条【假冒注册商标罪】	★

333

		同时适用的法条	相关度
845	司法解释一 产权 办理侵犯知识刑事案件	第3条【非法制造、销售非法制造的注册商标标识罪】	★★★★
		第12条【"非法经营数额"的认定】	★★
836	司法解释二 产权 办理侵犯知识刑事案件	第4条【法院在审判侵犯知识产权犯罪时罚金的确定标准】	★★

第216条【假冒专利罪】①

假冒他人专利,情节严重的,处三年以下有期徒刑或者拘役,并处或者单处罚金。

第217条【侵犯著作权罪】 ★★★★

以营利为目的,有下列侵犯著作权情形之一,违法所得数额较大或者有其他严重情节的,处三年以下有期徒刑或者拘役,并处或者单处罚金;违法所得数额巨大或者有其他特别严重情节的,处三年以上七年以下有期徒刑,并处罚金:

(一)未经著作权人许可,复制发行其文字作品、音乐、电影、电视、录像作品、计算机软件及其他作品的;

(二)出版他人享有专有出版权的图书的;

(三)未经录音录像制作者许可,复制发行其制作的录音录像的;

(四)制作、出售假冒他人署名的美术作品的。

■ 一、主要适用的案由及其相关度

案由编号	主要适用的案由	相关度
X3.7.217	侵犯著作权罪	★★★★★

---

① 说明:本法条尚无足够数量判决书可供法律大数据分析。

二、同时适用的法条及其相关度

	同时适用的法条	相关度	
刑法	第64条【犯罪所得之物、所用之物的处理】	★★★★★	333
	第67条【自首及其认定】	★★★★★	
	第72条【缓刑的条件、禁止令与附加刑的执行】	★★★★★	
	第73条【缓刑考验期限】	★★★★	
	第23条【犯罪未遂；犯罪未遂的处罚】	★★★	
	第52条【罚金数额的裁量】	★★★	
	第53条【罚金的缴纳、减免】	★★★	
	第25条【共同犯罪的概念】	★★	
	第26条【主犯；犯罪集团】	★	
	第27条【从犯；从犯的处罚】	★	
	第69条【判决宣告前一人犯数罪的并罚】	★	
	第363条【制作、复制、出版、贩卖、传播淫秽物品牟利罪；为他人提供书号出版淫秽书刊罪】	★	
司法解释二 办理侵犯知识产权刑事案件	第1条【侵犯著作权罪中"有其他严重情节"和"有其他特别严重情节"的定义】	★★★	836
	第4条【法院在审判侵犯知识产权犯罪时罚金的确定标准】	★★★	
	第2条【侵犯著作权罪中"复制发行"的认定】	★	
司法解释一 办理侵犯知识产权刑事案件	第5条【侵犯著作权罪"违法所得数额较大""违法所得数额巨大"和"有其他严重情节""有其他特别严重情节"的认定】	★	845

第218条【销售侵权复制品罪】 ★★

以营利为目的,销售明知是本法第二百一十七条规定的侵权复制品,违法所得数额巨大的,处三年以下有期徒刑或者拘役,并处或者单处罚金。

主要适用的案由及其相关度

案由编号	主要适用的案由	相关度
X3.7.218	销售侵权复制品罪	★★★★★

第219条【侵犯商业秘密罪】 ★★

有下列侵犯商业秘密行为之一,给商业秘密的权利人造成重大损失的,处三年以下有期徒刑或者拘役,并处或者单处罚金;造成特别严重后果的,处三年以上七年以下有期徒刑,并处罚金:

(一)以盗窃、利诱、胁迫或者其他不正当手段获取权利人的商业秘密的;

(二)披露、使用或者允许他人使用以前项手段获取的权利人的商业秘密的;

(三)违反约定或者违反权利人有关保守商业秘密的要求,披露、使用或者允许他人使用其所掌握的商业秘密的。

明知或者应知前款所列行为,获取、使用或者披露他人的商业秘密的,以侵犯商业秘密论。

本条所称商业秘密,是指不为公众所知悉,能为权利人带来经济利益,具有实用性并经权利人采取保密措施的技术信息和经营信息。

本条所称权利人,是指商业秘密的所有人和经商业秘密所有人许可的商业秘密使用人。

一、主要适用的案由及其相关度

案由编号	主要适用的案由	相关度
X3.7.219	侵犯商业秘密罪	★★★★★
X8.385	受贿罪	★

二、同时适用的法条及其相关度

		同时适用的法条	相关度	
刑法		第67条【自首及其认定】	★★★★★	333
		第25条【共同犯罪的概念】	★★★★	
		第52条【罚金数额的裁量】	★★★★	
		第53条【罚金的缴纳、减免】	★★★★	
		第64条【犯罪所得之物、所用之物的处理】	★★★★	
		第72条【缓刑的条件、禁止令与附加刑的执行】	★★★★	
		第73条【缓刑考验期限】	★★★★	
		第69条【判决宣告前一人犯数罪的并罚】	★★	
司法解释一	办理侵犯知识产权刑事案件	第7条【侵犯商业秘密罪】	★★★★★	845
司法解释二	办理侵犯知识产权刑事案件	第4条【法院在审判侵犯知识产权犯罪时罚金的确定标准】	★★★★	836
法解释	自首和立功司	第1条【自首及其认定】	★	799

第220条【单位犯侵犯知识产权罪的处罚】 ★★★

单位犯本节第二百一十三条至第二百一十九条规定之罪的,对单位判处罚金,并对其直接负责的主管人员和其他直接责任人员,依照本节各该条的规定处罚。

主要适用的案由及其相关度

案由编号	主要适用的案由	相关度
X3.7.213	假冒注册商标罪	★★★★★
X3.7.214	销售假冒注册商标的商品罪	★★★
X3.7.215	非法制造、销售非法制造的注册商标标识罪	★

第八节 扰乱市场秩序罪

第221条【损害商业信誉、商品声誉罪】①

捏造并散布虚伪事实,损害他人的商业信誉、商品声誉,给他人造成重大损失或者有其他严重情节的,处二年以下有期徒刑或者拘役,并处或者单处罚金。

第222条【虚假广告罪】②

广告主、广告经营者、广告发布者违反国家规定,利用广告对商品或者服务作虚假宣传,情节严重的,处二年以下有期徒刑或者拘役,并处或者单处罚金。

第223条【串通投标罪】 ★★★

投标人相互串通投标报价,损害招标人或者其他投标人利益,情节严重的,处三年以下有期徒刑或者拘役,并处或者单处罚金。

投标人与招标人串通投标,损害国家、集体、公民的合法利益的,依照前款的规定处罚。

一、主要适用的案由及其相关度

案由编号	主要适用的案由	相关度
X3.8.223	串通投标罪	★★★★★

---

① 说明:本法条尚无足够数量判决书可供法律大数据分析。
② 同上注。

二、同时适用的法条及其相关度

	同时适用的法条	相关度
刑法	第67条【自首及其认定】	★★★★★
	第25条【共同犯罪的概念】	★★★★
	第72条【缓刑的条件、禁止令与附加刑的执行】	★★★★
	第52条【罚金数额的裁量】	★★★
	第53条【罚金的缴纳、减免】	★★★
	第64条【犯罪所得之物、所用之物的处理】	★★★
	第73条【缓刑考验期限】	★★★
	第26条【主犯;犯罪集团】	★★
	第27条【从犯;从犯的处罚】	★★
	第69条【判决宣告前一人犯数罪的并罚】	★★
	第68条【立功】	★
	第231条【对单位犯扰乱市场秩序罪的处罚方式】	★
	第389条【行贿罪】	★
	第390条【行贿罪的处罚】	★

第224条【合同诈骗罪】 ★★★★★

有下列情形之一,以非法占有为目的,在签订、履行合同过程中,骗取对方当事人财物,数额较大的,处三年以下有期徒刑或者拘役,并处或者单处罚金;数额巨大或者有其他严重情节的,处三年以上十年以下有期徒刑,并处罚金;数额特别巨大或者有其他特别严重情节的,处十年以上有期徒刑或者无期徒刑,并处罚金或者没收财产:

(一)以虚构的单位或者冒用他人名义签订合同的;

(二)以伪造、变造、作废的票据或者其他虚假的产权证明作担保的;

(三)没有实际履行能力,以先履行小额合同或者部分履行合同的方法,诱骗对方当事人继续签订和履行合同的;

(四)收受对方当事人给付的货物、货款、预付款或者担保财产后逃匿的;

(五)以其他方法骗取对方当事人财物的。

一、主要适用的案由及其相关度

案由编号	主要适用的案由	相关度
X3.8.224	合同诈骗罪	★★★★★
X5.266	诈骗罪	★★

二、同时适用的法条及其相关度

	同时适用的法条	相关度
刑法	第52条【罚金数额的裁量】	★★★★★
	第53条【罚金的缴纳、减免】	★★★★★
	第64条【犯罪所得之物、所用之物的处理】	★★★★★
	第67条【自首及其认定】	★★★★★
	第25条【共同犯罪的概念】	★★★
	第69条【判决宣告前一人犯数罪的并罚】	★★★
	第72条【缓刑的条件、禁止令与附加刑的执行】	★★★
	第73条【缓刑考验期限】	★★★
	第26条【主犯;犯罪集团】	★★
	第27条【从犯;从犯的处罚】	★★
	第47条【有期徒刑刑期的计算与折抵】	★★
	第61条【量刑根据】	★★
	第65条【一般累犯】	★★
	第266条【诈骗罪】	★★
	第45条【有期徒刑的期限】	★
	第56条【剥夺政治权利的适用范围】	★

第224条之1【组织、领导传销活动罪】　　　　　　★★★★

组织、领导以推销商品、提供服务等经营活动为名,要求参加者以缴纳费用或者购买商品、服务等方式获得加入资格,并按照一定顺序组成层级,直接或者间接以发展人员的数量作为计酬或者返利依据,引诱、胁迫参加者继续发展他人参加,骗取财物,扰乱经济社会秩序的传销活动的,处五年以下有期徒刑或者拘役,并处罚金;情节严重的,处五年以上有期徒刑,并处罚金。

一、主要适用的案由及其相关度

案由编号	主要适用的案由	相关度
X3.8.224-1	组织、领导传销活动罪	★★★★★

二、同时适用的法条及其相关度

	同时适用的法条	相关度
刑法	第25条【共同犯罪的概念】	★★★★★
	第67条【自首及其认定】	★★★★★
	第52条【罚金数额的裁量】	★★★★
	第53条【罚金的缴纳、减免】	★★★★
	第64条【犯罪所得之物、所用之物的处理】	★★★★
	第27条【从犯;从犯的处罚】	★★★
	第72条【缓刑的条件、禁止令与附加刑的执行】	★★★
	第73条【缓刑考验期限】	★★★
	第26条【主犯;犯罪集团】	★★
	第61条【量刑根据】	★
办理组织领导传销活动刑事案件适用法律的意见	第1条【关于传销组织层级及人数的认定问题】	★

第225条【非法经营罪】 ★★★★★

违反国家规定,有下列非法经营行为之一,扰乱市场秩序,情节严重的,处五年以下有期徒刑或者拘役,并处或者单处违法所得一倍以上五倍以下罚金;情节特别严重的,处五年以上有期徒刑,并处违法所得一倍以上五倍以下罚金或者没收财产:

(一)未经许可经营法律、行政法规规定的专营、专卖物品或者其他限制买卖的物品的；

（二）买卖进出口许可证、进出口原产地证明以及其他法律、行政法规规定的经营许可证或者批准文件的；

（三）未经国家有关主管部门批准非法经营证券、期货、保险业务的，或者非法从事资金支付结算业务的；

（四）其他严重扰乱市场秩序的非法经营行为。

一、主要适用的案由及其相关度

案由编号	主要适用的案由	相关度
X3.8.225	非法经营罪	★★★★★

二、同时适用的法条及其相关度

	同时适用的法条	相关度
刑法	第64条【犯罪所得之物、所用之物的处理】	★★★★★
	第67条【自首及其认定】	★★★★★
	第72条【缓刑的条件、禁止令与附加刑的执行】	★★★★★
	第52条【罚金数额的裁量】	★★★★
	第73条【缓刑考验期限】	★★★★
	第25条【共同犯罪的概念】	★★★
	第27条【从犯；从犯的处罚】	★★★
	第53条【罚金的缴纳、减免】	★★★
	第26条【主犯；犯罪集团】	★★
	第61条【量刑根据】	★★
	第23条【犯罪未遂；犯罪未遂的处罚】	★
	第45条【有期徒刑的期限】	★
	第47条【有期徒刑刑期的计算与折抵】	★
	第68条【立功】	★
	第69条【判决宣告前一人犯数罪的并罚】	★

	同时适用的法条	相关度
办理非法生产、销售烟草专卖品等刑事案件司法解释	第3条【非法经营烟草专卖品"情节严重""情节特别严重"的认定】	★★★
	第1条【生产、销售伪劣产品罪;假冒注册商标罪;销售假冒注册商标的商品罪;非法制造、销售非法制造的注册商标标识罪;非法经营罪】	★★
	第4条【非法经营烟草专卖品的非法经营数额的计算】	★

第226条【强迫交易罪】 ★★★★

以暴力、威胁手段,实施下列行为之一,情节严重的,处三年以下有期徒刑或者拘役,并处或者单处罚金;情节特别严重的,处三年以上七年以下有期徒刑,并处罚金:

(一)强买强卖商品的;

(二)强迫他人提供或者接受服务的;

(三)强迫他人参与或者退出投标、拍卖的;

(四)强迫他人转让或者收购公司、企业的股份、债券或者其他资产的;

(五)强迫他人参与或者退出特定的经营活动的。

一、主要适用的案由及其相关度

案由编号	主要适用的案由	相关度
X3.8.226	强迫交易罪	★★★★★

二、同时适用的法条及其相关度

	同时适用的法条	相关度
刑法	第25条【共同犯罪的概念】	★★★★★
	第67条【自首及其认定】	★★★★★
	第52条【罚金数额的裁量】	★★★★
	第53条【罚金的缴纳、减免】	★★★★

	同时适用的法条	相关度
刑法	第72条【缓刑的条件、禁止令与附加刑的执行】	★★★★
	第26条【主犯;犯罪集团】	★★★
	第27条【从犯;从犯的处罚】	★★★
	第64条【犯罪所得之物、所用之物的处理】	★★★
	第69条【判决宣告前一人犯数罪的并罚】	★★★
	第73条【缓刑考验期限】	★★★
	第61条【量刑根据】	★★
	第65条【一般累犯】	★★
	第274条【敲诈勒索罪】	★★
	第293条【寻衅滋事罪】	★★
	第23条【犯罪未遂;犯罪未遂的处罚】	★
	第234条【故意伤害罪】	★

第227条【伪造、倒卖伪造的有价票证罪;倒卖车票、船票罪】 ★★

伪造或者倒卖伪造的车票、船票、邮票或者其他有价票证,数额较大的,处二年以下有期徒刑、拘役或者管制,并处或者单处票证价额一倍以上五倍以下罚金;数额巨大的,处二年以上七年以下有期徒刑,并处票证价额一倍以上五倍以下罚金。

倒卖车票、船票,情节严重的,处三年以下有期徒刑、拘役或者管制,并处或者单处票证价额一倍以上五倍以下罚金。

■ 一、主要适用的案由及其相关度

案由编号	主要适用的案由	相关度
X3.8.227.1	伪造、倒卖伪造的有价票证罪	★★★★★
X3.8.227.2	倒卖车票、船票罪	★★★

二、同时适用的法条及其相关度

	同时适用的法条	相关度	
刑法	第64条【犯罪所得之物、所用之物的处理】	★★★★★	333
	第67条【自首及其认定】	★★★★★	
	第52条【罚金数额的裁量】	★★★★	
	第53条【罚金的缴纳、减免】	★★★★	
	第72条【缓刑的条件、禁止令与附加刑的执行】	★★★★	
	第25条【共同犯罪的概念】	★★★	
	第73条【缓刑考验期限】	★★★	
	第27条【从犯;从犯的处罚】	★★	
	第69条【判决宣告前一人犯数罪的并罚】	★★	
	第23条【犯罪未遂;犯罪未遂的处罚】	★	
	第26条【主犯;犯罪集团】	★	
	第61条【量刑根据】	★	
	第68条【立功】	★	
司法解释 审理倒卖车票刑事案件	第1条【"倒卖车票情节严重"的认定】	★	887

第228条【非法转让、倒卖土地使用权罪】　　★★★★

以牟利为目的,违反土地管理法规,非法转让、倒卖土地使用权,情节严重的,处三年以下有期徒刑或者拘役,并处或者单处非法转让、倒卖土地使用权价额百分之五以上百分之二十以下罚金;情节特别严重的,处三年以上七年以下有期徒刑,并处非法转让、倒卖土地使用权价额百分之五以上百分之二十以下罚金。

一、主要适用的案由及其相关度

案由编号	主要适用的案由	相关度
X3.8.228	非法转让、倒卖土地使用权罪	★★★★★

■ 二、同时适用的法条及其相关度

		同时适用的法条	相关度
刑法		第67条【自首及其认定】	★★★★★
		第72条【缓刑的条件、禁止令与附加刑的执行】	★★★★★
		第52条【罚金数额的裁量】	★★★★
		第64条【犯罪所得之物、所用之物的处理】	★★★★
		第73条【缓刑考验期限】	★★★★
		第25条【共同犯罪的概念】	★★★
		第53条【罚金的缴纳、减免】	★★★
		第69条【判决宣告前一人犯数罪的并罚】	★★
		第231条【对单位犯扰乱市场秩序罪的处罚方式】	★★
		第26条【主犯；犯罪集团】	★
		第27条【从犯；从犯的处罚】	★
		第30条【单位负刑事责任的范围】	★
		第31条【单位犯罪的处罚】	★
		第61条【量刑根据】	★
司法解释	破坏资源犯罪土地	第1条【非法转让、倒卖土地使用权罪"情节严重"的认定】	★★
		第2条【非法转让、倒卖土地使用权罪"情节特别严重"的认定】	★★

第229条【提供虚假证明文件罪；出具证明文件重大失实罪】　★★

承担资产评估、验资、验证、会计、审计、法律服务等职责的中介组织的人员故意提供虚假证明文件，情节严重的，处五年以下有期徒刑或者拘役，并处罚金。

前款规定的人员，索取他人财物或者非法收受他人财物，犯前款罪的，处五年以上十年以下有期徒刑，并处罚金。

第一款规定的人员，严重不负责任，出具的证明文件有重大失实，造成严重后果的，处三年以下有期徒刑或者拘役，并处或者单处罚金。

一、主要适用的案由及其相关度

案由编号	主要适用的案由	相关度
X3.8.229.1	提供虚假证明文件罪	★★★★★
X3.8.229.3	出具证明文件重大失实罪	★★★★
X6.1.292.1	聚众斗殴罪	★
X9.397:1	滥用职权罪	★

二、同时适用的法条及其相关度

	同时适用的法条	相关度
刑法	第67条【自首及其认定】	★★★★★
	第72条【缓刑的条件、禁止令与附加刑的执行】	★★★★★
	第73条【缓刑考验期限】	★★★★
	第52条【罚金数额的裁量】	★★★
	第53条【罚金的缴纳、减免】	★★★
	第64条【犯罪所得之物、所用之物的处理】	★★★
	第25条【共同犯罪的概念】	★★
	第37条【免予刑事处罚与非刑事处罚措施】	★★
	第26条【主犯；犯罪集团】	★
	第27条【从犯；从犯的处罚】	★
	第30条【单位负刑事责任的范围】	★
	第31条【单位犯罪的处罚】	★
	第45条【有期徒刑的期限】	★
	第69条【判决宣告前一人犯数罪的并罚】	★
	第175条之1【骗取贷款、票据承兑、金融票证罪】	★
	第231条【对单位犯扰乱市场秩序罪的处罚方式】	★
	第397条【滥用职权罪；玩忽职守罪】	★

第230条【逃避商检罪】①

违反进出口商品检验法的规定,逃避商品检验,将必须经商检机构检验的进口商品未报经检验而擅自销售、使用,或者将必须经商检机构检验的出口商品未报经检验合格而擅自出口,情节严重的,处三年以下有期徒刑或者拘役,并处或者单处罚金。

第231条【对单位犯扰乱市场秩序罪的处罚方式】 ★★★

单位犯本节第二百二十一条至第二百三十条规定之罪的,对单位判处罚金,并对其直接负责的主管人员和其他直接责任人员,依照本节各该条的规定处罚。

■ 一、主要适用的案由及其相关度

案由编号	主要适用的案由	相关度
X3.8.224	合同诈骗罪	★★★★★
X3.8.228	非法转让、倒卖土地使用权罪	★★★
X3.8.225	非法经营罪	★★
X3.8.223	串通投标罪	★

■ 二、同时适用的法条及其相关度

	同时适用的法条	相关度
刑法	第64条【犯罪所得之物、所用之物的处理】	★★★★★
	第67条【自首及其认定】	★★★★★
	第224条【合同诈骗罪】	★★★★★
	第30条【单位负刑事责任的范围】	★★★★
	第31条【单位犯罪的处罚】	★★★★
	第52条【罚金数额的裁量】	★★★★
	第72条【缓刑的条件、禁止令与附加刑的执行】	★★★★
	第25条【共同犯罪的概念】	★★★
	第53条【罚金的缴纳、减免】	★★★

---

① 说明:本法条尚无足够数量判决书可供法律大数据分析。

	同时适用的法条	相关度	
刑法	第73条【缓刑考验期限】	★★★	333
	第27条【从犯；从犯的处罚】	★★	
	第69条【判决宣告前一人犯数罪的并罚】	★★	
	第225条【非法经营罪】	★★	
	第228条【非法转让、倒卖土地使用权罪】	★★	
	第26条【主犯；犯罪集团】	★	
	第61条【量刑根据】	★	
	第223条【串通投标罪】	★	
司法解释 资源犯罪 破坏土地	第2条【非法转让、倒卖土地使用权罪"情节特别严重"的认定】	★	872

第四章 侵犯公民人身权利、民主权利罪

第232条【故意杀人罪】　　　　　★★★★★

故意杀人的，处死刑、无期徒刑或者十年以上有期徒刑；情节较轻的，处三年以上十年以下有期徒刑。

■ 一、主要适用的案由及其相关度

案由编号	主要适用的案由	相关度
X4.232	故意杀人罪	★★★★★

■ 二、同时适用的法条及其相关度

	同时适用的法条	相关度	
刑法	第67条【自首及其认定】	★★★★★	333
	第57条【死刑、无期徒刑犯剥夺政治权利的期限】	★★★★	
	第23条【犯罪未遂；犯罪未遂的处罚】	★★★	
	第36条【犯罪行为的民事赔偿责任】	★★★	

		同时适用的法条	相关度
333	刑法	第56条【剥夺政治权利的适用范围】	★★★
		第64条【犯罪所得之物、所用之物的处理】	★★★
		第18条【精神病人与醉酒的人的刑事责任】	★★
		第25条【共同犯罪的概念】	★★
		第48条【死刑的适用条件与核准程序】	★★
		第55条【剥夺政治权利的期限】	★★
		第61条【量刑根据】	★★
		第69条【判决宣告前一人犯数罪的并罚】	★★
		第72条【缓刑的条件、禁止令与附加刑的执行】	★★
		第24条【犯罪中止;犯罪中止的处罚】	★
		第26条【主犯;犯罪集团】	★
		第27条【从犯;从犯的处罚】	★
		第47条【有期徒刑刑期的计算与折抵】	★
		第50条【死缓的法律后果;死缓的限制减刑情形】	★
		第65条【一般累犯】	★
		第73条【缓刑考验期限】	★
781	民法通则	第119条【人身损害赔偿项目:一般人身损害赔偿项目、伤残赔偿项目、死亡赔偿项目】	★★
801	人身损害赔偿司法解释	第17条【人身损害赔偿项目:一般人身损害赔偿项目、伤残赔偿项目、死亡赔偿项目】	★★
		第19条【医疗费计算标准】	★
		第20条【误工费计算标准】	★
		第27条【丧葬费计算标准】	★
782	侵权责任法	第16条【人身损害赔偿项目:一般人身损害赔偿项目、伤残赔偿项目、死亡赔偿项目】	★

第233条【过失致人死亡罪】 ★★★★★

过失致人死亡的,处三年以上七年以下有期徒刑;情节较轻的,处三年以下有期徒刑。本法另有规定的,依照规定。

■ 一、主要适用的案由及其相关度

案由编号	主要适用的案由	相关度
X4.233	过失致人死亡罪	★★★★★

■ 二、同时适用的法条及其相关度

	同时适用的法条	相关度
刑法	第67条【自首及其认定】	★★★★★
	第72条【缓刑的条件、禁止令与附加刑的执行】	★★★★
	第73条【缓刑考验期限】	★★★
	第61条【量刑根据】	★

第234条【故意伤害罪】 ★★★★★

故意伤害他人身体的,处三年以下有期徒刑、拘役或者管制。

犯前款罪,致人重伤的,处三年以上十年以下有期徒刑;致人死亡或者以特别残忍手段致人重伤造成严重残疾的,处十年以上有期徒刑、无期徒刑或者死刑。本法另有规定的,依照规定。

■ 一、主要适用的案由及其相关度

案由编号	主要适用的案由	相关度
X4.234	故意伤害罪	★★★★★

■ 二、同时适用的法条及其相关度

	同时适用的法条	相关度
刑法	第67条【自首及其认定】	★★★★★
	第72条【缓刑的条件、禁止令与附加刑的执行】	★★★★
	第25条【共同犯罪的概念】	★★★

		同时适用的法条	相关度
333	刑法	第73条【缓刑考验期限】	★★★
		第36条【犯罪行为的民事赔偿责任】	★★
		第61条【量刑根据】	★★
		第64条【犯罪所得之物、所用之物的处理】	★★
		第26条【主犯；犯罪集团】	★
		第27条【从犯；从犯的处罚】	★
		第65条【一般累犯】	★
		第69条【判决宣告前一人犯数罪的并罚】	★
781	民法通则	第119条【人身损害赔偿项目：一般人身损害赔偿项目、伤残赔偿项目、死亡赔偿项目】	★
782	侵权责任法	第16条【人身损害赔偿项目：一般人身损害赔偿项目、伤残赔偿项目、死亡赔偿项目】	★
801	人身损害赔偿司法解释	第17条【人身损害赔偿项目：一般人身损害赔偿项目、伤残赔偿项目、死亡赔偿项目】	★
		第19条【医疗费计算标准】	★
		第20条【误工费计算标准】	★
		第21条【护理费计算标准】	★
		第22条【交通费计算标准】	★
		第23条【伙食费、住宿费计算标准】	★

第234条之1【组织出卖人体器官罪；故意伤害罪、故意杀人罪；盗窃、侮辱、故意毁坏尸体、尸骨、骨灰罪】　★★

组织他人出卖人体器官的，处五年以下有期徒刑，并处罚金；情节严重的，处五年以上有期徒刑，并处罚金或者没收财产。

未经本人同意摘取其器官，或者摘取不满十八周岁的人的器官，或者强迫、欺骗他人捐献器官的，依照本法第二百三十四条、第二百三十二条的规定定罪处罚。

违背本人生前意愿摘取其尸体器官，或者本人生前未表示同意，违反国家规定，违背其近亲属意愿摘取其尸体器官的，依照本法第三百零二条的规定定罪处罚。

同时适用的法条及其相关度

	同时适用的法条	相关度
刑法	第72条【缓刑的条件、禁止令与附加刑的执行】	★★★★★
	第67条【自首及其认定】	★★★★
	第73条【缓刑考验期限】	★★★★
	第25条【共同犯罪的概念】	★★★
	第52条【罚金数额的裁量】	★★★
	第53条【罚金的缴纳、减免】	★★★
	第64条【犯罪所得之物、所用之物的处理】	★★★
	第27条【从犯；从犯的处罚】	★★
	第26条【主犯；犯罪集团】	★
	第47条【有期徒刑刑期的计算与折抵】	★
	第61条【量刑根据】	★
	第69条【判决宣告前一人犯数罪的并罚】	★
	第76条【社区矫正；缓刑考验合格的处理】	★
	第234条【故意伤害罪】	★

第235条【过失致人重伤罪】 ★★★★

过失伤害他人致人重伤的,处三年以下有期徒刑或者拘役。本法另有规定的,依照规定。

一、主要适用的案由及其相关度

案由编号	主要适用的案由	相关度
X4.235	过失致人重伤罪	★★★★★

二、同时适用的法条及其相关度

	同时适用的法条	相关度
刑法	第67条【自首及其认定】	★★★★★
	第72条【缓刑的条件、禁止令与附加刑的执行】	★★★★★
	第73条【缓刑考验期限】	★★★★
	第36条【犯罪行为的民事赔偿责任】	★
	第61条【量刑根据】	★

第236条【强奸罪】 ★★★★

以暴力、胁迫或者其他手段强奸妇女的,处三年以上十年以下有期徒刑。

奸淫不满十四周岁的幼女的,以强奸论,从重处罚。

强奸妇女、奸淫幼女,有下列情形之一的,处十年以上有期徒刑、无期徒刑或者死刑:

(一)强奸妇女、奸淫幼女情节恶劣的;

(二)强奸妇女、奸淫幼女多人的;

(三)在公共场所当众强奸妇女的;

(四)二人以上轮奸的;

(五)致使被害人重伤、死亡或者造成其他严重后果的。

一、主要适用的案由及其相关度

案由编号	主要适用的案由	相关度
X4.236	强奸罪	★★★★★

二、同时适用的法条及其相关度

	同时适用的法条	相关度
刑法	第67条【自首及其认定】	★★★★★
	第23条【犯罪未遂;犯罪未遂的处罚】	★★★
	第69条【判决宣告前一人犯数罪的并罚】	★★★
	第25条【共同犯罪的概念】	★★

	同时适用的法条	相关度
刑法	第47条【有期徒刑刑期的计算与折抵】	★★
	第61条【量刑根据】	★★
	第64条【犯罪所得之物、所用之物的处理】	★★
	第65条【一般累犯】	★★
	第72条【缓刑的条件、禁止令与附加刑的执行】	★★
	第263条【抢劫罪】	★★
	第24条【犯罪中止；犯罪中止的处罚】	★
	第45条【有期徒刑的期限】	★
	第52条【罚金数额的裁量】	★
	第53条【罚金的缴纳、减免】	★
	第73条【缓刑考验期限】	★

第237条【强制猥亵、侮辱罪；猥亵儿童罪】 ★★★★

以暴力、胁迫或者其他方法强制猥亵他人或者侮辱妇女的，处五年以下有期徒刑或者拘役。

聚众或者在公共场所当众犯前款罪的，或者有其他恶劣情节的，处五年以上有期徒刑。

猥亵儿童的，依照前两款的规定从重处罚。

■ 一、主要适用的案由及其相关度

案由编号	主要适用的案由	相关度
X4.237.1	强制猥亵、侮辱罪	★★★★★
X4.237.3	猥亵儿童罪	★★★★★
X4.236	强奸罪	★

■ 二、同时适用的法条及其相关度

	同时适用的法条	相关度
刑法	第67条【自首及其认定】	★★★★★
	第69条【判决宣告前一人犯数罪的并罚】	★★★

	同时适用的法条	相关度
刑法	第72条【缓刑的条件、禁止令与附加刑的执行】	★★
	第47条【有期徒刑刑期的计算与折抵】	★
	第52条【罚金数额的裁量】	★
	第61条【量刑根据】	★
	第64条【犯罪所得之物、所用之物的处理】	★
	第65条【一般累犯】	★
	第73条【缓刑考验期限】	★
	第236条【强奸罪】	★
	第263条【抢劫罪】	★

第238条【非法拘禁罪】　★★★★★

非法拘禁他人或者以其他方法非法剥夺他人人身自由的,处三年以下有期徒刑、拘役、管制或者剥夺政治权利。具有殴打、侮辱情节的,从重处罚。

犯前款罪,致人重伤的,处三年以上十年以下有期徒刑;致人死亡的,处十年以上有期徒刑。使用暴力致人伤残、死亡的,依照本法第二百三十四条、第二百三十二条的规定定罪处罚。

为索取债务非法扣押、拘禁他人的,依照前两款的规定处罚。

国家机关工作人员利用职权犯前三款罪的,依照前三款的规定从重处罚。

■ 一、主要适用的案由及其相关度

案由编号	主要适用的案由	相关度
X4.238	非法拘禁罪	★★★★★

■ 二、同时适用的法条及其相关度

	同时适用的法条	相关度
刑法	第25条【共同犯罪的概念】	★★★★★
	第67条【自首及其认定】	★★★★★

同时适用的法条	相关度
第26条【主犯；犯罪集团】	★★★
第27条【从犯；从犯的处罚】	★★★
第72条【缓刑的条件、禁止令与附加刑的执行】	★★★
第73条【缓刑考验期限】	★★★
第61条【量刑根据】	★★
第64条【犯罪所得之物、所用之物的处理】	★★
第65条【一般累犯】	★★
第69条【判决宣告前一人犯数罪的并罚】	★★
第47条【有期徒刑刑期的计算与折抵】	★
第52条【罚金数额的裁量】	★
第53条【罚金的缴纳、减免】	★
第68条【立功】	★

(刑法)

第239条【绑架罪】 ★★★★

以勒索财物为目的绑架他人的，或者绑架他人作为人质的，处十年以上有期徒刑或者无期徒刑，并处罚金或者没收财产；情节较轻的，处五年以上十年以下有期徒刑，并处罚金。

犯前款罪，杀害被绑架人的，或者故意伤害被绑架人，致人重伤、死亡的，处无期徒刑或者死刑，并处没收财产。

以勒索财物为目的偷盗婴幼儿的，依照前两款的规定处罚。

一、主要适用的案由及其相关度

案由编号	主要适用的案由	相关度
X4.239	绑架罪	★★★★★

■ 二、同时适用的法条及其相关度

	同时适用的法条	相关度
刑法	第25条【共同犯罪的概念】	★★★★★
	第52条【罚金数额的裁量】	★★★★★
	第53条【罚金的缴纳、减免】	★★★★★
	第67条【自首及其认定】	★★★★★
	第64条【犯罪所得之物、所用之物的处理】	★★★★
	第26条【主犯；犯罪集团】	★★★
	第27条【从犯；从犯的处罚】	★★★
	第56条【剥夺政治权利的适用范围】	★★★
	第69条【判决宣告前一人犯数罪的并罚】	★★★
	第55条【剥夺政治权利的期限】	★★
	第61条【量刑根据】	★★
	第65条【一般累犯】	★★
	第263条【抢劫罪】	★★
	第23条【犯罪未遂；犯罪未遂的处罚】	★
	第47条【有期徒刑刑期的计算与折抵】	★
	第68条【立功】	★

第240条【拐卖妇女、儿童罪】 ★★★★

拐卖妇女、儿童的，处五年以上十年以下有期徒刑，并处罚金；有下列情形之一的，处十年以上有期徒刑或者无期徒刑，并处罚金或者没收财产；情节特别严重的，处死刑，并处没收财产：

（一）拐卖妇女、儿童集团的首要分子；

（二）拐卖妇女、儿童三人以上的；

（三）奸淫被拐卖的妇女的；

（四）诱骗、强迫被拐卖的妇女卖淫或者将被拐卖的妇女卖给他人迫使其卖淫的；

（五）以出卖为目的，使用暴力、胁迫或者麻醉方法绑架妇女、儿童的；

（六）以出卖为目的，偷盗婴幼儿的；

（七）造成被拐卖的妇女、儿童或者其亲属重伤、死亡或者其他严重后果的；

（八）将妇女、儿童卖往境外的。

拐卖妇女、儿童是指以出卖为目的，有拐骗、绑架、收买、贩卖、接送、中转妇女、儿童的行为之一的。

■ 主要适用的案由及其相关度

案由编号	主要适用的案由	相关度
X4.240	拐卖妇女、儿童罪	★★★★★

第241条【收买被拐卖的妇女、儿童罪；强奸罪；非法拘禁罪；故意伤害罪；侮辱罪；拐卖妇女、儿童罪】★★★

收买被拐卖的妇女、儿童的，处三年以下有期徒刑、拘役或者管制。

收买被拐卖的妇女，强行与其发生性关系的，依照本法第二百三十六条的规定定罪处罚。

收买被拐卖的妇女、儿童，非法剥夺、限制其人身自由或者有伤害、侮辱等犯罪行为的，依照本法的有关规定定罪处罚。

收买被拐卖的妇女、儿童，并有第二款、第三款规定的犯罪行为的，依照数罪并罚的规定处罚。

收买被拐卖的妇女、儿童又出卖的，依照本法第二百四十条的规定定罪处罚。

收买被拐卖的妇女、儿童，对被买儿童没有虐待行为，不阻碍对其进行解救的，可以从轻处罚；按照被买妇女的意愿，不阻碍其返回原居住地的，可以从轻或者减轻处罚。

■ 一、主要适用的案由及其相关度

案由编号	主要适用的案由	相关度
X4.241.1	收买被拐卖的妇女、儿童罪	★★★★★
X4.240	拐卖妇女、儿童罪	★★★★

二、同时适用的法条及其相关度

	同时适用的法条	相关度
刑法	第25条【共同犯罪的概念】	★★★★★
	第67条【自首及其认定】	★★★★★
	第72条【缓刑的条件、禁止令与附加刑的执行】	★★★★★
	第240条【拐卖妇女、儿童罪】	★★★★★
	第73条【缓刑考验期限】	★★★★
	第27条【从犯;从犯的处罚】	★★★
	第52条【罚金数额的裁量】	★★★
	第64条【犯罪所得之物、所用之物的处理】	★★★
	第26条【主犯;犯罪集团】	★★
	第53条【罚金的缴纳、减免】	★★
	第37条【免予刑事处罚与非刑事处罚措施】	★
	第47条【有期徒刑刑期的计算与折抵】	★
	第61条【量刑根据】	★
	第68条【立功】	★
	第69条【判决宣告前一人犯数罪的并罚】	★

第242条【妨害公务罪;聚众阻碍解救被收买的妇女、儿童罪】①

以暴力、威胁方法阻碍国家机关工作人员解救被收买的妇女、儿童的,依照本法第二百七十七条的规定定罪处罚。

聚众阻碍国家机关工作人员解救被收买的妇女、儿童的首要分子,处五年以下有期徒刑或者拘役;其他参与者使用暴力、威胁方法的,依照前款的规定处罚。

第243条【诬告陷害罪】 ★★★

捏造事实诬告陷害他人,意图使他人受刑事追究,情节严重的,处三年以下有期徒刑、拘役或者管制;造成严重后果的,处三年以上十年以下有期

---

① 说明:本法条尚无足够数量判决书可供法律大数据分析。

徒刑。

国家机关工作人员犯前款罪的,从重处罚。

不是有意诬陷,而是错告,或者检举失实的,不适用前两款的规定。

一、主要适用的案由及其相关度

案由编号	主要适用的案由	相关度
X4.243	诬告陷害罪	★★★★★
X4.234	故意伤害罪	★

二、同时适用的法条及其相关度

	同时适用的法条	相关度
刑法	第67条【自首及其认定】	★★★★★
	第72条【缓刑的条件、禁止令与附加刑的执行】	★★★★
	第25条【共同犯罪的概念】	★★★
	第69条【判决宣告前一人犯数罪的并罚】	★★★
	第73条【缓刑考验期限】	★★★
	第64条【犯罪所得之物、所用之物的处理】	★★
	第26条【主犯;犯罪集团】	★
	第27条【从犯;从犯的处罚】	★
	第52条【罚金数额的裁量】	★
	第53条【罚金的缴纳、减免】	★
	第61条【量刑根据】	★
	第65条【一般累犯】	★
	第264条【盗窃罪】	★

第244条【强迫劳动罪】 ★★

以暴力、威胁或者限制人身自由的方法强迫他人劳动的,处三年以下有期徒刑或者拘役,并处罚金;情节严重的,处三年以上十年以下有期徒刑,并处罚金。

明知他人实施前款行为,为其招募、运送人员或者有其他协助强迫他人劳动行为的,依照前款的规定处罚。

单位犯前两款罪的,对单位判处罚金,并对其直接负责的主管人员和其他直接责任人员,依照第一款的规定处罚。

一、主要适用的案由及其相关度

案由编号	主要适用的案由	相关度
X4.244	强迫劳动罪	★★★★★
X3.8.224	合同诈骗罪	★

二、同时适用的法条及其相关度

	同时适用的法条	相关度
刑法	第25条【共同犯罪的概念】	★★★★★
	第67条【自首及其认定】	★★★★★
	第52条【罚金数额的裁量】	★★★★
	第72条【缓刑的条件、禁止令与附加刑的执行】	★★★★
	第26条【主犯;犯罪集团】	★★★
	第27条【从犯;从犯的处罚】	★★★
	第53条【罚金的缴纳、减免】	★★★
	第73条【缓刑考验期限】	★★★
	第64条【犯罪所得之物、所用之物的处理】	★★
	第61条【量刑根据】	★
	第69条【判决宣告前一人犯数罪的并罚】	★

第244条之1【雇佣童工从事危重劳动罪】①

违反劳动管理法规,雇用未满十六周岁的未成年人从事超强度体力劳动的,或者从事高空、井下作业的,或者在爆炸性、易燃性、放射性、毒害性等危险环境下从事劳动,情节严重的,对直接责任人员,处三年以下有期徒刑或者拘役,并处罚金;情节特别严重的,处三年以上七年以下有期徒刑,

---

① 说明:本法条尚无足够数量判决书可供法律大数据分析。

并处罚金。

有前款行为,造成事故,又构成其他犯罪的,依照数罪并罚的规定处罚。

第245条【非法搜查罪、非法侵入住宅罪】 ★★★★

非法搜查他人身体、住宅,或者非法侵入他人住宅的,处三年以下有期徒刑或者拘役。

司法工作人员滥用职权,犯前款罪的,从重处罚。

一、主要适用的案由及其相关度

案由编号	主要适用的案由	相关度
X4.245:2	非法侵入住宅罪	★★★★★

二、同时适用的法条及其相关度

	同时适用的法条	相关度
刑法	第67条【自首及其认定】	★★★★★
	第72条【缓刑的条件、禁止令与附加刑的执行】	★★★★
	第25条【共同犯罪的概念】	★★★
	第73条【缓刑考验期限】	★★★
	第64条【犯罪所得之物、所用之物的处理】	★★
	第65条【一般累犯】	★★
	第69条【判决宣告前一人犯数罪的并罚】	★★
	第26条【主犯;犯罪集团】	★
	第27条【从犯;从犯的处罚】	★
	第61条【量刑根据】	★

第246条【侮辱罪、诽谤罪】 ★★

以暴力或者其他方法公然侮辱他人或者捏造事实诽谤他人,情节严重的,处三年以下有期徒刑、拘役、管制或者剥夺政治权利。

前款罪,告诉的才处理,但是严重危害社会秩序和国家利益的除外。

通过信息网络实施第一款规定的行为,被害人向人民法院告诉,但提供证据确有困难的,人民法院可以要求公安机关提供协助。

一、主要适用的案由及其相关度

案由编号	主要适用的案由	相关度
X4.246:1	侮辱罪	★★★★★
X4.246:2	诽谤罪	★★★★★
X5.264	盗窃罪	★★★★★
X4.237.1	强制猥亵、侮辱罪	★★★

二、同时适用的法条及其相关度

	同时适用的法条	相关度
刑法	第67条【自首及其认定】	★★★★★
刑法	第25条【共同犯罪的概念】	★★★
刑法	第52条【罚金数额的裁量】	★★★
刑法	第53条【罚金的缴纳、减免】	★★★
刑法	第64条【犯罪所得之物、所用之物的处理】	★★★
刑法	第72条【缓刑的条件、禁止令与附加刑的执行】	★★★
刑法	第61条【量刑根据】	★★
刑法	第73条【缓刑考验期限】	★★
刑法	第26条【主犯;犯罪集团】	★
刑法	第27条【从犯;从犯的处罚】	★
刑法	第36条【犯罪行为的民事赔偿责任】	★
刑法	第37条【免予刑事处罚与非刑事处罚措施】	★
刑法	第38条【管制的期限;禁止令;社区矫正】	★
刑法	第42条【拘役的期限】	★
刑法	第45条【有期徒刑的期限】	★
刑法	第47条【有期徒刑刑期的计算与折抵】	★
刑法	第65条【一般累犯】	★
刑法	第69条【判决宣告前一人犯数罪的并罚】	★

	同时适用的法条	相关度	
办理利用信息网络实施诽谤等刑事案件司法解释	第1条【侮辱罪、诽谤罪中"捏造事实诽谤他人"的认定】	★★	884
	第2条【利用信息网络诽谤他人构成侮辱罪、诽谤罪"情节严重"的认定】	★★	
人身损害赔偿司法解释	第19条【医疗费计算标准】	★	801
	第23条【伙食费、住宿费计算标准】	★	

第247条【刑讯逼供罪、暴力取证罪、故意伤害罪、故意杀人罪】 ★★

司法工作人员对犯罪嫌疑人、被告人实行刑讯逼供或者使用暴力逼取证人证言的,处三年以下有期徒刑或者拘役。致人伤残、死亡的,依照本法第二百三十四条、第二百三十二条的规定定罪从重处罚。

一、主要适用的案由及其相关度

案由编号	主要适用的案由	相关度
X6.7.347	走私、贩卖、运输、制造毒品罪	★★★★★
X4.247:1	刑讯逼供罪	★
X5.274	敲诈勒索罪	★

二、同时适用的法条及其相关度

	同时适用的法条	相关度	
刑法	第67条【自首及其认定】	★★★★★	333
	第52条【罚金数额的裁量】	★★★★	
	第64条【犯罪所得之物、所用之物的处理】	★★★★	
	第25条【共同犯罪的概念】	★★★	
	第53条【罚金的缴纳、减免】	★★★	
	第27条【从犯;从犯的处罚】	★★	

	同时适用的法条	相关度
刑法	第65条【一般累犯】	★★
	第26条【主犯;犯罪集团】	★
	第37条【免予刑事处罚与非刑事处罚措施】	★
	第61条【量刑根据】	★
	第68条【立功】	★
	第69条【判决宣告前一人犯数罪的并罚】	★
	第72条【缓刑的条件、禁止令与附加刑的执行】	★
	第73条【缓刑考验期限】	★
	第356条【毒品再犯的处罚】	★

第248条【虐待被监管人罪、故意伤害罪、故意杀人罪】 ★★

监狱、拘留所、看守所等监管机构的监管人员对被监管人进行殴打或者体罚虐待,情节严重的,处三年以下有期徒刑或者拘役;情节特别严重的,处三年以上十年以下有期徒刑。致人伤残、死亡的,依照本法第二百三十四条、第二百三十二条的规定定罪从重处罚。

监管人员指使被监管人殴打或者体罚虐待其他被监管人的,依照前款的规定处罚。

■ 一、主要适用的案由及其相关度

案由编号	主要适用的案由	相关度
X4.248	虐待被监管人罪	★★★★★
X6.7.348	非法持有毒品罪	★★★

■ 二、同时适用的法条及其相关度

	同时适用的法条	相关度
刑法	第37条【免予刑事处罚与非刑事处罚措施】	★★★★★
	第67条【自首及其认定】	★★★★★
	第25条【共同犯罪的概念】	★★★

	同时适用的法条	相关度
刑法	第64条【犯罪所得之物、所用之物的处理】	★★★
	第52条【罚金数额的裁量】	★★
	第61条【量刑根据】	★★
	第69条【判决宣告前一人犯数罪的并罚】	★★
	第26条【主犯；犯罪集团】	★
	第27条【从犯；从犯的处罚】	★
	第53条【罚金的缴纳、减免】	★
	第65条【一般累犯】	★
	第72条【缓刑的条件、禁止令与附加刑的执行】	★
	第73条【缓刑考验期限】	★
	第93条【国家工作人员的范围】	★
	第234条【故意伤害罪】	★
	第383条【贪污罪的处罚】	★
	第385条【受贿罪】	★
	第386条【受贿罪的处罚】	★

第249条【煽动民族仇恨、民族歧视罪】[①]

煽动民族仇恨、民族歧视，情节严重的，处三年以下有期徒刑、拘役、管制或者剥夺政治权利；情节特别严重的，处三年以上十年以下有期徒刑。

第250条【出版歧视、侮辱少数民族作品罪】[②]

在出版物中刊载歧视、侮辱少数民族的内容，情节恶劣，造成严重后果的，对直接责任人员，处三年以下有期徒刑、拘役或者管制。

第251条【非法剥夺公民宗教信仰自由罪、侵犯少数民族风俗习惯罪】[③]

国家机关工作人员非法剥夺公民的宗教信仰自由和侵犯少数民族风俗习惯，情节严重的，处二年以下有期徒刑或者拘役。

---

① 说明：本法条尚无足够数量判决书可供法律大数据分析。
② 同上注。
③ 同上注。

第252条【侵犯通信自由罪】①

隐匿、毁弃或者非法开拆他人信件,侵犯公民通信自由权利,情节严重的,处一年以下有期徒刑或者拘役。

第253条【私自开拆、隐匿、毁弃邮件、电报罪;盗窃罪】 ★★

邮政工作人员私自开拆或者隐匿、毁弃邮件、电报的,处二年以下有期徒刑或者拘役。

犯前款罪而窃取财物的,依照本法第二百六十四条的规定定罪从重处罚。

■ 一、主要适用的案由及其相关度

案由编号	主要适用的案由	相关度
X4.253-1	侵犯公民个人信息罪	★★★★★
X5.264	盗窃罪	★★★★★

■ 二、同时适用的法条及其相关度

	同时适用的法条	相关度
刑法	第52条【罚金数额的裁量】	★★★★★
	第67条【自首及其认定】	★★★★★
	第53条【罚金的缴纳、减免】	★★★★
	第64条【犯罪所得之物、所用之物的处理】	★★★★
	第25条【共同犯罪的概念】	★★★
	第72条【缓刑的条件、禁止令与附加刑的执行】	★★★
	第73条【缓刑考验期限】	★★★
	第264条【盗窃罪】	★★★
	第61条【量刑根据】	★★
	第26条【主犯;犯罪集团】	★
	第27条【从犯;从犯的处罚】	★
	第45条【有期徒刑的期限】	★

---

① 说明:本法条尚无足够数量判决书可供法律大数据分析。

	同时适用的法条	相关度
刑法	第47条【有期徒刑刑期的计算与折抵】	★
	第62条【从重、从轻处罚】	★
	第65条【一般累犯】	★

第253条之1【侵犯公民个人信息罪】 ★★★★

违反国家有关规定,向他人出售或者提供公民个人信息,情节严重的,处三年以下有期徒刑或者拘役,并处或者单处罚金;情节特别严重的,处三年以上七年以下有期徒刑,并处罚金。

违反国家有关规定,将在履行职责或者提供服务过程中获得的公民个人信息,出售或者提供给他人的,依照前款的规定从重处罚。

窃取或者以其他方法非法获取公民个人信息的,依照第一款的规定处罚。

单位犯前三款罪的,对单位判处罚金,并对其直接负责的主管人员和其他直接责任人员,依照各该款的规定处罚。

一、主要适用的案由及其相关度

案由编号	主要适用的案由	相关度
X4.253-1	侵犯公民个人信息罪	★★★★★

二、同时适用的法条及其相关度

	同时适用的法条	相关度
刑法	第64条【犯罪所得之物、所用之物的处理】	★★★★★
	第67条【自首及其认定】	★★★★★
	第25条【共同犯罪的概念】	★★★
	第52条【罚金数额的裁量】	★★★
	第53条【罚金的缴纳、减免】	★★★
	第72条【缓刑的条件、禁止令与附加刑的执行】	★★★
	第73条【缓刑考验期限】	★★★
	第69条【判决宣告前一人犯数罪的并罚】	★★

	同时适用的法条	相关度
刑法	第5条【罪责刑相适应原则】	★
	第12条【刑法的溯及力】	★
	第26条【主犯;犯罪集团】	★
	第27条【从犯;从犯的处罚】	★
	第61条【量刑根据】	★
	第266条【诈骗罪】	★

333

第254条【报复陷害罪】　　★★

国家机关工作人员滥用职权、假公济私,对控告人、申诉人、批评人、举报人实行报复陷害的,处二年以下有期徒刑或者拘役;情节严重的,处二年以上七年以下有期徒刑。

■ 同时适用的法条及其相关度

	同时适用的法条	相关度
刑法	第52条【罚金数额的裁量】	★★★★★
	第67条【自首及其认定】	★★★★★
	第53条【罚金的缴纳、减免】	★★★★
	第64条【犯罪所得之物、所用之物的处理】	★★★
	第72条【缓刑的条件、禁止令与附加刑的执行】	★★★
	第25条【共同犯罪的概念】	★★
	第73条【缓刑考验期限】	★★
	第26条【主犯;犯罪集团】	★
	第27条【从犯;从犯的处罚】	★
	第61条【量刑根据】	★
	第65条【一般累犯】	★
	第69条【判决宣告前一人犯数罪的并罚】	★
	第303条【赌博罪;开设赌场罪】	★

333

第255条【打击报复会计、统计人员罪】①

公司、企业、事业单位、机关、团体的领导人,对依法履行职责、抵制违反会计法、统计法行为的会计、统计人员实行打击报复,情节恶劣的,处三年以下有期徒刑或者拘役。

第256条【破坏选举罪】②

在选举各级人民代表大会代表和国家机关领导人员时,以暴力、威胁、欺骗、贿赂、伪造选举文件、虚报选举票数等手段破坏选举或者妨害选民和代表自由行使选举权和被选举权,情节严重的,处三年以下有期徒刑、拘役或者剥夺政治权利。

第257条【暴力干涉婚姻自由罪】③

以暴力干涉他人婚姻自由的,处二年以下有期徒刑或者拘役。

犯前款罪,致使被害人死亡的,处二年以上七年以下有期徒刑。

第一款罪,告诉的才处理。

第258条【重婚罪】 ★★★★

有配偶而重婚的,或者明知他人有配偶而与之结婚的,处二年以下有期徒刑或者拘役。

一、主要适用的案由及其相关度

案由编号	主要适用的案由	相关度
X4.258	重婚罪	★★★★★

二、同时适用的法条及其相关度

	同时适用的法条	相关度
刑法	第67条【自首及其认定】	★★★★★
	第72条【缓刑的条件、禁止令与附加刑的执行】	★★★★★
	第73条【缓刑考验期限】	★★★★
	第25条【共同犯罪的概念】	★★

---

① 说明:本法条尚无足够数量判决书可供法律大数据分析。
② 同上注。
③ 同上注。

	同时适用的法条	相关度
刑法	第69条【判决宣告前一人犯数罪的并罚】	★★
	第61条【量刑根据】	★

第259条【破坏军婚罪;强奸罪】①

明知是现役军人的配偶而与之同居或者结婚的,处三年以下有期徒刑或者拘役。

利用职权、从属关系,以胁迫手段奸淫现役军人的妻子的,依照本法第二百三十六条的规定定罪处罚。

第260条【虐待罪】 ★★

虐待家庭成员,情节恶劣的,处二年以下有期徒刑、拘役或者管制。

犯前款罪,致使被害人重伤、死亡的,处二年以上七年以下有期徒刑。

第一款罪,告诉的才处理,但被害人没有能力告诉,或者因受到强制、威吓无法告诉的除外。

■ 主要适用的案由及其相关度

案由编号	主要适用的案由	相关度
X4.260	虐待罪	★★★★★
X5.264	盗窃罪	★★
X4.234	故意伤害罪	★
X5.266	诈骗罪	★

第260条之1【虐待被监护人、看护人罪】②

对未成年人、老年人、患病的人、残疾人等负有监护、看护职责的人虐待被监护、看护的人,情节恶劣的,处三年以下有期徒刑或者拘役。

单位犯前款罪的,对单位判处罚金,并对其直接负责的主管人员和其他直接责任人员,依照前款的规定处罚。

有第一款行为,同时构成其他犯罪的,依照处罚较重的规定定罪处罚。

第261条【遗弃罪】 ★★★

对于年老、年幼、患病或者其他没有独立生活能力的人,负有扶养义务

---

① 说明:本法条尚无足够数量判决书可供法律大数据分析。
② 同上注。

而拒绝扶养,情节恶劣的,处五年以下有期徒刑、拘役或者管制。

一、主要适用的案由及其相关度

案由编号	主要适用的案由	相关度
X4.261	遗弃罪	★★★★★

二、同时适用的法条及其相关度

	同时适用的法条	相关度
刑法	第67条【自首及其认定】	★★★★★
	第72条【缓刑的条件、禁止令与附加刑的执行】	★★★★★
	第73条【缓刑考验期限】	★★★★★
	第25条【共同犯罪的概念】	★★
	第61条【量刑根据】	★★
	第26条【主犯;犯罪集团】	★
	第27条【从犯;从犯的处罚】	★

第262条【拐骗儿童罪】 ★★★

拐骗不满十四周岁的未成年人,脱离家庭或者监护人的,处五年以下有期徒刑或者拘役。

一、主要适用的案由及其相关度

案由编号	主要适用的案由	相关度
X4.262	拐骗儿童罪	★★★★★

二、同时适用的法条及其相关度

	同时适用的法条	相关度
刑法	第67条【自首及其认定】	★★★★★
	第25条【共同犯罪的概念】	★★
	第26条【主犯;犯罪集团】	★
	第52条【罚金数额的裁量】	★

	同时适用的法条	相关度
刑法	第53条【罚金的缴纳、减免】	★
	第61条【量刑根据】	★
	第64条【犯罪所得之物、所用之物的处理】	★
	第65条【一般累犯】	★
	第69条【判决宣告前一人犯数罪的并罚】	★
	第72条【缓刑的条件、禁止令与附加刑的执行】	★
	第73条【缓刑考验期限】	★

第262条之1【组织残疾人、儿童乞讨罪】①

以暴力、胁迫手段组织残疾人或者不满十四周岁的未成年人乞讨的,处三年以下有期徒刑或者拘役,并处罚金;情节严重的,处三年以上七年以下有期徒刑,并处罚金。

第262条之2【组织未成年人进行违反治安管理活动罪】②

组织未成年人进行盗窃、诈骗、抢夺、敲诈勒索等违反治安管理活动的,处三年以下有期徒刑或者拘役,并处罚金;情节严重的,处三年以上七年以下有期徒刑,并处罚金。

第五章 侵犯财产罪

第263条【抢劫罪】　　　　　　　　　　　　　　★★★★★

以暴力、胁迫或者其他方法抢劫公私财物的,处三年以上十年以下有期徒刑,并处罚金;有下列情形之一的,处十年以上有期徒刑、无期徒刑或者死刑,并处罚金或者没收财产:

(一)入户抢劫的;

(二)在公共交通工具上抢劫的;

(三)抢劫银行或者其他金融机构的;

(四)多次抢劫或者抢劫数额巨大的;

(五)抢劫致人重伤、死亡的;

---

① 说明:本法条尚无足够数量判决书可供法律大数据分析。
② 同上注。

（六）冒充军警人员抢劫的；
（七）持枪抢劫的；
（八）抢劫军用物资或者抢险、救灾、救济物资的。

■ 一、主要适用的案由及其相关度

案由编号	主要适用的案由	相关度
X5.263	抢劫罪	★★★★★
X5.264	盗窃罪	★★

■ 二、同时适用的法条及其相关度

	同时适用的法条	相关度
刑法	第52条【罚金数额的裁量】	★★★★★
	第53条【罚金的缴纳、减免】	★★★★★
	第67条【自首及其认定】	★★★★★
	第25条【共同犯罪的概念】	★★★★
	第64条【犯罪所得之物、所用之物的处理】	★★★★
	第23条【犯罪未遂；犯罪未遂的处罚】	★★★
	第65条【一般累犯】	★★★
	第69条【判决宣告前一人犯数罪的并罚】	★★★
	第269条【抢劫罪】	★★★
	第26条【主犯；犯罪集团】	★★
	第27条【从犯；从犯的处罚】	★★
	第47条【有期徒刑刑期的计算与折抵】	★★
	第55条【剥夺政治权利的期限】	★★
	第56条【剥夺政治权利的适用范围】	★★
	第61条【量刑根据】	★★
	第264条【盗窃罪】	★★
	第45条【有期徒刑的期限】	★
	第68条【立功】	★
	第72条【缓刑的条件、禁止令与附加刑的执行】	★

		同时适用的法条	相关度
333	刑法	第73条【缓刑考验期限】	★
		第267条【抢夺罪、抢劫罪】	★
804	财产刑适用规定	第2条【罚金数额的裁量】	★

第264条【盗窃罪】 ★★★★★

盗窃公私财物,数额较大的,或者多次盗窃、入户盗窃、携带凶器盗窃、扒窃的,处三年以下有期徒刑、拘役或者管制,并处或者单处罚金;数额巨大或者有其他严重情节的,处三年以上十年以下有期徒刑,并处罚金;数额特别巨大或者有其他特别严重情节的,处十年以上有期徒刑或者无期徒刑,并处罚金或者没收财产。

一、主要适用的案由及其相关度

案由编号	主要适用的案由	相关度
X5.264	盗窃罪	★★★★★

二、同时适用的法条及其相关度

		同时适用的法条	相关度
333	刑法	第67条【自首及其认定】	★★★★★
		第52条【罚金数额的裁量】	★★★★
		第53条【罚金的缴纳、减免】	★★★★
		第25条【共同犯罪的概念】	★★★
		第64条【犯罪所得之物、所用之物的处理】	★★★
		第65条【一般累犯】	★★★
		第61条【量刑根据】	★★
		第72条【缓刑的条件、禁止令与附加刑的执行】	★★
		第73条【缓刑考验期限】	★★

	同时适用的法条	相关度
刑法	第23条【犯罪未遂;犯罪未遂的处罚】	★
	第26条【主犯;犯罪集团】	★
	第27条【从犯;从犯的处罚】	★
	第47条【有期徒刑刑期的计算与折抵】	★
	第69条【判决宣告前一人犯数罪的并罚】	★
法解释 盗窃罪司	第1条【盗窃罪"数额较大""数额巨大""数额特别巨大"的认定】	★★
	第3条【"多次盗窃""入户盗窃""携带凶器盗窃""扒窃"的认定】	★
	第14条【盗窃罪中罚金的确定规则】	★

第265条【盗窃罪】 ★★

以牟利为目的,盗接他人通信线路、复制他人电信码号或者明知是盗接、复制的电信设备、设施而使用的,依照本法第二百六十四条的规定定罪处罚。

一、主要适用的案由及其相关度

案由编号	主要适用的案由	相关度
X5.264	盗窃罪	★★★★★
X5.263	抢劫罪	★
X5.266	诈骗罪	★

二、同时适用的法条及其相关度

	同时适用的法条	相关度
刑法	第52条【罚金数额的裁量】	★★★★★
	第67条【自首及其认定】	★★★★★
	第264条【盗窃罪】	★★★★★
	第25条【共同犯罪的概念】	★★★★

		同时适用的法条	相关度
333	刑法	第53条【罚金的缴纳、减免】	★★★★
		第64条【犯罪所得之物、所用之物的处理】	★★★★
		第65条【一般累犯】	★★★
		第69条【判决宣告前一人犯数罪的并罚】	★★
		第26条【主犯；犯罪集团】	★
		第45条【有期徒刑的期限】	★
		第47条【有期徒刑刑期的计算与折抵】	★
		第61条【量刑根据】	★
		第68条【立功】	★
		第70条【判决宣告后刑罚执行完毕前发现漏罪的并罚】	★
		第72条【缓刑的条件、禁止令与附加刑的执行】	★
		第73条【缓刑考验期限】	★
797	法解释 盗窃罪司	第1条【盗窃罪"数额较大""数额巨大""数额特别巨大"的认定】	★
		第4条【盗窃数额的认定】	★

第266条【诈骗罪】 ★★★★★

诈骗公私财物，数额较大的，处三年以下有期徒刑、拘役或者管制，并处或者单处罚金；数额巨大或者有其他严重情节的，处三年以上十年以下有期徒刑，并处罚金；数额特别巨大或者有其他特别严重情节的，处十年以上有期徒刑或者无期徒刑，并处罚金或者没收财产。本法另有规定的，依照规定。

一、主要适用的案由及其相关度

案由编号	主要适用的案由	相关度
X5.266	诈骗罪	★★★★★

二、同时适用的法条及其相关度

	同时适用的法条	相关度	
刑法	第52条【罚金数额的裁量】	★★★★★	333
	第64条【犯罪所得之物、所用之物的处理】	★★★★★	
	第67条【自首及其认定】	★★★★★	
	第53条【罚金的缴纳、减免】	★★★★	
	第25条【共同犯罪的概念】	★★★	
	第72条【缓刑的条件、禁止令与附加刑的执行】	★★★	
	第73条【缓刑考验期限】	★★★	
	第26条【主犯；犯罪集团】	★★	
	第27条【从犯；从犯的处罚】	★★	
	第61条【量刑根据】	★★	
	第65条【一般累犯】	★★	
	第69条【判决宣告前一人犯数罪的并罚】	★★	
	第23条【犯罪未遂；犯罪未遂的处罚】	★	
	第45条【有期徒刑的期限】	★	
	第47条【有期徒刑刑期的计算与折抵】	★	
司法解释 诈骗罪	第1条【诈骗罪】	★★	805

第267条【抢夺罪、抢劫罪】 ★★★★★

抢夺公私财物，数额较大的，或者多次抢夺的，处三年以下有期徒刑、拘役或者管制，并处或者单处罚金；数额巨大或者有其他严重情节的，处三年以上十年以下有期徒刑，并处罚金；数额特别巨大或者有其他特别严重情节的，处十年以上有期徒刑或者无期徒刑，并处罚金或者没收财产。

携带凶器抢夺的，依照本法第二百六十三条的规定定罪处罚。

一、主要适用的案由及其相关度

案由编号	主要适用的案由	相关度
X5.267.1	抢夺罪	★★★★★
X5.263	抢劫罪	★

二、同时适用的法条及其相关度

		同时适用的法条	相关度
		第67条【自首及其认定】	★★★★★
		第52条【罚金数额的裁量】	★★★★
		第53条【罚金的缴纳、减免】	★★★★
		第64条【犯罪所得之物、所用之物的处理】	★★★★
		第25条【共同犯罪的概念】	★★★
		第65条【一般累犯】	★★★
		第69条【判决宣告前一人犯数罪的并罚】	★★★
		第23条【犯罪未遂；犯罪未遂的处罚】	★★
	刑法	第26条【主犯；犯罪集团】	★★
		第47条【有期徒刑刑期的计算与折抵】	★★
		第61条【量刑根据】	★★
		第263条【抢劫罪】	★★
		第264条【盗窃罪】	★★
		第27条【从犯；从犯的处罚】	★
		第68条【立功】	★
		第72条【缓刑的条件、禁止令与附加刑的执行】	★
		第73条【缓刑考验期限】	★
	抢夺罪司法解释	第1条【抢夺公私财物"数额较大""数额巨大""数额特别巨大"的认定】	★★
		第2条【抢夺公私财物"数额较大"按照一般标准的百分之五十确定的情形】	★★

	同时适用的法条	相关度	
用规定 财产刑适	第2条【罚金数额的裁量】	★	804

第268条【聚众哄抢罪】 ★★

聚众哄抢公私财物,数额较大或者有其他严重情节的,对首要分子和积极参加的,处三年以下有期徒刑、拘役或者管制,并处罚金;数额巨大或者有其他特别严重情节的,处三年以上十年以下有期徒刑,并处罚金。

一、主要适用的案由及其相关度

案由编号	主要适用的案由	相关度
X5.268	聚众哄抢罪	★★★★★

二、同时适用的法条及其相关度

	同时适用的法条	相关度	
刑法	第25条【共同犯罪的概念】	★★★★★	333
	第52条【罚金数额的裁量】	★★★★★	
	第67条【自首及其认定】	★★★★★	
	第53条【罚金的缴纳、减免】	★★★★	
	第72条【缓刑的条件、禁止令与附加刑的执行】	★★★★	
	第26条【主犯;犯罪集团】	★★★	
	第64条【犯罪所得之物、所用之物的处理】	★★★	
	第73条【缓刑考验期限】	★★★	
	第27条【从犯;从犯的处罚】	★	
	第61条【量刑根据】	★	
	第69条【判决宣告前一人犯数罪的并罚】	★	
用规定 财产刑适	第2条【罚金数额的裁量】	★	804

第269条【抢劫罪】 ★★★★★

犯盗窃、诈骗、抢夺罪,为窝藏赃物、抗拒抓捕或者毁灭罪证而当场使用暴力或者以暴力相威胁的,依照本法第二百六十三条的规定定罪处罚。

■ 一、主要适用的案由及其相关度

案由编号	主要适用的案由	相关度
X5.263	抢劫罪	★★★★★
X5.264	盗窃罪	★★★

■ 二、同时适用的法条及其相关度

	同时适用的法条	相关度
刑法	第263条【抢劫罪】	★★★★★
	第23条【犯罪未遂;犯罪未遂的处罚】	★★★
	第25条【共同犯罪的概念】	★★★
	第52条【罚金数额的裁量】	★★★
	第53条【罚金的缴纳、减免】	★★★
	第64条【犯罪所得之物、所用之物的处理】	★★★
	第65条【一般累犯】	★★★
	第67条【自首及其认定】	★★★
	第69条【判决宣告前一人犯数罪的并罚】	★★★
	第264条【盗窃罪】	★★★
	第26条【主犯;犯罪集团】	★
	第27条【从犯;从犯的处罚】	★
	第47条【有期徒刑刑期的计算与折抵】	★
	第56条【剥夺政治权利的适用范围】	★
	第61条【量刑根据】	★
	第72条【缓刑的条件、禁止令与附加刑的执行】	★

第270条【侵占罪】 ★★★

将代为保管的他人财物非法占为己有,数额较大,拒不退还的,处二年以下有期徒刑、拘役或者罚金;数额巨大或者有其他严重情节的,处二年以上五年以下有期徒刑,并处罚金。

将他人的遗忘物或者埋藏物非法占为己有,数额较大,拒不交出的,依照前款的规定处罚。

本条罪,告诉的才处理。

主要适用的案由及其相关度

案由编号	主要适用的案由	相关度
X5.270	侵占罪	★★★★★
X5.271.1	职务侵占罪	★

第271条【职务侵占罪;贪污罪】 ★★★★★

公司、企业或者其他单位的人员,利用职务上的便利,将本单位财物非法占为己有,数额较大的,处五年以下有期徒刑或者拘役;数额巨大的,处五年以上有期徒刑,可以并处没收财产。

国有公司、企业或者其他国有单位中从事公务的人员和国有公司、企业或者其他国有单位委派到非国有公司、企业以及其他单位从事公务的人员有前款行为的,依照本法第三百八十二条、第三百八十三条的规定定罪处罚。

一、主要适用的案由及其相关度

案由编号	主要适用的案由	相关度
X5.271.1	职务侵占罪	★★★★★

二、同时适用的法条及其相关度

	同时适用的法条	相关度
刑法	第67条【自首及其认定】	★★★★★
	第64条【犯罪所得之物、所用之物的处理】	★★★★
	第72条【缓刑的条件、禁止令与附加刑的执行】	★★★★
	第25条【共同犯罪的概念】	★★★
	第73条【缓刑考验期限】	★★★

	同时适用的法条	相关度
刑法	第26条【主犯；犯罪集团】	★★
	第27条【从犯；从犯的处罚】	★★
	第61条【量刑根据】	★★
	第69条【判决宣告前一人犯数罪的并罚】	★★
	第47条【有期徒刑刑期的计算与折抵】	★
	第52条【罚金数额的裁量】	★
	第53条【罚金的缴纳、减免】	★
	第312条【掩饰、隐瞒犯罪所得、犯罪所得收益罪】	★
	第383条【贪污罪的处罚】	★
司法解释 办理刑事贪贿案件	第11条【非国家工作人员受贿罪、职务侵占罪的数额起点】	★★
	第1条【贪污罪、受贿罪"数额较大""其他较重情节"的认定】	★

第272条【挪用资金罪；挪用公款罪】 ★★★★

公司、企业或者其他单位的工作人员，利用职务上的便利，挪用本单位资金归个人使用或者借贷给他人，数额较大、超过三个月未还的，或者虽未超过三个月，但数额较大、进行营利活动的，或者进行非法活动的，处三年以下有期徒刑或者拘役；挪用本单位资金数额巨大的，或者数额较大不退还的，处三年以上十年以下有期徒刑。

国有公司、企业或者其他国有单位中从事公务的人员和国有公司、企业或者其他国有单位委派到非国有公司、企业以及其他单位从事公务的人员有前款行为的，依照本法第三百八十四条的规定定罪处罚。

■ 一、主要适用的案由及其相关度

案由编号	主要适用的案由	相关度
X5.272.1	挪用资金罪	★★★★★

二、同时适用的法条及其相关度

	同时适用的法条	相关度	
刑法	第67条【自首及其认定】	★★★★★	333
	第72条【缓刑的条件、禁止令与附加刑的执行】	★★★★	
	第64条【犯罪所得之物、所用之物的处理】	★★★	
	第73条【缓刑考验期限】	★★★	
	第69条【判决宣告前一人犯数罪的并罚】	★★	
	第25条【共同犯罪的概念】	★	
	第61条【量刑根据】	★	
司法解释 刑事案件 办理贪贿	第11条【非国家工作人员受贿罪、职务侵占罪的数额起点】	★★	806
	第6条【挪用公款罪"数额较大""数额巨大""情节严重"的认定】	★	

第273条【挪用特定款物罪】　　★★

挪用用于救灾、抢险、防汛、优抚、扶贫、移民、救济款物，情节严重，致使国家和人民群众利益遭受重大损害的，对直接责任人员，处三年以下有期徒刑或者拘役；情节特别严重的，处三年以上七年以下有期徒刑。

一、主要适用的案由及其相关度

案由编号	主要适用的案由	相关度
X5.273	挪用特定款物罪	★★★★★

二、同时适用的法条及其相关度

	同时适用的法条	相关度	
刑法	第67条【自首及其认定】	★★★★★	333
	第72条【缓刑的条件、禁止令与附加刑的执行】	★★★★	
	第25条【共同犯罪的概念】	★★★★	
	第73条【缓刑考验期限】	★★★★	

	同时适用的法条	相关度
刑法	第37条【免予刑事处罚与非刑事处罚措施】	★★★
	第64条【犯罪所得之物、所用之物的处理】	★★
	第69条【判决宣告前一人犯数罪的并罚】	★★
	第382条【贪污罪；贪污罪共犯的认定】	★★
	第383条【贪污罪的处罚】	★★
	第26条【主犯；犯罪集团】	★
	第27条【从犯；从犯的处罚】	★
	第61条【量刑根据】	★

第274条【敲诈勒索罪】 ★★★★★

敲诈勒索公私财物，数额较大或者多次敲诈勒索的，处三年以下有期徒刑、拘役或者管制，并处或者单处罚金；数额巨大或者有其他严重情节的，处三年以上十年以下有期徒刑，并处罚金；数额特别巨大或者有其他特别严重情节的，处十年以上有期徒刑，并处罚金。

一、主要适用的案由及其相关度

案由编号	主要适用的案由	相关度
X5.274	敲诈勒索罪	★★★★★

二、同时适用的法条及其相关度

	同时适用的法条	相关度
刑法	第25条【共同犯罪的概念】	★★★★★
	第67条【自首及其认定】	★★★★★
	第52条【罚金数额的裁量】	★★★★
	第53条【罚金的缴纳、减免】	★★★★
	第23条【犯罪未遂；犯罪未遂的处罚】	★★★
	第26条【主犯；犯罪集团】	★★★
	第27条【从犯；从犯的处罚】	★★★

	同时适用的法条	相关度
刑法	第64条【犯罪所得之物、所用之物的处理】	★★★
	第65条【一般累犯】	★★★
	第69条【判决宣告前一人犯数罪的并罚】	★★★
	第72条【缓刑的条件、禁止令与附加刑的执行】	★★★
	第73条【缓刑考验期限】	★★★
	第61条【量刑根据】	★★
	第45条【有期徒刑的期限】	★
	第47条【有期徒刑刑期的计算与折抵】	★
	第68条【立功】	★
	第264条【盗窃罪】	★
	第293条【寻衅滋事罪】	★
司法解释 索办理刑事敲诈勒索案件	第1条【敲诈勒索公私财物"数额较大""数额巨大""数额特别巨大"的认定】	★★
	第8条【犯敲诈勒索罪的被告人罚金数额的确定】	★★

第275条【故意毁坏财物罪】 ★★★★★

故意毁坏公私财物,数额较大或者有其他严重情节的,处三年以下有期徒刑、拘役或者罚金;数额巨大或者有其他特别严重情节的,处三年以上七年以下有期徒刑。

一、主要适用的案由及其相关度

案由编号	主要适用的案由	相关度
X5.275	故意毁坏财物罪	★★★★★

二、同时适用的法条及其相关度

	同时适用的法条	相关度
刑法	第67条【自首及其认定】	★★★★★
	第25条【共同犯罪的概念】	★★★

	同时适用的法条	相关度
刑法	第72条【缓刑的条件、禁止令与附加刑的执行】	★★★
	第73条【缓刑考验期限】	★★★
	第26条【主犯;犯罪集团】	★★
	第27条【从犯;从犯的处罚】	★★
	第52条【罚金数额的裁量】	★★
	第53条【罚金的缴纳、减免】	★★
	第61条【量刑根据】	★★
	第64条【犯罪所得之物、所用之物的处理】	★★
	第65条【一般累犯】	★★
	第69条【判决宣告前一人犯数罪的并罚】	★★
	第36条【犯罪行为的民事赔偿责任】	★
	第234条【故意伤害罪】	★

第276条【破坏生产经营罪】 ★★★★

由于泄愤报复或者其他个人目的,毁坏机器设备、残害耕畜或者以其他方法破坏生产经营的,处三年以下有期徒刑、拘役或者管制;情节严重的,处三年以上七年以下有期徒刑。

一、主要适用的案由及其相关度

案由编号	主要适用的案由	相关度
X5.276	破坏生产经营罪	★★★★★

二、同时适用的法条及其相关度

	同时适用的法条	相关度
刑法	第67条【自首及其认定】	★★★★★
	第72条【缓刑的条件、禁止令与附加刑的执行】	★★★★★
	第25条【共同犯罪的概念】	★★★★

	同时适用的法条	相关度
刑法	第73条【缓刑考验期限】	★★★★
	第26条【主犯;犯罪集团】	★★
	第27条【从犯;从犯的处罚】	★★
	第61条【量刑根据】	★★
	第64条【犯罪所得之物、所用之物的处理】	★★
	第36条【犯罪行为的民事赔偿责任】	★
	第69条【判决宣告前一人犯数罪的并罚】	★

第276条之1【拒不支付劳动报酬罪】 ★★★★

以转移财产、逃匿等方法逃避支付劳动者的劳动报酬或者有能力支付而不支付劳动者的劳动报酬,数额较大,经政府有关部门责令支付仍不支付的,处三年以下有期徒刑或者拘役,并处或者单处罚金;造成严重后果的,处三年以上七年以下有期徒刑,并处罚金。

单位犯前款罪的,对单位判处罚金,并对其直接负责的主管人员和其他直接责任人员,依照前款的规定处罚。

有前两款行为,尚未造成严重后果,在提起公诉前支付劳动者的劳动报酬,并依法承担相应赔偿责任的,可以减轻或者免除处罚。

■ 一、主要适用的案由及其相关度

案由编号	主要适用的案由	相关度
X5.276-1	拒不支付劳动报酬罪	★★★★★

■ 二、同时适用的法条及其相关度

	同时适用的法条	相关度
刑法	第67条【自首及其认定】	★★★★★
	第52条【罚金数额的裁量】	★★★★
	第53条【罚金的缴纳、减免】	★★★★
	第72条【缓刑的条件、禁止令与附加刑的执行】	★★★★
	第73条【缓刑考验期限】	★★★

	同时适用的法条	相关度
刑法	第64条【犯罪所得之物、所用之物的处理】	★★
	第61条【量刑根据】	★
	第69条【判决宣告前一人犯数罪的并罚】	★
拒不支付劳动报酬罪司法解释	第2条【"以转移财产、逃匿等方法逃避支付劳动者的劳动报酬"的认定】	★★★
	第3条【不支付劳动报酬"数额较大"的认定】	★★★
	第4条【不支付劳动报酬"经政府有关部门责令支付仍不支付"的认定】	★★
	第6条【不构成拒不支付劳动者的劳动报酬的认定;减轻、从轻、免除处罚的情形;酌情从宽处罚的情形】	★

第六章 妨害社会管理秩序罪

第一节 扰乱公共秩序罪

第277条【妨害公务罪】 ★★★★★

以暴力、威胁方法阻碍国家机关工作人员依法执行职务的,处三年以下有期徒刑、拘役、管制或者罚金。

以暴力、威胁方法阻碍全国人民代表大会和地方各级人民代表大会代表依法执行代表职务的,依照前款的规定处罚。

在自然灾害和突发事件中,以暴力、威胁方法阻碍红十字会工作人员依法履行职责的,依照第一款的规定处罚。

故意阻碍国家安全机关、公安机关依法执行国家安全工作任务,未使用暴力、威胁方法,造成严重后果的,依照第一款的规定处罚。

暴力袭击正在依法执行职务的人民警察的,依照第一款的规定从重处罚。

一、主要适用的案由及其相关度

案由编号	主要适用的案由	相关度
X6.1.277	妨害公务罪	★★★★★

二、同时适用的法条及其相关度

	同时适用的法条	相关度
刑法	第67条【自首及其认定】	★★★★★
	第25条【共同犯罪的概念】	★★★
	第72条【缓刑的条件、禁止令与附加刑的执行】	★★★
	第73条【缓刑考验期限】	★★★
	第61条【量刑根据】	★★
	第69条【判决宣告前一人犯数罪的并罚】	★★
	第26条【主犯；犯罪集团】	★
	第47条【有期徒刑刑期的计算与折抵】	★
	第52条【罚金数额的裁量】	★
	第53条【罚金的缴纳、减免】	★
	第64条【犯罪所得之物、所用之物的处理】	★
	第65条【一般累犯】	★
	第133条之1【危险驾驶罪】	★

第278条【煽动暴力抗拒法律实施罪】①

煽动群众暴力抗拒国家法律、行政法规实施的,处三年以下有期徒刑、拘役、管制或者剥夺政治权利;造成严重后果的,处三年以上七年以下有期徒刑。

第279条【招摇撞骗罪】 ★★★★

冒充国家机关工作人员招摇撞骗的,处三年以下有期徒刑、拘役、管制或者剥夺政治权利;情节严重的,处三年以上十年以下有期徒刑。

---

① 说明:本法条尚无足够数量判决书可供法律大数据分析。

冒充人民警察招摇撞骗的,依照前款的规定从重处罚。

■ 一、主要适用的案由及其相关度

案由编号	主要适用的案由	相关度
X6.1.279	招摇撞骗罪	★★★★★

■ 二、同时适用的法条及其相关度

	同时适用的法条	相关度
刑法	第67条【自首及其认定】	★★★★★
	第64条【犯罪所得之物、所用之物的处理】	★★★★
	第25条【共同犯罪的概念】	★★★
	第65条【一般累犯】	★★★
	第69条【判决宣告前一人犯数罪的并罚】	★★★
	第52条【罚金数额的裁量】	★★
	第72条【缓刑的条件、禁止令与附加刑的执行】	★★
	第73条【缓刑考验期限】	★★
	第26条【主犯;犯罪集团】	★
	第27条【从犯;从犯的处罚】	★
	第47条【有期徒刑刑期的计算与折抵】	★
	第53条【罚金的缴纳、减免】	★
	第61条【量刑根据】	★
	第266条【诈骗罪】	★

第280条【使用虚假身份证件、盗用身份证件罪】 ★★★★

伪造、变造、买卖或者盗窃、抢夺、毁灭国家机关的公文、证件、印章的,处三年以下有期徒刑、拘役、管制或者剥夺政治权利,并处罚金;情节严重的,处三年以上十年以下有期徒刑,并处罚金。

伪造公司、企业、事业单位、人民团体的印章的,处三年以下有期徒刑、拘役、管制或者剥夺政治权利,并处罚金。

伪造、变造、买卖居民身份证、护照、社会保障卡、驾驶证等依法可以用于证明身份的证件的,处三年以下有期徒刑、拘役、管制或者剥夺政治权利,并处罚金;情节严重的,处三年以上七年以下有期徒刑,并处罚金。

■ 主要适用的案由及其相关度

案由编号	主要适用的案由	相关度
X6.1.280.1:1	伪造、变造、买卖国家机关公文、证件、印章罪	★★★★★
X6.1.280.2	伪造公司、企业、事业单位、人民团体印章罪	★★★
X6.1.280.3	伪造、变造、买卖身份证件罪	★★

第280条之1【使用虚假身份证件、盗用身份证件罪】 ★★★

在依照国家规定应当提供身份证明的活动中,使用伪造、变造的或者盗用他人的居民身份证、护照、社会保障卡、驾驶证等依法可以用于证明身份的证件,情节严重的,处拘役或者管制,并处或者单处罚金。

有前款行为,同时构成其他犯罪的,依照处罚较重的规定定罪处罚。

■ 主要适用的案由及其相关度

案由编号	主要适用的案由	相关度
X6.1.280-1	使用虚假身份证件、盗用身份证件罪	★★★★★
X5.264	盗窃罪	★
X6.1.280.3	伪造、变造、买卖身份证件罪	★

第281条【非法生产、买卖警用装备罪】 ★★

非法生产、买卖人民警察制式服装、车辆号牌等专用标志、警械,情节严重的,处三年以下有期徒刑、拘役或者管制,并处或者单处罚金。

单位犯前款罪的,对单位判处罚金,并对其直接负责的主管人员和其他直接责任人员,依照前款的规定处罚。

■ 一、主要适用的案由及其相关度

案由编号	主要适用的案由	相关度
X6.1.281	非法生产、买卖警用装备罪	★★★★★
X6.1.280.1:1	伪造、变造、买卖国家机关公文、证件、印章罪	★

■ 二、同时适用的法条及其相关度

	同时适用的法条	相关度
刑法	第64条【犯罪所得之物、所用之物的处理】	★★★★★
	第67条【自首及其认定】	★★★★★
	第52条【罚金数额的裁量】	★★★★
	第72条【缓刑的条件、禁止令与附加刑的执行】	★★★★
	第53条【罚金的缴纳、减免】	★★★
	第73条【缓刑考验期限】	★★★
	第25条【共同犯罪的概念】	★★
	第61条【量刑根据】	★★
	第69条【判决宣告前一人犯数罪的并罚】	★

第282条【非法获取国家秘密罪；非法持有国家绝密、机密文件、资料、物品罪】 ★★

以窃取、刺探、收买方法，非法获取国家秘密的，处三年以下有期徒刑、拘役、管制或者剥夺政治权利；情节严重的，处三年以上七年以下有期徒刑。

非法持有属于国家绝密、机密的文件、资料或者其他物品，拒不说明来源与用途的，处三年以下有期徒刑、拘役或者管制。

■ 一、主要适用的案由及其相关度

案由编号	主要适用的案由	相关度
X6.1.282.1	非法获取国家秘密罪	★★★★★
X8.382	贪污罪	★

■ 二、同时适用的法条及其相关度

	同时适用的法条	相关度
刑法	第67条【自首及其认定】	★★★★★
	第25条【共同犯罪的概念】	★★★★

	同时适用的法条	相关度	
刑法	第64条【犯罪所得之物、所用之物的处理】	★★★★	333
	第72条【缓刑的条件、禁止令与附加刑的执行】	★★★★	
	第26条【主犯;犯罪集团】	★★★	
	第27条【从犯;从犯的处罚】	★★★	
	第73条【缓刑考验期限】	★★★	
	第69条【判决宣告前一人犯数罪的并罚】	★★	
	第22条【犯罪预备;犯罪预备的处罚】	★	
	第37条【免予刑事处罚与非刑事处罚措施】	★	
	第61条【量刑根据】	★	
	第383条【贪污罪的处罚】	★	

第283条【非法生产、销售专用间谍器材、窃听、窃照专用器材罪】 ★★★

非法生产、销售专用间谍器材或者窃听、窃照专用器材的,处三年以下有期徒刑、拘役或者管制,并处或者单处罚金;情节严重的,处三年以上七年以下有期徒刑,并处罚金。

单位犯前款罪的,对单位判处罚金,并对其直接负责的主管人员和其他直接责任人员,依照前款的规定处罚。

■ 一、主要适用的案由及其相关度

案由编号	主要适用的案由	相关度
X1.110	间谍罪	★★★★★
X8.382	贪污罪	★

■ 二、同时适用的法条及其相关度

	同时适用的法条	相关度	
刑法	第64条【犯罪所得之物、所用之物的处理】	★★★★★	333
	第67条【自首及其认定】	★★★★★	
	第72条【缓刑的条件、禁止令与附加刑的执行】	★★★★★	

	同时适用的法条	相关度
刑法	第73条【缓刑考验期限】	★★★★
	第25条【共同犯罪的概念】	★★★
	第26条【主犯;犯罪集团】	★★
	第23条【犯罪未遂;犯罪未遂的处罚】	★
	第27条【从犯;从犯的处罚】	★
	第52条【罚金数额的裁量】	★
	第53条【罚金的缴纳、减免】	★
	第69条【判决宣告前一人犯数罪的并罚】	★

第284条【非法使用窃听、窃照专用器材罪】 ★★

非法使用窃听、窃照专用器材,造成严重后果的,处二年以下有期徒刑、拘役或者管制。

■ 一、主要适用的案由及其相关度

案由编号	主要适用的案由	相关度
X6.1.284	非法使用窃听、窃照专用器材罪	★★★★★
X8.384	挪用公款罪	★★★
X8.382	贪污罪	★

■ 二、同时适用的法条及其相关度

	同时适用的法条	相关度
刑法	第67条【自首及其认定】	★★★★★
	第64条【犯罪所得之物、所用之物的处理】	★★★★
	第25条【共同犯罪的概念】	★★★
	第72条【缓刑的条件、禁止令与附加刑的执行】	★★★
	第73条【缓刑考验期限】	★★★
	第26条【主犯;犯罪集团】	★
	第27条【从犯;从犯的处罚】	★

	同时适用的法条	相关度
刑法	第69条【判决宣告前一人犯数罪的并罚】	★
	第382条【贪污罪；贪污罪共犯的认定】	★
	第383条【贪污罪的处罚】	★

第284条之1【组织考试作弊罪；非法出售、提供试题、答案罪；代替考试罪】 ★★★

在法律规定的国家考试中，组织作弊的，处三年以下有期徒刑或者拘役，并处或者单处罚金；情节严重的，处三年以上七年以下有期徒刑，并处罚金。

为他人实施前款犯罪提供作弊器材或者其他帮助的，依照前款的规定处罚。

为实施考试作弊行为，向他人非法出售或者提供第一款规定的考试的试题、答案的，依照第一款的规定处罚。

代替他人或者让他人代替自己参加第一款规定的考试的，处拘役或者管制，并处或者单处罚金。

一、主要适用的案由及其相关度

案由编号	主要适用的案由	相关度
X6.1.284-1.1	组织考试作弊罪	★★★★★
X6.1.284-1.4	代替考试罪	★★★★★
X6.1.284-1.3	非法出售、提供试题、答案罪	★

二、同时适用的法条及其相关度

	同时适用的法条	相关度
刑法	第67条【自首及其认定】	★★★★★
	第52条【罚金数额的裁量】	★★★★
	第25条【共同犯罪的概念】	★★★
	第53条【罚金的缴纳、减免】	★★★
	第64条【犯罪所得之物、所用之物的处理】	★★★

	同时适用的法条	相关度
刑法	第72条【缓刑的条件、禁止令与附加刑的执行】	★★★
	第73条【缓刑考验期限】	★★★
	第26条【主犯;犯罪集团】	★
	第27条【从犯;从犯的处罚】	★
	第61条【量刑根据】	★

第285条【非法侵入计算机信息系统罪、非法获取计算机信息系统数据、非法控制计算机信息系统罪;提供侵入、非法控制计算机信息系统程序、工具罪】　★★★

违反国家规定,侵入国家事务、国防建设、尖端科学技术领域的计算机信息系统的,处三年以下有期徒刑或者拘役。

违反国家规定,侵入前款规定以外的计算机信息系统或者采用其他技术手段,获取该计算机信息系统中存储、处理或者传输的数据,或者对该计算机信息系统实施非法控制,情节严重的,处三年以下有期徒刑或者拘役,并处或者单处罚金;情节特别严重的,处三年以上七年以下有期徒刑,并处罚金。

提供专门用于侵入、非法控制计算机信息系统的程序、工具,或者明知他人实施侵入、非法控制计算机信息系统的违法犯罪行为而为其提供程序、工具,情节严重的,依照前款的规定处罚。

单位犯前三款罪的,对单位判处罚金,并对其直接负责的主管人员和其他直接责任人员,依照各该款的规定处罚。

一、主要适用的案由及其相关度

案由编号	主要适用的案由	相关度
X6.1.285.2	非法获取计算机信息系统数据、非法控制计算机信息系统罪	★★★★★
X6.1.285.3	提供侵入、非法控制计算机信息系统程序、工具罪	★★
X6.1.285.1	非法侵入计算机信息系统罪	★

二、同时适用的法条及其相关度

	同时适用的法条	相关度	
刑法	第64条【犯罪所得之物、所用之物的处理】	★★★★★	333
	第67条【自首及其认定】	★★★★★	
	第72条【缓刑的条件、禁止令与附加刑的执行】	★★★★	
	第25条【共同犯罪的概念】	★★★	
	第52条【罚金数额的裁量】	★★★	
	第53条【罚金的缴纳、减免】	★★★	
	第73条【缓刑考验期限】	★★★	
	第26条【主犯；犯罪集团】	★	
	第27条【从犯；从犯的处罚】	★	
	第69条【判决宣告前一人犯数罪的并罚】	★	
办理危害计算机信息系统安全刑事案件司法解释	第1条【非法获取计算机信息系统数据、非法控制计算机信息系统罪"情节严重""情节特别严重"的认定】	★★	878
	第3条【提供侵入、非法控制计算机信息系统程序、工具罪"情节严重""情节特别严重"的认定】	★	

第286条【破坏计算机信息系统罪】 ★★★

违反国家规定，对计算机信息系统功能进行删除、修改、增加、干扰，造成计算机信息系统不能正常运行，后果严重的，处五年以下有期徒刑或者拘役；后果特别严重的，处五年以上有期徒刑。

违反国家规定，对计算机信息系统中存储、处理或者传输的数据和应用程序进行删除、修改、增加的操作，后果严重的，依照前款的规定处罚。

故意制作、传播计算机病毒等破坏性程序，影响计算机系统正常运行，后果严重的，依照第一款的规定处罚。

单位犯前三款罪的，对单位判处罚金，并对其直接负责的主管人员和其他直接责任人员，依照第一款的规定处罚。

■ 一、主要适用的案由及其相关度

案由编号	主要适用的案由	相关度
X6.1.286	破坏计算机信息系统罪	★★★★★

■ 二、同时适用的法条及其相关度

		同时适用的法条	相关度
刑法		第67条【自首及其认定】	★★★★★
		第64条【犯罪所得之物、所用之物的处理】	★★★★
		第25条【共同犯罪的概念】	★★★
		第72条【缓刑的条件、禁止令与附加刑的执行】	★★★
		第73条【缓刑考验期限】	★★★
		第26条【主犯；犯罪集团】	★★
		第27条【从犯；从犯的处罚】	★★
		第47条【有期徒刑刑期的计算与折抵】	★
办理危害计算机信息系统安全刑事案件司法解释		第4条【破坏计算机信息系统罪"后果严重""后果特别严重"的认定】	★★★

第286条之1【拒不履行信息网络安全管理义务罪】①

网络服务提供者不履行法律、行政法规规定的信息网络安全管理义务，经监管部门责令采取改正措施而拒不改正，有下列情形之一的，处三年以下有期徒刑、拘役或者管制，并处或者单处罚金：

（一）致使违法信息大量传播的；

（二）致使用户信息泄露，造成严重后果的；

（三）致使刑事案件证据灭失，情节严重的；

（四）有其他严重情节的。

---

① 说明：本法条尚无足够数量判决书可供法律大数据分析。

单位犯前款罪的,对单位判处罚金,并对其直接负责的主管人员和其他直接责任人员,依照前款的规定处罚。

有前两款行为,同时构成其他犯罪的,依照处罚较重的规定定罪处罚。

第287条【利用计算机实施有关犯罪的规定】 ★★

利用计算机实施金融诈骗、盗窃、贪污、挪用公款、窃取国家秘密或者其他犯罪的,依照本法有关规定定罪处罚。

■ 同时适用的法条及其相关度

	同时适用的法条	相关度
刑法	第64条【犯罪所得之物、所用之物的处理】	★★★★★
	第67条【自首及其认定】	★★★★★
	第264条【盗窃罪】	★★★★
	第25条【共同犯罪的概念】	★★★
	第52条【罚金数额的裁量】	★★★
	第53条【罚金的缴纳、减免】	★★★
	第26条【主犯;犯罪集团】	★★
	第72条【缓刑的条件、禁止令与附加刑的执行】	★★
	第303条【赌博罪;开设赌场罪】	★★
	第27条【从犯;从犯的处罚】	★
	第47条【有期徒刑刑期的计算与折抵】	★
	第55条【剥夺政治权利的期限】	★
	第56条【剥夺政治权利的适用范围】	★
	第61条【量刑根据】	★
	第69条【判决宣告前一人犯数罪的并罚】	★
	第73条【缓刑考验期限】	★
	第266条【诈骗罪】	★
	第271条【职务侵占罪;贪污罪】	★

		同时适用的法条	相关度
929	若干问题的意见 办理网络赌博犯罪案件适用法律	第1条【关于网上开设赌场犯罪的定罪量刑标准】	★★
		第3条【网络赌博犯罪的参赌人数、赌资数额和网站代理的认定】	★
797	盗窃罪司法解释	第4条【盗窃数额的认定】	★

第287条之1【非法利用信息网络罪】 ★★

利用信息网络实施下列行为之一，情节严重的，处三年以下有期徒刑或者拘役，并处或者单处罚金：

（一）设立用于实施诈骗、传授犯罪方法、制作或者销售违禁物品、管制物品等违法犯罪活动的网站、通讯群组的；

（二）发布有关制作或者销售毒品、枪支、淫秽物品等违禁物品、管制物品或者其他违法犯罪信息的；

（三）为实施诈骗等违法犯罪活动发布信息的。

单位犯前款罪的，对单位判处罚金，并对其直接负责的主管人员和其他直接责任人员，依照第一款的规定处罚。

有前两款行为，同时构成其他犯罪的，依照处罚较重的规定定罪处罚。

■ 同时适用的法条及其相关度

		同时适用的法条	相关度
333	刑法	第64条【犯罪所得之物、所用之物的处理】	★★★★★
		第67条【自首及其认定】	★★★★★
		第25条【共同犯罪的概念】	★★★
		第52条【罚金数额的裁量】	★★★
		第53条【罚金的缴纳、减免】	★★★
		第26条【主犯；犯罪集团】	★
		第27条【从犯；从犯的处罚】	★

	同时适用的法条	相关度
刑法	第45条【有期徒刑的期限】	★
	第47条【有期徒刑刑期的计算与折抵】	★
	第61条【量刑根据】	★
	第62条【从重、从轻处罚】	★
	第65条【一般累犯】	★
	第69条【判决宣告前一人犯数罪的并罚】	★
	第72条【缓刑的条件、禁止令与附加刑的执行】	★
	第73条【缓刑考验期限】	★
	第253条之1【侵犯公民个人信息罪】	★

第287条之2【帮助信息网络犯罪活动罪】 ★★

明知他人利用信息网络实施犯罪,为其犯罪提供互联网接入、服务器托管、网络存储、通讯传输等技术支持,或者提供广告推广、支付结算等帮助,情节严重的,处三年以下有期徒刑或者拘役,并处或者单处罚金。

单位犯前款罪的,对单位判处罚金,并对其直接负责的主管人员和其他直接责任人员,依照第一款的规定处罚。

有前两款行为,同时构成其他犯罪的,依照处罚较重的规定定罪处罚。

■ 同时适用的法条及其相关度

	同时适用的法条	相关度
刑法	第25条【共同犯罪的概念】	★★★★★
	第64条【犯罪所得之物、所用之物的处理】	★★★★★
	第67条【自首及其认定】	★★★★★
	第26条【主犯;犯罪集团】	★★★★
	第27条【从犯;从犯的处罚】	★★★
	第52条【罚金数额的裁量】	★★★
	第53条【罚金的缴纳、减免】	★★★
	第69条【判决宣告前一人犯数罪的并罚】	★★★

	同时适用的法条	相关度
刑法	第72条【缓刑的条件、禁止令与附加刑的执行】	★★★
	第266条【诈骗罪】	★★★
	第73条【缓刑考验期限】	★★
	第77条【缓刑考验不合格的处理】	★★
	第12条【刑法的溯及力】	★
	第65条【一般累犯】	★
	第68条【立功】	★

第288条【扰乱无线电通讯管理秩序罪】 ★★★

违反国家规定,擅自设置、使用无线电台(站),或者擅自使用无线电频率,干扰无线电通讯秩序,情节严重的,处三年以下有期徒刑、拘役或者管制,并处或者单处罚金;情节特别严重的,处三年以上七年以下有期徒刑,并处罚金。

单位犯前款罪的,对单位判处罚金,并对其直接负责的主管人员和其他直接责任人员,依照前款的规定处罚。

一、主要适用的案由及其相关度

案由编号	主要适用的案由	相关度
X6.1.288	扰乱无线电通讯管理秩序罪	★★★★★
X2.124.1	破坏广播电视设施、公用电信设施罪	★★

二、同时适用的法条及其相关度

	同时适用的法条	相关度
刑法	第64条【犯罪所得之物、所用之物的处理】	★★★★★
	第67条【自首及其认定】	★★★★★
	第52条【罚金数额的裁量】	★★★★
	第53条【罚金的缴纳、减免】	★★★★
	第25条【共同犯罪的概念】	★★★

	同时适用的法条	相关度
刑法	第72条【缓刑的条件、禁止令与附加刑的执行】	★★★
	第73条【缓刑考验期限】	★★★
	第12条【刑法的溯及力】	★
	第26条【主犯;犯罪集团】	★
	第27条【从犯;从犯的处罚】	★
	第61条【量刑根据】	★

第289条【故意伤害罪;故意杀人罪;抢劫罪】①

聚众"打砸抢",致人伤残、死亡的,依照本法第二百三十四条、第二百三十二条的规定定罪处罚。毁坏或者抢走公私财物的,除判令退赔外,对首要分子,依照本法第二百六十三条的规定定罪处罚。

第290条【聚众扰乱社会秩序罪;聚众冲击国家机关罪;扰乱国家机关工作秩序罪;组织、资助非法聚集罪】 ★★★★

聚众扰乱社会秩序,情节严重,致使工作、生产、营业和教学、科研、医疗无法进行,造成严重损失的,对首要分子,处三年以上七年以下有期徒刑;对其他积极参加的,处三年以下有期徒刑、拘役、管制或者剥夺政治权利。

聚众冲击国家机关,致使国家机关工作无法进行,造成严重损失的,对首要分子,处五年以上十年以下有期徒刑;对其他积极参加的,处五年以下有期徒刑、拘役、管制或者剥夺政治权利。

多次扰乱国家机关工作秩序,经行政处罚后仍不改正,造成严重后果的,处三年以下有期徒刑、拘役或者管制。

多次组织、资助他人非法聚集,扰乱社会秩序,情节严重的,依照前款的规定处罚。

■ 主要适用的案由及其相关度

案由编号	主要适用的案由	相关度
X6.1.290.1	聚众扰乱社会秩序罪	★★★★★
X6.1.290.2	聚众冲击国家机关罪	★★

---

① 说明:本法条尚无足够数量判决书可供法律大数据分析。

第291条【聚众扰乱公共场所秩序、交通秩序罪】 ★★★

聚众扰乱车站、码头、民用航空站、商场、公园、影剧院、展览会、运动场或者其他公共场所秩序,聚众堵塞交通或者破坏交通秩序,抗拒、阻碍国家治安管理工作人员依法执行职务,情节严重的,对首要分子,处五年以下有期徒刑、拘役或者管制。

■ 一、主要适用的案由及其相关度

案由编号	主要适用的案由	相关度
X6.1.291	聚众扰乱公共场所秩序、交通秩序罪	★★★★★

■ 二、同时适用的法条及其相关度

	同时适用的法条	相关度
刑法	第67条【自首及其认定】	★★★★★
	第72条【缓刑的条件、禁止令与附加刑的执行】	★★★★★
	第25条【共同犯罪的概念】	★★★
	第73条【缓刑考验期限】	★★★
	第26条【主犯;犯罪集团】	★
	第61条【量刑根据】	★
	第69条【判决宣告前一人犯数罪的并罚】	★
	第277条【妨害公务罪】	★

第291条之1【投放虚假危险物质罪;编造、故意传播虚假恐怖信息罪;编造、故意传播虚假信息罪】 ★★★

投放虚假的爆炸性、毒害性、放射性、传染病病原体等物质,或者编造爆炸威胁、生化威胁、放射威胁等恐怖信息,或者明知是编造的恐怖信息而故意传播,严重扰乱社会秩序的,处五年以下有期徒刑、拘役或者管制;造成严重后果的,处五年以上有期徒刑。

编造虚假的险情、疫情、灾情、警情,在信息网络或者其他媒体上传播,或者明知是上述虚假信息,故意在信息网络或者其他媒体上传播,严重扰乱社会秩序的,处三年以下有期徒刑、拘役或者管制;造成严重后果的,处三年以上七年以下有期徒刑。

■ 一、主要适用的案由及其相关度

案由编号	主要适用的案由	相关度
X6.1.291-1.1:2	编造、故意传播虚假恐怖信息罪	★★★★★
X6.1.291-1.1:1	投放虚假危险物质罪	★

■ 二、同时适用的法条及其相关度

	同时适用的法条	相关度
刑法	第67条【自首及其认定】	★★★★★
	第64条【犯罪所得之物、所用之物的处理】	★★★
	第47条【有期徒刑刑期的计算与折抵】	★
	第61条【量刑根据】	★
	第65条【一般累犯】	★
	第69条【判决宣告前一人犯数罪的并罚】	★
	第72条【缓刑的条件、禁止令与附加刑的执行】	★
审理编造、故意传播虚假恐怖信息刑事案件司法解释	第2条【编造、故意传播虚假信息罪中"严重扰乱社会秩序"的认定】	★★
	第1条【编造恐怖信息，传播或者放任传播行为的定罪】	★
	第6条【"虚假恐怖信息"的认定】	★

333

880

第292条【聚众斗殴罪】 ★★★★★

聚众斗殴的，对首要分子和其他积极参加的，处三年以下有期徒刑、拘役或者管制；有下列情形之一的，对首要分子和其他积极参加的，处三年以上十年以下有期徒刑：

（一）多次聚众斗殴的；

（二）聚众斗殴人数多，规模大，社会影响恶劣的；

（三）在公共场所或者交通要道聚众斗殴，造成社会秩序严重混乱的；

（四）持械聚众斗殴的。

聚众斗殴，致人重伤、死亡的，依照本法第二百三十四条、第二百三十二条的规定定罪处罚。

一、主要适用的案由及其相关度

案由编号	主要适用的案由	相关度
X6.1.292.1	聚众斗殴罪	★★★★★
X4.234	故意伤害罪	★

二、同时适用的法条及其相关度

	同时适用的法条	相关度
刑法	第25条【共同犯罪的概念】	★★★★★
	第67条【自首及其认定】	★★★★★
	第26条【主犯;犯罪集团】	★★★
	第27条【从犯;从犯的处罚】	★★★
	第65条【一般累犯】	★★★
	第69条【判决宣告前一人犯数罪的并罚】	★★★
	第72条【缓刑的条件、禁止令与附加刑的执行】	★★★
	第73条【缓刑考验期限】	★★★
	第61条【量刑根据】	★★
	第64条【犯罪所得之物、所用之物的处理】	★★
	第234条【故意伤害罪】	★★
	第17条【刑事责任年龄】	★
	第47条【有期徒刑刑期的计算与折抵】	★
	第68条【立功】	★
	第77条【缓刑考验不合格的处理】	★
	第293条【寻衅滋事罪】	★

第293条【寻衅滋事罪】 ★★★★★

有下列寻衅滋事行为之一,破坏社会秩序的,处五年以下有期徒刑、拘役或者管制:

（一）随意殴打他人,情节恶劣的;

（二）追逐、拦截、辱骂、恐吓他人,情节恶劣的;

(三)强拿硬要或者任意损毁、占用公私财物,情节严重的;
(四)在公共场所起哄闹事,造成公共场所秩序严重混乱的。

纠集他人多次实施前款行为,严重破坏社会秩序的,处五年以上十年以下有期徒刑,可以并处罚金。

一、主要适用的案由及其相关度

案由编号	主要适用的案由	相关度
X6.1.293	寻衅滋事罪	★★★★★

二、同时适用的法条及其相关度

	同时适用的法条	相关度
刑法	第67条【自首及其认定】	★★★★★
	第25条【共同犯罪的概念】	★★★★
	第72条【缓刑的条件、禁止令与附加刑的执行】	★★★
	第73条【缓刑考验期限】	★★★
	第26条【主犯;犯罪集团】	★★
	第27条【从犯;从犯的处罚】	★★
	第61条【量刑根据】	★★
	第64条【犯罪所得之物、所用之物的处理】	★★
	第65条【一般累犯】	★★
	第69条【判决宣告前一人犯数罪的并罚】	★★
	第36条【犯罪行为的民事赔偿责任】	★
	第47条【有期徒刑刑期的计算与折抵】	★
	第234条【故意伤害罪】	★

	同时适用的法条	相关度
司法解释 寻衅滋事罪	第2条【寻衅滋事行为中随意殴打他人"情节恶劣"的认定】	★★
	第1条【寻衅滋事行为的界定与排除】	★
	第4条【寻衅滋事行为中强拿硬要或者任意损毁、占用公私财物"情节严重"的认定】	★
	第8条【寻衅滋事刑事案件中可以从轻处罚、不起诉或者免予刑事处罚的情形】	★

第294条【组织、领导、参加黑社会性质组织罪；入境发展黑社会组织罪；包庇、纵容黑社会性质组织罪；黑社会性质组织的特征】 ★★★

组织、领导黑社会性质的组织的，处七年以上有期徒刑，并处没收财产；积极参加的，处三年以上七年以下有期徒刑，可以并处罚金或者没收财产；其他参加的，处三年以下有期徒刑、拘役、管制或者剥夺政治权利，可以并处罚金。

境外的黑社会组织的人员到中华人民共和国境内发展组织成员的，处三年以上十年以下有期徒刑。

国家机关工作人员包庇黑社会性质的组织，或者纵容黑社会性质的组织进行违法犯罪活动的，处五年以下有期徒刑；情节严重的，处五年以上有期徒刑。

犯前三款罪又有其他犯罪行为的，依照数罪并罚的规定处罚。

黑社会性质的组织应当同时具备以下特征：

（一）形成较稳定的犯罪组织，人数较多，有明确的组织者、领导者，骨干成员基本固定；

（二）有组织地通过违法犯罪活动或者其他手段获取经济利益，具有一定的经济实力，以支持该组织的活动；

（三）以暴力、威胁或者其他手段，有组织地多次进行违法犯罪活动，为非作恶，欺压、残害群众；

（四）通过实施违法犯罪活动，或者利用国家工作人员的包庇或者纵容，称霸一方，在一定区域或者行业内，形成非法控制或者重大影响，严重破坏经济、社会生活秩序。

一、主要适用的案由及其相关度

案由编号	主要适用的案由	相关度
X6.1.294.1	组织、领导、参加黑社会性质组织罪	★★★★★

二、同时适用的法条及其相关度

	同时适用的法条	相关度
刑法	第 25 条【共同犯罪的概念】	★★★★★
	第 67 条【自首及其认定】	★★★★★
	第 69 条【判决宣告前一人犯数罪的并罚】	★★★★★
	第 27 条【从犯；从犯的处罚】	★★★
	第 293 条【寻衅滋事罪】	★★★
	第 26 条【主犯；犯罪集团】	★★
	第 52 条【罚金数额的裁量】	★★
	第 53 条【罚金的缴纳、减免】	★★
	第 64 条【犯罪所得之物、所用之物的处理】	★★
	第 65 条【一般累犯】	★★
	第 234 条【故意伤害罪】	★★
	第 274 条【敲诈勒索罪】	★★
	第 292 条【聚众斗殴罪】	★★
	第 303 条【赌博罪；开设赌场罪】	★★
	第 12 条【刑法的溯及力】	★
	第 68 条【立功】	★
	第 70 条【判决宣告后刑罚执行完毕前发现漏罪的并罚】	★
	第 72 条【缓刑的条件、禁止令与附加刑的执行】	★
	第 73 条【缓刑考验期限】	★
	第 226 条【强迫交易罪】	★
	第 238 条【非法拘禁罪】	★

	同时适用的法条	相关度
883 法解释 组织黑社会性质犯罪司	第3条【组织、领导、参加黑社会性质组织罪】	★

第295条【传授犯罪方法罪】 ★★

传授犯罪方法的,处五年以下有期徒刑、拘役或者管制;情节严重的,处五年以上十年以下有期徒刑;情节特别严重的,处十年以上有期徒刑或者无期徒刑。

一、主要适用的案由及其相关度

案由编号	主要适用的案由	相关度
X6.1.295	传授犯罪方法罪	★★★★★
X5.264	盗窃罪	★
X5.266	诈骗罪	★

二、同时适用的法条及其相关度

	同时适用的法条	相关度
刑法	第67条【自首及其认定】	★★★★★
	第64条【犯罪所得之物、所用之物的处理】	★★★★
	第69条【判决宣告前一人犯数罪的并罚】	★★★★
	第25条【共同犯罪的概念】	★★★
	第52条【罚金数额的裁量】	★★★
	第53条【罚金的缴纳、减免】	★★★
	第72条【缓刑的条件、禁止令与附加刑的执行】	★★★
	第264条【盗窃罪】	★★★
	第266条【诈骗罪】	★★★
	第26条【主犯;犯罪集团】	★★

	同时适用的法条	相关度
刑法	第73条【缓刑考验期限】	★★
	第27条【从犯；从犯的处罚】	★
	第47条【有期徒刑刑期的计算与折抵】	★
	第61条【量刑根据】	★
	第65条【一般累犯】	★
	第68条【立功】	★
	第312条【掩饰、隐瞒犯罪所得、犯罪所得收益罪】	★

第296条【非法集会、游行、示威罪】 ★★

举行集会、游行、示威，未依照法律规定申请或者申请未获许可，或者未按照主管机关许可的起止时间、地点、路线进行，又拒不服从解散命令，严重破坏社会秩序的，对集会、游行、示威的负责人和直接责任人员，处五年以下有期徒刑、拘役、管制或者剥夺政治权利。

一、主要适用的案由及其相关度

案由编号	主要适用的案由	相关度
X6.1.296	非法集会、游行、示威罪	★★★★★
X3.5.196	信用卡诈骗罪	★★★

二、同时适用的法条及其相关度

	同时适用的法条	相关度
刑法	第67条【自首及其认定】	★★★★★
	第72条【缓刑的条件、禁止令与附加刑的执行】	★★★★
	第25条【共同犯罪的概念】	★★★★
	第73条【缓刑考验期限】	★★★★
	第64条【犯罪所得之物、所用之物的处理】	★★
	第18条【精神病人与醉酒的人的刑事责任】	★

	同时适用的法条	相关度
刑法	第37条【免予刑事处罚与非刑事处罚措施】	★
	第45条【有期徒刑的期限】	★
	第47条【有期徒刑刑期的计算与折抵】	★
	第61条【量刑根据】	★

第297条【非法携带武器、管制刀具、爆炸物参加集会、游行、示威罪】①

违反法律规定,携带武器、管制刀具或者爆炸物参加集会、游行、示威的,处三年以下有期徒刑、拘役、管制或者剥夺政治权利。

第298条【破坏集会、游行、示威罪】②

扰乱、冲击或者以其他方法破坏依法举行的集会、游行、示威,造成公共秩序混乱的,处五年以下有期徒刑、拘役、管制或者剥夺政治权利。

第299条【侮辱国旗、国徽罪】③

在公共场合,故意以焚烧、毁损、涂划、玷污、践踏等方式侮辱中华人民共和国国旗、国徽的,处三年以下有期徒刑、拘役、管制或者剥夺政治权利。

在公共场合,故意篡改中华人民共和国国歌歌词、曲谱,以歪曲、贬损方式奏唱国歌,或者以其他方式侮辱国歌,情节严重的,依照前款的规定处罚。

第300条【组织、利用会道门、邪教组织、利用迷信破坏法律实施罪;组织、利用会道门、邪教组织、利用迷信致人重伤、死亡罪】　　★★★★

组织、利用会道门、邪教组织或者利用迷信破坏国家法律、行政法规实施的,处三年以上七年以下有期徒刑,并处罚金;情节特别严重的,处七年以上有期徒刑或者无期徒刑,并处罚金或者没收财产;情节较轻的,处三年以下有期徒刑、拘役、管制或者剥夺政治权利,并处或者单处罚金。

组织、利用会道门、邪教组织或者利用迷信蒙骗他人,致人重伤、死亡的,依照前款的规定处罚。

犯第一款罪又有奸淫妇女、诈骗财物等犯罪行为的,依照数罪并罚的规定处罚。

---

① 说明:本法条尚无足够数量判决书可供法律大数据分析。
② 同上注。
③ 同上注。

一、主要适用的案由及其相关度

案由编号	主要适用的案由	相关度
X6.1.300.1	组织、利用会道门、邪教组织、利用迷信破坏法律实施罪	★★★★★

二、同时适用的法条及其相关度

	同时适用的法条	相关度
刑法	第64条【犯罪所得之物、所用之物的处理】	★★★★★
	第67条【自首及其认定】	★★★★
	第25条【共同犯罪的概念】	★★★
	第52条【罚金数额的裁量】	★★★
	第53条【罚金的缴纳、减免】	★★★
	第72条【缓刑的条件、禁止令与附加刑的执行】	★★★
	第73条【缓刑考验期限】	★★★
	第2条【刑法的任务】	★★
	第27条【从犯;从犯的处罚】	★★
	第61条【量刑根据】	★★
	第4条【适用刑法人人平等原则】	★
	第12条【刑法的溯及力】	★
	第22条【犯罪预备;犯罪预备的处罚】	★
	第26条【主犯;犯罪集团】	★
	第45条【有期徒刑的期限】	★
	第47条【有期徒刑刑期的计算与折抵】	★
	第65条【一般累犯】	★

第301条【聚众淫乱罪;引诱未成年人聚众淫乱罪】 ★★

聚众进行淫乱活动的,对首要分子或者多次参加的,处五年以下有期徒刑、拘役或者管制。

引诱未成年人参加聚众淫乱活动的,依照前款的规定从重处罚。

适用的法条及其相关度

	适用的法条	相关度
刑法	第67条【自首及其认定】	★★★★★
	第25条【共同犯罪的概念】	★★★
	第72条【缓刑的条件、禁止令与附加刑的执行】	★★★
	第73条【缓刑考验期限】	★★★
	第23条【犯罪未遂;犯罪未遂的处罚】	★
	第26条【主犯;犯罪集团】	★
	第27条【从犯;从犯的处罚】	★
	第45条【有期徒刑的期限】	★
	第47条【有期徒刑刑期的计算与折抵】	★
	第64条【犯罪所得之物、所用之物的处理】	★
	第69条【判决宣告前一人犯数罪的并罚】	★
	第236条【强奸罪】	★
	第295条【传授犯罪方法罪】	★
	第354条【容留他人吸毒罪】	★

第302条【盗窃、侮辱、故意毁坏尸体、尸骨、骨灰罪】 ★★

盗窃、侮辱、故意毁坏尸体、尸骨、骨灰的,处三年以下有期徒刑、拘役或者管制。

一、主要适用的案由及其相关度

案由编号	主要适用的案由	相关度
X6.1.302	盗窃、侮辱、故意毁坏尸体、尸骨、骨灰罪	★★★★★
X6.1.303.2	开设赌场罪	★

二、同时适用的法条及其相关度

	同时适用的法条	相关度
刑法	第67条【自首及其认定】	★★★★★
刑法	第25条【共同犯罪的概念】	★★★★
刑法	第64条【犯罪所得之物、所用之物的处理】	★★★
刑法	第72条【缓刑的条件、禁止令与附加刑的执行】	★★★
刑法	第26条【主犯；犯罪集团】	★★
刑法	第27条【从犯；从犯的处罚】	★★
刑法	第69条【判决宣告前一人犯数罪的并罚】	★★
刑法	第73条【缓刑考验期限】	★★
刑法	第52条【罚金数额的裁量】	★
刑法	第53条【罚金的缴纳、减免】	★
刑法	第61条【量刑根据】	★
刑法	第65条【一般累犯】	★

第303条【赌博罪；开设赌场罪】　★★★★★

以营利为目的，聚众赌博或者以赌博为业的，处三年以下有期徒刑、拘役或者管制，并处罚金。

开设赌场的，处三年以下有期徒刑、拘役或者管制，并处罚金；情节严重的，处三年以上十年以下有期徒刑，并处罚金。

一、主要适用的案由及其相关度

案由编号	主要适用的案由	相关度
X6.1.303.2	开设赌场罪	★★★★★
X6.1.303.1	赌博罪	★★★

二、同时适用的法条及其相关度

		同时适用的法条	相关度
333	刑法	第64条【犯罪所得之物、所用之物的处理】	★★★★★
		第67条【自首及其认定】	★★★★★
		第25条【共同犯罪的概念】	★★★★
		第72条【缓刑的条件、禁止令与附加刑的执行】	★★★★
		第26条【主犯;犯罪集团】	★★★
		第27条【从犯;从犯的处罚】	★★★
		第52条【罚金数额的裁量】	★★★
		第53条【罚金的缴纳、减免】	★★★
		第73条【缓刑考验期限】	★★★
		第65条【一般累犯】	★★
		第69条【判决宣告前一人犯数罪的并罚】	★★
		第61条【量刑根据】	★
835	司法解释 办理案件刑事赌博	第1条"聚众赌博"的认定	★

第304条【故意延误投递邮件罪】①

邮政工作人员严重不负责任,故意延误投递邮件,致使公共财产、国家和人民利益遭受重大损失的,处二年以下有期徒刑或者拘役。

第二节 妨害司法罪

第305条【伪证罪】 ★★★

在刑事诉讼中,证人、鉴定人、记录人、翻译人对与案件有重要关系的情节,故意作虚假证明、鉴定、记录、翻译,意图陷害他人或者隐匿罪证的,处三年以下有期徒刑或者拘役;情节严重的,处三年以上七年以下有期徒刑。

---

① 说明:本法条尚无足够数量判决书可供法律大数据分析。

一、主要适用的案由及其相关度

案由编号	主要适用的案由	相关度
X6.2.305	伪证罪	★★★★★
X2.133	交通肇事罪	★
X4.234	故意伤害罪	★
X6.2.307.1	妨害作证罪	★
X6.2.310	窝藏、包庇罪	★

二、同时适用的法条及其相关度

	同时适用的法条	相关度
刑法	第67条【自首及其认定】	★★★★★
刑法	第72条【缓刑的条件、禁止令与附加刑的执行】	★★★★★
刑法	第73条【缓刑考验期限】	★★★★
刑法	第25条【共同犯罪的概念】	★★★
刑法	第69条【判决宣告前一人犯数罪的并罚】	★★
刑法	第307条【妨害作证罪;帮助毁灭、伪造证据罪】	★★
刑法	第26条【主犯;犯罪集团】	★
刑法	第37条【免予刑事处罚与非刑事处罚措施】	★
刑法	第52条【罚金数额的裁量】	★
刑法	第53条【罚金的缴纳、减免】	★
刑法	第61条【量刑根据】	★
刑法	第64条【犯罪所得之物、所用之物的处理】	★
刑法	第65条【一般累犯】	★
刑法	第133条【交通肇事罪】	★
刑法	第234条【故意伤害罪】	★
刑法	第310条【窝藏、包庇罪】	★

第306条【辩护人、诉讼代理人毁灭证据、伪造证据、妨害作证罪】①

在刑事诉讼中,辩护人、诉讼代理人毁灭、伪造证据,帮助当事人毁灭、伪造证据,威胁、引诱证人违背事实改变证言或者作伪证的,处三年以下有期徒刑或者拘役;情节严重的,处三年以上七年以下有期徒刑。

辩护人、诉讼代理人提供、出示、引用的证人证言或者其他证据失实,不是有意伪造的,不属于伪造证据。

第307条【妨害作证罪;帮助毁灭、伪造证据罪】　　★★★★

以暴力、威胁、贿买等方法阻止证人作证或者指使他人作伪证的,处三年以下有期徒刑或者拘役;情节严重的,处三年以上七年以下有期徒刑。

帮助当事人毁灭、伪造证据,情节严重的,处三年以下有期徒刑或者拘役。

司法工作人员犯前两款罪的,从重处罚。

一、主要适用的案由及其相关度

案由编号	主要适用的案由	相关度
X6.2.307.2	帮助毁灭、伪造证据罪	★★★★★
X6.2.307.1	妨害作证罪	★★★★
X2.133	交通肇事罪	★

二、同时适用的法条及其相关度

	同时适用的法条	相关度
刑法	第67条【自首及其认定】	★★★★★
	第72条【缓刑的条件、禁止令与附加刑的执行】	★★★★
	第73条【缓刑考验期限】	★★★★
	第25条【共同犯罪的概念】	★★★
	第69条【判决宣告前一人犯数罪的并罚】	★★★
	第26条【主犯;犯罪集团】	★★
	第27条【从犯;从犯的处罚】	★★
	第64条【犯罪所得之物、所用之物的处理】	★★

---

① 说明:本法条尚无足够数量判决书可供法律大数据分析。

	同时适用的法条	相关度
刑法	第133条【交通肇事罪】	★★
	第310条【窝藏、包庇罪】	★★
	第37条【免予刑事处罚与非刑事处罚措施】	★
	第52条【罚金数额的裁量】	★
	第53条【罚金的缴纳、减免】	★
	第61条【量刑根据】	★
	第65条【一般累犯】	★
	第234条【故意伤害罪】	★

第307条之1【虚假诉讼罪】 ★★

以捏造的事实提起民事诉讼,妨害司法秩序或者严重侵害他人合法权益的,处三年以下有期徒刑、拘役或者管制,并处或者单处罚金;情节严重的,处三年以上七年以下有期徒刑,并处罚金。

单位犯前款罪的,对单位判处罚金,并对其直接负责的主管人员和其他直接责任人员,依照前款的规定处罚。

有第一款行为,非法占有他人财产或者逃避合法债务,又构成其他犯罪的,依照处罚较重的规定定罪从重处罚。

司法工作人员利用职权,与他人共同实施前三款行为的,从重处罚;同时构成其他犯罪的,依照处罚较重的规定定罪从重处罚。

■ 一、主要适用的案由及其相关度

案由编号	主要适用的案由	相关度
X6.2.307-1	虚假诉讼罪	★★★★★

■ 二、同时适用的法条及其相关度

	同时适用的法条	相关度
刑法	第25条【共同犯罪的概念】	★★★★
	第67条【自首及其认定】	★★★★
	第72条【缓刑的条件、禁止令与附加刑的执行】	★★★★

	同时适用的法条	相关度
刑法	第52条【罚金数额的裁量】	★★★
	第53条【罚金的缴纳、减免】	★★★
	第73条【缓刑考验期限】	★★★
	第26条【主犯；犯罪集团】	★★
	第27条【从犯；从犯的处罚】	★★
	第12条【刑法的溯及力】	★
	第64条【犯罪所得之物、所用之物的处理】	★
	第69条【判决宣告前一人犯数罪的并罚】	★
司法解释 九刑法修正案 时间效力	第7条【以捏造的事实提起民事诉讼，妨害司法秩序或者严重侵害他人合法权益行为溯及力的规定】	★

第308条【打击报复证人罪】 ★★

对证人进行打击报复的，处三年以下有期徒刑或者拘役；情节严重的，处三年以上七年以下有期徒刑。

一、主要适用的案由及其相关度

案由编号	主要适用的案由	相关度
X6.2.308	打击报复证人罪	★★★★★
X2.128.1	非法持有、私藏枪支、弹药罪	★

二、同时适用的法条及其相关度

	同时适用的法条	相关度
刑法	第67条【自首及其认定】	★★★★★
	第72条【缓刑的条件、禁止令与附加刑的执行】	★★★★
	第25条【共同犯罪的概念】	★★★
	第64条【犯罪所得之物、所用之物的处理】	★★★
	第65条【一般累犯】	★★★

	同时适用的法条	相关度
刑法	第73条【缓刑考验期限】	★★★
	第26条【主犯;犯罪集团】	★★
	第69条【判决宣告前一人犯数罪的并罚】	★★
	第27条【从犯;从犯的处罚】	★
	第293条【寻衅滋事罪】	★

第308条之1【泄露不应公开的案件信息罪;故意泄露国家秘密罪、过失泄露国家秘密罪;披露、报道不应公开的案件信息罪】[①]

司法工作人员、辩护人、诉讼代理人或者其他诉讼参与人,泄露依法不公开审理的案件中不应当公开的信息,造成信息公开传播或者其他严重后果的,处三年以下有期徒刑、拘役或者管制,并处或者单处罚金。

有前款行为,泄露国家秘密的,依照本法第三百九十八条的规定定罪处罚。

公开披露、报道第一款规定的案件信息,情节严重的,依照第一款的规定处罚。

单位犯前款罪的,对单位判处罚金,并对其直接负责的主管人员和其他直接责任人员,依照第一款的规定处罚。

第309条【扰乱法庭秩序罪】 ★★

有下列扰乱法庭秩序情形之一的,处三年以下有期徒刑、拘役、管制或者罚金:

(一)聚众哄闹、冲击法庭的;

(二)殴打司法工作人员或者诉讼参与人的;

(三)侮辱、诽谤、威胁司法工作人员或者诉讼参与人,不听法庭制止,严重扰乱法庭秩序的;

(四)有毁坏法庭设施,抢夺、损毁诉讼文书、证据等扰乱法庭秩序行为,情节严重的。

---

① 说明:本法条尚无足够数量判决书可供法律大数据分析。

一、主要适用的案由及其相关度

案由编号	主要适用的案由	相关度
X6.2.309	扰乱法庭秩序罪	★★★★★

二、同时适用的法条及其相关度

	同时适用的法条	相关度
刑法	第67条【自首及其认定】	★★★★★
	第72条【缓刑的条件、禁止令与附加刑的执行】	★★★★
	第25条【共同犯罪的概念】	★★★
	第73条【缓刑考验期限】	★★★
	第26条【主犯；犯罪集团】	★
	第64条【犯罪所得之物、所用之物的处理】	★
	第69条【判决宣告前一人犯数罪的并罚】	★

第310条【窝藏、包庇罪】 ★★★★

明知是犯罪的人而为其提供隐藏处所、财物，帮助其逃匿或者作假证明包庇的，处三年以下有期徒刑、拘役或者管制；情节严重的，处三年以上十年以下有期徒刑。

犯前款罪，事前通谋的，以共同犯罪论处。

■ 主要适用的案由及其相关度

案由编号	主要适用的案由	相关度
X6.2.310	窝藏、包庇罪	★★★★★
X2.133	交通肇事罪	★★
X4.234	故意伤害罪	★

第311条【拒绝提供间谍犯罪、恐怖主义犯罪、极端主义犯罪证据罪】①

明知他人有间谍犯罪或者恐怖主义、极端主义犯罪行为，在司法机关

---

① 说明：本法条尚无足够数量判决书可供法律大数据分析。

向其调查有关情况、收集有关证据时,拒绝提供,情节严重的,处三年以下有期徒刑、拘役或者管制。

第312条【掩饰、隐瞒犯罪所得、犯罪所得收益罪】★★★★★

明知是犯罪所得及其产生的收益而予以窝藏、转移、收购、代为销售或者以其他方法掩饰、隐瞒的,处三年以下有期徒刑、拘役或者管制,并处或者单处罚金;情节严重的,处三年以上七年以下有期徒刑,并处罚金。

单位犯前款罪的,对单位判处罚金,并对其直接负责的主管人员和其他直接责任人员,依照前款的规定处罚。

一、主要适用的案由及其相关度

案由编号	主要适用的案由	相关度
X6.2.312	掩饰、隐瞒犯罪所得、犯罪所得收益罪	★★★★★
X5.264	盗窃罪	★★

二、同时适用的法条及其相关度

	同时适用的法条	相关度
刑法	第67条【自首及其认定】	★★★★★
	第52条【罚金数额的裁量】	★★★★
	第53条【罚金的缴纳、减免】	★★★★
	第264条【盗窃罪】	★★★★
	第25条【共同犯罪的概念】	★★★
	第64条【犯罪所得之物、所用之物的处理】	★★★
	第65条【一般累犯】	★★★
	第72条【缓刑的条件、禁止令与附加刑的执行】	★★★
	第73条【缓刑考验期限】	★★★
	第26条【主犯;犯罪集团】	★★
	第27条【从犯;从犯的处罚】	★★
	第61条【量刑根据】	★★
	第68条【立功】	★★

		同时适用的法条	相关度
333	刑法	第69条【判决宣告前一人犯数罪的并罚】	★★
		第47条【有期徒刑刑期的计算与折抵】	★
821	审理掩饰、隐瞒犯罪所得、犯罪所得收益刑事案件司法解释	第1条【以掩饰、隐瞒犯罪所得、犯罪所得收益罪定罪处罚的具体情形】	★
797	盗窃罪司法解释	第1条【盗窃罪"数额较大""数额巨大""数额特别巨大"的认定】	★

第313条【拒不执行判决、裁定罪】　　　★★★★

对人民法院的判决、裁定有能力执行而拒不执行,情节严重的,处三年以下有期徒刑、拘役或者罚金;情节特别严重的,处三年以上七年以下有期徒刑,并处罚金。

单位犯前款罪的,对单位判处罚金,并对其直接负责的主管人员和其他直接责任人员,依照前款的规定处罚。

■ 一、主要适用的案由及其相关度

案由编号	主要适用的案由	相关度
X6.2.313	拒不执行判决、裁定罪	★★★★★

■ 二、同时适用的法条及其相关度

		同时适用的法条	相关度
333	刑法	第67条【自首及其认定】	★★★★★
		第72条【缓刑的条件、禁止令与附加刑的执行】	★★★★
		第73条【缓刑考验期限】	★★★★
		第37条【免予刑事处罚与非刑事处罚措施】	★★
		第52条【罚金数额的裁量】	★★

	同时适用的法条	相关度
刑法	第53条【罚金的缴纳、减免】	★★
	第61条【量刑根据】	★★
司法解释 审理拒不执行判决、裁定刑事案件	第2条【拒不执行判决、裁定罪中"其他有能力执行而拒不执行,情节严重的情形"的认定】	★★★
	第1条【被执行人、协助执行义务人、担保人等负有执行义务的人以拒不执行判决、裁定罪处罚的情形】	★★
	第6条【拒不执行判决、裁定罪酌情从宽处罚情形】	★★

333

858

第314条【非法处置查封、扣押、冻结的财产罪】　　★★★

隐藏、转移、变卖、故意毁损已被司法机关查封、扣押、冻结的财产,情节严重的,处三年以下有期徒刑、拘役或者罚金。

■ 一、主要适用的案由及其相关度

案由编号	主要适用的案由	相关度
X6.2.314	非法处置查封、扣押、冻结的财产罪	★★★★★

■ 二、同时适用的法条及其相关度

	同时适用的法条	相关度
刑法	第67条【自首及其认定】	★★★★★
	第72条【缓刑的条件、禁止令与附加刑的执行】	★★★★
	第73条【缓刑考验期限】	★★★
	第25条【共同犯罪的概念】	★
	第52条【罚金数额的裁量】	★
	第53条【罚金的缴纳、减免】	★
	第61条【量刑根据】	★
	第64条【犯罪所得之物、所用之物的处理】	★
	第69条【判决宣告前一人犯数罪的并罚】	★

333

第315条【破坏监管秩序罪】 ★★★

依法被关押的罪犯,有下列破坏监管秩序行为之一,情节严重的,处三年以下有期徒刑:

（一）殴打监管人员的；

（二）组织其他被监管人破坏监管秩序的；

（三）聚众闹事,扰乱正常监管秩序的；

（四）殴打、体罚或者指使他人殴打、体罚其他被监管人的。

一、主要适用的案由及其相关度

案由编号	主要适用的案由	相关度
X6.2.315	破坏监管秩序罪	★★★★★

二、同时适用的法条及其相关度

	同时适用的法条	相关度
刑法	第69条【判决宣告前一人犯数罪的并罚】	★★★★★
	第71条【判决宣告后刑罚执行完毕前又犯新罪的并罚】	★★★★★
	第67条【自首及其认定】	★★★★
	第25条【共同犯罪的概念】	★
	第52条【罚金数额的裁量】	★
	第61条【量刑根据】	★

第316条【脱逃罪；劫夺被押解人员罪】 ★★★

依法被关押的罪犯、被告人、犯罪嫌疑人脱逃的,处五年以下有期徒刑或者拘役。

劫夺押解途中的罪犯、被告人、犯罪嫌疑人的,处三年以上七年以下有期徒刑；情节严重的,处七年以上有期徒刑。

一、主要适用的案由及其相关度

案由编号	主要适用的案由	相关度
X6.2.316.1	脱逃罪	★★★★★
X5.264	盗窃罪	★

二、同时适用的法条及其相关度

	同时适用的法条	相关度
刑法	第69条【判决宣告前一人犯数罪的并罚】	★★★★★
	第67条【自首及其认定】	★★★★
	第71条【判决宣告后刑罚执行完毕前又犯新罪的并罚】	★★★
	第25条【共同犯罪的概念】	★★
	第52条【罚金数额的裁量】	★★
	第53条【罚金的缴纳、减免】	★★
	第64条【犯罪所得之物、所用之物的处理】	★★
	第264条【盗窃罪】	★★
	第23条【犯罪未遂;犯罪未遂的处罚】	★
	第26条【主犯;犯罪集团】	★
	第27条【从犯;从犯的处罚】	★
	第65条【一般累犯】	★

第317条【组织越狱罪;暴动越狱罪、聚众持械劫狱罪】①

组织越狱的首要分子和积极参加的,处五年以上有期徒刑;其他参加的,处五年以下有期徒刑或者拘役。

暴动越狱或者聚众持械劫狱的首要分子和积极参加的,处十年以上有期徒刑或者无期徒刑;情节特别严重的,处死刑;其他参加的,处三年以上十年以下有期徒刑。

第三节 妨害国(边)境管理罪

第318条【组织他人偷越国(边)境罪】 ★★★

组织他人偷越国(边)境的,处二年以上七年以下有期徒刑,并处罚金;有下列情形之一的,处七年以上有期徒刑或者无期徒刑,并处罚金或者没收财产:

---

① 说明:本法条尚无足够数量判决书可供法律大数据分析。

(一) 组织他人偷越国(边)境集团的首要分子;

(二) 多次组织他人偷越国(边)境或者组织他人偷越国(边)境人数众多的;

(三) 造成被组织人重伤、死亡的;

(四) 剥夺或者限制被组织人人身自由的;

(五) 以暴力、威胁方法抗拒检查的;

(六) 违法所得数额巨大的;

(七) 有其他特别严重情节的。

犯前款罪,对被组织人有杀害、伤害、强奸、拐卖等犯罪行为,或者对检查人员有杀害、伤害等犯罪行为的,依照数罪并罚的规定处罚。

■ 一、主要适用的案由及其相关度

案由编号	主要适用的案由	相关度
X6.3.318	组织他人偷越国(边)境罪	★★★★★
X6.3.321	运送他人偷越国(边)境罪	★
X6.3.322	偷越国(边)境罪	★

■ 二、同时适用的法条及其相关度

	同时适用的法条	相关度
刑法	第25条【共同犯罪的概念】	★★★★★
	第67条【自首及其认定】	★★★★★
	第52条【罚金数额的裁量】	★★★★
	第23条【犯罪未遂;犯罪未遂的处罚】	★★★
	第27条【从犯;从犯的处罚】	★★★
	第53条【罚金的缴纳、减免】	★★★
	第64条【犯罪所得之物、所用之物的处理】	★★★
	第72条【缓刑的条件、禁止令与附加刑的执行】	★★★
	第26条【主犯;犯罪集团】	★★

	同时适用的法条	相关度	
刑法	第73条【缓刑考验期限】	★★	333
	第6条【属地管辖】	★	
	第35条【驱逐出境】	★	
	第47条【有期徒刑刑期的计算与折抵】	★	
	第61条【量刑根据】	★	
司法解释 办理妨害国(边)境管理刑事案件	第1条【组织他人偷越国(边)境罪的具体认定】	★★	867
	第6条【"偷越国(边)境"行为的认定】	★	

第319条【骗取出境证件罪】 ★★

以劳务输出、经贸往来或者其他名义,弄虚作假,骗取护照、签证等出境证件,为组织他人偷越国(边)境使用的,处三年以下有期徒刑,并处罚金;情节严重的,处三年以上十年以下有期徒刑,并处罚金。

单位犯前款罪的,对单位判处罚金,并对其直接负责的主管人员和其他直接责任人员,依照前款的规定处罚。

一、主要适用的案由及其相关度

案由编号	主要适用的案由	相关度
X6.3.319	骗取出境证件罪	★★★★★
X6.3.318	组织他人偷越国(边)境罪	★

二、同时适用的法条及其相关度

	同时适用的法条	相关度	
刑法	第67条【自首及其认定】	★★★★★	333
	第25条【共同犯罪的概念】	★★★★	
	第64条【犯罪所得之物、所用之物的处理】	★★★★	
	第23条【犯罪未遂;犯罪未遂的处罚】	★★★	

	同时适用的法条	相关度
333 刑法	第52条【罚金数额的裁量】	★★★
	第53条【罚金的缴纳、减免】	★★★
	第61条【量刑根据】	★★★
	第72条【缓刑的条件、禁止令与附加刑的执行】	★★★
	第73条【缓刑考验期限】	★★★
	第27条【从犯；从犯的处罚】	★★
	第69条【判决宣告前一人犯数罪的并罚】	★★
	第318条【组织他人偷越国(边)境罪】	★★
	第26条【主犯；犯罪集团】	★
867 司法解释 办理妨害国(边)境管理刑事案件	第2条【骗取出境证件罪的具体认定】	★★★

第320条【提供伪造、变造的出入境证件罪；出售出入境证件罪】[①]

为他人提供伪造、变造的护照、签证等出入境证件，或者出售护照、签证等出入境证件的，处五年以下有期徒刑，并处罚金；情节严重的，处五年以上有期徒刑，并处罚金。

第321条【运送他人偷越国(边)境罪】 ★★★

运送他人偷越国(边)境的，处五年以下有期徒刑、拘役或者管制，并处罚金；有下列情形之一的，处五年以上十年以下有期徒刑，并处罚金：

（一）多次实施运送行为或者运送人数众多的；

（二）所使用的船只、车辆等交通工具不具备必要的安全条件，足以造成严重后果的；

（三）违法所得数额巨大的；

（四）有其他特别严重情节的。

在运送他人偷越国(边)境中造成被运送人重伤、死亡，或者以暴力、威

---

① 说明：本法条尚无足够数量判决书可供法律大数据分析。

胁方法抗拒检查的,处七年以上有期徒刑,并处罚金。

犯前两款罪,对被运送人有杀害、伤害、强奸、拐卖等犯罪行为,或者对检查人员有杀害、伤害等犯罪行为的,依照数罪并罚的规定处罚。

一、主要适用的案由及其相关度

案由编号	主要适用的案由	相关度
X6.3.321	运送他人偷越国(边)境罪	★★★★★

二、同时适用的法条及其相关度

	同时适用的法条	相关度
刑法	第64条【犯罪所得之物、所用之物的处理】	★★★★★
	第67条【自首及其认定】	★★★★★
	第25条【共同犯罪的概念】	★★
	第72条【缓刑的条件、禁止令与附加刑的执行】	★★
	第73条【缓刑考验期限】	★★
	第23条【犯罪未遂;犯罪未遂的处罚】	★
	第26条【主犯;犯罪集团】	★
	第27条【从犯;从犯的处罚】	★
	第52条【罚金数额的裁量】	★
	第53条【罚金的缴纳、减免】	★
	第61条【量刑根据】	★
	第65条【一般累犯】	★
	第322条【偷越国(边)境罪】	★

第322条【偷越国(边)境罪】　　　　　　　　　　　　★★★★

违反国(边)境管理法规,偷越国(边)境,情节严重的,处一年以下有期徒刑、拘役或者管制,并处罚金;为参加恐怖活动组织、接受恐怖活动培训或者实施恐怖活动,偷越国(边)境的,处一年以上三年以下有期徒刑,并处罚金。

一、主要适用的案由及其相关度

案由编号	主要适用的案由	相关度
X6.3.322	偷越国(边)境罪	★★★★★

二、同时适用的法条及其相关度

		同时适用的法条	相关度
333	刑法	第67条【自首及其认定】	★★★★★
		第72条【缓刑的条件、禁止令与附加刑的执行】	★★★★
		第52条【罚金数额的裁量】	★★★
		第53条【罚金的缴纳、减免】	★★★
		第73条【缓刑考验期限】	★★★
		第25条【共同犯罪的概念】	★★
		第26条【主犯;犯罪集团】	★
		第64条【犯罪所得之物、所用之物的处理】	★
867	司法解释 办理妨害国(边)境管理刑事案件	第5条【偷越国(边)境罪"情节严重"的认定】	★★★
		第6条【"偷越国(边)境"行为的认定】	★

第323条【破坏界碑、界桩罪;破坏永久性测量标志罪】①

故意破坏国家边境的界碑、界桩或者永久性测量标志的,处三年以下有期徒刑或者拘役。

第四节 妨害文物管理罪

第324条【故意毁坏文物罪;故意损坏名胜古迹罪;过失损坏文物罪】 ★★

故意损毁国家保护的珍贵文物或者被确定为全国重点文物保护单位、省级文物保护单位的文物的,处三年以下有期徒刑或者拘役,并处或者单

---

① 说明:本法条尚无足够数量判决书可供法律大数据分析。

处罚金;情节严重的,处三年以上十年以下有期徒刑,并处罚金。

故意损毁国家保护的名胜古迹,情节严重的,处五年以下有期徒刑或者拘役,并处或者单处罚金。

过失损毁国家保护的珍贵文物或者被确定为全国重点文物保护单位、省级文物保护单位的文物,造成严重后果的,处三年以下有期徒刑或者拘役。

一、主要适用的案由及其相关度

案由编号	主要适用的案由	相关度
X6.4.324.1	故意损毁文物罪	★★★★★
X4.234	故意伤害罪	★★★
X6.4.324.3	过失损毁文物罪	★★

二、同时适用的法条及其相关度

	同时适用的法条	相关度
刑法	第67条【自首及其认定】	★★★★★
	第72条【缓刑的条件、禁止令与附加刑的执行】	★★★★★
	第73条【缓刑考验期限】	★★★★★
	第52条【罚金数额的裁量】	★★★
	第53条【罚金的缴纳、减免】	★★★
	第25条【共同犯罪的概念】	★★
	第26条【主犯;犯罪集团】	★
	第27条【从犯;从犯的处罚】	★
	第61条【量刑根据】	★

第325条【非法向外国人出售、赠送珍贵文物罪】①

违反文物保护法规,将收藏的国家禁止出口的珍贵文物私自出售或者私自赠送给外国人的,处五年以下有期徒刑或者拘役,可以并处罚金。

单位犯前款罪的,对单位判处罚金,并对其直接负责的主管人员和其他直接责任人员,依照前款的规定处罚。

---

① 说明:本法条尚无足够数量判决书可供法律大数据分析。

第326条【倒卖文物罪】 ★★

以牟利为目的,倒卖国家禁止经营的文物,情节严重的,处五年以下有期徒刑或者拘役,并处罚金;情节特别严重的,处五年以上十年以下有期徒刑,并处罚金。

单位犯前款罪的,对单位判处罚金,并对其直接负责的主管人员和其他直接责任人员,依照前款的规定处罚。

■ 一、主要适用的案由及其相关度

案由编号	主要适用的案由	相关度
X6.4.326	倒卖文物罪	★★★★★
X6.4.328.1	盗掘古文化遗址、古墓葬罪	★★★

■ 二、同时适用的法条及其相关度

	同时适用的法条	相关度
刑法	第64条【犯罪所得之物、所用之物的处理】	★★★★★
	第67条【自首及其认定】	★★★★★
	第25条【共同犯罪的概念】	★★★★
	第52条【罚金数额的裁量】	★★★★
	第53条【罚金的缴纳、减免】	★★★★
	第72条【缓刑的条件、禁止令与附加刑的执行】	★★★★
	第73条【缓刑考验期限】	★★★★
	第26条【主犯;犯罪集团】	★★
	第27条【从犯;从犯的处罚】	★★
	第69条【判决宣告前一人犯数罪的并罚】	★★
	第328条【盗掘古文化遗址、古墓葬罪;盗掘古人类化石、古脊椎动物化石罪】	★★
	第23条【犯罪未遂;犯罪未遂的处罚】	★
	第61条【量刑根据】	★
	第65条【一般累犯】	★

	同时适用的法条	相关度
刑法	第 68 条【立功】	★
	第 264 条【盗窃罪】	★

第 327 条【非法出售、私赠文物藏品罪】①

违反文物保护法规,国有博物馆、图书馆等单位将国家保护的文物藏品出售或者私自送给非国有单位或者个人的,对单位判处罚金,并对其直接负责的主管人员和其他直接责任人员,处三年以下有期徒刑或者拘役。

第 328 条【盗掘古文化遗址、古墓葬罪;盗掘古人类化石、古脊椎动物化石罪】 ★★★★

盗掘具有历史、艺术、科学价值的古文化遗址、古墓葬的,处三年以上十年以下有期徒刑,并处罚金;情节较轻的,处三年以下有期徒刑、拘役或者管制,并处罚金;有下列情形之一的,处十年以上有期徒刑或者无期徒刑,并处罚金或者没收财产:

(一)盗掘确定为全国重点文物保护单位和省级文物保护单位的古文化遗址、古墓葬的;

(二)盗掘古文化遗址、古墓葬集团的首要分子;

(三)多次盗掘古文化遗址、古墓葬的;

(四)盗掘古文化遗址、古墓葬,并盗窃珍贵文物或者造成珍贵文物严重破坏的。

盗掘国家保护的具有科学价值的古人类化石和古脊椎动物化石的,依照前款的规定处罚。

一、主要适用的案由及其相关度

案由编号	主要适用的案由	相关度
X6.4.328.1	盗掘古文化遗址、古墓葬罪	★★★★★

---

① 说明:本法条尚无足够数量判决书可供法律大数据分析。

二、同时适用的法条及其相关度

	同时适用的法条	相关度
刑法	第25条【共同犯罪的概念】	★★★★★
	第67条【自首及其认定】	★★★★★
	第52条【罚金数额的裁量】	★★★★
	第26条【主犯；犯罪集团】	★★★
	第27条【从犯；从犯的处罚】	★★★
	第53条【罚金的缴纳、减免】	★★★
	第64条【犯罪所得之物、所用之物的处理】	★★★
	第72条【缓刑的条件、禁止令与附加刑的执行】	★★★
	第73条【缓刑考验期限】	★★★
	第69条【判决宣告前一人犯数罪的并罚】	★★
	第61条【量刑根据】	★
	第65条【一般累犯】	★
	第68条【立功】	★

第329条【抢夺、窃取国有档案罪；擅自出卖、转让国有档案罪】①

抢夺、窃取国家所有的档案的，处五年以下有期徒刑或者拘役。

违反档案法的规定，擅自出卖、转让国家所有的档案，情节严重的，处三年以下有期徒刑或者拘役。

有前两款行为，同时又构成本法规定的其他犯罪的，依照处罚较重的规定定罪处罚。

第五节 危害公共卫生罪

第330条【妨害传染病防治罪】②

违反传染病防治法的规定，有下列情形之一，引起甲类传染病传播或者有传播严重危险的，处三年以下有期徒刑或者拘役；后果特别严重的，处

---

① 说明：本法条尚无足够数量判决书可供法律大数据分析。
② 同上注。

三年以上七年以下有期徒刑：

（一）供水单位供应的饮用水不符合国家规定的卫生标准的；

（二）拒绝按照卫生防疫机构提出的卫生要求，对传染病病原体污染的污水、污物、粪便进行消毒处理的；

（三）准许或者纵容传染病病人、病原携带者和疑似传染病病人从事国务院卫生行政部门规定禁止从事的易使该传染病扩散的工作的；

（四）拒绝执行卫生防疫机构依照传染病防治法提出的预防、控制措施的。

单位犯前款罪的，对单位判处罚金，并对其直接负责的主管人员和其他直接责任人员，依照前款的规定处罚。

甲类传染病的范围，依照《中华人民共和国传染病防治法》和国务院有关规定确定。

第331条【传播病菌种、毒种扩散罪】①

从事实验、保藏、携带、运输传染病菌种、毒种的人员，违反国务院卫生行政部门的有关规定，造成传染病菌种、毒种扩散，后果严重的，处三年以下有期徒刑或者拘役；后果特别严重的，处三年以上七年以下有期徒刑。

第332条【妨害国境卫生检疫罪】②

违反国境卫生检疫规定，引起检疫传染病传播或者有传播严重危险的，处三年以下有期徒刑或者拘役，并处或者单处罚金。

单位犯前款罪的，对单位判处罚金，并对其直接负责的主管人员和其他直接责任人员，依照前款的规定处罚。

第333条【非法组织卖血罪、强迫卖血罪；故意伤害罪】　　★★★

非法组织他人出卖血液的，处五年以下有期徒刑，并处罚金；以暴力、威胁方法强迫他人出卖血液的，处五年以上十年以下有期徒刑，并处罚金。

有前款行为，对他人造成伤害的，依照本法第二百三十四条的规定定罪处罚。

---

① 说明：本法条尚无足够数量判决书可供法律大数据分析。
② 同上注。

一、主要适用的案由及其相关度

案由编号	主要适用的案由	相关度
X6.5.333.1:1	非法组织卖血罪	★★★★★

二、同时适用的法条及其相关度

	同时适用的法条	相关度
刑法	第67条【自首及其认定】	★★★★★
	第53条【罚金的缴纳、减免】	★★★★
	第25条【共同犯罪的概念】	★★★
	第52条【罚金数额的裁量】	★★
	第64条【犯罪所得之物、所用之物的处理】	★★
	第72条【缓刑的条件、禁止令与附加刑的执行】	★★
	第73条【缓刑考验期限】	★★
	第27条【从犯;从犯的处罚】	★
	第65条【一般累犯】	★

第334条【非法采集、供应血液、制作、供应血液制品罪;采集、供应血液、制作、供应血液制品事故罪】 ★★

非法采集、供应血液或者制作、供应血液制品,不符合国家规定的标准,足以危害人体健康的,处五年以下有期徒刑或者拘役,并处罚金;对人体健康造成严重危害的,处五年以上十年以下有期徒刑,并处罚金;造成特别严重后果的,处十年以上有期徒刑或者无期徒刑,并处罚金或者没收财产。

经国家主管部门批准采集、供应血液或者制作、供应血液制品的部门,不依照规定进行检测或者违背其他操作规定,造成危害他人身体健康后果的,对单位判处罚金,并对其直接负责的主管人员和其他直接责任人员,处五年以下有期徒刑或者拘役。

一、主要适用的案由及其相关度

案由编号	主要适用的案由	相关度
X4.234	故意伤害罪	★★★★★

二、同时适用的法条及其相关度

	同时适用的法条	相关度
刑法	第67条【自首及其认定】	★★★★★
	第72条【缓刑的条件、禁止令与附加刑的执行】	★★★★
	第73条【缓刑考验期限】	★★★
	第25条【共同犯罪的概念】	★★
	第65条【一般累犯】	★

第335条【医疗事故罪】 ★★

医务人员由于严重不负责任，造成就诊人死亡或者严重损害就诊人身体健康的，处三年以下有期徒刑或者拘役。

一、主要适用的案由及其相关度

案由编号	主要适用的案由	相关度
X6.5.335	医疗事故罪	★★★★★
X6.5.336.1	非法行医罪	★

二、同时适用的法条及其相关度

	同时适用的法条	相关度
刑法	第67条【自首及其认定】	★★★★★
	第72条【缓刑的条件、禁止令与附加刑的执行】	★★★★★
	第73条【缓刑考验期限】	★★★
	第37条【免予刑事处罚与非刑事处罚措施】	★
	第61条【量刑根据】	★

第336条【非法行医罪；非法进行节育手术罪】 ★★★★

未取得医生执业资格的人非法行医，情节严重的，处三年以下有期徒刑、拘役或者管制,并处或者单处罚金;严重损害就诊人身体健康的,处三年以上十年以下有期徒刑,并处罚金;造成就诊人死亡的,处十年以上有期徒刑,并处罚金。

未取得医生执业资格的人擅自为他人进行节育复通手术、假节育手术、终止妊娠手术或者摘取宫内节育器,情节严重的,处三年以下有期徒刑、拘役或者管制,并处或者单处罚金;严重损害就诊人身体健康的,处三年以上十年以下有期徒刑,并处罚金;造成就诊人死亡的,处十年以上有期徒刑,并处罚金。

■ 一、主要适用的案由及其相关度

案由编号	主要适用的案由	相关度
X6.5.336.1	非法行医罪	★★★★★

■ 二、同时适用的法条及其相关度

		同时适用的法条	相关度
333	刑法	第67条【自首及其认定】	★★★★★
		第52条【罚金数额的裁量】	★★★★
		第72条【缓刑的条件、禁止令与附加刑的执行】	★★★★
		第53条【罚金的缴纳、减免】	★★★
		第64条【犯罪所得之物、所用之物的处理】	★★★
		第73条【缓刑考验期限】	★★★
		第61条【量刑根据】	★
856	非法行医罪司法解释	第1条【"未取得医生执业资格的人非法行医"的认定】	★★★
		第2条【非法行医"情节严重"的认定】	★★★

第337条【妨害动植物防疫、检疫罪】　　★★

违反有关动植物防疫、检疫的国家规定,引起重大动植物疫情的,或者有引起重大动植物疫情危险,情节严重的,处三年以下有期徒刑或者拘役,并处或者单处罚金。

单位犯前款罪的,对单位判处罚金,并对其直接负责的主管人员和其他直接责任人员,依照前款的规定处罚。

■ 同时适用的法条及其相关度

	同时适用的法条	相关度
刑法	第52条【罚金数额的裁量】	★★★★★
	第67条【自首及其认定】	★★★★★
	第53条【罚金的缴纳、减免】	★★★★
	第72条【缓刑的条件、禁止令与附加刑的执行】	★★★★
	第73条【缓刑考验期限】	★★★
	第25条【共同犯罪的概念】	★
	第42条【拘役的期限】	★
	第45条【有期徒刑的期限】	★
	第47条【有期徒刑刑期的计算与折抵】	★
	第61条【量刑根据】	★

第六节 破坏环境资源保护罪

第338条【污染环境罪】 ★★★★

违反国家规定,排放、倾倒或者处置有放射性的废物、含传染病病原体的废物、有毒物质或者其他有害物质,严重污染环境的,处三年以下有期徒刑或者拘役,并处或者单处罚金;后果特别严重的,处三年以上七年以下有期徒刑,并处罚金。

■ 一、主要适用的案由及其相关度

案由编号	主要适用的案由	相关度
X6.6.338	污染环境罪	★★★★★

二、同时适用的法条及其相关度

		同时适用的法条	相关度
刑法		第67条【自首及其认定】	★★★★★
		第25条【共同犯罪的概念】	★★★
		第52条【罚金数额的裁量】	★★★
		第53条【罚金的缴纳、减免】	★★★
		第72条【缓刑的条件、禁止令与附加刑的执行】	★★★
		第73条【缓刑考验期限】	★★★
		第27条【从犯;从犯的处罚】	★★
		第64条【犯罪所得之物、所用之物的处理】	★★
		第26条【主犯;犯罪集团】	★
解释	犯罪司法 环境污染	第1条【污染环境罪中"严重污染环境"的认定】	★★★★
		第10条【破坏计算机信息系统罪】	★★

第339条【非法处置进口的固体废物罪;擅自进口固体废物罪;走私废物罪】①

违反国家规定,将境外的固体废物进境倾倒、堆放、处置的,处五年以下有期徒刑或者拘役,并处罚金;造成重大环境污染事故,致使公私财产遭受重大损失或者严重危害人体健康的,处五年以上十年以下有期徒刑,并处罚金;后果特别严重的,处十年以上有期徒刑,并处罚金。

未经国务院有关主管部门许可,擅自进口固体废物用作原料,造成重大环境污染事故,致使公私财产遭受重大损失或者严重危害人体健康的,处五年以下有期徒刑或者拘役,并处罚金;后果特别严重的,处五年以上十年以下有期徒刑,并处罚金。

以原料利用为名,进口不能用作原料的固体废物、液态废物和气态废物的,依照本法第一百五十二条第二款、第三款的规定定罪处罚。

---

① 说明:本法条尚无足够数量判决书可供法律大数据分析。

第340条【非法捕捞水产品罪】 ★★★★

违反保护水产资源法规,在禁渔区、禁渔期或者使用禁用的工具、方法捕捞水产品,情节严重的,处三年以下有期徒刑、拘役、管制或者罚金。

■ 主要适用的案由及其相关度

案由编号	主要适用的案由	相关度
X6.6.340	非法捕捞水产品罪	★★★★★

第341条【非法猎捕、杀害珍贵、濒危野生动物罪;非法收购、运输、出售珍贵、濒危野生动物、珍贵、濒危野生动物制品罪;非法狩猎罪】 ★★★★

非法猎捕、杀害国家重点保护的珍贵、濒危野生动物的,或者非法收购、运输、出售国家重点保护的珍贵、濒危野生动物及其制品的,处五年以下有期徒刑或者拘役,并处罚金;情节严重的,处五年以上十年以下有期徒刑,并处罚金;情节特别严重的,处十年以上有期徒刑,并处罚金或者没收财产。

违反狩猎法规,在禁猎区、禁猎期或者使用禁用的工具、方法进行狩猎,破坏野生动物资源,情节严重的,处三年以下有期徒刑、拘役、管制或者罚金。

■ 一、主要适用的案由及其相关度

案由编号	主要适用的案由	相关度
X6.6.341.2	非法狩猎罪	★★★★★
X6.6.341.1:2	非法收购、运输、出售珍贵、濒危野生动物、珍贵、濒危野生动物制品罪	★★★★
X6.6.341.1:1	非法猎捕、杀害珍贵、濒危野生动物罪	★★★

■ 二、同时适用的法条及其相关度

	同时适用的法条	相关度
刑法	第67条【自首及其认定】	★★★★★
	第64条【犯罪所得之物、所用之物的处理】	★★★★
	第72条【缓刑的条件、禁止令与附加刑的执行】	★★★★
	第25条【共同犯罪的概念】	★★★

	同时适用的法条	相关度
刑法	第52条【罚金数额的裁量】	★★★
	第53条【罚金的缴纳、减免】	★★★
	第73条【缓刑考验期限】	★★★
	第26条【主犯;犯罪集团】	★
	第27条【从犯;从犯的处罚】	★
	第61条【量刑根据】	★
	第69条【判决宣告前一人犯数罪的并罚】	★
案件司法解释 动物资源破坏刑事 审理 野生	第1条【珍贵、濒危野生动物的认定】	★★
	第6条【非法狩猎"情节严重"的认定】	★★
	第2条【非法收购、运输、出售珍贵、濒危野生动物、珍贵、濒危野生动物制品罪"收购""运输""出售"的认定】	★

第342条【非法占用农用地罪】 ★★★★★

违反土地管理法规,非法占用耕地、林地等农用地,改变被占用土地用途,数量较大,造成耕地、林地等农用地大量毁坏的,处五年以下有期徒刑或者拘役,并处或者单处罚金。

▓ 一、主要适用的案由及其相关度

案由编号	主要适用的案由	相关度
X6.6.342	非法占用农用地罪	★★★★★

▓ 二、同时适用的法条及其相关度

	同时适用的法条	相关度
刑法	第52条【罚金数额的裁量】	★★★★★
	第67条【自首及其认定】	★★★★★

	同时适用的法条	相关度	
刑法	第72条【缓刑的条件、禁止令与附加刑的执行】	★★★★★	333
	第53条【罚金的缴纳、减免】	★★★★	
	第73条【缓刑考验期限】	★★★★	
	第25条【共同犯罪的概念】	★★	
	第64条【犯罪所得之物、所用之物的处理】	★★	
	第61条【量刑根据】	★	
司法解释	资源 审理破坏林地刑事案件	第1条【非法占用农用地罪】	★★★	852

第343条【非法采矿罪;破坏性采矿罪】 ★★★★

违反矿产资源法的规定,未取得采矿许可证擅自采矿,擅自进入国家规划矿区、对国民经济具有重要价值的矿区和他人矿区范围采矿,或者擅自开采国家规定实行保护性开采的特定矿种,情节严重的,处三年以下有期徒刑、拘役或者管制,并处或者单处罚金;情节特别严重的,处三年以上七年以下有期徒刑,并处罚金。

违反矿产资源法的规定,采取破坏性的开采方法开采矿产资源,造成矿产资源严重破坏的,处五年以下有期徒刑或者拘役,并处罚金。

■ 一、主要适用的案由及其相关度

案由编号	主要适用的案由	相关度
X6.6.343.1	非法采矿罪	★★★★★

■ 二、同时适用的法条及其相关度

	同时适用的法条	相关度	
刑法	第67条【自首及其认定】	★★★★★	333
	第25条【共同犯罪的概念】	★★★★	
	第52条【罚金数额的裁量】	★★★★	

	同时适用的法条	相关度
刑法	第64条【犯罪所得之物、所用之物的处理】	★★★★
	第72条【缓刑的条件、禁止令与附加刑的执行】	★★★★
	第73条【缓刑考验期限】	★★★★
	第27条【从犯；从犯的处罚】	★★★
	第53条【罚金的缴纳、减免】	★★★
	第26条【主犯；犯罪集团】	★★
	第61条【量刑根据】	★★
	第69条【判决宣告前一人犯数罪的并罚】	★★

第344条【非法采伐、毁坏国家重点保护植物罪；非法收购、运输、加工、出售国家重点保护植物、国家重点保护植物制品罪】 ★★★★

违反国家规定，非法采伐、毁坏珍贵树木或者国家重点保护的其他植物的，或者非法收购、运输、加工、出售珍贵树木或者国家重点保护的其他植物及其制品的，处三年以下有期徒刑、拘役或者管制，并处罚金；情节严重的，处三年以上七年以下有期徒刑，并处罚金。

■ 一、主要适用的案由及其相关度

案由编号	主要适用的案由	相关度
X6.6.344:1	非法采伐、毁坏国家重点保护植物罪	★★★★★
X6.6.344:2	非法收购、运输、加工、出售国家重点保护植物、国家重点保护植物制品罪	★★★

■ 二、同时适用的法条及其相关度

	同时适用的法条	相关度
刑法	第67条【自首及其认定】	★★★★★
	第72条【缓刑的条件、禁止令与附加刑的执行】	★★★★★
	第52条【罚金数额的裁量】	★★★★
	第53条【罚金的缴纳、减免】	★★★★

	同时适用的法条	相关度
刑法	第64条【犯罪所得之物、所用之物的处理】	★★★★
	第73条【缓刑考验期限】	★★★★
	第25条【共同犯罪的概念】	★★★
	第26条【主犯;犯罪集团】	★★
	第27条【从犯;从犯的处罚】	★★
	第69条【判决宣告前一人犯数罪的并罚】	★★
	第61条【量刑根据】	★
司法解释 资源破坏犯罪森林	第2条【非法采伐、毁坏珍贵树木行为"情节严重"的认定】	★★★
	第1条【"珍贵树木"的范围】	★★

333

832

第345条【盗伐林木罪;滥伐林木罪;非法收购、运输盗伐、滥伐的林木罪】

★★★★★

盗伐森林或者其他林木,数量较大的,处三年以下有期徒刑、拘役或者管制,并处或者单处罚金;数量巨大的,处三年以上七年以下有期徒刑,并处罚金;数量特别巨大的,处七年以上有期徒刑,并处罚金。

违反森林法的规定,滥伐森林或者其他林木,数量较大的,处三年以下有期徒刑、拘役或者管制,并处或者单处罚金;数量巨大的,处三年以上七年以下有期徒刑,并处罚金。

非法收购、运输明知是盗伐、滥伐的林木,情节严重的,处三年以下有期徒刑、拘役或者管制,并处或者单处罚金;情节特别严重的,处三年以上七年以下有期徒刑,并处罚金。

盗伐、滥伐国家级自然保护区内的森林或者其他林木的,从重处罚。

一、主要适用的案由及其相关度

案由编号	主要适用的案由	相关度
X6.6.345.2	滥伐林木罪	★★★★★
X6.6.345.1	盗伐林木罪	★★★

二、同时适用的法条及其相关度

		同时适用的法条	相关度
333	刑法	第67条【自首及其认定】	★★★★★
		第72条【缓刑的条件、禁止令与附加刑的执行】	★★★★★
		第52条【罚金数额的裁量】	★★★★
		第73条【缓刑考验期限】	★★★★
		第25条【共同犯罪的概念】	★★★
		第53条【罚金的缴纳、减免】	★★★
		第64条【犯罪所得之物、所用之物的处理】	★★★
		第26条【主犯;犯罪集团】	★★
		第61条【量刑根据】	★★
		第27条【从犯;从犯的处罚】	★
		第45条【有期徒刑的期限】	★
		第69条【判决宣告前一人犯数罪的并罚】	★
832	司法解释 破坏森林资源犯罪	第6条【滥伐林木"数量较大""数量巨大"的认定】	★★★
		第5条【以滥伐林木罪定罪处罚的情形】	★★
		第3条【盗伐林木行为的认定】	★
		第4条【盗伐林木"数量较大""数量巨大""数量特别巨大"的认定】	★
804	财产刑适用规定	第2条【罚金数额的裁量】	★

第346条【单位犯破坏环境资源保护罪的处罚】 ★★★★

单位犯本节第三百三十八条至第三百四十五条规定之罪的,对单位判处罚金,并对其直接负责的主管人员和其他直接责任人员,依照本节各该条的规定处罚。

一、主要适用的案由及其相关度

案由编号	主要适用的案由	相关度
X6.6.342	非法占用农用地罪	★★★★★
X6.6.338	污染环境罪	★★★
X6.6.343.1	非法采矿罪	★
X6.6.345.2	滥伐林木罪	★

二、同时适用的法条及其相关度

	同时适用的法条	相关度	
刑法	第67条【自首及其认定】	★★★★★	333
	第52条【罚金数额的裁量】	★★★★	
	第72条【缓刑的条件、禁止令与附加刑的执行】	★★★★	
	第342条【非法占用农用地罪】	★★★★	
	第25条【共同犯罪的概念】	★★★	
	第30条【单位负刑事责任的范围】	★★★	
	第31条【单位犯罪的处罚】	★★★	
	第53条【罚金的缴纳、减免】	★★★	
	第73条【缓刑考验期限】	★★★	
	第338条【污染环境罪】	★★★	
	第64条【犯罪所得之物、所用之物的处理】	★★	
	第61条【量刑根据】	★	
	第345条【盗伐林木罪；滥伐林木罪；非法收购、运输盗伐、滥伐的林木罪】	★	
解释 犯罪 环境污染 司法	第1条【污染环境罪中"严重污染环境"的认定】	★★	849

	同时适用的法条	相关度
司法解释资源 审理破坏林地 刑事案件	第1条【非法占用农用地罪】	★★

第七节 走私、贩卖、运输、制造毒品罪

第347条【走私、贩卖、运输、制造毒品罪】 ★★★★★

走私、贩卖、运输、制造毒品，无论数量多少，都应当追究刑事责任，予以刑事处罚。

走私、贩卖、运输、制造毒品，有下列情形之一的，处十五年有期徒刑、无期徒刑或者死刑，并处没收财产：

（一）走私、贩卖、运输、制造鸦片一千克以上、海洛因或者甲基苯丙胺五十克以上或者其他毒品数量大的；

（二）走私、贩卖、运输、制造毒品集团的首要分子；

（三）武装掩护走私、贩卖、运输、制造毒品的；

（四）以暴力抗拒检查、拘留、逮捕，情节严重的；

（五）参与有组织的国际贩毒活动的。

走私、贩卖、运输、制造鸦片二百克以上不满一千克、海洛因或者甲基苯丙胺十克以上不满五十克或者其他毒品数量较大的，处七年以上有期徒刑，并处罚金。

走私、贩卖、运输、制造鸦片不满二百克、海洛因或者甲基苯丙胺不满十克或者其他少量毒品的，处三年以下有期徒刑、拘役或者管制，并处罚金；情节严重的，处三年以上七年以下有期徒刑，并处罚金。

单位犯第二款、第三款、第四款罪的，对单位判处罚金，并对其直接负责的主管人员和其他直接责任人员，依照各该款的规定处罚。

利用、教唆未成年人走私、贩卖、运输、制造毒品，或者向未成年人出售毒品的，从重处罚。

对多次走私、贩卖、运输、制造毒品，未经处理的，毒品数量累计计算。

一、主要适用的案由及其相关度

案由编号	主要适用的案由	相关度
X6.7.347	走私、贩卖、运输、制造毒品罪	★★★★★

二、同时适用的法条及其相关度

	同时适用的法条	相关度
刑法	第52条【罚金数额的裁量】	★★★★★
	第64条【犯罪所得之物、所用之物的处理】	★★★★
	第67条【自首及其认定】	★★★★
	第53条【罚金的缴纳、减免】	★★★★
	第65条【一般累犯】	★★★
	第356条【毒品再犯的处罚】	★★★
	第25条【共同犯罪的概念】	★★
	第27条【从犯；从犯的处罚】	★★
	第47条【有期徒刑刑期的计算与折抵】	★★
	第61条【量刑根据】	★★
	第68条【立功】	★★
	第69条【判决宣告前一人犯数罪的并罚】	★★
	第26条【主犯；犯罪集团】	★
	第59条【没收财产的范围】	★
	第354条【容留他人吸毒罪】	★
	第357条【毒品的概念、数量计算】	★

第348条【非法持有毒品罪】 ★★★★★

非法持有鸦片一千克以上、海洛因或者甲基苯丙胺五十克以上或者其他毒品数量大的，处七年以上有期徒刑或者无期徒刑，并处罚金；非法持有鸦片二百克以上不满一千克、海洛因或者甲基苯丙胺十克以上不满五十克或者其他毒品数量较大的，处三年以下有期徒刑、拘役或者管制，并处罚金；情节严重的，处三年以上七年以下有期徒刑，并处罚金。

一、主要适用的案由及其相关度

案由编号	主要适用的案由	相关度
X6.7.348	非法持有毒品罪	★★★★★
X6.7.347	走私、贩卖、运输、制造毒品罪	★★

二、同时适用的法条及其相关度

	同时适用的法条	相关度
刑法	第52条【罚金数额的裁量】	★★★★★
	第53条【罚金的缴纳、减免】	★★★★★
	第67条【自首及其认定】	★★★★
	第64条【犯罪所得之物、所用之物的处理】	★★★★
	第65条【一般累犯】	★★★
	第69条【判决宣告前一人犯数罪的并罚】	★★★
	第356条【毒品再犯的处罚】	★★★
	第25条【共同犯罪的概念】	★★
	第47条【有期徒刑刑期的计算与折抵】	★★
	第61条【量刑根据】	★★
	第347条【走私、贩卖、运输、制造毒品罪】	★★
	第354条【容留他人吸毒罪】	★★
	第45条【有期徒刑的期限】	★
	第68条【立功】	★
	第357条【毒品的概念、数量计算】	★

第349条【包庇毒品犯罪分子罪;窝藏、转移、隐瞒毒品、毒赃罪】 ★★★

包庇走私、贩卖、运输、制造毒品的犯罪分子的,为犯罪分子窝藏、转移、隐瞒毒品或者犯罪所得的财物的,处三年以下有期徒刑、拘役或者管制;情节严重的,处三年以上十年以下有期徒刑。

缉毒人员或者其他国家机关工作人员掩护、包庇走私、贩卖、运输、制造毒品的犯罪分子的,依照前款的规定从重处罚。

犯前两款罪,事先通谋的,以走私、贩卖、运输、制造毒品罪的共犯论处。

一、主要适用的案由及其相关度

案由编号	主要适用的案由	相关度
X6.7.347	走私、贩卖、运输、制造毒品罪	★★★★★
X6.7.349.1:2	窝藏、转移、隐瞒毒品、毒赃罪	★★★★★
X6.7.349.1:1	包庇毒品犯罪分子罪	★★★
X6.7.348	非法持有毒品罪	★★
X6.7.354	容留他人吸毒罪	★

二、同时适用的法条及其相关度

	同时适用的法条	相关度
刑法	第67条【自首及其认定】	★★★★★
	第347条【走私、贩卖、运输、制造毒品罪】	★★★★★
	第64条【犯罪所得之物、所用之物的处理】	★★★★
	第25条【共同犯罪的概念】	★★★
	第26条【主犯;犯罪集团】	★★★
	第27条【从犯;从犯的处罚】	★★★
	第52条【罚金数额的裁量】	★★★
	第53条【罚金的缴纳、减免】	★★★
	第65条【一般累犯】	★★★
	第69条【判决宣告前一人犯数罪的并罚】	★★★
	第57条【死刑、无期徒刑犯剥夺政治权利的期限】	★★
	第59条【没收财产的范围】	★★
	第68条【立功】	★★
	第72条【缓刑的条件、禁止令与附加刑的执行】	★★
	第354条【容留他人吸毒罪】	★★

	同时适用的法条	相关度
刑法	第 356 条【毒品再犯的处罚】	★★
	第 47 条【有期徒刑刑期的计算与折抵】	★
	第 55 条【剥夺政治权利的期限】	★
	第 56 条【剥夺政治权利的适用范围】	★
	第 61 条【量刑根据】	★
	第 73 条【缓刑考验期限】	★
	第 348 条【非法持有毒品罪】	★

第 350 条【非法生产、买卖、运输制毒物品罪、走私制毒物品罪】 ★★★

违反国家规定,非法生产、买卖、运输醋酸酐、乙醚、三氯甲烷或者其他用于制造毒品的原料、配剂,或者携带上述物品进出境,情节较重的,处三年以下有期徒刑、拘役或者管制,并处罚金;情节严重的,处三年以上七年以下有期徒刑,并处罚金;情节特别严重的,处七年以上有期徒刑,并处罚金或者没收财产。

明知他人制造毒品而为其生产、买卖、运输前款规定的物品的,以制造毒品罪的共犯论处。

单位犯前两款罪的,对单位判处罚金,并对其直接负责的主管人员和其他直接责任人员,依照前两款的规定处罚。

■ 主要适用的案由及其相关度

案由编号	主要适用的案由	相关度
X6.7.350	非法生产、买卖、运输制毒物品、走私制毒物品罪	★★★★★
X6.7.347	走私、贩卖、运输、制造毒品罪	★

第 351 条【非法种植毒品原植物罪】 ★★★★

非法种植罂粟、大麻等毒品原植物的,一律强制铲除。有下列情形之一的,处五年以下有期徒刑、拘役或者管制,并处罚金:

(一)种植罂粟五百株以上不满三千株或者其他毒品原植物数量较大的;

(二)经公安机关处理后又种植的;

(三)抗拒铲除的。

非法种植罂粟三千株以上或者其他毒品原植物数量大的,处五年以上有期徒刑,并处罚金或者没收财产。

非法种植罂粟或者其他毒品原植物,在收获前自动铲除的,可以免除处罚。

一、主要适用的案由及其相关度

案由编号	主要适用的案由	相关度
X6.7.351	非法种植毒品原植物罪	★★★★★

二、同时适用的法条及其相关度

	同时适用的法条	相关度
刑法	第67条【自首及其认定】	★★★★★
	第72条【缓刑的条件,禁止令与附加刑的执行】	★★★★★
	第52条【罚金数额的裁量】	★★★★
	第73条【缓刑考验期限】	★★★★
	第53条【罚金的缴纳、减免】	★★★
	第17条之1【老年人犯罪的刑事责任】	★★
	第61条【量刑根据】	★★
	第64条【犯罪所得之物、所用之物的处理】	★★
	第38条【管制的期限;禁止令;社区矫正】	★

第352条【非法买卖、运输、携带、持有毒品原植物种子、幼苗罪】 ★★

非法买卖、运输、携带、持有未经灭活的罂粟等毒品原植物种子或者幼苗,数量较大的,处三年以下有期徒刑、拘役或者管制,并处或者单处罚金。

一、主要适用的案由及其相关度

案由编号	主要适用的案由	相关度
X6.7.352	非法买卖、运输、携带、持有毒品原植物种子、幼苗罪	★★★★★
X6.7.348	非法持有毒品罪	★
X6.7.351	非法种植毒品原植物罪	★

二、同时适用的法条及其相关度

	同时适用的法条	相关度
刑法	第52条【罚金数额的裁量】	★★★★★
	第67条【自首及其认定】	★★★★★
	第53条【罚金的缴纳、减免】	★★★★
	第72条【缓刑的条件、禁止令与附加刑的执行】	★★★★
	第61条【量刑根据】	★★★
	第64条【犯罪所得之物、所用之物的处理】	★★★
	第73条【缓刑考验期限】	★★★
	第69条【判决宣告前一人犯数罪的并罚】	★★
	第25条【共同犯罪的概念】	★
	第26条【主犯；犯罪集团】	★
	第42条【拘役的期限】	★
	第347条【走私、贩卖、运输、制造毒品罪】	★

第353条【引诱、教唆、欺骗他人吸毒罪；强迫他人吸毒罪】 ★★★

引诱、教唆、欺骗他人吸食、注射毒品的，处三年以下有期徒刑、拘役或者管制，并处罚金；情节严重的，处三年以上七年以下有期徒刑，并处罚金。

强迫他人吸食、注射毒品的，处三年以上十年以下有期徒刑，并处罚金。

引诱、教唆、欺骗或者强迫未成年人吸食、注射毒品的，从重处罚。

一、主要适用的案由及其相关度

案由编号	主要适用的案由	相关度
X6.7.353.1	引诱、教唆、欺骗他人吸毒罪	★★★★★
X6.7.353.2	强迫他人吸毒罪	★★
X6.7.347	走私、贩卖、运输、制造毒品罪	★
X6.7.354	容留他人吸毒罪	★

二、同时适用的法条及其相关度

	同时适用的法条	相关度
刑法	第67条【自首及其认定】	★★★★★
	第52条【罚金数额的裁量】	★★★★
	第53条【罚金的缴纳、减免】	★★★★
	第69条【判决宣告前一人犯数罪的并罚】	★★★★
	第25条【共同犯罪的概念】	★★
	第64条【犯罪所得之物、所用之物的处理】	★★
	第65条【一般累犯】	★★
	第354条【容留他人吸毒罪】	★★
	第26条【主犯；犯罪集团】	★
	第27条【从犯；从犯的处罚】	★
	第47条【有期徒刑刑期的计算与折抵】	★
	第61条【量刑根据】	★
	第72条【缓刑的条件、禁止令与附加刑的执行】	★
	第73条【缓刑考验期限】	★
	第347条【走私、贩卖、运输、制造毒品罪】	★

第354条【容留他人吸毒罪】　★★★★★

容留他人吸食、注射毒品的，处三年以下有期徒刑、拘役或者管制，并处罚金。

一、主要适用的案由及其相关度

案由编号	主要适用的案由	相关度
X6.7.354	容留他人吸毒罪	★★★★★
X6.7.347	走私、贩卖、运输、制造毒品罪	★

二、同时适用的法条及其相关度

	同时适用的法条	相关度
刑法	第67条【自首及其认定】	★★★★★
	第52条【罚金数额的裁量】	★★★★
	第53条【罚金的缴纳、减免】	★★★★
	第64条【犯罪所得之物、所用之物的处理】	★★★
	第65条【一般累犯】	★★
	第69条【判决宣告前一人犯数罪的并罚】	★★
	第72条【缓刑的条件、禁止令与附加刑的执行】	★★
	第347条【走私、贩卖、运输、制造毒品罪】	★★
	第25条【共同犯罪的概念】	★
	第47条【有期徒刑刑期的计算与折抵】	★
	第61条【量刑根据】	★
	第68条【立功】	★
	第73条【缓刑考验期限】	★
	第356条【毒品再犯的处罚】	★
	第357条【毒品的概念、数量计算】	★
司法解释 审理毒品犯罪案件	第12条【容留他人吸毒罪定罪范围】	★

第355条【非法提供麻醉药品、精神药品罪；贩卖毒品罪】 ★★

依法从事生产、运输、管理、使用国家管制的麻醉药品、精神药品的人员，违反国家规定，向吸食、注射毒品的人提供国家规定管制的能够使人形成瘾癖的麻醉药品、精神药品的，处三年以下有期徒刑或者拘役，并处罚金；情节严重的，处三年以上七年以下有期徒刑，并处罚金。向走私、贩卖毒品的犯罪分子或者以牟利为目的，向吸食、注射毒品的人提供国家规定管制的能够使人形成瘾癖的麻醉药品、精神药品的，依照本法第三百四十七条的规定定罪处罚。

单位犯前款罪的,对单位判处罚金,并对其直接负责的主管人员和其他直接责任人员,依照前款的规定处罚。

一、主要适用的案由及其相关度

案由编号	主要适用的案由	相关度
X6.7.347	走私、贩卖、运输、制造毒品罪	★★★★★
X6.7.354	容留他人吸毒罪	★★

二、同时适用的法条及其相关度

	同时适用的法条	相关度
刑法	第52条【罚金数额的裁量】	★★★★★
	第67条【自首及其认定】	★★★★★
	第347条【走私、贩卖、运输、制造毒品罪】	★★★★★
	第53条【罚金的缴纳、减免】	★★★★
	第64条【犯罪所得之物、所用之物的处理】	★★★★
	第61条【量刑根据】	★★
	第65条【一般累犯】	★★
	第25条【共同犯罪的概念】	★
	第69条【判决宣告前一人犯数罪的并罚】	★
	第72条【缓刑的条件、禁止令与附加刑的执行】	★
	第73条【缓刑考验期限】	★
	第354条【容留他人吸毒罪】	★
	第357条【毒品的概念、数量计算】	★

第356条【毒品再犯的处罚】 ★★★★★

因走私、贩卖、运输、制造、非法持有毒品罪被判过刑,又犯本节规定之罪的,从重处罚。

■ 一、主要适用的案由及其相关度

案由编号	主要适用的案由	相关度
X6.7.347	走私、贩卖、运输、制造毒品罪	★★★★★
X6.7.348	非法持有毒品罪	★★
X6.7.354	容留他人吸毒罪	★★

■ 二、同时适用的法条及其相关度

	同时适用的法条	相关度
刑法	第64条【犯罪所得之物、所用之物的处理】	★★★★★
刑法	第65条【一般累犯】	★★★★★
刑法	第67条【自首及其认定】	★★★★★
刑法	第347条【走私、贩卖、运输、制造毒品罪】	★★★★★
刑法	第52条【罚金数额的裁量】	★★★★
刑法	第53条【罚金的缴纳、减免】	★★★★
刑法	第25条【共同犯罪的概念】	★★
刑法	第47条【有期徒刑刑期的计算与折抵】	★★
刑法	第68条【立功】	★★
刑法	第69条【判决宣告前一人犯数罪的并罚】	★★
刑法	第348条【非法持有毒品罪】	★★
刑法	第354条【容留他人吸毒罪】	★★
刑法	第26条【主犯;犯罪集团】	★
刑法	第27条【从犯;从犯的处罚】	★
刑法	第61条【量刑根据】	★

	同时适用的法条	相关度
刑法	第71条【判决宣告后刑罚执行完毕前又犯新罪的并罚】	★
	第357条【毒品的概念、数量计算】	★

第357条【毒品的概念、数量计算】　　★★★★★

本法所称的毒品,是指鸦片、海洛因、甲基苯丙胺(冰毒)、吗啡、大麻、可卡因以及国家规定管制的其他能够使人形成瘾癖的麻醉药品和精神药品。

毒品的数量以查证属实的走私、贩卖、运输、制造、非法持有毒品的数量计算,不以纯度折算。

▨ 一、主要适用的案由及其相关度

案由编号	主要适用的案由	相关度
X6.7.347	走私、贩卖、运输、制造毒品罪	★★★★★
X6.7.354	容留他人吸毒罪	★★★
X6.7.348	非法持有毒品罪	★★

▨ 二、同时适用的法条及其相关度

	同时适用的法条	相关度
刑法	第67条【自首及其认定】	★★★★★
	第347条【走私、贩卖、运输、制造毒品罪】	★★★★
	第52条【罚金数额的裁量】	★★★★
	第64条【犯罪所得之物、所用之物的处理】	★★★★
	第53条【罚金的缴纳、减免】	★★★
	第65条【一般累犯】	★★★
	第354条【容留他人吸毒罪】	★★★
	第25条【共同犯罪的概念】	★★
	第61条【量刑根据】	★★

	同时适用的法条	相关度
刑法	第68条【立功】	★★
	第69条【判决宣告前一人犯数罪的并罚】	★★
	第348条【非法持有毒品罪】	★★
	第356条【毒品再犯的处罚】	★★
	第26条【主犯;犯罪集团】	★
	第27条【从犯;从犯的处罚】	★
	第45条【有期徒刑的期限】	★
	第47条【有期徒刑刑期的计算与折抵】	★

第八节 组织、强迫、引诱、容留、介绍卖淫罪

第358条【组织卖淫罪、强迫卖淫罪;协助组织卖淫罪】 ★★★★

组织、强迫他人卖淫的,处五年以上十年以下有期徒刑,并处罚金;情节严重的,处十年以上有期徒刑或者无期徒刑,并处罚金或者没收财产。

组织、强迫未成年人卖淫的,依照前款的规定从重处罚。

犯前两款罪,并有杀害、伤害、强奸、绑架等犯罪行为的,依照数罪并罚的规定处罚。

为组织卖淫的人招募、运送人员或者有其他协助组织他人卖淫行为的,处五年以下有期徒刑,并处罚金;情节严重的,处五年以上十年以下有期徒刑,并处罚金。

一、主要适用的案由及其相关度

案由编号	主要适用的案由	相关度
X6.8.358.1:1	组织卖淫罪	★★★★★
X6.8.358.4	协助组织卖淫罪	★★★★★
X6.8.358.1:2	强迫卖淫罪	★★
X6.8.359.1	引诱、容留、介绍卖淫罪	★

二、同时适用的法条及其相关度

	同时适用的法条	相关度
刑法	第25条【共同犯罪的概念】	★★★★★
	第52条【罚金数额的裁量】	★★★★★
	第67条【自首及其认定】	★★★★★
	第53条【罚金的缴纳、减免】	★★★★
	第64条【犯罪所得之物、所用之物的处理】	★★★★
	第72条【缓刑的条件、禁止令与附加刑的执行】	★★★
	第73条【缓刑考验期限】	★★★
	第26条【主犯;犯罪集团】	★★
	第27条【从犯;从犯的处罚】	★★
	第61条【量刑根据】	★
	第65条【一般累犯】	★
	第69条【判决宣告前一人犯数罪的并罚】	★
	第359条【引诱、容留、介绍卖淫罪;引诱幼女卖淫罪】	★

第359条【引诱、容留、介绍卖淫罪;引诱幼女卖淫罪】 ★★★★★

引诱、容留、介绍他人卖淫的,处五年以下有期徒刑、拘役或者管制,并处罚金;情节严重的,处五年以上有期徒刑,并处罚金。

引诱不满十四周岁的幼女卖淫的,处五年以上有期徒刑,并处罚金。

一、主要适用的案由及其相关度

案由编号	主要适用的案由	相关度
X6.8.359.1	引诱、容留、介绍卖淫罪	★★★★★

二、同时适用的法条及其相关度

	同时适用的法条	相关度
刑法	第67条【自首及其认定】	★★★★★
	第52条【罚金数额的裁量】	★★★★
	第53条【罚金的缴纳、减免】	★★★★
	第25条【共同犯罪的概念】	★★★
	第64条【犯罪所得之物、所用之物的处理】	★★★
	第72条【缓刑的条件、禁止令与附加刑的执行】	★★★
	第73条【缓刑考验期限】	★★★
	第26条【主犯；犯罪集团】	★★
	第27条【从犯；从犯的处罚】	★★
	第61条【量刑根据】	★
	第65条【一般累犯】	★

第360条【传播性病罪】 ★★

明知自己患有梅毒、淋病等严重性病卖淫、嫖娼的，处五年以下有期徒刑、拘役或者管制，并处罚金。

■ 主要适用的案由及其相关度

案由编号	主要适用的案由	相关度
X6.8.360	传播性病罪	★★★★★

第361条【特定单位的人员组织、强迫、引诱、容留、介绍卖淫的处理规定】 ★★★

旅馆业、饮食服务业、文化娱乐业、出租汽车业等单位的人员，利用本单位的条件，组织、强迫、引诱、容留、介绍他人卖淫的，依照本法第三百五十八条、第三百五十九条的规定定罪处罚。

前款所列单位的主要负责人，犯前款罪的，从重处罚。

一、主要适用的案由及其相关度

案由编号	主要适用的案由	相关度
X6.8.359.1	引诱、容留、介绍卖淫罪	★★★★★
X6.8.358.1:1	组织卖淫罪	★
X6.8.358.4	协助组织卖淫罪	★

二、同时适用的法条及其相关度

	同时适用的法条	相关度
刑法	第67条【自首及其认定】	★★★★★
	第359条【引诱、容留、介绍卖淫罪;引诱幼女卖淫罪】	★★★★★
	第52条【罚金数额的裁量】	★★★★
	第25条【共同犯罪的概念】	★★★
	第53条【罚金的缴纳、减免】	★★★
	第64条【犯罪所得之物、所用之物的处理】	★★★
	第72条【缓刑的条件、禁止令与附加刑的执行】	★★★
	第73条【缓刑考验期限】	★★★
	第27条【从犯;从犯的处罚】	★★
	第358条【组织卖淫罪、强迫卖淫罪;协助组织卖淫罪】	★★
	第26条【主犯;犯罪集团】	★
	第61条【量刑根据】	★

第362条【窝藏、包庇罪】①

旅馆业、饮食服务业、文化娱乐业、出租汽车业等单位的人员,在公安机关查处卖淫、嫖娼活动时,为违法犯罪分子通风报信,情节严重的,依照本法第三百一十条的规定定罪处罚。

---

① 说明:本法条尚无足够数量判决书可供法律大数据分析。

第九节　制作、贩卖、传播淫秽物品罪

第363条【制作、复制、出版、贩卖、传播淫秽物品牟利罪；为他人提供书号出版淫秽书刊罪】 ★★★★

以牟利为目的，制作、复制、出版、贩卖、传播淫秽物品的，处三年以下有期徒刑、拘役或者管制，并处罚金；情节严重的，处三年以上十年以下有期徒刑，并处罚金；情节特别严重的，处十年以上有期徒刑或者无期徒刑，并处罚金或者没收财产。

为他人提供书号，出版淫秽书刊的，处三年以下有期徒刑、拘役或者管制，并处或者单处罚金；明知他人用于出版淫秽书刊而提供书号的，依照前款的规定处罚。

一、主要适用的案由及其相关度

案由编号	主要适用的案由	相关度
X6.9.363.1	制作、复制、出版、贩卖、传播淫秽物品牟利罪	★★★★★

二、同时适用的法条及其相关度

	同时适用的法条	相关度
刑法	第64条【犯罪所得之物、所用之物的处理】	★★★★★
	第67条【自首及其认定】	★★★★★
	第52条【罚金数额的裁量】	★★★★
	第72条【缓刑的条件、禁止令与附加刑的执行】	★★★★
	第23条【犯罪未遂；犯罪未遂的处罚】	★★★
	第53条【罚金的缴纳、减免】	★★★
	第73条【缓刑考验期限】	★★★
	第25条【共同犯罪的概念】	★
审理非法出版物刑事案件司法解释	第8条【以牟利为目的制作、复制、出版、贩卖、传播淫秽物品牟利罪定罪处罚的情形】	★★

		同时适用的法条	相关度
秽电子信息案件司法解释一	办理利用互联网、移动通讯终端、声讯台制作、复制、出版、贩卖、传播淫	第1条【制作、复制、出版、贩卖、传播淫秽物品牟利罪】	★

第364条【传播淫秽物品罪；组织播放淫秽音像制品罪】 ★★★★

传播淫秽的书刊、影片、音像、图片或者其他淫秽物品，情节严重的，处二年以下有期徒刑、拘役或者管制。

组织播放淫秽的电影、录像等音像制品的，处三年以下有期徒刑、拘役或者管制，并处罚金；情节严重的，处三年以上十年以下有期徒刑，并处罚金。

制作、复制淫秽的电影、录像等音像制品组织播放的，依照第二款的规定从重处罚。

向不满十八周岁的未成年人传播淫秽物品的，从重处罚。

一、主要适用的案由及其相关度

案由编号	主要适用的案由	相关度
X6.9.364.1	传播淫秽物品罪	★★★★★
X5.264	盗窃罪	★

二、同时适用的法条及其相关度

	同时适用的法条	相关度
刑法	第67条【自首及其认定】	★★★★★
	第72条【缓刑的条件、禁止令与附加刑的执行】	★★★★

		同时适用的法条	相关度
333	刑法	第64条【犯罪所得之物、所用之物的处理】	★★★
		第73条【缓刑考验期限】	★★★
		第25条【共同犯罪的概念】	★★
		第52条【罚金数额的裁量】	★
927	办理利用互联网、移动通讯终端、声讯台制作、复制、出版、贩卖、传播淫秽电子信息案件司法解释一	第1条【制作、复制、出版、贩卖、传播淫秽物品牟利罪】	★★
		第3条【传播淫秽物品罪】	★★
875	办理利用互联网、移动通讯终端、声讯台制作、复制、出版、贩卖、传播淫秽电子信息案件司法解释二	第3条【利用互联网建立主要用于传播淫秽电子信息的群组的定罪处罚】	★★

第365条【组织淫秽表演罪】 ★★★

组织进行淫秽表演的,处三年以下有期徒刑、拘役或者管制,并处罚金;情节严重的,处三年以上十年以下有期徒刑,并处罚金。

一、主要适用的案由及其相关度

案由编号	主要适用的案由	相关度
X6.7.347	走私、贩卖、运输、制造毒品罪	★★★★★
X6.9.365	组织淫秽表演罪	★★★★★
X6.7.348	非法持有毒品罪	★
X6.7.354	容留他人吸毒罪	★

二、同时适用的法条及其相关度

	同时适用的法条	相关度
刑法	第67条【自首及其认定】	★★★★★
	第52条【罚金数额的裁量】	★★★★
	第64条【犯罪所得之物、所用之物的处理】	★★★★
	第65条【一般累犯】	★★★★
	第347条【走私、贩卖、运输、制造毒品罪】	★★★★
	第25条【共同犯罪的概念】	★★★
	第53条【罚金的缴纳、减免】	★★★
	第72条【缓刑的条件、禁止令与附加刑的执行】	★★
	第26条【主犯;犯罪集团】	★
	第27条【从犯;从犯的处罚】	★
	第61条【量刑根据】	★
	第73条【缓刑考验期限】	★
	第354条【容留他人吸毒罪】	★

第366条【单位犯组织、强迫、引诱、容留、介绍卖淫罪的处罚】 ★★

单位犯本节第三百六十三条、第三百六十四条、第三百六十五条规定之罪的,对单位判处罚金,并对其直接负责的主管人员和其他直接责任人员,依照各该条的规定处罚。

一、主要适用的案由及其相关度

案由编号	主要适用的案由	相关度
X5.266	诈骗罪	★★★★★
X6.9.363.1	制作、复制、出版、贩卖、传播淫秽物品牟利罪	★★

二、同时适用的法条及其相关度

		同时适用的法条	相关度
刑法		第52条【罚金数额的裁量】	★★★★★
		第53条【罚金的缴纳、减免】	★★★★★
		第67条【自首及其认定】	★★★★★
		第25条【共同犯罪的概念】	★★★★
		第64条【犯罪所得之物、所用之物的处理】	★★★★
		第72条【缓刑的条件、禁止令与附加刑的执行】	★★★
		第26条【主犯；犯罪集团】	★★
		第27条【从犯；从犯的处罚】	★★
		第61条【量刑根据】	★★
		第73条【缓刑考验期限】	★★
		第30条【单位负刑事责任的范围】	★
		第31条【单位犯罪的处罚】	★
		第42条【拘役的期限】	★
		第45条【有期徒刑的期限】	★
		第47条【有期徒刑刑期的计算与折抵】	★
		第65条【一般累犯】	★
		第69条【判决宣告前一人犯数罪的并罚】	★
		第363条【制作、复制、出版、贩卖、传播淫秽物品牟利罪；为他人提供书号出版淫秽书刊罪】	★
司法解释	诈骗罪	第1条【诈骗罪】	★

第367条【淫秽物品的界定】 ★★
本法所称淫秽物品,是指具体描绘性行为或者露骨宣扬色情的诲淫性的书刊、影片、录像带、录音带、图片及其他淫秽物品。

有关人体生理、医学知识的科学著作不是淫秽物品。

包含有色情内容的有艺术价值的文学、艺术作品不视为淫秽物品。

一、主要适用的案由及其相关度

案由编号	主要适用的案由	相关度
X6.9.363.1	制作、复制、出版、贩卖、传播淫秽物品牟利罪	★★★★★
X6.9.364.1	传播淫秽物品罪	★★★
X5.267.1	抢夺罪	★

二、同时适用的法条及其相关度

	同时适用的法条	相关度
刑法	第64条【犯罪所得之物、所用之物的处理】	★★★★★
	第67条【自首及其认定】	★★★★★
	第363条【制作、复制、出版、贩卖、传播淫秽物品牟利罪;为他人提供书号出版淫秽书刊罪】	★★★★
	第52条【罚金数额的裁量】	★★★
	第53条【罚金的缴纳、减免】	★★★
	第72条【缓刑的条件、禁止令与附加刑的执行】	★★★
	第73条【缓刑考验期限】	★★★
	第364条【传播淫秽物品罪;组织播放淫秽音像制品罪】	★★★
	第23条【犯罪未遂;犯罪未遂的处罚】	★★
	第25条【共同犯罪的概念】	★
	第61条【量刑根据】	★

		同时适用的法条	相关度
927	秽电子信息案件司法解释一办理利用互联网、移动通讯终端、声讯台制作、复制、出版、贩卖、传播淫	第1条【制作、复制、出版、贩卖、传播淫秽物品牟利罪】	★★
		第3条【传播淫秽物】	★
		第9条【"其他淫秽物品"的认定】	★
865	件司法解释审理出版物刑事案	第8条【以牟利为目的制作、复制、出版、贩卖、传播淫秽物品牟利罪定罪处罚的情形】	★★
875	秽电子信息案件司法解释二办理利用互联网、移动通讯终端、声讯台制作、复制、出版、贩卖、传播淫	第2条【利用互联网、移动通讯终端传播淫秽电子信息行为的定罪处罚】	★

第七章 危害国防利益罪

第368条【阻碍军人执行职务罪;阻碍军事行动罪】①

以暴力、威胁方法阻碍军人依法执行职务的,处三年以下有期徒刑、拘役、管制或者罚金。

---

① 说明:本法条尚无足够数量判决书可供法律大数据分析。

故意阻碍武装部队军事行动,造成严重后果的,处五年以下有期徒刑或者拘役。

第 369 条【破坏武器装备、军事设施、军事通信罪；过失损坏武器装备、军事设施、军事通信罪】 ★★

破坏武器装备、军事设施、军事通信的,处三年以下有期徒刑、拘役或者管制；破坏重要武器装备、军事设施、军事通信的,处三年以上十年以下有期徒刑；情节特别严重的,处十年以上有期徒刑、无期徒刑或者死刑。

过失犯前款罪,造成严重后果的,处三年以下有期徒刑或者拘役；造成特别严重后果的,处三年以上七年以下有期徒刑。

战时犯前两款罪的,从重处罚。

一、主要适用的案由及其相关度

案由编号	主要适用的案由	相关度
X7.369.2	过失损坏武器装备、军事设施、军事通信罪	★★★★★
X7.369.1	破坏武器装备、军事设施、军事通信罪	★★

二、同时适用的法条及其相关度

	同时适用的法条	相关度
刑法	第 67 条【自首及其认定】	★★★★★
	第 72 条【缓刑的条件、禁止令与附加刑的执行】	★★★★★
	第 73 条【缓刑考验期限】	★★★★★
	第 61 条【量刑根据】	★★
	第 25 条【共同犯罪的概念】	★
	第 45 条【有期徒刑的期限】	★
司法解释 审理危害军事通信案件	第 3 条【过失损坏军事通信罪定罪】	★

第 370 条【故意提供不合格武器装备、军事设施罪；过失提供不合格武器装备、军事设施罪】①

---

① 说明:本法条尚无足够数量判决书可供法律大数据分析。

明知是不合格的武器装备、军事设施而提供给武装部队的,处五年以下有期徒刑或者拘役;情节严重的,处五年以上十年以下有期徒刑;情节特别严重的,处十年以上有期徒刑、无期徒刑或者死刑。

过失犯前款罪,造成严重后果的,处三年以下有期徒刑或者拘役;造成特别严重后果的,处三年以上七年以下有期徒刑。

单位犯第一款罪的,对单位判处罚金,并对其直接负责的主管人员和其他直接责任人员,依照第一款的规定处罚。

第371条【聚众冲击军事禁区罪;聚众扰乱军事管理区秩序罪】①

聚众冲击军事禁区,严重扰乱军事禁区秩序的,对首要分子,处五年以上十年以下有期徒刑;对其他积极参加的,处五年以下有期徒刑、拘役、管制或者剥夺政治权利。

聚众扰乱军事管理区秩序,情节严重,致使军事管理区工作无法进行,造成严重损失的,对首要分子,处三年以上七年以下有期徒刑;对其他积极参加的,处三年以下有期徒刑、拘役、管制或者剥夺政治权利。

第372条【冒充军人招摇撞骗罪】　　　　　　　　　★★★

冒充军人招摇撞骗的,处三年以下有期徒刑、拘役、管制或者剥夺政治权利;情节严重的,处三年以上十年以下有期徒刑。

一、主要适用的案由及其相关度

案由编号	主要适用的案由	相关度
X7.372	冒充军人招摇撞骗罪	★★★★★

二、同时适用的法条及其相关度

	同时适用的法条	相关度
刑法	第64条【犯罪所得之物、所用之物的处理】	★★★★★
	第67条【自首及其认定】	★★★★★
	第25条【共同犯罪的概念】	★★
	第65条【一般累犯】	★★
	第69条【判决宣告前一人犯数罪的并罚】	★★

---

① 说明:本法条尚无足够数量判决书可供法律大数据分析。

	同时适用的法条	相关度
刑法	第47条【有期徒刑刑期的计算与折抵】	★
	第52条【罚金数额的裁量】	★
	第53条【罚金的缴纳、减免】	★
	第61条【量刑根据】	★
	第72条【缓刑的条件、禁止令与附加刑的执行】	★
	第73条【缓刑考验期限】	★
	第266条【诈骗罪】	★

第373条【煽动军人逃离部队罪、雇佣逃离部队军人罪】①

煽动军人逃离部队或者明知是逃离部队的军人而雇用，情节严重的，处三年以下有期徒刑、拘役或者管制。

第374条【接送不合格兵员罪】 ★★

在征兵工作中徇私舞弊，接送不合格兵员，情节严重的，处三年以下有期徒刑或者拘役；造成特别严重后果的，处三年以上七年以下有期徒刑。

■ 主要适用的案由及其相关度

案由编号	主要适用的案由	相关度
X5.274	敲诈勒索罪	★

第375条【伪造、变造、买卖武装部队公文、证件、印章罪；盗窃、抢夺武装部队公文、证件、印章罪；非法生产、买卖武装部队制式服装罪；伪造、盗窃、买卖、非法提供、非法使用武装部队专用标志罪】 ★★★

伪造、变造、买卖或者盗窃、抢夺武装部队公文、证件、印章的，处三年以下有期徒刑、拘役、管制或者剥夺政治权利；情节严重的，处三年以上十年以下有期徒刑。

非法生产、买卖武装部队制式服装，情节严重的，处三年以下有期徒刑、拘役或者管制，并处或者单处罚金。

伪造、盗窃、买卖或者非法提供、使用武装部队车辆号牌等专用标志，

---

① 说明：本法条尚无足够数量判决书可供法律大数据分析。

情节严重的,处三年以下有期徒刑、拘役或者管制,并处或者单处罚金;情节特别严重的,处三年以上七年以下有期徒刑,并处罚金。

单位犯第二款、第三款罪的,对单位判处罚金,并对其直接负责的主管人员和其他直接责任人员,依照各该款的规定处罚。

一、主要适用的案由及其相关度

案由编号	主要适用的案由	相关度
X7.375.1:1	伪造、变造、买卖武装部队公文、证件、印章罪	★★★★★
X6.1.280.1:1	伪造、变造、买卖国家机关公文、证件、印章罪	★★★★
X7.375.3	伪造、盗窃、买卖、非法提供、非法使用武装部队专用标志罪	★★
X6.1.280.2	伪造公司、企业、事业单位、人民团体印章罪	★
X7.375.2	非法生产、买卖武装部队制式服装罪	★

二、同时适用的法条及其相关度

	同时适用的法条	相关度
刑法	第67条【自首及其认定】	★★★★★
	第64条【犯罪所得之物、所用之物的处理】	★★★★
	第69条【判决宣告前一人犯数罪的并罚】	★★★★
	第25条【共同犯罪的概念】	★★★
	第72条【缓刑的条件、禁止令与附加刑的执行】	★★★
	第73条【缓刑考验期限】	★★★
	第280条【伪造、变造、买卖国家机关公文、证件、印章罪;盗窃、抢夺、毁灭国家机关公文、证件、印章罪;伪造公司、企业、事业单位、人民团体印章罪;伪造、变造、买卖身份证件罪】	★★★
	第52条【罚金数额的裁量】	★★
	第53条【罚金的缴纳、减免】	★★

	同时适用的法条	相关度	
刑法	第26条【主犯;犯罪集团】	★	333
	第27条【从犯;从犯的处罚】	★	
	第61条【量刑根据】	★	
	第266条【诈骗罪】	★	
办理妨害武装部队制式服装、车辆号牌管理秩序案件司法解释	第1条【以伪造、变造、买卖武装部队公文、证件、印章罪或者盗窃、抢夺武装部队公文、证件、印章罪定罪处罚的情形】	★	885
	第3条【伪造、盗窃、买卖或者非法提供、非法使用武装部队专用标志罪"情节严重""情节特别严重"的认定】	★	

第376条【战时拒绝、逃避征召、军事训练罪;战时拒绝、逃避服役罪】①

预备役人员战时拒绝、逃避征召或者军事训练,情节严重的,处三年以下有期徒刑或者拘役。

公民战时拒绝、逃避服役,情节严重的,处二年以下有期徒刑或者拘役。

第377条【战时故意提供虚假敌情罪】②

战时故意向武装部队提供虚假敌情,造成严重后果的,处三年以上十年以下有期徒刑;造成特别严重后果的,处十年以上有期徒刑或者无期徒刑。

第378条【战时造谣扰乱军心罪】③

战时造谣惑众,扰乱军心的,处三年以下有期徒刑、拘役或者管制;情节严重的,处三年以上十年以下有期徒刑。

第379条【战时窝藏逃离部队军人罪】④

战时明知是逃离部队的军人而为其提供隐蔽处所、财物,情节严重的,处三年以下有期徒刑或者拘役。

---

① 说明:本法条尚无足够数量判决书可供法律大数据分析。
② 同上注。
③ 同上注。
④ 同上注。

第380条【战时拒绝、故意延误军事订货罪】①

战时拒绝或者故意延误军事订货,情节严重的,对单位判处罚金,并对其直接负责的主管人员和其他直接责任人员,处五年以下有期徒刑或者拘役;造成严重后果的,处五年以上有期徒刑。

第381条【战时拒绝军事征收、征用罪】②

战时拒绝军事征收、征用,情节严重的,处三年以下有期徒刑或者拘役。

第八章 贪污贿赂罪

第382条【贪污罪;贪污罪共犯的认定】　　　　★★★★★

国家工作人员利用职务上的便利,侵吞、窃取、骗取或者以其他手段非法占有公共财物的,是贪污罪。

受国家机关、国有公司、企业、事业单位、人民团体委托管理、经营国有财产的人员,利用职务上的便利,侵吞、窃取、骗取或者以其他手段非法占有国有财物的,以贪污论。

与前两款所列人员勾结,伙同贪污的,以共犯论处。

一、主要适用的案由及其相关度

案由编号	主要适用的案由	相关度
X8.382	贪污罪	★★★★★
X8.385	受贿罪	★★
X8.384	挪用公款罪	★

二、同时适用的法条及其相关度

	同时适用的法条	相关度
刑法	第67条【自首及其认定】	★★★★★
	第383条【贪污罪的处罚】	★★★★★
	第64条【犯罪所得之物、所用之物的处理】	★★★★

---

① 说明:本法条尚无足够数量判决书可供法律大数据分析。
② 同上注。

	同时适用的法条	相关度
刑法	第25条【共同犯罪的概念】	★★★
	第52条【罚金数额的裁量】	★★★
	第69条【判决宣告前一人犯数罪的并罚】	★★★
	第72条【缓刑的条件、禁止令与附加刑的执行】	★★★
	第73条【缓刑考验期限】	★★★
	第93条【国家工作人员的范围】	★★★
	第26条【主犯；犯罪集团】	★★
	第27条【从犯；从犯的处罚】	★★
	第37条【免予刑事处罚与非刑事处罚措施】	★★
	第53条【罚金的缴纳、减免】	★★
	第61条【量刑根据】	★★
	第385条【受贿罪】	★★
	第386条【受贿罪的处罚】	★★
	第12条【刑法的溯及力】	★
	第68条【立功】	★
	第384条【挪用公款罪】	★
办理贪贿刑事案件司法解释	第1条【贪污罪、受贿罪"数额较大""其他较重情节"的认定】	★★★
	第19条【罚金数额】	★★★
	第2条【贪污罪、受贿罪"数额巨大""其他严重情节"的认定】	★★
	第18条【财物处理】	★

第383条【贪污罪的处罚】 ★★★★★

对犯贪污罪的，根据情节轻重，分别依照下列规定处罚：

（一）贪污数额较大或者有其他较重情节的，处三年以下有期徒刑或者拘役，并处罚金。

（二）贪污数额巨大或者有其他严重情节的，处三年以上十年以下有期徒刑,并处罚金或者没收财产。

（三）贪污数额特别巨大或者有其他特别严重情节的,处十年以上有期徒刑或者无期徒刑,并处罚金或者没收财产;数额特别巨大,并使国家和人民利益遭受特别重大损失的,处无期徒刑或者死刑,并处没收财产。

对多次贪污未经处理的,按照累计贪污数额处罚。

犯第一款罪,在提起公诉前如实供述自己罪行、真诚悔罪、积极退赃,避免、减少损害结果的发生,有第一项规定情形的,可以从轻、减轻或者免除处罚;有第二项、第三项规定情形的,可以从轻处罚。

犯第一款罪,有第三项规定情形被判处死刑缓期执行的,人民法院根据犯罪情节等情况可以同时决定在其死刑缓期执行二年期满依法减为无期徒刑后,终身监禁,不得减刑、假释。

一、主要适用的案由及其相关度

案由编号	主要适用的案由	相关度
X8.385	受贿罪	★★★★★
X8.382	贪污罪	★★★★
X9.397:1	滥用职权罪	★★
X8.384	挪用公款罪	★

二、同时适用的法条及其相关度

	同时适用的法条	相关度
刑法	第64条【犯罪所得之物、所用之物的处理】	★★★★★
	第67条【自首及其认定】	★★★★★
	第385条【受贿罪】	★★★★★
	第386条【受贿罪的处罚】	★★★★★
	第382条【贪污罪;贪污罪共犯的认定】	★★★★
	第25条【共同犯罪的概念】	★★★
	第52条【罚金数额的裁量】	★★★
	第53条【罚金的缴纳、减免】	★★★

	同时适用的法条	相关度
刑法	第69条【判决宣告前一人犯数罪的并罚】	★★★
	第72条【缓刑的条件、禁止令与附加刑的执行】	★★★
	第73条【缓刑考验期限】	★★★
	第93条【国家工作人员的范围】	★★★
	第12条【刑法的溯及力】	★★
	第26条【主犯；犯罪集团】	★★
	第27条【从犯；从犯的处罚】	★★
	第37条【免予刑事处罚与非刑事处罚措施】	★★
	第61条【量刑根据】	★★
	第68条【立功】	★★
	第47条【有期徒刑刑期的计算与折抵】	★
	第59条【没收财产的范围】	★
	第397条【滥用职权罪；玩忽职守罪】	★
办理贪贿刑事案件司法解释	第1条【贪污罪、受贿罪"数额较大""其他较重情节"的认定】	★★★
	第19条【罚金数额】	★★★
	第2条【贪污罪、受贿罪"数额巨大""其他严重情节"的认定】	★★
	第18条【财物处理】	★★
	第15条【计算受贿数额】	★
自首和立功司法解释	第1条【自首及其认定】	★

333

806

799

第384条【挪用公款罪】　　　　　　　　　　　　★★★★

国家工作人员利用职务上的便利，挪用公款归个人使用，进行非法活动的，或者挪用公款数额较大、进行营利活动的，或者挪用公款数额较大、超过三个月未还的，是挪用公款罪，处五年以下有期徒刑或者拘役；情节严重的，处五年以上有期徒刑。挪用公款数额巨大不退还的，处十年以上有期徒刑或者无期徒刑。

挪用用于救灾、抢险、防汛、优抚、扶贫、移民、救济款物归个人使用的，从重处罚。

■ 一、主要适用的案由及其相关度

案由编号	主要适用的案由	相关度
X8.384	挪用公款罪	★★★★★

■ 二、同时适用的法条及其相关度

		同时适用的法条	相关度
刑法		第67条【自首及其认定】	★★★★★
		第25条【共同犯罪的概念】	★★★
		第64条【犯罪所得之物、所用之物的处理】	★★★
		第69条【判决宣告前一人犯数罪的并罚】	★★★
		第72条【缓刑的条件、禁止令与附加刑的执行】	★★★
		第73条【缓刑考验期限】	★★★
		第93条【国家工作人员的范围】	★★★
		第37条【免予刑事处罚与非刑事处罚措施】	★★
		第382条【贪污罪;贪污罪共犯的认定】	★★
		第383条【贪污罪的处罚】	★★
		第26条【主犯;犯罪集团】	★
		第27条【从犯;从犯的处罚】	★
		第61条【量刑根据】	★
		第385条【受贿罪】	★
		第386条【受贿罪的处罚】	★
司法解释	刑事案件 办理贪贿	第6条【挪用公款罪"数额较大""数额巨大""情节严重"的认定】	★★★

	同时适用的法条	相关度
司法解释 公款挪用 审理案件	第2条【挪用公款罪】	★★
	第3条【挪用公款归个人使用中各情形数额起点及"情节严重"的认定】	★

861

第385条【受贿罪】 ★★★★★

国家工作人员利用职务上的便利,索取他人财物的,或者非法收受他人财物,为他人谋取利益的,是受贿罪。

国家工作人员在经济往来中,违反国家规定,收受各种名义的回扣、手续费,归个人所有的,以受贿论处。

■ 一、主要适用的案由及其相关度

案由编号	主要适用的案由	相关度
X8.385	受贿罪	★★★★★
X9.397:1	滥用职权罪	★

■ 二、同时适用的法条及其相关度

	同时适用的法条	相关度
刑法	第64条【犯罪所得之物、所用之物的处理】	★★★★★
	第67条【自首及其认定】	★★★★★
	第383条【贪污罪的处罚】	★★★★★
	第386条【受贿罪的处罚】	★★★★★
	第52条【罚金数额的裁量】	★★★
	第69条【判决宣告前一人犯数罪的并罚】	★★★
	第72条【缓刑的条件、禁止令与附加刑的执行】	★★★
	第73条【缓刑考验期限】	★★★
	第93条【国家工作人员的范围】	★★★
	第12条【刑法的溯及力】	★★
	第25条【共同犯罪的概念】	★★

333

	同时适用的法条	相关度
刑法	第37条【免予刑事处罚与非刑事处罚措施】	★★
	第53条【罚金的缴纳、减免】	★★
	第61条【量刑根据】	★★
	第68条【立功】	★★
	第382条【贪污罪;贪污罪共犯的认定】	★★
	第397条【滥用职权罪;玩忽职守罪】	★★
	第26条【主犯;犯罪集团】	★
	第27条【从犯;从犯的处罚】	★
	第47条【有期徒刑刑期的计算与折抵】	★
	第59条【没收财产的范围】	★
办理贪贿刑事案件司法解释	第19条【罚金数额】	★★★
	第1条【贪污罪、受贿罪"数额较大""其他较重情节"的认定】	★★
	第2条【贪污罪、受贿罪"数额巨大""其他严重情节"的认定】	★★
	第18条【财物处理】	★★
	第15条【计算受贿数额】	★
立功和自首司法解释	第1条【自首及其认定】	★

第386条【受贿罪的处罚】　　★★★★★

对犯受贿罪的,根据受贿所得数额及情节,依照本法第三百八十三条的规定处罚。索贿的从重处罚。

▓ 一、主要适用的案由及其相关度

案由编号	主要适用的案由	相关度
X8.385	受贿罪	★★★★★
X9.397:1	滥用职权罪	★

二、同时适用的法条及其相关度

	同时适用的法条	相关度
刑法	第64条【犯罪所得之物、所用之物的处理】	★★★★★
	第67条【自首及其认定】	★★★★★
	第383条【贪污罪的处罚】	★★★★★
	第385条【受贿罪】	★★★★★
	第52条【罚金数额的裁量】	★★★
	第69条【判决宣告前一人犯数罪的并罚】	★★★
	第72条【缓刑的条件、禁止令与附加刑的执行】	★★★
	第73条【缓刑考验期限】	★★★
	第93条【国家工作人员的范围】	★★★
	第12条【刑法的溯及力】	★★
	第25条【共同犯罪的概念】	★★
	第37条【免予刑事处罚与非刑事处罚措施】	★★
	第53条【罚金的缴纳、减免】	★★
	第61条【量刑根据】	★★
	第68条【立功】	★★
	第382条【贪污罪;贪污罪共犯的认定】	★★
	第397条【滥用职权罪;玩忽职守罪】	★★
	第26条【主犯;犯罪集团】	★
	第27条【从犯;从犯的处罚】	★
	第47条【有期徒刑刑期的计算与折抵】	★
	第59条【没收财产的范围】	★

	同时适用的法条	相关度
办理贪贿刑事案件司法解释	第19条【罚金数额】	★★★
	第1条【贪污罪、受贿罪"数额较大""其他较重情节"的认定】	★★
	第2条【贪污罪、受贿罪"数额巨大""其他严重情节"的认定】	★★
	第15条【计算受贿数额】	★
	第18条【财物处理】	★
自首和立功司法解释	第1条【自首及其认定】	★

第387条【单位受贿罪】　　　　　　　　　　　　★★★

国家机关、国有公司、企业、事业单位、人民团体，索取、非法收受他人财物，为他人谋取利益，情节严重的，对单位判处罚金，并对其直接负责的主管人员和其他直接责任人员，处五年以下有期徒刑或者拘役。

前款所列单位，在经济往来中，在账外暗中收受各种名义的回扣、手续费的，以受贿论，依照前款的规定处罚。

■ 一、主要适用的案由及其相关度

案由编号	主要适用的案由	相关度
X8.387	单位受贿罪	★★★★★
X8.385	受贿罪	★

■ 二、同时适用的法条及其相关度

	同时适用的法条	相关度
刑法	第64条【犯罪所得之物、所用之物的处理】	★★★★★
	第67条【自首及其认定】	★★★★★
	第31条【单位犯罪的处罚】	★★★

	同时适用的法条	相关度	
刑法	第37条【免予刑事处罚与非刑事处罚措施】	★★★	333
	第52条【罚金数额的裁量】	★★★	
	第53条【罚金的缴纳、减免】	★★★	
	第69条【判决宣告前一人犯数罪的并罚】	★★★	
	第383条【贪污罪的处罚】	★★★	
	第385条【受贿罪】	★★★	
	第25条【共同犯罪的概念】	★★	
	第30条【单位负刑事责任的范围】	★★	
	第72条【缓刑的条件、禁止令与附加刑的执行】	★★	
	第73条【缓刑考验期限】	★★	
	第386条【受贿罪的处罚】	★★	
	第26条【主犯;犯罪集团】	★	
	第27条【从犯;从犯的处罚】	★	
	第61条【量刑根据】	★	
	第68条【立功】	★	
	第93条【国家工作人员的范围】	★	
	第382条【贪污罪;贪污罪共犯的认定】	★	
	第397条【滥用职权罪;玩忽职守罪】	★	
办理贪贿刑事案件司法解释	第1条【贪污罪、受贿罪"数额较大""其他较重情节"的认定】	★	806
	第2条【贪污罪、受贿罪"数额巨大""其他严重情节"的认定】	★	
	第19条【罚金数额】	★	

第388条【受贿罪】 ★★★

国家工作人员利用本人职权或者地位形成的便利条件,通过其他国家工作人员职务上的行为,为请托人谋取不正当利益,索取请托人财物或者收受请托人财物的,以受贿论处。

一、主要适用的案由及其相关度

案由编号	主要适用的案由	相关度
X8.385	受贿罪	★★★★★
X9.397:1	滥用职权罪	★

二、同时适用的法条及其相关度

	同时适用的法条	相关度
刑法	第 64 条【犯罪所得之物、所用之物的处理】	★★★★★
	第 67 条【自首及其认定】	★★★★★
	第 383 条【贪污罪的处罚】	★★★★★
	第 385 条【受贿罪】	★★★★★
	第 386 条【受贿罪的处罚】	★★★★★
	第 52 条【罚金数额的裁量】	★★
	第 53 条【罚金的缴纳、减免】	★★
	第 69 条【判决宣告前一人犯数罪的并罚】	★★
	第 72 条【缓刑的条件、禁止令与附加刑的执行】	★★
	第 12 条【刑法的溯及力】	★
	第 25 条【共同犯罪的概念】	★
	第 61 条【量刑根据】	★
	第 68 条【立功】	★
	第 73 条【缓刑考验期限】	★
	第 93 条【国家工作人员的范围】	★
	第 389 条【行贿罪】	★

	同时适用的法条	相关度
案件办理贪贿刑事司法解释	第2条【贪污罪、受贿罪"数额巨大""其他严重情节"的认定】	★★
	第19条【罚金数额】	★★
	第1条【贪污罪、受贿罪"数额较大""其他较重情节"的认定】	★
	第15条【计算受贿数额】	★
	第18条【财物处理】	★

806

第388条之1【利用影响力受贿罪】 ★★

国家工作人员的近亲属或者其他与该国家工作人员关系密切的人，通过该国家工作人员职务上的行为，或者利用该国家工作人员职权或者地位形成的便利条件，通过其他国家工作人员职务上的行为，为请托人谋取不正当利益，索取请托人财物或者收受请托人财物，数额较大或者有其他较重情节的，处三年以下有期徒刑或者拘役，并处罚金；数额巨大或者有其他严重情节的，处三年以上七年以下有期徒刑，并处罚金；数额特别巨大或者有其他特别严重情节的，处七年以上有期徒刑，并处罚金或者没收财产。

离职的国家工作人员或者其近亲属以及其他与其关系密切的人，利用该离职的国家工作人员原职权或者地位形成的便利条件实施前款行为的，依照前款的规定定罪处罚。

一、主要适用的案由及其相关度

案由编号	主要适用的案由	相关度
X8.388-1	利用影响力受贿罪	★★★★★
X8.385	受贿罪	★

二、同时适用的法条及其相关度

	同时适用的法条	相关度
刑法	第64条【犯罪所得之物、所用之物的处理】	★★★★★
	第67条【自首及其认定】	★★★★★

333

		同时适用的法条	相关度
333	刑法	第52条【罚金数额的裁量】	★★★★
		第53条【罚金的缴纳、减免】	★★★★
		第69条【判决宣告前一人犯数罪的并罚】	★★★
		第72条【缓刑的条件、禁止令与附加刑的执行】	★★★
		第73条【缓刑考验期限】	★★★
		第383条【贪污罪的处罚】	★★★
		第385条【受贿罪】	★★★
		第386条【受贿罪的处罚】	★★★
		第25条【共同犯罪的概念】	★★
		第27条【从犯;从犯的处罚】	★
		第61条【量刑根据】	★
		第389条【行贿罪】	★
		第390条【行贿罪的处罚】	★
806	办理贪贿刑事案件司法解释	第10条【利用影响力受贿罪、对有影响力的人行贿罪的定罪量刑标准】	★★★
		第19条【罚金数额】	★★★
		第2条【贪污罪、受贿罪"数额巨大""其他严重情节"的认定】	★★
		第1条【贪污罪、受贿罪"数额较大""其他较重情节"的认定】	★
		第18条【财物处理】	★

第389条【行贿罪】 ★★★★

为谋取不正当利益,给予国家工作人员以财物的,是行贿罪。

在经济往来中,违反国家规定,给予国家工作人员以财物,数额较大的,或者违反国家规定,给予国家工作人员以各种名义的回扣、手续费的,以行贿论处。

因被勒索给予国家工作人员以财物,没有获得不正当利益的,不是行贿。

一、主要适用的案由及其相关度

案由编号	主要适用的案由	相关度
X8.389	行贿罪	★★★★★

二、同时适用的法条及其相关度

	同时适用的法条	相关度
刑法	第390条【行贿罪的处罚】	★★★★★
	第67条【自首及其认定】	★★★★
	第72条【缓刑的条件、禁止令与附加刑的执行】	★★★★
	第64条【犯罪所得之物、所用之物的处理】	★★★
	第73条【缓刑考验期限】	★★★
	第12条【刑法的溯及力】	★★
	第25条【共同犯罪的概念】	★★
	第52条【罚金数额的裁量】	★★
	第53条【罚金的缴纳、减免】	★★
	第69条【判决宣告前一人犯数罪的并罚】	★★
	第37条【免予刑事处罚与非刑事处罚措施】	★
	第61条【量刑根据】	★
	第383条【贪污罪的处罚】	★
	第385条【受贿罪】	★
	第386条【受贿罪的处罚】	★
司法解释 刑事案件 办理贪贿	第7条【行贿罪】	★★
	第19条【罚金数额】	★

第390条【行贿罪的处罚】 ★★★★

对犯行贿罪的,处五年以下有期徒刑或者拘役,并处罚金;因行贿谋取不正当利益,情节严重的,或者使国家利益遭受重大损失的,处五年以上十年以下有期徒刑,并处罚金;情节特别严重的,或者使国家利益遭受特别重大损失的,处十年以上有期徒刑或者无期徒刑,并处罚金或者没收财产。

行贿人在被追诉前主动交待行贿行为的,可以从轻或者减轻处罚。其中,犯罪较轻的,对侦破重大案件起关键作用的,或者有重大立功表现的,可以减轻或者免除处罚。

主要适用的案由及其相关度

案由编号	主要适用的案由	相关度
X8.389	行贿罪	★★★★★

第390条之1【对有影响力的人行贿罪】①

为谋取不正当利益,向国家工作人员的近亲属或者其他与该国家工作人员关系密切的人,或者向离职的国家工作人员或者其近亲属以及其他与其关系密切的人行贿的,处三年以下有期徒刑或者拘役,并处罚金;情节严重的,或者使国家利益遭受重大损失的,处三年以上七年以下有期徒刑,并处罚金;情节特别严重的,或者使国家利益遭受特别重大损失的,处七年以上十年以下有期徒刑,并处罚金。

单位犯前款罪的,对单位判处罚金,并对其直接负责的主管人员和其他直接责任人员,处三年以下有期徒刑或者拘役,并处罚金。

第391条【对单位行贿罪】 ★★★

为谋取不正当利益,给予国家机关、国有公司、企业、事业单位、人民团体以财物的,或者在经济往来中,违反国家规定,给予各种名义的回扣、手续费的,处三年以下有期徒刑或者拘役,并处罚金。

单位犯前款罪的,对单位判处罚金,并对其直接负责的主管人员和其他直接责任人员,依照前款的规定处罚。

一、主要适用的案由及其相关度

案由编号	主要适用的案由	相关度
X8.391	对单位行贿罪	★★★★★
X8.393	单位行贿罪	★★★★★
X8.389	行贿罪	★

---

① 说明:本法条尚无足够数量判决书可供法律大数据分析。

二、同时适用的法条及其相关度

	同时适用的法条	相关度
刑法	第67条【自首及其认定】	★★★★★
	第72条【缓刑的条件、禁止令与附加刑的执行】	★★★★
	第37条【免予刑事处罚与非刑事处罚措施】	★★★
	第69条【判决宣告前一人犯数罪的并罚】	★★★
	第73条【缓刑考验期限】	★★★
	第12条【刑法的溯及力】	★★
	第31条【单位犯罪的处罚】	★★
	第52条【罚金数额的裁量】	★★
	第53条【罚金的缴纳、减免】	★★
	第64条【犯罪所得之物、所用之物的处理】	★★
	第389条【行贿罪】	★★
	第390条【行贿罪的处罚】	★★
	第25条【共同犯罪的概念】	★
	第30条【单位负刑事责任的范围】	★
	第61条【量刑根据】	★
	第393条【单位行贿罪】	★

第392条【介绍贿赂罪】 ★★★

向国家工作人员介绍贿赂,情节严重的,处三年以下有期徒刑或者拘役,并处罚金。

介绍贿赂人在被追诉前主动交待介绍贿赂行为的,可以减轻处罚或者免除处罚。

一、主要适用的案由及其相关度

案由编号	主要适用的案由	相关度
X8.392	介绍贿赂罪	★★★★★
X8.385	受贿罪	★
X8.389	行贿罪	★

二、同时适用的法条及其相关度

	同时适用的法条	相关度
刑法	第 67 条【自首及其认定】	★★★★★
	第 64 条【犯罪所得之物、所用之物的处理】	★★★★
	第 72 条【缓刑的条件、禁止令与附加刑的执行】	★★★★
	第 69 条【判决宣告前一人犯数罪的并罚】	★★★
	第 73 条【缓刑考验期限】	★★★
	第 25 条【共同犯罪的概念】	★★
	第 37 条【免予刑事处罚与非刑事处罚措施】	★★
	第 52 条【罚金数额的裁量】	★★
	第 61 条【量刑根据】	★★
	第 383 条【贪污罪的处罚】	★★
	第 385 条【受贿罪】	★★
	第 386 条【受贿罪的处罚】	★★
	第 389 条【行贿罪】	★★
	第 390 条【行贿罪的处罚】	★★
	第 12 条【刑法的溯及力】	★
	第 53 条【罚金的缴纳、减免】	★
	第 393 条【单位行贿罪】	★
司法解释办理刑事案件贪贿	第 19 条【罚金数额】	★

第 393 条【单位行贿罪】　　　　　　　　　　　　　　★★★★

单位为谋取不正当利益而行贿,或者违反国家规定,给予国家工作人员以回扣、手续费,情节严重的,对单位判处罚金,并对其直接负责的主管人员和其他直接责任人员,处五年以下有期徒刑或者拘役,并处罚金。因行贿取得的违法所得归个人所有的,依照本法第三百八十九条、第三百九十条的规定定罪处罚。

一、主要适用的案由及其相关度

案由编号	主要适用的案由	相关度
X8.393	单位行贿罪	★★★★★
X8.389	行贿罪	★

二、同时适用的法条及其相关度

	同时适用的法条	相关度
刑法	第67条【自首及其认定】	★★★★★
	第72条【缓刑的条件、禁止令与附加刑的执行】	★★★★★
	第52条【罚金数额的裁量】	★★★★
	第73条【缓刑考验期限】	★★★★
	第30条【单位负刑事责任的范围】	★★★
	第31条【单位犯罪的处罚】	★★★
	第53条【罚金的缴纳、减免】	★★★
	第64条【犯罪所得之物、所用之物的处理】	★★★
	第390条【行贿罪的处罚】	★★★
	第12条【刑法的溯及力】	★★
	第25条【共同犯罪的概念】	★★
	第37条【免予刑事处罚与非刑事处罚措施】	★★
	第69条【判决宣告前一人犯数罪的并罚】	★★
	第61条【量刑根据】	★
解释 办理案件行贿 司法	第7条【行贿罪中减轻或者免除处罚的情形】	★★

第394条【贪污罪】①

国家工作人员在国内公务活动或者对外交往中接受礼物,依照国家规定应当交公而不交公,数额较大的,依照本法第三百八十二条、第三百八十

---

① 说明:本法条尚无足够数量判决书可供法律大数据分析。

三条的规定定罪处罚。

第395条【巨额财产来源不明罪;隐瞒境外存款罪】 ★★

国家工作人员的财产、支出明显超过合法收入,差额巨大的,可以责令该国家工作人员说明来源,不能说明来源的,差额部分以非法所得论,处五年以下有期徒刑或者拘役;差额特别巨大的,处五年以上十年以下有期徒刑。财产的差额部分予以追缴。

国家工作人员在境外的存款,应当依照国家规定申报。数额较大、隐瞒不报的,处二年以下有期徒刑或者拘役;情节较轻的,由其所在单位或者上级主管机关酌情给予行政处分。

■ 一、主要适用的案由及其相关度

案由编号	主要适用的案由	相关度
X8.395.1	巨额财产来源不明罪	★★★★★
X8.385	受贿罪	★★
X6.8.359.1	引诱、容留、介绍卖淫罪	★

■ 二、同时适用的法条及其相关度

	同时适用的法条	相关度
刑法	第64条【犯罪所得之物、所用之物的处理】	★★★★★
	第69条【判决宣告前一人犯数罪的并罚】	★★★★★
	第383条【贪污罪的处罚】	★★★★★
	第385条【受贿罪】	★★★★★
	第386条【受贿罪的处罚】	★★★★★
	第67条【自首及其认定】	★★★★
	第25条【共同犯罪的概念】	★★
	第52条【罚金数额的裁量】	★★

	同时适用的法条	相关度
刑法	第382条【贪污罪;贪污罪共犯的认定】	★★
	第12条【刑法的溯及力】	★
	第26条【主犯;犯罪集团】	★
	第27条【从犯;从犯的处罚】	★
	第47条【有期徒刑刑期的计算与折抵】	★
	第53条【罚金的缴纳、减免】	★
	第59条【没收财产的范围】	★
	第61条【量刑根据】	★
	第68条【立功】	★
	第72条【缓刑的条件、禁止令与附加刑的执行】	★
	第73条【缓刑考验期限】	★
	第93条【国家工作人员的范围】	★
	第397条【滥用职权罪;玩忽职守罪】	★
办理贪贿刑事案件司法解释	第2条【贪污罪、受贿罪"数额巨大""其他严重情节"的认定】	★★
	第19条【罚金数额】	★★
	第3条【贪污罪、受贿罪"数额特别巨大""其他特别严重情节"的认定】	★
	第15条【计算受贿数额】	★
	第18条【财物处理】	★

第396条【私分国有资产罪;私分罚没财物罪】 ★★★

国家机关、国有公司、企业、事业单位、人民团体,违反国家规定,以单位名义将国有资产集体私分给个人,数额较大的,对其直接负责的主管人员和其他直接责任人员,处三年以下有期徒刑或者拘役,并处或者单处罚金;数额巨大的,处三年以上七年以下有期徒刑,并处罚金。

司法机关、行政执法机关违反国家规定,将应当上缴国家的罚没财物,以单位名义集体私分给个人的,依照前款的规定处罚。

一、主要适用的案由及其相关度

案由编号	主要适用的案由	相关度
X8.396.1	私分国有资产罪	★★★★★
X8.382	贪污罪	★

二、同时适用的法条及其相关度

	同时适用的法条	相关度
刑法	第64条【犯罪所得之物、所用之物的处理】	★★★★★
刑法	第67条【自首及其认定】	★★★★★
刑法	第25条【共同犯罪的概念】	★★★★
刑法	第37条【免予刑事处罚与非刑事处罚措施】	★★★
刑法	第52条【罚金数额的裁量】	★★★
刑法	第53条【罚金的缴纳、减免】	★★★
刑法	第69条【判决宣告前一人犯数罪的并罚】	★★★
刑法	第72条【缓刑的条件、禁止令与附加刑的执行】	★★★
刑法	第383条【贪污罪的处罚】	★★★
刑法	第26条【主犯；犯罪集团】	★★
刑法	第27条【从犯；从犯的处罚】	★★
刑法	第73条【缓刑考验期限】	★★
刑法	第382条【贪污罪；贪污罪共犯的认定】	★★
刑法	第385条【受贿罪】	★★
刑法	第386条【受贿罪的处罚】	★★
刑法	第93条【国家工作人员的范围】	★
刑法	第384条【挪用公款罪】	★
刑法	第397条【滥用职权罪；玩忽职守罪】	★

	同时适用的法条	相关度
司法解释 刑事案件 办理贪贿	第1条【贪污罪、受贿罪"数额较大""其他较重情节"的认定】	★
	第19条【罚金数额】	★

第九章 渎职罪

第397条【滥用职权罪；玩忽职守罪】 ★★★★

国家机关工作人员滥用职权或者玩忽职守，致使公共财产、国家和人民利益遭受重大损失的，处三年以下有期徒刑或者拘役；情节特别严重的，处三年以上七年以下有期徒刑。本法另有规定的，依照规定。

国家机关工作人员徇私舞弊，犯前款罪的，处五年以下有期徒刑或者拘役；情节特别严重的，处五年以上十年以下有期徒刑。本法另有规定的，依照规定。

一、主要适用的案由及其相关度

案由编号	主要适用的案由	相关度
X9.397:2	玩忽职守罪	★★★★★
X9.397:1	滥用职权罪	★★★★

二、同时适用的法条及其相关度

	同时适用的法条	相关度
刑法	第37条【免予刑事处罚与非刑事处罚措施】	★★★★★
	第67条【自首及其认定】	★★★★★
	第64条【犯罪所得之物、所用之物的处理】	★★★
	第69条【判决宣告前一人犯数罪的并罚】	★★★
	第72条【缓刑的条件、禁止令与附加刑的执行】	★★★
	第383条【贪污罪的处罚】	★★★
	第385条【受贿罪】	★★★
	第386条【受贿罪的处罚】	★★★

		同时适用的法条	相关度
333	刑法	第25条【共同犯罪的概念】	★★
		第61条【量刑根据】	★★
		第73条【缓刑考验期限】	★★
		第93条【国家工作人员的范围】	★★
		第27条【从犯;从犯的处罚】	★
		第52条【罚金数额的裁量】	★
		第53条【罚金的缴纳、减免】	★
		第382条【贪污罪;贪污罪共犯的认定】	★
853	司法解释一 办理渎职案件	第1条【滥用职权罪、玩忽职守罪"致使公共财产、国家和人民利益遭受重大损失"的认定】	★★★
806	司法解释 办理贪贿刑事案件	第19条【罚金数额】	★

第398条【故意泄露国家秘密罪;过失泄露国家秘密罪】 ★★

国家机关工作人员违反保守国家秘密法的规定,故意或者过失泄露国家秘密,情节严重的,处三年以下有期徒刑或者拘役;情节特别严重的,处三年以上七年以下有期徒刑。

非国家机关工作人员犯前款罪的,依照前款的规定酌情处罚。

■ 一、主要适用的案由及其相关度

案由编号	主要适用的案由	相关度
X9.398:1	故意泄露国家秘密罪	★★★★★
X6.1.282.1	非法获取国家秘密罪	★

二、同时适用的法条及其相关度

	同时适用的法条	相关度
刑法	第64条【犯罪所得之物、所用之物的处理】	★★★★★
	第67条【自首及其认定】	★★★★★
	第25条【共同犯罪的概念】	★★★★
	第37条【免予刑事处罚与非刑事处罚措施】	★★★
	第72条【缓刑的条件、禁止令与附加刑的执行】	★★★
	第73条【缓刑考验期限】	★★★
	第26条【主犯；犯罪集团】	★★
	第27条【从犯；从犯的处罚】	★★
	第282条【非法获取国家秘密罪；非法持有国家绝密、机密文件、资料、物品罪】	★★
	第61条【量刑根据】	★
	第68条【立功】	★
	第69条【判决宣告前一人犯数罪的并罚】	★

第399条【徇私枉法罪；民事、行政枉法裁判罪；执行判决、裁定失职罪；执行判决、裁定滥用职权罪】 ★★★

司法工作人员徇私枉法、徇情枉法，对明知是无罪的人而使他受追诉、对明知是有罪的人而故意包庇不使他受追诉，或者在刑事审判活动中故意违背事实和法律作枉法裁判的，处五年以下有期徒刑或者拘役；情节严重的，处五年以上十年以下有期徒刑；情节特别严重的，处十年以上有期徒刑。

在民事、行政审判活动中故意违背事实和法律作枉法裁判，情节严重的，处五年以下有期徒刑或者拘役；情节特别严重的，处五年以上十年以下有期徒刑。

在执行判决、裁定活动中，严重不负责任或者滥用职权，不依法采取诉讼保全措施、不履行法定执行职责，或者违法采取诉讼保全措施、强制执行措施，致使当事人或者其他人的利益遭受重大损失的，处五年以下有期徒刑或者拘役；致使当事人或者其他人的利益遭受特别重大损失的，处五年以上十年以下有期徒刑。

司法工作人员收受贿赂,有前三款行为的,同时又构成本法第三百八十五条规定之罪的,依照处罚较重的规定定罪处罚。

一、主要适用的案由及其相关度

案由编号	主要适用的案由	相关度
X9.399.1	徇私枉法罪	★★★★★

二、同时适用的法条及其相关度

	同时适用的法条	相关度
刑法	第67条【自首及其认定】	★★★★★
	第64条【犯罪所得之物、所用之物的处理】	★★★★
	第25条【共同犯罪的概念】	★★★
	第37条【免予刑事处罚与非刑事处罚措施】	★★★
	第69条【判决宣告前一人犯数罪的并罚】	★★★
	第72条【缓刑的条件、禁止令与附加刑的执行】	★★★
	第383条【贪污罪的处罚】	★★★
	第385条【受贿罪】	★★★
	第386条【受贿罪的处罚】	★★★
	第27条【从犯;从犯的处罚】	★★
	第73条【缓刑考验期限】	★★
	第26条【主犯;犯罪集团】	★
	第52条【罚金数额的裁量】	★
	第53条【罚金的缴纳、减免】	★
	第61条【量刑根据】	★
	第68条【立功】	★
	第93条【国家工作人员的范围】	★
	第94条【司法工作人员的含义】	★

	同时适用的法条	相关度
司法解释办理刑事案件贪贿	第1条【贪污罪、受贿罪"数额较大""其他较重情节"的认定】	★
	第19条【罚金数额】	★

第399条之1【枉法仲裁罪】①

依法承担仲裁职责的人员,在仲裁活动中故意违背事实和法律作枉法裁决,情节严重的,处三年以下有期徒刑或者拘役;情节特别严重的,处三年以上七年以下有期徒刑。

第400条【私放在押人员罪;失职致使在押人员脱逃罪】 ★★

司法工作人员私放在押的犯罪嫌疑人、被告人或者罪犯的,处五年以下有期徒刑或者拘役;情节严重的,处五年以上十年以下有期徒刑;情节特别严重的,处十年以上有期徒刑。

司法工作人员由于严重不负责任,致使在押的犯罪嫌疑人、被告人或者罪犯脱逃,造成严重后果的,处三年以下有期徒刑或者拘役;造成特别严重后果的,处三年以上十年以下有期徒刑。

一、主要适用的案由及其相关度

案由编号	主要适用的案由	相关度
X9.400.2	失职致使在押人员脱逃罪	★★★★★
X9.400.1	私放在押人员罪	★★

二、同时适用的法条及其相关度

	同时适用的法条	相关度
刑法	第67条【自首及其认定】	★★★★★
	第37条【免予刑事处罚与非刑事处罚措施】	★★★★
	第72条【缓刑的条件、禁止令与附加刑的执行】	★★
	第73条【缓刑考验期限】	★★

---

① 说明:本法条尚无足够数量判决书可供法律大数据分析。

第401条【徇私舞弊减刑、假释、暂予监外执行罪】 ★★

司法工作人员徇私舞弊,对不符合减刑、假释、暂予监外执行条件的罪犯,予以减刑、假释或者暂予监外执行的,处三年以下有期徒刑或者拘役;情节严重的,处三年以上七年以下有期徒刑。

一、主要适用的案由及其相关度

案由编号	主要适用的案由	相关度
X9.401	徇私舞弊减刑、假释、暂予监外执行罪	★★★★★

二、同时适用的法条及其相关度

	同时适用的法条	相关度
刑法	第67条【自首及其认定】	★★★★★
	第64条【犯罪所得之物、所用之物的处理】	★★★★
	第69条【判决宣告前一人犯数罪的并罚】	★★★★
	第383条【贪污罪的处罚】	★★★★
	第385条【受贿罪】	★★★★
	第386条【受贿罪的处罚】	★★★★
	第37条【免予刑事处罚与非刑事处罚措施】	★★★
	第72条【缓刑的条件、禁止令与附加刑的执行】	★★
	第12条【刑法的溯及力】	★
	第25条【共同犯罪的概念】	★
	第47条【有期徒刑刑期的计算与折抵】	★
	第52条【罚金数额的裁量】	★
	第53条【罚金的缴纳、减免】	★
	第61条【量刑根据】	★
	第68条【立功】	★
	第73条【缓刑考验期限】	★
	第93条【国家工作人员的范围】	★
	第94条【司法工作人员的含义】	★

		同时适用的法条	相关度	
司法解释	刑事办理案件贪贿	第1条【贪污罪、受贿罪"数额较大""其他较重情节"的认定】	★★	806
		第19条【罚金数额】	★	
解释一	案件办理司法渎职	第3条【渎职犯罪和受贿罪数罪并罚的情形】	★	853

第402条【徇私舞弊不移交刑事案件罪】　　★★

行政执法人员徇私舞弊,对依法应当移交司法机关追究刑事责任的不移交,情节严重的,处三年以下有期徒刑或者拘役;造成严重后果的,处三年以上七年以下有期徒刑。

■ 一、主要适用的案由及其相关度

案由编号	主要适用的案由	相关度
X9.402	徇私舞弊不移交刑事案件罪	★★★★★

■ 二、同时适用的法条及其相关度

	同时适用的法条	相关度	
刑法	第37条【免予刑事处罚与非刑事处罚措施】	★★★★★	333
	第67条【自首及其认定】	★★★★★	
	第25条【共同犯罪的概念】	★★★	
	第72条【缓刑的条件、禁止令与附加刑的执行】	★★★	
	第64条【犯罪所得之物、所用之物的处理】	★★	
	第73条【缓刑考验期限】	★★	
	第26条【主犯;犯罪集团】	★	
	第27条【从犯;从犯的处罚】	★	
	第52条【罚金数额的裁量】	★	
	第53条【罚金的缴纳、减免】	★	

333

同时适用的法条		相关度
刑法	第61条【量刑根据】	★
	第69条【判决宣告前一人犯数罪的并罚】	★
	第93条【国家工作人员的范围】	★
	第342条【非法占用农用地罪】	★
	第383条【贪污罪的处罚】	★
	第385条【受贿罪】	★
	第386条【受贿罪的处罚】	★

第403条【滥用管理公司、证券职权罪】①

国家有关主管部门的国家机关工作人员,徇私舞弊,滥用职权,对不符合法律规定条件的公司设立、登记申请或者股票、债券发行、上市申请,予以批准或者登记,致使公共财产、国家和人民利益遭受重大损失的,处五年以下有期徒刑或者拘役。

上级部门强令登记机关及其工作人员实施前款行为的,对其直接负责的主管人员,依照前款的规定处罚。

第404条【徇私舞弊不征、少征税款罪】 ★★

税务机关的工作人员徇私舞弊,不征或者少征应征税款,致使国家税收遭受重大损失的,处五年以下有期徒刑或者拘役;造成特别重大损失的,处五年以上有期徒刑。

一、主要适用的案由及其相关度

案由编号	主要适用的案由	相关度
X9.404	徇私舞弊不征、少征税款罪	★★★★★
X8.385	受贿罪	★

---

① 说明:本法条尚无足够数量判决书可供法律大数据分析。

二、同时适用的法条及其相关度

	同时适用的法条	相关度	
刑法	第64条【犯罪所得之物、所用之物的处理】	★★★★★	333
	第67条【自首及其认定】	★★★★★	
	第69条【判决宣告前一人犯数罪的并罚】	★★★★★	
	第383条【贪污罪的处罚】	★★★★★	
	第385条【受贿罪】	★★★★★	
	第386条【受贿罪的处罚】	★★★★★	
	第25条【共同犯罪的概念】	★★	
	第37条【免予刑事处罚与非刑事处罚措施】	★★	
	第52条【罚金数额的裁量】	★★	
	第53条【罚金的缴纳、减免】	★★	
	第61条【量刑根据】	★	
	第68条【立功】	★	
	第72条【缓刑的条件、禁止令与附加刑的执行】	★	
	第73条【缓刑考验期限】	★	
	第93条【国家工作人员的范围】	★	
	第397条【滥用职权罪;玩忽职守罪】	★	
办理渎职案件司法解释一	第3条【渎职犯罪和受贿罪数罪并罚的情形】	★★	853
	第8条【渎职犯罪"经济损失"的认定】	★	
办理贪贿刑事案件司法解释	第1条【贪污罪、受贿罪"数额较大""其他较重情节"的认定】	★★	806
	第2条【贪污罪、受贿罪"数额巨大""其他严重情节"的认定】	★	
	第18条【财物处理】	★	
	第19条【罚金数额】	★	

第405条【徇私舞弊发售发票、抵扣税款、出口退税罪；违法提供出口退税凭证罪】 ★★

税务机关的工作人员违反法律、行政法规的规定，在办理发售发票、抵扣税款、出口退税工作中，徇私舞弊，致使国家利益遭受重大损失的，处五年以下有期徒刑或者拘役；致使国家利益遭受特别重大损失的，处五年以上有期徒刑。

其他国家机关工作人员违反国家规定，在提供出口货物报关单、出口收汇核销单等出口退税凭证的工作中，徇私舞弊，致使国家利益遭受重大损失的，依照前款的规定处罚。

■ 同时适用的法条及其相关度

		同时适用的法条	相关度
刑法		第64条【犯罪所得之物、所用之物的处理】	★★★★★
		第67条【自首及其认定】	★★★★★
		第25条【共同犯罪的概念】	★★★★
		第69条【判决宣告前一人犯数罪的并罚】	★★★★
		第383条【贪污罪的处罚】	★★★★
		第385条【受贿罪】	★★★★
		第386条【受贿罪的处罚】	★★★★
		第27条【从犯；从犯的处罚】	★★★
		第37条【免予刑事处罚与非刑事处罚措施】	★★★
		第61条【量刑根据】	★★★
		第26条【主犯；犯罪集团】	★
		第47条【有期徒刑刑期的计算与折抵】	★
		第68条【立功】	★
		第72条【缓刑的条件、禁止令与附加刑的执行】	★
		第73条【缓刑考验期限】	★
		第93条【国家工作人员的范围】	★
		第397条【滥用职权罪；玩忽职守罪】	★

第406条【国家机关工作人员签订、履行合同失职被骗罪】①

国家机关工作人员在签订、履行合同过程中,因严重不负责任被诈骗,致使国家利益遭受重大损失的,处三年以下有期徒刑或者拘役;致使国家利益遭受特别重大损失的,处三年以上七年以下有期徒刑。

第407条【违法发放林木采伐许可证罪】 ★★

林业主管部门的工作人员违反森林法的规定,超过批准的年采伐限额发放林木采伐许可证或者违反规定滥发林木采伐许可证,情节严重,致使森林遭受严重破坏的,处三年以下有期徒刑或者拘役。

■ 主要适用的案由及其相关度

案由编号	主要适用的案由	相关度
X9.407	违法发放林木采伐许可证罪	★★★★★

第408条【环境监管失职罪】 ★★

负有环境保护监督管理职责的国家机关工作人员严重不负责任,导致发生重大环境污染事故,致使公私财产遭受重大损失或者造成人身伤亡的严重后果的,处三年以下有期徒刑或者拘役。

■ 一、主要适用的案由及其相关度

案由编号	主要适用的案由	相关度
X9.408	环境监管失职罪	★★★★★

■ 二、同时适用的法条及其相关度

	同时适用的法条	相关度
刑法	第37条【免予刑事处罚与非刑事处罚措施】	★★★★★
	第67条【自首及其认定】	★★★★★
	第93条【国家工作人员的范围】	★★★
	第69条【判决宣告前一人犯数罪的并罚】	★★
	第53条【罚金的缴纳、减免】	★

---

① 说明:本法条尚无足够数量判决书可供法律大数据分析。

		同时适用的法条	相关度
333	刑法	第61条【量刑根据】	★
		第64条【犯罪所得之物、所用之物的处理】	★
		第72条【缓刑的条件、禁止令与附加刑的执行】	★
		第73条【缓刑考验期限】	★
		第383条【贪污罪的处罚】	★
		第385条【受贿罪】	★
		第386条【受贿罪的处罚】	★
849	解释 犯罪司法 环境污染	第1条【污染环境罪中"严重污染环境"的认定】	★★★
		第2条【环境犯罪及环境监管失职犯罪中后果严重的认定】	★★★

第408条之1【食品监管渎职罪】 ★★

负有食品安全监督管理职责的国家机关工作人员,滥用职权或者玩忽职守,导致发生重大食品安全事故或者造成其他严重后果的,处五年以下有期徒刑或者拘役;造成特别严重后果的,处五年以上十年以下有期徒刑。

徇私舞弊犯前款罪的,从重处罚。

■ 一、主要适用的案由及其相关度

案由编号	主要适用的案由	相关度
X9.408-1	食品监管渎职罪	★★★★★

■ 二、同时适用的法条及其相关度

		同时适用的法条	相关度
333	刑法	第37条【免予刑事处罚与非刑事处罚措施】	★★★★★
		第67条【自首及其认定】	★★★★★
		第72条【缓刑的条件、禁止令与附加刑的执行】	★★
		第73条【缓刑考验期限】	★★
		第25条【共同犯罪的概念】	★

	同时适用的法条	相关度	
刑法	第64条【犯罪所得之物、所用之物的处理】	★	333
	第69条【判决宣告前一人犯数罪的并罚】	★	
	第93条【国家工作人员的范围】	★	
	第383条【贪污罪的处罚】	★	
	第385条【受贿罪】	★	
	第386条【受贿罪的处罚】	★	
解释一 办理渎职案件司法	第1条【滥用职权罪、玩忽职守罪"致使公共财产、国家和人民利益遭受重大损失"的认定】	★	853

第409条【传染病防治失职罪】①

从事传染病防治的政府卫生行政部门的工作人员严重不负责任,导致传染病传播或者流行,情节严重的,处三年以下有期徒刑或者拘役。

第410条【非法批准征收、征用、占用土地罪;非法低价出让国有土地使用权罪】②

国家机关工作人员徇私舞弊,违反土地管理法规,滥用职权,非法批准征收、征用、占用土地,或者非法低价出让国有土地使用权,情节严重的,处三年以下有期徒刑或者拘役;致使国家或者集体利益遭受特别重大损失的,处三年以上七年以下有期徒刑。

第411条【放纵走私罪】③

海关工作人员徇私舞弊,放纵走私,情节严重的,处五年以下有期徒刑或者拘役;情节特别严重的,处五年以上有期徒刑。

第412条【商检徇私舞弊罪;商检失职罪】④

国家商检部门、商检机构的工作人员徇私舞弊,伪造检验结果的,处五年以下有期徒刑或者拘役;造成严重后果的,处五年以上十年以下有期徒刑。

---

① 说明:本法条尚无足够数量判决书可供法律大数据分析。
② 同上注。
③ 同上注。
④ 同上注。

前款所列人员严重不负责任,对应当检验的物品不检验,或者延误检验出证、错误出证,致使国家利益遭受重大损失的,处三年以下有期徒刑或者拘役。

第413条【动植物检疫徇私舞弊罪;动植物检疫失职罪】 ★★★

动植物检疫机关的检疫人员徇私舞弊,伪造检疫结果的,处五年以下有期徒刑或者拘役;造成严重后果的,处五年以上十年以下有期徒刑。

前款所列人员严重不负责任,对应当检疫的检疫物不检疫,或者延误检疫出证、错误出证,致使国家利益遭受重大损失的,处三年以下有期徒刑或者拘役。

一、主要适用的案由及其相关度

案由编号	主要适用的案由	相关度
X9.413.1	动植物检疫徇私舞弊罪	★★★★★

二、同时适用的法条及其相关度

	同时适用的法条	相关度
刑法	第67条【自首及其认定】	★★★★★
	第37条【免予刑事处罚与非刑事处罚措施】	★★★
	第72条【缓刑的条件、禁止令与附加刑的执行】	★★★
	第25条【共同犯罪的概念】	★★
	第64条【犯罪所得之物、所用之物的处理】	★★
	第73条【缓刑考验期限】	★★
	第26条【主犯;犯罪集团】	★
	第61条【量刑根据】	★
	第69条【判决宣告前一人犯数罪的并罚】	★
	第383条【贪污罪的处罚】	★

第414条【放纵制售伪劣商品犯罪行为罪】①

对生产、销售伪劣商品犯罪行为负有追究责任的国家机关工作人员,徇私舞弊,不履行法律规定的追究职责,情节严重的,处五年以下有期徒刑

---

① 说明:本法条尚无足够数量判决书可供法律大数据分析。

或者拘役。

第415条【办理偷越国(边)境人员出入境证件罪、放行偷越国(边)境人员罪】①

负责办理护照、签证以及其他出入境证件的国家机关工作人员,对明知是企图偷越国(边)境的人员,予以办理出入境证件的,或者边防、海关等国家机关工作人员,对明知是偷越国(边)境的人员,予以放行的,处三年以下有期徒刑或者拘役;情节严重的,处三年以上七年以下有期徒刑。

第416条【不解救被拐卖、绑架妇女、儿童罪;阻碍解救被拐卖、绑架妇女、儿童罪】②

对被拐卖、绑架的妇女、儿童负有解救职责的国家机关工作人员,接到被拐卖、绑架的妇女、儿童及其家属的解救要求或者接到其他人的举报,而对被拐卖、绑架的妇女、儿童不进行解救,造成严重后果的,处五年以下有期徒刑或者拘役。

负有解救职责的国家机关工作人员利用职务阻碍解救的,处二年以上七年以下有期徒刑;情节较轻的,处二年以下有期徒刑或者拘役。

第417条【帮助犯罪分子逃避处罚罪】　　　　　　　　　　★★★

有查禁犯罪活动职责的国家机关工作人员,向犯罪分子通风报信、提供便利,帮助犯罪分子逃避处罚的,处三年以下有期徒刑或者拘役;情节严重的,处三年以上十年以下有期徒刑。

一、主要适用的案由及其相关度

案由编号	主要适用的案由	相关度
X9.417	帮助犯罪分子逃避处罚罪	★★★★★

二、同时适用的法条及其相关度

	同时适用的法条	相关度
刑法	第67条【自首及其认定】	★★★★★
	第64条【犯罪所得之物、所用之物的处理】	★★★

---

① 说明:本法条尚无足够数量判决书可供法律大数据分析。
② 同上注。

	同时适用的法条	相关度
刑法	第69条【判决宣告前一人犯数罪的并罚】	★★★
	第72条【缓刑的条件、禁止令与附加刑的执行】	★★★
	第25条【共同犯罪的概念】	★★
	第37条【免予刑事处罚与非刑事处罚措施】	★★
	第73条【缓刑考验期限】	★★
	第383条【贪污罪的处罚】	★★
	第385条【受贿罪】	★★
	第386条【受贿罪的处罚】	★★
	第27条【从犯;从犯的处罚】	★
	第61条【量刑根据】	★
	第93条【国家工作人员的范围】	★

第418条【招收公务员、学生徇私舞弊罪】　★★

国家机关工作人员在招收公务员、学生工作中徇私舞弊,情节严重的,处三年以下有期徒刑或者拘役。

一、主要适用的案由及其相关度

案由编号	主要适用的案由	相关度
X9.418	招收公务员、学生徇私舞弊罪	★★★★★

二、同时适用的法条及其相关度

	同时适用的法条	相关度
刑法	第37条【免予刑事处罚与非刑事处罚措施】	★★★★★
	第67条【自首及其认定】	★★★★★
	第25条【共同犯罪的概念】	★★★
	第64条【犯罪所得之物、所用之物的处理】	★

	同时适用的法条	相关度
刑法	第69条【判决宣告前一人犯数罪的并罚】	★
	第383条【贪污罪的处罚】	★
	第385条【受贿罪】	★
	第386条【受贿罪的处罚】	★

第419条【失职造成珍贵文物损毁、流失罪】①

国家机关工作人员严重不负责任,造成珍贵文物损毁或者流失,后果严重的,处三年以下有期徒刑或者拘役。

第十章 军人违反职责罪

第420条【军人违反职责罪的定义】②

军人违反职责,危害国家军事利益,依照法律应当受刑罚处罚的行为,是军人违反职责罪。

第421条【战时违抗命令罪】③

战时违抗命令,对作战造成危害的,处三年以上十年以下有期徒刑;致使战斗、战役遭受重大损失的,处十年以上有期徒刑、无期徒刑或者死刑。

第422条【隐瞒、谎报军情罪;拒传、假传军令罪】④

故意隐瞒、谎报军情或者拒传、假传军令,对作战造成危害的,处三年以上十年以下有期徒刑;致使战斗、战役遭受重大损失的,处十年以上有期徒刑、无期徒刑或者死刑。

第423条【投降罪】⑤

在战场上贪生怕死,自动放下武器投降敌人的,处三年以上十年以下有期徒刑;情节严重的,处十年以上有期徒刑或者无期徒刑。

投降后为敌人效劳的,处十年以上有期徒刑、无期徒刑或者死刑。

第424条【战时临阵脱逃罪】⑥

---

① 说明:本法条尚无足够数量判决书可供法律大数据分析。
② 同上注。
③ 同上注。
④ 同上注。
⑤ 同上注。
⑥ 同上注。

战时临阵脱逃的,处三年以下有期徒刑;情节严重的,处三年以上十年以下有期徒刑;致使战斗、战役遭受重大损失的,处十年以上有期徒刑、无期徒刑或者死刑。

第425条【擅离、玩忽军事职守罪】①

指挥人员和值班、值勤人员擅离职守或者玩忽职守,造成严重后果的,处三年以下有期徒刑或者拘役;造成特别严重后果的,处三年以上七年以下有期徒刑。

战时犯前款罪的,处五年以上有期徒刑。

第426条【阻碍执行军事职务罪】②

以暴力、威胁方法,阻碍指挥人员或者值班、值勤人员执行职务的,处五年以下有期徒刑或者拘役;情节严重的,处五年以上十年以下有期徒刑;情节特别严重的,处十年以上有期徒刑或者无期徒刑。战时从重处罚。

第427条【指使部属违反职责罪】③

滥用职权,指使部属进行违反职责的活动,造成严重后果的,处五年以下有期徒刑或者拘役;情节特别严重的,处五年以上十年以下有期徒刑。

第428条【违令作战消极罪】④

指挥人员违抗命令,临阵畏缩,作战消极,造成严重后果的,处五年以下有期徒刑;致使战斗、战役遭受重大损失或者有其他特别严重情节的,处五年以上有期徒刑。

第429条【拒不救援友邻部队罪】⑤

在战场上明知友邻部队处境危急请求救援,能救援而不救援,致使友邻部队遭受重大损失的,对指挥人员,处五年以下有期徒刑。

第430条【军人叛逃罪】⑥

在履行公务期间,擅离岗位,叛逃境外或者在境外叛逃,危害国家军事利益的,处五年以下有期徒刑或者拘役;情节严重的,处五年以上有期徒刑。

---

① 说明:本法条尚无足够数量判决书可供法律大数据分析。
② 同上注。
③ 同上注。
④ 同上注。
⑤ 同上注。
⑥ 同上注。

驾驶航空器、舰船叛逃的,或者有其他特别严重情节的,处十年以上有期徒刑、无期徒刑或者死刑。

第431条【非法获取军事秘密罪;为境外窃取、刺探、收买、非法提供军事秘密罪】①

以窃取、刺探、收买方法,非法获取军事秘密的,处五年以下有期徒刑;情节严重的,处五年以上十年以下有期徒刑;情节特别严重的,处十年以上有期徒刑。

为境外的机构、组织、人员窃取、刺探、收买、非法提供军事秘密的,处十年以上有期徒刑、无期徒刑或者死刑。

第432条【故意泄露军事秘密罪、过失泄露军事秘密罪】②

违反保守国家秘密法规,故意或者过失泄露军事秘密,情节严重的,处五年以下有期徒刑或者拘役;情节特别严重的,处五年以上十年以下有期徒刑。

战时犯前款罪的,处五年以上十年以下有期徒刑;情节特别严重的,处十年以上有期徒刑或者无期徒刑。

第433条【战时造谣惑众罪】③

战时造谣惑众,动摇军心的,处三年以下有期徒刑;情节严重的,处三年以上十年以下有期徒刑;情节特别严重的,处十年以上有期徒刑或者无期徒刑。

第434条【战时自伤罪】④

战时自伤身体,逃避军事义务的,处三年以下有期徒刑;情节严重的,处三年以上七年以下有期徒刑。

第435条【逃离部队罪】⑤

违反兵役法规,逃离部队,情节严重的,处三年以下有期徒刑或者拘役。

战时犯前款罪的,处三年以上七年以下有期徒刑。

---

① 说明:本法条尚无足够数量判决书可供法律大数据分析。
② 同上注。
③ 同上注。
④ 同上注。
⑤ 同上注。

第436条【武器装备肇事罪】①

违反武器装备使用规定,情节严重,因而发生责任事故,致人重伤、死亡或者造成其他严重后果的,处三年以下有期徒刑或者拘役;后果特别严重的,处三年以上七年以下有期徒刑。

第437条【擅自改变武器装备编配用途罪】②

违反武器装备管理规定,擅自改变武器装备的编配用途,造成严重后果的,处三年以下有期徒刑或者拘役;造成特别严重后果的,处三年以上七年以下有期徒刑。

第438条【盗窃、抢夺武器装备、军用物资罪;盗窃、抢夺枪支、弹药、爆炸物、危险物质罪】③

盗窃、抢夺武器装备或者军用物资的,处五年以下有期徒刑或者拘役;情节严重的,处五年以上十年以下有期徒刑;情节特别严重的,处十年以上有期徒刑、无期徒刑或者死刑。

盗窃、抢夺枪支、弹药、爆炸物的,依照本法第一百二十七条的规定处罚。

第439条【非法出卖、转让武器装备罪】④

非法出卖、转让军队武器装备的,处三年以上十年以下有期徒刑;出卖、转让大量武器装备或者有其他特别严重情节的,处十年以上有期徒刑、无期徒刑或者死刑。

第440条【遗弃武器装备罪】⑤

违抗命令,遗弃武器装备的,处五年以下有期徒刑或者拘役;遗弃重要或者大量武器装备的,或者有其他严重情节的,处五年以上有期徒刑。

第441条【遗失武器装备罪】⑥

遗失武器装备,不及时报告或者有其他严重情节的,处三年以下有期徒刑或者拘役。

---

① 说明:本法条尚无足够数量判决书可供法律大数据分析。
② 同上注。
③ 同上注。
④ 同上注。
⑤ 同上注。
⑥ 同上注。

第442条【擅自出卖、转让军队房地产罪】①
违反规定,擅自出卖、转让军队房地产,情节严重的,对直接责任人员,处三年以下有期徒刑或者拘役;情节特别严重的,处三年以上十年以下有期徒刑。

第443条【虐待部属罪】②
滥用职权,虐待部属,情节恶劣,致人重伤或者造成其他严重后果的,处五年以下有期徒刑或者拘役;致人死亡的,处五年以上有期徒刑。

第444条【遗弃伤病军人罪】③
在战场上故意遗弃伤病军人,情节恶劣的,对直接责任人员,处五年以下有期徒刑。

第445条【战时拒不救治伤病军人罪】④
战时在救护治疗职位上,有条件救治而拒不救治危重伤病军人的,处五年以下有期徒刑或者拘役;造成伤病军人残废、死亡或者有其他严重情节的,处五年以上十年以下有期徒刑。

第446条【战时残害居民、掠夺居民财物罪】⑤
战时在军事行动地区,残害无辜居民或者掠夺无辜居民财物的,处五年以下有期徒刑;情节严重的,处五年以上十年以下有期徒刑;情节特别严重的,处十年以上有期徒刑、无期徒刑或者死刑。

第447条【私放俘虏罪】⑥
私放俘虏的,处五年以下有期徒刑;私放重要俘虏、私放俘虏多人或者有其他严重情节的,处五年以上有期徒刑。

第448条【虐待俘虏罪】⑦
虐待俘虏,情节恶劣的,处三年以下有期徒刑。

第449条【战时缓刑】⑧
在战时,对被判处三年以下有期徒刑没有现实危险宣告缓刑的犯罪军

---

① 说明:本法条尚无足够数量判决书可供法律大数据分析。
② 同上注。
③ 同上注。
④ 同上注。
⑤ 同上注。
⑥ 同上注。
⑦ 同上注。
⑧ 同上注。

人,允许其戴罪立功,确有立功表现时,可以撤销原判刑罚,不以犯罪论处。

第450条【军人违反职责罪的适用对象】①

本章适用于中国人民解放军的现役军官、文职干部、士兵及具有军籍的学员和中国人民武装警察部队的现役警官、文职干部、士兵及具有军籍的学员以及执行军事任务的预备役人员和其他人员。

第451条【战时界定】②

本章所称战时,是指国家宣布进入战争状态、部队受领作战任务或者遭敌突然袭击时。

部队执行戒严任务或者处置突发性暴力事件时,以战时论。

附　　则

第452条【刑法的施行日期、相关法律的废止与保留】③

本法自1997年10月1日起施行。

列于本法附件一的全国人民代表大会常务委员会制定的条例、补充规定和决定,已纳入本法或者已不适用,自本法施行之日起,予以废止。

列于本法附件二的全国人民代表大会常务委员会制定的补充规定和决定予以保留,其中,有关行政处罚和行政措施的规定继续有效;有关刑事责任的规定已纳入本法,自本法施行之日起,适用本法规定。

---

① 说明:本法条尚无足够数量判决书可供法律大数据分析。
② 同上注。
③ 同上注。

二、全国人民代表大会常务委员会关于惩治骗购外汇、逃汇和非法买卖外汇犯罪的决定[1]

★★★★★

(1998年12月29日第九届全国人民代表大会常务委员会第六次会议通过,自1998年12月29日起施行)

第1条【骗购外汇罪】[2]

有下列情形之一,骗购外汇,数额较大的,处五年以下有期徒刑或者拘役,并处骗购外汇数额百分之五以上百分之三十以下罚金;数额巨大或者有其他严重情节的,处五年以上十年以下有期徒刑,并处骗购外汇数额百分之五以上百分之三十以下罚金;数额特别巨大或者有其他特别严重情节的,处十年以上有期徒刑或者无期徒刑,并处骗购外汇数额百分之五以上百分之三十以下罚金或者没收财产:

(一)使用伪造、变造的海关签发的报关单、进口证明、外汇管理部门核准件等凭证和单据的;

(二)重复使用海关签发的报关单、进口证明、外汇管理部门核准件等凭证和单据的;

(三)以其他方式骗购外汇的。

伪造、变造海关签发的报关单、进口证明、外汇管理部门核准件等凭证和单据,并用于骗购外汇的,依照前款的规定从重处罚。

明知用于骗购外汇而提供人民币资金的,以共犯论处。

单位犯前三款罪的,对单位依照第一款的规定判处罚金,并对其直接负责的主管人员和其他直接责任人员,处五年以下有期徒刑或者拘役;数额巨大或者有其他严重情节的,处五年以上十年以下有期徒刑;数额特别

---

① 简称《关于惩治骗购外汇、逃汇和非法买卖外汇犯罪的决定》。此处仅列节选内容。

② 说明:本法条尚无足够数量判决书可供法律大数据分析。

巨大或者有其他特别严重情节的,处十年以上有期徒刑或者无期徒刑。

第 2 条【买卖伪造、变造的报关单、进口证明、外汇管理部门核准件等凭证和单据或者其他公文、证件、印章】①

买卖伪造、变造的海关签发的报关单、进口证明、外汇管理部门核准件等凭证和单据或者国家机关的其他公文、证件、印章的,依照刑法第二百八十条的规定定罪处罚。

第 3 条【逃汇罪】②

将刑法第一百九十条修改为:公司、企业或者其他单位,违反国家规定,擅自将外汇存放境外,或者将境内的外汇非法转移到境外,数额较大的,对单位判处逃汇数额百分之五以上百分之三十以下罚金,并对其直接负责的主管人员和其他直接责任人员处五年以下有期徒刑或者拘役;数额巨大或者有其他严重情节的,对单位判处逃汇数额百分之五以上百分之三十以下罚金,并对其直接负责的主管人员和其他直接责代人员处五年以上有期徒刑。

第 4 条【非法经营罪】 ★★

在国家规定的交易场所以外非法买卖外汇,扰乱市场秩序,情节严重的,依照刑法第二百二十五条的规定定罪处罚。

单位犯前款罪的,依照刑法第二百三十一条的规定处罚。

一、主要适用的案由及其相关度

案由编号	主要适用的案由	相关度
X3.8.225	非法经营罪	★★★★★
X5.272.1	挪用资金罪	★

---

① 说明:本法条尚无足够数量判决书可供法律大数据分析。
② 同上注。

■ 二、同时适用的法条及其相关度

	同时适用的法条	相关度	
刑法	第67条【自首及其认定】	★★★★★	333
	第225条【非法经营罪】	★★★★★	
	第64条【犯罪所得之物、所用之物的处理】	★★★★	
	第72条【缓刑的条件、禁止令与附加刑的执行】	★★★	
	第73条【缓刑考验期限】	★★★	
	第25条【共同犯罪的概念】	★★	
	第27条【从犯；从犯的处罚】	★★	
	第53条【罚金的缴纳、减免】	★★	
	第26条【主犯；犯罪集团】	★	
	第52条【罚金数额的裁量】	★	
审理非法买卖外汇刑事案件司法解释	第3条【买卖外汇按照非法经营罪定罪处罚的情形】	★★★	892
	第7条【骗购外汇、非法买卖外汇的违法所得和资金的处理】	★★	

第5条【骗购外汇、逃汇和非法买卖外汇犯罪共犯】①

海关、外汇管理部门以及金融机构、从事对外贸易经营活动的公司、企业或者其他单位的工作人员与骗购外汇或者逃汇的行为人通谋，为其提供购买外汇的有关凭证或者其他便利的，或者明知是伪造、变造的凭证和单据而售汇、付汇的，以共犯论，依照本决定从重处罚。

第6条【滥用职权罪；玩忽职守罪】②

海关、外汇管理部门的工作人员严重不负责任，造成大量外汇被骗购

---

① 说明：本法条尚无足够数量判决书可供法律大数据分析。
② 同上注。

或者逃汇,致使国家利益遭受重大损失的,依照刑法第三百九十七条的规定定罪处罚。

第7条【签订、履行合同失职被骗罪】①

　　金融机构、从事对外贸易经营活动的公司、企业的工作人员严重不负责任,造成大量外汇被骗购或者逃汇,致使国家利益遭受重大损失的,依照刑法第一百六十七条的规定定罪处罚。

---

① 说明:本法条尚无足够数量判决书可供法律大数据分析。

第三编
本书关联法条全文

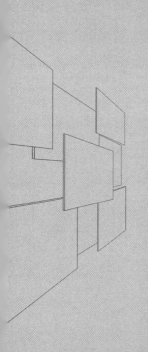
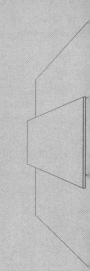

一、法律

中华人民共和国民法通则[①]

(1986年4月12日第六届全国人民代表大会第四次会议通过,根据2009年8月27日第十一届全国人民代表大会常务委员会第十次会议《关于修改部分法律的决定》修正)

第106条【民事责任归责原则:违约责任;过错侵权责任;无过错侵权责任】 ★★★

公民、法人违反合同或者不履行其他义务的,应当承担民事责任。

公民、法人由于过错侵害国家的、集体的财产,侵害他人财产、人身的,应当承担民事责任。

没有过错,但法律规定应当承担民事责任的,应当承担民事责任。

第118条【公民、法人的知识产权保护方式:停止侵害、消除影响、赔偿损失】 ★

公民、法人的著作权(版权)、专利权、商标专用权、发现权、发明权和其他科技成果权受到剽窃、篡改、假冒等侵害的,有权要求停止侵害,消除影响,赔偿损失。

第119条【人身损害赔偿项目:一般人身损害赔偿项目、伤残赔偿项目、死亡赔偿项目】 ★★★★★

侵害公民身体造成伤害的,应当赔偿医疗费、因误工减少的收入、残废者生活补助费等费用;造成死亡的,并应当支付丧葬费、死者生前扶养的人必要的生活费等费用。

第130条【共同实施侵权行为人的连带责任】 ★★★

二人以上共同侵权造成他人损害的,应当承担连带责任。

[①] 简称《民法通则》。此处仅列节选内容。

第131条【过错相抵:被侵权人过错】 ★★★

受害人对于损害的发生也有过错的,可以减轻侵害人的民事责任。

中华人民共和国侵权责任法[①]

★★★★

(2009年12月26日第十一届全国人民代表大会常务委员会第十二次会议通过,自2010年7月1日起施行)

第3条【侵权责任的当事人主义】 ★

被侵权人有权请求侵权人承担侵权责任。

第6条【过错责任原则;过错推定责任原则】 ★★★★

行为人因过错侵害他人民事权益,应当承担侵权责任。

根据法律规定推定行为人有过错,行为人不能证明自己没有过错的,应当承担侵权责任。

第10条【共同危险行为人的侵权责任】 ★

二人以上实施危及他人人身、财产安全的行为,其中一人或者数人的行为造成他人损害,能够确定具体侵权人的,由侵权人承担责任;不能确定具体侵权人的,行为人承担连带责任。

第15条【侵权责任的主要承担方式】 ★★★

承担侵权责任的方式主要有:

(一)停止侵害;

(二)排除妨碍;

(三)消除危险;

(四)返还财产;

(五)恢复原状;

(六)赔偿损失;

(七)赔礼道歉;

(八)消除影响、恢复名誉。

---

① 简称《侵权责任法》。此处仅列节选内容。

以上承担侵权责任的方式,可以单独适用,也可以合并适用。

第16条【人身损害赔偿项目:一般人身损害赔偿项目、伤残赔偿项目、死亡赔偿项目】　　　　　　　　　　　　　　　★★★★

侵害他人造成人身损害的,应当赔偿医疗费、护理费、交通费等为治疗和康复支出的合理费用,以及因误工减少的收入。造成残疾的,还应当赔偿残疾生活辅助具费和残疾赔偿金。造成死亡的,还应当赔偿丧葬费和死亡赔偿金。

第22条【侵害他人人身权益的精神损害赔偿】　　　　★★

侵害他人人身权益,造成他人严重精神损害的,被侵权人可以请求精神损害赔偿。

第26条【过错相抵:被侵权人过错】　　　　　　　★★★

被侵权人对损害的发生也有过错的,可以减轻侵权人的责任。

第34条【用人单位替代责任;劳务派遣侵权责任:替代责任、补充责任】

用人单位的工作人员因执行工作任务造成他人损害的,由用人单位承担侵权责任。

劳务派遣期间,被派遣的工作人员因执行工作任务造成他人损害的,由接受劳务派遣的用工单位承担侵权责任;劳务派遣单位有过错的,承担相应的补充责任。

第48条【机动车交通事故损害赔偿责任的法律适用】　　★★★

机动车发生交通事故造成损害的,依照道路交通安全法的有关规定承担赔偿责任。

第54条【医疗损害的过错责任与替代责任】　　　　　　★

患者在诊疗活动中受到损害,医疗机构及其医务人员有过错的,由医疗机构承担赔偿责任。

第57条【医务人员违反相当诊疗义务的医疗机构替代责任】　★

医务人员在诊疗活动中未尽到与当时的医疗水平相应的诊疗义务,造成患者损害的,医疗机构应当承担赔偿责任。

中华人民共和国道路交通安全法①

★★

(2003年10月28日第十届全国人民代表大会常务委员会第五次会议通过,根据2007年12月29日第十届全国人民代表大会常务委员会第三十一次会议《关于修改〈中华人民共和国道路交通安全法〉的决定》第一次修正,根据2011年4月22日第十一届全国人民代表大会常务委员会第二十次会议《关于修改〈中华人民共和国道路交通安全法〉的决定》第二次修正)

第76条【交通事故的赔偿责任】 ★★★

机动车发生交通事故造成人身伤亡、财产损失的,由保险公司在机动车第三者责任强制保险责任限额范围内予以赔偿;不足的部分,按照下列规定承担赔偿责任:

(一)机动车之间发生交通事故的,由有过错的一方承担赔偿责任;双方都有过错的,按照各自过错的比例分担责任。

(二)机动车与非机动车驾驶人、行人之间发生交通事故,非机动车驾驶人、行人没有过错的,由机动车一方承担赔偿责任;有证据证明非机动车驾驶人、行人有过错的,根据过错程度适当减轻机动车一方的赔偿责任;机动车一方没有过错的,承担不超过百分之十的赔偿责任。

交通事故的损失是由非机动车驾驶人、行人故意碰撞机动车造成的,机动车一方不承担赔偿责任。

---

① 简称《道路交通安全法》。此处仅列节选内容。

中华人民共和国产品质量法①
★

(1993年2月22日第七届全国人民代表大会常务委员会第三十次会议通过,根据2000年7月8日第九届全国人民代表大会常务委员会第十六次会议《关于修改〈中华人民共和国产品质量法〉的决定》第一次修正,根据2009年8月27日第十一届全国人民代表大会常务委员会第十次会议《关于修改部分法律的决定》第二次修正,根据2018年12月29日第十三届全国人民代表大会常务委员会第七次会议《关于修改〈中华人民共和国产品质量法〉等五部法律的决定》第三次修正)

第44条【产品缺陷致人人身伤害、财产损失的赔偿范围:一般伤害、造成残疾、造成死亡**】** ★★★

因产品存在缺陷造成受害人人身伤害的,侵害人应当赔偿医疗费、治疗期间的护理费、因误工减少的收入等费用;造成残疾的,还应当支付残疾者生活自助具费、生活补助费、残疾赔偿金以及由其扶养的人所必需的生活费等费用;造成受害人死亡的,并应当支付丧葬费、死亡赔偿金以及由死者生前扶养的人所必需的生活费等费用。

因产品存在缺陷造成受害人财产损失的,侵害人应当恢复原状或者折价赔偿。受害人因此遭受其他重大损失的,侵害人应当赔偿损失。

中华人民共和国药品管理法②

(1984年9月20日第六届全国人民代表大会常务委员会第七次会议通过,2001年2月28日第九届全国人民代表大会常务委员会第二十

---

① 简称《产品质量法》。此处仅列节选内容。
② 简称《药品管理法》。此处仅列节选内容。

次会议修订,根据 2013 年 12 月 28 日第十二届全国人民代表大会常务委员会第六次会议《关于修改〈中华人民共和国海洋环境保护法〉等七部法律的决定》第一次修正,根据 2015 年 4 月 24 日第十二届全国人民代表大会常务委员会第十四次会议《关于修改〈中华人民共和国药品管理法〉的决定》第二次修正)

第 48 条【禁止生产、销售的假药】 ★★★

禁止生产(包括配制,下同)、销售假药。

有下列情形之一的,为假药:

(一)药品所含成分与国家药品标准规定的成分不符的;

(二)以非药品冒充药品或者以他种药品冒充此种药品的。

有下列情形之一的药品,按假药论处:

(一)国务院药品监督管理部门规定禁止使用的;

(二)依照本法必须批准而未经批准生产、进口,或者依照本法必须检验而未经检验即销售的;

(三)变质的;

(四)被污染的;

(五)使用依照本法必须取得批准文号而未取得批准文号的原料药生产的;

(六)所标明的适应症或者功能主治超出规定范围的。

中华人民共和国国家赔偿法[①]

(1994 年 5 月 12 日第八届全国人民代表大会常务委员会第七次会议通过,根据 2010 年 4 月 29 日第十一届全国人民代表大会常务委员会第十四次会议《关于修改〈中华人民共和国国家赔偿法〉的决定》第一次修正,根据 2012 年 10 月 26 日第十一届全国人民代表大会常务委员会第二十九次会议《关于修改〈中华人民共和国国家赔偿法〉的决定》第二次修正)

第 4 条【受害人遭受行政机关及其工作人员财产权侵犯时有取得国家赔

---

① 简称《国家赔偿法》。此处仅列节选内容。

偿的权利的法定情形】　　　　　　　　　　　　　　　★★

行政机关及其工作人员在行使行政职权时有下列侵犯财产权情形之一的,受害人有取得赔偿的权利:

(一)违法实施罚款、吊销许可证和执照、责令停产停业、没收财物等行政处罚的;

(二)违法对财产采取查封、扣押、冻结等行政强制措施的;

(三)违法征收、征用财产的;

(四)造成财产损害的其他违法行为。

中华人民共和国监狱法①

(1994年12月29日第八届全国人民代表大会常务委员会第十一次会议通过,根据2012年10月26日第十一届全国人民代表大会常务委员会第二十九次会议《关于修改〈中华人民共和国监狱法〉的决定》修正)

第59条【服刑期间故意犯罪的从重处罚的规定】　★★★★★

罪犯在服刑期间故意犯罪的,依法从重处罚。

中华人民共和国反不正当竞争法②

(1993年9月2日第八届全国人民代表大会常务委员会第三次会议通过,2017年11月4日第十二届全国人民代表大会常务委员会第三十次会议修订,根据2019年4月23日第十三届全国人民代表大会常务委员会第十次会议《关于修改〈中华人民共和国建筑法〉等八部法律的决定》修正)

---

① 简称《监狱法》。此处仅列节选内容。
② 简称《反不正当竞争法》。此处仅列节选内容。

第9条【侵犯商业秘密的方式;商业秘密的定义】 ★★★

经营者不得实施下列侵犯商业秘密的行为:

(一)以盗窃、贿赂、欺诈、胁迫、电子侵入或者其他不正当手段获取权利人的商业秘密;

(二)披露、使用或者允许他人使用以前项手段获取的权利人的商业秘密;

(三)违反保密义务或者违反权利人有关保守商业秘密的要求,披露、使用或者允许他人使用其所掌握的商业秘密;

(四)教唆、引诱、帮助他人违反保密义务或者违反权利人有关保守商业秘密的要求,获取、披露、使用或者允许他人使用权利人的商业秘密。

经营者以外的其他自然人、法人和非法人组织实施前款所列违法行为的,视为侵犯商业秘密。

第三人明知或者应知商业秘密权利人的员工、前员工或者其他单位、个人实施本条第一款所列违法行为,仍获取、披露、使用或者允许他人使用该商业秘密的,视为侵犯商业秘密。

本法所称的商业秘密,是指不为公众所知悉、具有商业价值并经权利人采取相应保密措施的技术信息、经营信息等商业信息。

第17条【不正当竞争者的赔偿责任】 ★★★

经营者违反本法规定,给他人造成损害的,应当依法承担民事责任。

经营者的合法权益受到不正当竞争行为损害的,可以向人民法院提起诉讼。

因不正当竞争行为受到损害的经营者的赔偿数额,按照其因被侵权所受到的实际损失确定;实际损失难以计算的,按照侵权人因侵权所获得的利益确定。经营者恶意实施侵犯商业秘密行为,情节严重的,可以在按照上述方法确定数额的一倍以上五倍以下确定赔偿数额。赔偿数额还应当包括经营者为制止侵权行为所支付的合理开支。

经营者违反本法第六条、第九条规定,权利人因被侵权所受到的实际损失、侵权人因侵权所获得的利益难以确定的,由人民法院根据侵权行为的情节判决给予权利人五百万元以下的赔偿。

中华人民共和国广告法①

(1994年10月27日第八届全国人民代表大会常务委员会第十次会议通过,2015年4月24日第十二届全国人民代表大会常务委员会第十四次会议修订,根据2018年10月26日第十三届全国人民代表大会常务委员会第六次会议《关于修改〈中华人民共和国野生动物保护法〉等十五部法律的决定》修正)

第4条【广告不得含有虚假或者引人误解的内容;广告主对广告的真实性负责】 ★★★

广告不得含有虚假或者引人误解的内容,不得欺骗、误导消费者。

广告主应当对广告内容的真实性负责。

第37条【禁止广告的商品或服务】 ★★★

法律、行政法规规定禁止生产、销售的产品或者提供的服务,以及禁止发布广告的商品或者服务,任何单位或者个人不得设计、制作、代理、发布广告。

中华人民共和国旅游法②

(2013年4月25日第十二届全国人民代表大会常务委员会第二次会议通过,根据2016年11月7日第十二届全国人民代表大会常务委员会第二十四次会议《关于修改〈中华人民共和国对外贸易法〉等十二部法律的决定》修正,根据2018年10月26日第十三届全国人民代表大会常务委员会第六次会议《关于修改〈中华人民共和国野生动物保护法〉等十五部法律的决定》第二次修正)

---

① 简称《广告法》。此处仅列节选内容。
② 简称《旅游法》。此处仅列节选内容。

第35条【不得指定购物场所、另行安排付费项目】 ★★

旅行社不得以不合理的低价组织旅游活动,诱骗旅游者,并通过安排购物或者另行付费旅游项目获取回扣等不正当利益。

旅行社组织、接待旅游者,不得指定具体购物场所,不得安排另行付费旅游项目。但是,经双方协商一致或者旅游者要求,且不影响其他旅游者行程安排的除外。

发生违反前两款规定情形的,旅游者有权在旅游行程结束后三十日内,要求旅行社为其办理退货并先行垫付退货货款,或者退还另行付费旅游项目的费用。

第83条【监督管理和监督检查的主体】 ★★

县级以上人民政府旅游主管部门和有关部门依照本法和有关法律、法规的规定,在各自职责范围内对旅游市场实施监督管理。

县级以上人民政府应当组织旅游主管部门、有关主管部门和市场监督管理、交通等执法部门对相关旅游经营行为实施监督检查。

第85条【监督管理事项】 ★★

县级以上人民政府旅游主管部门有权对下列事项实施监督检查:

(一)经营旅行社业务以及从事导游、领队服务是否取得经营、执业许可;

(二)旅行社的经营行为;

(三)导游和领队等旅游从业人员的服务行为;

(四)法律、法规规定的其他事项。

第88条【处理职责内的违法行为】 ★★

县级以上人民政府旅游主管部门和有关部门,在履行监督检查职责中或者在处理举报、投诉时,发现违反本法规定行为的,应当依法及时作出处理;对不属于本部门职责范围的事项,应当及时书面通知并移交有关部门查处。

第98条【对指定购物、另行安排付费项目的处罚】 ★★★★★

旅行社违反本法第三十五条规定的,由旅游主管部门责令改正,没收违法所得,责令停业整顿,并处三万元以上三十万元以下罚款;违法所得三十万元以上的,并处违法所得一倍以上五倍以下罚款;情节严重的,吊销旅行社业务经营许可证;对直接负责的主管人员和其他直接责任人员,没收违法所得,处二千元以上二万元以下罚款,并暂扣或者吊销导游证。

中华人民共和国行政处罚法[1]

(1996年3月17日第八届全国人民代表大会第四次会议通过,根据2009年8月27日第十一届全国人民代表大会常务委员会第十次会议《关于修改部分法律的决定》第一次修正,根据2017年9月1日第十二届全国人民大会常务委员会第二十九次会议《关于修改〈中华人民共和国法官法〉等八部法律的决定》第二次修正)

第3条【依法行政原则】 ★

公民、法人或者其他组织违反行政管理秩序的行为,应当给予行政处罚的,依照本法由法律、法规或者规章规定,并由行政机关依照本法规定的程序实施。

没有法定依据或者不遵守法定程序的,行政处罚无效。

第15条【行政处罚主体、职权法定】 ★

行政处罚由具有行政处罚权的行政机关在法定职权范围内实施。

第28条【行政拘留应当折抵刑期;行政罚款应当折抵相应罚款】 ★

违法行为构成犯罪,人民法院判处拘役或者有期徒刑时,行政机关已经给予当事人行政拘留的,应当依法折抵相应刑期。

违法行为构成犯罪,人民法院判处罚金时,行政机关已经给予当事人罚款的,应当折抵相应罚金。

第38条【作出行政处罚决定】 ★

调查终结,行政机关负责人应当对调查结果进行审查,根据不同情况,分别作出如下决定:

(一)确有应受行政处罚的违法行为的,根据情节轻重及具体情况,作出行政处罚决定;

(二)违法行为轻微,依法可以不予行政处罚的,不予行政处罚;

(三)违法事实不能成立的,不得给予行政处罚;

---

[1] 简称《行政处罚法》。此处仅列节选内容。

（四）违法行为已构成犯罪的，移送司法机关。

对情节复杂或者重大违法行为给予较重的行政处罚，行政机关的负责人应当集体讨论决定。

在行政机关负责人作出决定之前，应当由从事行政处罚决定审核的人员进行审核。行政机关中初次从事行政处罚决定审核的人员，应当通过国家统一法律职业资格考试取得法律职业资格。

二、行政法规

中华人民共和国政府信息公开条例①

(2007年1月17日国务院第165次常务会议通过,自2008年5月1日起施行)

第2条【政府信息】

本条例所称政府信息,是指行政机关在履行职责过程中制作或者获取的,以一定形式记录、保存的信息。

第21条【对申请公开信息的答复】

对申请公开的政府信息,行政机关根据下列情况分别作出答复:

(一)属于公开范围的,应当告知申请人获取该政府信息的方式和途径;

(二)属于不予公开范围的,应当告知申请人并说明理由;

(三)依法不属于本行政机关公开或者该政府信息不存在的,应当告知申请人,对能够确定该政府信息的公开机关的,应当告知申请人该行政机关的名称、联系方式;

(四)申请内容不明确的,应当告知申请人作出更改、补充。

第24条【答复期限】

行政机关收到政府信息公开申请,能够当场答复的,应当当场予以答复。

行政机关不能当场答复的,应当自收到申请之日起15个工作日内予以答复;如需延长答复期限的,应当经政府信息公开工作机构负责人同意,并告知申请人,延长答复的期限最长不得超过15个工作日。

申请公开的政府信息涉及第三方权益的,行政机关征求第三方意见所需时间不计算在本条第二款规定的期限内。

---

① 简称《政府信息公开条例》。此处仅列节选内容。

旅行社条例①

(2009年2月20日中华人民共和国国务院令第550号公布,根据2016年2月6日《国务院关于修改部分行政法规的决定》第一次修订,根据2017年3月1日《国务院关于修改和废止部分行政法规的决定》第二次修订)

第3条【监督管理主体】 ★
国务院旅游行政主管部门负责全国旅行社的监督管理工作。

县级以上地方人民政府管理旅游工作的部门按照职责负责本行政区域内旅行社的监督管理工作。

县级以上各级人民政府工商、价格、商务、外汇等有关部门,应当按照职责分工,依法对旅行社进行监督管理。

第4条【自愿、平等、公平、诚信原则】
旅行社在经营活动中应当遵循自愿、平等、公平、诚信的原则,提高服务质量,维护旅游者的合法权益。

第9条【申请经营出境旅游业务的前提】
申请经营出境旅游业务的,应当向国务院旅游行政主管部门或者其委托的省、自治区、直辖市旅游行政管理部门提出申请,受理申请的旅游行政管理部门应当自受理申请之日起20个工作日内作出许可或者不予许可的决定。予以许可的,向申请人换发旅行社业务经营许可证;不予许可的,书面通知申请人并说明理由。

第12条【变更登记、注销登记】
旅行社变更名称、经营场所、法定代表人等登记事项或者终止经营的,应当到工商行政管理部门办理相应的变更登记或者注销登记,并在登记办理完毕之日起10个工作日内,向原许可的旅游行政管理部门备案,换领或者交回

---

① 简称《旅行社条例》。此处仅列节选内容。

旅行社业务经营许可证。

第 14 条【设立分社须增存质量保证金】

旅行社每设立一个经营国内旅游业务和入境旅游业务的分社，应当向其质量保证金账户增存 5 万元；每设立一个经营出境旅游业务的分社，应当向其质量保证金账户增存 30 万元。

第 33 条【导游、领队的禁止行为】

旅行社及其委派的导游人员和领队人员不得有下列行为：

（一）拒绝履行旅游合同约定的义务；

（二）非因不可抗力改变旅游合同安排的行程；

（三）欺骗、胁迫旅游者购物或者参加需要另行付费的游览项目。

第 59 条【对不履行或者瑕疵履行旅游合同行为的处罚】

违反本条例的规定，有下列情形之一的，对旅行社，由旅游行政管理部门或者工商行政管理部门责令改正，处 10 万元以上 50 万元以下的罚款；对导游人员、领队人员，由旅游行政管理部门责令改正，处 1 万元以上 5 万元以下的罚款；情节严重的，吊销旅行社业务经营许可证、导游证：

（一）拒不履行旅游合同约定的义务的；

（二）非因不可抗力改变旅游合同安排的行程的；

（三）欺骗、胁迫旅游者购物或者参加需要另行付费的游览项目的。

三、司法解释

最高人民法院关于审理交通肇事刑事案件具体应用法律若干问题的解释①

★★★★★

(法释〔2000〕33号,2000年11月10日最高人民法院审判委员会第1136次会议通过,自2000年11月21日起施行)

第1条【交通运输人员或者非交通运输人员违反交通运输管理法规发生重大交通事故的定罪处罚】 ★★★

从事交通运输人员或者非交通运输人员,违反交通运输管理法规发生重大交通事故,在分清事故责任的基础上,对于构成犯罪的,依照刑法第一百三十三条的规定定罪处罚。

第2条【交通肇事罪】 ★★★★★

交通肇事具有下列情形之 ,处二年以下有期徒刑或者拘役:

(一)死亡一人或者重伤三人以上,负事故全部或者主要责任的;

(二)死亡三人以上,负事故同等责任的;

(三)造成公共财产或者他人财产直接损失,负事故全部或者主要责任,无能力赔偿数额在三十万元以上的。

交通肇事致一人以上重伤,负事故全部或者主要责任,并具有下列情形之一的,以交通肇事罪定罪处罚:

(一)酒后、吸食毒品后驾驶机动车辆的;

(二)无驾驶资格驾驶机动车辆的;

(三)明知是安全装置不全或者安全机件失灵的机动车辆而驾驶的;

(四)明知是无牌证或者已报废的机动车辆而驾驶的;

(五)严重超载驾驶的;

(六)为逃避法律追究逃离事故现场的。

---

① 简称《交通肇事罪司法解释》。此处仅列节选内容。

第 3 条【交通运输肇事后逃逸的界定】 ★★★

"交通运输肇事后逃逸",是指行为人具有本解释第二条第一款规定和第二款第(一)至(五)项规定的情形之一,在发生交通事故后,为逃避法律追究而逃跑的行为。

第 8 条【在公共交通管理范围内及范围外发生重大交通事故的定罪量刑】 ★★

在实行公共交通管理的范围内发生重大交通事故的,依照刑法第一百三十三条和本解释的有关规定办理。

在公共交通管理的范围外,驾驶机动车辆或者使用其他交通工具致人伤亡或者致使公共财产或者他人财产遭受重大损失,构成犯罪的,分别依照刑法第一百三十四条、第一百三十五条、第二百三十三条等规定定罪处罚。

最高人民法院、最高人民检察院关于办理盗窃刑事案件适用法律若干问题的解释①

★★★★★

(法释〔2013〕8 号,2013 年 3 月 8 日最高人民法院审判委员会第 1571 次会议、2013 年 3 月 18 日最高人民检察院第十二届检察委员会第 1 次会议通过,自 2013 年 4 月 4 日起施行)

第 1 条【盗窃罪"数额较大""数额巨大""数额特别巨大"的认定】

★★★★★

盗窃公私财物价值一千元至三千元以上、三万元至十万元以上、三十万元至五十万元以上的,应当分别认定为刑法第二百六十四条规定的"数额较大"、"数额巨大"、"数额特别巨大"。

各省、自治区、直辖市高级人民法院、人民检察院可以根据本地区经济发展状况,并考虑社会治安状况,在前款规定的数额幅度内,确定本地区执行的具体数额标准,报最高人民法院、最高人民检察院批准。

在跨地区运行的公共交通工具上盗窃,盗窃地点无法查证的,盗窃数额

---

① 简称《盗窃罪司法解释》。此处仅列节选内容。

是否达到"数额较大"、"数额巨大"、"数额特别巨大",应当根据受理案件所在地省、自治区、直辖市高级人民法院、人民检察院确定的有关数额标准认定。

盗窃毒品等违禁品,应当按照盗窃罪处理的,根据情节轻重量刑。

第 2 条【盗窃罪】 ★★★★

盗窃公私财物,具有下列情形之一的,"数额较大"的标准可以按照前条规定标准的百分之五十确定:

(一)曾因盗窃受过刑事处罚的;

(二)一年内曾因盗窃受过行政处罚的;

(三)组织、控制未成年人盗窃的;

(四)自然灾害、事故灾害、社会安全事件等突发事件期间,在事件发生地盗窃的;

(五)盗窃残疾人、孤寡老人、丧失劳动能力人的财物的;

(六)在医院盗窃病人或者其亲友财物的;

(七)盗窃救灾、抢险、防汛、优抚、扶贫、移民、救济款物的;

(八)因盗窃造成严重后果的。

第 3 条【"多次盗窃""入户盗窃""携带凶器盗窃""扒窃"的认定】

★★★★★

二年内盗窃三次以上的,应当认定为"多次盗窃"。

非法进入供他人家庭生活,与外界相对隔离的住所盗窃的,应当认定为"入户盗窃"。

携带枪支、爆炸物、管制刀具等国家禁止个人携带的器械盗窃,或者为了实施违法犯罪携带其他足以危害他人人身安全的器械盗窃的,应当认定为"携带凶器盗窃"。

在公共场所或者公共交通工具上盗窃他人随身携带的财物的,应当认定为"扒窃"。

第 4 条【盗窃数额的认定】 ★

盗窃的数额,按照下列方法认定:

(一)被盗财物有有效价格证明的,根据有效价格证明认定;无有效价格证明,或者根据价格证明认定盗窃数额明显不合理的,应当按照有关规定委托估价机构估价;

(二)盗窃外币的,按照盗窃时中国外汇交易中心或者中国人民银行授权机构公布的人民币对该货币的中间价折合成人民币计算;中国外汇交易中心或者中国人民银行授权机构未公布汇率中间价的外币,按照盗窃时境内银

行人民币对该货币的中间价折算成人民币,或者该货币在境内银行、国际外汇市场对美元汇率,与人民币对美元汇率中间价进行套算;

(三)盗窃电力、燃气、自来水等财物,盗窃数量能够查实的,按照查实的数量计算盗窃数额;盗窃数量无法查实的,以盗窃前六个月月均正常用量减去盗窃后计量仪表显示的月均用量推算盗窃数额;盗窃前正常使用不足六个月的,按照正常使用期间的月均用量减去盗窃后计量仪表显示的月均用量推算盗窃数额;

(四)明知是盗接他人通信线路、复制他人电信码号的电信设备、设施而使用的,按照合法用户为其支付的费用认定盗窃数额;无法直接确认的,以合法用户的电信设备、设施被盗接、复制后的月缴费额减去被盗接、复制前六个月的月均电话费推算盗窃数额;合法用户使用电信设备、设施不足六个月的,按照实际使用的月均电话费推算盗窃数额;

(五)盗接他人通信线路、复制他人电信码号出售的,按照销赃数额认定盗窃数额。

盗窃行为给失主造成的损失大于盗窃数额的,损失数额可以作为量刑情节考虑。

第 14 条【盗窃罪中罚金的确定规则】 ★★★★★

因犯盗窃罪,依法判处罚金刑的,应当在一千元以上盗窃数额的二倍以下判处罚金;没有盗窃数额或者盗窃数额无法计算的,应当在一千元以上十万元以下判处罚金。

最高人民法院关于处理自首和立功具体应用法律若干问题的解释①

★★★★

(法释〔1998〕8号,1998年4月6日最高人民法院审判委员会第972次会议通过,自1998年5月9日起施行)

第 1 条【自首及其认定】 ★★★★★

① 简称《自首和立功司法解释》。此处仅列节选内容。

根据刑法第六十七条第一款的规定,犯罪以后自动投案,如实供述自己的罪行的,是自首。

(一)自动投案,是指犯罪事实或者犯罪嫌疑人未被司法机关发觉,或者虽被发觉,但犯罪嫌疑人尚未受到讯问、未被采取强制措施时,主动、直接向公安机关、人民检察院或者人民法院投案。

犯罪嫌疑人向其所在单位、城乡基层组织或者其他有关负责人员投案的;犯罪嫌疑人因病、伤或者为了减轻犯罪后果,委托他人先代为投案,或者先以信电投案的;罪行尚未被司法机关发觉,仅因形迹可疑,被有关组织或者司法机关盘问、教育后,主动交代自己的罪行的;犯罪后逃跑,在被通缉、追捕过程中,主动投案的;经查实确已准备去投案,或者正在投案途中,被公安机关捕获的,应当视为自动投案。

并非出于犯罪嫌疑人主动,而是经亲友规劝、陪同投案的;公安机关通知犯罪嫌疑人的亲友,或者亲友主动报案后,将犯罪嫌疑人送去投案的,也应当视为自动投案。

犯罪嫌疑人自动投案后又逃跑的,不能认定为自首。

(二)如实供述自己的罪行,是指犯罪嫌疑人自动投案后,如实交代自己的主要犯罪事实。

犯有数罪的犯罪嫌疑人仅如实供述所犯数罪中部分犯罪的,只对如实供述部分犯罪的行为,认定为自首。

共同犯罪案件中的犯罪嫌疑人,除如实供述自己的罪行,还应当供述所知的同案犯,主犯则应当供述所知其他同案犯的共同犯罪事实,才能认定为自首。

犯罪嫌疑人自动投案并如实供述自己的罪行后又翻供的,不能认定为自首;但在一审判决前又能如实供述的,应当认定为自首。

第3条【从轻、减轻或免除处罚:自首情节】 ★

根据刑法第六十七条第一款的规定,对于自首的犯罪分子,可以从轻或者减轻处罚;对于犯罪较轻的,可以免除处罚。具体确定从轻、减轻还是免除处罚,应当根据犯罪轻重,并考虑自首的具体情节。

第4条【如实供述同种罪行的法律后果】 ★★

被采取强制措施的犯罪嫌疑人、被告人和已宣判的罪犯,如实供述司法机关尚未掌握的罪行,与司法机关已掌握的或者判决确定的罪行属同种罪行的,可以酌情从轻处罚;如实供述的同种罪行较重的,一般应当从轻处罚。

第5条【立功表现的认定】 ★★★★

根据刑法第六十八条第一款的规定,犯罪分子到案后有检举、揭发他人犯罪行为,包括共同犯罪案件中的犯罪分子揭发同案犯共同犯罪以外的其他犯罪,经查证属实;提供侦破其他案件的重要线索,经查证属实;阻止他人犯罪活动;协助司法机关抓捕其他犯罪嫌疑人(包括同案犯);具有其他有利于国家和社会的突出表现的,应当认定为有立功表现。

最高人民法院关于审理人身损害赔偿案件适用法律若干问题的解释①

★★★

(法释〔2003〕20号,2003年12月4日最高人民法院审判委员会第1299次会议通过,自2004年5月1日起施行)

第8条【用人单位替代责任;劳务派遣侵权责任;替代责任、补充责任】

法人或者其他组织的法定代表人、负责人以及工作人员,在执行职务中致人损害的,依照民法通则第一百二十一条的规定,由该法人或者其他组织承担民事责任。上述人员实施与职务无关的行为致人损害的,应当由行为人承担赔偿责任。

属于《国家赔偿法》赔偿事由的,依照《国家赔偿法》的规定处理。

第17条【人身损害赔偿项目:一般人身损害赔偿项目、伤残赔偿项目、死亡赔偿项目】 ★★★★

受害人遭受人身损害,因就医治疗支出的各项费用以及因误工减少的收入,包括医疗费、误工费、护理费、交通费、住宿费、住院伙食补助费、必要的营养费,赔偿义务人应当予以赔偿。

受害人因伤致残的,其因增加生活上需要所支出的必要费用以及因丧失劳动能力导致的收入损失,包括残疾赔偿金、残疾辅助器具费、被扶养人生活费,以及因康复护理、继续治疗实际发生的必要的康复费、护理费、后续治疗费,赔偿义务人也应当予以赔偿。

受害人死亡的,赔偿义务人除应当根据抢救治疗情况赔偿本条第一款

---

① 简称《人身损害赔偿司法解释》。此处仅列节选内容。

规定的相关费用外,还应当赔偿丧葬费、被扶养人生活费、死亡补偿费以及受害人亲属办理丧葬事宜支出的交通费、住宿费和误工损失等其他合理费用。

第18条【精神损害抚慰金的请求权】 ★★

受害人或者死者近亲属遭受精神损害,赔偿权利人向人民法院请求赔偿精神损害抚慰金的,适用《最高人民法院关于确定民事侵权精神损害赔偿责任若干问题的解释》予以确定。

精神损害抚慰金的请求权,不得让与或者继承。但赔偿义务人已经以书面方式承诺给予金钱赔偿,或者赔偿权利人已经向人民法院起诉的除外。

第19条【医疗费计算标准】 ★★

医疗费根据医疗机构出具的医药费、住院费等收款凭证,结合病历和诊断证明等相关证据确定。赔偿义务人对治疗的必要性和合理性有异议的,应当承担相应的举证责任。

医疗费的赔偿数额,按照一审法庭辩论终结前实际发生的数额确定。器官功能恢复训练所必要的康复费、适当的整容费以及其他后续治疗费,赔偿权利人可以待实际发生后另行起诉。但根据医疗证明或者鉴定结论确定必然发生的费用,可以与已经发生的医疗费一并予以赔偿。

第20条【误工费计算标准】 ★★

误工费根据受害人的误工时间和收入状况确定。

误工时间根据受害人接受治疗的医疗机构出具的证明确定。受害人因伤致残持续误工的,误工时间可以计算至定残日前一天。

受害人有固定收入的,误工费按照实际减少的收入计算。受害人无固定收入的,按照其最近三年的平均收入计算;受害人不能举证证明其最近三年的平均收入状况的,可以参照受诉法院所在地相同或者相近行业上一年度职工的平均工资计算。

第21条【护理费计算标准】 ★★

护理费根据护理人员的收入状况和护理人数、护理期限确定。

护理人员有收入的,参照误工费的规定计算;护理人员没有收入或者雇佣护工的,参照当地护工从事同等级别护理的劳务报酬标准计算。护理人员原则上为一人,但医疗机构或者鉴定机构有明确意见的,可以参照确定护理人员人数。

护理期限应计算至受害人恢复生活自理能力时止。受害人因残疾不能恢复生活自理能力的,可以根据其年龄、健康状况等因素确定合理的护理期限,但最长不超过二十年。

受害人定残后的护理,应当根据其护理依赖程度并结合配制残疾辅助器具的情况确定护理级别。

第22条【交通费计算标准】 ★★★

交通费根据受害人及其必要的陪护人员因就医或者转院治疗实际发生的费用计算。交通费应当以正式票据为凭;有关凭据应当与就医地点、时间、人数、次数相符合。

第23条【伙食费、住宿费计算标准】 ★★★

住院伙食补助费可以参照当地国家机关一般工作人员的出差伙食补助标准予以确定。

受害人确有必要到外地治疗,因客观原因不能住院,受害人本人及其陪护人员实际发生的住宿费和伙食费,其合理部分应予赔偿。

第24条【营养费计算标准】 ★★★

营养费根据受害人伤残情况参照医疗机构的意见确定。

第25条【残疾赔偿金计算标准】 ★★★

残疾赔偿金根据受害人丧失劳动能力程度或者伤残等级,按照受诉法院所在地上一年度城镇居民人均可支配收入或者农村居民人均纯收入标准,自定残之日起按二十年计算。但六十周岁以上的,年龄每增加一岁减少一年;七十五周岁以上的,按五年计算。

受害人因伤致残但实际收入没有减少,或者伤残等级较轻但造成职业妨害严重影响其劳动就业的,可以对残疾赔偿金作相应调整。

第27条【丧葬费计算标准】 ★★★

丧葬费按照受诉法院所在地上一年度职工月平均工资标准,以六个月总额计算。

第28条【被扶养人生活费数额的确定】 ★★★

被扶养人生活费根据扶养人丧失劳动能力程度,按照受诉法院所在地上一年度城镇居民人均消费性支出和农村居民人均年生活消费支出标准计算。被扶养人为未成年人的,计算至十八周岁;被扶养人无劳动能力又无其他生活来源的,计算二十年。但六十周岁以上的,年龄每增加一岁减少一年;七十五周岁以上的,按五年计算。

被扶养人是指受害人依法应当承担扶养义务的未成年人或者丧失劳动能力又无其他生活来源的成年近亲属。被扶养人还有其他扶养人的,赔偿义务人只赔偿受害人依法应当负担的部分。被扶养人有数人的,年赔偿总额累计不超过上一年度城镇居民人均消费性支出额或者农村居民人均年生活消费支出额。

第 29 条【死亡赔偿金计算标准】 ★★★

死亡赔偿金按照受诉法院所在地上一年度城镇居民人均可支配收入或者农村居民人均纯收入标准,按二十年计算。但六十周岁以上的,年龄每增加一岁减少一年;七十五周岁以上的,按五年计算。

第 35 条【人身损害赔偿相关概念的界定】 ★★★

本解释所称"城镇居民人均可支配收入"、"农村居民人均纯收入"、"城镇居民人均消费性支出"、"农村居民人均年生活消费支出"、"职工平均工资",按照政府统计部门公布的各省、自治区、直辖市以及经济特区和计划单列市上一年度相关统计数据确定。

"上一年度",是指一审法庭辩论终结时的上一统计年度。

最高人民法院关于适用财产刑若干问题的规定①

★★★

(法释[2000]45 号,2000 年 11 月 15 日最高人民法院审判委员会第 1139 次会议通过,自 2000 年 12 月 19 日起施行)

第 1 条【罚金的适用规则:并处、可并处】 ★★★

刑法规定"并处"没收财产或者罚金的犯罪,人民法院在对犯罪分子判处主刑的同时,必须依法判处相应的财产刑;刑法规定"可以并处"没收财产或者罚金的犯罪,人民法院应当根据案件具体情况及犯罪分子的财产状况,决定是否适用财产刑。

第 2 条【罚金数额的裁量】 ★★★★

人民法院应当根据犯罪情节,如违法所得数额、造成损失的大小等,并综合考虑犯罪分子缴纳罚金的能力,依法判处罚金。刑法没有明确规定罚金数额标准的,罚金的最低数额不能少于一千元。

---

① 简称《财产刑适用规定》。此处仅列节选内容。

对未成年人犯罪应当从轻或者减轻判处罚金,但罚金的最低数额不能少于五百元。

第5条【判决指定的期限的确定】 ★★★

刑法第五十三条规定的"判决指定的期限"应当在判决书中予以确定;"判决指定的期限"应为从判决发生法律效力第二日起最长不超过三个月。

第8条【罚金刑数额的计算单位】 ★★★

罚金刑的数额应当以人民币为计算单位。

最高人民法院、最高人民检察院关于办理诈骗刑事案件具体应用法律若干问题的解释①

★★★

(法释〔2011〕7号,2011年2月21日最高人民法院审判委员会第1512次会议、2010年11月24日最高人民检察院第十一届检察委员会第49次会议通过,自2011年4月8日起施行)

第1条【诈骗罪】 ★★★★★

诈骗公私财物价值三千元至一万元以上、三万元至十万元以上、五十万元以上的,应当分别认定为刑法第二百六十六条规定的"数额较大"、"数额巨大"、"数额特别巨大"。

各省、自治区、直辖市高级人民法院、人民检察院可以结合本地区经济社会发展状况,在前款规定的数额幅度内,共同研究确定本地区执行的具体数额标准,报最高人民法院、最高人民检察院备案。

第2条【诈骗罪中酌情从严惩处的情形】 ★★★★

诈骗公私财物达到本解释第一条规定的数额标准,具有下列情形之一的,可以依照刑法第二百六十六条的规定酌情从严惩处:

(一)通过发送短信、拨打电话或者利用互联网、广播电视、报刊杂志等发布虚假信息,对不特定多数人实施诈骗的;

---

① 简称《诈骗罪司法解释》。此处仅列节选内容。

(二)诈骗救灾、抢险、防汛、优抚、扶贫、移民、救济、医疗款物的;
(三)以赈灾募捐名义实施诈骗的;
(四)诈骗残疾人、老年人或者丧失劳动能力人的财物的;
(五)造成被害人自杀、精神失常或者其他严重后果的。

诈骗数额接近本解释第一条规定的"数额巨大"、"数额特别巨大"的标准,并具有前款规定的情形之一或者属于诈骗集团首要分子的,应当分别认定为刑法第二百六十六条规定的"其他严重情节"、"其他特别严重情节"。

最高人民法院、最高人民检察院关于办理贪污贿赂刑事案件适用法律若干问题的解释①

★★

(2016年3月28日最高人民法院审判委员会第1680次会议、2016年3月25日最高人民检察院第十二届检察委员会第50次会议通过,自2016年4月18日起施行)

第1条【贪污罪、受贿罪"数额较大""其他较重情节"的认定】 ★★★★

贪污或者受贿数额在三万元以上不满二十万元的,应当认定为刑法第三百八十三条第一款规定的"数额较大",依法判处三年以下有期徒刑或者拘役,并处罚金。

贪污数额在一万元以上不满三万元,具有下列情形之一的,应当认定为刑法第三百八十三条第一款规定的"其他较重情节",依法判处三年以下有期徒刑或者拘役,并处罚金:
(一)贪污救灾、抢险、防汛、优抚、扶贫、移民、救济、防疫、社会捐助等特定款物的;
(二)曾因贪污、受贿、挪用公款受过党纪、行政处分的;
(三)曾因故意犯罪受过刑事追究的;
(四)赃款赃物用于非法活动的;

---

① 简称《办理贪贿刑事案件司法解释》。此处仅列节选内容。

（五）拒不交待赃款赃物去向或者拒不配合追缴工作，致使无法追缴的；

（六）造成恶劣影响或者其他严重后果的。

受贿数额在一万元以上不满三万元，具有前款第二项至第六项规定的情形之一，或者具有下列情形之一，应当认定为刑法第三百八十三条第一款规定的"其他较重情节"，依法判处三年以下有期徒刑或者拘役，并处罚金：

（一）多次索贿的；

（二）为他人谋取不正当利益，致使公共财产、国家和人民利益遭受损失的；

（三）为他人谋取职务提拔、调整的。

第2条【贪污罪、受贿罪"数额巨大""其他严重情节"的认定】 ★★★★

贪污或者受贿数额在二十万元以上不满三百万元的，应当认定为刑法第三百八十三条第一款规定的"数额巨大"，依法判处三年以上十年以下有期徒刑，并处罚金或者没收财产。

贪污数额在十万元以上不满二十万元，具有本解释第一条第二款规定的情形之一的，应当认定为刑法第三百八十三条第一款规定的"其他严重情节"，依法判处三年以上十年以下有期徒刑，并处罚金或者没收财产。

受贿数额在十万元以上不满二十万元，具有本解释第一条第三款规定的情形之一的，应当认定为刑法第三百八十三条第一款规定的"其他严重情节"，依法判处三年以上十年以下有期徒刑，并处罚金或者没收财产。

第3条【贪污罪、受贿罪"数额特别巨大""其他特别严重情节"的认定】

★

贪污或者受贿数额在三百万元以上的，应当认定为刑法第三百八十三条第一款规定的"数额特别巨大"，依法判处十年以上有期徒刑、无期徒刑或者死刑，并处罚金或者没收财产。

贪污数额在一百五十万元以上不满三百万元，具有本解释第一条第二款规定的情形之一的，应当认定为刑法第三百八十三条第一款规定的"其他特别严重情节"，依法判处十年以上有期徒刑、无期徒刑或者死刑，并处罚金或者没收财产。

受贿数额在一百五十万元以上不满三百万元，具有本解释第一条第三款规定的情形之一的，应当认定为刑法第三百八十三条第一款规定的"其他特别严重情节"，依法判处十年以上有期徒刑、无期徒刑或者死刑，并处罚金或者没收财产。

第 6 条【挪用公款罪"数额较大""数额巨大""情节严重"的认定】

★★★

挪用公款归个人使用,进行营利活动或者超过三个月未还,数额在五万元以上的,应当认定为刑法第三百八十四条第一款规定的"数额较大";数额在五百万元以上的,应当认定为刑法第三百八十四条第一款规定的"数额巨大"。具有下列情形之一的,应当认定为刑法第三百八十四条第一款规定的"情节严重":

(一)挪用公款数额在二百万元以上的;

(二)挪用救灾、抢险、防汛、优抚、扶贫、移民、救济特定款物,数额在一百万元以上不满二百万元的;

(三)挪用公款不退还,数额在一百万元以上不满二百万元的;

(四)其他严重的情节。

第 7 条【行贿罪】

★★★

为谋取不正当利益,向国家工作人员行贿,数额在三万元以上的,应当依照刑法第三百九十条的规定以行贿罪追究刑事责任。

行贿数额在一万元以上不满三万元,具有下列情形之一的,应当依照刑法第三百九十条的规定以行贿罪追究刑事责任:

(一)向三人以上行贿的;

(二)将违法所得用于行贿的;

(三)通过行贿谋取职务提拔、调整的;

(四)向负有食品、药品、安全生产、环境保护等监督管理职责的国家工作人员行贿,实施非法活动的;

(五)向司法工作人员行贿,影响司法公正的;

(六)造成经济损失数额在五十万元以上不满一百万元的。

第 8 条【行贿罪"情节严重"的认定】

★★

犯行贿罪,具有下列情形之一的,应当认定为刑法第三百九十条第一款规定的"情节严重":

(一)行贿数额在一百万元以上不满五百万元的;

(二)行贿数额在五十万元以上不满一百万元,并具有本解释第七条第二款第一项至第五项规定的情形之一的;

(三)其他严重的情节。

为谋取不正当利益,向国家工作人员行贿,造成经济损失数额在一百万元以上不满五百万元的,应当认定为刑法第三百九十条第一款规定的"使国家利益遭受重大损失"。

第 10 条【利用影响力受贿罪、对有影响力的人行贿罪的定罪量刑标准】　★★

刑法第三百八十八条之一规定的利用影响力受贿罪的定罪量刑适用标准,参照本解释关于受贿罪的规定执行。

刑法第三百九十条之一规定的对有影响力的人行贿罪的定罪量刑适用标准,参照本解释关于行贿罪的规定执行。

单位对有影响力的人行贿数额在二十万元以上的,应当依照刑法第三百九十条之一的规定以对有影响力的人行贿罪追究刑事责任。

第 11 条【非国家工作人员受贿罪、职务侵占罪的数额起点】　★★★

刑法第一百六十三条规定的非国家工作人员受贿罪、第二百七十一条规定的职务侵占罪中的"数额较大""数额巨大"的数额起点,按照本解释关于受贿罪、贪污罪相对应的数额标准规定的二倍、五倍执行。

刑法第二百七十二条规定的挪用资金罪中的"数额较大""数额巨大"以及"进行非法活动"情形的数额起点,按照本解释关于挪用公款罪"数额较大""情节严重"以及"进行非法活动"的数额标准规定的二倍执行。

刑法第一百六十四条第一款规定的对非国家工作人员行贿罪中的"数额较大""数额巨大"的数额起点,按照本解释第七条、第八条第一款关于行贿罪的数额标准规定的二倍执行。

第 13 条【"为他人谋取利益"的认定】　★★

具有下列情形之一的,应当认定为"为他人谋取利益",构成犯罪的,应当依照刑法关于受贿犯罪的规定定罪处罚:

(一)实际或者承诺为他人谋取利益的;

(二)明知他人有具体请托事项的;

(三)履职时未被请托,但事后基于该履职事由收受他人财物的。

国家工作人员索取、收受具有上下级关系的下属或者具有行政管理关系的被管理人员的财物价值三万元以上,可能影响职权行使的,视为承诺为他人谋取利益。

第 14 条【行贿罪"犯罪较轻""重大案件""对侦破重大案件起关键作用"的认定】

根据行贿犯罪的事实、情节,可能被判处三年有期徒刑以下刑罚的,可以认定为刑法第三百九十条第二款规定的"犯罪较轻"。

根据犯罪的事实、情节,已经或者可能被判处十年有期徒刑以上刑罚的,或者案件在本省、自治区、直辖市或者全国范围内有较大影响的,可以认定为刑法第三百九十条第二款规定的"重大案件"。

具有下列情形之一的,可以认定为刑法第三百九十条第二款规定的"对侦破重大案件起关键作用":

(一)主动交待办案机关未掌握的重大案件线索的;

(二)主动交待的犯罪线索不属于重大案件的线索,但该线索对于重大案件侦破有重要作用的;

(三)主动交待行贿事实,对于重大案件的证据收集有重要作用的;

(四)主动交待行贿事实,对于重大案件的追逃、追赃有重要作用的。

第15条【计算受贿数额】 ★★★

对多次受贿未经处理的,累计计算受贿数额。

国家工作人员利用职务上的便利为请托人谋取利益前后多次收受请托人财物,受请托之前收受的财物数额在一万元以上的,应当一并计入受贿数额。

第17条【国家工作人员同时构成受贿罪和渎职犯罪的,除刑法另有规定外,数罪并罚】

国家工作人员利用职务上的便利,收受他人财物,为他人谋取利益,同时构成受贿罪和刑法分则第三章第三节、第九章规定的渎职犯罪的,除刑法另有规定外,以受贿罪和渎职犯罪数罪并罚。

第18条【财物处理】 ★★★

贪污贿赂犯罪分子违法所得的一切财物,应当依照刑法第六十四条的规定予以追缴或者责令退赔,对被害人的合法财产应当及时返还。对尚未追缴到案或者尚未足额退赔的违法所得,应当继续追缴或者责令退赔。

第19条【罚金数额】 ★★★★

对贪污罪、受贿罪判处三年以下有期徒刑或者拘役的,应当并处十万元以上五十万元以下的罚金;判处三年以上十年以下有期徒刑的,应当并处二十万元以上犯罪数额二倍以下的罚金或者没收财产;判处十年以上有期徒刑或者无期徒刑的,应当并处五十万元以上犯罪数额二倍以下的罚金或者没收财产。

对刑法规定并处罚金的其他贪污贿赂犯罪,应当在十万元以上犯罪数额二倍以下判处罚金。

最高人民法院关于审理道路交通事故损害赔偿案件适用法律若干问题的解释①

★★

(法释〔2012〕19号,2012年9月17日最高人民法院审判委员会第1556次会议通过,自2012年12月21日起施行)

第16条【交强险和商业三者险并存时的赔付规则】 ★★★★★

同时投保机动车第三者责任强制保险(以下简称"交强险")和第三者责任商业保险(以下简称"商业三者险")的机动车发生交通事故造成损害,当事人同时起诉侵权人和保险公司的,人民法院应当按照下列规则确定赔偿责任:

(一)先由承保交强险的保险公司在责任限额范围内予以赔偿;

(二)不足部分,由承保商业三者险的保险公司根据保险合同予以赔偿;

(三)仍有不足的,依照道路交通安全法和侵权责任法的相关规定由侵权人予以赔偿。

被侵权人或者其近亲属请求承保交强险的保险公司优先赔偿精神损害的,人民法院应予支持。

最高人民法院、最高人民检察院关于办理抢夺刑事案件适用法律若干问题的解释②

★★

(法释〔2013〕25号,2013年9月30日最高人民法院审判委员会第

---

① 简称《道路交通事故司法解释》。此处仅列节选内容。
② 简称《抢夺罪司法解释》。此处仅列节选内容。

1592 次会议、2013 年 10 月 22 日最高人民检察院第十二届检察委员会第 12 次会议通过,自 2013 年 11 月 18 日起施行)

第1条【抢夺公私财物"数额较大""数额巨大""数额特别巨大"的认定】 ★★★★

抢夺公私财物价值一千元至三千元以上、三万元至八万元以上、二十万元至四十万元以上的,应当分别认定为刑法第二百六十七条规定的"数额较大""数额巨大""数额特别巨大"。

各省、自治区、直辖市高级人民法院、人民检察院可以根据本地区经济发展状况,并考虑社会治安状况,在前款规定的数额幅度内,确定本地区执行的具体数额标准,报最高人民法院、最高人民检察院批准。

第2条【抢夺公私财物"数额较大"的标准按照一般标准的百分之五十确定的情形】 ★★★★

抢夺公私财物,具有下列情形之一的,"数额较大"的标准按照前条规定标准的百分之五十确定:

(一)曾因抢劫、抢夺或者聚众哄抢受过刑事处罚的;

(二)一年内曾因抢夺或者哄抢受过行政处罚的;

(三)一年内抢夺三次以上的;

(四)驾驶机动车、非机动车抢夺的;

(五)组织、控制未成年人抢夺的;

(六)抢夺老年人、未成年人、孕妇、携带婴幼儿的人、残疾人、丧失劳动能力人的财物的;

(七)在医院抢夺病人或者其亲友财物的;

(八)抢夺救灾、抢险、防汛、优抚、扶贫、移民、救济款物的;

(九)自然灾害、事故灾害、社会安全事件等突发事件期间,在事件发生地抢夺的;

(十)导致他人轻伤或者精神失常等严重后果的。

最高人民法院、最高人民检察院关于办理与盗窃、抢劫、诈骗、抢夺机动车相关刑事案件具体应用法律若干问题的解释①

★★

(法释〔2007〕11号,2006年12月25日最高人民法院审判委员会第1411次会议、2007年2月14日最高人民检察院第十届检察委员会第71次会议通过,自2007年5月11日起施行)

第1条【对盗窃、抢劫、诈骗、抢夺的机动车以掩饰、隐瞒犯罪所得、犯罪所得收益罪定罪的行为认定】 ★★★★★

明知是盗窃、抢劫、诈骗、抢夺的机动车,实施下列行为之一的,依照刑法第三百一十二条的规定,以掩饰、隐瞒犯罪所得、犯罪所得收益罪定罪,处三年以下有期徒刑、拘役或者管制,并处或者单处罚金:

(一)买卖、介绍买卖、典当、拍卖、抵押或者用其抵债的;

(二)拆解、拼装或者组装的;

(三)修改发动机号、车辆识别代号的;

(四)更改车身颜色或者车辆外形的;

(五)提供或者出售机动车来历凭证、整车合格证、号牌以及有关机动车的其他证明和凭证的;

(六)提供或者出售伪造、变造的机动车来历凭证、整车合格证、号牌以及有关机动车的其他证明和凭证的。

实施第一款规定的行为涉及盗窃、抢劫、诈骗、抢夺的机动车五辆以上或者价值总额达到五十万元以上的,属于刑法第三百一十二条规定的"情节严重",处三年以上七年以下有期徒刑,并处罚金。

---

① 简称《办理盗窃、抢劫、诈骗、抢夺机动车刑事案件司法解释》。此处仅列节选内容。

第6条【盗窃、抢劫、诈骗、抢夺机动车相关刑事案件中"明知"的认定】

★★★

行为人实施本解释第一条、第三条第三款规定的行为,涉及的机动车有下列情形之一的,应当认定行为人主观上属于上述条款所称"明知":

(一)没有合法有效的来历凭证;

(二)发动机号、车辆识别代号有明显更改痕迹,没有合法证明的。

最高人民法院关于审理非法制造、买卖、运输枪支、弹药、爆炸物等刑事案件具体应用法律若干问题的解释①

★

(法释〔2009〕18号,2001年5月10日最高人民法院审判委员会第1174次会议通过,根据2009年11月9日最高人民法院审判委员会第1476次会议通过的最高人民法院《关于修改〈关于审理非法制造、买卖、运输枪支、弹药、爆炸物等刑事案件具体应用法律若干问题的解释〉的决定》修止)

第1条【非法制造、买卖、运输、邮寄、储存枪支、弹药、爆炸物罪定罪】

★★★

个人或者单位非法制造、买卖、运输、邮寄、储存枪支、弹药、爆炸物,具有下列情形之一的,依照刑法第一百二十五条第一款的规定,以非法制造、买卖、运输、邮寄、储存枪支、弹药、爆炸物罪定罪处罚:

(一)非法制造、买卖、运输、邮寄、储存军用枪支一支以上的;

(二)非法制造、买卖、运输、邮寄、储存以火药为动力发射枪弹的非军用枪支一支以上或者以压缩气体等为动力的其他非军用枪支二支以上的;

(三)非法制造、买卖、运输、邮寄、储存军用子弹十发以上、气枪铅弹五百发以上或者其他非军用子弹一百发以上的;

(四)非法制造、买卖、运输、邮寄、储存手榴弹一枚以上的;

---

① 简称《非法制造买卖运输枪支弹药爆炸物罪司法解释》。此处仅列节选内容。

（五）非法制造、买卖、运输、邮寄、储存爆炸装置的；

（六）非法制造、买卖、运输、邮寄、储存炸药、发射药、黑火药一千克以上或者烟火药三千克以上、雷管三十枚以上或者导火索、导爆索三十米以上的；

（七）具有生产爆炸物品资格的单位不按照规定的品种制造，或者具有销售、使用爆炸物品资格的单位超过限额买卖炸药、发射药、黑火药十千克以上或者烟火药三十千克以上、雷管三百枚以上或者导火索、导爆索三百米以上的；

（八）多次非法制造、买卖、运输、邮寄、储存弹药、爆炸物的；

（九）虽未达到上述最低数量标准，但具有造成严重后果等其他恶劣情节的。

介绍买卖枪支、弹药、爆炸物的，以买卖枪支、弹药、爆炸物罪的共犯论处。

第2条【非法制造、买卖、运输、邮寄、储存枪支、弹药、爆炸物"情节严重"的认定】 ★★★

非法制造、买卖、运输、邮寄、储存枪支、弹药、爆炸物，具有下列情形之一的，属于刑法第一百二十五条第一款规定的"情节严重"：

（一）非法制造、买卖、运输、邮寄、储存枪支、弹药、爆炸物的数量达到本解释第一条第（一）、（二）、（三）、（六）、（七）项规定的最低数量标准五倍以上的；

（二）非法制造、买卖、运输、邮寄、储存手榴弹三枚以上的；

（三）非法制造、买卖、运输、邮寄、储存爆炸装置，危害严重的；

（四）达到本解释第一条规定的最低数量标准，并具有造成严重后果等其他恶劣情节的。

第4条【盗窃、抢夺枪支、弹药、爆炸物罪】 ★★

盗窃、抢夺枪支、弹药、爆炸物，具有下列情形之一的，依照刑法第一百二十七条第一款的规定，以盗窃、抢夺枪支、弹药、爆炸物罪定罪处罚：

（一）盗窃、抢夺以火药为动力的发射枪弹非军用枪支一支以上或者以压缩气体等为动力的其他非军用枪支二支以上的；

（二）盗窃、抢夺军用子弹十发以上、气枪铅弹五百发以上或者其他非军用子弹一百发以上的；

（三）盗窃、抢夺爆炸装置的；

（四）盗窃、抢夺炸药、发射药、黑火药一千克以上或烟火药三千克以上、雷管三十枚以上或者导火索、导爆索三十米以上的；

（五）虽未达到上述最低数量标准，但具有造成严重后果等其他恶劣情节的。

具有下列情形之一的，属于刑法第一百二十七条第一款规定的"情节严重"：

（一）盗窃、抢夺枪支、弹药、爆炸物的数量达到本条第一款规定的最低数量标准五倍以上的；

（二）盗窃、抢夺军用枪支的；

（三）盗窃、抢夺手榴弹的；

（四）盗窃、抢夺爆炸装置，危害严重的；

（五）达到本条第一款规定的最低数量标准，并具有造成严重后果等其他恶劣情节的。

第 5 条【以非法持有、私藏枪支、弹药罪论处的情形】 ★★★★

具有下列情形之一的，依照刑法第一百二十八条第一款的规定，以非法持有、私藏枪支、弹药罪定罪处罚：

（一）非法持有、私藏军用枪支一支的；

（二）非法持有、私藏以火药为动力发射枪弹的非军用枪支一支或者以压缩气体等为动力的其他非军用枪支二支以上的；

（三）非法持有、私藏军用子弹二十发以上，气枪铅弹一千发以上或者其他非军用子弹二百发以上的；

（四）非法持有、私藏手榴弹一枚以上的；

（五）非法持有、私藏的弹药造成人员伤亡、财产损失的。

具有下列情形之一的，属于刑法第一百二十八条第一款规定的"情节严重"：

（一）非法持有、私藏军用枪支二支以上的；

（二）非法持有、私藏以火药为动力发射枪弹的非军用枪支二支以上或者以压缩气体等为动力的其他非军用枪支五支以上的；

（三）非法持有、私藏军用子弹一百发以上，气枪铅弹五千发以上或者其他非军用子弹一千发以上的；

（四）非法持有、私藏手榴弹三枚以上的；

（五）达到本条第一款规定的最低数量标准，并具有造成严重后果等其他恶劣情节的。

第 6 条【非法携带枪支、弹药、爆炸物危及公共安全"情节严重"的认定】 ★★

非法携带枪支、弹药、爆炸物进入公共场所或者公共交通工具,危及公共安全,具有下列情形之一的,属于刑法第一百三十条规定的"情节严重":

(一) 携带枪支或者手榴弹的;

(二) 携带爆炸装置的;

(三) 携带炸药、发射药、黑火药五百克以上或者烟火药一千克以上、雷管二十枚以上或者导火索、导爆索二十米以上的;

(四) 携带的弹药、爆炸物在公共场所或者公共交通工具上发生爆炸或者燃烧,尚未造成严重后果的;

(五) 具有其他严重情节的。

行为人非法携带本条第一款第(三)项规定的爆炸物进入公共场所或者公共交通工具,虽未达到上述数量标准,但拒不交出的,依照刑法第一百三十条的规定定罪处罚;携带的数量达到最低数量标准,能够主动、全部交出的,可不以犯罪论处。

第8条【"非法储存""非法持有""私藏"枪支弹药爆炸物的定义】
★★★

刑法第一百二十五条第一款规定的"非法储存",是指明知是他人非法制造、买卖、运输、邮寄的枪支、弹药而为其存放的行为,或者非法存放爆炸物的行为。

刑法第一百二十八条第一款规定的"非法持有",是指不符合配备、配置枪支、弹药条件的人员,违反枪支管理法律、法规的规定,擅自持有枪支、弹药的行为。

刑法第一百二十八条第一款规定的"私藏",是指依法配备、配置枪支、弹药的人员,在配备、配置枪支、弹药的条件消除后,违反枪支管理法律、法规的规定,私自藏匿所配备、配置的枪支、弹药且拒不交出的行为。

第9条【非法制造、买卖、运输、邮寄、储存爆炸物品等行为的定罪量刑标准】
★★★

因筑路、建房、打井、整修宅基地和土地等正常生产、生活需要,以及因从事合法的生产经营活动而非法制造、买卖、运输、邮寄、储存爆炸物,数量达到本解释第一条规定标准,没有造成严重社会危害,并确有悔改表现的,可依法从轻处罚;情节轻微的,可以免除处罚。

具有前款情形,数量虽达到本解释第二条规定标准的,也可以不认定为刑法第一百二十五条第一款规定的"情节严重"。

在公共场所、居民区等人员集中区域非法制造、买卖、运输、邮寄、储存爆炸物，或者因非法制造、买卖、运输、邮寄、储存爆炸物三年内受到两次以上行政处罚又实施上述行为，数量达到本解释规定标准的，不适用前两款量刑的规定。

最高人民法院、最高人民检察院关于办理寻衅滋事刑事案件适用法律若干问题的解释①

★

(法释〔2013〕18 号，2013 年 5 月 27 日最高人民法院审判委员会第 1579 次会议、2013 年 4 月 28 日最高人民检察院第十二届检察委员会第 5 次会议通过，自 2013 年 7 月 22 日起施行)

第 1 条【寻衅滋事行为的界定与排除】 ★★★

行为人为寻求刺激、发泄情绪、逞强耍横等，无事生非，实施刑法第二百九十三条规定的行为的，应当认定为"寻衅滋事"。

行为人因日常生活中的偶发矛盾纠纷，借故生非，实施刑法第二百九十三条规定的行为的，应当认定为"寻衅滋事"，但矛盾系由被害人故意引发或者被害人对矛盾激化负有主要责任的除外。

行为人因婚恋、家庭、邻里、债务等纠纷，实施殴打、辱骂、恐吓他人或者损毁、占用他人财物等行为的，一般不认定为"寻衅滋事"，但经有关部门批评制止或者处理处罚后，继续实施前列行为，破坏社会秩序的除外。

第 2 条【寻衅滋事行为中随意殴打他人"情节恶劣"的认定】 ★★★

随意殴打他人，破坏社会秩序，具有下列情形之一的，应当认定为刑法第二百九十三条第一款第一项规定的"情节恶劣"：

(一) 致一人以上轻伤或者二人以上轻微伤的；

(二) 引起他人精神失常、自杀等严重后果的；

(三) 多次随意殴打他人的；

(四) 持凶器随意殴打他人的；

---

① 简称《寻衅滋事罪司法解释》。此处仅列节选内容。

（五）随意殴打精神病人、残疾人、流浪乞讨人员、老年人、孕妇、未成年人，造成恶劣社会影响的；

（六）在公共场所随意殴打他人，造成公共场所秩序严重混乱的；

（七）其他情节恶劣的情形。

第3条【寻衅滋事行为中追逐、拦截、辱骂、恐吓他人"情节严重"的认定】

追逐、拦截、辱骂、恐吓他人，破坏社会秩序，具有下列情形之一的，应当认定为刑法第二百九十三条第一款第二项规定的"情节恶劣"：

（一）多次追逐、拦截、辱骂、恐吓他人，造成恶劣社会影响的；

（二）持凶器追逐、拦截、辱骂、恐吓他人的；

（三）追逐、拦截、辱骂、恐吓精神病人、残疾人、流浪乞讨人员、老年人、孕妇、未成年人，造成恶劣社会影响的；

（四）引起他人精神失常、自杀等严重后果的；

（五）严重影响他人的工作、生活、生产、经营的；

（六）其他情节恶劣的情形。

第4条【寻衅滋事行为中强拿硬要或者任意损毁、占用公私财物"情节严重"的认定】 ★★★

强拿硬要或者任意损毁、占用公私财物，破坏社会秩序，具有下列情形之一的，应当认定为刑法第二百九十三条第一款第三项规定的"情节严重"：

（一）强拿硬要公私财物价值一千元以上，或者任意损毁、占用公私财物价值二千元以上的；

（二）多次强拿硬要或者任意损毁、占用公私财物，造成恶劣社会影响的；

（三）强拿硬要或者任意损毁、占用精神病人、残疾人、流浪乞讨人员、老年人、孕妇、未成年人的财物，造成恶劣社会影响的；

（四）引起他人精神失常、自杀等严重后果的；

（五）严重影响他人的工作、生活、生产、经营的；

（六）其他情节严重的情形。

第8条【寻衅滋事刑事案件中可以从轻处罚、不起诉或者免予刑事处罚的情形】 ★★★

行为人认罪、悔罪，积极赔偿被害人损失或者取得被害人谅解的，可以从轻处罚；犯罪情节轻微的，可以不起诉或者免予刑事处罚。

最高人民法院关于审理毒品犯罪案件适用法律若干问题的解释①

★

(法释〔2016〕8 号,2016 年 1 月 25 日最高人民法院审判委员会第 1676 次会议通过,自 2016 年 4 月 11 日起施行)

第 8 条【非法生产、买卖、运输制毒物品、走私制毒物品"情节严重"的认定】 ★★

违反国家规定,非法生产、买卖、运输制毒物品、走私制毒物品,具有下列情形之一的,应当认定为刑法第三百五十条第一款规定的"情节严重":

(一)制毒物品数量在本解释第七条第一款规定的最高数量标准以上,不满最高数量标准五倍的;

(二)达到本解释第七条第一款规定的数量标准,且具有本解释第七条第二款第三项至第六项规定的情形之一的;

(三)其他情节严重的情形。

违反国家规定,非法生产、买卖、运输制毒物品、走私制毒物品,具有下列情形之一的,应当认定为刑法第三百五十条第一款规定的"情节特别严重":

(一)制毒物品数量在本解释第七条第一款规定的最高数量标准五倍以上的;

(二)达到前款第一项规定的数量标准,且具有本解释第七条第二款第三项至第六项规定的情形之一的;

(三)其他情节特别严重的情形。

第 12 条【容留他人吸毒罪定罪范围】 ★★★

容留他人吸食、注射毒品,具有下列情形之一的,应当依照刑法第三百五十四条的规定,以容留他人吸毒罪定罪处罚:

(一)一次容留多人吸食、注射毒品的;

---

① 简称《审理毒品犯罪案件司法解释》。此处仅列节选内容。

(二) 二年内多次容留他人吸食、注射毒品的;
(三) 二年内曾因容留他人吸食、注射毒品受过行政处罚的;
(四) 容留未成年人吸食、注射毒品的;
(五) 以牟利为目的容留他人吸食、注射毒品的;
(六) 容留他人吸食、注射毒品造成严重后果的;
(七) 其他应当追究刑事责任的情形。

向他人贩卖毒品后又容留其吸食、注射毒品,或者容留他人吸食、注射毒品并向其贩卖毒品,符合前款规定的容留他人吸毒罪的定罪条件的,以贩卖毒品罪和容留他人吸毒罪数罪并罚。

容留近亲属吸食、注射毒品,情节显著轻微危害不大的,不作为犯罪处理;需要追究刑事责任的,可以酌情从宽处罚。

最高人民法院关于审理掩饰、隐瞒犯罪所得、犯罪所得收益刑事案件适用法律若干问题的解释①

★

(法释〔2015〕11号,2015年5月11日最高人民法院审判委员会第1651次会议通过,自2015年6月1日起施行)

第1条【以掩饰、隐瞒犯罪所得、犯罪所得收益罪定罪处罚的具体情形】

★★★

明知是犯罪所得及其产生的收益而予以窝藏、转移、收购、代为销售或者以其他方法掩饰、隐瞒,具有下列情形之一的,应当依照刑法第三百一十二条第一款的规定,以掩饰、隐瞒犯罪所得、犯罪所得收益罪定罪处罚:

(一) 掩饰、隐瞒犯罪所得及其产生的收益价值三千元至一万元以上的;

(二) 一年内曾因掩饰、隐瞒犯罪所得及其产生的收益行为受过行政处罚,又实施掩饰、隐瞒犯罪所得及其产生的收益行为的;

(三) 掩饰、隐瞒的犯罪所得系电力设备、交通设施、广播电视设施、公用

---

① 简称《审理掩饰、隐瞒犯罪所得、犯罪所得收益刑事案件司法解释》。此处仅列节选内容。

电信设施、军事设施或者救灾、抢险、防汛、优抚、扶贫、移民、救济款物的;

(四)掩饰、隐瞒行为致使上游犯罪无法及时查处,并造成公私财物损失无法挽回的;

(五)实施其他掩饰、隐瞒犯罪所得及其产生的收益行为,妨害司法机关对上游犯罪进行追究的。

各省、自治区、直辖市高级人民法院可以根据本地区经济社会发展状况,并考虑社会治安状况,在本条第一款第(一)项规定的数额幅度内,确定本地执行的具体数额标准,报最高人民法院备案。

司法解释对掩饰、隐瞒涉及计算机信息系统数据、计算机信息系统控制权的犯罪所得及其产生的收益行为构成犯罪已有规定的,审理此类案件依照该规定。

依照全国人民代表大会常务委员会《关于〈中华人民共和国刑法〉第三百四十一条、第三百一十二条的解释》,明知是非法狩猎的野生动物而收购,数量达到五十只以上的,以掩饰、隐瞒犯罪所得罪定罪处罚。

最高人民法院、最高人民检察院
关于办理职务犯罪案件认定自首、立功等
量刑情节若干问题的意见①

★

(法发〔2009〕13号,2009年3月12日发布施行)

第1条【关于自首的认定和处理】 ★★★★★

根据刑法第六十七条第一款的规定,成立自首需同时具备自动投案和如实供述自己的罪行两个要件。犯罪事实或者犯罪分子未被办案机关掌握,或者虽被掌握,但犯罪分子尚未受到调查谈话、讯问,或者未被宣布采取调查措施或者强制措施时,向办案机关投案的,是自动投案。在此期间如实交代自己的主要犯罪事实的,应当认定为自首。

---

① 简称《办理职务犯罪案件认定自首、立功等量刑情节的意见》。此处仅列节选内容。

犯罪分子向所在单位等办案机关以外的单位、组织或者有关负责人员投案的，应当视为自动投案。

没有自动投案，在办案机关调查谈话、讯问、采取调查措施或者强制措施期间，犯罪分子如实交代办案机关掌握的线索所针对的事实的，不能认定为自首。

没有自动投案，但具有以下情形之一的，以自首论：（1）犯罪分子如实交代办案机关未掌握的罪行，与办案机关已掌握的罪行属不同种罪行的；（2）办案机关所掌握线索针对的犯罪事实不成立，在此范围外犯罪分子交代同种罪行的。

单位犯罪案件中，单位集体决定或者单位负责人决定而自动投案，如实交代单位犯罪事实的，或者单位直接负责的主管人员自动投案，如实交代单位犯罪事实的，应当认定为单位自首。单位自首的，直接负责的主管人员和直接责任人员未自动投案，但如实交代自己知道的犯罪事实的，可以视为自首；拒不交代自己知道的犯罪事实或者逃避法律追究的，不应当认定为自首。单位没有自首，直接责任人员自动投案并如实交代自己知道的犯罪事实的，对该直接责任人员应当认定为自首。

对于具有自首情节的犯罪分子，办案机关移送案件时应当予以说明并移交相关证据材料。

对于具有自首情节的犯罪分子，应当根据犯罪的事实、性质、情节和对于社会的危害程度，结合自动投案的动机、阶段、客观环境，交代犯罪事实的完整性、稳定性以及悔罪表现等具体情节，依法决定是否从轻、减轻或者免除处罚以及从轻、减轻处罚的幅度。

第4条【关于赃款赃物追缴等情形的处理】　　　　　　　　★

贪污案件中赃款赃物全部或者大部分追缴的，一般应当考虑从轻处罚。

受贿案件中赃款赃物全部或者大部分追缴的，视具体情况可以酌定从轻处罚。

犯罪分子及其亲友主动退赃或者在办案机关追缴赃款赃物过程中积极配合的，在量刑时应当与办案机关查办案件过程中依职权追缴赃款赃物的有所区别。

职务犯罪案件立案后，犯罪分子及其亲友自行挽回的经济损失，司法机关或者犯罪分子所在单位及其上级主管部门挽回的经济损失，或者因客观原因减少的经济损失，不予扣减，但可以作为酌情从轻处罚的情节。

最高人民法院、最高人民检察院关于办理走私刑事案件适用法律若干问题的解释①

（法释〔2014〕10号，2014年2月24日最高人民法院审判委员会第1608次会议、2014年6月13日最高人民检察院第十二届检察委员会第23次会议通过，自2014年9月10日起施行）

第1条【走私武器、弹药罪"情节较轻"的认定；处七年以上有期徒刑，并处罚金或者没收财产的情形；"情节特别严重"的认定】 ★★★

走私武器、弹药，具有下列情形之一的，可以认定为刑法第一百五十一条第一款规定的"情节较轻"：

（一）走私以压缩气体等非火药为动力发射枪弹的枪支二支以上不满五支的；

（二）走私气枪铅弹五百发以上不满二千五百发，或者其他子弹十发以上不满五十发的；

（三）未达到上述数量标准，但属于犯罪集团的首要分子，使用特种车辆从事走私活动，或者走私的武器、弹药被用于实施犯罪等情形的；

（四）走私各种口径在六十毫米以下常规炮弹、手榴弹或者枪榴弹等分别或者合计不满五枚的。

具有下列情形之一的，依照刑法第一百五十一条第一款的规定处七年以上有期徒刑，并处罚金或者没收财产：

（一）走私以火药为动力发射枪弹的枪支一支，或者以压缩气体等非火药为动力发射枪弹的枪支五支以上不满十支的；

（二）走私第一款第二项规定的弹药，数量在该项规定的最高数量以上不满最高数量五倍的；

（三）走私各种口径在六十毫米以下常规炮弹、手榴弹或者枪榴弹等分

---

① 简称《办理走私刑事案件司法解释》。此处仅列节选内容。

别或者合计达到五枚以上不满十枚,或者各种口径超过六十毫米以上常规炮弹合计不满五枚的;

（四）达到第一款第一、二、四项规定的数量标准,且属于犯罪集团的首要分子,使用特种车辆从事走私活动,或者走私的武器、弹药被用于实施犯罪等情形的。

具有下列情形之一的,应当认定为刑法第一百五十一条第一款规定的"情节特别严重":

（一）走私第二款第一项规定的枪支,数量超过该项规定的数量标准的;

（二）走私第一款第二项规定的弹药,数量在该项规定的最高数量标准五倍以上的;

（三）走私第二款第三项规定的弹药,数量超过该项规定的数量标准,或者走私具有巨大杀伤力的非常规炮弹一枚以上的;

（四）达到第二款第一项至第三项规定的数量标准,且属于犯罪集团的首要分子,使用特种车辆从事走私活动,或者走私的武器、弹药被用于实施犯罪等情形的。

走私其他武器、弹药,构成犯罪的,参照本条各款规定的标准处罚。

第 5 条【走私武器罪中从轻处罚、免予刑事处罚的情形和走私进出口的货物、物品罪的认定】 ★★

走私国家禁止或者限制进出口的仿真枪、管制刀具,构成犯罪的,依照刑法第一百五十一条第三款的规定,以走私国家禁止进出口的货物、物品罪定罪处罚。具体的定罪量刑标准,适用本解释第十一条第一款第六、七项和第二款的规定。

走私的仿真枪经鉴定为枪支,构成犯罪的,依照刑法第一百五十一条第一款的规定,以走私武器罪定罪处罚。不以牟利或者从事违法犯罪活动为目的,且无其他严重情节的,可以依法从轻处罚;情节轻微不需要判处刑罚的,可以免予刑事处罚。

第 9 条【走私国家一、二级保护动物"情节较轻"的认定;处五年以上十年以下有期徒刑,并处罚金的情形;"情节特别严重"的认定】 ★★

走私国家一、二级保护动物未达到本解释附表中(一)规定的数量标准,或者走私珍贵动物制品数额不满二十万元的,可以认定为刑法第一百五十一条第二款规定的"情节较轻"。

具有下列情形之一的,依照刑法第一百五十一条第二款的规定处五年以上十年以下有期徒刑,并处罚金:

（一）走私国家一、二级保护动物达到本解释附表中（一）规定的数量标准的；

（二）走私珍贵动物制品数额在二十万元以上不满一百万元的；

（三）走私国家一、二级保护动物未达到本解释附表中（一）规定的数量标准，但具有造成该珍贵动物死亡或者无法追回等情节的。

具有下列情形之一的，应当认定为刑法第一百五十一条第二款规定的"情节特别严重"：

（一）走私国家一、二级保护动物达到本解释附表中（二）规定的数量标准的；

（二）走私珍贵动物制品数额在一百万元以上的；

（三）走私国家一、二级保护动物达到本解释附表中（一）规定的数量标准，且属于犯罪集团的首要分子，使用特种车辆从事走私活动，或者造成该珍贵动物死亡、无法追回等情形的。

不以牟利为目的，为留作纪念而走私珍贵动物制品进境，数额不满十万元的，可以免予刑事处罚；情节显著轻微的，不作为犯罪处理。

第 11 条【走私国家禁止进出口的货物、物品具体的定罪处罚】 ★★

走私国家禁止进出口的货物、物品，具有下列情形之一的，依照刑法第一百五十一条第三款的规定处五年以下有期徒刑或者拘役，并处或者单处罚金：

（一）走私国家一级保护野生植物五株以上不满二十五株，国家二级保护野生植物十株以上不满五十株，或者珍稀植物、珍稀植物制品数额在二十万元以上不满一百万元的；

（二）走私重点保护古生物化石或者未命名的古生物化石不满十件，或者一般保护古生物化石十件以上不满五十件的；

（三）走私禁止进出口的有毒物质一吨以上不满五吨，或者数额在二万元以上不满十万元的；

（四）走私来自境外疫区的动植物及其产品五吨以上不满二十五吨，或者数额在五万元以上不满二十五万元的；

（五）走私木炭、硅砂等妨害环境、资源保护的货物、物品十吨以上不满五十吨，或者数额在十万元以上不满五十万元的；

（六）走私旧机动车、切割车、旧机电产品或者其他禁止进出口的货物、物品二十吨以上不满一百吨，或者数额在二十万元以上不满一百万元的；

（七）数量或者数额未达到本款第一项至第六项规定的标准，但属于犯罪集团的首要分子,使用特种车辆从事走私活动,造成环境严重污染,或者引起甲类传染病传播、重大动植物疫情等情形的。

具有下列情形之一的,应当认定为刑法第一百五十一条第三款规定的"情节严重":

(一) 走私数量或者数额超过前款第一项至第六项规定的标准的;

(二) 达到前款第一项至第六项规定的标准,且属于犯罪集团的首要分子,使用特种车辆从事走私活动,造成环境严重污染,或者引起甲类传染病传播、重大动植物疫情等情形的。

第 12 条【走私珍稀植物、珍稀植物制品罪与走私文物罪】　★

刑法第一百五十一条第三款规定的"珍稀植物",包括列入《国家重点保护野生植物名录》《国家重点保护野生药材物种名录》《国家珍贵树种名录》中的国家一、二级保护野生植物、国家重点保护的野生药材、珍贵树木,《濒危野生动植物种国际贸易公约》附录Ⅰ、附录Ⅱ中的野生植物,以及人工培育的上述植物。

本解释规定的"古生物化石",按照《古生物化石保护条例》的规定予以认定。走私具有科学价值的古脊椎动物化石、古人类化石,构成犯罪的,依照刑法第一百五十一条第二款的规定,以走私文物罪定罪处罚。

第 13 条【走私淫秽物品罪"情节较轻"的认定;处三年以上十年以下有期徒刑,并处罚金的情形;"情节严重"的认定】　★★

以牟利或者传播为目的,走私淫秽物品,达到下列数量之一的,可以认定为刑法第一百五十二条第一款规定的"情节较轻":

(一) 走私淫秽录像带、影碟五十盘(张)以上不满一百盘(张)的;

(二) 走私淫秽录音带、音碟一百盘(张)以上不满二百盘(张)的;

(三) 走私淫秽扑克、书刊、画册一百副(册)以上不满二百副(册)的;

(四) 走私淫秽照片、画片五百张以上不满一千张的;

(五) 走私其他淫秽物品相当于上述数量的。

走私淫秽物品在前款规定的最高数量以上不满最高数量五倍的,依照刑法第一百五十二条第一款的规定处三年以上十年以下有期徒刑,并处罚金。

走私淫秽物品在第一款规定的最高数量五倍以上,或者在第一款规定的最高数量以上不满五倍,但属于犯罪集团的首要分子,使用特种车辆从事走私活动等情形的,应当认定为刑法第一百五十二条第一款规定的"情节严重"。

第 14 条【走私废物罪"情节严重""情节特别严重"的认定】　★★★

走私国家禁止进口的废物或者国家限制进口的可用作原料的废物,具有下列情形之一的,应当认定为刑法第一百五十二条第二款规定的"情节严重":

（一）走私国家禁止进口的危险性固体废物、液态废物分别或者合计达到一吨以上不满五吨的;

（二）走私国家禁止进口的非危险性固体废物、液态废物分别或者合计达到五吨以上不满二十五吨的;

（三）走私国家限制进口的可用作原料的固体废物、液态废物分别或者合计达到二十吨以上不满一百吨的;

（四）未达到上述数量标准,但属于犯罪集团的首要分子,使用特种车辆从事走私活动,或者造成环境严重污染等情形的。

具有下列情形之一的,应当认定为刑法第一百五十二条第二款规定的"情节特别严重":

（一）走私数量超过前款规定的标准的;

（二）达到前款规定的标准,且属于犯罪集团的首要分子,使用特种车辆从事走私活动,或者造成环境严重污染等情形的;

（三）未达到前款规定的标准,但造成环境严重污染且后果特别严重的。

走私置于容器中的气态废物,构成犯罪的,参照前两款规定的标准处罚。

第 16 条【走私普通货物、物品罪"偷逃应缴税额较大""偷逃应缴税巨大""偷逃应缴税额特别巨大""其他严重情节""其他特别严重情节"的认定**】** ★★★★★

走私普通货物、物品,偷逃应缴税额在十万元以上不满五十万元的,应当认定为刑法第一百五十三条第一款规定的"偷逃应缴税额较大";偷逃应缴税额在五十万元以上不满二百五十万元的,应当认定为"偷逃应缴税额巨大";偷逃应缴税额在二百五十万元以上的,应当认定为"偷逃应缴税额特别巨大"。

走私普通货物、物品,具有下列情形之一,偷逃应缴税额在三十万元以上不满五十万元的,应当认定为刑法第一百五十三条第一款规定的"其他严重情节";偷逃应缴税额在一百五十万元以上不满二百五十万元的,应当认定为"其他特别严重情节":

（一）犯罪集团的首要分子;

（二）使用特种车辆从事走私活动的;

（三）为实施走私犯罪,向国家机关工作人员行贿的;

（四）教唆、利用未成年人、孕妇等特殊人群走私的；

（五）聚众阻挠缉私的。

第 21 条【走私犯罪中违反许可制度的行为的定罪处罚】 ★★★

未经许可进出口国家限制进出口的货物、物品，构成犯罪的，应当依照刑法第一百五十一条、第一百五十二条的规定，以走私国家禁止进出口的货物、物品罪等罪名定罪处罚；偷逃应缴税额，同时又构成走私普通货物、物品罪的，依照处罚较重的规定定罪处罚。

取得许可，但超过许可数量进出口国家限制进出口的货物、物品，构成犯罪的，依照刑法第一百五十三条的规定，以走私普通货物、物品罪定罪处罚。

租用、借用或者使用购买的他人许可证，进出口国家限制进出口的货物、物品的，适用本条第一款的规定定罪处罚。

第 23 条【"走私犯罪既遂"的认定】 ★

实施走私犯罪，具有下列情形之一的，应当认定为犯罪既遂：

（一）在海关监管现场被查获的；

（二）以虚假申报方式走私，申报行为实施完毕的；

（三）以保税货物或者特定减税、免税进口的货物、物品为对象走私，在境内销售的，或者申请核销行为实施完毕的。

第 24 条【单位犯走私罪的定罪处罚】 ★★★★★

单位犯刑法第一百五十一条、第一百五十二条规定之罪，依照本解释规定的标准定罪处罚。

单位犯走私普通货物、物品罪，偷逃应缴税额在二十万元以上不满一百万元的，应当依照刑法第一百五十三条第二款的规定，对单位判处罚金，并对其直接负责的主管人员和其他直接责任人员，处三年以下有期徒刑或者拘役；偷逃应缴税额在一百万元以上不满五百万元的，应当认定为"情节严重"；偷逃应缴税额在五百万元以上的，应当认定为"情节特别严重"。

最高人民法院、最高人民检察院关于办理妨害信用卡管理刑事案件具体应用法律若干问题的解释[1]

（法释〔2018〕19号，2009年10月12日最高人民法院审判委员会第1475次会议、2009年11月12日最高人民检察院第十一届检察委员会第22次会议通过，根据2018年7月30日最高人民法院审判委员会第1745次会议、2018年10月19日最高人民检察院第十三届检察委员会第7次会议通过的《最高人民法院、最高人民检察院关于修改〈关于办理妨害信用卡管理刑事案件具体应用法律若干问题的解释〉的决定》修正）

第2条【妨害信用卡管理罪"数量较大""数量巨大""使用虚假的身份证明骗领信用卡"的认定】★★★

明知是伪造的空白信用卡而持有、运输十张以上不满一百张的，应当认定为刑法第一百七十七条之一第一款第一项规定的"数量较大"；非法持有他人信用卡五张以上不满五十张的，应当认定为刑法第一百七十七条之一第一款第二项规定的"数量较大"。

有下列情形之一的，应当认定为刑法第一百七十七条之一第一款规定的"数量巨大"：

（一）明知是伪造的信用卡而持有、运输十张以上的；

（二）明知是伪造的空白信用卡而持有、运输一百张以上的；

（三）非法持有他人信用卡五十张以上的；

（四）使用虚假的身份证明骗领信用卡十张以上的；

（五）出售、购买、为他人提供伪造的信用卡或者以虚假的身份证明骗领的信用卡十张以上的。

违背他人意愿，使用其居民身份证、军官证、士兵证、港澳居民往来内地通行证、台湾居民来往大陆通行证、护照等身份证明申领信用卡的，或者使用

---

[1] 简称《办理妨害信用卡管理刑事案件司法解释》。此处仅列节选内容。

伪造、变造的身份证明申领信用卡的,应当认定为刑法第一百七十七条之一第一款第三项规定的"使用虚假的身份证明骗领信用卡"。

第 3 条【窃取、收买、非法提供信用卡信息罪的认定;妨害信用卡管理罪"数量巨大"的认定】 ★

窃取、收买、非法提供他人信用卡信息资料,足以伪造可进行交易的信用卡,或者足以使他人以信用卡持卡人名义进行交易,涉及信用卡 1 张以上不满五张的,依照刑法第一百七十七条之一第二款的规定,以窃取、收买、非法提供信用卡信息罪定罪处罚;涉及信用卡五张以上的,应当认定为刑法第一百七十七条之一第一款规定的"数量巨大"。

第 5 条【信用卡诈骗罪"数额较大""数额巨大""数额特别巨大"的认定;冒用他人信用卡的认定】 ★★★

使用伪造的信用卡、以虚假的身份证明骗领的信用卡、作废的信用卡或者冒用他人信用卡,进行信用卡诈骗活动,数额在五千元以上不满五万元的,应当认定为刑法第一百九十六条规定的"数额较大";数额在五万元以上不满五十万元的,应当认定为刑法第一百九十六条规定的"数额巨大";数额在五十万元以上的,应当认定为刑法第一百九十六条规定的"数额特别巨大"。

刑法第一百九十六条第一款第三项所称"冒用他人信用卡",包括以下情形:

（一）拾得他人信用卡并使用的;

（二）骗取他人信用卡并使用的;

（三）窃取、收买、骗取或者以其他非法方式获取他人信用卡信息资料,并通过互联网、通讯终端等使用的;

（四）其他冒用他人信用卡的情形。

第 6 条【信用卡"恶意透支"的认定】 ★★★★

持卡人以非法占有为目的,超过规定限额或者规定期限透支,经发卡银行两次有效催收后超过三个月仍不归还的,应当认定为刑法第一百九十六条规定的"恶意透支"。

对于是否以非法占有为目的,应当综合持卡人信用记录、还款能力和意愿、申领和透支信用卡的状况、透支资金的用途、透支后的表现、未按规定还款的原因等情节作出判断。不得单纯依据持卡人未按规定还款的事实认定非法占有目的。

具有以下情形之一的,应当认定为刑法第一百九十六条第二款规定的"以非法占有为目的",但有证据证明持卡人确实不具有非法占有目的的除外：

(一) 明知没有还款能力而大量透支，无法归还的；
(二) 使用虚假资信证明申领信用卡后透支，无法归还的；
(三) 透支后通过逃匿、改变联系方式等手段，逃避银行催收的；
(四) 抽逃、转移资金，隐匿财产，逃避还款的；
(五) 使用透支的资金进行犯罪活动的；
(六) 其他非法占有资金，拒不归还的情形。

第12条【非法经营罪与信用卡诈骗罪的认定】 ★★

违反国家规定，使用销售点终端机具（POS机）等方法，以虚构交易、虚开价格、现金退货等方式向信用卡持卡人直接支付现金，情节严重的，应当依据刑法第二百二十五条的规定，以非法经营罪定罪处罚。

实施前款行为，数额在一百万元以上的，或者造成金融机构资金二十万元以上逾期未还的，或者造成金融机构经济损失十万元以上的，应当认定为刑法第二百二十五条规定的"情节严重"；数额在五百万元以上的，或者造成金融机构资金一百万元以上逾期未还的，或者造成金融机构经济损失五十万元以上的，应当认定为刑法第二百二十五条规定的"情节特别严重"。

持卡人以非法占有为目的，采用上述方式恶意透支，应当追究刑事责任的，依照刑法第一百九十六条的规定，以信用卡诈骗罪定罪处罚。

最高人民法院关于审理破坏森林资源刑事案件具体应用法律若干问题的解释①

(法释〔2000〕36号，2000年11月17日由最高人民法院审判委员会第1141次会议通过，自2000年12月11日起施行)

第1条【"珍贵树木"的范围】 ★★

刑法第三百四十四条规定的"珍贵树木"，包括由省级以上林业主管部门或者其他部门确定的具有重大历史纪念意义、科学研究价值或者年代久远的

---

① 简称《破坏森林资源犯罪司法解释》。此处仅列节选内容。

古树名木、国家禁止、限制出口的珍贵树木以及列入国家重点保护野生植物名录的树木。

第 2 条【非法采伐、毁坏珍贵树木行为"情节严重"的认定】 ★★

具有下列情形之一的,属于非法采伐、毁坏珍贵树木行为"情节严重":

（一）非法采伐珍贵树木二株以上或者毁坏珍贵树木致使珍贵树木死亡三株以上的；

（二）非法采伐珍贵树木二立方米以上的；

（三）为首组织、策划、指挥非法采伐或者毁坏珍贵树木的；

（四）其他情节严重的情形。

第 3 条【盗伐林木行为的认定】 ★★

以非法占有为目的,具有下列情形之一,数量较大的,依照刑法第三百四十五条第一款的规定,以盗伐林木罪定罪处罚：

（一）擅自砍伐国家、集体、他人所有或者他人承包经营管理的森林或者其他林木的；

（二）擅自砍伐本单位或者本人承包经营管理的森林或者其他林木的；

（三）在林木采伐许可证规定的地点以外采伐国家、集体、他人所有或者他人承包经营管理的森林或者其他林木的。

第 4 条【盗伐林木"数量较大""数量巨大""数量特别巨大"的认定】 ★★

盗伐林木"数量较大",以二至五立方米或者幼树一百至二百株为起点；盗伐林木"数量巨大",以二十至五十立方米或者幼树一千至二千株为起点；盗伐林木"数量特别巨大",以一百至二百立方米或者幼树五千至一万株为起点。

第 5 条【以滥伐林木罪定罪处罚的情形】 ★

违反森林法的规定,具有下列情形之一,数量较大的,依照刑法第三百四十五条第二款的规定,以滥伐林木罪定罪处罚：

（一）未经林业行政主管部门及法律规定的其他主管部门批准并核发林木采伐许可证,或者虽持有林木采伐许可证,但违反林木采伐许可证规定的时间、数量、树种或者方式,任意采伐本单位所有或者本人所有的森林或者其他林木的；

（二）超过林木采伐许可证规定的数量采伐他人所有的森林或者其他林木的。

林木权属争议一方在林木权属确权之前,擅自砍伐森林或者其他林木,数量较大的,以滥伐林木罪论处。

第6条【滥伐林木"数量较大""数量巨大"的认定】 ★

滥伐林木"数量较大",以十至二十立方米或者幼树五百至一千株为起点;滥伐林木"数量巨大",以五十至一百立方米或者幼树二千五百至五千株为起点。

第11条【非法收购盗伐、滥伐的林木"情节严重""情节特别严重"的认定】 ★★

具有下列情形之一的,属于在林区非法收购盗伐、滥伐的林木"情节严重":

(一)非法收购盗伐、滥伐的林木二十立方米以上或者幼树一千株以上的;

(二)非法收购盗伐、滥伐的珍贵树木二立方米以上或者五株以上的;

(三)其他情节严重的情形。

具有下列情形之一的,属于在林区非法收购盗伐、滥伐的林木"情节特别严重":

(一)非法收购盗伐、滥伐的林木一百立方米以上或者幼树五千株以上的;

(二)非法收购盗伐、滥伐的珍贵树木五立方米以上或者十株以上的;

(三)其他情节特别严重的情形。

第12条【违法发放林木采伐许可证罪】 ★

林业主管部门的工作人员违反森林法的规定,超过批准的年采伐限额发放林木采伐许可证或者违反规定滥发林木采伐许可证,具有下列情形之一的,属于刑法第四零零七条规定的"情节严重,致使森林遭受严重破坏",以违法发放林木采伐许可证罪定罪处罚:

(一)发放林木采伐许可证允许采伐数量累计超过批准的年采伐限额,导致林木被采伐数量在十立方米以上的;

(二)滥发林木采伐许可证,导致林木被滥伐二十立方米以上的;

(三)滥发林木采伐许可证,导致珍贵树木被滥伐的;

(四)批准采伐国家禁止采伐的林木,情节恶劣的;

(五)其他情节严重的情形。

最高人民法院、最高人民检察院关于办理赌博刑事案件具体应用法律若干问题的解释[①]

(法释〔2005〕3号,2005年4月26日最高人民法院审判委员会第1349次会议、2005年5月8日最高人民检察院第十届检察委员会第34次会议通过,自2005年5月13日起施行)

第1条【"聚众赌博"的认定】 ★★★★

以营利为目的,有下列情形之一的,属于刑法第三百零三条规定的"聚众赌博":

(一)组织3人以上赌博,抽头渔利数额累计达到5000元以上的;

(二)组织3人以上赌博,赌资数额累计达到5万元以上的;

(三)组织3人以上赌博,参赌人数累计达到20人以上的;

(四)组织中华人民共和国公民10人以上赴境外赌博,从中收取回扣、介绍费的。

第4条【赌博罪共犯的认定情形】 ★★★

明知他人实施赌博犯罪活动,而为其提供资金、计算机网络、通讯、费用结算等直接帮助的,以赌博罪的共犯论处。

第6条【擅自发行、销售彩票触犯刑法的认定】 ★★★

未经国家批准擅自发行、销售彩票,构成犯罪的,依照刑法第二百二十五条第(四)项的规定,以非法经营罪定罪处罚。

第8条【赌资的范围】 ★★

赌博犯罪中用作赌注的款物、换取筹码的款物和通过赌博赢取的款物属于赌资。通过计算机网络实施赌博犯罪的,赌资数额可以按照在计算机网络上投注或者赢取的点数乘以每一点实际代表的金额认定。

赌资应当依法予以追缴;赌博用具、赌博违法所得以及赌博犯罪分子所

[①] 简称《办理赌博刑事案件司法解释》。此处仅列节选内容。

有的专门用于赌博的资金、交通工具、通讯工具等,应当依法予以没收。

最高人民法院、最高人民检察院
关于办理侵犯知识产权刑事案件具体应用法律若干问题的解释(二)①

(法释〔2007〕6号,2007年4月4日最高人民法院审判委员会第1422次会议、最高人民检察院第十届检察委员会第75次会议通过,自2007年4月5日起施行)

第1条【侵犯著作权罪中"有其他严重情节"和"有其他特别严重情节"的定义】 ★★

以营利为目的,未经著作权人许可,复制发行其文字作品、音乐、电影、电视、录像作品、计算机软件及其他作品,复制品数量合计在五百张(份)以上的,属于刑法第二百一十七条规定的"有其他严重情节";复制品数量在二千五百张(份)以上的,属于刑法第二百一十七条规定的"有其他特别严重情节"。

第2条【侵犯著作权罪中"复制发行"的认定】 ★★★

刑法第二百一十七条侵犯著作权罪中的"复制发行",包括复制、发行或者既复制又发行的行为。

侵权产品的持有人通过广告、征订等方式推销侵权产品的,属于刑法第二百一十七条规定的"发行"。

非法出版、复制、发行他人作品,侵犯著作权构成犯罪的,按照侵犯著作权罪定罪处罚。

第4条【法院在审判侵犯知识产权犯罪时罚金的确定标准】 ★★

对于侵犯知识产权犯罪的,人民法院应当综合考虑犯罪的违法所得、非法经营数额、给权利人造成的损失、社会危害性等情节,依法判处罚金。罚金数额一般在违法所得的一倍以上五倍以下,或者按照非法经营数额的50%以

---

① 简称《办理侵犯知识产权刑事案件司法解释二》。此处仅列节选内容。

上一倍以下确定。

第6条【单位犯侵犯知识产权罪的处罚】 ★★★

单位实施刑法第二百一十三条至第二百一十九条规定的行为,按照《最高人民法院、最高人民检察院关于办理侵犯知识产权刑事案件具体应用法律若干问题的解释》和本解释规定的相应个人犯罪的定罪量刑标准定罪处罚。

最高人民法院、最高人民检察院关于办理非法生产、销售烟草专卖品等刑事案件具体应用法律若干问题的解释①

(法释〔2010〕7号,2009年12月28日最高人民法院审判委员会第1481次会议、2010年2月4日最高人民检察院第十一届检察委员会第29次会议通过,自2010年3月26日起施行)

第1条【生产、销售伪劣产品罪;假冒注册商标罪;销售假冒注册商标的商品罪;非法制造、销售非法制造的注册商标标识罪;非法经营罪】 ★★★

生产、销售伪劣卷烟、雪茄烟等烟草专卖品,销售金额在五万元以上的,依照刑法第一百四十条的规定,以生产、销售伪劣产品罪定罪处罚。

未经卷烟、雪茄烟等烟草专卖品注册商标所有人许可,在卷烟、雪茄烟等烟草专卖品上使用与其注册商标相同的商标,情节严重的,依照刑法第二百一十三条的规定,以假冒注册商标罪定罪处罚。

销售明知是假冒他人注册商标的卷烟、雪茄烟等烟草专卖品,销售金额较大的,依照刑法第二百一十四条的规定,以销售假冒注册商标的商品罪定罪处罚。

伪造、擅自制造他人卷烟、雪茄烟注册商标标识或者销售伪造、擅自制造的卷烟、雪茄烟注册商标标识,情节严重的,依照刑法第二百一十五条的规定,以非法制造、销售非法制造的注册商标标识罪定罪处罚。

---

① 简称《办理非法生产、销售烟草专卖品等刑事案件司法解释》。此处仅列节选内容。

违反国家烟草专卖管理法律法规,未经烟草专卖行政主管部门许可,无烟草专卖生产企业许可证、烟草专卖批发企业许可证、特种烟草专卖经营企业许可证、烟草专卖零售许可证等许可证明,非法经营烟草专卖品,情节严重的,依照刑法第二百二十五条的规定,以非法经营罪定罪处罚。

第 2 条【生产、销售伪劣产品罪】　　★★★

伪劣卷烟、雪茄烟等烟草专卖品尚未销售,货值金额达到刑法第一百四十条规定的销售金额定罪起点数额标准的三倍以上的,或者销售金额未达到五万元,但与未销售货值金额合计达到十五万元以上的,以生产、销售伪劣产品罪(未遂)定罪处罚。

销售金额和未销售货值金额分别达到不同的法定刑幅度或者均达到同一法定刑幅度的,在处罚较重的法定刑幅度内酌情从重处罚。

查获的未销售的伪劣卷烟、雪茄烟,能够查清销售价格的,按照实际销售价格计算。无法查清实际销售价格,有品牌的,按照该品牌卷烟、雪茄烟的查获地省级烟草专卖行政主管部门出具的零售价格计算;无品牌的,按照查获地省级烟草专卖行政主管部门出具的上年度卷烟平均零售价格计算。

第 3 条【非法经营烟草专卖品"情节严重""情节特别严重"的认定】

★★★

非法经营烟草专卖品,具有下列情形之一的,应当认定为刑法第二百二十五条规定的"情节严重":

(一) 非法经营数额在五万元以上的,或者违法所得数额在二万元以上的;

(二) 非法经营卷烟二十万支以上的;

(三) 曾因非法经营烟草专卖品三年内受过二次以上行政处罚,又非法经营烟草专卖品且数额在三万元以上的。

具有下列情形之一的,应当认定为刑法第二百二十五条规定的"情节特别严重":

(一) 非法经营数额在二十五万元以上,或者违法所得数额在十万元以上的;

(二) 非法经营卷烟一百万支以上的。

第 4 条【非法经营烟草专卖品的非法经营数额的计算】　　★★★

非法经营烟草专卖品,能够查清销售或者购买价格的,按照其销售或者购买的价格计算非法经营数额。无法查清销售或者购买价格的,按照下列方法计算非法经营数额:

（一）查获的卷烟、雪茄烟的价格，有品牌的，按照该品牌卷烟、雪茄烟的查获地省级烟草专卖行政主管部门出具的零售价格计算；无品牌的，按照查获地省级烟草专卖行政主管部门出具的上年度卷烟平均零售价格计算；

（二）查获的复烤烟叶、烟叶的价格按照查获地省级烟草专卖行政主管部门出具的上年度烤烟调拨平均基准价格计算；

（三）烟丝的价格按照第（二）项规定价格计算标准的一点五倍计算；

（四）卷烟辅料的价格，有品牌的，按照该品牌辅料的查获地省级烟草专卖行政主管部门出具的价格计算；无品牌的，按照查获地省级烟草专卖行政主管部门出具的上年度烟草行业生产卷烟所需该类卷烟辅料的平均价格计算；

（五）非法生产、销售、购买烟草专用机械的价格按照国务院烟草专卖行政主管部门下发的全国烟草专用机械产品指导价格目录进行计算；目录中没有该烟草专用机械的，按照省级以上烟草专卖行政主管部门出具的目录中同类烟草专用机械的平均价格计算。

第 5 条【非法生产、销售烟草专卖品罪与生产、销售伪劣产品罪、侵犯知识产权犯罪、非法经营罪的竞合】 ★★★

行为人实施非法生产、销售烟草专卖品犯罪，同时构成生产、销售伪劣产品罪、侵犯知识产权犯罪、非法经营罪的，依照处罚较重的规定定罪处罚。

第 6 条【共犯认定】 ★★★

明知他人实施本解释第一条所列犯罪，而为其提供贷款、资金、账号、发票、证明、许可证件，或者提供生产、经营场所、设备、运输、仓储、保管、邮寄、代理进出口等便利条件，或者提供生产技术、卷烟配方的，应当按照共犯追究刑事责任。

第 9 条【"烟草专卖品""卷烟辅料""烟草专用机械""同类烟草专用机械"的认定】 ★★★

本解释所称"烟草专卖品"，是指卷烟、雪茄烟、烟丝、复烤烟叶、烟叶、卷烟纸、滤嘴棒、烟用丝束、烟草专用机械。

本解释所称"卷烟辅料"，是指卷烟纸、滤嘴棒、烟用丝束。

本解释所称"烟草专用机械"，是指由国务院烟草专卖行政主管部门烟草专用机械名录所公布的，在卷烟、雪茄烟、烟丝、复烤烟叶、烟叶、卷烟纸、滤嘴棒、烟用丝束的生产加工过程中，能够完成一项或者多项特定加工工序，可以独立操作的机械设备。

本解释所称"同类烟草专用机械"，是指在卷烟、雪茄烟、烟丝、复烤烟叶、烟叶、卷烟纸、滤嘴棒、烟用丝束的生产加工过程中,能够完成相同加工工序的机械设备。

最高人民法院、最高人民检察院关于办理危害食品安全刑事案件适用法律若干问题的解释①

(法释〔2013〕12号,2013年4月28日最高人民法院审判委员会第1576次会议、2013年4月28日最高人民检察院第十二届检察委员会第5次会议通过,自2013年5月4日起施行)

第1条【食品"足以造成严重食物中毒事故或者其他严重食源性疾病"的认定】 ★★★

生产、销售不符合食品安全标准的食品,具有下列情形之一的,应当认定为刑法第一百四十三条规定的"足以造成严重食物中毒事故或者其他严重食源性疾病":

(一)含有严重超出标准限量的致病性微生物、农药残留、兽药残留、重金属、污染物质以及其他危害人体健康的物质的;

(二)属于病死、死因不明或者检验检疫不合格的畜、禽、兽、水产动物及其肉类、肉类制品的;

(三)属于国家为防控疾病等特殊需要明令禁止生产、销售的;

(四)婴幼儿食品中生长发育所需营养成分严重不符合食品安全标准的;

(五)其他足以造成严重食物中毒事故或者严重食源性疾病的情形。

第2条【食品"对人体健康造成严重危害"的认定】 ★

生产、销售不符合食品安全标准的食品,具有下列情形之一的,应当认定为刑法第一百四十三条规定的"对人体健康造成严重危害":

(一)造成轻伤以上伤害的;

(二)造成轻度残疾或者中度残疾的;

---

① 简称《办理危害食品安全刑事案件司法解释》。此处仅列节选内容。

（三）造成器官组织损伤导致一般功能障碍或者严重功能障碍的；
（四）造成十人以上严重食物中毒或者其他严重食源性疾病的；
（五）其他对人体健康造成严重危害的情形。

第 8 条【在食品及用农产品种植、养殖、加工、销售、运输、贮存等过程中构成生产、销售不符合安全标准的食品罪的情形**】** ★★★

在食品加工、销售、运输、贮存等过程中，违反食品安全标准，超限量或者超范围滥用食品添加剂，足以造成严重食物中毒事故或者其他严重食源性疾病的，依照刑法第一百四十三条的规定以生产、销售不符合安全标准的食品罪定罪处罚。

在食用农产品种植、养殖、销售、运输、贮存等过程中，违反食品安全标准，超限量或者超范围滥用添加剂、农药、兽药等，足以造成严重食物中毒事故或者其他严重食源性疾病的，适用前款的规定定罪处罚。

第 9 条【生产、销售有毒、有害食品罪**】** ★★★★

在食品加工、销售、运输、贮存等过程中，掺入有毒、有害的非食品原料，或者使用有毒、有害的非食品原料加工食品的，依照刑法第一百四十四条的规定以生产、销售有毒、有害食品罪定罪处罚。

在食用农产品种植、养殖、销售、运输、贮存等过程中，使用禁用农药、兽药等禁用物质或者其他有毒、有害物质的，适用前款的规定定罪处罚。

在保健食品或者其他食品中非法添加国家禁用药物等有毒、有害物质的，适用第一款的规定定罪处罚。

第 17 条【生产、销售不符合安全标准的食品罪与生产、销售有毒、有害食品罪罚金刑的适用**】** ★★★★

犯生产、销售不符合安全标准的食品罪，生产、销售有毒、有害食品罪，一般应当依法判处生产、销售金额二倍以上的罚金。

第 18 条【危害食品安全刑事案件中缓刑和禁止令的适用**】** ★★★

对实施本解释规定之犯罪的犯罪分子，应当按照刑法规定的条件严格适用缓刑、免予刑事处罚。根据犯罪事实、情节和悔罪表现，对于符合刑法规定的缓刑适用条件的犯罪分子，可以适用缓刑，但是应当同时宣告禁止令，禁止其在缓刑考验期限内从事食品生产、销售及相关活动。

第 20 条【"有毒、有害的非食品原料"的认定**】** ★★★★

下列物质应当认定为"有毒、有害的非食品原料"：
（一）法律、法规禁止在食品生产经营活动中添加、使用的物质；
（二）国务院有关部门公布的《食品中可能违法添加的非食用物质名单》

《保健食品中可能非法添加的物质名单》上的物质；

（三）国务院有关部门公告禁止使用的农药、兽药以及其他有毒、有害物质；

（四）其他危害人体健康的物质。

最高人民法院关于审理非法集资刑事案件具体应用法律若干问题的解释①

（法释〔2010〕18号，2010年11月22日最高人民法院审判委员会第1502次会议通过，自2011年1月4日起施行）

第1条【非法吸收公众存款罪的条件】 ★★★

违反国家金融管理法律规定，向社会公众（包括单位和个人）吸收资金的行为，同时具备下列四个条件的，除刑法另有规定的以外，应当认定为刑法第一百七十六条规定的"非法吸收公众存款或者变相吸收公众存款"：

（一）未经有关部门依法批准或者借用合法经营的形式吸收资金；

（二）通过媒体、推介会、传单、手机短信等途径向社会公开宣传；

（三）承诺在一定期限内以货币、实物、股权等方式还本付息或者给付回报；

（四）向社会公众即社会不特定对象吸收资金。

未向社会公开宣传，在亲友或者单位内部针对特定对象吸收资金的，不属于非法吸收或者变相吸收公众存款。

第2条【非法吸收公众存款罪的特殊表现形式】 ★★

实施下列行为之一，符合本解释第一条第一款规定的条件的，应当依照刑法第一百七十六条的规定，以非法吸收公众存款罪定罪处罚：

（一）不具有房产销售的真实内容或者不以房产销售为主要目的，以返本销售、售后包租、约定回购、销售房产份额等方式非法吸收资金的；

（二）以转让林权并代为管护等方式非法吸收资金的；

---

① 简称《审理非法集资刑事案件司法解释》。此处仅列节选内容。

(三) 以代种植(养殖)、租种植(养殖)、联合种植(养殖)等方式非法吸收资金的;

(四) 不具有销售商品、提供服务的真实内容或者不以销售商品、提供服务为主要目的,以商品回购、寄存代售等方式非法吸收资金的;

(五) 不具有发行股票、债券的真实内容,以虚假转让股权、发售虚构债券等方式非法吸收资金的;

(六) 不具有募集基金的真实内容,以假借境外基金、发售虚构基金等方式非法吸收资金的;

(七) 不具有销售保险的真实内容,以假冒保险公司、伪造保险单据等方式非法吸收资金的;

(八) 以投资入股的方式非法吸收资金的;

(九) 以委托理财的方式非法吸收资金的;

(十) 利用民间"会"、"社"等组织非法吸收资金的;

(十一) 其他非法吸收资金的行为。

第3条【应当追究刑事责任的非法吸收公众存款情形】 ★★★

非法吸收或者变相吸收公众存款,具有下列情形之一的,应当依法追究刑事责任:

(一) 个人非法吸收或者变相吸收公众存款,数额在20万元以上的,单位非法吸收或者变相吸收公众存款,数额在100万元以上的;

(二) 个人非法吸收或者变相吸收公众存款对象30人以上的,单位非法吸收或者变相吸收公众存款对象150人以上的;

(三) 个人非法吸收或者变相吸收公众存款,给存款人造成直接经济损失数额在10万元以上的,单位非法吸收或者变相吸收公众存款,给存款人造成直接经济损失数额在50万元以上的;

(四) 造成恶劣社会影响或者其他严重后果的。

具有下列情形之一的,属于刑法第一百七十六条规定的"数额巨大或者有其他严重情节":

(一) 个人非法吸收或者变相吸收公众存款,数额在100万元以上的,单位非法吸收或者变相吸收公众存款,数额在500万元以上的;

(二) 个人非法吸收或者变相吸收公众存款对象100人以上的,单位非法吸收或者变相吸收公众存款对象500人以上的;

(三) 个人非法吸收或者变相吸收公众存款,给存款人造成直接经济损失数额在50万元以上的,单位非法吸收或者变相吸收公众存款,给存款人造

成直接经济损失数额在250万元以上的;

（四）造成特别恶劣社会影响或者其他特别严重后果的。

非法吸收或者变相吸收公众存款的数额,以行为人所吸收的资金全额计算。案发前后已归还的数额,可以作为量刑情节酌情考虑。

非法吸收或者变相吸收公众存款,主要用于正常的生产经营活动,能够及时清退所吸收资金,可以免予刑事处罚;情节显著轻微的,不作为犯罪处理。

第4条【集资诈骗罪的特殊表现形式】 ★

以非法占有为目的,使用诈骗方法实施本解释第二条规定所列行为的,应当依照刑法第一百九十二条的规定,以集资诈骗罪定罪处罚。

使用诈骗方法非法集资,具有下列情形之一的,可以认定为"以非法占有为目的":

（一）集资后不用于生产经营活动或者用于生产经营活动与筹集资金规模明显不成比例,致使集资款不能返还的;

（二）肆意挥霍集资款,致使集资款不能返还的;

（三）携带集资款逃匿的;

（四）将集资款用于违法犯罪活动的;

（五）抽逃、转移资金、隐匿财产,逃避返还资金的;

（六）隐匿、销毁账目,或者搞假破产、假倒闭,逃避返还资金的;

（七）拒不交代资金去向,逃避返还资金的;

（八）其他可以认定非法占有目的的情形。

集资诈骗罪中的非法占有目的,应当区分情形进行具体认定。行为人部分非法集资行为具有非法占有目的的,对该部分非法集资行为所涉集资款以集资诈骗罪定罪处罚;非法集资共同犯罪中部分行为人具有非法占有目的,其他行为人没有非法占有集资款的共同故意和行为的,对具有非法占有目的的行为人以集资诈骗罪定罪处罚。

第5条【集资诈骗情形】 ★★

个人进行集资诈骗,数额在10万元以上的,应当认定为"数额较大";数额在30万元以上的,应当认定为"数额巨大";数额在100万元以上的,应当认定为"数额特别巨大"。

单位进行集资诈骗,数额在50万元以上的,应当认定为"数额较大";数额在150万元以上的,应当认定为"数额巨大";数额在500万元以上的,应当认定为"数额特别巨大"。

集资诈骗的数额以行为人实际骗取的数额计算,案发前已归还的数额应予扣除。行为人为实施集资诈骗活动而支付的广告费、中介费、手续费、回扣,或者用于行贿、赠与等费用,不予扣除。行为人为实施集资诈骗活动而支付的利息,除本金未归还可予折抵本金以外,应当计入诈骗数额。

最高人民法院、最高人民检察院关于办理侵犯知识产权刑事案件具体应用法律若干问题的解释①

(法释[2004]19号,2004年11月2日由最高人民法院审判委员会第1331次会议、2004年11月11日最高人民检察院第十届检察委员会第28次会议通过,自2004年12月22日起施行)

第1条【假冒注册商标罪"情节严重""情节特别严重"的认定】 ★★

未经注册商标所有人许可,在同一种商品上使用与其注册商标相同的商标,具有下列情形之一的,属于刑法第二百一十三条规定的"情节严重",应当以假冒注册商标罪判处三年以下有期徒刑或者拘役,并处或者单处罚金:

(一)非法经营数额在五万元以上或者违法所得数额在三万元以上的;

(二)假冒两种以上注册商标,非法经营数额在三万元以上或者违法所得数额在二万元以上的;

(三)其他情节严重的情形。

具有下列情形之一的,属于刑法第二百一十三条规定的"情节特别严重",应当以假冒注册商标罪判处三年以上七年以下有期徒刑,并处罚金:

(一)非法经营数额在二十五万元以上或者违法所得数额在十五万元以上的;

(二)假冒两种以上注册商标,非法经营数额在十五万元以上或者违法所得数额在十万元以上的;

(三)其他情节特别严重的情形。

第2条【销售假冒注册商标罪"数额较大""数额巨大"的认定】 ★

---

① 简称《办理侵犯知识产权刑事案件司法解释一》。此处仅列节选内容。

销售明知是假冒注册商标的商品,销售金额在五万元以上的,属于刑法第二百一十四条规定的"数额较大",应当以销售假冒注册商标的商品罪判处三年以下有期徒刑或者拘役,并处或者单处罚金。

销售金额在二十五万元以上的,属于刑法第二百一十四条规定的"数额巨大",应当以销售假冒注册商标的商品罪判处三年以上七年以下有期徒刑,并处罚金。

第 3 条【非法制造、销售非法制造的注册商标标识罪"情节严重""情节特别严重"的认定】 ★

伪造、擅自制造他人注册商标标识或者销售伪造、擅自制造的注册商标标识,具有下列情形之一的,属于刑法第二百一十五条规定的"情节严重",应当以非法制造、销售非法制造的注册商标标识罪判处三年以下有期徒刑、拘役或者管制,并处或者单处罚金:

(一)伪造、擅自制造或者销售伪造、擅自制造的注册商标标识数量在二万件以上,或者非法经营数额在五万元以上,或者违法所得数额在三万元以上的;

(二)伪造、擅自制造或者销售伪造、擅自制造两种以上注册商标标识数量在一万件以上,或者非法经营数额在三万元以上,或者违法所得数额在二万元以上的;

(三)其他情节严重的情形。

具有下列情形之一的,属于刑法第二百一十五条规定的"情节特别严重",应当以非法制造、销售非法制造的注册商标标识罪判处三年以上七年以下有期徒刑,并处罚金:

(一)伪造、擅自制造或者销售伪造、擅自制造的注册商标标识数量在十万件以上,或者非法经营数额在二十五万元以上,或者违法所得数额在十五万元以上的;

(二)伪造、擅自制造或者销售伪造、擅自制造两种以上注册商标标识数量在五万件以上,或者非法经营数额在十五万元以上,或者违法所得数额在十万元以上的;

(三)其他情节特别严重的情形。

第 4 条【假冒专利罪"情节严重"的认定】

假冒他人专利,具有下列情形之一的,属于刑法第二百一十六条规定的"情节严重",应当以假冒专利罪判处三年以下有期徒刑或者拘役,并处或者单处罚金:

（一）非法经营数额在二十万元以上或者违法所得数额在十万元以上的；

（二）给专利权人造成直接经济损失五十万元以上的；

（三）假冒两项以上他人专利，非法经营数额在十万元以上或者违法所得数额在五万元以上的；

（四）其他情节严重的情形。

第5条【侵犯著作权罪"违法所得数额较大""违法所得数额巨大"及"有其他严重情节""有其他特别严重情节"的认定】 ★★

以营利为目的，实施刑法第二百一十七条所列侵犯著作权行为之一，违法所得数额在三万元以上的，属于"违法所得数额较大"；具有下列情形之一的，属于"有其他严重情节"，应当以侵犯著作权罪判处三年以下有期徒刑或者拘役，并处或者单处罚金：

（一）非法经营数额在五万元以上的；

（二）未经著作权人许可，复制发行其文字作品、音乐、电影、电视、录像作品、计算机软件及其他作品，复制品数量合计在一千张(份)以上的；

（三）其他严重情节的情形。

以营利为目的，实施刑法第二百一十七条所列侵犯著作权行为之一，违法所得数额在十五万元以上的，属于"违法所得数额巨大"；具有下列情形之一的，属于"有其他特别严重情节"，应当以侵犯著作权罪判处三年以上七年以下有期徒刑，并处罚金：

（一）非法经营数额在二十五万元以上的；

（二）未经著作权人许可，复制发行其文字作品、音乐、电影、电视、录像作品、计算机软件及其他作品，复制品数量合计在五千张(份)以上的；

（三）其他特别严重情节的情形。

第7条【侵犯商业秘密罪】 ★

实施刑法第二百一十九条规定的行为之一，给商业秘密的权利人造成损失数额在五十万元以上的，属于"给商业秘密的权利人造成重大损失"，应当以侵犯商业秘密罪判处三年以下有期徒刑或者拘役，并处或者单处罚金。

给商业秘密的权利人造成损失数额在二百五十万元以上的，属于刑法第二百一十九条规定的"造成特别严重后果"，应当以侵犯商业秘密罪判处三年以上七年以下有期徒刑，并处罚金。

第8条【假冒注册商标罪"相同的商标"和"使用"的认定】 ★

刑法第二百一十三条规定的"相同的商标"，是指与被假冒的注册商标完全相同,或者与被假冒的注册商标在视觉上基本无差别、足以对公众产生误导的商标。

刑法第二百一十三条规定的"使用",是指将注册商标或者假冒的注册商标用于商品、商品包装或者容器以及产品说明书、商品交易文书,或者将注册商标或者假冒的注册商标用于广告宣传、展览以及其他商业活动等行为。

第 9 条【销售假冒注册商标的商品罪"销售金额"和"明知"的认定】 ★

刑法第二百一十四条规定的"销售金额",是指销售假冒注册商标的商品后所得和应得的全部违法收入。

具有下列情形之一的,应当认定为属于刑法第二百一十四条规定的"明知":

（一）知道自己销售的商品上的注册商标被涂改、调换或者覆盖的；

（二）因销售假冒注册商标的商品受到过行政处罚或者承担过民事责任、又销售同一种假冒注册商标的商品的；

（三）伪造、涂改商标注册人授权文件或者知道该文件被伪造、涂改的；

（四）其他知道或者应当知道是假冒注册商标的商品的情形。

第 10 条【假冒他人专利行为的认定】

实施下列行为之一的,属于刑法第二百一十六条规定的"假冒他人专利"的行为：

（一）未经许可,在其制造或者销售的产品、产品的包装上标注他人专利号的；

（二）未经许可,在广告或者其他宣传材料中使用他人的专利号,使人将所涉及的技术误认为是他人专利技术的；

（三）未经许可,在合同中使用他人的专利号,使人将合同涉及的技术误认为是他人专利技术的；

（四）伪造或者变造他人的专利证书、专利文件或者专利申请文件的。

第 11 条【侵犯著作权罪"以营利为目的"、"未经著作权人许可"和"复制发行"的认定】 ★

以刊登收费广告等方式直接或者间接收取费用的情形,属于刑法第二百一十七条规定的"以营利为目的"。

刑法第二百一十七条规定的"未经著作权人许可",是指没有得到著作权人授权或者伪造、涂改著作权人授权许可文件或者超出授权许可范围的情形。

通过信息网络向公众传播他人文字作品、音乐、电影、电视、录像作品、计算机软件及其他作品的行为,应当视为刑法第二百一十七条规定的"复制发行"。

第 12 条【最高人民法院、最高人民检察院关于办理侵犯知识产权刑事案件具体应用法律若干问题的解释中"非法经营数额"的认定】 ★★

本解释所称"非法经营数额",是指行为人在实施侵犯知识产权行为过程中,制造、储存、运输、销售侵权产品的价值。已销售的侵权产品的价值,按照实际销售的价格计算。制造、储存、运输和未销售的侵权产品的价值,按照标价或者已经查清的侵权产品的实际销售平均价格计算。侵权产品没有标价或者无法查清其实际销售价格的,按照被侵权产品的市场中间价格计算。

多次实施侵犯知识产权行为,未经行政处理或者刑事处罚的,非法经营数额、违法所得数额或者销售金额累计计算。

本解释第三条所规定的"件",是指标有完整商标图样的一份标识。

第 13 条【假冒注册商标罪和销售假冒注册商标的商品罪的竞合】

实施刑法第二百一十三条规定的假冒注册商标犯罪,又销售该假冒注册商标的商品,构成犯罪的,应当依照刑法第二百一十三条的规定,以假冒注册商标罪定罪处罚。

实施刑法第二百一十三条规定的假冒注册商标犯罪,又销售明知是他人的假冒注册商标的商品,构成犯罪的,应当实行数罪并罚。

最高人民法院、最高人民检察院关于办理环境污染刑事案件适用法律若干问题的解释①

(法释〔2016〕29 号,2016 年 11 月 7 日由最高人民法院审判委员会第 1698 次会议、2016 年 12 月 8 日由最高人民检察院第十二届检察委员会第 58 次会议通过,自 2017 年 1 月 1 日起施行)

第 1 条【污染环境罪中"严重污染环境"的认定】 ★★

实施刑法第三百三十八条规定的行为,具有下列情形之一的,应当认定

---

① 简称《环境污染犯罪司法解释》。此处仅列节选内容。

为"严重污染环境":

（一）在饮用水水源一级保护区、自然保护区核心区排放、倾倒、处置有放射性的废物、含传染病病原体的废物、有毒物质的；

（二）非法排放、倾倒、处置危险废物三吨以上的；

（三）排放、倾倒、处置含铅、汞、镉、铬、砷、铊、锑的污染物，超过国家或者地方污染物排放标准三倍以上的；

（四）排放、倾倒、处置含镍、铜、锌、银、钒、锰、钴的污染物，超过国家或者地方污染物排放标准十倍以上的；

（五）通过暗管、渗井、渗坑、裂隙、溶洞、灌注等逃避监管的方式排放、倾倒、处置有放射性的废物、含传染病病原体的废物、有毒物质的；

（六）二年内曾因违反国家规定，排放、倾倒、处置有放射性的废物、含传染病病原体的废物、有毒物质受过两次以上行政处罚，又实施前列行为的；

（七）重点排污单位篡改、伪造自动监测数据或者干扰自动监测设施，排放化学需氧量、氨氮、二氧化硫、氮氧化物等污染物的；

（八）违法减少防治污染设施运行支出一百万元以上的；

（九）违法所得或者致使公私财产损失三十万元以上的；

（十）造成生态环境严重损害的；

（十一）致使乡镇以上集中式饮用水水源取水中断十二小时以上的；

（十二）致使基本农田、防护林地、特种用途林地五亩以上，其他农用地十亩以上，其他土地二十亩以上基本功能丧失或者遭受永久性破坏的；

（十三）致使森林或者其他林木死亡五十立方米以上，或者幼树死亡二千五百株以上的；

（十四）致使疏散、转移群众五千人以上的；

（十五）致使三十人以上中毒的；

（十六）致使三人以上轻伤、轻度残疾或者器官组织损伤导致一般功能障碍的；

（十七）致使一人以上重伤、中度残疾或者器官组织损伤导致严重功能障碍的；

（十八）其他严重污染环境的情形。

第 2 条【环境犯罪及环境监管失职犯罪中后果严重的认定】 ★

实施刑法第三百三十九条、第四百零八条规定的行为，致使公私财产损失三十万元以上，或者具有本解释第一条第十项至第十七项规定情形之一的，应当认定为"致使公私财产遭受重大损失或者严重危害人体健康"或者

"致使公私财产遭受重大损失或者造成人身伤亡的严重后果"。

第5条【环境犯罪中酌定从宽处罚的认定】

实施刑法第三百三十八条、第三百三十九条规定的行为,刚达到应当追究刑事责任的标准,但行为人及时采取措施,防止损失扩大、消除污染,全部赔偿损失,积极修复生态环境,且系初犯,确有悔罪表现的,可以认定为情节轻微,不起诉或者免予刑事处罚;确有必要判处刑罚的,应当从宽处罚。

第10条【破坏计算机信息系统罪】 ★

违反国家规定,针对环境质量监测系统实施下列行为,或者强令、指使、授意他人实施下列行为的,应当依照刑法第二百八十六条的规定,以破坏计算机信息系统罪论处:

(一)修改参数或者监测数据的;

(二)干扰采样,致使监测数据严重失真的;

(三)其他破坏环境质量监测系统的行为。

重点排污单位篡改、伪造自动监测数据或者干扰自动监测设施,排放化学需氧量、氨氮、二氧化硫、氮氧化物等污染物,同时构成污染环境罪和破坏计算机信息系统罪的,依照处罚较重的规定定罪处罚。

从事环境监测设施维护、运营的人员实施或者参与实施篡改、伪造自动监测数据、干扰自动监测设施、破坏环境质量监测系统等行为的,应当从重处罚。

第11条【单位犯罪的处罚】

单位实施本解释规定的犯罪的,依照本解释规定的定罪量刑标准,对直接负责的主管人员和其他直接责任人员定罪处罚,并对单位判处罚金。

第15条【对污染环境罪中"有毒物质"的认定】

下列物质应当认定为刑法第三百三十八条规定的"有毒物质":

(一)危险废物,是指列入国家危险废物名录,或者根据国家规定的危险废物鉴别标准和鉴别方法认定的,具有危险特性的废物;

(二)《关于持久性有机污染物的斯德哥尔摩公约》附件所列物质;

(三)含重金属的污染物;

(四)其他具有毒性,可能污染环境的物质。

最高人民法院关于审理破坏林地资源刑事案件具体应用法律若干问题的解释[①]

(法释〔2005〕15号,2005年12月19日最高人民法院审判委员会第1374次会议通过,自2005年12月30日起施行)

第1条【非法占用农用地罪】 ★★

违反土地管理法规,非法占用林地,改变被占用林地用途,在非法占用的林地上实施建窑、建坟、建房、挖沙、采石、采矿、取土、种植农作物、堆放或排泄废弃物等行为或者进行其他非林业生产、建设,造成林地的原有植被或林业种植条件严重毁坏或者严重污染,并具有下列情形之一的,属于《中华人民共和国刑法修正案(二)》规定的"数量较大,造成林地大量毁坏",应当以非法占用农用地罪判处五年以下有期徒刑或者拘役,并处或者单处罚金:

(一)非法占用并毁坏防护林地、特种用途林地数量分别或者合计达到五亩以上;

(二)非法占用并毁坏其他林地数量达到十亩以上;

(三)非法占用并毁坏本条第(一)项、第(二)项规定的林地,数量分别达到相应规定的数量标准的百分之五十以上;

(四)非法占用并毁坏本条第(一)项、第(二)项规定的林地,其中一项数量达到相应规定的数量标准的百分之五十以上,且两项数量合计达到该项规定的数量标准。

第2条【国家机关工作人员违反土地管理法规徇私舞弊情形的认定】

国家机关工作人员徇私舞弊,违反土地管理法规,滥用职权,非法批准征用、占用林地,具有下列情形之一的,属于刑法第四百一十条规定的"情节严重",应当以非法批准征用、占用土地罪判处三年以下有期徒刑或者拘役:

(一)非法批准征用、占用防护林地、特种用途林地数量分别或者合计达

[①] 简称《审理破坏林地资源刑事案件司法解释》。此处仅列节选内容。

到十亩以上；

（二）非法批准征用、占用其他林地数量达到二十亩以上；

（三）非法批准征用、占用林地造成直接经济损失数额达到三十万元以上，或者造成本条第(一)项规定的林地数量分别或者合计达到五亩以上或者本条第(二)项规定的林地数量达到十亩以上毁坏。

最高人民法院、最高人民检察院关于办理渎职刑事案件适用法律若干问题的解释（一）①

（法释[2012]18号，2012年7月9日最高人民法院审判委员会第1552次会议、2012年9月12日最高人民检察院第十一届检察委员会第79次会议通过，自2013年1月9日起施行）

第1条【滥用职权罪、玩忽职守罪"致使公共财产、国家和人民利益遭受重大损失"的认定】 ★★

国家机关工作人员滥用职权或者玩忽职守，具有下列情形之一的，应当认定为刑法第三百九十七条规定的"致使公共财产、国家和人民利益遭受重大损失"：

（一）造成死亡1人以上，或者重伤3人以上，或者轻伤9人以上，或者重伤2人、轻伤3人以上，或者重伤1人、轻伤6人以上的；

（二）造成经济损失30万元以上的；

（三）造成恶劣社会影响的；

（四）其他致使公共财产、国家和人民利益遭受重大损失的情形。

具有下列情形之一的，应当认定为刑法第三百九十七条规定的"情节特别严重"：

（一）造成伤亡达到前款第(一)项规定人数3倍以上的；

（二）造成经济损失150万元以上的；

---

① 简称《办理渎职案件司法解释一》。此处仅列节选内容。

（三）造成前款规定的损失后果，不报、迟报、谎报或者授意、指使、强令他人不报、迟报、谎报事故情况，致使损失后果持续、扩大或者抢救工作延误的；

（四）造成特别恶劣社会影响的；

（五）其他特别严重的情节。

第2条【滥用职权罪或者玩忽职守罪的定罪范围】

国家机关工作人员实施滥用职权或者玩忽职守犯罪行为，触犯刑法分则第九章第三百九十八条至第四百一十九条规定的，依照该规定定罪处罚。

国家机关工作人员滥用职权或者玩忽职守，因不具备徇私舞弊等情形，不符合刑法分则第九章第三百九十八条至第四百一十九条的规定，但依法构成第三百九十七条规定的犯罪的，以滥用职权罪或者玩忽职守罪定罪处罚。

第3条【渎职犯罪和受贿罪数罪并罚的情形】 ★★★

国家机关工作人员实施渎职犯罪并收受贿赂，同时构成受贿罪的，除刑法另有规定外，以渎职犯罪和受贿罪数罪并罚。

第5条【国家机关负责人构成渎职犯罪的认定】

国家机关负责人员违法决定，或者指使、授意、强令其他国家机关工作人员违法履行职务或者不履行职务，构成刑法分则第九章规定的渎职犯罪的，应当依法追究刑事责任。

以"集体研究"形式实施的渎职犯罪，应当依照刑法分则第九章的规定追究国家机关负有责任的人员的刑事责任。对于具体执行人员，应当在综合认定其行为性质、是否提出反对意见、危害结果大小等情节的基础上决定是否追究刑事责任和应当判处的刑罚。

第8条【渎职犯罪"经济损失"的认定】 ★★

本解释规定的"经济损失"，是指渎职犯罪或者与渎职犯罪相关联的犯罪立案时已经实际造成的财产损失，包括为挽回渎职犯罪所造成损失而支付的各种开支、费用等。立案后至提起公诉前持续发生的经济损失，应一并计入渎职犯罪造成的经济损失。

债务人经法定程序被宣告破产，债务人潜逃、去向不明，或者因行为人的责任超过诉讼时效等，致使债权已经无法实现的，无法实现的债权部分应当认定为渎职犯罪的经济损失。

渎职犯罪或者与渎职犯罪相关联的犯罪立案后，犯罪分子及其亲友自行挽回的经济损失，司法机关或者犯罪分子所在单位及其上级主管部门挽回的经济损失，或者因客观原因减少的经济损失，不予扣减，但可以作为酌定从轻处罚的情节。

最高人民法院、最高人民检察院关于办理危害药品安全刑事案件适用法律若干问题的解释①

(法释〔2014〕14号,2014年9月22日最高人民法院审判委员会第1626次会议、2014年3月17日最高人民检察院第十二届检察委员会第18次会议通过,自2014年12月1日起施行)

第1条【生产销售假药酌情应当从重处罚的情形】 ★★★

生产、销售假药,具有下列情形之一的,应当酌情从重处罚:

(一)生产、销售的假药以孕产妇、婴幼儿、儿童或者危重病人为主要使用对象的;

(二)生产、销售的假药属于麻醉药品、精神药品、医疗用毒性药品、放射性药品、避孕药品、血液制品、疫苗的;

(三)生产、销售的假药属于注射剂药品、急救药品的;

(四)医疗机构、医疗机构工作人员生产、销售假药的;

(五)在自然灾害、事故灾难、公共卫生事件、社会安全事件等突发事件期间,生产、销售用于应对突发事件的假药的;

(六)两年内曾因危害药品安全违法犯罪活动受过行政处罚或者刑事处罚的;

(七)其他应当酌情从重处罚的情形。

第11条【危害药品安全刑事案件中禁止令的适用和不是犯罪的认定】 ★★★

对实施本解释规定之犯罪的犯罪分子,应当依照刑法规定的条件,严格缓刑、免予刑事处罚的适用。对于适用缓刑的,应当同时宣告禁止令,禁止犯罪分子在缓刑考验期内从事药品生产、销售及相关活动。

---

① 简称《办理危害药品安全刑事案件司法解释》。此处仅列节选内容。

销售少量根据民间传统配方私自加工的药品,或者销售少量未经批准进口的国外、境外药品,没有造成他人伤害后果或者延误诊治,情节显著轻微危害不大的,不认为是犯罪。

第 12 条【生产、销售假药罪中罚金刑的适用】 ★★

犯生产、销售假药罪的,一般应当依法判处生产、销售金额二倍以上的罚金。共同犯罪的,对各共同犯罪人合计判处的罚金应当在生产、销售金额的二倍以上。

第 15 条【危害药品安全刑事案件中"生产、销售金额"的认定】 ★★

本解释所称"生产、销售金额",是指生产、销售假药、劣药所得和可得的全部违法收入。

最高人民法院关于审理非法行医刑事案件具体应用法律若干问题的解释①

(法释〔2016〕27 号,2008 年 4 月 28 日最高人民法院审判委员会第 1446 次会议通过,根据 2016 年 12 月 12 日最高人民法院审判委员会第 1703 次会议通过的《最高人民法院关于修改〈关于审理非法行医刑事案件具体应用法律若干问题的解释〉的决定》修正)

第 1 条【"未取得医生执业资格的人非法行医"的认定】 ★★★

具有下列情形之一的,应认定为刑法第三百三十六条第一款规定的"未取得医生执业资格的人非法行医":

(一)未取得或者以非法手段取得医师资格从事医疗活动的;
(二)被依法吊销医师执业证书期间从事医疗活动的;
(三)未取得乡村医生执业证书,从事乡村医疗活动的;
(四)家庭接生员实施家庭接生以外的医疗行为的。

第 2 条【非法行医"情节严重"的认定】 ★★

具有下列情形之一的,应认定为刑法第三百三十六条第一款规定的"情

---

① 简称《非法行医罪司法解释》。此处仅列节选内容。

节严重":

（一）造成就诊人轻度残疾、器官组织损伤导致一般功能障碍的；

（二）造成甲类传染病传播、流行或者有传播、流行危险的；

（三）使用假药、劣药或不符合国家规定标准的卫生材料、医疗器械，足以严重危害人体健康的；

（四）非法行医被卫生行政部门行政处罚两次以后，再次非法行医的；

（五）其他情节严重的情形。

最高人民法院、最高人民检察院关于办理敲诈勒索刑事案件适用法律若干问题的解释①

（法释〔2013〕10号，2013年4月15日最高人民法院审判委员会第1575次会议、2013年4月1日最高人民检察院第十二届检察委员会第2次会议通过，自2013年4月27日起施行）

第1条【敲诈勒索公私财物"数额较大""数额巨大""数额特别巨大"的认定】 ★★★★

敲诈勒索公私财物价值二千元至五千元以上、三万元至十万元以上、三十万元至五十万元以上的，应当分别认定为刑法第二百七十四条规定的"数额较大"、"数额巨大"、"数额特别巨大"。

各省、自治区、直辖市高级人民法院、人民检察院可以根据本地区经济发展状况和社会治安状况，在前款规定的数额幅度内，共同研究确定本地区执行的具体数额标准，报最高人民法院、最高人民检察院批准。

第8条【犯敲诈勒索罪的被告人罚金数额的确定】 ★★★

对犯敲诈勒索罪的被告人，应当在二千元以上、敲诈勒索数额的二倍以下判处罚金；被告人没有获得财物的，应当在二千元以上十万元以下判处罚金。

---

① 简称《办理敲诈勒索刑事案件司法解释》。此处仅列节选内容。

最高人民法院关于审理拒不执行判决、裁定刑事案件适用法律若干问题的解释①

(法释〔2015〕16号,2015年7月6日最高人民法院审判委员会第1657次会议通过,自2015年7月22日起施行)

第1条【负有执行义务的人以拒不执行判决、裁定罪处罚的情形】 ★★★

被执行人、协助执行义务人、担保人等负有执行义务的人对人民法院的判决、裁定有能力执行而拒不执行,情节严重的,应当依照刑法第三百一十三条的规定,以拒不执行判决、裁定罪处罚。

第2条【拒不执行判决、裁定罪"其他有能力执行而拒不执行,情节严重的情形"的认定】 ★★

负有执行义务的人有能力执行而实施下列行为之一的,应当认定为全国人民代表大会常务委员会关于刑法第三百一十三条的解释中规定的"其他有能力执行而拒不执行,情节严重的情形":

(一)具有拒绝报告或者虚假报告财产情况、违反人民法院限制高消费及有关消费令等拒不执行行为,经采取罚款或者拘留等强制措施后仍拒不执行的;

(二)伪造、毁灭有关被执行人履行能力的重要证据,以暴力、威胁、贿买方法阻止他人作证或者指使、贿买、胁迫他人作伪证,妨碍人民法院查明被执行人财产情况,致使判决、裁定无法执行的;

(三)拒不交付法律文书指定交付的财物、票证或者拒不迁出房屋、退出土地,致使判决、裁定无法执行的;

(四)与他人串通,通过虚假诉讼、虚假仲裁、虚假和解等方式妨害执行,致使判决、裁定无法执行的;

---

① 简称《审理拒不执行判决、裁定刑事案件司法解释》。此处仅列节选内容。

（五）以暴力、威胁方法阻碍执行人员进入执行现场或者聚众哄闹、冲击执行现场,致使执行工作无法进行的;

（六）对执行人员进行侮辱、围攻、扣押、殴打,致使执行工作无法进行的;

（七）毁损、抢夺执行案件材料、执行公务车辆和其他执行器械、执行人员服装以及执行公务证件,致使执行工作无法进行的;

（八）拒不执行法院判决、裁定,致使债权人遭受重大损失的。

第 3 条【拒不执行判决、裁定刑事案件以自诉案件立案审理的情形】 ★

申请执行人有证据证明同时具有下列情形,人民法院认为符合刑事诉讼法第二百零四条第三项规定的,以自诉案件立案审理:

（一）负有执行义务的人拒不执行判决、裁定,侵犯了申请执行人的人身、财产权利,应当依法追究刑事责任的;

（二）申请执行人曾经提出控告,而公安机关或者人民检察院对负有执行义务的人不予追究刑事责任的。

第 6 条【拒不执行判决、裁定罪酌情从宽处罚情形】

拒不执行判决、裁定的被告人在一审宣告判决前,履行全部或部分执行义务的,可以酌情从宽处罚。

最高人民法院关于审理拒不支付劳动报酬刑事案件适用法律若干问题的解释①

(法释〔2013〕3 号,2013 年 1 月 14 日最高人民法院审判委员会第 1567 次会议通过,自 2013 年 1 月 23 日起施行)

第 1 条【"劳动者的劳动报酬"的认定】 ★★★

劳动者依照《中华人民共和国劳动法》和《中华人民共和国劳动合同法》等法律的规定应得的劳动报酬,包括工资、奖金、津贴、补贴、延长工作时间的工资报酬及特殊情况下支付的工资等,应当认定为刑法第二百七十六条之一

---

① 简称《拒不支付劳动报酬罪司法解释》。此处仅列节选内容。

第一款规定的"劳动者的劳动报酬"。

第2条【"以转移财产、逃匿等方法逃避支付劳动者的劳动报酬"的认定】 ★★★

以逃避支付劳动者的劳动报酬为目的，具有下列情形之一的，应当认定为刑法第二百七十六条之一第一款规定的"以转移财产、逃匿等方法逃避支付劳动者的劳动报酬"：

（一）隐匿财产、恶意清偿、虚构债务、虚假破产、虚假倒闭或者以其他方法转移、处分财产的；

（二）逃跑、藏匿的；

（三）隐匿、销毁或者篡改账目、职工名册、工资支付记录、考勤记录等与劳动报酬相关的材料的；

（四）以其他方法逃避支付劳动报酬的。

第3条【不支付劳动报酬"数额较大"的认定】 ★★★

具有下列情形之一的，应当认定为刑法第二百七十六条之一第一款规定的"数额较大"：

（一）拒不支付一名劳动者三个月以上的劳动报酬且数额在五千元至二万元以上的；

（二）拒不支付十名以上劳动者的劳动报酬且数额累计在三万元至十万元以上的。

各省、自治区、直辖市高级人民法院可以根据本地区经济社会发展状况，在前款规定的数额幅度内，研究确定本地区执行的具体数额标准，报最高人民法院备案。

第4条【不支付劳动报酬"经政府有关部门责令支付仍不支付"的认定】 ★★★★

经人力资源社会保障部门或者政府其他有关部门依法以限期整改指令书、行政处理决定书等文书责令支付劳动者的劳动报酬后，在指定的期限内仍不支付的，应当认定为刑法第二百七十六条之一第一款规定的"经政府有关部门责令支付仍不支付"，但有证据证明行为人有正当理由未知悉责令支付或者未及时支付劳动报酬的除外。

行为人逃匿，无法将责令支付文书送交其本人、同住成年家属或者所在单位负责收件的人的，如果有关部门已通过在行为人的住所地、生产经营场所等地张贴责令支付文书等方式责令支付，并采用拍照、录像等方式记录的，应当视为"经政府有关部门责令支付"。

第 6 条【不构成拒不支付劳动者的劳动报酬的认定;减轻、从轻、免除处罚的情形;酌情从宽处罚的情形】　　　　　　　　　　★★

拒不支付劳动者的劳动报酬,尚未造成严重后果,在刑事立案前支付劳动者的劳动报酬,并依法承担相应赔偿责任的,可以认定为情节显著轻微危害不大,不认为是犯罪;在提起公诉前支付劳动者的劳动报酬,并依法承担相应赔偿责任的,可以减轻或者免除刑事处罚;在一审宣判前支付劳动者的劳动报酬,并依法承担相应赔偿责任的,可以从轻处罚。

对于免除刑事处罚的,可以根据案件的不同情况,予以训诫、责令具结悔过或者赔礼道歉。

拒不支付劳动者的劳动报酬,造成严重后果,但在宣判前支付劳动者的劳动报酬,并依法承担相应赔偿责任的,可以酌情从宽处罚。

最高人民法院关于审理挪用公款案件具体应用法律若干问题的解释①

(法释[1998]9号,1998年4月6日最高人民法院审判委员会第972次会议通过,自1998年5月9日起施行)

第 1 条【"挪用公款归个人使用"的认定】　　　　　　　　★★★

刑法第三百八十四条规定的"挪用公款归个人使用",包括挪用者本人使用或者给他人使用。

挪用公款给私有公司、私有企业使用的,属于挪用公款归个人使用。

第 2 条【挪用公款罪】　　　　　　　　　　　　　　　　★★★

对挪用公款罪,应区分三种不同情况予以认定:

(一) 挪用公款归个人使用,数额较大、超过三个月未还的,构成挪用公款罪。

挪用正在生息或者需要支付利息的公款归个人使用,数额较大,超过三个月但在案发前全部归还本金的,可以从轻处罚或者免除处罚。给国家、集

---

① 简称《审理挪用公款案件司法解释》。此处仅列节选内容。

体造成的利息损失应予追缴。挪用公款数额巨大,超过三个月,案发前全部归还的,可以酌情从轻处罚。

(二)挪用公款数额较大,归个人进行营利活动的,构成挪用公款罪,不受挪用时间和是否归还的限制。在案发前部分或者全部归还本息的,可以从轻处罚;情节轻微的,可以免除处罚。

挪用公款存入银行、用于集资、购买股票、国债等,属于挪用公款进行营利活动。所获取的利息、收益等违法所得,应当追缴,但不计入挪用公款的数额。

(三)挪用公款归个人使用,进行赌博、走私等非法活动的,构成挪用公款罪,不受"数额较大"和挪用时间的限制。

挪用公款给他人使用,不知道使用人用公款进行营利活动或者用于非法活动,数额较大、超过三个月未还的,构成挪用公款罪;明知使用人用于营利活动或者非法活动的,应当认定为挪用人挪用公款进行营利活动或者非法活动。

第3条【挪用公款归个人使用中各情形数额起点及"情节严重"的认定】

挪用公款归个人使用,"数额较大、进行营利活动的",或者"数额较大、超过三个月未还的",以挪用公款一万元至三万元为"数额较大"的起点,以挪用公款十五万元至二十万元为"数额巨大"的起点。挪用公款"情节严重",是指挪用公款数额巨大,或者数额虽未达到巨大,但挪用公款手段恶劣;多次挪用公款;因挪用公款严重影响生产、经营,造成严重损失等情形。

"挪用公款归个人使用,进行非法活动的",以挪用公款五千元至一万元为追究刑事责任的数额起点。挪用公款五万元至十万元以上的,属于挪用公款归个人使用,进行非法活动,"情节严重"的情形之一。挪用公款归个人使用,进行非法活动,情节严重的其他情形,按照本条第一款的规定执行。

各高级人民法院可以根据本地实际情况,按照本解释规定的数额幅度,确定本地区执行的具体数额标准,并报最高人民法院备案。

挪用救灾、抢险、防汛、优抚、扶贫、移民、救济款物归个人使用的数额标准,参照挪用公款归个人使用进行非法活动的数额标准。

最高人民法院关于审理破坏野生动物资源刑事案件具体应用法律若干问题的解释①

(法释〔2000〕37号,2000年11月17日最高人民法院审判委员会第1141次会议通过,自2000年12月11日起施行)

第1条【珍贵、濒危野生动物的认定】 ★★★★

刑法第三百四十一条第一款规定的"珍贵、濒危野生动物",包括列入国家重点保护野生动物名录的国家一、二级保护野生动物,列入《濒危野生动植物种国际贸易公约》附录一、附录二的野生动物以及驯养繁殖的上述物种。

第2条【非法收购、运输、出售珍贵、濒危野生动物、珍贵、濒危野生动物制品罪"收购""运输""出售"的认定】 ★★

刑法第三百四十一条第一款规定的"收购",包括以营利、自用等为目的的购买行为;"运输",包括采用携带、邮寄、利用他人、使用交通工具等方法进行运送的行为;"出售",包括出卖和以营利为目的的加工利用行为。

第3条【非法猎捕、杀害、收购、运输、出售珍贵、濒危野生动物"情节严重""情节特别严重"的认定】 ★★

非法猎捕、杀害、收购、运输、出售珍贵、濒危野生动物具有下列情形之一的,属于"情节严重":

(一)达到本解释附表所列相应数量标准的;

(二)非法猎捕、杀害、收购、运输、出售不同种类的珍贵、濒危野生动物,其中两种以上分别达到附表所列"情节严重"数量标准一半以上的。

非法猎捕、杀害、收购、运输、出售珍贵、濒危野生动物具有下列情形之一的,属于"情节特别严重":

(一)达到本解释附表所列相应数量标准的;

(二)非法猎捕、杀害、收购、运输、出售不同种类的珍贵、濒危野生动物,

---

① 简称《审理破坏野生动物资源刑事案件司法解释》。此处仅列节选内容。

其中两种以上分别达到附表所列"情节特别严重"数量标准一半以上的。

第 5 条【非法收购、运输、出售珍贵、濒危野生动物制品"情节严重""情节特别严重"的认定】 ★★★

非法收购、运输、出售珍贵、濒危野生动物制品具有下列情形之一的,属于"情节严重":

（一）价值在十万元以上的；

（二）非法获利五万元以上的；

（三）具有其他严重情节的。

非法收购、运输、出售珍贵、濒危野生动物制品具有下列情形之一的,属于"情节特别严重"：

（一）价值在二十万元以上的；

（二）非法获利十万元以上的；

（三）具有其他特别严重情节的。

第 6 条【非法狩猎"情节严重"的认定】 ★★★

违反狩猎法规,在禁猎区、禁猎期或者使用禁用的工具、方法狩猎,具有下列情形之一的,属于非法狩猎"情节严重"：

（一）非法狩猎野生动物二十只以上的；

（二）违反狩猎法规,在禁猎区或者禁猎期使用禁用的工具、方法狩猎的；

（三）具有其他严重情节的。

最高人民法院关于审理破坏公用电信设施刑事案件具体应用法律若干问题的解释①

(法释〔2004〕21 号,2004 年 8 月 26 日最高人民法院审判委员会第 1322 次会议通过,自 2005 年 1 月 11 日起施行)

第 1 条【破坏公用电信设施罪定罪】 ★★

采用截断通信线路、损毁通信设备或者删除、修改、增加电信网计算机信息系统中存储、处理或者传输的数据和应用程序等手段,故意破坏正在使用

---

① 简称《破坏公用电信设施罪司法解释》。此处仅列节选内容。

的公用电信设施,具有下列情形之一的,属于刑法第一百二十四条规定的"危害公共安全",依照刑法第一百二十四条第一款规定,以破坏公用电信设施罪处三年以上七年以下有期徒刑:

(一)造成火警、匪警、医疗急救、交通事故报警、救灾、抢险、防汛等通信中断或者严重障碍,并因此贻误救助、救治、救灾、抢险等,致使人员死亡一人、重伤三人以上或者造成财产损失三十万元以上的;

(二)造成二千以上不满一万用户通信中断一小时以上,或者一万以上用户通信中断不满一小时的;

(三)在一个本地网范围内,网间通信全阻、关口局至某一局向全部中断或网间某一业务全部中断不满二小时或者直接影响范围不满五万(用户×小时)的;

(四)造成网间通信严重障碍,一日内累计二小时以上不满十二小时的;

(五)其他危害公共安全的情形。

第3条【破坏公用电信设施与故意毁坏财物的区分和处罚;破坏公用电信设施与盗窃的区分和处罚】

故意破坏正在使用的公用电信设施尚未危害公共安全,或者故意毁坏尚未投入使用的公用电信设施,造成财物损失,构成犯罪的,依照刑法第二百七十五条规定,以故意毁坏财物罪定罪处罚。

盗窃公用电信设施价值数额不大,但是构成危害公共安全犯罪的,依照刑法第一百二十四条的规定定罪处罚;盗窃公用电信设施同时构成盗窃罪和破坏公用电信设施罪的,依照处罚较重的规定定罪处罚。

最高人民法院关于审理非法出版物刑事案件具体应用法律若干问题的解释[①]

(法释〔1998〕30号,1998年12月11日最高人民法院审判委员会第1032次会议通过,自1998年12月23日起施行)

第8条【以牟利为目的制作、复制、出版、贩卖、传播淫秽物品牟利罪定罪

---

① 简称《审理非法出版物刑事案件司法解释》。此处仅列节选内容。

处罚的情形】 ★★★

以牟利为目的,实施刑法第三百六十三条第一款规定的行为,具有下列情形之一的,以制作、复制、出版、贩卖、传播淫秽物品牟利罪定罪处罚:

(一) 制作、复制、出版淫秽影碟、软件、录像带五十至一百张(盒)以上,淫秽音碟、录音带一百至二百张(盒)以上,淫秽扑克、书刊、画册一百至二百副(册)以上,淫秽照片、画片五百至一千张以上的;

(二) 贩卖淫秽影碟、软件、录像带一百至二百张(盒)以上,淫秽音碟、录音带二百至四百张(盒)以上,淫秽扑克、书刊、画册二百至四百副(册)以上,淫秽照片、画片一千至二千张以上的;

(三) 向他人传播淫秽物品达二百至五百人次以上,或者组织播放淫秽影、像达十至二十场次以上的;

(四) 制作、复制、出版、贩卖、传播淫秽物品,获利五千至一万元以上的。

以牟利为目的,实施刑法第三百六十三条第一款规定的行为,具有下列情形之一的,应当认定为制作、复制、出版、贩卖、传播淫秽物品牟利罪"情节严重":

(一) 制作、复制、出版淫秽影碟、软件、录像带二百五十至五百张(盒)以上,淫秽音碟、录音带五百至一千张(盒)以上,淫秽扑克、书刊、画册五百至一千副(册)以上,淫秽照片、画片二千五百至五千张以上的;

(二) 贩卖淫秽影碟、软件、录像带五百至一千张(盒)以上,淫秽音碟、录音带一千至二千张(盒)以上,淫秽扑克、书刊、画册一千至二千副(册)以上,淫秽照片、画片五千至一万张以上的;

(三) 向他人传播淫秽物品达一千至二千人次以上,或者组织播放淫秽影、像达五十至一百场次以上的;

(四) 制作、复制、出版、贩卖、传播淫秽物品,获利三万至五万元以上的。

以牟利为目的,实施刑法第三百六十三条第一款规定的行为,其数量(数额)达到前款规定的数量(数额)五倍以上的,应当认定为制作、复制、出版、贩卖、传播淫秽物品牟利罪"情节特别严重"。

最高人民法院、最高人民检察院关于办理妨害国(边)境管理刑事案件应用法律若干问题的解释①

(法释〔2012〕17号,2012年8月20日最高人民法院审判委员会第1553次会议、2012年11月19日最高人民检察院第十一届检察委员会第82次会议通过,自2012年12月20日起施行)

第1条【组织他人偷越国(边)境罪的具体认定】 ★★

领导、策划、指挥他人偷越国(边)境或者在首要分子指挥下,实施拉拢、引诱、介绍他人偷越国(边)境等行为的,应当认定为刑法第三百一十八条规定的"组织他人偷越国(边)境"。

组织他人偷越国(边)境人数在十人以上的,应当认定为刑法第三百一十八条第一款第(二)项规定的"人数众多";违法所得数额在二十万元以上的,应当认定为刑法第三百一十八条第一款第(六)项规定的"违法所得数额巨大"。

以组织他人偷越国(边)境为目的,招募、拉拢、引诱、介绍、培训偷越国(边)境人员,策划、安排偷越国(边)境行为,在他人偷越国(边)境之前或者偷越国(边)境过程中被查获的,应当以组织他人偷越国(边)境罪(未遂)论处;具有刑法第三百一十八条第一款规定的情形之一的,应当在相应的法定刑幅度基础上,结合未遂犯的处罚原则量刑。

第2条【骗取出境证件罪的具体认定】 ★★

为组织他人偷越国(边)境,编造出境事由、身份信息或者相关的境外关系证明的,应当认定为刑法第三百一十九条第一款规定的"弄虚作假"。

刑法第三百一十九条第一款规定的"出境证件",包括护照或者代替护照使用的国际旅行证件,中华人民共和国海员证,中华人民共和国出入境通行证,中华

---

① 简称《办理妨害国(边)境管理刑事案件司法解释》。此处仅列节选内容。

人民共和国旅行证、中国公民往来香港、澳门、台湾地区证件、边境地区出入境通行证、签证、签注、出国(境)证明、名单,以及其他出境时需要查验的资料。

具有下列情形之一的,应当认定为刑法第三百一十九条第一款规定的"情节严重":

(一) 骗取出境证件五份以上的;

(二) 非法收取费用三十万元以上的;

(三) 明知是国家规定的不准出境的人员而为其骗取出境证件的;

(四) 其他情节严重的情形。

第 3 条【出售出入境证件罪的具体认定】

刑法第三百二十条规定的"出入境证件",包括本解释第二条第二款所列的证件以及其他入境时需要查验的资料。

具有下列情形之一的,应当认定为刑法第三百二十条规定的"情节严重":

(一) 为他人提供伪造、变造的出入境证件或者出售出入境证件五份以上的;

(二) 非法收取费用三十万元以上的;

(三) 明知是国家规定的不准出境的人员而为其提供伪造、变造的出入境证件或者向其出售出入境证件的;

(四) 其他情节严重的情形。

第 4 条【运送他人偷越国(边)境罪"人数众多""违法所得数额巨大"的认定】

运送他人偷越国(边)境人数在十人以上的,应当认定为刑法第三百二十一条第一款第(一)项规定的"人数众多";违法所得数额在二十万元以上的,应当认定为刑法第三百二十一条第一款第(三)项规定的"违法所得数额巨大"。

第 5 条【偷越国(边)境罪"情节严重"的认定】 ★★

偷越国(边)境,具有下列情形之一的,应当认定为刑法第三百二十二条规定的"情节严重":

(一) 在境外实施损害国家利益行为的;

(二) 偷越国(边)境三次以上或者三人以上结伙偷越国(边)境的;

(三) 拉拢、引诱他人一起偷越国(边)境的;

(四) 勾结境外组织、人员偷越国(边)境的;

(五) 因偷越国(边)境被行政处罚后一年内又偷越国(边)境的;

（六）其他情节严重的情形。

第6条【"偷越国（边）境"行为的认定】 ★★

具有下列情形之一的，应当认定为刑法第六章第三节规定的"偷越国（边）境"行为：

（一）没有出入境证件出入国（边）境或者逃避接受边防检查的；

（二）使用伪造、变造、无效的出入境证件出入国（边）境的；

（三）使用他人出入境证件出入国（边）境的；

（四）使用以虚假的出入境事由、隐瞒真实身份、冒用他人身份证件等方式骗取的出入境证件出入国（边）境的；

（五）采用其他方式非法出入国（边）境的。

最高人民法院、最高人民检察院关于办理行贿刑事案件具体应用法律若干问题的解释①

（法释〔2012〕22号，2012年5月14日由最高人民法院审判委员会第1547次会议、2012年8月21日由最高人民检察院第十一届检察委员会第77次会议通过，自2013年1月1日起施行）

第1条【追究行贿罪的数额起点】 ★★★

为谋取不正当利益，向国家工作人员行贿，数额在一万元以上的，应当依照刑法第三百八十九条的规定追究刑事责任。

第2条【行贿罪"情节严重"的认定】 ★

因行贿谋取不正当利益，具有下列情形之一的，应当认定为刑法第三百九十条第一款规定的"情节严重"：

（一）行贿数额在二十万元以上不满一百万元的；

（二）行贿数额在十万元以上不满二十万元，并具有下列情形之一的：

---

① 简称《办理行贿案件司法解释》。此处仅列节选内容。

1. 向三人以上行贿的；

2. 将违法所得用于行贿的；

3. 为实施违法犯罪活动,向负有食品、药品、安全生产、环境保护等监督管理职责的国家工作人员行贿,严重危害民生、侵犯公众生命财产安全的；

4. 向行政执法机关、司法机关的国家工作人员行贿,影响行政执法和司法公正的；

(三) 其他情节严重的情形。

第 5 条【多次行贿未经处理的数额认定】 ★★

多次行贿未经处理的,按照累计行贿数额处罚。

第 7 条【行贿罪中减轻或者免除处罚的情形】 ★

因行贿人在被追诉前主动交待行贿行为而破获相关受贿案件的,对行贿人不适用刑法第六十八条关于立功的规定,依照刑法第三百九十条第二款的规定,可以减轻或者免除处罚。

单位行贿的,在被追诉前,单位集体决定或者单位负责人决定主动交待单位行贿行为的,依照刑法第三百九十条第二款的规定,对单位及相关责任人员可以减轻处罚或者免除处罚；受委托直接办理单位行贿事项的直接责任人员在被追诉前主动交待自己知道的单位行贿行为的,对该直接责任人员可以依照刑法第三百九十条第二款的规定减轻处罚或者免除处罚。

第 12 条【行贿罪"谋取不正当利益"的认定】

行贿犯罪中的"谋取不正当利益",是指行贿人谋取的利益违反法律、法规、规章、政策规定,或者要求国家工作人员违反法律、法规、规章、政策、行业规范的规定,为自己提供帮助或者方便条件。

违背公平、公正原则,在经济、组织人事管理等活动中,谋取竞争优势的,应当认定为"谋取不正当利益"。

第 13 条【行贿罪"被追诉前"的认定】

刑法第三百九十条第二款规定的"被追诉前",是指检察机关对行贿人的行贿行为刑事立案前。

最高人民法院、最高人民检察院关于办理生产、销售伪劣商品刑事案件具体应用法律若干问题的解释①

(法释〔2001〕10号,2001年4月5日最高人民法院审判委员会第1168次会议、2001年3月30日最高人民检察院第九届检察委员会第84次会议通过,自2001年4月10日起施行)

第1条【生产、销售伪劣产品罪"在产品中掺杂、掺假""以假充真""以次充好""不合格产品"的认定】 ★★

刑法第一百四十条规定的"在产品中掺杂、掺假",是指在产品中掺入杂质或者异物,致使产品质量不符合国家法律、法规或者产品明示质量标准规定的质量要求,降低、失去应有使用性能的行为。

刑法第一百四十条规定的"以假充真",是指以不具有某种使用性能的产品冒充具有该种使用性能的产品的行为。

刑法第一百四十条规定的"以次充好",是指以低等级、低档次产品冒充高等级、高档次产品,或者以残次、废旧零配件组合、拼装后冒充正品或者新产品的行为。

刑法第一百四十条规定的"不合格产品",是指不符合《中华人民共和国产品质量法》第二十六条第二款规定的质量要求的产品。

对本条规定的上述行为难以确定的,应当委托法律、行政法规规定的产品质量检验机构进行鉴定。

第2条【生产、销售伪劣商品罪"销售金额"的认定】 ★

刑法第一百四十条、第一百四十九条规定的"销售金额",是指生产者、销售者出售伪劣产品后所得和应得的全部违法收入。

伪劣产品尚未销售,货值金额达到刑法第一百四十条规定的销售金额三倍以上的,以生产、销售伪劣产品罪(未遂)定罪处罚。

---

① 简称《办理生产、销售伪劣商品刑事案件司法解释》。此处仅列节选内容。

货值金额以违法生产、销售的伪劣产品的标价计算;没有标价的,按照同类合格产品的市场中间价格计算。货值金额难以确定的,按照国家计划委员会、最高人民法院、最高人民检察院、公安部1997年4月22日联合发布的《扣押、追缴、没收物品估价管理办法》的规定,委托指定的估价机构确定。

多次实施生产、销售伪劣产品行为,未经处理的,伪劣产品的销售金额或者货值金额累计计算。

第7条【生产、销售伪劣农药、兽药、化肥、种子罪"较大损失""重大损失""特别重大损失"的认定】 ★★

刑法第一百四十七条规定的生产、销售伪劣农药、兽药、化肥、种子罪中"使生产遭受较大损失",一般以二万元为起点;"重大损失",一般以十万元为起点;"特别重大损失",一般以五十万元为起点。

第8条【放纵制售伪劣商品犯罪行为罪"情节严重"的认定】

国家机关工作人员徇私舞弊,对生产、销售伪劣商品犯罪不履行法律规定的查处职责,具有下列情形之一的,属于刑法第四百一十四条规定的"情节严重":

(一)放纵生产、销售假药或者有毒、有害食品犯罪行为的;

(二)放纵依法可能判处二年有期徒刑以上刑罚的生产、销售、伪劣商品犯罪行为的;

(三)对三个以上有生产、销售伪劣商品犯罪行为的单位或者个人不履行追究职责的;

(四)致使国家和人民利益遭受重大损失或者造成恶劣影响的。

最高人民法院关于审理破坏土地资源刑事案件具体应用法律若干问题的解释①

(法释〔2000〕14号,2000年6月16日最高人民法院审判委员会第1119次会议通过,自2000年6月22日起施行)

第1条【非法转让、倒卖土地使用权罪"情节严重"的认定】 ★★

---

① 简称《破坏土地资源犯罪司法解释》。此处仅列节选内容。

以牟利为目的,违反土地管理法规,非法转让、倒卖土地使用权,具有下列情形之一的,属于非法转让、倒卖土地使用权"情节严重",依照刑法第二百二十八条的规定,以非法转让、倒卖土地使用权罪定罪处罚:

(一)非法转让、倒卖基本农田五亩以上的;

(二)非法转让、倒卖基本农田以外的耕地十亩以上的;

(三)非法转让、倒卖其他土地二十亩以上的;

(四)非法获利五十万元以上的;

(五)非法转让、倒卖土地接近上述数量标准并具有其他恶劣情节的,如曾因非法转让、倒卖土地使用权受过行政处罚或者造成严重后果等。

第 2 条【非法转让、倒卖土地使用权罪"情节特别严重"的认定】 ★★

实施第一条规定的行为,具有下列情形之一的,属于非法转让、倒卖土地使用权"情节特别严重":

(一)非法转让、倒卖基本农田十亩以上的;

(二)非法转让、倒卖基本农田以外的耕地二十亩以上的;

(三)非法转让、倒卖其他土地四十亩以上的;

(四)非法获利一百万元以上的;

(五)非法转让、倒卖土地接近上述数量标准并具有其他恶劣情节,如造成严重后果等。

第 3 条【非法占用农用地罪】 ★★★

违反土地管理法规,非法占用耕地改作他用,数量较大,造成耕地大量毁坏的,依照刑法第三百四十二条的规定,以非法占用耕地罪定罪处罚:

(一)非法占用耕地"数量较大",是指非法占用基本农田五亩以上或者非法占用基本农田以外的耕地十亩以上。

(二)非法占用耕地"造成耕地大量毁坏",是指行为人非法占用耕地建窑、建坟、建房、挖沙、采石、采矿、取土、堆放固体废弃物或者进行其他非农业建设,造成基本农田五亩以上或者基本农田以外的耕地十亩以上种植条件严重毁坏或者严重污染。

第 4 条【非法批准征收、征用、占用土地罪"情节严重"的认定】

国家机关工作人员徇私舞弊,违反土地管理法规,滥用职权,非法批准征用、占用土地,具有下列情形之一的,属于非法批准征用、占用土地"情节严重",依照刑法第四百一十条的规定,以非法批准征用、占用土地罪定罪处罚:

(一)非法批准征用、占用基本农田十亩以上的;

(二)非法批准征用、占用基本农田以外的耕地三十亩以上的;

（三）非法批准征用、占用其他土地五十亩以上的；

（四）虽未达到上述数量标准，但非法批准征用、占用土地造成直接经济损失三十万元以上；造成耕地大量毁坏等恶劣情节的。

第7条【非法低价出让国有土地使用权罪"致使国家和集体利益遭受特别重大损失"的认定】

实施第六条规定的行为，具有下列情形之一的，属于非法低价出让国有土地使用权，"致使国家和集体利益遭受特别重大损失"：

（一）非法低价出让国有土地使用权面积在六十亩以上，并且出让价额低于国家规定的最低价额标准的百分之四十的；

（二）造成国有土地资产流失价额在五十万元以上的。

最高人民法院关于审理伪造货币等案件具体应用法律若干问题的解释①

（法释〔2000〕26号，2000年4月20日最高人民法院审判委员会第1110次会议通过，自2000年9月14日起施行）

第1条【伪造货币罪】 ★★★

伪造货币的总面额在二千元以上不满三万元或者币量在二百张（枚）以上不足三千张（枚）的，依照刑法第一百七十条的规定，处三年以上十年以下有期徒刑，并处五万元以上五十万元以下罚金。

伪造货币的总面额在三万元以上的，属于"伪造货币数额特别巨大"。

行为人制造货币版样或者与他人事前通谋，为他人伪造货币提供版样的，依照刑法第一百七十条的规定定罪处罚。

第2条【购买假币罪从重处罚；出售、运输假币罪与使用假币罪数罪并罚】 ★★★

行为人购买假币后使用，构成犯罪的，依照刑法第一百七十一条的规定，以购买假币罪定罪，从重处罚。

---

① 简称《审理伪造货币等案件司法解释一》。此处仅列节选内容。

行为人出售、运输假币构成犯罪,同时有使用假币行为的,依照刑法第一百七十一条、第一百七十二条的规定,实行数罪并罚。

第3条【出售、购买、运输假币罪"数额较大""数额巨大""数额特别巨大"的认定】 ★★★★

出售、购买假币或者明知是假币而运输,总面额在四千元以上不满五万元的,属于"数额较大";总面额在五万元以上不满二十万元的,属于"数额巨大";总面额在二十万元以上的,属于"数额特别巨大",依照刑法第一百七十一条第一款的规定定罪处罚。

第5条【持有、使用假币罪"数额较大""数额巨大""数额特别巨大"的认定】 ★★★★

明知是假币而持有、使用,总面额在四千元以上不满五万元的,属于"数额较大";总面额在五万元以上不满二十万元的,属于"数额巨大";总面额在二十万元以上的,属于"数额特别巨大",依照刑法第一百七十二条的规定定罪处罚。

最高人民法院、最高人民检察院关于办理利用互联网、移动通讯终端、声讯台制作、复制、出版、贩卖、传播淫秽电子信息刑事案件具体应用法律若干问题的解释(二)①

(法释〔2010〕3号,2010年1月18日最高人民法院审判委员会第1483次会议、2010年1月14日最高人民检察院第十一届检察委员会第28次会议通过,自2010年2月4日起施行)

第2条【利用互联网、移动通讯终端传播淫秽电子信息行为的定罪处罚】 ★★★

利用互联网、移动通讯终端传播淫秽电子信息的,依照《最高人民法院、

---

① 简称《办理利用互联网、移动通讯终端、声讯台制作、复制、出版、贩卖、传播淫秽电子信息案件司法解释二》。此处仅列节选内容。

最高人民检察院关于办理利用互联网、移动通讯终端、声讯台制作、复制、出版、贩卖、传播淫秽电子信息刑事案件具体应用法律若干问题的解释》第三条的规定定罪处罚。

利用互联网、移动通讯终端传播内容含有不满十四周岁未成年人的淫秽电子信息,具有下列情形之一的,依照刑法第三百六十四条第一款的规定,以传播淫秽物品罪定罪处罚:

(一)数量达到第一条第二款第(一)项至第(五)项规定标准二倍以上的;

(二)数量分别达到第一条第二款第(一)项至第(五)项两项以上标准的;

(三)造成严重后果的。

第3条【利用互联网建立主要用于传播淫秽电子信息的群组的定罪处罚】 ★★

利用互联网建立主要用于传播淫秽电子信息的群组,成员达三十人以上或者造成严重后果的,对建立者、管理者和主要传播者,依照刑法第三百六十四条第一款的规定,以传播淫秽物品罪定罪处罚。

最高人民法院关于审理破坏草原资源刑事案件应用法律若干问题的解释①

(法释〔2012〕15号,2012年10月22日由最高人民法院审判委员会第1558次会议通过,自2012年11月22日起施行)

第1条【非法占用草原,改变被占用草原用途以非法占用农用地罪定罪处罚的情形】

违反草原法等土地管理法规,非法占用草原,改变被占用草原用途,数量较大,造成草原大量毁坏的,依照刑法第三百四十二条的规定,以非法占用农用地罪定罪处罚。

---

① 简称《审理破坏草原资源刑事案件司法解释》。此处仅列节选内容。

第 2 条【非法占用农用地罪"数量较大""造成耕地、林地等农用地大量毁坏"的认定】

非法占用草原,改变被占用草原用途,数量在二十亩以上的,或者曾因非法占用草原受过行政处罚,在三年内又非法占用草原,改变被占用草原用途,数量在十亩以上的,应当认定为刑法第三百四十二条规定的"数量较大"。

非法占用草原,改变被占用草原用途,数量较大,具有下列情形之一的,应当认定为刑法第三百四十二条规定的"造成耕地、林地等农用地大量毁坏":

(一)开垦草原种植粮食作物、经济作物、林木的;

(二)在草原上建窑、建房、修路、挖砂、采石、采矿、取土、剥取草皮的;

(三)在草原上堆放或者排放废弃物,造成草原的原有植被严重毁坏或者严重污染的;

(四)违反草原保护、建设、利用规划种植牧草和饲料作物,造成草原沙化或者水土严重流失的;

(五)其他造成草原严重毁坏的情形。

第 3 条【国家机关工作人员违反草原法等土地管理法规徇私舞弊情形的认定】

国家机关工作人员徇私舞弊,违反草原法等土地管理法规,具有下列情形之一的,应当认定为刑法第四百一十条规定的"情节严重":

(一)非法批准征收、征用、占用草原四十亩以上的;

(二)非法批准征收、征用、占用草原,造成二十亩以上草原被毁坏的;

(三)非法批准征收、征用、占用草原,造成直接经济损失三十万元以上,或者具有其他恶劣情节的。

具有下列情形之一,应当认定为刑法第四百一十条规定的"致使国家或者集体利益遭受特别重大损失":

(一)非法批准征收、征用、占用草原八十亩以上的;

(二)非法批准征收、征用、占用草原,造成四十亩以上草原被毁坏的;

(三)非法批准征收、征用、占用草原,造成直接经济损失六十万元以上,或者具有其他特别恶劣情节的。

最高人民法院、最高人民检察院
关于办理危害计算机信息系统安全
刑事案件应用法律若干问题的解释①

(法释〔2011〕19号,2011年6月20日最高人民法院审判委员会第1524次会议、2011年7月11日最高人民检察院第十一届检察委员会第63次会议通过,自2011年9月1日起施行)

第1条【非法获取计算机信息系统数据、非法控制计算机信息系统罪"情节严重""情节特别严重"的认定】

非法获取计算机信息系统数据或者非法控制计算机信息系统,具有下列情形之一的,应当认定为刑法第二百八十五条第二款规定的"情节严重":

(一)获取支付结算、证券交易、期货交易等网络金融服务的身份认证信息十组以上的;

(二)获取第(一)项以外的身份认证信息五百组以上的;

(三)非法控制计算机信息系统二十台以上的;

(四)违法所得五千元以上或者造成经济损失一万元以上的;

(五)其他情节严重的情形。

实施前款规定行为,具有下列情形之一的,应当认定为刑法第二百八十五条第二款规定的"情节特别严重":

(一)数量或者数额达到前款第(一)项至第(四)项规定标准五倍以上的;

(二)其他情节特别严重的情形。

明知是他人非法控制的计算机信息系统,而对该计算机信息系统的控制权加以利用的,依照前两款的规定定罪处罚。

---

① 简称《办理危害计算机信息系统安全刑事案件司法解释》。此处仅列节选内容。

第 2 条【"专门用于侵入、非法控制计算机信息系统的程序、工具"的认定】

具有下列情形之一的程序、工具,应当认定为刑法第二百八十五条第三款规定的"专门用于侵入、非法控制计算机信息系统的程序、工具":

(一)具有避开或者突破计算机信息系统安全保护措施,未经授权或者超越授权获取计算机信息系统数据的功能的;

(二)具有避开或者突破计算机信息系统安全保护措施,未经授权或者超越授权对计算机信息系统实施控制的功能的;

(三)其他专门设计用于侵入、非法控制计算机信息系统、非法获取计算机信息系统数据的程序、工具。

第 3 条【提供侵入、非法控制计算机信息系统程序、工具罪"情节严重""情节特别严重"的认定】

提供侵入、非法控制计算机信息系统的程序、工具,具有下列情形之一的,应当认定为刑法第二百八十五条第三款规定的"情节严重":

(一)提供能够用于非法获取支付结算、证券交易、期货交易等网络金融服务身份认证信息的专门性程序、工具五人次以上的;

(二)提供第(一)项以外的专门用于侵入、非法控制计算机信息系统的程序、工具二十人次以上的;

(三)明知他人实施非法获取支付结算、证券交易、期货交易等网络金融服务身份认证信息的违法犯罪行为而为其提供程序、工具五人次以上的;

(四)明知他人实施第(三)项以外的侵入、非法控制计算机信息系统的违法犯罪行为而为其提供程序、工具二十人次以上的;

(五)违法所得五千元以上或者造成经济损失一万元以上的;

(六)其他情节严重的情形。

实施前款规定行为,具有下列情形之一的,应当认定为提供侵入、非法控制计算机信息系统的程序、工具"情节特别严重":

(一)数量或者数额达到前款第(一)项至第(五)项规定标准五倍以上的;

(二)其他情节特别严重的情形。

第 4 条【破坏计算机信息系统罪"后果严重""后果特别严重"的认定】

破坏计算机信息系统功能、数据或者应用程序,具有下列情形之一的,应当认定为刑法第二百八十六条第一款和第二款规定的"后果严重":

(一)造成十台以上计算机信息系统的主要软件或者硬件不能正常运

行的;

(二)对二十台以上计算机信息系统中存储、处理或者传输的数据进行删除、修改、增加操作的;

(三)违法所得五千元以上或者造成经济损失一万元以上的;

(四)造成为一百台以上计算机信息系统提供域名解析、身份认证、计费等基础服务或者为一万以上用户提供服务的计算机信息系统不能正常运行累计一小时以上的;

(五)造成其他严重后果的。

实施前款规定行为,具有下列情形之一的,应当认定为破坏计算机信息系统"后果特别严重":

(一)数量或者数额达到前款第(一)项至第(三)项规定标准五倍以上的;

(二)造成为五百台以上计算机信息系统提供域名解析、身份认证、计费等基础服务或者为五万以上用户提供服务的计算机信息系统不能正常运行累计一小时以上的;

(三)破坏国家机关或者金融、电信、交通、教育、医疗、能源等领域提供公共服务的计算机信息系统的功能、数据或者应用程序,致使生产、生活受到严重影响或者造成恶劣社会影响的;

(四)造成其他特别严重后果的。

最高人民法院关于审理编造、故意传播虚假恐怖信息刑事案件适用法律若干问题的解释①

(法释〔2013〕24号,2013年9月16日最高人民法院审判委员会第1591次会议通过,自2013年9月30日起施行)

第1条【编造、故意传播虚假恐怖信息罪】
编造恐怖信息,传播或者放任传播,严重扰乱社会秩序的,依照刑法第二

---

① 简称《审理编造、故意传播虚假恐怖信息刑事案件司法解释》。此处仅列节选内容。

百九十一条之一的规定,应认定为编造虚假恐怖信息罪。

明知是他人编造的恐怖信息而故意传播,严重扰乱社会秩序的,依照刑法第二百九十一条之一的规定,应认定为故意传播虚假恐怖信息罪。

第2条【编造、故意传播虚假信息罪"严重扰乱社会秩序"的认定】

编造、故意传播虚假恐怖信息,具有下列情形之一的,应当认定为刑法第二百九十一条之一的"严重扰乱社会秩序":

(一)致使机场、车站、码头、商场、影剧院、运动场馆等人员密集场所秩序混乱,或者采取紧急疏散措施的;

(二)影响航空器、列车、船舶等大型客运交通工具正常运行的;

(三)致使国家机关、学校、医院、厂矿企业等单位的工作、生产、经营、教学、科研等活动中断的;

(四)造成行政村或者社区居民生活秩序严重混乱的;

(五)致使公安、武警、消防、卫生检疫等职能部门采取紧急应对措施的;

(六)其他严重扰乱社会秩序的。

第6条【"虚假恐怖信息"的认定】

本解释所称的"虚假恐怖信息",是指以发生爆炸威胁、生化威胁、放射威胁、劫持航空器威胁、重大灾情、重大疫情等严重威胁公共安全的事件为内容,可能引起社会恐慌或者公共安全危机的不真实信息。

最高人民法院、最高人民检察院
关于办理盗窃油气、破坏油气设备等刑事案件
具体应用法律若干问题的解释①

(法释〔2007〕3号,2006年11月20日最高人民法院审判委员会第1406次会议、2006年12月11日最高人民检察院第十届检察委员会第66次会议通过,自2007年1月19日起施行)

第1条【"破坏燃气或者其他易燃易爆设备"行为的认定】

---

① 简称《办理盗窃油气、破坏油气设备等刑事案件司法解释》。此处仅节选内容。

在实施盗窃油气等行为过程中,采用切割、打孔、撬砸、拆卸、开关等手段破坏正在使用的油气设备的,属于刑法第一百一十八条规定的"破坏燃气或者其他易燃易爆设备"的行为;危害公共安全,尚未造成严重后果的,依照刑法第一百一十八条的规定定罪处罚。

第 2 条【破坏燃气或者其他易燃易爆设备"造成严重后果"的认定】

实施本解释第一条规定的行为,具有下列情形之一的,属于刑法第一百一十九条第一款规定的"造成严重后果",依照刑法第一百一十九条第一款的规定定罪处罚:

(一)造成一人以上死亡、三人以上重伤或者十人以上轻伤的;

(二)造成井喷或者重大环境污染事故的;

(三)造成直接经济损失数额在五十万元以上的;

(四)造成其他严重后果的。

最高人民法院关于审理破坏电力设备刑事案件具体应用法律若干问题的解释①

(法释〔2007〕15 号,2007 年 8 月 13 日最高人民法院审判委员会第 1435 次会议通过)

第 1 条【破坏电力设备"造成严重后果"的认定】

破坏电力设备,具有下列情形之一的,属于刑法第一百一十九条第一款规定的"造成严重后果",以破坏电力设备罪判处十年以上有期徒刑、无期徒刑或者死刑:

(一)造成一人以上死亡、三人以上重伤或者十人以上轻伤的;

(二)造成一万以上用户电力供应中断六小时以上,致使生产、生活受到严重影响的;

(三)造成直接经济损失一百万元以上的;

(四)造成其他危害公共安全严重后果的。

---

① 简称《破坏电力设备罪司法解释》。此处仅列节选内容。

第2条【过失损坏电力设备罪】

过失损坏电力设备,造成本解释第一条规定的严重后果的,依照刑法第一百一十九条第二款的规定,以过失损坏电力设备罪判处三年以上七年以下有期徒刑;情节较轻的,处三年以下有期徒刑或者拘役。

第3条【盗窃电力设备与盗窃的区分和认定】

盗窃电力设备,危害公共安全,但不构成盗窃罪的,以破坏电力设备罪定罪处罚;同时构成盗窃罪和破坏电力设备罪的,依照刑法处罚较重的规定定罪处罚。

盗窃电力设备,没有危及公共安全,但应当追究刑事责任的,可以根据案件的不同情况,按照盗窃罪等犯罪处理。

第4条【电力设备的认定;直接经济损失的计算范围】

本解释所称电力设备,是指处于运行、应急等使用中的电力设备;已经通电使用,只是由于枯水季节或电力不足等原因暂停使用的电力设备;已经交付使用但尚未通电的电力设备。不包括尚未安装完毕,或者已经安装完毕但尚未交付使用的电力设备。

本解释中直接经济损失的计算范围,包括电量损失金额,被毁损设备材料的购置、更换、修复费用,以及因停电给用户造成的直接经济损失等。

最高人民法院关于审理黑社会性质组织犯罪的案件具体应用法律若干问题的解释①

(法释〔2000〕42号,2000年12月4日最高人民法院审判委员会第1148次会议通过,自2000年12月10日起施行)

第3条【组织、领导、参加黑社会性质组织罪】 ★★★

组织、领导、参加黑社会性质的组织又有其他犯罪行为的,根据刑法第二百九十四条第三款的规定,依照数罪并罚的规定处罚;对于黑社会性质组织的组织者、领导者,应当按照其所组织、领导的黑社会性质组织所犯的全部罪

---

① 简称《黑社会性质组织犯罪司法解释》。此处仅列节选内容。

行处罚;对于黑社会性质组织的参加者,应当按照其所参与的犯罪处罚。

对于参加黑社会性质的组织,没有实施其他违法犯罪活动的,或者受蒙蔽、胁迫参加黑社会性质的组织,情节轻微的,可以不作为犯罪处理。

第6条【包庇、纵容黑社会性质组织罪"情节严重"的认定】 ★★★

国家机关工作人员包庇、纵容黑社会性质的组织,有下列情形之一的,属于刑法第二百九十四条第四款规定的"情节严重":

(一)包庇、纵容黑社会性质组织跨境实施违法犯罪活动的;

(二)包庇、纵容境外黑社会组织在境内实施违法犯罪活动的;

(三)多次实施包庇、纵容行为的;

(四)致使某一区域或者行业的经济、社会生活秩序遭受黑社会性质组织特别严重破坏的;

(五)致使黑社会性质组织的组织者、领导者逃匿,或者致使对黑社会性质组织的查禁工作严重受阻的;

(六)具有其他严重情节的。

最高人民法院、最高人民检察院 关于办理利用信息网络实施诽谤等 刑事案件适用法律若干问题的解释①

(法释〔2013〕21号,2013年9月5日最高人民法院审判委员会第1589次会议、2013年9月2日最高人民检察院第十二届检察委员会第9次会议通过,自2013年9月10日起施行)

第1条【侮辱罪、诽谤罪"捏造事实诽谤他人"的认定】 ★★★

具有下列情形之一的,应当认定为刑法第二百四十六条第一款规定的"捏造事实诽谤他人":

(一)捏造损害他人名誉的事实,在信息网络上散布,或者组织、指使人

---

① 简称《办理利用信息网络实施诽谤等刑事案件司法解释》。此处仅列节选内容。

员在信息网络上散布的;

(二)将信息网络上涉及他人的原始信息内容篡改为损害他人名誉的事实,在信息网络上散布,或者组织、指使人员在信息网络上散布的;

明知是捏造的损害他人名誉的事实,在信息网络上散布,情节恶劣的,以"捏造事实诽谤他人"论。

第2条【利用信息网络诽谤他人构成侮辱罪、诽谤罪"情节严重"的认定】 ★★★

利用信息网络诽谤他人,具有下列情形之一的,应当认定为刑法第二百四十六条第一款规定的"情节严重":

(一)同一诽谤信息实际被点击、浏览次数达到五千次以上,或者被转发次数达到五百次以上的;

(二)造成被害人或者其近亲属精神失常、自残、自杀等严重后果的;

(三)二年内曾因诽谤受过行政处罚,又诽谤他人的;

(四)其他情节严重的情形。

最高人民法院、最高人民检察院关于办理妨害武装部队制式服装、车辆号牌管理秩序等刑事案件具体应用法律若干问题的解释①

(法释〔2011〕16号,2011年3月28日最高人民法院审判委员会第1516次会议、2011年4月13日最高人民检察院第十一届检察委员会第60次会议通过,自2011年8月1日起施行)

第1条【以伪造、变造、买卖武装部队公文、证件、印章罪或者盗窃、抢夺武装部队公文、证件、印章罪定罪处罚的情形】 ★★★

伪造、变造、买卖或者盗窃、抢夺武装部队公文、证件、印章,具有下列情

---

① 简称《办理妨害武装部队制式服装、车辆号牌管理秩序案件司法解释》。此处仅列节选内容。

形之一的,应当依照刑法第三百七十五条第一款的规定,以伪造、变造、买卖武装部队公文、证件、印章罪或者盗窃、抢夺武装部队公文、证件、印章罪定罪处罚:

(一)伪造、变造、买卖或者盗窃、抢夺武装部队公文一件以上的;

(二)伪造、变造、买卖或者盗窃、抢夺武装部队军官证、士兵证、车辆行驶证、车辆驾驶证或者其他证件二本以上的;

(三)伪造、变造、买卖或者盗窃、抢夺武装部队机关印章、车辆牌证印章或者其他印章一枚以上的。

实施前款规定的行为,数量达到第(一)至(三)项规定标准五倍以上或者造成严重后果的,应当认定为刑法第三百七十五条第一款规定的"情节严重"。

第2条【非法生产、买卖武装部队制式服装罪"情节严重"的认定】 ★★

非法生产、买卖武装部队现行装备的制式服装,具有下列情形之一的,应当认定为刑法第三百七十五条第二款规定的"情节严重",以非法生产、买卖武装部队制式服装罪定罪处罚:

(一)非法生产、买卖成套制式服装三十套以上,或者非成套制式服装一百件以上的;

(二)非法生产、买卖帽徽、领花、臂章等标志服饰合计一百件(副)以上的;

(三)非法经营数额二万元以上的;

(四)违法所得数额五千元以上的;

(五)具有其他严重情节的。

第3条【伪造、盗窃、买卖或者非法提供、非法使用武装部队专用标志罪"情节严重""情节特别严重"的认定】 ★★

伪造、盗窃、买卖或者非法提供、使用武装部队车辆号牌等专用标志,具有下列情形之一的,应当认定为刑法第三百七十五条第三款规定的"情节严重",以伪造、盗窃、买卖、非法提供、非法使用武装部队专用标志罪定罪处罚:

(一)伪造、盗窃、买卖或者非法提供、使用武装部队军以上领导机关车辆号牌一副以上或者其他车辆号牌三副以上的;

(二)非法提供、使用军以上领导机关车辆号牌之外的其他车辆号牌累计六个月以上的;

(三)伪造、盗窃、买卖或者非法提供、使用军徽、军旗、军种符号或者其

他军用标志合计一百件(副)以上的;

(四)造成严重后果或者恶劣影响的。

实施前款规定的行为,具有下列情形之一的,应当认定为刑法第三百七十五条第三款规定的"情节特别严重":

(一)数量达到前款第(一)、(三)项规定标准五倍以上的;

(二)非法提供、使用军以上领导机关车辆号牌累计六个月以上或者其他车辆号牌累计一年以上的;

(三)造成特别严重后果或者特别恶劣影响的。

最高人民法院
关于审理倒卖车票刑事案件有关问题的解释①

(法释〔1999〕17号 1999年9月2日最高人民法院审判委员会第1074次会议通过,自1999年9月14日起施行)

第1条【"倒卖车票情节严重"的认定】 ★★

高价、变价、变相加价倒卖车票或者倒卖坐席、卧铺签字号及订购车票凭证,票面数额在五千元以上,或者非法获利数额在二千元以上的,构成刑法第二百二十七条第二款规定的"倒卖车票情节严重"。

第2条【倒卖车票罪从重处罚的情形】 ★★

对于铁路职工倒卖车票或者与其他人员勾结倒卖车票;组织倒卖车票的首要分子;曾因倒卖车票受过治安处罚两次以上或者被劳动教养一次以上,两年内又倒卖车票,构成倒卖车票罪的,依法从重处罚。

---

① 简称《审理倒卖车票刑事案件司法解释》。此处仅列节选内容。

最高人民法院关于审理危害军事通信刑事案件具体应用法律若干问题的解释①

(法释〔2007〕13 号,2007 年 6 月 18 日最高人民法院审判委员会第 1430 次会议通过,自 2007 年 6 月 29 日起施行)

第 3 条【过失损坏军事通信罪】
过失损坏军事通信,造成重要军事通信中断或者严重障碍的,属于刑法第三百六十九条第二款规定的"造成严重后果",以过失损坏军事通信罪定罪,处三年以下有期徒刑或者拘役。

第 7 条【"重要军事通信"的认定和军事通信相关界定】
本解释所称"重要军事通信",是指军事首脑机关及重要指挥中心的通信,部队作战中的通信,等级战备通信,飞行航行训练、抢险救灾、军事演习或者处置突发性事件中的通信,以及执行试飞试航、武器装备科研试验或者远洋航行等重要军事任务中的通信。

本解释所称军事通信的具体范围、通信中断和严重障碍的标准,参照中国人民解放军通信主管部门的有关规定确定。

最高人民法院关于审理骗取出口退税刑事案件具体应用法律若干问题的解释②

(法释〔2002〕30 号,2002 年 9 月 9 日最高人民法院审判委员会第 1241 次会议通过,自 2002 年 9 月 23 日起施行)

第 1 条【骗取出口退税罪、逃税罪"假报出口"的认定】

---

① 简称《审理危害军事通信案件司法解释》。此处仅列节选内容。
② 简称《审理骗取出口退税刑事案件司法解释》。此处仅列节选内容。

刑法第二百零四条规定的"假报出口",是指以虚构已税货物出口事实为目的,具有下列情形之一的行为:

(一)伪造或者签订虚假的买卖合同;

(二)以伪造、变造或者其他非法手段取得出口货物报关单、出口收汇核销单、出口货物专用缴款书等有关出口退税单据、凭证;

(三)虚开、伪造、非法购买增值税专用发票或者其他可以用于出口退税的发票;

(四)其他虚构已税货物出口事实的行为。

第2条【骗取出口退税罪、逃税罪"其他欺骗手段"的认定】

具有下列情形之一的,应当认定为刑法第二百零四条规定的"其他欺骗手段":

(一)骗取出口货物退税资格的;

(二)将未纳税或者免税货物作为已税货物出口的;

(三)虽有货物出口,但虚构该出口货物的品名、数量、单价等要素,骗取未实际纳税部分出口退税款的;

(四)以其他手段骗取出口退税款的。

第3条【骗取出口退税罪、逃税罪"数额较大""数额巨大""数额特别巨大"的认定】

骗取国家出口退税款 5 万元以上的,为刑法第二百零四条规定的"数额较大";骗取国家出口退税款 50 万元以上的,为刑法第二百零四条规定的"数额巨大";骗取国家出口退税款 250 万元以上的,为刑法第二百零四条规定的"数额特别巨大"。

第6条【骗取出口退税罪;逃税罪】

有进出口经营权的公司、企业,明知他人意欲骗取国家出口退税款,仍违反国家有关进出口经营的规定,允许他人自带客户、自带货源、自带汇票并自行报关,骗取国家出口退税款的,依照刑法第二百零四条第一款、第二百一十一条的规定定罪处罚。

第9条【同时构成骗取出口退税罪和其他罪名的定罪处罚】

实施骗取出口退税犯罪,同时构成虚开增值税专用发票罪等其他犯罪的,依照刑法处罚较重的规定定罪处罚。

最高人民法院、最高人民检察院关于办理内幕交易、泄露内幕信息刑事案件具体应用法律若干问题的解释①

(法释〔2012〕6号,2011年10月31日最高人民法院审判委员会第1529次会议、2012年2月27日最高人民检察院第十一届检察委员会第72次会议通过,自2012年6月1日起施行)

第1条【"证券、期货交易内幕信息的知情人员"的认定】

下列人员应当认定为刑法第一百八十条第一款规定的"证券、期货交易内幕信息的知情人员":

(一)证券法第七十四条规定的人员;

(二)期货交易管理条例第八十五条第十二项规定的人员。

第2条【"非法获取证券、期货交易内幕信息的人员"的认定】

具有下列行为的人员应当认定为刑法第一百八十条第一款规定的"非法获取证券、期货交易内幕信息的人员":

(一)利用窃取、骗取、套取、窃听、利诱、刺探或者私下交易等手段获取内幕信息的;

(二)内幕信息知情人员的近亲属或者其他与内幕信息知情人员关系密切的人员,在内幕信息敏感期内,从事或者明示、暗示他人从事,或者泄露内幕信息导致他人从事与该内幕信息有关的证券、期货交易,相关交易行为明显异常,且无正当理由或者正当信息来源的;

(三)在内幕信息敏感期内,与内幕信息知情人员联络、接触,从事或者明示、暗示他人从事,或者泄露内幕信息导致他人从事与该内幕信息有关的证券、期货交易,相关交易行为明显异常,且无正当理由或者正当信息来

---

① 简称《办理内幕交易、泄露内幕信息刑事案件司法解释》。此处仅列节选内容。

源的。

第 5 条【内幕信息敏感期】

本解释所称"内幕信息敏感期"是指内幕信息自形成至公开的期间。

证券法第六十七条第二款所列"重大事件"的发生时间,第七十五条规定的"计划"、"方案"以及期货交易管理条例第八十五条第十一项规定的"政策"、"决定"等的形成时间,应当认定为内幕信息的形成之时。

影响内幕信息形成的动议、筹划、决策或者执行人员,其动议、筹划、决策或者执行初始时间,应当认定为内幕信息的形成之时。

内幕信息的公开,是指内幕信息在国务院证券、期货监督管理机构指定的报刊、网站等媒体披露。

第 6 条【内幕交易、泄露内幕信息罪"情节严重"的认定】

在内幕信息敏感期内从事或者明示、暗示他人从事或者泄露内幕信息导致他人从事与该内幕信息有关的证券、期货交易,具有下列情形之一的,应当认定为刑法第一百八十条第一款规定的"情节严重":

(一)证券交易成交额在五十万元以上的;

(二)期货交易占用保证金数额在三十万元以上的;

(三)获利或者避免损失数额在十五万元以上的;

(四)三次以上的;

(五)具有其他严重情节的。

第 7 条【内幕交易、泄露内幕信息罪"情节特别严重"的认定】

在内幕信息敏感期内从事或者明示、暗示他人从事或者泄露内幕信息导致他人从事与该内幕信息有关的证券、期货交易,具有下列情形之一的,应当认定为刑法第一百八十条第一款规定的"情节特别严重":

(一)证券交易成交额在二百五十万元以上的;

(二)期货交易占用保证金数额在一百五十万元以上的;

(三)获利或者避免损失数额在七十五万元以上的;

(四)具有其他特别严重情节的。

第 9 条【内幕交易、泄露内幕信息罪不同金额认定的定罪处罚】

同一案件中,成交额、占用保证金额、获利或者避免损失额分别构成情节严重、情节特别严重的,按照处罚较重的数额定罪处罚。

构成共同犯罪的,按照共同犯罪行为人的成交总额、占用保证金总额、获利或者避免损失总额定罪处罚,但判处各被告人罚金的总额应掌握在获利或者避免损失总额的一倍以上五倍以下。

第 10 条【从事内幕交易的违法所得认定】

刑法第一百八十条第一款规定的"违法所得",是指通过内幕交易行为所获利益或者避免的损失。

内幕信息的泄露人员或者内幕交易的明示、暗示人员未实际从事内幕交易的,其罚金数额按照因泄露而获悉内幕信息人员或者被明示、暗示人员从事内幕交易的违法所得计算。

最高人民法院
关于审理骗购外汇、非法买卖外汇
刑事案件具体应用法律若干问题的解释①

(法释〔1998〕20号,1998年8月28日由最高人民法院审判委员会第1018次会议通过,自1998年9月1日起施行)

第 3 条【买卖外汇按照非法经营罪定罪处罚的情形】 ★

在外汇指定银行和中国外汇交易中心及其分中心以外买卖外汇,扰乱金融市场秩序,具有下列情形之一的,按照刑法第二百二十五条第(三)项的规定定罪处罚:

(一)非法买卖外汇二十万美元以上的;

(二)违法所得五万元人民币以上的。

第 7 条【骗购外汇、非法买卖外汇的违法所得和资金的处理】

根据刑法第六十四条规定,骗购外汇、非法买卖外汇的,其违法所得予以追缴,用于骗购外汇、非法买卖外汇的资金予以没收,上缴国库。

---

① 简称《审理骗购外汇、非法买卖外汇刑事案件司法解释》。此处仅列节选内容。

最高人民法院关于审理洗钱等刑事案件具体应用法律若干问题的解释①

(法释〔2009〕15号,2009年9月21日由最高人民法院审判委员会第1474次会议通过,自2009年11月11日起施行)

第1条【洗钱罪和掩饰、隐瞒犯罪所得、犯罪所得收益罪"明知"的认定】

★★

刑法第一百九十一条、第三百一十二条规定的"明知",应当结合被告人的认知能力,接触他人犯罪所得及其收益的情况,犯罪所得及其收益的种类、数额,犯罪所得及其收益的转换、转移方式以及被告人的供述等主、客观因素进行认定。

具有下列情形之一的,可以认定被告人明知系犯罪所得及其收益,但有证据证明确实不知道的除外:

(一)知道他人从事犯罪活动,协助转换或者转移财物的;

(二)没有正当理由,通过非法途径协助转换或者转移财物的;

(三)没有正当理由,以明显低于市场的价格收购财物的;

(四)没有正当理由,协助转换或者转移财物,收取明显高于市场的"手续费"的;

(五)没有正当理由,协助他人将巨额现金散存于多个银行账户或者在不同银行账户之间频繁划转的;

(六)协助近亲属或者其他关系密切的人转换或者转移与其职业或者财产状况明显不符的财物的;

(七)其他可以认定行为人明知的情形。

被告人将刑法第一百九十一条规定的某一上游犯罪的犯罪所得及其收益误认为刑法第一百九十一条规定的上游犯罪范围内的其他犯罪所得及其

---

① 简称《审理洗钱等刑事案件司法解释》。此处仅列节选内容。

收益的,不影响刑法第一百九十一条规定的"明知"的认定。

第 2 条【洗钱罪"以其他方式掩饰、隐瞒犯罪所得及其收益的来源和性质"的认定**】** ★

具有下列情形之一的,可以认定为刑法第一百九十一条第一款第(五)项规定的"以其他方法掩饰、隐瞒犯罪所得及其收益的来源和性质":

(一)通过典当、租赁、买卖、投资等方式,协助转移、转换犯罪所得及其收益的;

(二)通过与商场、饭店、娱乐场所等现金密集型场所的经营收入相混合的方式,协助转移、转换犯罪所得及其收益的;

(三)通过虚构交易、虚设债权债务、虚假担保、虚报收入等方式,协助将犯罪所得及其收益转换为"合法"财物的;

(四)通过买卖彩票、奖券等方式,协助转换犯罪所得及其收益的;

(五)通过赌博方式,协助将犯罪所得及其收益转换为赌博收益的;

(六)协助将犯罪所得及其收益携带、运输或者邮寄出入境的;

(七)通过前述规定以外的方式协助转移、转换犯罪所得及其收益的。

第 4 条【洗钱罪,掩饰、隐瞒犯罪所得、犯罪所得收益罪以及包庇毒品犯罪分子罪和窝藏、转移、隐瞒毒品、毒赃罪中上游犯罪的认定和影响**】**

刑法第一百九十一条、第三百一十二条、第三百四十九条规定的犯罪,应当以上游犯罪事实成立为认定前提。上游犯罪尚未依法裁判,但查证属实的,不影响刑法第一百九十一条、第三百一十二条、第三百四十九条规定的犯罪的审判。

上游犯罪事实可以确认,因行为人死亡等原因依法不予追究刑事责任的,不影响刑法第一百九十一条、第三百一十二条、第三百四十九条规定的犯罪的认定。

上游犯罪事实可以确认,依法以其他罪名定罪处罚的,不影响刑法第一百九十一条、第三百一十二条、第三百四十九条规定的犯罪的认定。

本条所称"上游犯罪",是指产生刑法第一百九十一条、第三百一十二条、第三百四十九条规定的犯罪所得及其收益的各种犯罪行为。

最高人民法院关于审理不正当竞争民事案件应用法律若干问题的解释①

(法释〔2007〕2号,2006年12月30日最高人民法院审判委员会第1412次会议通过,自2007年2月1日起施行)

第9条【反不正当竞争法第十条第三款规定的"不为公众所知悉"的认定;不构成不为公众所知悉的情形】

有关信息不为其所属领域的相关人员普遍知悉和容易获得,应当认定为反不正当竞争法第十条第三款规定的"不为公众所知悉"。

具有下列情形之一的,可以认定有关信息不构成不为公众所知悉:

(一)该信息为其所属技术或者经济领域的人的一般常识或者行业惯例;

(二)该信息仅涉及产品的尺寸、结构、材料、部件的简单组合等内容,进入市场后相关公众通过观察产品即可直接获得;

(三)该信息已经在公开出版物或者其他媒体上公开披露;

(四)该信息已通过公开的报告会、展览等方式公开;

(五)该信息从其他公开渠道可以获得;

(六)该信息无需付出一定的代价而容易获得。

第11条【反不正当竞争法第十条第三款规定的"保密措施"的认定;是否采取了保密措施的认定;采取了保密措施的情形】

权利人为防止信息泄漏所采取的与其商业价值等具体情况相适应的合理保护措施,应当认定为反不正当竞争法第十条第三款规定的"保密措施"。

人民法院应当根据所涉信息载体的特性、权利人保密的意愿、保密措施的可识别程度、他人通过正当方式获得的难易程度等因素,认定权利人是否采取了保密措施。

---

① 简称《不正当竞争案件司法解释》。此处仅列节选内容。

具有下列情形之一，在正常情况下足以防止涉密信息泄漏的，应当认定权利人采取了保密措施：

（一）限定涉密信息的知悉范围，只对必须知悉的相关人员告知其内容；

（二）对于涉密信息载体采取加锁等防范措施；

（三）在涉密信息的载体上标有保密标志；

（四）对于涉密信息采用密码或者代码等；

（五）签订保密协议；

（六）对于涉密的机器、厂房、车间等场所限制来访者或者提出保密要求；

（七）确保信息秘密的其他合理措施。

第 13 条【商业秘密中的客户名单的定义】

商业秘密中的客户名单，一般是指客户的名称、地址、联系方式以及交易的习惯、意向、内容等构成的区别于相关公知信息的特殊客户信息，包括汇集众多客户的客户名册，以及保持长期稳定交易关系的特定客户。

客户基于对职工个人的信赖而与职工所在单位进行市场交易，该职工离职后，能够证明客户自愿选择与自己或者其新单位进行市场交易的，应当认定没有采用不正当手段，但职工与原单位另有约定的除外。

第 14 条【当事人的举证责任】

当事人指称他人侵犯其商业秘密的，应当对其拥有的商业秘密符合法定条件、对方当事人的信息与其商业秘密相同或者实质相同以及对方当事人采取不正当手段的事实负举证责任。其中，商业秘密符合法定条件的证据，包括商业秘密的载体、具体内容、商业价值和对该项商业秘密所采取的具体保密措施等。

第 17 条【确定不正当竞争行为、侵犯商业秘密行为的损害赔偿额的依据；确定商业秘密价值的因素】

确定反不正当竞争法第十条规定的侵犯商业秘密行为的损害赔偿额，可以参照确定侵犯专利权的损害赔偿额的方法进行；确定反不正当竞争法第五条、第九条、第十四条规定的不正当竞争行为的损害赔偿额，可以参照确定侵犯注册商标专用权的损害赔偿额的方法进行。

因侵权行为导致商业秘密已为公众所知悉的，应当根据该项商业秘密的商业价值确定损害赔偿额。商业秘密的商业价值，根据其研究开发成本、实施该项商业秘密的收益、可得利益、可保持竞争优势的时间等因素确定。

最高人民法院关于审理伪造货币等案件具体应用法律若干问题的解释(二)①

(法释〔2010〕14号,2010年10月11日最高人民法院审判委员会1498次会议通过,自2010年11月3日起施行)

第1条【伪造、变造货币的认定】

仿照真货币的图案、形状、色彩等特征非法制造假币,冒充真币的行为,应当认定为刑法第一百七十条规定的"伪造货币"。

对真货币采用剪贴、挖补、揭层、涂改、移位、重印等方法加工处理,改变真币形态、价值的行为,应当认定为刑法第一百七十三条规定的"变造货币"。

最高人民法院关于确定民事侵权精神损害赔偿责任若干问题的解释②

(法释〔2001〕7号,2001年2月26日最高人民法院审判委员会第1161次会议通过,自2001年3月10日起施行)

第8条【致人精神损害的责任方式】

因侵权致人精神损害,但未造成严重后果,受害人请求赔偿精神损害的,一般不予支持,人民法院可以根据情形判令侵权人停止侵害、恢复名誉、消除影响、赔礼道歉。

---

① 简称《审理伪造货币等案件司法解释二》。此处仅列节选内容。
② 简称《精神损害赔偿司法解释》。此处仅列节选内容。

因侵权致人精神损害,造成严重后果的,人民法院除判令侵权人承担停止侵害、恢复名誉、消除影响、赔礼道歉等民事责任外,可以根据受害人一方的请求判令其赔偿相应的精神损害抚慰金。

第 10 条【精神损害赔偿数额的确定标准】
精神损害的赔偿数额根据以下因素确定:
(一)侵权人的过错程度,法律另有规定的除外;
(二)侵害的手段、场合、行为方式等具体情节;
(三)侵权行为所造成的后果;
(四)侵权人的获利情况;
(五)侵权人承担责任的经济能力;
(六)受诉法院所在地平均生活水平。
法律、行政法规对残疾赔偿金、死亡赔偿金等有明确规定的,适用法律、行政法规的规定。

最高人民法院关于《中华人民共和国刑法修正案(九)》时间效力问题的解释①

(法释〔2015〕19 号,2015 年 10 月 19 日最高人民法院审判委员会第 1664 次会议通过,自 2015 年 11 月 1 日起施行)

第 6 条【组织考试作弊相关行为认定适用的溯及力规定】
对于 2015 年 10 月 31 日以前组织考试作弊,为他人组织考试作弊提供作弊器材或者其他帮助,以及非法向他人出售或者提供考试试题、答案,根据修正前刑法应当以非法获取国家秘密罪、非法生产、销售间谍专用器材罪或者故意泄露国家秘密罪等追究刑事责任的,适用修正前刑法的有关规定。但是,根据修正后刑法第二百八十四条之一的规定处刑较轻的,适用修正后刑法的有关规定。

---

① 简称《刑法修正案九时间效力司法解释》。此处仅列节选内容。

第 7 条【以捏造的事实提起民事诉讼,妨害司法秩序或者严重侵害他人合法权益行为溯及力的规定】

对于 2015 年 10 月 31 日以前以捏造的事实提起民事诉讼,妨害司法秩序或者严重侵害他人合法权益,根据修正前刑法应当以伪造公司、企业、事业单位、人民团体印章罪或者妨害作证罪等追究刑事责任的,适用修正前刑法的有关规定。但是,根据修正后刑法第三百零七条之一的规定处刑较轻的,适用修正后刑法的有关规定。

实施第一款行为,非法占有他人财产或者逃避合法债务,根据修正前刑法应当以诈骗罪、职务侵占罪或者贪污罪等追究刑事责任的,适用修正前刑法的有关规定。

最高人民法院关于审理政府信息公开行政案件若干问题的规定①

(法释〔2011〕17 号,2010 年 12 月 13 日最高人民法院审判委员会第 1505 次会议通过,自 2011 年 8 月 13 日起施行)

第 10 条【政府信息公开案件的法院判决】

被告对原告要求公开或者更正政府信息的申请无正当理由逾期不予答复的,人民法院应当判决被告在一定期限内答复。原告一并请求判决被告公开或者更正政府信息且理由成立的,参照第九条的规定处理。

第 12 条【政府信息公开行政案件中判决驳回诉讼请求的情形】

有下列情形之一,被告已经履行法定告知或者说明理由义务的,人民法院应当判决驳回原告的诉讼请求:

(一)不属于政府信息、政府信息不存在、依法属于不予公开范围或者依法不属于被告公开的;

(二)申请公开的政府信息已经向公众公开,被告已经告知申请人获取该政府信息的方式和途径的;

---

① 简称《审理政府信息公开行政案件的规定》。此处仅列节选内容。

（三）起诉被告逾期不予答复，理由不成立的；

（四）以政府信息侵犯其商业秘密、个人隐私为由反对公开，理由不成立的；

（五）要求被告更正与其自身相关的政府信息记录，理由不成立的；

（六）不能合理说明申请获取政府信息系根据自身生产、生活、科研等特殊需要，且被告据此不予提供的；

（七）无法按照申请人要求的形式提供政府信息，且被告已通过安排申请人查阅相关资料、提供复制件或者其他适当形式提供的；

（八）其他应当判决驳回诉讼请求的情形。

最高人民法院关于在裁判文书中如何表述修正前后刑法条文的批复①

（法释〔2012〕7号，2012年2月20日最高人民法院审判委员会第1542次会议通过，自2012年6月1日起施行）

第1条【裁判文书中表述修正前后刑法条文的规定】

根据案件情况，裁判文书引用1997年3月14日第八届全国人民代表大会第五次会议修订的刑法条文，应当根据具体情况分别表述：

（一）有关刑法条文在修订的刑法施行后未经修正，或者经过修正，但引用的是现行有效条文，表述为"《中华人民共和国刑法》第××条"。

（二）有关刑法条文经过修正，引用修正前的条文，表述为"1997年修订的《中华人民共和国刑法》第××条"。

（三）有关刑法条文经两次以上修正，引用经修正、且为最后一次修正前的条文，表述为"经××××年《中华人民共和国刑法修正案（×）》修正的《中华人民共和国刑法》第××条"。

---

① 简称《在裁判文书中如何表述修正前后刑法条文的批复》。此处仅列节选内容。

最高人民法院关于审理为境外窃取、刺探、收买、非法提供国家秘密、情报案件具体应用法律若干问题的解释①

(法释〔2001〕4号,2000年11月20日最高人民法院审判委员会第1142次会议通过,自2001年1月22日起施行)

第1条【为境外窃取、刺探、收买、非法提供国家秘密、情报罪"国家秘密""情报"的认定】

刑法第一百一十一条规定的"国家秘密",是指《中华人民共和国保守国家秘密法》第二条、第八条以及《中华人民共和国保守国家秘密法实施办法》第四条确定的事项。

刑法第一百一十一条规定的"情报",是指关系国家安全和利益、尚未公开或者依照有关规定不应公开的事项。

对为境外机构、组织、人员窃取、刺探、收买、非法提供国家秘密之外的情报的行为,以为境外窃取、刺探、收买、非法提供情报罪定罪处罚。

第2条【为境外窃取、刺探、收买、非法提供国家秘密或者情报"情节特别严重"的认定】

为境外窃取、刺探、收买、非法提供国家秘密或者情报,具有下列情形之一的,属于"情节特别严重",处十年以上有期徒刑、无期徒刑,可以并处没收财产:

(一)为境外窃取、刺探、收买、非法提供绝密级国家秘密的;

(二)为境外窃取、刺探、收买、非法提供三项以上机密级国家秘密的;

(三)为境外窃取、刺探、收买、非法提供国家秘密或者情报,对国家安全和利益造成其他特别严重损害的。

---

① 简称《审理境外窃取、刺探、收买、非法提供国家秘密、情报案件司法解释》。此处仅列节选内容。

实施前款行为,对国家和人民危害特别严重、情节特别恶劣的,可以判处死刑,并处没收财产。

第 3 条【为境外窃取、刺探、收买、非法提供国家秘密或者情报,处五年以上十年以下有期徒刑,可以并处没收财产的情形】

为境外窃取、刺探、收买、非法提供国家秘密或者情报,具有下列情形之一的,处五年以上十年以下有期徒刑,可以并处没收财产:

(一)为境外窃取、刺探、收买、非法提供机密级国家秘密的;

(二)为境外窃取、刺探、收买、非法提供三项以上秘密级国家秘密的;

(三)为境外窃取、刺探、收买、非法提供国家秘密或者情报,对国家安全和利益造成其他严重损害的。

第 6 条【为境外窃取、刺探、收买、非法提供国家秘密、情报罪;故意泄露国家秘密罪;过失泄露国家秘密罪】

通过互联网将国家秘密或者情报非法发送给境外的机构、组织、个人的,依照刑法第一百一十一条的规定定罪处罚;将国家秘密通过互联网予以发布,情节严重的,依照刑法第三百九十八条的规定定罪处罚。

最高人民法院、最高人民检察院关于办理危害生产安全刑事案件适用法律若干问题的解释①

(法释〔2015〕22 号,2015 年 11 月 9 日最高人民法院审判委员会第 1665 次会议、2015 年 12 月 9 日最高人民检察院第十二届检察委员会第 44 次会议通过,自 2015 年 12 月 16 日起施行)

第 7 条【危害生产安全犯罪中相关责任人员承担刑事责任的情形】

实施刑法第一百三十二条、第一百三十四条第一款、第一百三十五条、第一百三十五条之一、第一百三十六条、第一百三十九条规定的行为,因而发生安全事故,具有下列情形之一的,对相关责任人员,处三年以上七年以下有期徒刑:

---

① 简称《办理危害生产安全刑事案件司法解释》。此处仅列节选内容。

（一）造成死亡三人以上或者重伤十人以上，负事故主要责任的；

（二）造成直接经济损失五百万元以上，负事故主要责任的；

（三）其他造成特别严重后果、情节特别恶劣或者后果特别严重的情形。

实施刑法第一百三十四条第二款规定的行为，因而发生安全事故，具有本条第一款规定情形的，对相关责任人员，处五年以上有期徒刑。

实施刑法第一百三十七条规定的行为，因而发生安全事故，具有本条第一款规定情形的，对直接责任人员，处五年以上十年以下有期徒刑，并处罚金。

实施刑法第一百三十八条规定的行为，因而发生安全事故，具有下列情形之一的，对直接责任人员，处三年以上七年以下有期徒刑：

（一）造成死亡三人以上或者重伤十人以上，负事故主要责任的；

（二）具有本解释第六条第一款第一项规定情形，同时造成直接经济损失五百万元以上并负事故主要责任的，或者同时造成恶劣社会影响的。

第8条【不报、谎报安全事故罪"情节严重""情节特别严重"的认定】

在安全事故发生后，负有报告职责的人员不报或者谎报事故情况，贻误事故抢救，具有下列情形之一的，应当认定为刑法第一百三十九条之一规定的"情节严重"：

（一）导致事故后果扩大，增加死亡一人以上，或者增加重伤三人以上，或者增加直接经济损失一百万元以上的；

（二）实施下列行为之一，致使不能及时有效开展事故抢救的：

1. 决定不报、迟报、谎报事故情况或者指使、串通有关人员不报、迟报、谎报事故情况的；

2. 在事故抢救期间擅离职守或者逃匿的；

3. 伪造、破坏事故现场，或者转移、藏匿、毁灭遇难人员尸体，或者转移、藏匿受伤人员的；

4. 毁灭、伪造、隐匿与事故有关的图纸、记录、计算机数据等资料以及其他证据的；

（三）其他情节严重的情形。

具有下列情形之一的，应当认定为刑法第一百三十九条之一规定的"情节特别严重"：

（一）导致事故后果扩大，增加死亡三人以上，或者增加重伤十人以上，或者增加直接经济损失五百万元以上的；

（二）采用暴力、胁迫、命令等方式阻止他人报告事故情况，导致事故后果扩大的；

（三）其他情节特别严重的情形。

最高人民法院、最高人民检察院、公安部、司法部关于对判处管制、宣告缓刑的犯罪分子适用禁止令有关问题的规定（试行）①

（法发〔2011〕9号，自2011年5月1起施行）

第6条【禁止令的执行期限】

禁止令的期限，既可以与管制执行、缓刑考验的期限相同，也可以短于管制执行、缓刑考验的期限，但判处管制的，禁止令的期限不得少于三个月，宣告缓刑的，禁止令的期限不得少于二个月。

判处管制的犯罪分子在判决执行以前先行羁押以致管制执行的期限少于三个月的，禁止令的期限不受前款规定的最短期限的限制。

禁止令的执行期限，从管制、缓刑执行之日起计算。

最高人民法院、最高人民检察院关于办理妨害文物管理等刑事案件适用法律若干问题的解释②

（法释〔2015〕23号，2015年10月12日最高人民法院审判委员会第1663次会议、2015年11月18日最高人民检察院第十二届检察委员会第43次会议通过，自2016年1月1日起施行）

第10条【失职造成珍贵文物损毁、流失罪"后果严重"的认定】

---

① 简称《对判处管制、宣告缓刑的犯罪分子适用禁止令有关问题的规定（试行）》。此处仅列节选内容。

② 简称《办理妨害文物管理刑事案件司法解释》。此处仅列节选内容。

国家机关工作人员严重不负责任,造成珍贵文物损毁或者流失,具有下列情形之一的,应当认定为刑法第四百一十九条规定的"后果严重":

(一)导致二级以上文物或者五件以上三级文物损毁或者流失的;

(二)导致全国重点文物保护单位、省级文物保护单位的本体严重损毁或者灭失的;

(三)其他后果严重的情形。

最高人民法院、最高人民检察院、公安部、国家安全部关于依法办理非法生产销售使用"伪基站"设备案件的意见①

(公通字〔2014〕13号)

第1条【非法销售使用"伪基站"设备的性质认定】

一、准确认定行为性质

(一)非法生产、销售"伪基站"设备,具有以下情形之一的,依照《刑法》第二百二十五条的规定,以非法经营罪追究刑事责任:

1. 个人非法生产、销售"伪基站"设备三套以上,或者非法经营数额五万元以上,或者违法所得数额二万元以上的;

2. 单位非法生产、销售"伪基站"设备十套以上,或者非法经营数额十五万元以上,或者违法所得数额五万元以上的;

3. 虽未达到上述数额标准,但两年内曾因非法生产、销售"伪基站"设备受过两次以上行政处罚,又非法生产、销售"伪基站"设备的。

实施前款规定的行为,数量、数额达到前款规定的数量、数额五倍以上的,应当认定为《刑法》第二百二十五条规定的"情节特别严重"。

非法生产、销售"伪基站"设备,经鉴定为专用间谍器材的,依照《刑法》第二百八十三条的规定,以非法生产、销售间谍专用器材罪追究刑事责任;同时构成非法经营罪的,以非法经营罪追究刑事责任。

---

① 简称《办理非法生产销售使用"伪基站"设备案件的意见》。此处仅列节选内容。

(二)非法使用"伪基站"设备干扰公用电信网络信号,危害公共安全的,依照《刑法》第一百二十四条第一款的规定,以破坏公用电信设施罪追究刑事责任;同时构成虚假广告罪、非法获取公民个人信息罪、破坏计算机信息系统罪、扰乱无线电通讯管理秩序罪的,依照处罚较重的规定追究刑事责任。

除法律、司法解释另有规定外,利用"伪基站"设备实施诈骗等其他犯罪行为,同时构成破坏公用电信设施罪的,依照处罚较重的规定追究刑事责任。

(三)明知他人实施非法生产、销售"伪基站"设备,或者非法使用"伪基站"设备干扰公用电信网络信号等犯罪,为其提供资金、场所、技术、设备等帮助的,以共同犯罪论处。

(四)对于非法使用"伪基站"设备扰乱公共秩序,侵犯他人人身权利、财产权利,情节较轻,尚不构成犯罪,但构成违反治安管理行为的,依法予以治安管理处罚。

最高人民法院、最高人民检察院、公安部关于办理醉酒驾驶机动车刑事案件适用法律若干问题的意见①

(法发〔2013〕15号)

第1条【醉酒驾驶机动车的认定】

在道路上驾驶机动车,血液酒精含量达到80毫克/100毫升以上的,属于醉酒驾驶机动车,依照刑法第一百三十三条之一第一款的规定,以危险驾驶罪定罪处罚。

前款规定的"道路""机动车",适用道路交通安全法的有关规定。

第2条【醉酒驾驶机动车从重处罚情节】 ★

醉酒驾驶机动车,具有下列情形之一的,依照刑法第一百三十三条之一第一款的规定,从重处罚:

(一)造成交通事故且负事故全部或者主要责任,或者造成交通事故后

---

① 简称《醉驾犯罪适用意见》。此处仅列节选内容。

逃逸,尚未构成其他犯罪的;

(二)血液酒精含量达到200毫克/100毫升以上的;

(三)在高速公路、城市快速路上驾驶的;

(四)驾驶载有乘客的营运机动车的;

(五)有严重超员、超载或者超速驾驶,无驾驶资格驾驶机动车,使用伪造或者变造的机动车牌证等严重违反道路交通安全法的行为的;

(六)逃避公安机关依法检查,或者拒绝、阻碍公安机关依法检查尚未构成其他犯罪的;

(七)曾因酒后驾驶机动车受过行政处罚或者刑事追究的;

(八)其他可以从重处罚的情形。

最高人民法院关于进一步加强危害生产安全刑事案件审判工作的意见①

(法发〔2011〕20号)

第15条【危害生产安全刑事案件中依法从重处罚的情形】

相关犯罪中,具有以下情形之一的,依法从重处罚:

(一)国家工作人员违反规定投资入股生产经营企业,构成危害生产安全犯罪的;

(二)贪污贿赂行为与事故发生存在关联性的;

(三)国家工作人员的职务犯罪与事故存在直接因果关系的;

(四)以行贿方式逃避安全生产监督管理,或者非法、违法生产、作业的;

(五)生产安全事故发生后,负有报告职责的国家工作人员不报或者谎报事故情况,贻误事故抢救,尚未构成不报、谎报安全事故罪的;

(六)事故发生后,采取转移、藏匿、毁灭遇难人员尸体,或者毁灭、伪造、隐藏影响事故调查的证据,或者转移财产,逃避责任的;

(七)曾因安全生产设施或者安全生产条件不符合国家规定,被监督管理部门处罚或责令改正,一年内再次违规生产致使发生重大生产安全事故的。

---

① 简称《加强危害生产安全刑事案件审判工作的意见》。此处仅列节选内容。

最高人民法院
关于处理自首和立功若干具体问题的意见①

(法发〔2010〕60号)

第1条【关于"自动投案"的具体认定】

《解释》第一条第(一)项规定七种应当视为自动投案的情形,体现了犯罪嫌疑人投案的主动性和自愿性。根据《解释》第一条第(一)项的规定,犯罪嫌疑人具有以下情形之一的,也应当视为自动投案:1.犯罪后主动报案,虽未表明自己是作案人,但没有逃离现场,在司法机关询问时交代自己罪行的;2.明知他人报案而在现场等待,抓捕时无拒捕行为,供认犯罪事实的;3.在司法机关未确定犯罪嫌疑人,尚在一般性排查询问时主动交代自己罪行的;4.因特定违法行为被采取劳动教养、行政拘留、司法拘留、强制隔离戒毒等行政、司法强制措施期间,主动向执行机关交代尚未被掌握的犯罪行为的;5.其他符合立法本意,应当视为自动投案的情形。

罪行未被有关部门、司法机关发觉,仅因形迹可疑被盘问、教育后,主动交代了犯罪事实的,应当视为自动投案,但有关部门、司法机关在其身上、随身携带的物品、驾乘的交通工具等处发现与犯罪有关的物品的,不能认定为自动投案。

交通肇事后保护现场、抢救伤者,并向公安机关报告的,应认定为自动投案,构成自首的,因上述行为同时系犯罪嫌疑人的法定义务,对其是否从宽、从宽幅度要适当从严掌握。交通肇事逃逸后自动投案,如实供述自己罪行的,应认定为自首,但应依法以较重法定刑为基准,视情决定对其是否从宽处罚以及从宽处罚的幅度。

犯罪嫌疑人被亲友采用捆绑等手段送到司法机关,或者在亲友带领侦查人员前来抓捕时无拒捕行为,并如实供认犯罪事实的,虽然不能认定为自动

---

① 简称《自首和立功问题意见》。此处仅列节选内容。

投案,但可以参照法律对自首的有关规定酌情从轻处罚。

第 2 条【关于"如实供述自己的罪行"的具体认定】

《解释》第一条第(二)项规定如实供述自己的罪行,除供述自己的主要犯罪事实外,还应包括姓名、年龄、职业、住址、前科等情况。犯罪嫌疑人供述的身份等情况与真实情况虽有差别,但不影响定罪量刑的,应认定为如实供述自己的罪行。犯罪嫌疑人自动投案后隐瞒自己的真实身份等情况,影响对其定罪量刑的,不能认定为如实供述自己的罪行。

犯罪嫌疑人多次实施同种罪行的,应当综合考虑已交代的犯罪事实与未交代的犯罪事实的危害程度,决定是否认定为如实供述主要犯罪事实。虽然投案后没有交代全部犯罪事实,但如实交代的犯罪情节重于未交代的犯罪情节,或者如实交代的犯罪数额多于未交代的犯罪数额,一般应认定为如实供述自己的主要犯罪事实。无法区分已交代的与未交代的犯罪情节的严重程度,或者已交代的犯罪数额与未交代的犯罪数额相当,一般不认定为如实供述自己的主要犯罪事实。

犯罪嫌疑人自动投案时虽然没有交代自己的主要犯罪事实,但在司法机关掌握其主要犯罪事实之前主动交代的,应认定为如实供述自己的罪行。

第 7 条【关于自首、立功证据材料的审查】

人民法院审查的自首证据材料,应当包括被告人投案经过、有罪供述以及能够证明其投案情况的其他材料。投案经过的内容一般应包括被告人投案时间、地点、方式等。证据材料应加盖接受被告人投案的单位的印章,并有接受人员签名。

人民法院审查的立功证据材料,一般应包括被告人检举揭发材料及证明其来源的材料、司法机关的调查核实材料、被检举揭发人的供述等。被检举揭发案件已立案、侦破,被检举揭发人被采取强制措施、公诉或者审判的,还应审查相关的法律文书。证据材料应加盖接收被告人检举揭发材料的单位的印章,并有接收人员签名。

人民法院经审查认为证明被告人自首、立功的材料不规范、不全面的,应当由检察机关、侦查机关予以完善或者提供补充材料。

上述证据材料在被告人被指控的犯罪一、二审审理时已形成的,应当经庭审质证。

第8条【关于对自首、立功的被告人的处罚】

对具有自首、立功情节的被告人是否从宽处罚、从宽处罚的幅度,应当考虑其犯罪事实、犯罪性质、犯罪情节、危害后果、社会影响、被告人的主观恶性和人身危险性等。自首的还应考虑投案的主动性、供述的及时性和稳定性等。立功的还应考虑检举揭发罪行的轻重、被检举揭发的人可能或者已经被判处的刑罚、提供的线索对侦破案件或者协助抓捕其他犯罪嫌疑人所起作用的大小等。

具有自首或者立功情节的,一般应依法从轻、减轻处罚;犯罪情节较轻的,可以免除处罚。类似情况下,对具有自首情节的被告人的从宽幅度要适当宽于具有立功情节的被告人。

虽然具有自首或者立功情节,但犯罪情节特别恶劣、犯罪后果特别严重、被告人主观恶性深、人身危险性大,或者在犯罪前即为规避法律、逃避处罚而准备自首、立功的,可以不从宽处罚。

对于被告人具有自首、立功情节,同时又有累犯、毒品再犯等法定从重处罚情节的,既要考虑自首、立功的具体情节,又要考虑被告人的主观恶性、人身危险性等因素,综合分析判断,确定从宽或者从严处罚。累犯的前罪为非暴力犯罪的,一般可以从宽处罚,前罪为暴力犯罪或者前、后罪为同类犯罪的,可以不从宽处罚。

在共同犯罪案件中,对具有自首、立功情节的被告人的处罚,应注意共同犯罪人以及首要分子、主犯、从犯之间的量刑平衡。犯罪集团的首要分子、共同犯罪的主犯检举揭发或者协助司法机关抓捕同案地位、作用较次的犯罪分子的,从宽处罚与否应当从严掌握,如果从轻处罚可能导致全案量刑失衡的,一般不从轻处罚;如果检举揭发或者协助司法机关抓捕的是其他案件中罪行同样严重的犯罪分子,一般应依法从宽处罚。对于犯罪集团的一般成员、共同犯罪的从犯立功的,特别是协助抓捕首要分子、主犯的,应当充分体现政策,依法从宽处罚。

最高人民法院关于适用《全国人民代表大会常务委员会关于惩治虚开、伪造和非法出售增值税专用发票犯罪的决定》的若干问题的解释[①]

(法发〔1996〕30号)

第1条【虚开增值税专用发票、用于骗取出口退税、抵扣税款发票罪】

根据《决定》第一条规定,虚开增值税专用发票的,构成虚开增值税专用发票罪。

具有下列行为之一的,属于"虚开增值税专用发票":(1)没有货物购销或者没有提供或接受应税劳务而为他人、为自己、让他人为自己、介绍他人开具增值税专用发票;(2)有货物购销或者提供或接受了应税劳务但为他人、为自己、让他人为自己、介绍他人开具数量或者金额不实的增值税专用发票;(3)进行了实际经营活动,但让他人为自己代开增值税专用发票。

虚开税款数额1万元以上的或者虚开增值税专用发票致使国家税款被骗取5000元以上的,应当依法定罪处罚。

虚开税款数额10万元以上的,属于"虚开的税款数额较大";具有下列情形之一的,属于"有其他严重情节":(1)因虚开增值税专用发票致使国家税款被骗取5万元以上的;(2)具有其他严重情节的。

虚开税款数额50万元以上的,属于"虚开的税款数额巨大";具有下列情形之一的,属于"有其他特别严重情节":(1)因虚开增值税专用发票致使国家税款被骗取30万元以上的;(2)虚开的税款数额接近巨大并有其他严重情节的;(3)具有其他特别严重情节的。

利用虚开的增值税专用发票实际抵扣税款或者骗取出口退税100万元

[①] 简称《关于适用〈惩治虚开、伪造和非法出售增值税专用发票犯罪的决定〉的解释》。此处仅列节选内容。

以上的,属于"骗取国家税款数额特别巨大";造成国家税款损失50万元以上并且在侦查终结前仍无法追回的,属于"给国家利益造成特别重大损失"。利用虚开的增值税专用发票骗取国家税款数额特别巨大、给国家利益造成特别重大损失,为"情节特别严重"的基本内容。

虚开增值税专用发票犯罪分子与骗取税款犯罪分子均应当对虚开的税款数额和实际骗取的国家税款数额承担刑事责任。

利用虚开的增值税专用发票抵扣税款或者骗取出口退税的,应当依照《决定》第一条的规定定罪处罚;以其他手段骗取国家税款的,仍应依照《全国人民代表大会常务委员会关于惩治偷税、抗税犯罪的补充规定》的有关规定定罪处罚。

第2条【伪造、出售伪造的增值税专用发票罪】

根据《决定》第二条规定,伪造或者出售伪造的增值税专用发票的,构成伪造、出售伪造的增值税专用发票罪。

伪造或者出售伪造的增值税专用发票25份以上或者票面额(百元版以每份100元,千元版以每份1000元,万元版以每份1万元计算,以此类推。下同)累计10万元以上的应当依法定罪处罚。

伪造或者出售伪造的增值税专用发票100份以上或者票面额累计50万元以上的,属于"数量较大";具有下列情形之一的,属于"有其他严重情节":(1)违法所得数额在1万元以上的;(2)伪造并出售伪造的增值税专用发票60份以上或者票面额累计30万元以上的;(3)造成严重后果或者具有其他严重情节的。

伪造或者出售伪造的增值税专用发票500份以上或者票面额累计250万元以上的,属于"数量巨大";具有下列情形之一的,属于"有其他特别严重情节":(1)违法所得数额在5万元以上的;(2)伪造并出售伪造的增值税专用发票300份以上或者票面额累计200万元以上的;(3)伪造或者出售伪造的增值税专用发票接近"数量巨大"并有其他严重情节的;(4)造成特别严重后果或者具有其他特别严重情节的。

伪造并出售伪造的增值税专用发票1000份以上或者票面额累计1000万元以上的,属于"伪造并出售伪造的增值税专用发票数量特别巨大";具有下列情形之一的,属于"情节特别严重":(1)违法所得数额在5万元以上的;(2)因伪造、出售伪造的增值税专用发票致使国家税款被骗取100万元以上的;(3)给国家税款造成实际损失50万元以上的;(4)具有其他特别严重情节的。对于伪造并出售伪造的增值税专用发票数量达到特别巨大,又具有特别严重情节,严重破坏经济秩序的,应当依照《决定》第二条第二款的规定处罚。

伪造并出售同一宗增值税专用发票的,数量或者票面额不重复计算。

变造增值税专用发票的,按照伪造增值税专用发票行为处理。

最高人民法院、最高人民检察院、公安部关于办理侵犯知识产权刑事案件适用法律若干问题的意见①

(法发〔2011〕3号)

第8条【关于销售假冒注册商标的商品犯罪案件中尚未销售或者部分销售情形的定罪量刑问题】

销售明知是假冒注册商标的商品,具有下列情形之一的,依照刑法第二百一十四条的规定,以销售假冒注册商标的商品罪(未遂)定罪处罚:

(一)假冒注册商标的商品尚未销售,货值金额在十五万元以上的;

(二)假冒注册商标的商品部分销售,已销售金额不满五万元,但与尚未销售的假冒注册商标的商品的货值金额合计在十五万元以上的。

假冒注册商标的商品尚未销售,货值金额分别达到十五万元以上不满二十五万元、二十五万元以上的,分别依照刑法第二百一十四条规定的各法定刑幅度定罪处罚。

销售金额和未销售货值金额分别达到不同的法定刑幅度或者均达到同一法定刑幅度的,在处罚较重的法定刑或者同一法定刑幅度内酌情从重处罚。

第12条【关于侵犯著作权罪中"发行"的认定及相关问题】

"发行",包括总发行、批发、零售、通过信息网络传播以及出租、展销等活动。

非法出版、复制、发行他人作品,侵犯著作权构成犯罪的,按照侵犯著作

---

① 简称《办理侵犯知识产权刑事案件适用法律的意见》。此处仅列节选内容。

权罪定罪处罚,不认定为非法经营罪等其他犯罪。

最高人民检察院、公安部
关于公安机关管辖的刑事案件
立案追诉标准的规定(二)[①]

第74条【损害商业信誉、商品信誉案立案追诉标准】
捏造并散布虚伪事实,损害他人的商业信誉、商品声誉,涉嫌下列情形之一的,应予立案追诉:
(一)给他人造成直接经济损失数额在五十万元以上的;
(二)虽未达到上述数额标准,但具有下列情形之一的:
1. 利用互联网或者其他媒体公开损害他人商业信誉、商品声誉的;
2. 造成公司、企业等单位停业、停产六个月以上,或者破产的。
(三)其他给他人造成重大损失或者有其他严重情节的情形。

最高人民法院、最高人民检察院、公安部
关于办理组织领导传销活动刑事案件适用法律
若干问题的意见[②]

(公通字〔2013〕37号)

第1条【关于传销组织层级及人数的认定问题】
以推销商品、提供服务等经营活动为名,要求参加者以缴纳费用或者购

---

① 简称《公安机关管辖的刑事案件立案追诉标准的规定二》。此处仅列节选内容。
② 简称《办理组织领导传销活动刑事案件适用法律的意见》。此处仅列节选内容。

买商品、服务等方式获得加入资格,并按照一定顺序组成层级,直接或者间接以发展人员的数量作为计酬或者返利依据,引诱、胁迫参加者继续发展他人参加,骗取财物,扰乱经济社会秩序的传销组织,其组织内部参与传销活动人员在三十人以上且层级在三级以上的,应当对组织者、领导者追究刑事责任。

组织、领导多个传销组织,单个或者多个组织中的层级已达三级以上的,可将在各个组织中发展的人数合并计算。

组织者、领导者形式上脱离原传销组织后,继续从原传销组织获取报酬或者返利的,原传销组织在其脱离后发展人员的层级数和人数,应当计算为其发展的层级数和人数。

办理组织、领导传销活动刑事案件中,确因客观条件的限制无法逐一收集参与传销活动人员的言词证据的,可以结合依法收集并查证属实的缴纳、支付费用及计酬、返利记录,视听资料,传销人员关系图,银行账户交易记录,互联网电子数据,鉴定意见等证据,综合认定参与传销的人数、层级数等犯罪事实。

第2条【关于传销活动有关人员的认定和处理问题】

下列人员可以认定为传销活动的组织者、领导者:

(一)在传销活动中起发起、策划、操纵作用的人员;

(二)在传销活动中承担管理、协调等职责的人员;

(三)在传销活动中承担宣传、培训等职责的人员;

(四)曾因组织、领导传销活动受过刑事处罚,或者一年以内因组织、领导传销活动受过行政处罚,又直接或者间接发展参与传销活动人员在十五人以上且层级在三级以上的人员;

(五)其他对传销活动的实施、传销组织的建立、扩大等起关键作用的人员。

以单位名义实施组织、领导传销活动犯罪的,对于受单位指派,仅从事劳务性工作的人员,一般不予追究刑事责任。

第4条【关于"情节严重"的认定问题】

对符合本意见第一条第一款规定的传销组织的组织者、领导者,具有下列情形之一的,应当认定为刑法第二百二十四条之一规定的"情节严重":

(一)组织、领导的参与传销活动人员累计达一百二十人以上的;

(二)直接或者间接收取参与传销活动人员缴纳的传销资金数额累计达二百五十万元以上的;

（三）曾因组织、领导传销活动受过刑事处罚，或者一年以内因组织、领导传销活动受过行政处罚，又直接或者间接发展参与传销活动人员累计达六十人以上的；

（四）造成参与传销活动人员精神失常、自杀等严重后果的；

（五）造成其他严重后果或者恶劣社会影响的。

最高人民法院、最高人民检察院、公安部、司法部关于依法惩治性侵害未成年人犯罪的意见①

（法发〔2013〕12号）

第25条【依法从严惩处强奸、猥亵未成年人的情形】

针对未成年人实施强奸、猥亵犯罪的，应当从重处罚，具有下列情形之一的，更要依法从严惩处：

（1）对未成年人负有特殊职责的人员、与未成年人有共同家庭生活关系的人员、国家工作人员或者冒充国家工作人员，实施强奸、猥亵犯罪的；

（2）进入未成年人住所、学生集体宿舍实施强奸、猥亵犯罪的；

（3）采取暴力、胁迫、麻醉等强制手段实施奸淫幼女、猥亵儿童犯罪的；

（4）对不满十二周岁的儿童、农村留守儿童、严重残疾或者精神智力发育迟滞的未成年人，实施强奸、猥亵犯罪的；

（5）猥亵多名未成年人，或者多次实施强奸、猥亵犯罪的；

（6）造成未成年被害人轻伤、怀孕、感染性病等后果的；

（7）有强奸、猥亵犯罪前科劣迹的。

---

① 简称《惩治侵害未成年人犯罪的意见》。此处仅列节选内容。

最高人民法院关于审理拐卖妇女儿童犯罪案件具体应用法律若干问题的解释①

(法释〔2016〕28号,2016年11月14日最高人民法院审判委员会第1699次会议通过,自2017年1月1日起施行)

第3条【以介绍婚姻为名实施拐卖妇女罪】

以介绍婚姻为名,采取非法扣押身份证件、限制人身自由等方式,或者利用妇女人地生疏、语言不通、孤立无援等境况,违背妇女意志,将其出卖给他人的,应当以拐卖妇女罪追究刑事责任。

以介绍婚姻为名,与被介绍妇女串通骗取他人钱财,数额较大的,应当以诈骗罪追究刑事责任。

第9条【儿童、婴儿、幼儿的界定】

刑法第二百四十条、第二百四十一条规定的儿童,是指不满十四周岁的人。其中,不满一周岁的为婴儿,一周岁以上不满六周岁的为幼儿。

最高人民法院、最高人民检察院关于办理侵犯公民个人信息刑事案件适用法律若干问题的解释②

(法释〔2017〕10号,2017年3月20日最高人民法院审判委员会第1712次会议、2017年4月26日最高人民检察院第十二届检察委员会第63次会议通过,自2017年6月1日起施行)

第5条【侵犯公民个人信息罪"情节严重""情节特别严重"的认定】

---

① 简称《审理拐卖妇女儿童犯罪案件司法解释》。此处仅列节选内容。
② 简称《办理侵犯公民个人信息刑事案件司法解释》。此处仅列节选内容。

非法获取、出售或者提供公民个人信息，具有下列情形之一的，应当认定为刑法第二百五十三条之一规定的"情节严重"：

（一）出售或者提供行踪轨迹信息，被他人用于犯罪的；

（二）知道或者应当知道他人利用公民个人信息实施犯罪，向其出售或者提供的；

（三）非法获取、出售或者提供行踪轨迹信息、通信内容、征信信息、财产信息五十条以上的；

（四）非法获取、出售或者提供住宿信息、通信记录、健康生理信息、交易信息等其他可能影响人身、财产安全的公民个人信息五百条以上的；

（五）非法获取、出售或者提供第三项、第四项规定以外的公民个人信息五千条以上的；

（六）数量未达到第三项至第五项规定标准，但是按相应比例合计达到有关数量标准的；

（七）违法所得五千元以上的；

（八）将在履行职责或者提供服务过程中获得的公民个人信息出售或者提供给他人，数量或者数额达到第三项至第七项规定标准一半以上的；

（九）曾因侵犯公民个人信息受过刑事处罚或者二年内受过行政处罚，又非法获取、出售或者提供公民个人信息的；

（十）其他情节严重的情形。

实施前款规定的行为，具有下列情形之一的，应当认定为刑法第二百五十三条之一第一款规定的"情节特别严重"：

（一）造成被害人死亡、重伤、精神失常或者被绑架等严重后果的；

（二）造成重大经济损失或者恶劣社会影响的；

（三）数量或者数额达到前款第三项至第八项规定标准十倍以上的；

（四）其他情节特别严重的情形。

第 12 条【侵犯公民个人信息犯罪罚金数额的确定因素】

对于侵犯公民个人信息犯罪，应当综合考虑犯罪的危害程度、犯罪的违法所得数额以及被告人的前科情况、认罪悔罪态度等，依法判处罚金。罚金数额一般在违法所得的一倍以上五倍以下。

最高人民法院、最高人民检察院、公安部关于办理电信网络诈骗等刑事案件适用法律若干问题的意见①

（法发〔2016〕32号）

第2条【依法严惩电信网络诈骗犯罪】

（一）根据《最高人民法院、最高人民检察院关于办理诈骗刑事案件具体应用法律若干问题的解释》第一条的规定，利用电信网络技术手段实施诈骗，诈骗公私财物价值三千元以上、三万元以上、五十万元以上的，应当分别认定为刑法第二百六十六条规定的"数额较大""数额巨大""数额特别巨大"。

二年内多次实施电信网络诈骗未经处理，诈骗数额累计计算构成犯罪的，应当依法定罪处罚。

（二）实施电信网络诈骗犯罪，达到相应数额标准，具有下列情形之一的，酌情从重处罚：

1. 造成被害人或其近亲属自杀、死亡或者精神失常等严重后果的；
2. 冒充司法机关等国家机关工作人员实施诈骗的；
3. 组织、指挥电信网络诈骗犯罪团伙的；
4. 在境外实施电信网络诈骗的；
5. 曾因电信网络诈骗犯罪受过刑事处罚或者二年内曾因电信网络诈骗受过行政处罚的；
6. 诈骗残疾人、老年人、未成年人、在校学生、丧失劳动能力人的财物，或者诈骗重病患者及其亲属财物的；
7. 诈骗救灾、抢险、防汛、优抚、扶贫、移民、救济、医疗等款物的；
8. 以赈灾、募捐等社会公益、慈善名义实施诈骗的；
9. 利用电话追呼系统等技术手段严重干扰公安机关等部门工作的；

---

① 简称《办理电信网络诈骗等刑事案件的意见》。此处仅列节选内容。

10. 利用"钓鱼网站"链接、"木马"程序链接、网络渗透等隐蔽技术手段实施诈骗的。

(三)实施电信网络诈骗犯罪,诈骗数额接近"数额巨大""数额特别巨大"的标准,具有前述第(二)条规定的情形之一的,应当分别认定为刑法第二百六十六条规定的"其他严重情节""其他特别严重情节"。

上述规定的"接近",一般应掌握在相应数额标准的百分之八十以上。

(四)实施电信网络诈骗犯罪,犯罪嫌疑人、被告人实际骗得财物的,以诈骗罪(既遂)定罪处罚。诈骗数额难以查证,但具有下列情形之一的,应当认定为刑法第二百六十六条规定的"其他严重情节",以诈骗罪(未遂)定罪处罚:

1. 发送诈骗信息五千条以上的,或者拨打诈骗电话五百人次以上的;
2. 在互联网上发布诈骗信息,页面浏览量累计五千次以上的。

具有上述情形,数量达到相应标准十倍以上的,应当认定为刑法第二百六十六条规定的"其他特别严重情节",以诈骗罪(未遂)定罪处罚。

上述"拨打诈骗电话",包括拨出诈骗电话和接听被害人回拨电话。反复拨打、接听同一电话号码,以及反复向同一被害人发送诈骗信息的,拨打、接听电话次数、发送信息条数累计计算。

因犯罪嫌疑人、被告人故意隐匿、毁灭证据等原因,致拨打电话次数、发送信息条数的证据难以收集的,可以根据经查证属实的日拨打人次数、日发送信息条数,结合犯罪嫌疑人、被告人实施犯罪的时间、犯罪嫌疑人、被告人的供述等相关证据,综合予以认定。

(五)电信网络诈骗既有既遂,又有未遂,分别达到不同量刑幅度的,依照处罚较重的规定处罚;达到同一量刑幅度的,以诈骗罪既遂处罚。

(六)对实施电信网络诈骗犯罪的被告人裁量刑罚,在确定量刑起点、基准刑时,一般应就高选择。确定宣告刑时,应当综合全案事实情节,准确把握从重、从轻量刑情节的调节幅度,保证罪责刑相适应。

(七)对实施电信网络诈骗犯罪的被告人,应当严格控制适用缓刑的范围,严格掌握适用缓刑的条件。

(八)对实施电信网络诈骗犯罪的被告人,应当更加注重依法适用财产刑,加大经济上的惩罚力度,最大限度剥夺被告人再犯的能力。

最高人民法院、最高人民检察院关于办理扰乱无线电通讯管理秩序等刑事案件适用法律若干问题的解释①

(法释〔2017〕11号)

第1条【"擅自设置、使用无线电台(站),或者擅自使用无线电频率,干扰无线电通讯秩序"】

具有下列情形之一的,应当认定为刑法第二百八十八条第一款规定的"擅自设置、使用无线电台(站),或者擅自使用无线电频率,干扰无线电通讯秩序":

(一)未经批准设置无线电广播电台(以下简称"黑广播"),非法使用广播电视专用频段的频率的;

(二)未经批准设置通信基站(以下简称"伪基站"),强行向不特定用户发送信息,非法使用公众移动通信频率的;

(三)未经批准使用卫星无线电频率的;

(四)非法设置、使用无线电干扰器的;

(五)其他擅自设置、使用无线电台(站),或者擅自使用无线电频率,干扰无线电通讯秩序的情形。

第2条【扰乱无线电通讯管理秩序"情节严重"的认定】

违反国家规定,擅自设置、使用无线电台(站),或者擅自使用无线电频率,干扰无线电通讯秩序,具有下列情形之一的,应当认定为刑法第二百八十八条第一款规定的"情节严重":

(一)影响航天器、航空器、铁路机车、船舶专用无线电导航、遇险救助和安全通信等涉及公共安全的无线电频率正常使用的;

(二)自然灾害、事故灾难、公共卫生事件、社会安全事件等突发事件期

---

① 简称《办理扰乱无线电通讯管理秩序等刑事案件司法解释》。此处仅列节选内容。

间,在事件发生地使用"黑广播""伪基站"的;

(三)举办国家或者省级重大活动期间,在活动场所及周边使用"黑广播""伪基站"的;

(四)同时使用三个以上"黑广播""伪基站"的;

(五)"黑广播"的实测发射功率五百瓦以上,或者覆盖范围十公里以上的;

(六)使用"伪基站"发送诈骗、赌博、招嫖、木马病毒、钓鱼网站链接等违法犯罪信息,数量在五千条以上,或者销毁发送数量等记录的;

(七)雇佣、指使未成年人、残疾人等特定人员使用"伪基站"的;

(八)违法所得三万元以上的;

(九)曾因扰乱无线电通讯管理秩序受过刑事处罚,或者二年内曾因扰乱无线电通讯管理秩序受过行政处罚,又实施刑法第二百八十八条规定的行为的;

(十)其他情节严重的情形。

最高人民法院
关于审理行政赔偿案件若干问题的规定①

(法发〔1997〕10号)

第33条【驳回原告的赔偿请求】

被告的具体行政行为违法但尚未对原告合法权益造成损害的,或者原告的请求没有事实根据或法律根据的,人民法院应当判决驳回原告的赔偿请求。

---

① 简称《审理行政赔偿案件规定》。此处仅列节选内容。

最高人民法院、最高人民检察院关于办理组织、利用邪教组织破坏法律实施等刑事案件适用法律若干问题的解释①

(法释〔2017〕3号,2017年1月4日最高人民法院审判委员会第1706次会议、2016年12月8日最高人民检察院第十二届检察委员会第58次会议通过,自2017年2月1日起施行)

第2条【组织、利用邪教组织破坏法律事实的认定】

组织、利用邪教组织,破坏国家法律、行政法规实施,具有下列情形之一的,应当依照刑法第三百条第一款的规定,处三年以上七年以下有期徒刑,并处罚金:

(一)建立邪教组织,或者邪教组织被取缔后又恢复、另行建立邪教组织的;

(二)聚众包围、冲击、强占、哄闹国家机关、企业事业单位或者公共场所、宗教活动场所,扰乱社会秩序的;

(三)非法举行集会、游行、示威,扰乱社会秩序的;

(四)使用暴力、胁迫或者以其他方法强迫他人加入或者阻止他人退出邪教组织的;

(五)组织、煽动、蒙骗成员或者他人不履行法定义务的;

(六)使用"伪基站""黑广播"等无线电台(站)或者无线电频率宣扬邪教的;

(七)曾因从事邪教活动被追究刑事责任或者二年内受过行政处罚,又从事邪教活动的;

(八)发展邪教组织成员五十人以上的;

(九)敛取钱财或者造成经济损失一百万元以上的;

---

① 简称《办理组织、利用邪教组织破坏法律实施等刑事案件司法解释》。此处仅列节选内容。

（十）以货币为载体宣扬邪教，数量在五百张（枚）以上的；

（十一）制作、传播邪教宣传品，达到下列数量标准之一的：

1. 传单、喷图、图片、标语、报纸一千份（张）以上的；

2. 书籍、刊物二百五十册以上的；

3. 录音带、录像带等音像制品二百五十盒（张）以上的；

4. 标识、标志物二百五十件以上的；

5. 光盘、U 盘、储存卡、移动硬盘等移动存储介质一百个以上的；

6. 横幅、条幅五十条（个）以上的。

（十二）利用通讯信息网络宣扬邪教，具有下列情形之一的：

1. 制作、传播宣扬邪教的电子图片、文章二百张（篇）以上、电子书籍、刊物、音视频五十册（个）以上，或者电子文档五百万字符以上、电子音视频二百五十分钟以上的；

2. 编发信息、拨打电话一千条（次）以上的；

3. 利用在线人数累计达到一千以上的聊天室，或者利用群组成员、关注人员等账号数累计一千以上的通讯群组、微信、微博等社交网络宣扬邪教的；

4. 邪教信息实际被点击、浏览数达到五千次以上的。

（十三）其他情节严重的情形。

第 4 条【组织、利用邪教组织破坏法律事实"情节较轻"的认定】

组织、利用邪教组织，破坏国家法律、行政法规实施，具有下列情形之一的，应当认定为刑法第三百条第一款规定的"情节较轻"，处三年以下有期徒刑、拘役、管制或者剥夺政治权利，并处或者单处罚金：

（一）实施本解释第二条第一项至第七项规定的行为，社会危害较轻的；

（二）实施本解释第二条第八项至第十二项规定的行为，数量或者数额达到相应标准五分之一以上的；

（三）其他情节较轻的情形。

最高人民法院、最高人民检察院、公安部关于办理利用赌博机开设赌场案件适用法律若干问题的意见①

(公通字〔2014〕17号)

第2条【关于利用赌博机开设赌场的定罪处罚标准】

设置赌博机组织赌博活动,具有下列情形之一的,应当按照刑法第三百零三条第二款规定的开设赌场罪定罪处罚:

(一)设置赌博机10台以上的;

(二)设置赌博机2台以上,容留未成年人赌博的;

(三)在中小学校附近设置赌博机2台以上的;

(四)违法所得累计达到5000元以上的;

(五)赌资数额累计达到5万元以上的;

(六)参赌人数累计达到20人以上的;

(七)因设置赌博机被行政处罚后,两年内再设置赌博机5台以上的;

(八)因赌博、开设赌场犯罪被刑事处罚后,五年内再设置赌博机5台以上的;

(九)其他应当追究刑事责任的情形。

设置赌博机组织赌博活动,具有下列情形之一的,应当认定为刑法第三百零三条第二款规定的"情节严重":

(一)数量或者数额达到第二条第一款第一项至第六项规定标准六倍以上的;

(二)因设置赌博机被行政处罚后,两年内再设置赌博机30台以上的;

(三)因赌博、开设赌场犯罪被刑事处罚后,五年内再设置赌博机30台以上的;

---

① 简称《办理利用赌博机开设赌场案件适用法律若干问题的意见》。此处仅列节选内容。

(四)其他情节严重的情形。

可同时供多人使用的赌博机,台数按照能够独立供一人进行赌博活动的操作基本单元的数量认定。

在两个以上地点设置赌博机,赌博机的数量、违法所得、赌资数额、参赌人数等均合并计算。

最高人民法院、最高人民检察院关于办理组织、强迫、引诱、容留、介绍卖淫刑事案件适用法律若干问题的解释①

(法释〔2017〕13号,2017年5月8日最高人民法院审判委员会第1716次会议、2017年7月4日最高人民检察院第十二届检察委员会第66次会议通过,自2017年7月25日起施行)

第8条【引诱、容留、介绍他人卖淫的认定】

引诱、容留、介绍他人卖淫,具有下列情形之一的,应当依照刑法第三百五十九条第一款的规定定罪处罚:

(一)引诱他人卖淫的;

(二)容留、介绍二人以上卖淫的;

(三)容留、介绍未成年人、孕妇、智障人员、患有严重性病的人卖淫的;

(四)一年内曾因引诱、容留、介绍卖淫行为被行政处罚,又实施容留、介绍卖淫行为的;

(五)非法获利人民币一万元以上的。

利用信息网络发布招嫖违法信息,情节严重的,依照刑法第二百八十七条之一的规定,以非法利用信息网络罪定罪处罚。同时构成介绍卖淫罪的,依照处罚较重的规定定罪处罚。

引诱、容留、介绍他人卖淫是否以营利为目的,不影响犯罪的成立。

引诱不满十四周岁的幼女卖淫的,依照刑法第三百五十九条第二款的规

---

① 简称《办理组织、强迫、引诱、容留、介绍卖淫刑事案件司法解释》。此处仅列节选内容。

定,以引诱幼女卖淫罪定罪处罚。

被引诱卖淫的人员中既有不满十四周岁的幼女,又有其他人员的,分别以引诱幼女卖淫罪和引诱卖淫罪定罪,实行并罚。

最高人民法院、最高人民检察院关于办理利用互联网、移动通讯终端、声讯台制作、复制、出版、贩卖、传播淫秽电子信息刑事案件具体应用法律若干问题的解释①

(法释〔2004〕11号,2004年9月1日最高人民法院审判委员会第1323次会议、2004年9月2日最高人民检察院第十届检察委员会第26次会议通过,自2004年9月6日起施行)

第1条【制作、复制、出版、贩卖、传播淫秽物品牟利罪】 ★★

以牟利为目的,利用互联网、移动通讯终端制作、复制、出版、贩卖、传播淫秽电子信息,具有下列情形之一的,依照刑法第三百六十三条第一款的规定,以制作、复制、出版、贩卖、传播淫秽物品牟利罪定罪处罚:

(一)制作、复制、出版、贩卖、传播淫秽电影、表演、动画等视频文件二十个以上的;

(二)制作、复制、出版、贩卖、传播淫秽音频文件一百个以上的;

(三)制作、复制、出版、贩卖、传播淫秽电子刊物、图片、文章、短信息等二百件以上的;

(四)制作、复制、出版、贩卖、传播的淫秽电子信息,实际被点击数达到一万次以上的;

(五)以会员制方式出版、贩卖、传播淫秽电子信息,注册会员达二百人以上的;

(六)利用淫秽电子信息收取广告费、会员注册费或者其他费用,违法所得一万元以上的;

---

① 简称《办理利用互联网、移动通讯终端、声讯台制作、复制、出版、贩卖、传播淫秽电子信息案件司法解释一》。此处仅列节选内容。

(七)数量或者数额虽未达到第(一)项至第(六)项规定标准,但分别达到其中两项以上标准一半以上的;

(八)造成严重后果的。

利用聊天室、论坛、即时通信软件、电子邮件等方式,实施第一款规定行为的,依照刑法第三百六十三条第一款的规定,以制作、复制、出版、贩卖、传播淫秽物品牟利罪定罪处罚。

第2条【制作、复制、出版、贩卖、传播淫秽物品牟利罪"情节严重""情节特别严重"的认定】

实施第一条规定的行为,数量或者数额达到第一条第一款第(一)项至第(六)项规定标准五倍以上的,应当认定为刑法第三百六十三条第一款规定的"情节严重";达到规定标准二十五倍以上的,应当认定为"情节特别严重"。

第3条【传播淫秽物品罪】★★

不以牟利为目的,利用互联网或者移动通讯终端传播淫秽电子信息,具有下列情形之一的,依照刑法第三百六十四条第一款的规定,以传播淫秽物品罪定罪处罚:

(一)数量达到第一条第一款第(一)项至第(五)项规定标准二倍以上的;

(二)数量分别达到第一条第一款第(一)项至第(五)项两项以上标准的;

(三)造成严重后果的。

利用聊天室、论坛、即时通信软件、电子邮件等方式,实施第一款规定行为的,依照刑法第三百六十四条第一款的规定,以传播淫秽物品罪定罪处罚。

第9条【"其他淫秽物品"的认定】★

刑法第三百六十七条第一款规定的"**其他淫秽物品**",包括具体描绘性行为或者露骨宣扬色情的诲淫性的视频文件、音频文件、电子刊物、图片、文章、短信息等互联网、移动通讯终端电子信息和声讯台语音信息。

有关人体生理、医学知识的电子信息和声讯台语音信息不是淫秽物品。包含色情内容的有艺术价值的电子文学、艺术作品不视为淫秽物品。

最高人民法院、最高人民检察院、海关总署关于办理走私刑事案件适用法律若干问题的意见①

（法〔2002〕139号）

第16条【关于放纵走私罪的认定问题】

依照刑法第四百一十一条的规定，负有特定监管义务的海关工作人员徇私舞弊，利用职权，放任、纵容走私犯罪行为，情节严重的，构成放纵走私罪。放纵走私行为，一般是消极的不作为。如果海关工作人员与走私分子通谋，在放纵走私过程中以积极的行为配合走私分子逃避海关监管或者在放纵走私之后分得赃款的，应以共同走私犯罪追究刑事责任。

海关工作人员收受贿赂又放纵走私的，应以受贿罪和放纵走私罪数罪并罚。

最高人民法院、最高人民检察院、公安部关于办理网络赌博犯罪案件适用法律若干问题的意见②

（公通字〔2010〕40号）

第1条【关于网上开设赌场犯罪的定罪量刑标准】 ★★

利用互联网、移动通讯终端等传输赌博视频、数据，组织赌博活动，具有下列情形之一的，属于刑法第三百零三条第二款规定的"开设赌场"行为：

---

① 简称《办理走私刑事案件适用法律的意见》。此处仅列节选内容。
② 简称《办理网络赌博犯罪案件适用法律若干问题的意见》。此处仅列节选内容。

（一）建立赌博网站并接受投注的；
（二）建立赌博网站并提供给他人组织赌博的；
（三）为赌博网站担任代理并接受投注的；
（四）参与赌博网站利润分成的。

实施前款规定的行为，具有下列情形之一的，应当认定为刑法第三百零三条第二款规定的"情节严重"：

（一）抽头渔利数额累计达到3万元以上的；
（二）赌资数额累计达到30万元以上的；
（三）参赌人数累计达到120人以上的；
（四）建立赌博网站后通过提供给他人组织赌博，违法所得数额在3万元以上的；
（五）参与赌博网站利润分成，违法所得数额在3万元以上的；
（六）为赌博网站招募下级代理，由下级代理接受投注的；
（七）招揽未成年人参与网络赌博的；
（八）其他情节严重的情形。

第3条【关于网络赌博犯罪的参赌人数、赌资数额和网站代理的认定】★

赌博网站的会员账号数可以认定为参赌人数，如果查实一个账号多人使用或者多个账号一人使用的，应当按照实际使用的人数计算参赌人数。

赌资数额可以按照在网络上投注或者赢取的点数乘以每一点实际代表的金额认定。

对于将资金直接或间接兑换为虚拟货币、游戏道具等虚拟物品，并用其作为筹码投注的，赌资数额按照购买该虚拟物品所需资金数额或者实际支付资金数额认定。

对于开设赌场犯罪中用于接收、流转赌资的银行账户内的资金，犯罪嫌疑人、被告人不能说明合法来源的，可以认定为赌资。向该银行账户转入、转出资金的银行账户数量可以认定为参赌人数。如果查实一个账户多人使用或多个账户一人使用的，应当按照实际使用的人数计算参赌人数。

有证据证明犯罪嫌疑人在赌博网站上的账号设置有下级账号的，应当认定其为赌博网站的代理。

最高人民法院关于审理未成年人刑事案件具体应用法律若干问题的解释①

(法释〔2006〕1号,2005年12月12日由最高人民法院审判委员会第1373次会议通过,自2006年1月23日起施行)

第16条【未成年罪犯应当宣告缓刑的条件】
对未成年罪犯符合刑法第七十二条第一款规定的,可以宣告缓刑。如果同时具有下列情形之一,对其适用缓刑确实不致再危害社会的,应当宣告缓刑:
(一)初次犯罪;
(二)积极退赃或赔偿被害人经济损失;
(三)具备监护、帮教条件。

---

① 简称《未成年人犯罪司法解释》。此处仅列节选内容。

法律规范性文件简全称对照索引表

简称(拼音序)	全称	法合二维码 法合引证码	页码
办理盗窃、抢劫、诈骗、抢夺机动车刑事案件司法解释	最高人民法院、最高人民检察院关于办理与盗窃、抢劫、诈骗、抢夺机动车相关刑事案件具体应用法律若干问题的解释	L1.3.460	813
办理盗窃油气、破坏油气设备等刑事案件司法解释	最高人民法院、最高人民检察院关于办理盗窃油气、破坏油气设备等刑事案件具体应用法律若干问题的解释	L1.3.2228	881
办理电信网络诈骗等刑事案件的意见	最高人民法院、最高人民检察院、公安部关于办理电信网络诈骗等刑事案件适用法律若干问题的意见	L1.3.2234	919
办理渎职案件司法解释一	最高人民法院、最高人民检察院关于办理渎职刑事案件适用法律若干问题的解释(一)	L1.3.504	853
办理赌博刑事案件司法解释	最高人民法院、最高人民检察院关于办理赌博刑事案件具体应用法律若干问题的解释	L1.3.477	835
办理妨害国(边)境管理刑事案件司法解释	最高人民法院、最高人民检察院关于办理妨害国(边)境管理刑事案件应用法律若干问题的解释	L1.3.481	867

简称(拼音序)	全称	法合二维码 法合引证码	页码
办理妨害文物管理刑事案件司法解释	最高人民法院、最高人民检察院关于办理妨害文物管理等刑事案件适用法律若干问题的解释	L1.3.2198	904
办理妨害武装部队制式服装、车辆号牌管理秩序案件司法解释	最高人民法院、最高人民检察院关于办理妨害武装部队制式服装、车辆号牌管理秩序等刑事案件具体应用法律若干问题的解释	L1.3.496	885
办理妨害信用卡管理刑事案件司法解释	最高人民法院、最高人民检察院关于办理妨害信用卡管理刑事案件具体应用法律若干问题的解释	L1.3.433	830
办理非法生产销售使用"伪基站"设备案件的意见	最高人民法院、最高人民检察院、公安部、国家安全部关于依法办理非法生产销售使用"伪基站"设备案件的意见	L1.3.2230	905
办理非法生产、销售烟草专卖品等刑事案件司法解释	最高人民法院、最高人民检察院关于办理非法生产、销售烟草专卖品等刑事案件具体应用法律若干问题的解释	L1.3.447	837
办理利用赌博机开设赌场案件适用法律若干问题的意见	最高人民法院、最高人民检察院、公安部关于办理利用赌博机开设赌场案件适用法律若干问题的意见	L1.3.2237	925
办理利用互联网、移动通讯终端、声讯台制作、复制、出版、贩卖、传播淫秽电子信息案件司法解释二	最高人民法院、最高人民检察院关于办理利用互联网、移动通讯终端、声讯台制作、复制、出版、贩卖、传播淫秽电子信息刑事案件具体应用法律若干问题的解释(二)	L1.3.494	875

简称(拼音序)	全称	法合二维码 法合引证码	页码
办理利用互联网、移动通讯终端、声讯台制作、复制、出版、贩卖、传播淫秽电子信息案件司法解释一	最高人民法院、最高人民检察院关于办理利用互联网、移动通讯终端、声讯台制作、复制、出版、贩卖、传播淫秽电子信息刑事案件具体应用法律若干问题的解释	L1.3.2239	927
办理利用信息网络实施诽谤等刑事案件司法解释	最高人民法院、最高人民检察院关于办理利用信息网络实施诽谤等刑事案件适用法律若干问题的解释	L1.3.452	884
办理内幕交易、泄露内幕信息刑事案件司法解释	最高人民法院、最高人民检察院关于办理内幕交易、泄露内幕信息刑事案件具体应用法律若干问题的解释	L1.3.435	890
办理敲诈勒索刑事案件司法解释	最高人民法院、最高人民检察院关于办理敲诈勒索刑事案件适用法律若干问题的解释	L1.3.470	857
办理侵犯公民个人信息刑事案件司法解释	最高人民法院、最高人民检察院关于办理侵犯公民个人信息刑事案件适用法律若干问题的解释	L1.3.2233	917
办理侵犯知识产权刑事案件适用法律的意见	最高人民法院、最高人民检察院、公安部关于办理侵犯知识产权刑事案件适用法律若干问题的意见	L1.3.1898	913
办理侵犯知识产权刑事案件司法解释二	最高人民法院、最高人民检察院关于办理侵犯知识产权刑事案件具体应用法律若干问题的解释(二)	L1.3.443	836

简称(拼音序)	全称	法合二维码 法合引证码	页码
办理侵犯知识产权刑事案件司法解释一	最高人民法院、最高人民检察院关于办理侵犯知识产权刑事案件具体应用法律若干问题的解释	L1.3.441	845
办理扰乱无线电通讯管理秩序等刑事案件司法解释	最高人民法院、最高人民检察院关于办理扰乱无线电通讯管理秩序等刑事案件适用法律若干问题的解释	L1.3.2235	921
办理生产、销售伪劣商品刑事案件司法解释	最高人民法院、最高人民检察院关于办理生产、销售伪劣商品刑事案件具体应用法律若干问题的解释	L1.3.423	871
办理贪贿刑事案件司法解释	最高人民法院、最高人民检察院关于办理贪污贿赂刑事案件适用法律若干问题的解释	L1.3.2208	806
办理网络赌博犯罪案件适用法律若干问题的意见	最高人民法院、最高人民检察院、公安部关于办理网络赌博犯罪案件适用法律若干问题的意见	L1.3.2240	929
办理危害计算机信息系统安全刑事案件司法解释	最高人民法院、最高人民检察院关于办理危害计算机信息系统安全刑事案件应用法律若干问题的解释	L1.3.478	878
办理危害生产安全刑事案件司法解释	最高人民法院、最高人民检察院关于办理危害生产安全刑事案件适用法律若干问题的解释	L1.3.2197	902
办理危害食品安全刑事案件司法解释	最高人民法院、最高人民检察院关于办理危害食品安全刑事案件适用法律若干问题的解释	L1.3.426	840
办理危害药品安全刑事案件司法解释	最高人民法院、最高人民检察院关于办理危害药品安全刑事案件适用法律若干问题的解释	L1.3.2181	855

简称(拼音序)	全称	法合二维码 法合引证码	页码
办理行贿案件司法解释	最高人民法院、最高人民检察院关于办理行贿刑事案件具体应用法律若干问题的解释	L1.3.501	869
办理职务犯罪案件认定自首、立功等量刑情节的意见	最高人民法院、最高人民检察院关于办理职务犯罪案件认定自首、立功等量刑情节若干问题的意见	L1.3.1872	822
办理走私刑事案件适用法律的意见	最高人民法院、最高人民检察院、海关总署关于办理走私刑事案件适用法律若干问题的意见	L1.3.1896	929
办理走私刑事案件司法解释	最高人民法院、最高人民检察院关于办理走私刑事案件适用法律若干问题的解释	L1.3.2215	824
办理组织、利用邪教组织破坏法律实施等刑事案件司法解释	最高人民法院、最高人民检察院关于办理组织、利用邪教组织破坏法律实施等刑事案件适用法律若干问题的解释	L1.3.2236	923
办理组织领导传销活动刑事案件适用法律的意见	最高人民法院、最高人民检察院、公安部关于办理组织领导传销活动刑事案件适用法律若干问题的意见	L1.3.1905	914
办理组织、强迫、引诱、容留、介绍卖淫刑事案件司法解释	最高人民法院、最高人民检察院关于办理组织、强迫、引诱、容留、介绍卖淫刑事案件适用法律若干问题的解释	L1.3.2238	926
不正当竞争案件司法解释	最高人民法院关于审理不正当竞争民事案件应用法律若干问题的解释	L1.3.203	895
财产刑适用规定	最高人民法院关于适用财产刑若干问题的规定	L1.3.381	804

简称(拼音序)	全称	法合二维码 法合引证码	页码
产品质量法	中华人民共和国产品质量法	L1.1.190	785
惩治侵害未成年人犯罪的意见	最高人民法院、最高人民检察院、公安部、司法部关于依法惩治性侵害未成年人犯罪的意见	L1.3.1884	916
盗窃罪司法解释	最高人民法院、最高人民检察院关于办理盗窃刑事案件适用法律若干问题的解释	L1.3.461	797
道路交通安全法	中华人民共和国道路交通安全法	L1.1.145	784
道路交通事故司法解释	最高人民法院关于审理道路交通事故损害赔偿案件适用法律若干问题的解释	L1.3.113	811
对判处管制、宣告缓刑的犯罪分子适用禁止令有关问题的规定（试行）	最高人民法院、最高人民检察院、公安部、司法部关于对判处管制、宣告缓刑的犯罪分子适用禁止令有关问题的规定（试行）	L1.3.1878	904
反不正当竞争法	中华人民共和国反不正当竞争法	L1.1.53	787
非法行医罪司法解释	最高人民法院关于审理非法行医刑事案件具体应用法律若干问题的解释	L1.3.482	856
非法制造买卖运输枪支弹药爆炸物罪司法解释	最高人民法院关于审理非法制造、买卖、运输枪支、弹药、爆炸物等刑事案件具体应用法律若干问题的解释	L1.3.417	814

法律规范性文件简全称对照索引表 939

简称(拼音序)	全称	法合二维码 法合引证码	页码
公安机关管辖的刑事案件立案追诉标准的规定二	最高人民检察院、公安部关于公安机关管辖的刑事案件立案追诉标准的规定(二)	L1.3.2231	914
关于适用《惩治虚开、伪造和非法出售增值税专用发票犯罪的决定》的解释	最高人民法院关于适用《全国人民代表大会常务委员会关于惩治虚开、伪造和非法出售增值税专用发票犯罪的决定》的若干问题的解释	L1.3.437	911
广告法	中华人民共和国广告法	L1.1.199	789
国家赔偿法	中华人民共和国国家赔偿法	L1.1.27	786
黑社会性质组织犯罪司法解释	最高人民法院关于审理黑社会性质组织犯罪的案件具体应用法律若干问题的解释	L1.3.474	883
环境污染犯罪司法解释	最高人民法院、最高人民检察院关于办理环境污染刑事案件适用法律若干问题的解释	L1.3.492	849
加强危害生产安全刑事案件审判工作的意见	最高人民法院关于进一步加强危害生产安全刑事案件审判工作的意见	L1.3.1892	907
监狱法	中华人民共和国监狱法	L1.1.107	787
交通肇事罪司法解释	最高人民法院关于审理交通肇事刑事案件具体应用法律若干问题的解释	L1.3.416	796

简称(拼音序)	全称	法合二维码 法合引证码	页码
精神损害赔偿司法解释	最高人民法院关于确定民事侵权精神损害赔偿责任若干问题的解释	L1.3.90	897
拒不支付劳动报酬罪司法解释	最高人民法院关于审理拒不支付劳动报酬刑事案件适用法律若干问题的解释	L1.3.471	859
旅行社条例	旅行社条例	L1.2.245	794
旅游法	中华人民共和国旅游法	L1.1.228	789
民法通则	中华人民共和国民法通则	L1.1.46	781
破坏电力设备罪司法解释	最高人民法院关于审理破坏电力设备刑事案件具体应用法律若干问题的解释	L1.3.2229	882
破坏公用电信设施罪司法解释	最高人民法院关于审理破坏公用电信设施刑事案件具体应用法律若干问题的解释	L1.3.420	864
破坏森林资源犯罪司法解释	最高人民法院关于审理破坏森林资源刑事案件具体应用法律若干问题的解释	L1.3.486	832
破坏土地资源犯罪司法解释	最高人民法院关于审理破坏土地资源刑事案件具体应用法律若干问题的解释	L1.3.485	872

简称(拼音序)	全称	法合二维码 法合引证码	页码
抢夺罪司法解释	最高人民法院、最高人民检察院关于办理抢夺刑事案件适用法律若干问题的解释	L1.3.463	811
侵权责任法	中华人民共和国侵权责任法	L1.1.73	782
人身损害赔偿司法解释	最高人民法院关于审理人身损害赔偿案件适用法律若干问题的解释	L1.3.91	801
审理编造、故意传播虚假恐怖信息刑事案件司法解释	最高人民法院关于审理编造、故意传播虚假恐怖信息刑事案件适用法律若干问题的解释	L1.3.480	880
审理倒卖车票刑事案件司法解释	最高人民法院关于审理倒卖车票刑事案件有关问题的解释	L1.3.444	887
审理毒品犯罪案件司法解释	最高人民法院关于审理毒品犯罪案件适用法律若干问题的解释	L1.3.2205	820
审理非法出版物刑事案件司法解释	最高人民法院关于审理非法出版物刑事案件具体应用法律若干问题的解释	L1.3.440	865
审理非法集资刑事案件司法解释	最高人民法院关于审理非法集资刑事案件具体应用法律若干问题的解释	L1.3.436	842
审理拐卖妇女儿童犯罪案件司法解释	最高人民法院关于审理拐卖妇女儿童犯罪案件具体应用法律若干问题的解释	L1.3.2232	917

简称(拼音序)	全称	法合二维码 法合引证码	页码
审理境外窃取、刺探、收买、非法提供国家秘密、情报案件司法解释	最高人民法院关于审理为境外窃取、刺探、收买、非法提供国家秘密、情报案件具体应用法律若干问题的解释	L1.3.415	901
审理拒不执行判决、裁定刑事案件司法解释	最高人民法院关于审理拒不执行判决、裁定刑事案件适用法律若干问题的解释	L1.3.2191	858
审理挪用公款案件司法解释	最高人民法院关于审理挪用公款案件具体应用法律若干问题的解释	L1.3.497	861
审理骗购外汇、非法买卖外汇刑事案件司法解释	最高人民法院关于审理骗购外汇、非法买卖外汇刑事案件具体应用法律若干问题的解释	L1.3.430	892
审理骗取出口退税刑事案件司法解释	最高人民法院关于审理骗取出口退税刑事案件具体应用法律若干问题的解释	L1.3.438	888
审理破坏草原资源刑事案件司法解释	最高人民法院关于审理破坏草原资源刑事案件应用法律若干问题的解释	L1.3.491	876
审理破坏林地资源刑事案件司法解释	最高人民法院关于审理破坏林地资源刑事案件具体应用法律若干问题的解释	L1.3.490	852
审理破坏野生动物资源刑事案件司法解释	最高人民法院关于审理破坏野生动物资源刑事案件具体应用法律若干问题的解释	L1.3.487	863
审理危害军事通信案件司法解释	最高人民法院关于审理危害军事通信刑事案件具体应用法律若干问题的解释	L1.3.495	888

简称(拼音序)	全称	法合二维码 法合引证码	页码
审理伪造货币等案件司法解释二	最高人民法院关于审理伪造货币等案件具体应用法律若干问题的解释(二)	L1.3.434	897
审理伪造货币等案件司法解释一	最高人民法院关于审理伪造货币等案件具体应用法律若干问题的解释	L1.3.431	874
审理洗钱等刑事案件司法解释	最高人民法院关于审理洗钱等刑事案件具体应用法律若干问题的解释	L1.3.432	893
审理行政赔偿案件规定	最高人民法院关于审理行政赔偿案件若干问题的规定	L1.3.604	922
审理掩饰、隐瞒犯罪所得、犯罪所得收益刑事案件司法解释	最高人民法院关于审理掩饰、隐瞒犯罪所得、犯罪所得收益刑事案件适用法律若干问题的解释	L1.3.2186	821
审理政府信息公开行政案件的规定	最高人民法院关于审理政府信息公开行政案件若干问题的规定	L1.3.560	899
未成年人犯罪司法解释	最高人民法院关于审理未成年人刑事案件具体应用法律若干问题的解释	L1.3.371	931
刑法修正案九时间效力司法解释	最高人民法院关于《中华人民共和国刑法修正案(九)》时间效力问题的解释	L1.3.2194	898
行政处罚法	中华人民共和国行政处罚法	L1.1.114	791

简称(拼音序)	全称	法合二维码 法合引证码	页码
寻衅滋事罪司法解释	最高人民法院、最高人民检察院关于办理寻衅滋事刑事案件适用法律若干问题的解释	L1.3.479	818
药品管理法	中华人民共和国药品管理法	L1.1.87	785
在裁判文书中如何表述修正前后刑法条文的批复	最高人民法院关于在裁判文书中如何表述修正前后刑法条文的批复	L1.3.401	900
诈骗罪司法解释	最高人民法院、最高人民检察院关于办理诈骗刑事案件具体应用法律若干问题的解释	L1.3.462	805
政府信息公开条例	中华人民共和国政府信息公开条例	L1.2.457	793
自首和立功司法解释	最高人民法院关于处理自首和立功具体应用法律若干问题的解释	L1.3.382	799
自首和立功问题意见	最高人民法院关于处理自首和立功若干具体问题的意见	L1.3.1877	908
醉驾犯罪适用意见	最高人民法院、最高人民检察院、公安部关于办理醉酒驾驶机动车刑事案件适用法律若干问题的意见	L1.3.1893	906

后记
用大数据圆十年说法梦!

一、梦回十年——编写本丛书的初衷

作为主编,首先我想谈一下编写本丛书的初衷,这还要从10多年前我的个人经历说起。我2006年开始在中国人民大学法学院攻读民商法学博士学位,在完成学业之余,曾经受多家出版社邀请,编写过一些实务类法条图书,主要集中在民法领域。当时,一方面是希望通过编写图书获得一定稿费以支持自己在北京的学业,另一方面也是希望通过系统地编写法条类图书让自己对中国现行法律有更加全面和深刻的认识。实际上,不管是海峡对岸的我国台湾地区,还是我长期访学过的美国和英国,不少学者都深度参与编写法条书、经典案例集或者建设法律、案例数据库。学者的这种参与对司法实务有非常强的促进作用,本身也是学者跟进司法实务的绝佳方式。

我当时参考过市面上绝大多数的实务类法条书,发现包括自己编写的法条书在内,形式上无外乎是将法律条文列出,然后列出与某一法律条文相关的条文,如有需要,还根据编者的理解撰写一定的说明。在编写过程中,我发现这种编写方式有一个致命的缺陷,那就是法条之间的关联是基于编写者的主观认识,这就存在如下三种风险:第一,法条之间的联系是基于编写者个人的判断,或许符合学术观点和立法规划,但在司法实务中可能并非如此。第二,部分法条之间客观上存在明显的或者潜在的矛盾,从编写者的角度只能全部列出,无法也难以确定到底哪些法条才是实务中实际适用的。第三,由于无法作出法律条文之间相关度的判断,只能尽量全面地列举法条,即"宁多毋缺"。

2008—2009年,我获得美国富布赖特基金会资助,到美国康奈尔大学法学院和耶鲁大学法学院完成我的博士论文,同时也有机会深度感受英美判例法的运作方式。我惊讶于判例报告的公开性、延续性和实用性,加上Westlaw和LexisNexis的数字化处理,通过判例法的运作方式,达到与成文法的异曲同工之妙,令我十分羡慕。同时也认识到,对法律条文的研究和阐释,如果不能与司法判例结合起来,就只可能沦落为法律人的纯粹想象而丧失其实用性。而当时国内尚无权威的判例获取渠道,裁判文书公开的前景也不明朗,对此

也只能望洋兴叹。

因此,尽管我编写的实务类法条书销量甚好(可能只是专业领域的原因),但在我2009年到四川大学法学院任教之后,只是应邀完成了自己主攻的《侵权责任法》的相关图书编写,就停止了全部同类图书的编写和更新工作。究其主要原因,还是对法条书的这种编写方式以及它对司法实务的实际作用持保留态度。当时我就在想,如果有一天,各级人民法院能够公布全部的裁判文书,我们再通过软件(当时还没有"大数据"的概念)分析一下实务中每个法律条文的实际适用情况,不但会对学术研究和立法活动有极大的促进作用,也可以避免之前编写这类图书的诸多弊端,就可以圆了自己编写一套真正贴近和促进司法实务的法条书的梦想!

二、"用大数据说法"之梦

一晃又是五年。2014年开始,全国各级人民法院开始公开大量裁判文书。

几乎就在同时,"大数据分析"的春风刮遍神州。谈不上跟风,我总算是弄明白了自己想做的事情原来叫作"法律+大数据分析"。所以,从2014年开始酝酿,2015年开始筹备,四川大学法学院法律大数据实验室(以下简称"法律大数据实验室")终于于2016年初挂牌成立了。

作为国内高校第一家"法律大数据"专业研究机构,从酝酿之初,我就确定了机构的宗旨——"用大数据说法"。这个口号的灵感,来自于中央电视台两个黄金栏目的宣传语,即焦点访谈栏目的"用事实说话"和今日说法栏目的"今日说法"。我个人认为,"法律+大数据分析"是未来法学研究的一个重要发展方向,而这种新的研究方法最简洁的表达,就是"用大数据说法"。

在追求"用大数据说法"的梦想过程中,我首先面临的不可回避的问题,就是缺乏现成的可用于法律领域的"大数据分析"技术。我并不认为,法律人需要从最初就自己掌握"大数据分析"技术,我们需要掌握的是符合法律人思维的算法设计。我之前编写实务类法条图书和担任"中国民商法律网"编辑部主任期间设计数据库的经历,再加上恶补一些必要的大数据分析的基础知识,让我勉强能够胜任这一工作。万事俱备,开工!

三、十年梦终圆

经过与蒋浩老师和陆建华编辑的沟通,我们一拍即合!这套"法律大数据·案由法条关联丛书",就是"法律大数据实验室"与北京大学出版社共同策划的"法律大数据"系列丛书之一。本丛书由"法律大数据实验室"组织司法实务和学术研究领域的法律专业人士进行分析，首度体现了"法律＋大数据分析"完美结合的理念。

通过"法律＋大数据分析"的方式编写本套"法律大数据·案由法条关联丛书"，是"法律大数据实验室"践行"用大数据说法"理念的初步尝试。

除了精确地展示司法实务中不同案由和不同法律条文的实际适用情况，并体现法律专业人士的经验判断之外，本丛书还将持续跟进裁判文书公布的进度和司法实务以及理论进展，基于最鲜活、权威的法律大数据，服务法律共同体，推动中国法治化进程！

本丛书的编写离不开大量的基础性后台编辑工作，这些都是我的学生团队多年来的工作成果积累，他们是：刘雨林、李东岳、孙琦琳、饶王林、栾维维、赵晓芹、张建芳、蔡娜、朱律、舒星旭、王蕾、冯瑶、江霞、方延、张恒、舒栎宇、谈亮、李莎莎、祝婉丽、钟琴、向新梅、刘娟、张益珍、周旭、曾勇、陈了、杨亦楠、时爽、余盛军、杨彧、张晶、云姣、王轶晗、张雨、徐丹、何丹、王世坤、詹诗渊、吉星、罗雅文、程丽莉、唐烨、杨淇茜、苟海川、刘丽均、孟琪、冯沛波、王艳玲、余翔宇、邹勋、徐永炜、聂超、蔡婧雪、崔梅楠、刘潺和刘忠炫。牛津大学法学院的博士生苏颖和吴至诚从英美判例法角度对本丛书的编写提供了大量有益的建议和意见。在此一并致谢！

本书系国家重点研发计划"高质高效的审判支撑关键技术及装备研究"（2018YFC0830300）的中期成果。感谢科技部对本书写作的支持。

"用大数据说法"这一全新理念还在逐步完善，"法律大数据实验室"也在逐渐成长。对于本丛书以及"法律大数据实验室"的后续作品，欢迎读者提出宝贵意见和建议！

王　竹

法学博士、教授、博士生导师

四川大学法学院法律大数据实验室主任

中国人民大学民商事法律科学研究中心侵权法研究所副所长

2016年8月21日于牛津大学Worcester学院湖畔 初稿

2017年7月30日 定稿

法律大数据实验室

bldl.scu.edu.cn

联系方式：biglawdata@163.com